中国深圳大学
日本熊本学園大学 友好協力二十周年に捧げる

社会科学文献出版社
SOCIAL SCIENCES ACADEMIC PRESS (CHINA)

中国深圳大学
日本熊本学園大学 友好協力二十周年に捧げる

中日経済社会
問題の研究

深圳大学中国経済特区研究センター
熊本学園大学附属海外事情研究所　連合課題チーム

社会科学文献出版社
SOCIAL SCIENCES ACADEMIC PRESS(CHINA)

御 挨 拶

　いま、我々の目の前にあるこの本は普通の著作ではありません。これは
国際的な学術交流と協力の成果であり、日中両国の学者が2年にわたって
研鑽を重ねた集大成なのです。2年前、中国の深圳大学と日本の熊本学園
大学の教授たちは「日中経済社会問題の研究」という研究組織を立ち上げ
ました。両国の金融体制・産業構造・社会保障・政治制度の4方面に重点
を置き、まずそれぞれで調査研究を進め、研究報告を提出し、その後、日
中双方の研究者たちが交流し更に調査研究を重ね、最後に書物にまとめ、
両国で出版したのです。

　本書のポイントは次の四点になります：（1）金融体制の面では、両国の
金融改革の過程をたどり、その経験をまとめて、今後解決すべき問題を指
摘しています、例えば、金融におけるマクロコントロール、金融市場の構
造、金融における不良資産、金融システムの効率などです。それらを踏ま
えて、金融改革を更に進めていくための方向性を提案しています。（2）産
業構造の面では、中国側は主に深圳を例にして、産業構造の発展過程、調
整および今後の戦略を詳述しています。日本側は日本の産業効率、製造業
の日本国内への回帰、産業国際化にともなう問題等を中心に紹介していま
す。（3）社会保障の面では、中国側は深圳を例に挙げ、深圳における社会
保障制度、特に年金保険と医療保険の制度について深く研究しています。
日本側は主に社会福祉、高齢者に対する保障制度、医療保険制度などにつ
いて詳述しています。（4）政治制度の面では、中国側は政治体制、民主選
挙について論述しています。日本側は主に地方分権改革の動向について論
証しています。

1

　本書の特徴そして創見と言えば次の点になるでしょう；ユニークな内容、両国にまたがるテーマで、重要なポイントを明らかにし、両国の実情をよくとらえている点、「比較をするから評価ができる」という手法のもと、論旨も明確、資料も正確、豊富なデータとわかりやすい文章で、日中両国の経済そして政治における改革の状況をしっかりと示している点、両国が政治および経済の改革を更におし進めていく上で、理論面・実践面への有益なヒントを与えている点です。本書は両国をつなぐ学術交流の貴重な成果であり、的確な指摘と大胆な展望が盛り込まれています。

　ここで強調しておきたいことがあります。それは、本書は最新の研究成果なのですが、この20年来の日中間における学術交流の流れと今後も続くであろう密接な関係をも反映しているということです。今を去る20年前、すなわち1987年、日中間の恒久的な友好親善関係を促進し、大学同士の学術交流を推進するため、平等互恵の原則に基づき、当時の深圳大学特区港澳経済研究所と日本の熊本学園大学附属海外事情研究所は「学術交流協定」を締結しました。その内容は、（1）相互の学術交流を共同で推進する；（2）研究資料や刊行物を相互交換する；（3）双方ともに重視する学術領域と課題について共同研究と調査を行う；（4）共同調査の研究成果は双方とも発表、発行する、というものです。

　その後の20年間、双方は頻繁に往来・交流しました。1988年、1989年、1990年、1991年、1992年、1993年、1995年、1996年、1997年、1998年、2002年、2003年、2005年、2006年の計14年は実績があり、数々の成果をあげました。この間、特に2003年の後半からですが、当時深圳大学中国経済特区研究センターの主任だった私は、長年の友人である日本・熊本学園大学海外事情研究所所長の香川正俊先生と一緒に、日中間の共同研究プロジェクトを設立する可能性を模索しました。お互いの数度にわたる討論・協議を経て、「日中経済社会問題の研究」という研究プロジェクトを設立することを決めました、（プロジェクト内に）政治・金融・産業・社会保障の4グループを作り、各グループは両大学の教授陣、具体的には中国側9名、日本側10名の、計19名で構成することになったのです。この件は提案するや、すぐに両大学の学長による格別の配慮と力強い支持を得ました。熊本学園大学学長の坂本正先生は直ちに協定草案を理事会に提出し、その上、説明すれば必ず「納得」してもらえる、「このプロジェクトは更にすばらしい成果を生み出す」こ

とを信じて疑わないと述べられました。深圳大学学長の章必功先生はすぐに、まず我々で調査研究班を組織し、日本へ視察に行くよう指示を与えて下さいました。

　このプロジェクトで特筆すべきことがあります、2006年9月中国側は9名の訪問団を結成して熊本学大学園を訪問し、滞在中、日本側と真剣で活発な議論を行ないました。また、各グループ内でそれぞれ専門班を組織し、日本共産党熊本県委員会、日本銀行熊本支店、熊本県健康福祉部および商工観光労働部、熊本市健康福祉局および市民生活局などを見学し、調査研究を進めました。さらに熊本市長にもインタビューを行ないました。その後、同年11月、日本側訪問団10名が深圳を訪れ、同様に活発な議論を行ないました。また、各グループでそれぞれ月亮湾片区の人民代表大会会議事務所、深圳市塩田区役所および社会保障局、招商銀行本店、オリンパス工業有限公司（Olympus（Shenzhen）Industrial Ltd.）などを訪問調査しました。更に、中国共産党深圳市委員会を訪れ、宣伝部副部長と懇談しました。

　一衣帯水の中国と日本。2000年以上続く交流は、非常に緊密で、代々受け継がれ、悠久の歴史を有しています。両国の人々は交流を通じ、相手から学び、相手を手本としながら、密接な友好関係を創り上げ、親密な友情を育んできました。第二次世界大戦後60年余りの間にも、日中関係は様々な紆余曲折がありましたが、一つ一つの困難を克服していく中で、更なる前進・発展を続けています。今再び歴史を振り返ると、我々両国民とも次のように実感すると思います；両国の「平和共存、世代友好、互恵協力、共同発展」が国家の将来そして人々の幸福に関わり、日中友好を更に堅固にするためには国民同士の親近感を育てていくことが重要である。正にこの主旨に基づき、我々両大学は、プロジェクトを立ち上げ、共同で課題に取り組み、同等の立場で交流を深め、最終的にこの一冊――このすばらしい成果にまとめたのです。

　今年は日中国交正常化35周年です。さらに我々にとっては深圳大学と熊本学園大学との「学術交流協定書」調印20周年でもあります。この場を借りまして、中国側研究グループの責任者として、日本熊本学園大学附属海外事情研究所の香川正俊所長を初めとする日本側グループ9名の研究者、及び中国側グループ9名の研究者、彼らのプロジェクト進行中における熱心で勤勉な仕事に深く敬意を表します。また、熊本学園大学の坂本正

学長、深圳大学の章必功学長お二人からの格別の配慮と力強い支持に、そしてその他すべての関係者の皆様に心から感謝申し上げます。

　これからも我々両大学が末長く友情を保ち、協力関係を更に発展させ、引き続き日中両国の学術交流に貢献できることを願っております。

「日中経済社会問題の研究」グループの責任者

深圳大学中国経済特区研究センター元主任、教授、博士指導教官

曹龍騏

2007 年 4 月 29 日

挨 拶 文

　2007 年は、熊本学園大学附属海外事情研究所と深圳大学中国経済特区研究センター（当時：特区経済研究所）との学術交流協定締結（1987 年 6 月）20 周年に当たる。この節目に両研究所間初の共同プロジェクトの成果が、日中両国において書籍出版の形で発表されることは、今後の交流を一層発展させる上で意義深い事柄であると考える。

　20 年にわたる両研究所間の学術交流は、表敬訪問や所員間の小規模な共同調査等を除けば、所員個々の研究助成やシンポジウム・研究会への参加程度にとどまっていた。

　今回の共同プロジェクトは研究所間の正式な学術交流であり、各大学及び関係機関の全面的支援を受け、充分な研究費と双方の参加者が自覚を持ち、調査と活発な討論を通して行った初の研究事業に他ならない。

　2008 年は北京オリンピックが開催され、日中平和友好条約締結 30 周年の年でもある。2007 年 2 月末の上海発世界同時株安の衝撃は、中国が世界に及ぼす強大な影響力を見せつけた。また中国国内では都市と農村部との格差、汚職・腐敗、社会保障問題等様々な諸矛盾の解決を迫られている。一方日本では長く不況が続き、新自由主義的政策が進められる中で、効率や営利性が強調される反面、安全性が阻害され格差社会が生まれている。中国と日本は既に経済的・政治的に大きな関わり合いを持っているが、今後はお互いの経験を交換しながら一層親密に進展させていく必要がある。とりわけ九州は中国と地理的に近接しており、投資も盛んに行われている。従って、熊本学園大学附属海外事情研究所が協定を締結する深圳大学中国経済特区研究センターと共同で、重要な一部の分野を対象に日中の比

較研究を行うことは、単に両研究所のみならず、地域の国際化にも大きな
メリットになる筈である。共同研究プロジェクトはこのような背景を前提
になされた。

　共同プロジェクトを立ち上げたいという私の願望は以前からあり、2003
年後半には長年の友人である曹龍騏中国経済特区研究センター当時の主任
と一緒に可能性を模索していた。2004 年以降の新所長選挙では私の「公
約」の1つに掲げ、所長就任後は双方の懸案事項を解決するため、05 年 9
月の訪中で1987 年の学術交流協定改定を行い、いくつかの前提条件が解決
された。その後、現在副主任の親友、袁易明氏を含めてプロジェクトに係
わる打ち合わせを進め、2005 年 4 月から2カ年の共同研究が開始されたの
である。統一論題は「日中経済社会問題の研究」であり、双方が関心を持
つ政治、金融、産業、社会保障の4 部門にわけ、各分野の専門家で構成し
た。中国側の参加人数は後に親友となった深圳大学当代政治研究所の黄衛
平所長等を含め最終的に9 人、日本側も学長を含む実質9 名である。また、
中国側は中国に係わる研究を、日本側は日本あるいは中国以外の国や地域
に係わる研究を担当するという役割分担を定め、年次別計画として2005 年
度は調査・研究、2006 年度は双方共に成果を発表して評論・討議を行い、
加筆修正を通して完成原稿を作成することとした。

　大きなイベントを挙げれば、2006 年 9 月には中国側が来熊して活発な研
究発表を行い、活気溢れる討議がなされた。その後、各部ごとに分かれて
日本共産党熊本県委員会、日本銀行熊本支店、熊本県健康福祉部及び商工
観光労働部、熊本市社会福祉部、公聴課を訪れて調査し、市長表敬が行わ
れた。これに対し日本側は同年 11 月、深圳市において各部門にわかれて
研究発表をなし、同様に活発な論議が展開された。調査先は月亮湾片区人
大代表工作駅、深圳市塩田区政府及び社会保障局、招商銀行本店、奥林巴
斯工業有限公司等であり、中国共産党深圳市宣伝部副部長との懇談も設定
されていた。

　現在、日中関係も新しい段階への跳躍を余儀なくされている。両国間の
政治的・文化的な溝はまだ大きいが、そのような中での学術交流促進は非
常に重要であろう。日本と中国の大学間・研究所間の交流は進んでいる
し、中国の学者を包含した日本国内での出版事例も数多く存在する。けれ
ども、共同プロジェクトの実施となると単なる距離的関係のみならず、文
化的な相違が障壁となって様々な問題が俎上する。従って数年にわたる共
同研究は簡単ではないし、成果発表に際し、両国での書籍出版事例はそれ

程多くないと思われる。我々の研究成果は微々たるものであり、今後は一層奥深い共同研究が求められる。とはいえ友情に基づく相互信頼と情熱は何事にも勝る。学術交流のあり方に我々が投じた一石の波紋が大きいことを願うものである。

　末筆で恐縮ながら、本プロジェクトに参加された海外事情研究所の優れた研究者に成り代わり、曹龍騏教授と袁易明副主任、黄衛平所長をはじめ中国側研究者の方々に敬意を表したい。そして両大学・学長や事務関係者の御協力に心から感謝すると共に、共同研究のため、貴重な時間を費やして頂いた行政・企業等に改めて御礼申し上げる次第である。

2007 年 4 月 30 日

熊本学園大学付属海外事情研究所所長　香川正俊

目 录

CONTENTS

中国における金融体制改革：
回顧と展望*

論文概要： 本論文は、1979年以来の金融体制改革について、その目に見える表面的な部分と、表面的には見えにくい本質的な部分の二つの角度から分析している。一連の改革の成果と経験を総括するとともに、必ず解決しなければならない問題点、および目下直面している各種の問題点を指摘することを試みる。また、同時に将来における中国金融体制改革について、その基本的な考え方についても触れる。それらの記述を通して、中国金融体制改革について、全体像を明らかにするとともに、その将来像を展望する信頼性ある研究資料を提供し、併せて我々による参考意見も提起した。

第一節　中国金融体制改革の過程

1979年以前における、中国金融体制は明らかに抑圧的特徴を帯びていた。すなわち、（1）その金融体制において、「巨大な全国的統一体制」による単一銀行制をとっていた。（2）また金融における「信用」は、形式上銀行に全て集中させることが強調され、商業信用、国家信用、消費信用、株式信用、貸付信用、国際信用等の形式は、厳格に禁止されるか、または制限されていた。（3）また融資方式においては、間接融資方式のみ存在し、直接融資方式は、全く存在しなかった。（4）金融管理方式において

＊　郭茂佳、曹龍騏：深せん大学経済特区研究センター。

は、直接コントロールが強調され、そのコントロール方法は、国家によって示される計画指標と行政命令によっていた。(5) 金融資産の価格体系においては、全く一種類の利率のみが存在し、その利率の変動も市場における資金需要が考慮されることは、非常に少なかった。(6) 金融界においては、長期にわたって鎖国が行われ、資本の国境を越えての流動は厳格に制限されていた。

中国においては、1979 年より、これら「一つの銀行、一つの信用体系、一つの市場、一つの管理方式、一つの価格体系、一つの金融界」という特徴をもつ伝統的な金融体制に対し、長期にわたる漸進的な改革に取り組んできた。

一 1979～1999 年：初期的改革段階

この段階における改革の主要な柱は以下の諸点である。

改革にあたっての全体的な考え方は、社会主義市場経済体制の構築に向けて、その必要事項を満足させることを基本的パラダイムとしていた。すなわち、高次の金融改革を行うための基礎固めを行うことであった。

改革の重点は、対症治療的改革を行うことを主としており、金融開放、所有権改革、企業管理など高次の改革に及ぶ項目は、あまり多くなかった。この時期の改革は、主に国家の意思と政策志向を体現しており、国有金融機構に対しては保護的政策をとる反面、非国有金融機構を軽視、甚だしくは排斥する政策がとられた。

これらの改革に要した短期的なコストは低いものであったが、しかし金融体系の全体的効率、及び金融危機の危険性が累積するという代価を要した。以下に、その具体的内容を記述する。

(一)「全国統一的な」単一銀行制度の打破

中国では、1984 年に「全国統一的」単一的銀行制度改革の第一幕があがった。

まず、国務院の決定によって、中国人民銀行は、専ら中央銀行としての機能を担当するものとされ、各省における支店を撤収し、省（自治区）を跨ぐ形での支店網の再構築がなされた。次に、それと前後して中国農業銀行、中国工商銀行、中国建設銀行を設立し、これらが将来は国有商業銀行に革新されてゆくものとされた。さらに、中国農業発展銀行、国家開発銀行、及び中国輸出入銀行の三大政策性銀行を相継いで設立した。第四点として、引き続いて120 以上に及ぶ株式制の中小商業銀行を改組、または新

規に設立し、これによって都市部・農村地区における商業銀行体系を構築するとともに、その規範化を図った。第五点として、証券会社、保険会社、信託投資会社、財務会社、リース会社、抵当会社など、非銀行性金融機関の発展、及びその規範化が図られた。

（二）単一的な銀行信用制度の打破

中国においては、1979年より、銀行の銀行信用制度の拡大を図ると同時に、商業信用、国家信用、株式信用、リース信用、国際信用など、多くの形式による信用制度の発展に力を入れた。それに伴って、株式、政府債権、企業債券、金融債権、譲渡可能な大口預金証書、商業手形、証券投資ファンド、株引受権証などたくさんの金融関連商品を登場させた。

（三）画一的な間接金融市場の打破

1979年以降、中国では、引き続き間接金融市場の発展に力を注ぐほかに、直接金融市場の発展にも力が注がれた。1981年には、40億元の国債を発行し、これによって新しい債券市場の序幕が切って落とされた。1984年7月、北京天橋百貨公司の株式登記によって、中国における株式融資の先例が端緒につき、1990年12月と、1991年7月には、上海証券取引所と深せん証券取引所がそれぞれ正式営業を開始した。このことは、中国の直接金融市場を全く新しい段階へ発展を遂げさせることとなった。

目下、中国の株式は、主証券市場で取引を行うことが可能であること以外に、証券会社の業務を通して提供される取引空間においての譲渡を行うことも可能となっている。すなわち、人々の間で「三板市場（三つの取引市場）」と呼称されている取引空間であるが、これは、大企業の株式上場業務を行なう証券取引所だけではなく、専ら中小企業の上場業務を行なう、「中小企業株式の取引空間」も合わせて設立するという意図の基に設立されたのである。

（四）画一的な直接金融管理方式の打破

1984年、中国人民銀行が専ら中央銀行の機能を担当することとなって以降、国際的に認知された間接的手段による金融コントロール方式の運用を開始した。例えば、預金準備金制度、手形割引、公開市場操作、利率の調整、中央銀行による資金貸出しなどの貨幣流通を調整する各種政策を通して、信用貸付規模、及び流通貨幣総量の調整を行った。これらによって、マクロ的な調整コントロール機能は、国家による計画指令方式から、徐々に直接コントロールと、間接コントロールを組み合わせた方式に変化を遂げた。

3

同時に、マクロ調整コントロールにおける中間的目やすとして、1994 年第三四半期より、貨幣供給量統計の監督指標体系が実行されるようになり、これによってマクロ調整コントロールにおける重要な指標は、貸付規模による指標からから、貨幣供給量による指標へ変化を遂げた。直接管理方式と間接管理方式の組み合わせは、このようにして構築された。

（五）画一的な金融市場価格体系の打破

1979 年以降、中国では金融市場における価格体系の構築が重視されることとなった。具体的な内容として次の諸点を指摘することができる。

（1）利率の決定体系を確立し、それによって決定される利率の弾力性を増加させた。例えば、預金及び貸付利率の決定体系を確立するのと同時に、割引手形を現金化する時の利率、金融機関相互における資金調達にあたっての貸付利率と債権利率の体系についても確立が企図された。あわせて、経済における実際上の必要に応じて、利率の幅と利率調整の水準を増大させ、利率計算の対象範囲も拡大し、さらに違約等による加徴利息制度についても開始された。このようにして、銀行に対して規定利率の基礎の上に、一定の割合で利率を変動させる権利が与えられた。

（2）証券価格の決定体系が確立された。例えば、入札を行うことを通して下級市場における債券価格を確定させるようにした、すなわち市場における配当率、競争入札、オークションなどの方式によって株価を決定させることにしたことなどが挙げられる。

（3）為替比率の決定体系を確立したこと。例えば1994 年1 月1 日より、複数の為替交換比率制度の並存が実現した。すなわち、市場取引情況を基礎として、一元的でよく管理された変動的為替比率体系が実行に移された。これによって、為替交換比率が、長期にわたって固定される情況に変化がもたらされた。

（六）金融に関する法律・法規体系の整備

金融体制改革の不断の深化に伴い、金融に関する法律・法規体系の構築についても、徐々に重要項目として、議事日程に載せられるようになった。これによって、「中国人民銀行法」、「手形法」、「商業銀行法」、「保険法」、「会社法」、「証券法」、「担保法」、「信託法」などの金融に関連する諸法律・法規が相前後して成立実施された。

二　2000 ～ 2006 年：抜本的改革段階

この段階における改革の重要な特徴は、規範の実行と対症治療的改革を

併せて行うことを旨としていた。すなわち、抜本的な改革をその主な柱としているところから、この時期の一連の改革は、国有金融機構を重点的改革対象としていた。改革に当たっては、国有の各金融部門に対して、相当強力なプレッシャーと陣痛の苦しみをもたらすものとなった。

この時期の改革において最も考慮すべきことは、前段階の改革によって累積された金融危機惹起の危険性をいかに軽減するかという点にあった。具体的な内容は、以下の通りである。

（一）金融市場の改革深化

具体的には、①貨幣市場改革の深化を図ること。例えば、証券投資基金と株取引を行う会社が、銀行間資金調達に参与することが許可されたこと、資金調達市場の参与主体を、専ら商業銀行と信託投資会社によっていたものから、徐々に保険会社や証券会社にも門戸を拡げていったこと。大都市を中心として地域的な手形市場を設立したこと、短期金融債券市場を再び始動させたこと等である。

②資本市場の改革を深化させること。例えば、株式発行許可に関連する制度を許可制から、審査制に改め、さらに引き続いて届け出制に改めたこと。株式を上場するにあたっての関連許認可権限を証券取引所に降ろしたことが挙げられる。

これらの改革は、まず一部分において先行的試行を行い、その後各方面の改革を協調的に推進し、惹起された問題点に対して妥当な解決を図るというステップを踏んで行われた。そして、「統一的・組織的に、尚且つ分権的に」政策決定を行うという考え方の上に立って、上場企業の株式発行、及び取引とその管理に関する一連の権限を分権化させる改革の始動が図られた。

③金市場の改革を深化させること。2001年10月、国務院の批准を経て、上海黄金取引所が設立された。この取引所は2002年10月30日から正式に業務を開始したが、このことは、金の統一的購入・統一的分配という従来の管理体制が終了することを意味しており、同時に真の金市場の形成を意味していた。

④外貨市場の改革を深化させること。その一は、外貨の取引方法を増加、多様化させることである。条件に適合する市場参与主体が銀行間の長期的外貨取引及び、人民元と外貨の先物取引を行うことを許可するとともに、銀行が顧客に対して、利率の互換性に影響を及ぼさない人民元と外貨の先物取引サービスの提供を行なうことも許可した。第二は、外貨市場で

取引を行う主体の範囲を拡大すること。すなわち、中国外貨取引センターによる外貨市場販売制度の開始とともに、銀行間における外貨取引市場において、人民元もその取引販売対象とした。また、銀行間の市場取引において、銀行間における当期引き合い市場取引方式を開始した。第三に、外貨市場管理の程度を緩和すること。例えば、銀行間の当期外貨市場における、非米ドル外貨と人民元の取引価格の変動幅の拡大を図ったこと、国内機構が外貨による経常収入を留保する時の限度額と、個人が指摘に外貨を購入する際の指導性限度額を上昇させたことなどが挙げられる。

（二）国有金融機構の株式制改革

この方面における改革は、三つの段階を踏んで行われた。その一は、財務体制の再構築である。すなわち、国家による政策的支持の下で、歴史的な要因による重荷を解消し、財務状況の改善を図った。その二は、企業（金融機関）管理体制の改革である。すなわち、現行銀行制度に起因する必要に基づくとともに、国際社会における先進的経験も参考にして、銀行経営管理体制、及び組織内部運営機構の改造を行った。

（三）金融管制の緩和、改革

主な内容は次の通りである。

① 国内における外国金融機構の活動範囲に対する制限の減少、もしくは撤廃

例えば外国銀行に対して、外貨・人民元業務をともに行なうことが許可されたこと、外国証券会社が、中国国内機構の仲介を経ることなく、直接にB株市場において取引を行えるようになったこと、外国証券会社の中国国内代表部が全ての中国証券取引所の特別会員になることができるようになったこと、外国証券会社が中国において合弁企業を設立することが許可されたことにより、国内証券投資基金業務に従事できるようになったこと、合弁によって設立された株取引を行う会社が、コンサルタント業務、及びその他の補助的金融サービスを提供する業務を展開することが許可されたこと、外資による資産ヘッジを行う会社が、法律に定める以外の全ての非生命保険業務を行なえることになったことが挙げられる。

② 外貨コントロールの緩和、撤回

例えば、企業自身の経営意思と判断によって自主的に外貨決済比率とその範囲を決定できる余地を拡大したこと、外貨取引指定銀行に対して、外貨資金保持に関するコントロールを緩和したこと、外貨管理における行政審査を簡素化し、徐々に登録制と総額コントロール方式に移行することと

したことなどが挙げられる。

③ 金融機構に対する、業務範囲の制限の緩和

すなわち、金融機関相互間における業務項目のリンクが認められた。例えば、これによって多角的・総合的金融業経営の実現に向けて大きな前進があったほか、商業銀行が金融基金管理会社を設立することについても試行が開始された、また保険会社の資金を直接株式市場に投資できるようになったことなどが挙げられる。

④ 金融機構による利率決定と為替交換比率の決定に対するコントロールの緩和、または撤廃

例えば、銀行間資金調達における利率、割引債権引取り利率、現金取引における利率、債券発行利率などを自由化すること、外貨による高額預金利率、及び人民元による高額預金利率・貸出利率の変動範囲を引き上げたこと、市場における需給を基礎として、通貨バスケット制による参考価格提示制度を開始し、管理された為替変動制度を取り入れたこと、人民元価格の変動幅を拡大し、銀行が顧客に対して提示する非米ドル外貨の為替比率において、非米ドルと米ドル為替比率連動幅に関する制限を撤廃したこと、銀行が顧客との間で、提示されている全ての貨幣の現金売買価格について協議によって価格を決定できるようになったことが挙げられる。

⑤外資による国内金融機構への投資・株式取得の制限の緩和

2005年末までの時点において、19の国外企業が国内金融機構の投資・株式取引に参入している。これらの企業は、16に及ぶ中国の国内銀行に投資しており、その投資総額は167億米ドルに及んでいる。また、株式取引による国外企業の投資を受け入れている銀行には、国有銀行、全国規模の株式制銀行、及び大都市商業銀行が含まれている。

（四）農村信用社改革の始動

2003年6月より、農村部における信用社の改革を深化させる拠点試行が開始され、さらにその試行は、全国30の省、直轄市、自治区（信用社のない西蔵を除く）に拡大された。この改革の重点は、以下の二点に集約することが出来る。

その一は、農村信用社の財産権制度の改革である。すなわち、各種財産権の形式を確立し、「誰によって出資されていて、誰によって管理されていて、問題が発生した際には、誰に責任があるか」という難題の解決を図ろうとしたものである。財産権改革における具体的な組織所有形態は、各地の相異なる状況に応じて、各種の異なった形態が選択できるものとされ

た。すなわち、株式制、株式・合作制の併用、合作制といった形態が選択できるものとされている。

その二は、管理監督体制を確立することである。管理責任を明確にするべく、農村信用社の管理監督責任（農村信用社の資金貸付が国家の政策要求に合致しているかどうかの監督、人事面の管理などを含む）は、省政府によって担当されるのと同時に、国家による監査機構〈主に銀行監査会〉が法に基づいて監査を実施するものとされた。また、農村信用社は、自らその組織を律し、リスクは自ら負担するものとされた。

（五）金融体制の構造改革

例えば金融情勢の変化に伴って生じた必要によって、「保険法」「証券法」「会社法」「証券取引基金法」などの法律が適時改正された。また、「外国投資者による上場企業への戦略投資管理方法」が公布され、各主要商業銀行においては貸付け資金の質について、これを5等級に分類する制度が全面的に開始された。中国証券投資者保護基金が設立によって、株式取引決算資金の保護制度が構築され、顧客取引決算資金が第三者によって保管される方式が開始された。また、中央銀行のイニシアチブによって、政府内で部門横断的に構成された金融安定グループが組織され、部門の垣根を越えて協調するマネーロンダリング防止機構が確立された。

第二節　中国金融体制改革における成果

すでに記述した、二段階の改革を通して、中国の金融体制は、多くの面において質的な変化を遂げた。目下におけるその具体的な姿は、以下の諸点に総括することができる。

一　分権化・明確化した監査体系の確立

分業経営という改革の基本思想に基づいて、証券監査会、保険監査会、銀行監査会の三つの金融監査機構が相前後して設立された。これによって分権体制が明確となり、権威ある分権監査体制の確立をみた。また、金融コントロールは、目下一般行政性金融コントロールから、法体系に基づくコントロールへと変化を遂げつつある。また、行政機構による審査・許認可を通してのコントロールに重きが置かれていたものから、全てのプロセスにおいてシステム化されたコントロールがなされるようになりつつあ

る。更に、プロセスごとの単一的コントロールがなされていたものから、総合的コントロールが行われるようになりつつある。

二　現代的な金融組織体系の確立

都市部において、国有商業銀行、株式制商業銀行、及び都市商業銀行を主体とした、貨幣預金銀行体系を設立するとともに、証券経営機構、保険機構、信託投資機構等を主体とした非銀行金融機構体系も設立した。

農村部において、商業性、政策性、合作制金融機構を含めた正規金融機構（中央政府貨幣当局のコントロール下にある金融組織、及びその業務活動）を主導的金融機構と位置づけ、さらに農村信用合作社を中心とした非正規金融機構を農村金融を補充するものとした。

三　比較的完成された機能を備えた金融市場の確立

すなわち、銀行間資金調達融資、及び商業手形と中央銀行手形の取引を主とした貨幣市場が形成されたこと、銀行と企業間における外貨小売業務、銀行間における外貨元売業務、中央銀行と外貨取扱い指定銀行間における公開市場操作の組合せによる統一的外貨市場が形成されたこと、売買を請負って、仲介業務を行うことを主要業務とし、株式と債権を主要商品とする証券一級市場形成されたこと、上海、深せん証券取引所内における取引を中心として、各地で株式売買を行う営業体ネットワークが形成されたこと、全国各地に分布する国債のカウンター取引きを行う二級証券市場が形成されたこと、上海金取引市場を中心として商業銀行、金の生産者、金の使用者、金の加工者、造幣部門が参加する金取引市場が形成されたこと、保険サービス提供者、保険サービス購入者を中心として、保険サービス代理商、保険仲介者、保険評価機構、保険顧問などが参加する保険市場が形成されたたことを挙げることができる。

四　多様化した金融業務とサービスの打ち出し

すなわち、元本保証型貯蓄、住宅貯蓄、ローン、信用状、クレジットカード、顧客の財務管理業務、銀行による開放式ファンドの売買、投資と保険の連動、「銀証通」といった新たな金融サービス業務を開始した。

また国債、商業手形、短期融資債券、買戻し協定、譲渡可能な大口預金証書など、貨幣市場における新商品の提供を開始するとともに、長期政府債券、企業債券、金融債券、譲渡可能な債券、株式、私募ファンド、公募

ファンド、株権証書、利率交換取引などの新たな資本市場サービスの提供も開始した。

さらに、金融機関の資金調達の電子化、証券取引の無紙化、電子化および情報管理の電子化、OA機器の導入、電子貨幣「一卡通」の導入、インターネットバンク、インターネットによる証券取引の開始といった技術革新を行った。

五　対外開放の拡大

（1）銀行業の面から見ると、中国では2001年のWTO加入にあたっての承諾事項に従って、例えば2006年12月11日に外資系銀行に対して人民元取り扱い業務が全面的に開放された。これによって、外資系銀行は、完全に内国人待遇を受けることとなった。2007年2月末の時点で、9つの外資系銀行が、その中国内支店を国内銀行法人組織に改組する批准を受け、人民元取扱い業務を展開できることとなった。

（2）証券市場の面から見ると、2006年に86の中国企業が海外証券市場に上場して、440億米ドルの資金を調達した。その中で、VC（リスク投資）とPE（私募ファンド）による資金調達を行った企業は29に達しており、これは過去最高の記録である。これによる調達資金の合計は、312.25億米ドルに達した。

また100社以上の企業がB株を発行を実現し、これによって50億米ドル以上の資金を集めた。さらに、1982年以降、2005年までの中国における、国際債券市場における資金調達量は、200億米ドルを超える規模に達しており、発行する債券の種類や、発行地点、償還期限のいずれについても目下多様化の傾向にある。

（3）保険会社の業務の面からみると、2005年の年末までの時点において、15の国家、及び地区の保険業務を行なう機構が中国国内に121に上る営業拠点を設置した。また、135の外資系保険業務機構がおよそ200の中国国内代表部を設立した。600億元相当を超える外資が、これら設立された外資系保険機構に投資され、それらの資金は保険会社の株式調達資金という形で中国に流入している。北京、上海、深せん、広東といった、開放が比較的早期に行われ、外資系保険会社が比較的に集中している地域においては、これら外資系保険会社の保険金収入は、該当地域における保険市場収入総額のそれぞれ19.43％、17.37％、10.14％、8.86％を占めている。

（4）国際提携の面から見ると、目下世界における100を超える金融機関

が、中国の金融機関との間で債券発行における代理業務の提携関係を結んでいる。数十に及ぶ国外の株券売買業務を行なう会社が中国国内に事務所を設置しており、その中の相当多くが深せん、上海の両証券取引所の会員となっている。それによって、これらの会社は中国 B 株発行に参与して、株取引の請負い、決算、信託業務を行なっている。

六　金融業界全体の質の向上

統計資料によると、2006 年中国における商業銀行不良債権残高は1.25億元であり、不良債権比率は4 級段階による分類が行われていた2001 年の段階で40％に上っていたところから、5 級段階分類法による7.09％まで減少した。特に、株式制商業銀行の貸付債権の質的向上が著しい。2006 年末、中国株式制商業銀行の不良債権残高は、2001 年末時点の2035 億元から、1168 億元に低下した。また、同時期における不良債権比率は、16.62％から4％以内にまで低下した。

全国農村信用社（農村合作銀行、農村商業銀行を含む）は、2003 年から2006 年にかけての一連の改革を通して、2005 年より業界全体において黒字を計上するようになった。

第三節　中国金融体制改革の経験

20 年余りわたって、中国の金融改革は極めて穏健な道筋をたどった。多くの開発途上国が世界金融市場に深く関与することによって、システム的に金融危機に巻き込まれる危険性に直面したが、穏健な改革の継続によって中国では、危機に巻き込まれる情況を避けることができた。その要因については、以下の諸点に総括することができる。

一　意識改革の重視

中国の金融体制の発展において、金融体制の改革は、常に経済改革の重要部分として考えられてきた。すなわち金融改革における主な基調的考え方として、①金融体制の改革深化は、中国の先進的社会生産力の発展の具体的な内容である、②金融体制の改革深化は、多くの国民の基本的利益の具体的な表れである、③金融体制の改革は、対外改革開放の要求に応えなければならない、といった諸点を挙げることができる。

二　時代とともに進歩

中国の金融改革は、常に世界の変化、時代の進歩、及び情勢の変化に伴って邁進している。

例えばアジア金融危機の影響を教訓として、中国においては分業的経営管理体制が取り入れられたこと、対外開放に対する要求から、中国の金融体制改革は、再び混合経営体制を目指した過渡期を迎えていること、金融市場の発展深化に伴って、「会社法」「証券法」「保険法」「証券投資基金法」などの法規を適時修正していることを挙げることができる。

三　その時々の主要な問題に集中的に対処

2000年までの段階においては、高度に集権している金融体制が社会主義市場経済の要求に対応できていないことに主要な問題点が存在していたことから、改革の主な目的は金融体制の自由化にあるとされた。これに対して、2000年以後においては、主要な問題として金融機関自身が肥大化し、競争に適応していないことが指摘されたことから、改革の主な対象は金融機関の所有制度改革の方向に向けられ、このことは金融企業内部の経営体制の変革を意味するに至った。

四　改革のためにコストの投げ出し

統計によると、1997年以来中国おいては、160に及ぶ信託投資会社、証券会社等の金融機構が相前後して倒産し、2800に及ぶ都市信用社が各レベルの処置を受け、大量の農村合作基金会が整理され、更に金融制度安定のために1700億元の資金が国家によって注入された。これらの数値には、国家が4大商業銀行に対して、不良債権整理のための巨額資金注入という形で支払った改革コストを含んでいない。

しかし、改革は単純な「輸血」によって成就するものではなく、「輸血」と同時に必ずや「造血」機能の向上を図らなければならない。

五　統一的計画と現行制度に対する配慮

その一は、統一的計画と現行制度に対する配慮を基調として金融体制改革と経済体制改革の関係を捉えることが必要であり、金融体制改革は、拙速に及んではならず、また遅滞してもいけない。その二は、この基調の上で金融体制内部の各種措置の相互関係を構築する。改革政策を打ち出す際

には、反復的検討と充分な比較、及び多方面の均衡を考慮することが必要であり、慎重に取捨選択を行うべきである。

六　先にやり易いところから手をつけ、後に難しい項目に手をつけ

中国の金融体制改革は、漸進的な道を辿っており、先に表面的な問題を解決し、次に構造的な改革を行うという手順を踏んでいる。

七　改革手段の組み合わせ

例えば国有銀行の改革を行うに際して、国家の外貨準備を使用することで、財政上の負担を軽減させることが可能になる。そうすることによって、外貨準備の総合的利用が可能になって、その有効利用を図ることも可能となる。この種の手段組合せによる改革戦略が、一石二鳥の効果を生むことができることは、実践によって証明されている。

ここで再び信用社の改革が開始されたときのことに言及すると、国家が資金手当、資金援助を行って企業所得税の徴収を減免することによって、すでに記述した変動利率政策など4項目の一体的支援政策が実行できることになった。

八　表面的問題と根本的問題と同時に改革

例えば国有商業銀行と農村信用社の改革は、いずれもこの考え方によった。表面的問題の対処とは、財政資源を使い、金融機関に対する資金注入によって不良資産を減らすことである。また構造改革においては、国際的な金融改革の方法を参考にしつつ、国有商業銀行と農村信用社の体制変革を行い、その機構を再構築した。

九　改革にあたって部分的な試行の先行

株式取引における各種権能の再配置改革にあたっても、国有商業銀行と農村信用社の体制改革あたっても、実際の改革上においては「部分的試行」を先行させ、段階的かつ実験的に試行した上で政策を実施するものとした。

十　立足国情自国の現状に立脚

中国の金融体制の改革は、国際的な慣行を遵守しながら、自国の金融発

展の状況と経済発展水準を考慮し、また金融発展の理論を客観的に評価することを通して、金融改革の深めることを目標に掲げてきた。そして、必要な金融規制をその手段として使用し、漸進的、段階的、持続的な金融改革の道を歩んできた。

第四節　中国の金融改革にあたって、なお解決を要する問題

一　金融のマクロ調整とコントロール能力が不十分

（一）中央銀行に独立的地位が欠けている

目下中国においては、金融の間接的調整体系は、基本的に完成をみている。しかし、中央銀行のマクロ調整は、中央政府の直接コントロールを受け、重大な金融問題は貨幣委員会による議決ではなく、国務院の決定を待たなければならない。すなわち、貨幣政策の実際運用は、客観的な貨幣市場のルールを全面的に反映しているとは言いがたいことから、貨幣政策の連続性と有効性の確保が望まれる。

（二）金融監督機構相互間の協調性が不十分

まず、中央銀行と三つの監督機構の間、特に銀行監督会との協調はまだ初期の段階にある。人民銀行においては、短期間の間に過去の思考方式から完全に脱却して、すなわち過去に自らが主体となって行政的監督・コントロールを通して政策を遂行してきたという思考方式から脱却することが容易ではない。しかし、銀行監査会は、体制の末端における貸付金提供者という位置を持ってあらず、金融機関に危機的状況が発生した場合でも、それに対するバックアップを実施する職能を備えていない

その次に、金融を監督・コントロールする当局に独立性と権威が欠けていることから、商業金融機構に対する全面的コントロールを実施することを難しくしている。特に、銀行においては、相当する監督・コントロール権限が、各部門ごとに分割、細分化されており、これによる監督責任・権限の不均衡により、部門間の協調性の不足と、その利益の衝突を生んでいる。このような、監督・コントロール規範整備の遅れと協調性の不足は、最終的にこれらの監督・コントールは、表面上非常に厳格であるが、その実、とても甘いという情況を生んでいる。

その他、業界全体の自律的組織、社会の仲介組織による監督が十分に力

を発揮しているとはいえない。金融市場の監督・コントロールにおいて、特に当該金融機関が市場に参入、業務領域を拡張、支店・支部の設立、資本を拡充する際など、時にその権能に基づく行政的手段を多く使いすぎる傾向がある。反面、それら金融機関の負債比率の管理、リスクヘッジの面における管理のチェック体制は十分とはいえない。また、いまだ健全なリスクヘッジ、リスクの発生を予期警告する機構、および危機管理・発生した危機を処理する体制については、未だ完成をみていない。

二　金融市场结构失衡金融市場構造のアンバランス

（一）直接融資が間接融資より少ない

統計によると、2000 年から2006 年、中国における非政府性社会総融資（国債および政策的金融債券を除く）の中で、70% 以上が銀行の貸付によるものとなっている。

企業債、及び株式融資は、非金融企業を来源とする融資総額の中で、毎年10% 前後の比率を上下している。この数値は、先進国における同様融資総額中の比率が20 ~ 30% に達しているのと比べて極めて低い。

このように銀行貸付の比率が長期にわたって極めて高い水準にとどまっている情况は、企業の資本構成に対して直接的な不合理をもたらす。すなわち、長期にわたる、高負債体質化での経営、企業が経営危機に陥る可能性を増大させている。また、それと同時に、銀行の不良債権比率が高すぎる問題が長期にわたって解決困難な情況を惹起し、中国の金融体制に対するリスクを増大させている。

（二）企業債券の市場がほかの証券市場より発展が遅い

まず、企業債券市場の発展は、株式市場、国債市場、および政策的金融債券のいずれの発展よりも遅れている。例えば、2003 年株式市場は、総額1357 億元の資金を調達した。しかし、企業債による融資は、その内 358 億元にすぎず、両者の比率は3.79：1 となっている。

次に、企業債券市場の発展は、国債市場と政策性金融債券市場の発展より遅れている。例えば、2003 年における、国債と政策性金融債の発行額は、一兆元以上に及んでおり、企業債権の発行額の30 倍以上に上っている。

三　重い金融負担に直面

（一）不健全な体制に起因する重い金融負担

目下、中国の金融業は明らかに市場独占的な情況を示してきた。中国に

おける四大国有商業銀行は、おおむね中国内商業銀行全ての預金、貸付け、為替業務市場の中の60％以上を独占してきた。また、129の証券会社による、1000億元以上の資本金の中で、国有資本は50％を超えている。さらに、中国生命保険会社（中国人寿）は、国内における保険業務の70％以上を独占している。中国財務ヘッジ会社（中国財険）は、国内における45％以上の財務リスクヘッジを独占している。

このような中国における金融業が、特定の大会社に高度に集中している情況は、問題を生んでいる。その一、株式所有権の機構が過度に画一化し、一銘柄の株が過度に肥大化する情況も生んでいる。

その二、市場内であるべき競争原理が働かない情況を生んでいる。このことは、国有金融機関の改革に向けての動力を削いでしまうことにつながっており、経営効率の低下と国有金融機関発展をもたらしている。

その三、普遍的に平等主義の思考方式が存在していることである。これは、現代企業の発展に必須不可欠なインセンティブ体系の構築に不利な情況をもたらしている。

その四、国有金融機関の所有権名義は国家であるが、実際上その所有主体は不明確である。このような状況下では、往々にして不明確な所有者が影響力を行使しようとすることがあり、いわゆる人治の影響を受けやすい問題が発生している。組織内部の人間による実務の独占的管理によってリスクが発生するという現象が顕著である。

その五、経営に参画する人員の中に、普遍的に官尊意識が存在すること。ただ、上級の意向を汲むことにのみ専心して下級への目配りを怠り、官の意向のみ重視して民間の意向を軽視するという情況が見られる。

その六、構造的な欠点が依然として存在する。関係者が改革の本質を理解せず、皮相的に軽挙する傾向も非常に顕著な現象である。

（二）資金の不足が依然顕著

四大国有商業銀行についてみれば、仮に政府による資金注入がなかったなら、バルセロナ合意に定められた資本比率を達成することは不可能であっただろう。また、証券会社についてみれば、その資本金規模は1000億元を超えているが、国外における大証券会社一社の資本金量にも及んでいない。続いて中国における保険会社についてみてみる。プアーズ社の公布する指標によると、同社は中国の保険業界に対して調査を行った結果、2006年における中国保険業界の資本金不足は300m億元に上っており、資本金の情況からみると国外における巨大金融機構と渡り合うことは難しいとした。

（三）不良債権による負担が依然顕著

　近年、四大国有商業銀行では、二次にわたって巨額の不良債権切離しを行ったが、2006年末の時点で、国有商業銀行による不良性融資額は、依然1兆と5億元に上っている。また、証券会社の不良債権の比率も平均して20％に上っている。国内金融機構に対してこのような虚弱な経営体質で国際的市場競争に参加させるとすれば、その難度が非常に大きくなることは想像に難くない。

四　金融システムの運用効率が低い

（一）M2/GDPの比率が長期にわたって高止まりしている

　関係するデータによると、1991～2003年の間に、中国国内総生産は5.4倍の成長を遂げた。年平均の成長率は15.61％であった。同期間における広義の意味における国内通貨量は11.4倍となった、つまり通貨量の年平均増加率は23.06％であり、これはGDP年平均増加率の1.5倍となっている。これは、通貨の発行効果が必ずしも所期の効果を生んでいないことを意味している。

（二）総資金量の過剰と資金調達の構造的不足という情況が同時に起こっている

　ここ数年、国内における資金総供給が総供給量を超える現象は、日増しに強まっている。それは次のような現象の中に現れている。一、預金準備比率が高止まりしたまま下がらず、貯蓄性預金の規模の急速な拡大をもたらしている。例えば先進諸国においては、貯蓄比率は、一般的に10％～20％程度であるが、中国においてはこれが45％にも達している。2006年末、人民元貯蓄性預金の全体規模は、16兆元を突破した。二、商業銀行においては、終始巨額の預金高過多が起こっている。この預金高過剰は、2005年末の時点で、すでに9兆2000億元に達していたが、いっぽうで資金不足の構造的問題は未だ解決をみていない。

　このことは、中小企業の資金調達難と、農村地区の資金欠乏という形で集中的に表れている。これらのことは、いずれも金融機構配置の効率が高くないことを示している。

（三）国内貯蓄の過剰と、外資の大量流入が同時に起こっている

　データによると、1993～2006年までの間、初年の1993年を除いて、中国国内貯蓄総額は、一貫して総投資額を超えている。このような国内における貯蓄高の過剰と同時に、大量の外資が流入しており、このことは中国

金融体制に深刻な低効率と資源浪費現象が存在していることを示している。

五　農村金融による農村支援の不足

農村金融は目下非常に深刻な問題に直面している。国有金融機構が貸付決定権限を上部に回収した結果、県級以下の金融機構は、ただ単に預金を集めるだけの「集血機」となってしまった。このことは、農村金融に対して深刻な「失血」現象をもたらしている。

同時に、非正規的金融活動に対する打撃と圧力は、二つの不可避の結果を生んでいる。その一つめは消滅である。すなわち、例えば農村合作信用基金、経済服務部、金融服務部といった類の信用合作組織が取締りを受け事実上消滅してしまった。二つめは、闇金融化の問題である。一部の地方においては、個人による銀行類似業務、高利貸しなどが存在している。これらは、いずれも非合法の存在であり、農村の経済主体による資金需要を有効に満足させることは難しい。ただ農村信用社のみが残存して、苦心しつつ農村経済の発展を支えている。

第五節　金融体制改革が直面している課題

一　金融体制改革の特殊性に起因する課題

（一）金融体制改革は、国有企業改革の制約を受ける

中国の金融業は、国有金融機構、特に国有の銀行業をその主体としている。しかし、国有商業銀行の主要な貸付けサービス提供先は、多くが国有企業であることから、中国金融体制改革は、国有企業全体の改革と密接な関連性の中に置かれている。

国有企業の改革にあたって採用されている政策のうち、特に国有企業に対して行われる政策性破産は、国有金融機構の改革に不確実性をもたらす結果となっている。

（二）金融体制改革は、多くの外部的要因の制約を受ける

国有商業銀行の不良債権を例に取れば、その成因は複雑多岐にわたっている。体制自体の時代遅れ、組織内部における機構管理の不適切といった要因のほかに、多くの外部的要因が存在している。

　すなわち、総融資の中に占める直接融資の比率が低すぎることから、企業自身の自己資金の欠乏が非常に深刻で、生産・経営が銀行貸付に過度に依頼する結果となっていること、産業構造の調整を支援するため、政策が国有企業を再生する方向に変わりつつあり、国有商業銀行はこれに対して、大量の特定貸付金を放出していること、社会における信用環境が比較的に悪く、企業による銀行融資の貸倒れの問題が深刻になっていること、会計検査制度がまだ実行に移されていないことから、大量の粉飾決算を生んでいることなどを挙げることができる。

　これらのことから、国有商業銀行がその長年にわたる業務の過程で蓄積されてきた各種損失は、西側市場経済国家における商業銀行がその経営の過程で計上される損失とは異なっていることがいえる。

　国有商業銀行に蓄積されたそれら損失は、社会主義市場経済体制を建設し、国民経済の急速な発展と社会の安定を保持するためには、必ず負担しなければいけないコストであるが、これは先述した外部要因改善への取組みの過程で、大きな足枷となる可能性がある。

二　重い歴史的負担に起因する課題

　目下、中国の金融体制には残された多くの深刻な問題点が存在している。例えば、商業銀行の不良債権の問題、国有の株式制金融企業における官尊の問題、証券会社、及び信託投資会社の損失問題、民間の株式制企業集団における資金調達の構造的緊張状態、証券市場における株所有権の問題、AB 株が並存している問題などである。

　その中のどの一項目をとっても歴史に起因しないものはなく、さらにどの一項目も容易ならざる難題ばかりである。それらの問題は、投資者の利益、金融管理部門の利益、投資者の利益など各方面の利益と複雑に関連しあっている。その処理には、長い歳月を要するだけでなく、その難度も相当なものとなることが予想される。

三　金融企業の商業化がもたらす課題

　例えば中国農業銀行が業務上考慮を要するのは、「三農問題」に向き合うことである。三農問題は、目下の中国において完全に市場原理に基づいて、その解決を図ることは不可能である。その理由は、第一に農業銀行の農業に対する利益対投資効果は比較的低いものであること、第二に広範囲に分散している中小農家、並びに郷鎮企業に融資を実施しなければなら

ず、そのコストは比較的に高いものとなることが挙げられる。これらのことは、農業銀行の商業化改革にとって、最大の障害になっている。

更に、例えば農村信用社は、ただ名義の上だけでの「合作」組織であり、実際の経営上、農村信用合作社は、官製金融機構の性質が依然として存在している。従って、その経営は常に行政当局の干渉を受けることになる。それと同時に、農業活動による相対的収益は、低いものに抑えられがちであることから、農村信用合作社は、平均化した安定的利潤を得ることができない。このことが、農村信用合作社商業化へのステップを困難なものにしている。

四　株式制に向けた組織改造がもたらす課題

(一) 資本の多様化による課題

これによってもたらされる課題は、現在三つの方面に現れている。

その一は、資産評価の問題がもたらす課題である。資本の多様化は、必然的に資産評価、及び資産を株価に換算する問題に関係してくることになる。そのことから、資産評価の難度は、比較的に高いものとなる。その原因として、まず資産評価の範囲を広範な範囲に設定することは困難であることが挙げられる。資産評価は、有形資産の評価問題、無形資産の評価問題の両方に関わってくる上、更に流動資産の評価をどうするかという問題にも関わってくるのである。そして、また更に経営性資産の評価問題、非経営性資産の評価問題にも関わってくるのである。

その二、資産評価において政策の影響を強く受ける点に困難がある。資産評価は、全てにおいて国有資産の評価の問題に関わってくる。たとえ非国有資産が一つの株式時価による換算によって資産評価を受ける情況にあっても、国有の純資産評価の結果に関しては、必ず国家資産管理部門による認可を必要とする。

その三、資産評価の過程が複雑である点に困難が存在する。資産評価に当たっては、少なくとも、申請立案、資産確定、評価見積もり、正確性検証といった四つの段階を経なければならない。

その四、資産評価の方法が多岐に渉っている点に困難が存在する。収益値を荒利で評価する方法、要したコストを算入して純益で評価する方法、現在の市場価格で評価する方法、実際の精算価格で評価する方法などである。

またその外、合弁資本における利益衝突の問題もある。資本を多様化す

る過程では、往々にして合弁による資本調達がなされる。しかし過去の事実が証明しているように、合弁は決して安定的な資本構造ではない。合弁資本間相互の利益が衝突する情況の下では、それぞれの株主は、往々にして同床異夢の状態にある。

更に、持ち株によるコントロールを行う権利に関する困難もある。外資が中国資本の銀行をその持ち株によってコントロールすることができるのか？25％を超えられないという限界を突破することができるか？これらの問題は、株式所有権の多様化に向けての戦略を実施していく上で、ぜひとも明確にしなければならない問題である。

（二）国有金融機構を会社組織に改組よる課題

組織の改組は、ひとつの革命に他ならない。その過程においては、多くの根深い問題に遭遇しなければならない。

その一、改組の過程においては、必然的に従来から引き続いてきた固定観念と衝突する。その二、また必然的に、組織所有者がはっきりしない問題に遭遇する。その三、さらに組織の肥大問題に直面することも必然である。

これらのことから、組織改変の過程は、とても長い時間を要する、そして痛みを伴う課程でもある。

（三）金融企業の組織管理機構を完成する上での課題

一是如何理解公司治理结构尚未达成共识。在中国，各部门对于公司治理的说法和要求也不尽一致，对于 OECD 公司治理原则（1999 年版和 2004 年修订版）没有正式的态度。因此，我们所说的公司治理改革很可能是一个没有定义或定义不清的改革。

その一、企業の組織管理機構をどのように理解するのか、という問題点について未だに共通認識が得られていない。中国においては、政府各部門による企業の組織管理に対する言説、要求事項ともに必ずしも一致していない。OECDによって提起されている「企業組織管理原則」（1999 年版、2004 年修正版）に対する態度もまだ正式決定をみていない。従って、我々が言うところの企業組織管理の改革についても、ある意味で定義のない、或いは定義の曖昧な改革であるということにならざるを得ない。

その二、株主の利益に関して、その保障体制が欠如している。例えば債務転換株式、転換株式保有者の保有権保証は、未だ実現しておらず、その利益も保証されていない。極端には、何の債権も持っておらず、また何の株式も保有していないのと同じような状態である。

　その三、企業組織内の党組織と、役員会・管理階層職員との関係をどのように適切に処理するかということも難題である。ほとんどの場合、党組織は役員会・管理層職員に対して支持・保障を与える役割を果たしている。しかし、少数の例ではあるが、相互不一致の実例が存在している。この争いをいかに解決するのかという問題については、更なる関係原則の設定と指導性の発揮が必要である。

　その五、誰によって報酬が定められるべきであるかという問題である。過去長期に渉って、上場企業となった後ですら、銀行内部職員の級別待遇制度と、行政職公務員の級別待遇制度を連動させていた。職員の消費、福利、住宅などもこれに準ずるものとしてきたが、実質上の待遇水準は、公務員のそれを上回るものであった。

　その六、高級管理職員をどのように選抜するかという問題である。目下、国有商業銀行の高級管理職は、「中央直轄幹部」一員であり、その任免権は政府によって掌握されており、銀行役員会は、任免権を持っていない。法律的な角度からいうと、役員は株主によって選任され、高級管理職は役員会によって任用され、さらに中級管理職は、高級管理職によって任命されることになっている。しかし国有商業銀行においては、誰が任命候補者を選出するのか、そして誰が誰を任命するのかについての問題はまだ解決されておらず、組織内部の人間のみによって、人事が壟断される危険性は依然として存在している。

　目下の情況から見ると、海外株式市場に上場している銀行でさえ、企業内高級管理職の選抜と任命において、依然として組織内部部門の要求に従って行われることが多く、必ずしも競争原理の結果によって行われていないのが現状である。

　このことは、国有商業銀行の人事改革全体を、進むも退くもままならない困難な局面に陥れかねない。もし一方的に組織改革のインセンティブを提示すれば、銀行組織のトップは行政体系と市場体系の両方から二重の利益を得ることになり、逆に体制改革へのインセンティブが全くなければ、旧体制の病根から脱することはできない。

（四）金融企業が上場することに伴う課題

　株式市場への上場は、国有金融機構の株式所有権構造の改革を可能にするとともに、資本の実力を強化して、市場における良好なイメージを打ち立てることにも有効である。しかしながら、上場によって公衆性企業になって後、その会社の組織管理・経営管理は完全に資本市場に対して公開さ

れることになり、社会世論の厳格な監督の下に置かれることになる。

　もしうまくいけば、このことは将来にわたって、銀行が適切な経営を行う上で大きな推進力となり、また不適切な経営を防止する上で大きな拘束力ともなる。そして銀行の市場適応能力を鍛錬、向上させ、ひいては銀行の長期的に有利な作用を果たすものと思われる。

　しかし、これがうまくいかなければ、銀行は激烈な市場競争の中で淘汰されることになってしまう。

五　金融自由化に起因する課題

（一）分業的経営から徐々に混合的経営に移行過程における危険性

　従来の分業的経営と分業的監督というあり方は、保険業、銀行業、証券業それぞれの資金を防火壁によって区分するものであった。しかし、混合経営はその防火壁を徐々に取り除いていくことを意味している。当然ながら、それに伴って提起される疑問点は、混合経営形態は金融危機の危険性を増大させるのではないか？ ということになる。

（二）金融国際化がもたらす課題

　金融国際化は、一おそらく経済運営の不安定性を増大させる。ある面においては、金融国際化は、金融マクロ・コントロールの対象を、従来からの内部的均衡に加えて、外部的均衡にまで拡大させるものである。もうひとつは、短期的、盲目的、分散的、正体不明、強い投機性などの特徴を持つ金融資本が大量に流入することも考えられる。市場体制が未だ健全とはいえず、制度建設においても未だ途上にある中国は、このような性質の外部資本の圧力による打撃を受けやすい。

　二、貨幣政策の有効性を弱める結果となる可能性が高い。金融開放という前提の下で、貨幣政策はすでに、過去のように拡大縮小自由自在というわけではない。例えば、経済の好況が行き過ぎる場合、中央銀行はこれを抑えるために、通常、公定利率を引き上げ、これによって資金貸付けの規模を抑えるとともに、市中に流通する貨幣を回収する政策をとる。しかし、この利率の引き上げは、おそらく大量の外貨流入を招くことになるであろう。流入する外資は、当該国の貨幣に交換されて投資に供され、結局、通貨当局による通貨縮小の効果を打ち消してしまい、行き過ぎた好況を抑える手段を喪失することになる可能性が高い。

　三、また金融国際化は、おそらく国家による政策決定権に対して打撃を与えることになると思われる。金融国際化は、必然的に従来の国家による

経済政策への関与・決定権に対してある種の打撃的影響を形成する。この
ことは、政府による経済主権・経済政策決定権の一部を転移させることで
あり、ある意味では、それら諸権利の喪失と表現することもできる。

六　金融危機を防止することによる課題

　中国は、金融危機の危険性が高度に集中している国である。その原因は
多方面に渉っている。

　まずは、自身の体制、制度建設、内部管理、監督機構などに関する問題
点を指摘することができる。また、業界の特性に起因する要因もある。先
進国においてすら、経済上の問題について、金融業に関連する案件が、そ
の他の業種によるものより多い。更に、歴史発展段階に起因する要素も存
在している。すなわち、国民一人当たりの平均GDPが1000～3000米ドルと
いう段階にあるのと同時に、目下高度経済成長の真っ只中にあること、そ
して内部における矛盾が噴出する時期を迎えていることである。その他、
アジア文化がもたらす特有の要素もある。それは、情緒が制度に優先して
しまう傾向である。

　金融体制改革の重要な目的は、金融危機と危険性を防止、軽減すること
にある。しかし、金融改革そのものも、おそらく金融危機を誘発する危険
性を内包している。つまり従来潜航していて危機要素が、俄かに顕在化し
実際に金融危機を惹起する危険性である。

第六節　未来の金融体制改革に向けての考え方

一　金融に対するコントロール能力の強化

　(1)　国家サイドから言えば、金融の開放程度の掌握と2種類のツール
を適切に運用させることが必要である。

　すなわち、一、開放程度について言えば、一国際化の程度と、市場経済
の成長段階とは相応する関係になければならない。資金力が十分ではな
く、コントロール能力が不足しており、創造的革新が遅れており、さらに
経験も不足しているという中国の現状は、急進的な開放戦略をとることを
許さない。

　(2)　国際化の程度と、資本流動のコントロールとは相応する関係にな

ければならない。すなわち、国家が金融市場を開放する際、資本流入のコントロールと、資本流出のコントロールを区別して取扱わなければならない。また、全面的にコントロールを加えるのか、選択的にコントロールを加えるのかについても区分的取り扱いが必要である。また、市場動向のコントロールと、市場取引の数量規模のコントロールも区分的に取扱わなければならない。慎重なコントロールと、収支バランスシートとマクロ経済に起因するコントロールを区分すること、及び異なった形態による資本流動に対して、それぞれに区分的なコントロールを加えることなども必ず必要な事項である。

（3）国際化の程度と市場運営におけるミクロ的な基礎は、相応する関係になければならない。目下、健全な現代的企業制度、完備された法律・法規体系、科学的な会計制度と情報公開制度、厳格な監督・コントロール体制などといったミクロ的基礎に欠けるところがある現状に鑑みて、中国における金融国際化は、必ず慎重、かつ漸進的な過程を経て行っていくべきである。無鉄砲・突発的な急進的改革方式は採用するべきでない。

また、コントロールを行うツールの面から見ると、一収入超過となっている外貨準備を十分に活用するべきである。今や、外貨準備総額が、その規模において世界の首位に躍進して、1兆米ドルの大台を突破している。このように経常収支の黒字が依然として大きい情況の下で、我々はシンガポールのGIC（政府投資会社）のモデルに学んで、専業化した政府投資会社を設立し、その会社を通して外貨準備の運用を行うべきである。

それと同時に、2007年における、中国の最も適切な外貨準備高を7000億米ドル程度に定め、それを越える部分の外貨準備については、国有銀行の資金注入の必要量を満たすことや、社会保障資金の不足を補うこと、地方政府の負債を解消することといった方面に使用することも考えられる。

一方、政治的な目標を実現させるという面においては、高額の外貨準備を保持することも大いに有用な点をもっている。まず、それによって香港ドルの安定を維持することが可能である。次に、高額の外貨準備によって、中国はアジア通貨基金の設立に参与・出資する能力を得られる。アジア通貨基金が設立され、借款が引受けられ、貨幣の相互交換が行われることは、アジア地域、及び中国の金融発展と、貿易投資発展に相応する金融体制の構築に貢献するものである。

また、開発的な金融コントロールを十分に活用することが必要である。

開発的金融コントロールは、制度構築の立ち遅れ、市場のフレキシビリティー喪失から国家の金融安全を確保し、増強するための一種の金融形式である。これは、既存の金融制度の機能的欠陥を補充するのみならず、国家信用と金融機構の信用を組み合わせて、項目別融資の実施を通して、主導的に市場建設を推進して、各制度の完成を図ろうとするものである。そして、市場化の形式を以って、政府の目標を達成しようとするところに目的がある。

　従って、これは中国の金融体制変革の中間過程において、必要欠くべからざる有用な補充項目なのである。

　（2）中央銀行サイドから言えば、一、国内通貨に関する政策と、外貨に関する政策の協調関係を強化し、通貨政策の主体性と有効性を強め、さらに各種の有効な通貨政策を打ち出すことによって、銀行間の通貨貸付けを適切に増大させることが必要である。

　二、公開市場操作のノウハウを完成しなければならない。公開市場操作の合理的なタイミングと、強度を把握することによって、銀行体系の流動性を有効に調整し、貨幣市場における利率変動を安定させ、以って期待される市場牽引作用を発揮させる。

　三、金融マクロ・コントロールについての考え方を、受け身的なものから、主導的なものへ転換させる。また短期的なコントロールから、中長期的なコントロールへ転換させることが必要である。

　（3）金融機関サイドから言えば、金融コントロールは、幅広い作用空間を持っているといえる。すなわち、内部コントロール機構の建設、金融機関の資産の質を改善する、収益率及び顧客に対するサービス水準の向上、業界を跨いだ新業種への参画を試みるなどの諸点を挙げることができる。

　（4）金融市場の側から言えば、金融コントロールの重点は、貨幣市場、資本市場、保険市場と、先物取引市場等において、基本的制度をもう一度確立し、その完成を図ることにある。また、健全な金融市場の登記、信託、取引き、決算システムのサービス業務効率と監督効率を向上させることも必要である。

　（5）金融監督の側から言えば、金融コントロールの重点は、WTO加盟にあたっての承諾事項に適合させるという点にある。金融機構の資本充足率における厳格管理を徹底し、事前の監督・管理の中において、金融危機を未然防止、その危険性を緩和させるようにする。それと同時に、金融機

構が市場から退出させる規範を確立し、相応した保険・保障制度を構築する。

二　金融市場の構造の改善

（一）金融市場の均衡発展の促進

第一に、債券市場の構造的問題を解決しなければならない。目下、債券市場の主な構造的問題は、債権収益率の面における市場化が不十分なことにある。債券市場においては、未だ有効な標準的収益率曲線が形成されていない。債券市場の発展を図る上で、その核心的問題は、いかにしてその有効的、かつ標準的な収益率曲線を形成するかという問題である。

標準収益率曲線は、目下の経済動向に対する判断、及び将来の経済動向に対する予測に加えて、経済成長、通貨膨張、資本回収率など、債券市場における長短期金利利率形成に影響を及ぼしている経済諸指標を含むものである。市場の分散を打破し、科学的、合理的で有効な標準収益率曲線を形成することによってのみ、債券市場の健全な発展を確保することができる。

第二に、株式市場の構造的問題の解決を図らなければならない。株式市場の構造的問題は、健全な市場体系に欠けているという点に表れている。目下株式市場は、かなり強い差別的、排他的特性を呈しており、市場は、ほぼ完全に大企業の独壇場となっている。2004年5月には、深せん中小企業株式市場が業務を開始し、一部分の中小企業における資金融資難問題は解決を見たが、上場の敷居が高すぎるために、依然として成長の途上にある多くの中小企業が門外にあって市場への参画を拒まれている状態である。

従って、中小企業の資金融資難の問題を根本的に解決するとすれば、なるべく早期にベンチャービジネス、特に科学技術関連分野におけるベンチャービジネス投資市場の構築を図らなければならない。このように、融資対象のありように即した階層性のある市場体系の形成が不可欠なのである。

第三に、貨幣市場の構造的問題を解決しなければならない。当面の急務は、徐々に融資性格をもつ手形取引きを取り入れていくことである。手形を専門的に取り扱う金融企業を設立し、手形取引き市場の発展が遅れている問題の解決を図ることが必要である。続いて、貨幣市場で取扱う商品の種類を増やすことによって、貨幣市場取引きの流動性と投資性を実現する

べきである。

（二）間接融資の比重を安定的かつ妥当な程度に引き下げ

首先，商业银行可以成为直接融资市场的发行主体。一是商业银行可以以债权融资形式，通过发行金融债筹集资本；二是可以通过股权融资，发行股票上市。其次，尽快推行信贷资产证券化。我们估计，把信贷资产转变成债券，仅住房贷款一项，就可以为商业银行减少近10%的长期资产，为债券市场带来近亿元的融资量。再次，允许部分信贷资金进入直接融资市场。除可扩大证券抵押贷款的规模以外，还应加大上市公司兼并收购的信贷资金支持力度。

まず、商業銀行は、直接融資市場における資金貸付の主体となってもよい。つまり、一、商業銀行は、債権融資の形式を以って、金融債券を発行することを通して、資本を調達してもよい。二、株式所有権融資、発行株上場を通して、資本を調達してもよい。銀行貸付け資金を、なるべく早期に証券化することも必要である。

我々は、貸付け資金を債券化した場合、住宅貸付け一項目だけをとっても、商業銀行の長期資産の10%近くを減少させることができ、債券市場に1億元近い融資可能額がもたらされるものと推計している。商業銀行が、再び直接融資市場に参入することができるようになることで、担保融資の規模を拡大することも可能になる他、市場に上場したり、資金調達力を強化したりすることも可能になるだろう。

（三）株式融資と債券融資の合理配置

一つの成熟した市場においては、債券市場は一般に株式市場よりもはるかに大きい。2005年、米国における国債発行規模は、株式発行規模の6.5倍に及んでいる。しかしながら、2006年、中国の企業債券・会社債券発行額は、同期における株式による資金調達額の44%に過ぎない。中国における、債券発行規模が小さいことは、市場が企業債券を必要としていないということではない。むしろ、現行の債券発行許認可制度と、企業の信用格付け制度が不健全であることによる要因が大きい。また、市場が細分化されていること、市場における取引きの流動性が低いこと、及び市場取引き商品の単一性などの要素も債券市場の発展を阻害している。

将来における、企業債券市場の発展は、国家発展改革委員会、人民銀行、証券監督会、証券取引所による、多頭立ての管理方式から、単一機関による統一的管理方式に移行していくべきである。そして、企業債券の発行は、将来許認可制から登録制へ移行するとともに、債券発行主体の制限

と資金用途の制限をいずれも緩和し、債券発行定価の市場化を進めていくべきである。

三　金融企業の改革深化

（一）階層性のある資本市場体系の加速構築

いわゆる多層な資本市場を建設するということは、取引所内市場、取引所外市場、地域市場、無形市場といった多層な市場を構築することを意味している。それによって、異なる階層の直接融資が、異なる投資者の必要を満足させることを可能にするのである。

（二）利率の市場化改革を更に推進

貸付け利率の上限と下限を撤廃するという政策の基礎の上に、貸付け期間ごとの貸付金基準金利を簡素化し、長期高額預金利率の市場化を推進する。また、利率関連商品の研究を進めて市場に供する。これによって、中央銀行の利率体系を完成し、中央銀行の市場に対する、利率誘導力を高めるとともに、市場動向に応じて手形割引率を調整する仕組みなどの中央銀行における利率形成に関連する諸体制を構築する。

进一步完善票据市场利率以及市场化产品的定价机制，合理反映期限和信用风险。提高商业银行、农村信用社利率定价能力，落实利率市场化改革政策措施。此外，利率自由化改革必须同资本账户开放相互协调，利率自由化改革应该先于资本账户开放。

手形市場の利率、及び市場化商品の市場価格決定機構を更に完全なものにして、償還期限の長短、信用度の高低を合理的に反映させる。商業銀行、並びに農村信用社の利率決定能力を高め、利率決定の市場化改革措置を真に実現できるようにさせる。その他、利率の自由化改革は、必ず資本ストックの開放と相互に協調して行われなければならず、資本ストックの開放に先んじるべきではない。

（三）人民元交換比率を形成する仕組みの完成

第一、通貨バスケットの変化に注目し、通貨バスケット内での米ドルの比重を低下させる。それによって、人民元の米ドルに対する連動性を減少させる。第二、交換比率の変動幅に注目し、人民元から米ドル、その他の貨幣への交換、米ドル、その他貨幣から人民元への交換、双方向について比率の変動幅を増加させる。第三、外貨市場自身に注目する。各種の取引形式が並存する仕組みを更に完成させ、多層的で秩序ある外貨市場体系を完成させなければならない。

　そして、積極的に新たな外貨金融商品を開発する。金融機構が、有効な危機管理体制の下にあることを前提に積極的に革新を行い、資金力のある企業、個人が為替比率の変動に起因するリスクを避けられる金融商品を開発する。国境を跨ぐ資本市場の監督と管理を強化して、金融危機に備えるべきである。

四　金融企業の経営体制の変革

（一）国有商業銀行の株式制改革を引き続いて安定的に推進する

　この方面における改革の重点は、以下の三つの方面に分けることができる。

　第一、商業銀行の組織制度改革を積極的に推進する。現代企業制度モデル基づいて、現在の全国に一つの独立法人を設置し、さらに各行政単位にそれぞれ商業銀行を設置している現行の形態を、いくつかの全国性商業銀行と、多くの地方商業銀行のからなる形態に改革する。具体的な方法としては、国有商業銀行が適切な範囲で一部分の末端機構を切り離してこの改革に供する形で、国有商業銀行が株式を所有する地方商業銀行を建設する。これによって設立された地方商業銀行の株式所有・持ち株については、全国性商業銀行によるものであるが、これら地方商業銀行は、全国製商業銀行組織の一部分ではない。

　全国性商業銀行と、地方商業銀行はそれぞれに独立的な法人であるという実体を持つ。国有商業銀行の行う業務の重点は、大都市における大中型企業に対する業務であり、地方商業銀行の主要な業務対象は、地方における小型企業と個人経営者である。

　第二は、国有商業銀行の内部組織管理を強化することである。これには、次のような内容が含まれている。

　すなわち、国有商業銀行の法人としての組織管理機構を健全なものとする。監事会と役員会の監督の下で、銀行長による責任管理を行わせる体制を完成させる。科学的な経営意志決定体系、及び組織内部のコントロール機構と危機管理体制を構築するなどである。

　また、経営権限集約化の原則に基づき、水平的組織機構の構築を行い、組織内における業務過程と管理過程の流れを整合的なものとする。資金貸付けにあたっては、審査部門と実際に貸付けを行う部門を分離する。貸付け担保を差し押さえる制度と、債権資産の質を責任管理させる仕組みを完成する。信頼性ある会計制度と、厳格な情報公開制度によって事業面と経

済面の両面におけるインセンティブを結合させる。また、管理コストと人件費によるコスト削減を目指して、組織のリストラと人員削減を進めることも必要である。

第三は、科学的な審査指標体系を構築することである。この指標には、総資産の純回収率、資本金の回収率、コスト及び収入のバランスシート、資本充足率、焦付き可能性のある高額債権の集中度、債権総額中の不良債権比率といった要素が含まれる。

（二）政策性銀行の改革を深化させる

その一、政策性銀行は競争力のある開発性金融機構に変化しなければならない。開発性銀行は、西部地区も含めた産業構造の調整を実施するための金融サービスを持続的に提供して、インフラス・トラクチャーの建設、積極開発戦略を可能ならしめなければならない。

実際、世界における開発性金融の100年を超える実践と発展が証明しているように、開発途上国、先進国を問わず、開発性金融機構による資金供給によってはじめて政府の発展目標が実現されてきたのである。ただ単に市場における商業性金融機構による資金のみでは、これらの開発は実現不可能である。開発性金融機構は、社会の協調性ある発展を促進する役割を果たしているのである。

世界銀行、アジア開発銀行、ドイツ復興金融銀行、米国住宅貸付協会、韓国産業銀行、ブラジル開発銀行などは、全て国際社会で知られた開発性金融機構である。現在の問題は、開発性金融機構の管理モデルを構築することである。すなわち、国家による指定事業に使用する資金項目と、自主的経営判断によって行う開発資金提供項目を区別して管理することによって、採算性に関するマクロ計画を策定する必要がある。

その二、また政策性銀行は、競争力ある商業性金融機構にも変化しなければならない。政策性金融機構は、資本金の制約を受ける現代商業銀行の組織管理機構に準じた機構を構築しなければならない。そして、現代商業銀行の行う業務の延長として、長期貸付け業務を専ら行い、個人を対象とした業務は行わない。「一銀行に対して個別的なそれぞれの改革方策がある」という方針に基づいて、商業化改革を行い、負債・リスクに対しては自己責任を負うようにすることが必要である。実際、不良債権比率の方面から考えると、国家開発銀行、中国輸出入銀行、農業発展銀行といった、三つの政策性銀行は共に商業銀行化する基本用件をすでに備えている。

例えば、2006年末における国家開発銀行の不良債権比率は0.72%まで低下し、連続7四半期にわたって1%以下の水準を保持している。国家輸出入銀行において、その全行内業務を通しての貸付資金中に占める不良債権比率は、3.47%である。また農業開発銀行の不良貸付金比率は、7.65%となっている。

（三）非国有銀行の発展に大きな力を注ぐ

その一、金融業に参入する上での障壁を低くして、社会資金が株式を取得して経営に参与する、企業の買収合併、新組織の樹立などの方式で金融領域に参入することを促す。これを通して、国有金融業による市場寡占の程度を軽減させる

その二、一部の地域性株式制商業銀行を、徐々に全国規模に発展させ、都市信用社の組織を基盤として、都市商業銀行を建設する。

その三、郵便貯蓄における全国三万およぶ拠点を、地区銀行に改組する。郵便貯蓄の拠点は、全国三万ヶ所に上っており、営業拠点の多さでは極めて有利な条件を持っている。これらに対して金融業務を開放し、資金貸付けを許可すれば、これらを地区銀行に転換させるのは、さほど困難ではないと思われる。

その四、証券会社と基金管理会社に対して、戦略的投資者を導入すること通して、分類監督体制などを実行し、その組織管理機構を完全なものとする

その五、保険業に対して総合的保険集団を通して、専門性を備えた保険会社と仲介機構を設立し、以って多元的な保険機構体系を構築する。

（四）金融資産管理会社の政策的使命を終わらせる

2006年末、四つある金融資産管理会社が政策性任務を全うする最終期限を迎えた。これらの次の目標は、自社の商業企業化と株式制企業への改組である。実際、これら四つの金融管理会社が未だ政策性業務に従事していた時期、その後期において各種の実行可能な試行を開始した。

つまり、2005年より専ら政策性業務に従事する企業から、商業性企業に改組するための過渡的時期に入った。この時期、上部組織である本社から、下は末端の地方事務所に至るまで、組織全体を挙げての重要な業務は「業務項目を自ら開拓する」ということであった。しかし商業企業化は、単に業務の上だけで実現できるものではなく、組織の内部管理機構を市場における経営に適合したものにしなければならない。

従って、これらの金融資産管理会社をなるべく早期に、株式制会社組織

に全面改組することが必要である。そして国有資本以外の不良資産処理の経験ノウハウを持つ国外の戦略投資者をも含む外部からの投資者を募り、政府財政部が唯一の株主である情況を打破し、以って根本的に規範的法人組織管理機構を備えた企業へと移行すべきである。

五　金融に対する拘束管理を緩和する

（一）総合的金融経営の試行を安定的に推進する

金融業における総合経営は、おおむね二つの類型に大別される。その一は、同一法人の内部において、銀行、証券、保険業などの総合的業務が展開される形態である。これはドイツ、スイス、英国などにおいて行われている形態である。その二は、資本関係を通して、集団内部において別業務に従事する法人を分立させ、それを以って集団全体として総合的経営を行う形態である。すなわち金融持ち株会社方式である。

中国の金融監督・管理体制の現状と、金融発展の水準に鑑みて、これら二者の内、金融持ち株会社の形態を参考にして、金融総合経営の試行を行うことが適切であると思われる。これによって、総合的な金融派生業務を発展させることは、金融企業の経営能力と競争力を向上させるのに有利に作用するであろう。

（二）金融持ち株会社の規範に即した発展を推進する

二つのステップに分けて金融持ち株会社を設立に関連する法律制度を完成する。すなわち、まず人民銀行を筆頭にして「金融持ち株管理・監督条例」制定する。これによって、比較的高い効力レベルを備えた行政法規が成立することになる。次に、条例を実施してしばらくの時期を経た後、「金融持ち株会社法」を制定して、これを全国人民代表大会に提出して、その審議に付し成立せしめる。

（三）市場・体制を跨ぐ金融商品の開発を促進し市場を革新する

目下、アジアにおいては13種類の金融派生商品が取り扱われている。現在の手持ち条件の中で、少なくとも株価指数、株券、利率や、債券の期待価格とその指数、株式の購入権などを材料とした六種類の金融派生商品の販売が考えられる。これらを以って、さらなる金融派生商品開発の力量を強化し、投資とリスク・ヘッジに対する選択肢を増やす。

六　金融負担を減少させる

（一）金融財産権に関する制度の改革を強力に進める

社会において広範な株主を募り、あわせて証券市場に関連する法律・法

規の規定に合わせて体制の改革を実施する。そのことによって、次のような望ましい交換が得られるものと期待される。

その一、法人の組織管理機構を完全なものにする上で有利である。すなわち、金融企業が上場するということは、株式保有権の多元化を実現するだけでなく、更に重要なことは、上場金融企業は必ずや国際的慣例に基づいた企業運営体制を構築しなければならないということである。特に、健全な法人組織管理機構と、科学的な組織意思決定を行う仕組みの構築が必要である。それと同時に、金融企業間相互間で株を持ち合う仕組みは、経営環境の急変によってもたらされる衝撃を和らげることに有利である。

その二、規範的な金融企業経営体制の完成に有利である。金融企業は、リストラクチャー、制度改革、上場を通して、市場化の方向に向かい、株主の利益を最大化することを経営目標とする競争主体となるべきである。それと同時に、内部組織のコントロール能力の増大に伴って、その経営管理を強化して、大胆に金融革新を行う、サービス業務の質を高める等の方面において換骨胎換的な変化を実現する。

（二）資本金を補充する機構を健全化する

手段を尽くして中国金融市場の仲介と外資金融機構における資本金上の格差を縮小する。また、上場は、資本金の拡充を図る上で、欠かすことのできない効率的で持続的な手段の一つである。すなわち金融企業は、上場して初めて新株式を発行することを通して資本規模の拡充を図るだけではなく、上場後の配当、新株の追加発行、譲渡可能な債券発行などの補充手段によって、動的に資本規模を拡大するのである。そこに、これに関連する機構を健全化しなければならない所以がある。

（三）なるべく早期に金融機構の不良債権を解消する

中国金融機構の不良債権形成の原因は、二重の原因によっている。つまり大環境による原因と、小環境による原因である。従って、これら二つの方面を同時に射程に入れた戦略によって、目下の直面している問題からの脱却を図らなければならない。

すなわち、第一に外部環境を新たに再構築することを通して不良債権を処理する。例えば、正常な時期には、政府は税収の投入、資金運用、金融商品の刷新、経営業務範囲の拡大等の方向から金融業発展に向けての有利な大環境を創造する。その二、組織内部環境のリストラを通して不良債権を処理する。その鍵を握っているのは、内部組織をコントロールする過程で、不良債権の発生する仕組みを根絶することである。

七　多層的な農村金融体系の構築に実現

（一）商業性農村金融機構の発展に力を注ぐ

その一は、農業銀行の商業性金融業務の強化を要するということである。商業銀行としての性格を持つ農業銀行が三農問題に関連する分野でサービスを提供する際、その業務の主要な部分について商業化の程度が高いものであることを要する。これらは資金需要量の多い、中層・上層の農村経済主体に対して金融サービスを提供する。そのためには、商業性金融と政策性金融を明確に区別する原則を堅持することが必要である。目下、未だに農業銀行が農村における貧困対策のための貸付業務を行っている情況に対して妥当な処置を行わなければければならない。

その二、農村信用社による商業性金融についても強化しなければならない。すなわち、まず株式の所有権のあり方をしっかり完成させなければならない。その上で実情に応じて、合理的に株式投資の起点を確定させなければならない。社会資金の参与を支援し農村信用社の再構築を図る。規範に基づいた株式投資を行うことによって、株式投資資金の真実性と有効性を確保する。それと同時に、現代企業制度のあるべき姿に適合できる形で、農村信用社の企業管理制度を革新しなければならない。また、実際的・妥当な企業管理制度を積極的に探求しなければならない。

次に、金融機構内部の組織管理制度を完全なものにしなければならない。例えば貸付・投資管理における責任制、業務遂行の過程と各職場の監督機構を規範化すること、厳格な問責制度を開始し、内部会計監査の体制を強化すること、また職員全員による競争的な人事配置制度を開始することなどが挙げられる。

さらに、農村信用社に対する政策的援助と監督管理を強化しなければばらない。そのことから、農村信用社に対する法人所得税や営業税の一部優遇は、今後も維持されなければならない。また可能な条件を持っている省級人民政府は、農村信用社に対する政策支援を拡大しなければならない。「国家によるマクロ調整コントロール、省級政府による法に基づく管理監督、信用社自身の組織的自律、リスク負担における自己責任」といった諸点を総合的要求事項として、関係部門においては、適切なコントロール・監督の職責を果たさなければならない。それによって、農村信用社に対する監督管理を更に強化し、経営リスクの比較的高い農村信用社に対しては、時を移さず必要な措置を講ずるようにしなけ

ればならない。また債務返済が著しく困難な情況に陥っている、或いは経営状態が乱脈な農村信用社に対しては、金融市場から強制退去させることも必要である。

その三、農村部における中小金融機構を創建する。相対的にいって、小規模農家、並びに中小企業に対する金融サービスの提供は、大規模金融機構によるよりも、中小金融機構によるほうが向いているといえる。そのため、農村発展に向けての必要性に応じた消費者信用貸しを行う機構の設立を積極的に検討していかなければならない。

(二) 開放的な農村金融業務の発展に力を注ぐ

農業発展銀行において、金融資源配置をマクロ的に方向づける政策は、曖昧な部分があってはならず、基本姿勢を堅持していかなければならない。それらの政策は、政府の政策意志を体現すると同時に、ミクロレベルの経営管理においては市場原理と銀行経営の基本原理に従わなければならない。商業化管理の必要性の見地から、経営機構を完全なものとすると同時に、経営管理を強化しなければならない。

貸付金の提供範囲をさらに拡大し、それによって一流農業銀行に発展することを支援するべきである。指標に基づく、債権の質と経営効果を重要な対象とする検査体系を完成するとともに、有効な報奨体制を構築しなければならない。

農業発展銀行の貸付対象の特性に基づいて、その実情に即した適切・妥当なリスク防止体制を構築して、貸付金を放出でき、その管理と回収が可能な情況を確保するべきである。また、収入に基づいて支出規模を決定する、つまり経営効率によって支出規模を確定する有効な財務管理体制を構築しなければならない。収入金を分配する制度的仕組みの改革を深めることによって、業績と収入がかみ合うような仕組みを完成させるべきである。

組織内人事面において、幹部人事任用における制度を改革深化させなければならない。党幹部及び組織幹部のあり方についての原則を堅持するとともに、この原則と、幹部による組織管理における民主的なあり方を適切に均衡させなければならない。幹部に対しては、競争的人事による任用制度と任期制を、一般職員に対しては、契約による雇用制度を実施しなければならない。そのために必要な関係措置を講じ、良好な外部環境を整備しなければならない。

また、合理的な利益補償体制を構築して、財政部門が農業発展銀行の担

当している（商業性ではない）政策性業務について、その財政規模に応じた補償を行うようにするべきである。

　農業開発銀行の行う政策性金融業務に対しては、法人所得税と営業税を減免することによって農村開発銀行の提供する資本金の補充を行うべきである。各級政府の関係部門は、食糧財務に関する帳簿と綿花の政策性帳簿の清算を行い、各債権項目の性質を明らかにして、焦付きを解消する有効な措置を取らなければならない。多様な方式を通して不良債権を処置するべきである。

（三）多様な所有制度による農村地区の情況に合った金融組織を積極的に育成する

　我々は農村金融サービス機構が、完全に大規模商業銀行における機構と同様に運営されることは不可能であると考えている。農村地区の金融サービスに参入に要する際の要求事項を適切に調整するとともに緩和し、その敷居を低くすることが必要である。それによって、農村地区の情況に合った多様な所有制によるによる金融機構の発展を奨励・支援する。また、積極的に各種の形式による小額信用貸し行う組織、保険機構、郷鎮銀行等を育成し、農村金融のあり方に適合した有効な金融の仕組みを構築しなければならない。

（四）非正規農村金融業務を規範化する

　一面においては、農村において正規金融機構が収縮したことによって、農村金融市場において金融サービスを提供する金融機構は少なくなる一方である。この現状に鑑みて、非正規・準正規金融機構に一定の生存可能な空間を与えていくことが必要である。

　別の一面においては、非正規・準正規金融組織は、フレキシビリティーの面において正規金融組織よりも勝っており、比較的に強い生命力を備えている。従って、非正規農村金融組織の存在は必要である。しかし非正規金融機構は、組織化されることはなく、そして非合法化されたことから、最終的に農村における融資需要を満足させるという面においては大きな障害となっている。

　政府は、農村における非正規・準正規金融組織の活動に対する蔑視と抑圧的政策を緩和し、最終的には取り消すべきである。農村合作基金、農民合作保険機構、個人経営による金融機構、個人経営を主とした基金等の組織の存在を承認することによって、農村地区における正規金融制度の不足を補充しなければならない。

八　金融界の業務環境の改善

（一）法律・法規及び保障制度を完成させなければならない

　当面の急務は、一、金融市場における完成された法律体系を構築しなければならない。例えば、「外資銀行法」「国外中国資本銀行管理法」「商業銀行情報公開に関する法律」「預金保護法」「信用法」「銀行監査法」「投資基金法」「投資コンサルタント法」「証券取引法」「証券投資者保護法」などを制定、または改訂することを急ぐことが必要である。それによって、最終的に中国における法律的金融管理・監督体制の完成されたパラダイムを構築する。

　二、現行、すでに存在する法律体系を完全化しなければならない。現在の法律法規は、金融市場の不断の発展革新に従って、新たな修正を加え完成を図らなければならない。補充的内容が必要であれば、必ず時を移さず補充しなければならない。また、市場の発展的形成に障害となるような条文は、直ちに修正を加えなければならない。「商業銀行法」「証券法」「保険法」「証券投資基金法」の各法律中にある曖昧な部分については、それぞれに適合する実施細則を公布するべきである。また、関連する法律・法規間の整合性を高める取組みも進めなければならない。

　三、良好な法律執行体系を構築しなければならない。債権者の破産企業と破産企業の再建中における法律的地位を強化し、及び回収した債権による補償を受ける優先順位を担保しなければならない。

（二）新たな管理監督体制を構築する

　目下、中国の金融業は、業界ごとの分業経営から、総合経営方式への過渡期にある。この金融業における総合経営と、業界の枠を超えた大金融経営状況の出現と、その必要性に基づいて、各種関連政策が打ち出されている。

　中国における従来の分業経営形態も、その経過期間がそう長期ではないことを考慮したとき、目下、管理当局の下で金融機構の有効な監督が基本的に実現したという段階に過ぎず、総合的経営についても未だ研究・思考の過程にある。

　管理監督体制の完成は、二つの段階に分けて実行されている。その第一歩は管理監督に協調する適切な体制を完成させる段階。「一行三会（中央銀行と三つの監査・監督機構）」連絡会議を基礎として、財政部、発展改革委員会などの関係部門を交えて、協調的な金融管理監督をいっそう推し

進める段階。その過程で、関係諸機関が更に密接な協調的体制を完成する。

第二歩は、金融管理監督体制が最終的に統一的な業務方式に移行するという段階。つまりスーパー金融管理監督部門…「金融管理・監督委員会」を設立する。それと同時に、銀行・証券・保険会社への管理監督を端緒として、組織内部における管理・監督（自己による管理監督）と外部機関による管理監督〈行政機関による管理監督、社会による管理監督〉を組み合わせて、全方位的で多層にわたる管理監督体系を作り出す。

これには次の各機関が含まれる。その一は、大株主（すなわち、国家財政部門、資金を提供している会社）、及び内部の監査委員会による管理・監督である。その二は、銀行監査会、証券監査会、保険監査会で、これら責任を持って行政管理・監督を実施する。その実施方法は、現場における直接監査と、非現場性の監査という手段を通して、業務計画審査、監督・コントロールの実施、業務過程の検査、リスク情報の公開などによって、金融機構改革に責任をもつ。その三は、仲介機構を通した、業界の自立的に組織を通した、または報道メディアを通した、社会的管理監督は、一種の社会的公正心を代表しており、公平な競争体制と、調和の取れた経済秩序の構築を促進している。

（三）なるべく早期に預金保険制度を設立する

借海外における経験を参考にして、中国の預金保険制度は以下の考え方をもって構築する。その一、預金保険機構は政府によって管理され、その職務遂行上必要な権限を持つ。その二、預金保険は10万元を限度額とする。その三、預金保険は強制性を持つものとして、預金保険制度の設立に逆行する動きを防止する。その四、事前に保険金を徴収し、基金として積み立てる方式をとる。その五、保険料率は画一的なものとはせず、金融機構の公正な競争にゆだねる。

（四）管理監督方式を改変する

不良金融機構に対する処置として、直接的に関与する方式、或いは保護的な措置を実施する方式を採用する。金融機構に対する管理監督は、必要なコストが大きいばかりでなく、更に財政負担の必要性も依然として存在している。しかし、もし預金保険、情報公開と管財、買収、破産、合併などの方式をとるならば、その管理監督は更に効果的なものとなるであろう。銀行業、証券業、保険業、金融持ち株会社相互間でリンクしあう金融業務項目の発展状況に密接な注意を払う必要がある。市場経済体制の要求

に合致したリスク補償制度の構築、特に預金保険制度、投資者保護基金制度、保険保証制度の開始を急がなければならない。これによって業界の垣根、市場の垣根を越えた波及性リスクを防止する。

参考文献

曹龍騏主編『金融学』，高等教育出版社，2003。

曹龍騏主編『金融学案例と分析』，高等教育出版社，2005。

郭茂佳主編『金融市場学』，経済科学出版社，2005。

中国金融サイド（http：//www.zgjrw.com）：2007 年全国金融工作会議専版。

『中国金融時報』、『中国証券報』、『上海証券報』及び『深圳証券時報』関係文献。

中国発達地区におけるの産業
発展と構造調査 *

——深圳を例して叙述

　論文概要：中国の現実的な経済成長の方向からみれば、「改革・開放」20 数年に中国国経済に飛躍的な発展を齎したのは、資本と労働力の数量の増加と技術進歩が一つの源であり、深圳の産業構造を調整しつつであるのも一つの結果である。深圳は、中国の改革開放の産物であり、中国東部沿海部発達地区の典型的な代表でもある。深圳の産業構造調整の歴史と未来の発展を研究して更に具体的に中国の産業の構造調整を理解するのに役立つ。本文は大量のデータによって、主に三次産業構造の全体傾向から、有効性などの角度より深圳の改革開放以来の産業構造調整の状況を分析し、産業の構造調整の規則と深圳の実際の情況に基いて、深圳未来の産業構造調整の進展方向を指し示した。

　経済成長の実現ルートは二つがある。1つは、資本の蓄積、労働力の増加と技術の進歩である。もう一つは、資本、労働要素が生産性の低い部門から生産性の高い部門へリソース・リアロケーションをし、要素を見直して経済成長に加速させる。

　初めに経済成長を実現するルートは、市場体制の完備、労働力と資本流動自由、部門間の要素効率が等しい地域或は都市の経済成長の有効ルートである。このような状態の下で、部門間の労働力、資本の移動が、総生産量の増加と経済総量の拡大が出来ない。

　逆に、一つの経済体内に、市場ニーズは収入水準の上昇に伴って変わ

　＊　袁易明、陳紅泉：深せん大学経済特区研究センター。

る。市場体制の不完備、産業部門間の労働力・資本の流動・移動に妨害が存在する場合、要素収益部門間の差異で、要素の流動配置が新たな経済総量を作り出して経済成長を進める。このようなアンバランス成長は、経済成長の第二ルートであり、産業構造調整の実質内容である。

第一節　前書き：中国改革開放以来の産業構造調整

　中国は1978 年を起点とする「改革・開放」政策は中国国民経済にかつてない飛躍的な発展を齎し、経済構造も多きな変化が起こった。国内総生産（GDP）は、1978 年の3645. 2 億元から2004 年の159878. 3 億元までに成長し、年平均成長率が15. 6％を遂げた。構造上は、1979 年から2004 年までの三次産業の構造変化情況はそれぞれ、第一次産業の増加値が1018. 4 億元から20955. 8 億元までに成長し、GDPの占め率が27. 9％から13. 1％まで降下、第二次産業の増加値が1745. 2 億元から73904. 3までに成長し、GDPの占め率が47. 9％から46. 2％まで降下、第三次産業の増加額が、881. 6 億元から65018. 2 億元まで成長し、GDPの占め率が24. 2％から40. 7％まで上昇した。三次産業における構造変化の推移は図1をご参照。

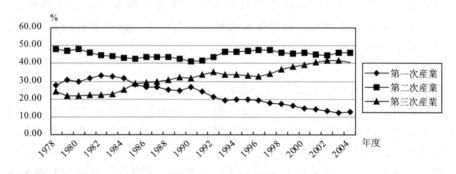

図1　中国三次産業におけるGDPの推移

　就職者数（表1）により、中国の産業就業人数は主に、農村部門から工業部門とサービス業部門に分かれる構造変化に現している。但し、農業人口の比重は依然として大きくて、農業人口の移転が長い時間を持続する。1980 年から2002 年まで中国各産業別の就業構造の変化はそれぞれ、労業部門の就業人数が約3 億人に安定した。全国の就業人数の比重が減少する

傾向で、68.8％から44.1％まで減少した。工業部門の就業人数が着実に上昇し、0.77億人から1.3億人に増えて総就業人数の18％を占めた。第三次産業の就業人数が新たな就業部門を吸収して0.55億人から1.8億人に増え、総就業人数の13.1％から24.7％に上昇した。

表1　中国各業種別就業人数の推移

年　度		1980	1985	1990	1995	2000	2002
合計（万人）		42361	49873	64749	68065	72085	73740
農、林、牧畜、漁業	人数（万人）	29122	31130	34117	33018	33355	32487
	比重（％）	68.75	62.42	52.69	48.51	46.27	44.06
伐採業	人数（万人）	697	795	882	932	597	558
	比重（％）	1.65	1.59	1.36	1.37	0.83	0.76
製造業	人数（万人）	5899	7412	8624	9803	8043	8307
	比重（％）	13.93	14.86	13.32	14.40	11.16	11.27
電力、ガス及び水生産供給業	人数（万人）	118	142	192	258	284	290
	比重（％）	0.28	0.28	0.30	0.38	0.39	0.39
建設業	人数（万人）	993	2035	2424	3322	3552	3893
	比重（％）	2.34	4.08	3.74	4.88	4.93	5.28
地質踏査業、水利管理業	人数（万人）	188	197	197	135	110	98
	比重（％）	0.44	0.40	0.30	0.20	0.15	0.13
交通運送・倉庫と郵便・電信・通信業	人数（万人）	805	1279	1566	1942	2029	2084
	比重（％）	1.90	2.56	2.42	2.85	2.81	2.83
卸売、小売業及び飲食業	人数（万人）	1363	2306	2839	4292	4686	4969
	比重（％）	3.22	4.62	4.38	6.31	6.50	6.74
金融、保険業	人数（万人）	99	138	218	276	327	340
	比重（％）	0.23	0.28	0.34	0.41	0.45	0.46
不動産業	人数（万人）	37	36	44	80	100	118
	比重（％）	0.09	0.07	0.07	0.12	0.14	0.16
社会サービス業	人数（万人）	276	401	594	703	921	1094
	比重（％）	0.65	0.80	0.92	1.03	1.28	1.48
衛生、体育と社会福祉業	人数（万人）	389	467	536	444	488	493
	比重（％）	0.92	0.94	0.83	0.65	0.68	0.67

年　度		1980	1985	1990	1995	2000	2002
合計（万人）		42361	49873	64749	68065	72085	73740
教育、文化技術と音響・映像サービス	人数（万人）	1147	1273	1457	1476	1565	1565
	比重（％）	2.71	2.55	2.25	2.17	2.17	2.12
科学研究と総合技術サービス業	人数（万人）	113	144	173	182	174	163
	比重（％）	0.27	0.29	0.27	0.27	0.24	0.22
国家機構、正当機構と社会団体	人数（万人）	527	799	1079	1042	1104	1075
	比重（％）	1.24	1.60	1.67	1.53	1.53	1.46
その他	人数（万人）	588	1319	1798	4484	5643	6245
	比重（％）	1.39	2.64	2.78	6.59	7.83	8.47

出所：『中国統計年鑑』により作成。

　各地域の産業構造を展開すると、中国各地域の経済発展水準の格差が大きい要因で、産業構造のバランスが取れなくなってしまった。また、中国各地域の経済構造上は、よく地域上（例：珠江デルタ、長江デルタの経済など）に類似性を生じるし、しかも、経済改革或いは市場化の発展順序、経済発展水準からみても、東部士地域から西部地域へ拡散、移転する傾向がある。北京大学の劉偉、李紹栄（2005）[1] が東部、中部、西部の三つの経済区に明らかな産業構造の相違が存在するとのことを指摘された。主に、東部経済区では要素私有化を通じて大量に資本要素と労働要素の初級市場経済構造の特徴を引きつけること、中部経済区では強い非工業化の経済構造特徴を表すこと、西部経済区では農業化の経済特徴を表すことである。中国社会科学院の李金華（2006）[2] が、中国の産業構造の変遷は、産業の空間集中に影響され、中国各産業の空間集中が極めてアンバランスであり、工業が殆ど東部沿海、中部、東北地域に集中し、西部地域に工業生産企業及び関連第三次産業の量が比較的に少ない。中国の産業集中には明らかに資源特色を持ち、異なる環境、資源の地域に異なる業種を集まり、天然資源が豊かな地域では多量な関連産業を集まっていると思っている。

---

[1]　劉偉、李紹栄：『中国的地区経済結造与平衡発展』，『中国工業経済』，2005 年第 4 期。
[2]　李金華：『中国産業結構的軌跡、σ—収斂性与空間集聚格局』，『財貿研究』，2006 年第 2 期。

過去 20 年余りの産業構造変化による結論は、（1）農業増加値が国内総生産額の比重より減少するする傾向であり、労業就業人数が全国の就業人数に占める比重よりも減少するする傾向であり、農業人口が持続的に他の産業に移動、移転した。（2）第三次産業が安定的に成長していた、ただ、増加値が第二次産業を越えていなくて、主導産業になれた。就業人数が農業部門より遥かに低い。従って、中国の第三次産業の低速成長が、農村余剰労働力の移転と都市化の水準アップに制約した。（3）経済発展に伴って、中国の産業類が益々増え、産業構造が益々複雑になり、産業構造の変遷に農業以外の各産業の就業人数の変動幅が小さい、ただし、各産業の増加値構造の変動幅が大きい。これは、中国労働力の移転に多きな妨害が存在し、産業構造の調整に完全に反映していないと言えよう。（4）中国では依然として大量の重複建設及び産業分布の不合理現象が存在してある。多くの工業企業がまだ粗放な生産を行い、競争力の核心に欠け、中国の第三次産業が著しく発展していない下で、中国経済が工業化の中期段階にある、完全な工業化時代に入っていない。（5）各地域の経済発展水準の影響を受けて、中国東部、中部、西部の三つの経済区間に明らかな産業構造の相違が存在する。東部沿海地区での産業の構造調整は中国の産業構造の変化を導く、一方、中西部地区の産業構造の調整が遅い。

　深圳は、中国の改革開放の産物であり、中国東部沿海部発達地区の典型的な代表でもある。深圳の産業構造調整の歴史と未来の発展を研究して更に具体的に中国の産業の構造調整を理解するのに役立つ。

第二節　深圳産業構造の進化と評価

一　経済発展と産業構造調整

　深圳のGDPは、1979 年の1.96 億元から20 数年の成長を経て2004 年に3422.8 億元に達して急速な発展が窺われた。その期間が三つの成長段階に別けられる：1979 ~ 1989 年のGDPが1.96 億元から115.6 億元に拡大、1990 ~ 1997年のGDPが115.6 億元から1130.01 億元に成長、1998 ~ 2004 年のGDPが1130.01 億元から3422.8 億元に成長した。その三段階に、深圳の経済成長の「三つ量級」を超えるのに実現した：10 年間（1979 ~ 1989

年）は百億元成長、8 年間（1990 ~ 1997 年）は千億元成長、6 年間（1998 ~ 2004 年）は更に2 千億元成長した。

　深圳の経済成長は、要素投入量の効果と産業部門間の要素流動配置の構造効果の「双効果」推移の結果である。要素投入量の効果は、社会資本と労働力投入量の大規模拡張に表す。1981 ~ 1985 年の間に全国固定資産投資の価格は、48.3 億元、1986 ~ 1990 年の間に141 億元、1991 ~ 1995 年の間に544 億元、1996 ~ 2000 年の間に1944.3 億元、2001 ~ 2004 年の間に3513.9 億元であった。1979 ~ 2004 年の25 年間に固定資産投資価格の累計額は7107.3であった。労働者数は1980 年に14.89 万人、1985 年に32.61 万人、1990 年に109.22 万人、1995 年に244.92 万人、2000 年に308.54 万人、2004 年に456.1 万人に達したのである。

　資本、労働力の量成長の効果は、三次産業を推進すると同時に高速成長させた。1979 ~ 2004 年まで三次産業の増加値はそれぞれ、第一次産業が0.7 億元 ~ 14.2 億元、第二次産業が0.4 億元 ~ 2108.1 億元、第三次産業が0.8 億元 ~ 1300.5 億元までである。

　深圳の経済成長の構造効果は、三次産業のまちまちスピードでの成長に表している。1980 ~ 2004の間に三次産業の総生産の年平均成長率はそれぞれ、第一次産業が12.8%、第二次産業が40.9%、第三次産業が34.4%である。経済規模の高速拡張、労働力、資本投入量の迅速成長と同時発展の産業構造変化により、深圳過去25 年間に経済成長の構造効果の主体が、産業拡張の「増量要素配置効果」に伴っている。

　1980 年、第一次産業のGDP 成長に対する貢献度は7.2%、同年第二次産業の工業のGDP 成長に対する貢献度は6.5% しかなかった。ところが、24 年後の2004 年に工業がGDP 成長に対する貢献度は61.34% に達し、第一次産業のGDP 成長に対する貢献より −0.2ポイントであり、第三次産業のGDP 成長に対する貢献が1990 年以降より減少しつつである。これによって、産業構造の調整に生じた構造効果は、過去24 年間に深圳経済に高度成長を促す重要な推進力であったことを判明できる。

二　深圳産業構造推移の全体傾向

　20 世紀80 年代の初めの改革と開放、経済特区の設立と外資の導入、特に香港工業資本の導入は、深圳経済のテークオフの序幕を引き開けた。同時に、深圳の産業発展と構造調整の過程を導かれた。伝統農業社会から工業経済社会まで、深圳の経済形態の実質変化と産業構造の深刻変化がはっ

きり現れた。

　深圳の産業発展の主な内容は、工業を主体とする第二次産業の構造、拡張及び内部モデルチェンジの進級である。このような構造変化は、第二次産業と第一次産業の相対速度に実現した。言い換えれば、低成長の第一次産業と高度成長の第二次産業が、第一次産業の産業構造に「相対衰退」のことを引き起こした（表2、図2をご参照）。

表2　1980～2004年まで深圳市産業構造の推移

単位：%

年　度	第一次産業	第二次産業	第三次産業	合　計
1980	37.0	20.5	42.5	100
1982	23.0	38.1	38.9	100
1984	11.1	45.5	43.4	100
1986	7.9	39.2	52.9	100
1988	6.5	41.3	52.2	100
1990	4.1	44.8	51.1	100
1992	3.3	48.0	48.7	100
1994	2.2	54.7	43.1	100
1996	1.7	50.3	48.0	100
1998	1.3	50.0	48.7	100
2000	1.0	52.5	46.5	100
2001	0.9	54.0	45.1	100
2002	0.8	55.2	44.0	100
2003	0.6	59.6	39.8	100
2004	0.4	61.6	38.0	100

注：産業構造は、産業の増加額でGDPの割合を占める。

出所：『深圳統計情報年鑑』各年。

　1980～2004年の間に深圳の第二次産業の高度成長は、全体産業構造の推移趨勢の主体であった。第二次産業の軌跡に呈したのは「放物線状」であった。これは、20数年に第二次産業が一つの方向に減少して、また上昇する傾向であることをいえる。そのうち、高度成長期は1980～1984年の5年間であった。その時期に第二次産業の第一成長動力は工業ではなく、建築業であった（表3、図3をご参照）。

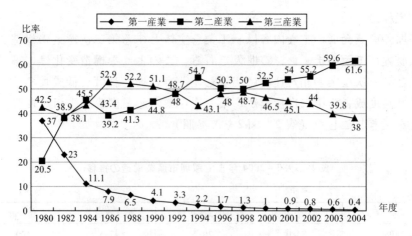

図2　1980～2004年まで深セン市産業構造の推移

表3　1980～1984年間工業と建築業の成長比較

単位：%

年　　度	工　　業	建築業	第二次産業
1980	37.9	48.2	42.9
1981	55.2	57.0	56.0
1982	12.9	64.8	49.0
1983	57.5	34.4	43.7
1984	56.6	39.1	47.6
年均増長率	44.0	48.8	47.9

注：上表データは、増加額の増加率である。
出所：『深圳統計情報年鑑』によって作成。

　1980～1982年の三年間に建築業の成長速度は遥かに工業を超えた。これは特区設立からの三年間に迅速に固定資産を投資して成長した結果である。故に、資本要素はその時期の肝心構造変動の推進要素であった。

　1986～1995年の間に、第二次産業の年成長率は33％に下回り、その後、即ち、1996年～2000年の間に年成長率が更に16％に下回った。

　深圳の産業構造の進展変化は三つの時期に分けられる（表4、図4をご参照）：

（一）1980～1985年は条規超えの高度成長変化期

　その時期に第二次産業の年平均成長率は86.9％であった。大量的に外資企業の導入と国内企業の流れ込みで、徹底的に深圳従来の経済構

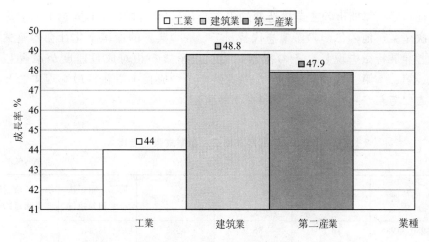

図3　1980～1984 年間深セン市工業と建築業の成長率比（％）

造モードを打ち破った。同時に従来の経済要素の供給構造も打ち破った。大規模の建設は、工業発展にチャンスを作り出すと同時に建築業の生産額もめざましく発展させて、産業構造変動を推進する第一次産業となった。建築業の増加値は1979 年の1. 7 万元から1984 年の5. 4 億元に急増し、工業の増加値の5. 1 億元を超えて第二次産業の中の中堅産業となった。

（二）1986～1995 年は高速、安定成長変化期

その時期に第二次産業の年平均成長率は33％であり、第一時期の成長スピードより56. 9％を下回った。主な特徴は、工業化の発展スピードが迅速で、工業化が基礎建設に取って代わり、産業発展に新しい領域となった。10 年間の工業発展は深圳が一つ伝統的な農業社会から工業経済社会に遷り変った。工業増加値は1986 年の10. 7 億元から1995 年の326. 3 億元に成長、30. 5 倍増であった。生産総額（当時の価格による高規模の工業）は33. 05 億元から1054. 2 億元に成長、31. 9 倍増であった。第二次産業と第一次産業の相対成長速度は30％であった。

（三）1996から今までは多元化産業構造成長期

その時期から第二次産業の年平均成長率は16. 8％に下回り、前期より更に50％を下回った。主な傾向は、第二次産業と第一次産業の成長スピーが過去 10 年前より大幅に下り、同時に第二次産業が第三次産業に当たる成長スピードも減少する傾向で、20 世紀 90 年代以降、第三次産業の拡大能力が比較的に強くなってきたからである。

　従って、深圳市の産業構造変動の主な傾向は、まず、工業を主とする第二次産業が他の二つの産業を代替して、一つ典型的な工業化社会の産業構造と発展特徴を現し、その次ぎ、第二次産業の相対成長速度が減少し始め、第二、第三次産業がバランスを持ちつつ成長する新特徴を現すことをここにてわかった（表4、図4をご参照）。

表4　時期別深圳三次産業成長速度比

単位：%

時　　期	第一次産業	第二次産業	第三次産業	第二、第一次産業相対速度	第二、第三次産業相対速度
1980～1985	13.8	86.9	49.2	73.1	37.7
1986～1990	8.7	33.1	16.2	24.4	16.9
1991～1995	− 0.2	33.6	28.2	33.8	5.4
1996～2000	3.6	16.8	12.8	13.2	4.0

出所：《深圳統計情報年鑑》各年により作成。

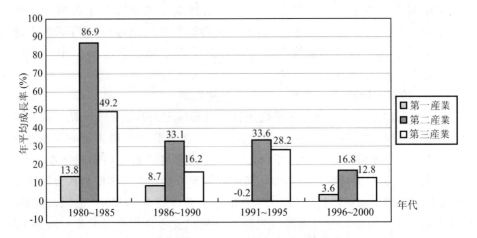

図4　不同時期深圳三次産業的相対増長速度

　深圳の産業構造の変動と国内主要な都市と比較すると、異なる特徴と産業構造変遷方向がある。北京であろうと、上海、広州皆は1980～2002年の間に同じ産業変化の傾向があった。即ち、第一次産業が安定的に発展、三次産業の分け前が殆ど変わらなかった。第二次産業の比重が減少すると、第三次産業が絶えずに上昇した。特に、北京と上海の二つ都市は、第三次産業の比重が上昇しつつである（図5−1、図5−2、図5−3をご参照）。

表5 深圳市対京、滬、広州産業構造の比較（GDPに占める割合）

年度	深圳市				広州市			北京市				上海市			
	第一次産業	第二次産業	第三次産業	一人当たりGDP	第一次産業	第二次産業	第三次産業	第一次産業	第二次産業	第三次産業	一人当たりGDP	第一次産業	第二次産業	第三次産業	一人当たりGDP
1980	28.9	26.0	45.1	835	10.9	54.5	34.6	4.4	68.9	26.7	1584	3.0	76.0	21.0	2738
1985	6.7	41.9	51.4	4809	9.7	52.9	37.4	6.9	59.8	33.3	2702	4.0	70.0	26.0	3855
1990	4.1	44.8	51.1	8729	8.1	42.6	49.3	8.8	52.4	38.8	4878	4.0	64.0	32.0	5910
1992	3.3	48.0	48.7	12707	7.0	47.3	45.7	6.9	48.8	44.3	6804	3.0	61.0	36.0	8652
1994	2.2	54.7	43.1	19514	6.2	46.8	47.0	6.9	46.1	47.0	10261	2.0	58.0	40.0	15204
1996	1.7	50.3	48.0	27005	5.6	46.7	47.7	5.2	42.3	52.5	15044	2.0	55.0	43.0	22275
1998	1.3	50.0	48.7	33282	4.8	44.9	50.3	4.7	39.1	56.6	18478	2.0	50.0	48.0	28240
2000	1.0	52.5	46.5	39745	4.0	43.4	52.6	3.6	38.1	58.3	22460	2.0	48.0	51.0	34547
2001	0.9	54.0	45.1	43355	3.6	42.3	52.1	3.7	36.2	60.3	25523	2.0	48.0	51.0	37382
2002	0.8	55.2	44.0	46030	3.4	41.0	55.6	3.1	35.6	61.3	27746	2.0	47.0	51.0	40646

出所：各年の『深圳統計情報年鑑』及び北京、広州、上海の統計情報サイトにより作成。

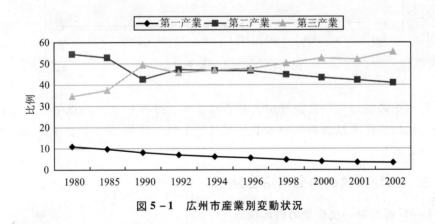

図5-1 広州市産業別変動状況

　深圳は北京、上海、広州の三市との産業構造の変動状況を比較することにより、過去20数年の間に、深圳の産業構造の発展変化が第一、第二産業の間に発生し、一方、北京、上海、広州の三市の産業構造の発展変化が第二、第三産業の間に発生し、また、深圳の産業発展が工業を主

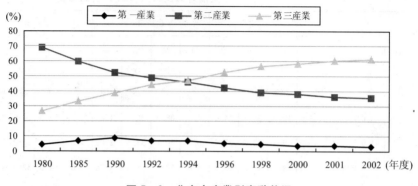

図 5 - 2　北京市産業別変動状況

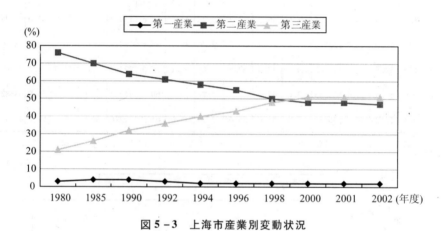

図 5 - 3　上海市産業別変動状況

とし、その三市の産業発展が工業ではなく、サービス業の拡張であるた
め、深圳の産業構造調整の水準が北京、上海、広州の三市より低いこと
を言える。

三　深圳産業の内部構造と評価

（一）深圳第一次産業の内部構造

　農業社会から工業経済の形態変遷に伴って、深圳の第一次産業の内部構
造に巨大な変化が起こった。工業化による大量需要で、農業の自己満足生
産から産業化生産にさせた。また、市場制度の形成と完備によって、深圳
の農業が閉鎖運営から商業化運営になり、商業化の農業産業の内部構造が
形成させた（表 6、図 6 をご参照）。

表6　深圳現代農業産業構造の形成

単位：%

年　度	栽培業	林　業	牧　業	副　業	漁　業
1979	49.6	0.6	12.2	34.3	3.3
1990	31.6	1.4	44.1	2.7	20.2
2004	32.3	2.1	34.2	1.8	29.5

（注）：産業の生産額が総生産額を占める割合。

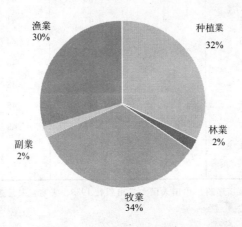

図6　2004年深セン市産業別生産額が農業生産額
を占める割合

　ここから得る結論は、工業化の高度推進により深圳の農業労働力と土地
資源の供給量が迅速に減少、短期間に自然農業から商業農業に移り変わっ
た。つまり、中国この伝統状態に位置してある強大な地域に対し、深圳の
農業現代化は少なくとも他の地域より20年をリードし、国内のトップに位
置しているということである。

（二）深圳工業の内部構造

　深圳の工業の内部構造を研究することあたり、主に深圳の工業化程度
と工業化水準とのの二つを研究する。工業化程度は、工業がどのくらい
の経済資源を占めるかと経済構造に当たる地位と役割に現すのである。
工業化水準は、工業内部の産業に当たる国内外の先進程度に現すのであ
る。

1. 深圳の工業化程度と評価

表7 五大工業国第二次産業の労働力就業比重

単位:%

年　代	日　本	アメリカ	イギリス	ドイツ	フランス
1870	5	25	50	36	38
1880	9	25	49	39	42
1890	13	28	47	40	36
1900	20	30	47	42	35
1910	19	31	50	41	37
1920	24	34	47	41	39
1930	26	31	46	44	35
1940	31	31	47	48	—
1950	35	35	45	48	—
1960	35	34	40	45	—
1970	35	31	37	48	37
1980	35	30	36	43	34
1999	31	22	25	32	—

出所：楊治編集『産業経済序論』中国人民大学出版社1985、張塞、朱元鑫主編『国際統計年鑑』1995、2001により作成。

表8 深圳三次産業就業者構造比

単位:%

産業＼年度	1980	1982	1984	1986	1988	1990	1995	2001	2004
第一次産業	13.1	10.0	27.2	18.5	12.9	6.1	1.8	1.0	0.4
第二次産業	24.9	32.9	36.1	39.2	49.7	69.8	66.0	55.7	57.3
第三次産業	62.1	57.1	36.8	41.9	37.3	24.2	32.2	43.3	42.3

出所：各年版『深圳統計情報年鑑』により作成。

産業構造の発展傾向の一つ重要な表現は、労働力要素が産業間に移動することである。これは、「ペティー＝クラークの法則」にも十分に表している。そこで、労働力の就業構造は産業構造及びその変化の一つの測度指標である。アメリカ、日本、イギリス及びフランスの五大工業国の発展推

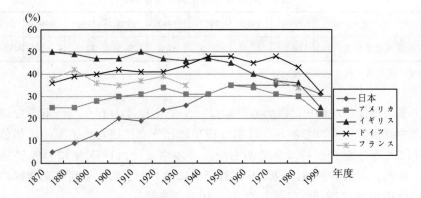

図7　五大工業国第二次産業の労働就業比重（％）

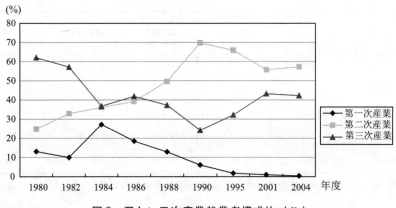

図8　深セン三次産業就業者構成比（％）

移から見ると、工業化を主とする第二次産業の発展に明らかに時期差があり、工業化の各国に次々と発展する特徴を持つ、19世紀後半にイギリスの第二次産業はピークに達し、ドイツ、フランスも殆ど同じ速度で成長し、その次はアメリカ、日本の両国である。よって、ヨーロッパの工業化程度は米、日より高い（表7、図7をご参照）。

　深圳の第二次産業就業比重の最大値は69.8％であり、五大工業国のいずれの歴史記録より高い、産業構造の変化速度から見れば、逐次に加速して成長する傾向である。第二次産業は25％から69.8％に上昇したのに深圳が10年間しかかからず、韓国が約15年間かかり、日本が50年間かかった。

表 9　韓国第二次産業就業推移

年　度	1970	1975	1977	1980	1985	1990	1991	1993
第二次産業就業比重（％）	17.4	22.9	26.5	27.8	29.5	34.3	349	32.6

出所：張塞著『国際統計年鑑』1995年より作成。

　工業の増加値がGDPに占める貢献は、工業化程度のもう一つ重要な測定指標を評価するものである。日本は1970にピークに達し、工業の増加値がGDPに占める割合が43.2％であった。ノルウェーは1953年に35％に達した。新興工業国の韓国は1988年に32.5％に達した。同じく新興工業国の新嘉坡は1990年に29.6％に達した（表10をご参照）。

表 10　深圳工業化程度対国際工業化比較

単位：％

年　度　＼　最大値	ノルウェー	日　本	韓　国	新　嘉　坡	深　圳
1953	35.0	—	—	—	—
1970	—	43.2	—	—	—
1988	—	—	32.5	—	—
1990	—	—	—	29.6	—
2000	—	—	—	—	74

出所：張塞著『国際統計年鑑』1995年，各年の『新嘉坡統計年鑑』、『深圳統計年鑑』より作成。

　上述分析により、以下三つの結論を出た。

　一つ、深圳の工業化程度は既に新興工業国の新嘉坡、韓国及び先進国の日本等より大きい。

　二つ、労働力就業構造から見れば、1980～1995年に深圳の就業構造が1950～1970年のアメリカ、1962～1979年のフランス、1963～1980年の日本の就業構造に近づき、1977～1986年の韓国、1970～1980年の新嘉坡（1970年28.6％、1980年36.8％）に類似している。これは、20世紀90年代中期に深圳の産業構造の発展変化は、70年代後半期の先進工業国、80年代中期の新興工業国の水準に相当することを言える。

　三つ、深圳は工業化に所要時間が短く、程度が多い。これは深圳の工業化の強度が歴史上の先進工業国と進興工業国よい大きい、国際生産力

の分業発展が都市工業化の深み、工業化の持続に時間を延長することを言えよう。

2. 深圳工業化水準

工業業種の構造の先進性と工業の増加値の能力で深圳の工業化水準を説明とする。

工業業種の構造の先進性は、業種静態の構造と業種動態の構造の二つの面から分析していく（表11をご参照）。

表11　深圳対海外工業業種静態構造の比較

業種順位	アメリカ （1991 年）	日 本 （1992 年）	韓 国 （1992 年）	深 圳 （2002 年）
I	運送設備製造	運送設備製造	電気機械	電子と通信設備
II	非電気機械	電気機械	金属製品業	電力、熱力
III	食品製造	排気機械	非電気機械	電気機械と機材製造
IV	電気機械	食品製造	運送機械	計器計表と文化、事務用機器設備機械
V	印刷、出版業	金属製品業	紡織	プラスチック製品業

注：業種の増加値が工業のGDPに占める分け前により順位並べ。

工業の主業種の比較により、深圳は既に先進国、新興工業国の業種とほぼ同じ、重要な工業業種が20世紀90年代のアメリカと日本の水準に近い。

深圳の工業業種構造の均衡性は、他の三つの経済体より遥かに大きい、工業の業種集中度がアメリカ、日本及び韓国より大きい（表12をご参照）。

表12　深圳対三国工業就業集中度比較

工業のGDPに 占める割合%	アメリカ （1991 年）	日 本 （1992 年）	韓 国 （1991 年）	深 圳 （2002 年）
最大業種	12	11	13	44
五大業種	48	54	48	70

出所：1995『国際統計年鑑』，2003『深圳経貿概覧』より作成。

言うまでもなく、電子産業の「一行抜群」と電子産業が少数商品に集中する要因で、工業構造のバランスが取れなくなり、深圳の工業発展にリス

クを招いてきた。

　経済体間の工業業種動態構造の比較により、更に一つの都市の工業構造の先進性を反映できる。

　表13により、深圳工業の動態構造は米、日、韓国の90年代後半期の構造に相当し、深圳の工業発展が世界先進国との発展時間は同様であることを言える。

表13　深圳対アメリカ等の三国工業業種の動態比較

単位:%

増加速度による順位	アメリカ（1995年）	日　本（1998年）	韓　国（1995年）	深　圳（2002年）
1	電気機械（164）	ラジオ、テレビ及び通信設備（129）	石油抽出（208）	家具製品（556）
2	非電気機械（149）	印刷、出版（115）	工業化学（176）	計器計表、事務機械（392）
3	プラッスチック製品（133）	電気機械（113）	運送設備（171）	電子と通信設備（253）
4	ゴム製品（121）	化学製品（109）	電気機械（161）	電気機械（218）
5	紡織（118）	紙及び紙製品（106）	非電気機械（157）	電気、熱力生産供給（129）

注：米、日、韓国は1990年に100%成長、深圳は1997年に100%成長。
出所：2001『国際統計年鑑』，2003『深圳経貿概覧』により作成。

　成長率は工業化水準のもう一つ重要な測度である。先進工業国70年代前後の工業成長率は35～40％、80年代末～90年代にかけて45～50％に上昇した。

　80年代後期、韓国の成長率は35～40％であり、先進工業国の70年代の水準に達した。80年代中後期以来、マレーシアの工業成長率はずっと26％位に保った、一方、インドは20％以下であった。

　深圳の工業成長率は先進国の70年代の水準よりも低いし、韓国の80年代の水準よりも低い、同期のマレーシア、フィリピンに近い、インドより高い。これは、深圳の工業の成長能力がかなり弱いと言える（表14、表15をご参照）。

表14　先進国工業成長率

単位:%

年　度	1985	1989	1981	1993	1994	1995
中　国	43.9	46.9	46.5	47.6	47.9	47.7
年　度	1960	1970	1997	1998	—	—
日　本	38.2	43.2	38.0	36.4	—	—
年　度	1970	1980	1980	1985	1990	1992
ドイツ	40.2	33.6	31.6	45.6	48.9	49.9

表15　深圳対アジア他国工業成長率比

単位:%

年　度	1987	1989	1991	1993	1995	1997	1999	2001	2002
深　圳	29.45	27.1	29.5	27.0	26.6	26.9	26.3	28.3	27.7
年　度	1985	1989	1991	1996	1997	—	—	—	—
韓　国	34.7	37.0	41.9	43.3	41.6	—	—	—	—
年　度	1985	1989	1990	1991	1997	—	—	—	—
マレーシア	26.0	25.0	25.6	25.9	26.6	—	—	—	—
年　度	1985	1987	1989	—	—	—	—	—	—
フィリピン	28.5	28.0	31.0	—	—	—	—	—	—
年　度	—	—	—	1996	1997	—	—	—	—
インド	—	—	—	19.8	17.6	—	—	—	—

出所: 2001『国際統計年鑑』, 2003『深圳経貿概覧』より作成

(三) 深圳の第三次産業に対する構造分析と評価

　我々は同じく産業構造の静態と動態を使って、深圳の第三次産業の構造に内部特徴と変化傾向を明らかにした。

　1. 深圳の第三次産業構造に対する静態分析

　深圳の第三次産業には、主に卸小売と飲食業、交通運輸・倉庫と郵便通信業の二種類がある。但し、先進国の第三次産業には、主に社会と個人サービス及び地位が比較的に目立つ業種、金融保険と不動産、商業サービスが需要な地位に占めている。

表16 深圳対経済発展国の第三次産業内部構造の静態比

単位：%

業種	アメリカ (1976年)	日本 (1980年)	ドイツ (1986年)	香港 (1999年)	韓国 (1990年)	マレーシア (1999年)	深圳 (2001年)
社会と個人サービス	48.9 (1)	35.9 (2)	49.1 (1)	29.9 (2)	32.1 (1)	42.2 (1)	16.3 (3)
卸小売、飲食、旅館サービス	31.7 (2)	41.8 (1)	26.9 (2)	38.3 (1)	4.7 (4)	37.6 (2)	22.1 (1)
金融保険、不動産、商業サービス	11.6 (3)	10.6 (4)	14.2 (3)	17.8 (3)	11.2 (2)	10.5 (3)	16.7 (2)
交通運送及び郵便・電信・通信	7.7 (4)	11.7 (3)	10.4 (4)	13.9 (4)	10.9 (3)	9.5 (4)	13.9 (4)

注：上表のデータは業種別就業者が第三次産業総就業者を占める割合で、括弧のデータは順位である。

出所：2001『国際統計年鑑』，2002『深圳統計情報年間』より作成。

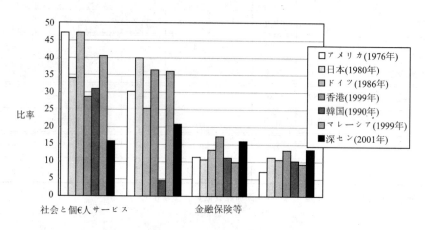

図9 深セン対経済発展国第三次産業内部構造静態比

　比較結果により、深圳の第三次産業の内部構造と経済発展地域との間に、明らに距離を離れていることを分かる。主に、卸小売経営と飲食業が比較的に進んでいるが、社会と個人サービス業は酷く滞っていることを現れている。韓国、マレーシア等の国の第三次産業はアメリカ、日本、ドイツ等の先進国の70代中期に近づいている。ところが、目下の深圳は70代の先進国を比べると、相当大きなギャップがある、韓国、マレーシア両国

の90代の第三次産業の構造水準までにも達成していない。深圳の第三次産業はまだ卸小売経営の基礎段階に留まっている（表16、図9をご参照）。

　第三次産業の内部構造の動態調整は、一つ経済体の第三次産業の構造水準を評定するもう一つの需要指標である。アメリカ、ドイツ、日本の三国は社会と個人サービスの高成長で第三次産業の構造を調整し、第三次産業の内部構造変動の主要動力になる。但し、香港、マレーシア、韓国は金融保険と商業サービス、運輸・倉庫と通信サービスの成長によって、他の第三次産業の構造変動を推進される。

表17　深圳対経済発展国第三次産業内部の構造動態調整比較

業　種	アメリカ	日　本	ドイツ	香　港	韓　国	深　圳
社会と個人サービス	20.1 (1)	16.5 (1)	11.1 (1)	100 (4)	35.8 (4)	57.1 (3)
運送・倉庫、電信・通信	22.8 (3)	8.3 (3)	-3.8 (4)	1.9 (3)	115.7 (1)	138.8 (2)
金融保険、不動産、商業サービス	19.6 (3)	16.1 (2)	5.7 (2)	325 (1)	95.8 (2)	3.1 (4)
卸売、小売、飲食、旅館サービス	12.0 (4)	89.5 (4)	3.2 (3)	109 (2)	57.7 (3)	613.7 (1)

　注：上表のデータは1990～1999年までの就業成長率である。ドイツは1995～1999年までの成長率、深圳は1992～2001年の成長率である。括弧のデータは成長率順位である。
　出所：2001『国際統計年鑑』より作成。

　卸小売、飲食と運輸・倉庫、通信業は深圳ここ10年間に最も早く発展されている業種である。金融保険、不動産と商業サービス業は、比較的に低速度で発展され、先進国及びアジアの韓国、香港地区に遥かに達していない。深圳の第三次産業が全体から見れば、まだまだ低ランクの規模拡張の段階に位置している。（表17をご参照）

四　深圳産業構造切替昇級能力の分析

　産業構造の変動指数は、産業構造の切り替え、ランクアップ能力を評定する需要指標でもあり、地域間に産業構造の変動速度を比較する一つの測度でもある。明らかに、産業の国際移行、国際産業構造の切り替え、ラン

プアップの歩調が絶えずに早くなっていき、及び国内収入水準のアップに
つれて消費市場の仕組が変化されることを引き起こす。この二つ背景の下
で、産業構造の変動速度の速さが一つの経済体産業構造の切り替え、ラン
クアップ能力を反映し、同時に一つの都市（地区）が国際産業分業に参入
する能力の強さも反映する。

　産業構造変動指数は下記の計算式で計算できる

$$R = \sum | S_{it} - S_{i0} | / m$$

　そのうち、Siはi個産業部門（或は業種）が関連部門（或は業種）を占
める割合であり、0とtとはそれぞれ、基礎期、研究期で、mは部門（或は
業種）数で、| Sit – Si0 | は絶対値である。

表18　深圳産業構造の変動指数

時　期	深　圳	北　京	上　海	広　州
1991～995 年	3.2	4.3	4.0	—
1996～2000 年	1.47	3.9	4.7	2.9
2000～2001 年	1.0	1.3	0.1	1.3
2001～2002 年	0.5	0.8	0.2	—

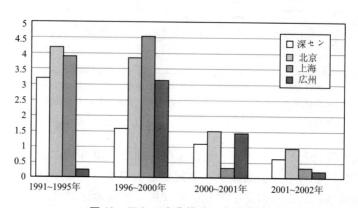

図10　深セン産業構造の変動指数

　20世紀90代の場合、前の5年間の第一、第二、第三産業間の構造変化
速度は後の5年間より速い、2000～2001年間の変動速度は2001～2002年よ
り速い。よって、深圳の三次産業間の構造調整の歩調が低下する傾向があ
り、2000年以降、構造安定の産業発展時期に入った。更に三次産業間の構
造変動につれて、深圳の経済成長の推進力が弱まりつつある。*国内の主要*

都市に比較すると、三次産業間の産業構造の調整速度は一番遅い（表18、図10をご参照）。

　深圳過去5年間に三次産業の変動速度は同期先進国或地域より速い、韓国、台湾両地の産業構造変動速度に近い。

　発展途上国の市場制度の要因で、産業間の発展に対する均衡性が先進国より低い、従って、産業構造の変動速度は相当速くなった。上記数値もこのことを証明できる。この為、ここ近い2年間に深圳の産業構造の調整速度は明らかに遅くなると判明できる。（表19をご参照）

表19　国際産業構造変化速度

時　期	アメリカ	イギリス	日　本	韓　国	台　湾	新嘉坡
1990～1995	0.4	0.04	0.8	2.0	1.9	0.1
1995～2000	0.4	0.4	0.9	1.8	1.5	0.1
1999～2000	0.1	0.1	0.1	0.4	0.46	—
2000～2001	0.5	—	—	0.4	0.2	—

1. 工業内部構造の調整速度

　20世紀90代以来、深圳の工業構造の調整速度は前半期が比較的に速いが、90代中期以降から低下するようになった。

表70　深圳工業内部構造変動指数

時　期	深　圳	北　京	上　海	広　州
1990～1993	1.3	—	—	—
1994～1997	0.6	—	—	—
1996～2000	—	2.5	—	0.6
2000～2001	0.5	0.4	0.4	0.3
2001～2002	0.4	—	0.4	—

出所：2003『深圳統計年鑑』、北京、上海、広州統計統計情報サイトにより作成。

　2000～2002年間の間に、深圳の工業内部の構造調整歩調は他のいつか主要都市に近い、2001年はやや速い、2002年は上海と同じである。北京の工業構造調整は、主に石油加工とコークス製造業、電力水蒸気と熱水供給、電機機械と機材製造業の三つ業種の成長に頼っている。上海過去10年間の間に工業構造調整に於ける主な内容は、電子通信設備製造、非金属鉱物の製品、石油加工及びコークス製造業、文化教育体育用品製造業等を

主要業種として拡張され、化学原料と化学製品製造、紡織業、化学繊維製造業の業種は比較的に縮んでいた。一方、深圳は電子通信設備製造、計器計表、事務用機器設備、電気機械製造業の増長と、食品加工及び製造、服装及び繊維製品、電力水蒸気業の地位低下がここ近い5年間に工業構造調整に及ぶ基本要素である。また、過去5年間に深圳の工業構造は少数業種に集中されている。特に電子と通信製造業である。すべての工業業種の中に、深圳では80％にわたる業種が縮んでくる。同期の上海では縮んでいる業種がやや60％となっている。

2. 第三次業内部構造変動速度

深圳の第三次産業の内部構造調整の速度は20世紀90年代以来、調整が速まる傾向である。

表21　深圳第三次産業内部構造変動指数対他の都市の比較

時　　期	深　圳	北　京	上　海	広　州
1991～1995	1.6	—	2.4	—
1996～2000	1.9	3.1	4.8	4.5
1998～1999	0.2	0.8	0.9	2.8
1999～2000	0.2	0.7	0.9	0.6
2000～2001	0.3	2.8	1.3	0.8
2001～2002	0.9	—	—	—

出所：深圳、北京、上海、広州各年の統計年鑑より作成。

深圳の第三次産業内部構造調整の速度は、他の三つ都市より遅い、その中に第三次産業が最も発展する北京は、近期の主要成長業種が商業サービス、生活サービスと文化教育、衛生、研究業の三つ領域となっている。それで、深圳の第三次産業の内部構造調整の速度は北京、上海、広州、深圳四つの都市に最低水準に位置している。換言すれば、深圳の第三次産業内部で業種別の間に要素流動の組直しが最も遅い（表21をご参照）。

五　深圳産業の先端化の分析

労働密集から資本密集、技術密集、知識密集までは、産業構造変化の一般規律である。産業類別の代表によって産業構造の先端化が違う。労働要素の数量増大による産業発展の主要動力に応ずる産業構造は、一つ低段階の産業構造状態に位置する。

生産要素の密集度によって、我々は産業を労働密集型産業、資本密集型

産業と技術密集型産業の三種類に分ける。三種類産業の比重により、産業構造の先端化程度を分析する。

　深圳の工業は13年間に産業構造が労働密集型から技術密集型の産業構造に進級することが実現された。技術密集型産業を主体としての産業構造を形成された。主な変動傾向は、労働密集型産業の比重が迅速に減少、技術密集型産業の快速に上昇、資本密集型産業の安定発展である。

　上海、広州の二つ大きな都市に比べると、深圳産業の技術密集型が特に目立つ、一方、資本密集型産業の発展が非常に不足である（表22をご参照）。

表 22　深圳産業要素密集度及びその変化

産業類別	業　種	生産額比重（％）		
		1990 年	1995 年	2002 年
	非金属製品業	0.08	0.51	0.01
	食品加工業	—	4.0	1.48
	食品製造業	3.26	0.64	0.45
	飲料製造業	1.88	0.77	0.82
	煙草加工業	1.62	0.34	0.39
	医薬製造業	3.47	1.88	1.37
	織職業	5.57	1.80	0.37
労働密集型産業	服装及び他の繊維製造	5.92	3.31	1.06
	皮革、毛皮、羽毛及びその製品製造	1.61	0.95	0.80
	木材加工及び籐・棕櫚・草製品製造	0.37	0.55	0.11
	家具製造	0.77	.23	0.65
	紙作りと紙製品	1.80	0.92	0.82
	印刷業	1.40	0.86	0.94
	文化教育体育用品	2.75	1.28	1.08
	ガム製品	0.19	0.14	0.10
	プラスチック製品	3.44	1.53	2.69
	非金属鉱物製品	2.15	2.13	1.26
	金属製品	2.85	2.25	2.49
	他の製造業	0.87	0.96	0.84
	合計	40.43	24.66	18.09

産業類別	業　種	生産額比重（％）		
		1990 年	1995 年	2002 年
技術密集型産業	専用設備	—	0.76	0.86
	交通運輸設備製造	0.98	1.65	1.14
	電機機械と器材製造業	4.06	2.11	5.07
	電子及び通信設備製造	37.97	33.56	57.77
	計器計表及び事務用機器設備製造	0.16	0.71	5.07
	普通機械製造	6.74	0.37	0.28
	合計	49.91	39.16	70.19
資本密集型産業	石油加工及びコークス製造業	0.20	0.08	0.11
	化学原料と製品	2.57	1.66	1.38
	化学繊維製造	0.05	0.26	—
	金属精錬及び圧延加工業	0.48	0.43	0.34
	金属製錬及び圧延加工業	0.98	0.39	0.12
	電力水蒸気供給と生産	1.99	7.88	5.41
	水生産供給	0.47	0.34	0.49
	合計	6.74	11.04	7.85

注：上表に記入してある業種は、深圳の重要工業であり、計算指標は生産額比重である。
出所：1991、1996、2003『深圳統計情報年鑑』より作成。

　広州の工業はまだ労働密集型産業を主として、服装と繊維製品、皮革・毛皮羽毛製品、金属製品が広州の三大伝統製造業である。上海労働密集型産業の出来高額の割合は深圳より11ポイントが高く、服装、繊維製品、金属製品製造を主として、技術密集型産業の分野で交通運輸設備の製造は両市の共同主産業となっている。上海では、電子と通信設備製造業もある。資本密集型産業分野では、広州、上海での化学原料と化学製品工業が相当抜群している。上海では金属精錬及び圧延加工業ある。

　全体から見れば、深圳の産業構造は上海、広州の両市より進んでいるし、産業構造の調整は、労働密集型産業から直接、技術密集型産業への慣行を破った道を拓いた。資本密集型産業の発展段階への経緯がなく、資本密集型産業の発展が不足となる。

表 23　深圳対上海、広州産業先進性比較

産業類別	深圳 （2002）	上海 （2002）	広州 （2001）
労働密集型産業	18.1	29.7	44.9
技術密集型産業	70.2	43.1	30.0
資本密集型産業	7.9	22.4	25.0

注：上表のデータは、産業生産額が工業総生産額を占める割合（％）。
出所：深圳、上海、広州統計年鑑より作成

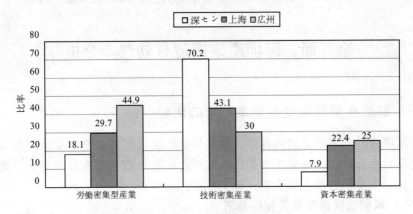

図 11　深セン上海、広州産業先進性比較（％）

六　結論

1. 産業構造の調整による「構造効果」は過去 20 年深圳経済の高度成長の一つ重要な動力である。

2. 深圳産業構造の変動の主旋律は「工業化」であり、工業主体の第二次産業から第一次産業への全面切り替え、産業構造変化の水準は国内主要な発達都市より低い。

3. 第一次産業内部構造の調整は、伝統農業から商業化の「都市型」に切り替える核心である。深圳農業の産業化は既に中国の先頭行列になった。

4. 深圳の工業化は先進工業国と新興工業国より高く、工業化水準上に米、日等の先進国の20 世紀 90 年代の工業構造に近づき、かつ、世界先進国の工業構造の変化と同じである。但し、工業業種の増加値の水準は先進国と新興工業国より遥かに低く、低い水準に位置してある。

5. 第三次産業内部、社会と個人サービス及び商業サービス面での発展は、凄く立ち遅れて、全ての第三次産業が低い水準で規模拡張をしている。

6. 近年、深圳市全体の産業構造と各次産業内部の構造調整の速度が比較的に遅い、産業の比重は明らかに電子と通信設備の製造業に集中し、産業構造が「アンバランス」で発展させ、産業発展の構造性にリスクになった。

7. 技術密集型産業が明らかに優位を占め、深圳の経済発展は「労働要素推移」の段階から「技術要素の主要推進力」の段階に飛躍された。

第三節　深圳産業構造有効性の分析

一　深圳産業要素使用効率とその比較

産業構造の効率の実質内容は、産業構造の要素配置効率と産業要素の使用効率であるため、産業の要素使用効率と産業構造の要素配置効率を総合的に見て産業構造の有効性を分析する。

（一）深圳三次産業要素使用効率

表74　深圳三次産業全員労働生産率比較

単位：元

年　度	第一次産業	第二次産業	第三次産業
1991	12776.4	12739.2	35516.9
1993	20884.6	17264.3	30964.9
1995	29659.2	25789.7	46369.7
1997	35291.8	33218.2	55775.2
1999	39022.6	42443.5	57919.6
2001	52036.1	56908.2	61250.8
2002	48383.9	61617.7	64729.9

注：上表のデータは、全員労働の増加値生産率。
出所：各年の『深圳市統計年鑑』により作成。

三次産業の労働力の生産率とも、上昇しつつである。一方、三次産業の企業労働原価の出来高率とも下落する傾向である。

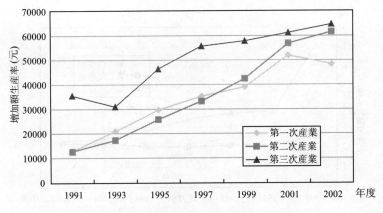

図12　深セン三次産業全員労働生産率比較

　いうまでもなく、三次産業の中、第三次産業の労働生産率は最高であり、その次は第二次産業である。90年代後期に第二次産業が第一次産業の全員労働生産率を超えた。

　三次産業を比較すると、企業労働原価の産業増加値水準は第三次産業では最も高い、その次は第二次産業で、第一次産業が最低である（表25、図13をご参照）。

表25　深圳三次産業企業労働原価増加値推移

単位：元

年　度	第一次産業	第二次産業	第三次産業
1991	2.57	2.54	7.1
1993	2.56	2.12	3.8
1995	2.46	2.10	3.7
1997	2.13	2.01	3.4
1999	1.88	2.05	2.8
2001	2.00	2.19	2.4
2002	1.71	2.18	2.3

　三次産業間に、第二と第三次産業の企業労働原価増加値水準が近い、第一次産業が比較的に低い。また、産業増加値上の労働力報酬の比重は、第三次産業（51.5％）が第二次産業（37.8％）と第一次産業（34.8％）より高い。労働生産率からみると、労働力要素が第二、第三次産業間に効率

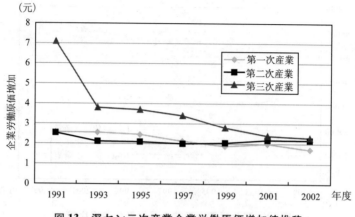

図13　深セン三次産業企業労働原価増加値推移

の状態も近いし、配置も合理的な地域に位置づけである。

（二）深圳第二次産業内部要素使用効率

　普通の分類方法により製造業が伝統製造業、先進製造業、ハイテク技術製造業と基礎工業の四類に分けた。且つ、各年度の『深圳統計年鑑』資料により第二次産業内部の四類製造業の要素使用効率と成長率を比較した。

　基礎工業の労働生産率はハイテク技術製造業より遥かに超えた、労総生産率の成長率も最も早く、1991～2002年の11年の平均成長率は48.8％であり、その次は、ハイテク技術製造業の成長率が40.3％、先進製造業の成長率が14.5％、一方、伝統製造業の能動生産率の成長率が3.1％しかなかった（表26、図14をご参照）。

表26　深圳製造業種毎の労働要素効率

単位：万元/人

年　度	基礎工業	伝統製造業	先進製造業	ハイテク技術製造業
1991	11.74	0.95	0.89	1.20
1995	38.84	0.99	1.65	1.98
2000	45.52	1.05	2.29	6.59
2002	74.71	1.27	2.31	6.52

　出所：各年の『深圳統計年鑑』より作成。労働要素効率は年平均増加額に表示し、1990年のデータと同じく計算。伝統製造業は、時計、家具、紡織服装、玩具、装身具、印刷等の産業を含む。先進製造業は、金型、コンテナー、専用機械、自動車の関連部品等の産業を含む。ハイテク技術製造業は、IT産業、コンピューターやその周辺機器の製造・販売、生物技術、新材料と新資源等の産業を含む。基礎工業は、電力、蒸気熱水、ガス、水道水等の生産と供給業を含む。

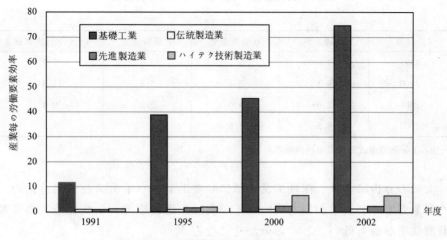

図14　深浅製造業種後の労働要素効率

　資産の利潤率から見ると、2002年伝統製造業の利潤率は5.6%、先進製造業の利潤率は7.4%、ハイテク技術製造業の利潤率は8.3%、基礎工業の利潤率は8.3%であった。

　基礎工業とハイテク技術製造業の利潤水準は、伝導製造業の利潤水準の最低値に相当する。90年代後期、四類の製造業に資産利潤率の成長が最も早いのは基礎工業（年平均成長率15.4%）と先進製造業（年平均成長率15.4%）である。その次は、伝統工業（年平均成長率7.4%）であり、最も遅いのは、ハイテク技術（年平均成長率1.1%）である（図15、表27をご参照）。

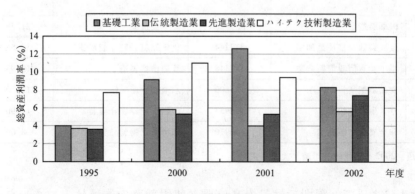

図15　深セン工業内部産業間の利潤率の比較

表 27　深圳工業内部産業間の利潤率の比較

単位：%

年　　度	基礎工業	伝統製造業	先進製造業	ハイテク技術製造業
1995	4.0	3.7	3.6	7.7
2000	9.2	5.8	5.3	11.0
2001	12.6	4.0	5.3	9.4
2002	8.3	5.6	7.4	8.3

注：上記利潤率は総資産の利潤率である。

　上記の分析により、深圳工業内部に基礎工業とハイテク技術製造業の二つ産業要素の利潤率が最も高い、その次は先進製造業、伝統製造業の要素利潤効率が最も低いことをお分かりになる。

　深圳では、労働生産率が最も高い10業種と、コスト費用が最も高い10業種は表28の通りである。

表 28　深圳 10 業種の高労働生産率と高コスト費用利潤率

順位	業種名称	全員労働生産率（元／人）	業種名称	コスト費用利潤率（％）
1	石油、天然ガス採掘	8256160	石油、天然ガス採掘	32.74
2	石油加工、コークス製造業	949813	電力蒸気、熱水生産供給業	31.74
3	煙草製造業	855743	煤気生産供応业	30.37
4	電力蒸気、熱水生産供給業	368786	医薬製造業	22.88
5	医薬製造業	331523	煙草製造業	21.38
6	金属製錬及び圧延加工	312244	化学原料、製品製造業	13.53
7	電子、通信設備製造業	187348	普通機器製造	12.93
8	食品加工業	185808	水道水生産供給	12.50
9	ガス生産供給業	150933	印刷、記録媒介複製	11.90
10	非金属鉱物製品業	146970	非金属鉱物製品業	8.69

出所：2002『深圳統計年鑑』より作成。

　上表によって、深圳では最も高い要素使用効率の業種は、エネルギー、電力、水道水等の基礎業種と重工業業種に集中してある。

深圳では、要素使用効率が最も低い10業種は表29の通りである。

深圳では効率が低い業種は、殆ど伝統製造業の領域に集中し、低水準工業に属してある。

表29　深圳生産率低い10業種

順位	業種名称	全員労働生産率（元／人）	業種名称	コスト費用利潤率（％）
1	皮革、毛皮、羽毛及びその製品業	14689	化学繊維の製造	− 0.58
2	文教スポーツ用品の製造	19306	木材加工及び籐・棕櫚・草製品製造	− 0.32
3	服装及びその他の繊維製品業	21612	家具製造業	0.78
4	木材加工及び籐・棕櫚・草製品製造	22200	交通運送設備製造	2.17
5	ゴム製品	30561	非鉄金属製錬及び圧延加工業	2.19
6	化学繊維の製造	31147	紡織業	2.20
7	プラスチック製品業	31171	皮革、毛皮、羽毛及びその製品業	2.41
8	家具製造業	34142	服装及びその他の繊維製品業	2.94
9	製紙及び紙製品業	35366	金属製錬及び圧延加工	2.99
10	非鉄金属製錬及び圧延加工業	36752	食品加工業	3.90

出所：2002『深圳統計年鑑』より作成。

（三）深圳第三次産業部門労働生産率

第三次産業の内部に、生産と生活サービス部門の労働生産率は最も高い、その次は居民素質と科学文化サービス部門であり、流通部門の労働生産率は一人当たり53543.7元であり、最も低いのである（表30をご参照）。

労働生産率の高低順位により第三次産業の業種別は、金融保険業、不当産業、交通運送・倉庫、郵便・電信・通信、卸小売販売の飲食業、社会サ

表30 深圳第三次産業部門別の労働生産率

単位：元/人

年　度	流通部門	生産生活サービス部門	居民素質と科学文化サービス部門	社会公共需要サービス部門
1990	24967.9	60236.01	13119.5	15574.6
1995	54056.0	147865.1	56215.2	27266.03
2000	41480.7	176570.6	70822.8	38856.5
2002	53543.7	217866.7	101426.9	45105.8

ービス業、衛生・体育・社会福祉事業、科学研究と総合技術サービス業、国家機関、党政機関、社会団体である（図16をご参照）。

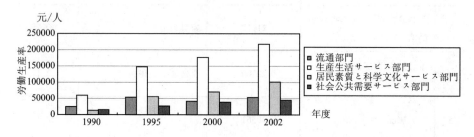

図16 深セン第三次産業部門別労働生産率

　労働成長率が最も低い六つの業種は、国家機関、党政機関、社会団体、教育文芸放送事業，衛生・体育・社会福祉事業、科学研究と総合技術サービス業、交通運送・倉庫業及び工業サービス、居民サービス、旅館業と情報提供サービス業等の社会サービス業である。

表31 深圳第三次産業の中の労働効率業種の順位

順　位	業　種	労働生産率	具体領域	労働生産率（％）
1	金融保険	75.5	保険業	148.7
2	不動産業	27.6	金融業	68.4
3	交通運送・倉庫、郵便・電信・通信	25.6	郵便・電信・通信	54.6
4	卸売り、小売り経営の飲食業	18.6	不動産業	27.6
5	社会サービス業	16.0	飲食業	22.0

注：上記のデータは一人当たりの増加値であり、単位は万元。
出所：各年の『深圳統計年鑑』より作成。

二　深圳産業構造の要素配置効果

(一) 深圳三次産業の労働力配置の全体効果

要素の配置効果は、産業内部の部門間（或いは産業内部の業種間）に要素の流動と取組が経済（或いは産業）全体の要素生産率成長の貢献情況である。要素が部門或いは業種間に移動、取組が全体の効率成長に対する貢献度が大きい場合、要素の配置効果が良いということである。これは産業構造の優劣及び産業優化状況を判別する重要な指標である。本研究は、『Syrquin 法則』で深圳の産業構造の要素配置効果を試算し、計算式は以下の通りである[1]。

$$G_y = \sum \lambda_i G_{yi} + \sum \lambda_i G_{ri}$$

そのうち、G_yは全体経済の労働生産率の成長率であり、λ_iは第 i 次産業が全体経済の出来高占める分け前である。即ち、出来高加重、$\lambda_i = V_i / GDP$である。V_iは第 i 次産業の出来高であり、G_{yi}は第 i 次産業の労働生産率である。G_{ri}が第 i 次産業の出来高加重成長率で、上記計算式の第二項は、労働力総配置効果（A_y）となり、異なる労働生産率の産業間に労働力の流動配置が全体の労働生産率の貢献であることを表す。理由同様で、資本要素の配置効果（A_c）は以下の計算式に表す：

$$A_c = G_c - \sum \lambda_i G_{ci}$$

そのうち、G_cは全体経済の資本生産率の成長率であり、即ち、企業資本より創造した増加値である。λ_iは産業の出来高加重である。G_{ci}は産業の i の資本生産率の成長率である。

表 32　深圳産業構造の全体労働要素の配置効果

時　期	労働生産率成長率（G_y）	総配置効果（A_y）	A_yよりG_yの貢献
1990~1991	0.39	0.0038	0.009
1992~1995	4.76	0.0162	0.003
1996~2000	0.45	0.0822	0.183
2001~2002	0.65	0.00028	0.0004

20 世紀 90 年代以来、深圳三次産業間の労働力要素の流動は、整体国民

---

[1]　金碚等主編《両岸突破：中国工業区域分析》，北京経済管理出版社，1999。

の経済労働要素生産率のアップに対し、推進役割を持たれた。これは、深圳三次産業間の労働力流動方向が合理であることを言える。1996～2000年、三次産業間に流動する労働力は、深圳全体の労働生産率アップに対する貢献率が18.3%であり、その次 1990～1991 年に1%を貢献し、他の時期の貢献率が比較的に小さい。

（二）深圳工業労働と資本の配置効果

1993 年～2002 年の間に深圳工業内部の労働力要素の配置効果は表33の通りである。

表 33　深圳工業労働力要素の配置効果

時　期	労働生産率成長率（G_y）	総配置効果（A_y）	A_y より G_y の貢献
1993～1995	0.77	0.52	0.67
1996～2000	0.29	− 0.19	− 0.06
2000～2001	0.14	0.057	0.40
2001～2002	0.07	0.0043	0.06

20 世紀 90 年代前半期、工業内部の業種間に労働力流動配置の効率が高くて、労働力配置が全体工業労働生産率の上昇に対して、67%の貢献をした。その後、90 年代後の5 年、労働力が工業業種間の配置に「位置間違い」の現象が現れた。即ち、労働力が効果と利益が低い業種に流動されて工業全体の労働力の生産率が下落させた。2000～2002 年の間に工業内部の労働力の流動配置に「偏向改め」の現象が現れ、労働力の資源配置に合理位置に付けさせた。2000～2001 年に労働力が工業内部の業種間の流動数が全体工業労働生産率の上昇に対し、40%を貢献した（表 34 をご参照）。

表 34　深圳工業資本要素の配置効果

時　期	労働生産率成長率（G_y）	総配置効果（A_y）	A_y より G_y の貢献
1993～1995	− 0.38	− 0.21	− 0.55
1996～2000	0.27	− 0.69	− 2.56
2000～2001	0.11	0.05	0.45
2001～2002	− 0.62	− 0.05	− 2.50

よって、2000～2001 年の時期以外、他の時期に深圳工業資本の配置効果はいずれマイラスになっている。これは深圳の工業資本の業種間に流動配

置効果がよくなく、資本の主要投入が工業全体効率のアップに不利になる。

（三）深圳第三次産業内部労働要素の配置効果

上記同様、労働要素の配置効果で深圳第三次産業の内部の要素配置の合理性を分析し、深圳第三次産業の内部構造の優劣を明らかにする。

表35　深圳第三次産業労働力要素の配置効果

時　期	労働生産率成長率（G_y）	総配置効果（A_y）	A_yよりG_yの貢献
1990～1991	−0.43	0.013	0.03
1991～1995	2.89	0.019	0.006
1996～2000	0.14	0.012	0.086
2000～2001	0.02	−0.0009	−0.045
2001～2002	0.06	0.0043	0.072

深圳第三次産業の内部労働力の配置は全体的に合理であり、比較的良い配置効果があるといえる。1996～2000年と2001～2002年の時期に、労働力が第三次産業の業界間での流動配置は、第三次産業の全体の労働生産率の昇格に対して、1％の貢献を作り出した。

三　結論

1. 深圳三次産業要素の生産率は絶えずに上昇する傾向であり、第二、第三次産業間の要素生産率は相当に近づき、この動態から見ると、要素が三次産業の間に流動することにつれて、要素使用の効率が絶えず成長させる。よって、目下深圳の三次産業の構造は有効な産業構造である。

2. 深圳工業内部の労働生産率と資産利潤率は、明らか差異が存在している。業種間の資本要素の流動配置が全体効率に不利となる。よって、深圳工業現有の内部構造に足りない分があり、優れた構造に調整を行わなければならない。製造業の四類から見ると、基礎工業が明らかに有利、ハイテク技術製造業の資産利潤率の有利性が目立たない、ただし、先進製造業が高速に利潤を成長する、同時に伝統製造業の優劣が益々はっきりしてきた。

3. 第三次産業の内部業種間の要素使用効率差異が大きい、金融、保険、郵便・電信・通信、不動産は、三次産業中の高効率領域であり、交通運送、倉庫業、社会サービス及び公共事業が低効率業種である。基本的には

第三次産業の内部業種間の要素配置は合理である。

上述により、目下では深圳の産業構造は第二次産業の内部工業の構造をポイントとして優れるように調整しなければならない。

第四節　深圳産業構造の選択と未来発展傾向

一　第二、第三次産業間に構造転換期の一般規律

産業構造変動は、一つ多要素で総合作用する動態過程[①]である。以下の四つ要素で産業構造を決めるのが普通である。一つ、収入要求の構造変動要素、二つ、技術先進と労働生産率の変化の要素国際、三つ、市場要素、四つ、国際生産力分業と産業地域移転と配置要素である。

1. 先進国三次産業の変化。工業革命する前に、先進国は一般的に農業を主としての産業構造を存在していた。工業革命開始してから、工業が迅速に発展することにつれて、工業が占める割合が迅速に上昇、農業が占める割合が次々に減少、第三次産業の比重がゆっくり上昇するようになった。その後、工業の比重は緩慢上昇することから逐次減少することとなった、但し、第三次産業は緩慢上昇することから迅速に上昇することになった。工業化後半期に特に工業社会の後半期に入った後、農業の比重が5%以内に減少し、工業の比重は第三次産業より相当低い、第三次産業の比重は第一と第二産業のトータルを上回っている。

イギリスは1950年に第一次産業がGDPに占める割合は5.7%まで減少、第二、第三次産業の割合はそれぞれ48%、46.3%である。1984年になって三次産業の構造変化は2.1%、41.4%、56.5%で、2000年まで第一次産業がGDPに占める割合は1.5%、第二次産業がGDPに占める割合は25.9%に減少、第三次産業がGDPに占める割合は73.6%まで達していた。

アメリカの国民経済はかつてずっと農業を主体としていた。但し、1950年になってから、第一次産業がGDPに占める割合は7.3%まで減少、第二次産業がGDPに占める割合は37%、第三次産業がGDPに占める70.2%まで達していた。2001年になってから、第一次産業がGDPに占める割合は1.4%、第二次産業がGDPに占める割合は20.3%まで減少しつつ、第三次産業が

---

① 陳建安等:『産業構造調整与政府的経済政策』，上海財経大学出版，2002。

GDPに占める割合は78.3%まで上昇、国民経済の主導部門となっていた。

1950年の元西ドイツの一、二、三産業がGDPに占める割合はそれぞれ10.4%、48.9%、40.7%であった。第三次産業の比重は53%まで上昇、第一、第二産業のトータルより上回っていた。第一次産業の比重はただ2.2%しか占めず、第二次産業の比重は44.8%を占めていた。1989年東ドイツ、西ドイツを統一する前に、第三次産業の比重はGDPの57.6%まで上昇、第一次産業の比重は2.1%まで減少、第二次産業の比重は40.3%まで下がっていた。

1950年に日本の第一次産業がGDPに占める割合は28%、第二次産業が31.8%で、第三次産業が42.2%であった。1985年になってから、第一次産業の比重が3.4%まで減少、第二次産業が43.9%まで上昇、第三次産業も52.7%まで上がっていた。第三次産業が、一、二次産業の比重のトータルを上回っていた。2000年に、第一次産業が更に1%減少、第二次産業が32%まで減少する、一方、第三次産業が67%まで上昇、日本経済の主導部門となっていた。

2. 新興工業国家（地域）は第二次産業、特に製造業の高度成長期を経た後、大規模の経済構造調整時期に入ってから、第三次産業が加速に発展し、その生産額は経済増長の主要動力となっていた。

多くの発達経済体、例えば韓国、中国台湾とブラジル等は20世紀六、七十代に先進国の労働密集型産業の国際移行をきっかけに、工業を主とする第二次産業の発展に力を入れされていた。その後、20世紀八、九十代に工業化を実現し、工業社会の半期に進む国もあった。南米財務危機とアジア金融危機が過ぎた後、これらの経済体が比較大規模の経済構造調整を開始され、第二次産業が十分に発展する上で大に第三次産業を発展し、国民経済発展を支える主導パワーになっていた。

1962年に韓国は一回目の五年間計画を実施開始する時、第一次産業がGDPに占める割合は43.3%を達し、第二次産業が11.1%しかなく、第三次産業が45.6%に達成していた。1986年に、「五五」計画が完了された後、第一次産業の比重は12.7%まで減少、第二次産業が迅速に成長して32.3%まで上昇、第三次産業が55%まで上昇、2002年になってから、第一次産業がGDPに占める割合が4%まで減少、第二次産業が29.6%、第三次産業が67.4%まで上昇、サービス業を主導とするサービス経済社会に入った。

第二次世界大戦後の初期にブラジルの三次産業がGDPに占める割合はそれぞれ、第一次産業が26%、第二次産業が26.2%、第三次産業が47.8%で

あった。20世紀六、七十年代の『経済奇跡』を過ぎた後、1980年に第一次産業の比重が11%まで減少、第二次産業が43.7%まで上昇、第三次産業が若干下がって45.3%であった。2000年になってから、第一次産業が引き続き下がって8%となり、第二次産業が30.9%まで減少した、第三次産業が迅速に61.1%まで上昇、国民経済の主導産業となっていた。

　台湾地区はアジアの『四小龍』の一つである。経済構造調整が他の新興工業体より抜群している。1952年に第一次産業がGDPに占める割合が35.9%、第二次産業がただ18%のみ、第三次産業が46.1%であった。1986年に第一次産業の割合が5.55%まで減少、第二次産業が迅速に47.11%まで上昇、第三次産業が47.3%となっていった。2001年に第一次産業が継続に下がって1.9%となり、第二次産業が上昇することから減少することになってその比重が30.9%となっていた。第三次産業が上昇しつつで、GDPに占める割合が67.2%となり、国民経済の主導産業になっていた。

　3. 産業構造転換の一般規律。産業構造の『変化順序』は第一から、第二、第三次産業までに変化するのが普通である。三次産業間に昇級転換の発生は、前次産業が十分に発展したことを前提とする。つまり、第三次産業を主とする産業構造の発生は第二次産業が十分に発展したことを条件とするものである。

　先進国と新興工業国に対する分析により、第二次産業はGDP占める割合が減少した時点は、一般的に一人当たりのGNPが8000米ドル（1997年米ドル）の水準以上に（1987年は6000米ドル程、1970年は2100米ドル程）発生する。

　ブラジルは1987年に一人当たりのGNPは2060米ドル（1970年米ドル）まで達していた、第二次産業がGDPに占める比重が減少し始め、第三次産業がGDPに占める比重が加速に上昇していた。韓国は1981年に一人当たりのGNPが2160米ドルになった時、第二次産業の比重が減少し始めた。1971年、日本での第二次産業が減少し始めた時に一人当たりのGNPは2140米ドルとなっていた。

　明らかに、8000米ドルの一人当たりのG.P（1997年米ドル）は、経済体産業構造が第二次産業から第三次産業へ切り替えて昇級する転換時点となっていた。

二　深圳産業構造調整の方向

（一）深圳三次産業構造変動の特徴

2004年に深圳は国内生産総値（GDP）が3422.8億まで実現した。その

うち、第一次産業の増加値が14.2億で、第二次産業の増加値が2108.1億で、第三次産業の増加値が1300.5億に完成し、0.4：61.6：38.0の産業構造となった。

　産業構造の一般変化規律から見れば、深圳第一次産業の増加値がGDP占める割合は絶えずに減少しつつであり、国際産業構造の第一次産業が変化した傾向に該当する。第二次産業が全体的に高速発展傾向に現れ、一般傾向と逆になっていて、第三次産業の比重があなり安定し、GDPが世界の平均水準より17ポイントが低い、中等収入国家より12ポイントが低く、高収入国家より21ポイントが低い（表36をご参照）。

表36　1980、1998年発展水準異なる国の産業構造状況

単位：%

国タイプ	第一次産業		第二次産業		第三次産業	
	1980	1998	1980	1998	1980	1998
世界平均	7	5	38	45	55	61
低収入国	35	21	26	41	38	42
中収入国	18	12	45	36	37	52
中等収入国	15	9	45	36	40	56
中高収入国	9	7	46	35	45	57
高収入国	3	2	36	33	61	65

　出所：世界銀行『1999/2000年世界発展レポート：21世紀に入る』，2000中国財経出版社。

　深圳は過去の20年間に第二次産業の発展が二回の調整を発生した。発生時期はそれぞれ、20世紀80代中期と90代中期である。当面では三回目の増長期になっている。80代中期前の産業構造調整は主に第一次産業の減少すると第二次産業の上昇の要素となっている。80代中期から90代中期の10年間に産業構造調整は第一、三産業の減少すると第二次産業の増長が現れている。90代中期以降、産業構造調整は第二、三産業の間に起っていた。この増長期内に第二次産業の比重が50.3%（1996年）から61.6%（2004年）へ上昇した。

（二）深圳三次産業構造の中の主体産業の確定根拠

　深圳の主体産業構造の合理性の判断と未来5～10年間産業の基本構造を分析するのは、下述の根拠に基いて分析する

　1. 産業の需要収入弾力性

　三次産業の中に、工業産業の市場需要傾向をポイントとして分析した。

工業化の中期に属してある中国工業は、需要市場が絶えず拡張することに
直面している。中国の全体市場に対し、皮革毛皮製品業、非金属鉱物業等
の少数業種の産業需要収入の弾力性はマイナスであり、その業種は6つし
かなく、産業需要収入の弾力性も1より小さい。他の多数業種はの需要収
入の弾力性は比較的に大きい。これは、工業業種の需要が迅速に拡大する
市場を持ち、多数の工業商品が広大な市場空間があることが言える（表37
をご参照）。

表37　1997～2001年間需要収入弾力性大きい10業種

順　位	業　種	需要収入弾力性	順　位	業　種	需要収入弾力性
1	電子及び通信製造	4.79	6	非鉄金属加工	2.62
2	水、電気、ガス業	4.21	7	交通設備製造	2.61
3	家具製造業	3.64	8	計器器具製造	2.58
4	医薬製造業	2.84	9	プラスチック製品	2.32
5	電気機械製造	2.83	10	鉄金属加工	2.13

　市場空間は迅速に拡大することにつれて、工業を主とする第二次産業が
継続に発展する一つ重要な条件になる。

　2. 技術進歩と労働生産率

　深圳工業産業の技術が速く進んでいる。工業内部産業の静態と動態構
造と先進国家、地域に近づき、ハイテク技術産業の生産額の比重は迅速
に上昇していた。これは第二次産業の継続拡大にもう一つ重要条件で
ある。

　3. 工業発展の低コスト条件

　先進家での製造業は月給水準が2500米ドル～2600米ドルの間である。
そのうち、アメリカは2304米ドルで、イギリスは2530米ドルで、日本は
2593米ドルである。深圳製造業の平均月給は217米ドルで、日本給与水準
の8.4%、イギリスの8.6%、アメリカの9.4%を相当する。

　一部の新興工業経済国家或いは地区では、製造業の月給水準は1600～
2000米ドルの間である。韓国の製造業の給与水準は1391米ドルであり、
香港、新嘉坡の製造業の給与水準は1667～1917米ドルの間である。深圳製
造業の月給水準は韓国の15.6%に相当、香港、新嘉坡の11.3%に相当
する。

　周辺の発展途上国のマレーシア、インドネシア、タイ、フィリピン等の

国の製造業月給水準は167～500米ドルの間である。深圳はタイ、フィリピン、インドネシアの三国の中低水準に近づいている（表38をご参照）。

表38　深圳製造業賃金コストと国際賃金比較

先進国	アメリカ	日　本	イギリス
月給水準（米ドル）	2304	2593	2530
深圳賃金コストは比較国の～％に相当	9.4	8.4	8.6
新興工業国・地域	韓国	香港、新嘉坡、台湾	
月給水準（米ドル）	1391	1667～1917	
深圳賃金コストは比較国の～％に相当	15.6	13.0～11.3	
発展途上国	マレーシア、インドネシア、タイ、フィリピン		
月給水準（米ドル）	167～500		

出所：『国際統計年鑑』、『国際労工組織統計年鑑』，先進国2000年のデータ及び2002年他のデータにより作成。

　言うまでもなく、高度外向型の深圳製造業の労働力コストが依然として非常に目立っている。マレーシア、インドネシア及びフィリピン、タイと比較しても深圳の製造業がかなり低コストの優位を占めてある。

　労働力コストの上昇推移からみると、深圳の製造業の労働力コストの上昇速度が第三次産業の全体労働上昇速度より遅い。

　三次産業間の比較により、第二次産業のコストの上昇速度が平均水準より低く、直実に低コストの優位を占めている（表39、図17をご参照）。

表39　深圳製造業労働力コストの上昇速度（2001年）

単位：元

年　度	2000	2001	成長率（％）
年平均賃金水準	23039	25941	12.6
第一次産業	17947	18097	0.8
第二次産業	19556	21561	10.3
そのうち：工業	19457	21558	10.8
第三次産業	27469	31542	14.8

出所『深圳統計年鑑』より作成。

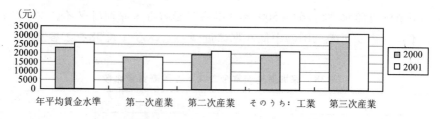

図17　深セン製造業労働力コストの上昇速度

　給与コストが最も早く上昇するのは、ハイテク製造業であり、その次は基礎工業である。先進製造業及び伝統産業の給与成長が遅い（表40をご参照）。これは、深圳の製造業コストが構造性の変化を発生していることを言え、伝統産業と先進製造業の給与成長が低くて、コスト優位の安定、ハイテク産業がハイテクの特徴を持つ為、付加価値が高いので、給与の昇給キ比較こ速いと考えられる。給与昇給速度と産業増加値の上下が一致する給与コストの構造を示し、深圳の製造業コストの構造調整は効き目がある過程で、工業の全体コストの優位を安定するのに有利である。

表40　深圳工業コスト成長の構造

分　類	年間賃金水準（元）						年平均成長率（％）				
	1990	1995	1998	1999	2000	2001	1990～95	1995～98	1999	2000	2001
伝統製造業	3970	9076	12211	12731	13394	14608	25.7	11.5	9.5	5.2	9.1
先進製造業	3811	9019	13870	15500	17054	17345	27.3	10.7	11.7	10.0	1.7
ハイテク技術製造業	4061	10635	17305	20352	24415	27606	32.4	20.9	17.6	20.0	13.1
基礎工業	5494	22459	29798	33868	38618	42233	61.7	10.9	13.7	14.0	9.4

出所：各年の『深圳統計年鑑』より作成に基いて作成。賃金は物価要素を差し引いたもの。

4．工業増加値水準

　深圳の工業労働力報酬が工業増加値の比重を占めるのは90代以来、年々減少しつつ、1991年の26.7％から2002年の22％まで下がっていた。五年近く22％の水準に安定している。労働力報酬は工業増加値の全体水準以上に占めている。深圳はブラジルに近く、韓国に相当し、先進国より遥かに低い、アメリカより10％低く、日本より16％低い、イギリスより30％低い（表41をご参照）。

表 41　深圳工業労働報酬が工業増加値を占める割合及び国際との対比

単位：%

年　度	深　圳	アメリカ	日　本	イギリス	韓　国	ブラジル	新嘉坡
1991	26.7	35.5	33.2	44.3	26.4	22.7	32.7
1992	26.7	35.3	34.7	43.5	25.8	—	33.7
1993	22.8	35.7	35.6	—	25.5		32.7
1994	21.5	32.7	36.0	40.3	—		
1995	20.2	31.9	35.0	49.7	—		
1996	19.0	—	27.4	50.3	24.3		
1997	19.5	—	27.5	51.7	22.9		
1998	22.8	—	28.5	—	—		
1999	23.3	—	39.5	51.9	19.4		
2000	22.9	—	—	—	—		
2001	22.1	—	—	—	—		

出所：各年の『国際統計年鑑』、『深圳統計年鑑』より作成。

　労働力報酬が工業増加値に占める比重の高低は、一つの地域に工業が資本に対する吸引力の強さを決定すること、工業競争力の強さを決定する大事な要素でもある。その為、深圳の競争力優位は突出である。同時に、労働力報酬が増加値に占める比重は絶えずに減少することにより、深圳工業増加値の上昇速度は労働力報酬の増長速度より速いことを言う。これは、深圳工業の全体資本吸引力が強まっている傾向である。

　香港 20 世紀 80 代初期の工業に比べることにより、深圳工業発展の競争力と未来空間が見つかる。香港経済は70 代末から80 代初めに大規模の構造調整が開始、工業を大規模に外部に移転して、製造業が産業構造中の比重が急速に低下されてきた。その際に工業の増加値水準（増加値は生産総額を占める割合）が27％程である。一方、工業の労働力報酬が増加値に占める割合は70％である。両者は香港工業が資本に対する吸引力を喪失させた（表 42 をご参照）。当面では深圳工業の増加値水準が香港 80 代初めに相当する。但し、工業労働力報酬が増加値に占める割合より約 50％低下された。深圳で香港 80 代同様の競争者に直面すれば、同様な労働力を市場に供給し、深圳工業も長い発展時期が広がる。

表 42　香港工業外部移転時期に資本の利潤空間

単位：%

年　度	1980	1981	1982	1983	1984	1985	1990
増加値は工業生産総値 に於ける占め率	27.3	27.6	28.9	27.6	27.9	28.5	28.7
労働力報酬は工業増加値 に於ける占め率	71.2	66.0	66.9	63.6	62.7	67.8	59.1

出所：鄭徳良：『現代香港経済』第三版，中山大学出版社，1993 年 12 月。

（三）深圳で合理的な産業構造の確定

我々は深圳で合理的な産業構造を分析、選択するのが全市経済の急速成長と維持成長を目処としている。以上に分析したことによって判明できるのが下記の通りである。

加速発展工業の継続維持は深圳経済発展に対し、一つの効率化選択である。但し、主体産業構造の確定に対し、まだ他の次産業の経済成長によって促して動く力と成長維持可能の実現力によるものである。

1. 深圳産業は経済成長に推進力

産業経済成長弾力性[1]で特定産業が経済成長に対する貢献度を分析した。更に、産業発展が経済全体成長に対す推進能力を分析し、産業別間の経済成長弾力性の強さを比較して、三次産業の中に主体産業構造を確定とする。

産業が経済成長に対する弾力性は下記の方式で計算する。

$$E_i = a_i + [(a_i - 1) / r]$$

そのうち、Ei は産業の経済成長弾力性で、ai は第 i 次産業が報告期と基期の生産額が国内生産総額に占める割りで、r は一人当りの国内生産総額が研究時期内での成長率である。

i = 1, 2, 3, ……, n。

20 世紀 90 年以来、深圳の第二次産業の経済成長弾力性は皆 1 より大きい、約 1.20 ぐるいであった。これは第二次産業比重増加が深圳全体 GDP 成長に対する役割が大きい。2002 年になってから第二産業の発展が GDP に対する上昇は依然として重要な推進役割を持っている（表 43、図 18 をご参照）。

---

① けりカのクズネッツ：『各国経済成長』，商務印書館，第 118 ～ 119 頁による，1999。

表 43　深圳第二、第三次産業の経済成長弾力性の比較

単位：%

時　　期	第二次産業	第三次産業	第二、三次産業の弾力差
1991～1995	1.59	1.15	0.44
1996～2000	1.11	0.74	0.37
1999～2000	·1.26	0.01	1.25
2000～2001	1.23	− 0.55	1.78
2001～2002	1.17	0.75	0.42

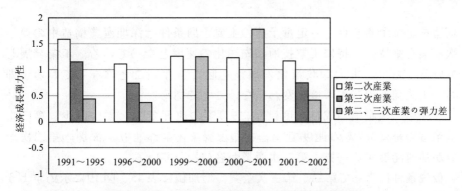

図 18　深センニ、三産業の経済成長弾力性の比較

　第二次産業と比較して、第三次産業の経済成長弾力性が弱いので、第三次産業が全体産業中の割合が上昇し、全体深圳経済成長に対する役割が小さい。これは、深圳 GDP の快速、継続成長を実現するのに、第二次産業の発展を推進する力に入れなければならず、第二次産業が深圳産業構造に主体構造の地位を強化しなければならない。これは一定時期に第三次産業が産業構造中の第一主体構造とすべきではない、そうでないと、GDP 加速が低下する。

2. 深圳未来産業構造の確定

　第二次産業の経済成長弾力性は第三経済成長弾力性と比較した結果、深圳経済の継続維持、高速発展を実現させるのが、第二次産業を発展する力に入れることが必要である。言い換えれば、継続扶持して、第二次産業の発展を推進するさえ、深圳経済維持、快速発展が実現できる。産業経済成長弾力性と産業の年成長率、変動形態によって、深圳 2010 年までの産業

表 44　深圳第二、三次産業増加値の年成長率（％）

年度	第二次産業	第三次産業	第二次産業成長率変動	第三次産業成長率変動
1992	35.2	33.2	74.3	−25.0
1994	36.9	37.4	−33.8	1.8
1996	14.7	24.7	11.8	10.1
1998	15.8	12.6	19.0	−18.8
2000	20.2	11.8	57.8	15.1
2001	20.8	13.8	2.8	16.8
2002	16.9	13.9	−18.4	0.65
年平均成長率変動	—		−9.1	2.7

　構造を定量予測を行う。定量予測の主要予測条件は深圳産業構造中の第二次産業を維持し、特に工業技術の先端化の速度となっている。工業発展しているうちに、重大な政策化の調整を起こさないことになっている、即ち、工業発展の基本環境が変わらないことである。

　深圳第二次産業の成長速度は年に9.1％の速度で少しずつ減少、第三次産業は年毎に2.7％の速度で少しずつ上昇する。つまり、深圳の第二次産業が加速発展する一方、第二次産業が客になっている。

　仮説条件によって第二、第三次産業の増加値は表45、図19に示めすように予測した。

表 45　第二、第三次産業増価値の予測

単位：億元

年度	第二次産業	第三次産業
2003	1424.8	1145.8
2004	1624.4	1313.4
2005	1831.1	1510.6
2006	2042.9	1743.3
2007	2257.6	2019.1
2008	2473.3	2347.1
2009	2687.9	2738.4
2010	2899.9	3207.1

　上記の予測値の推移状況によって、下記いくつかの結論が出た。

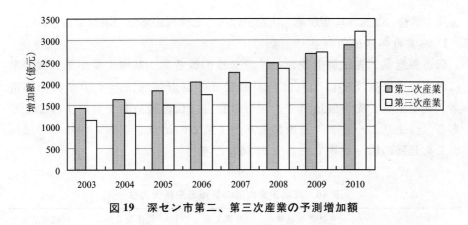

図19 深セン市第二、第三次産業の予測増加額

一、少なくとも未来の七年内に、第二次産業は変わりなく深圳経済の最大産業となる、同時に深圳国内生産総額の最大貢献者になる見込み。

二、当面では深圳三次産業の基本発展傾向で、第三次産業は7年程の発展を経てからさえ、深圳経済の最大貢献者である第二次産業に変わることができ、深圳産業の主体構造になり、深圳は本当にサービス経済社会になる。

三、産業構造の主体は第二次産業から第三次産業に転換昇級する際に、深圳の国際生産総額は約6200億元で、700万人の人口で計算すると、一人当たりのGDPは8800USドル（現在米ドルのレートで計算する）であり、国際上の産業構造が転換昇級時の一般経済発展水準（8000 USドル程）に相当する。現在、深圳は国際産業構造が転換昇級の一般規律に位置してある。

四、もし、深圳の経済発展条件は下述のように変化する場合、行政管轄区域の外拡、土地資源供給の増加、政府扶持工業技術進歩の強化、例え：もっと多くの資金、もっと特恵政策でハイテク技術産業の発展を促す。重大な開放政策の上場で、深圳が国際産業の分業に参与させる、例え：CEPA協議の実質実施、深圳、香港間の製造業（深圳）とサービス業（香港）の加速分業等。第二次産業は深圳経済構造の中で主体地位を処する時期が長引く。即ち、2010年に第三次産業は第二次産業が産業構造主体であることを取って代わらない、つまり、2010年に第二次産業を主とする産業構造から第三次産業を主とする産業構造移転の一番速い時点である。

（四）深圳産業構造の調整傾向

これから7年以内に、深圳産業の主体構造は工業を主とする大に産業である。つまり、深圳未来の7年内に現有工業を主とする基本産業構造を持たなければならない。未来産業構造の調整ポイントは、①第二、第三次産業の内部業

種間の調整、②三次産業が第二次産業に対する発展適応性の調整である。

1. 産業内部構造の調整

伝道製造業、先進製造業、ハイテク技術製造業、基礎工業が第二次産業に対する出来高反応によれば、工業発展の重点領域はハイテク技術製造業、基礎工業、先進製造業で、同時に直実に伝道製造業を発展することである。つまり、ハイテク技術製造業が工業での比重をアップさせるのは深圳工業発展の第一選択である（表46をご参照）。

表46　深圳工業内部の業種出来高弾力性

年　度	ハイテク技術製造業	基礎工業	先進製造業	伝統製造業
1991～1995	1.00	6.66	1.30	0.53
1996～2000	1.20	3.61	1.27	0.43
1998～1999	1.07	1.07	0.88	1.00
2000～2001	1.22	0.84	0.67	0.84
2001～2002	1.20	1.00	0.69	0.47

第三次産業にとって、業種別により第三次産業全体の発展推進を分析して、運送、倉庫と通信サービス業の推進力が最も強いので、優先的に発展すべき領域である。次は金融保険、不動産とビジネスサービス業、第三位は商業、観光業と飲食業である。

将来の「十一五」期間に深圳の第三次産業の主導産業は依然として運送、倉庫と通信サービス等の現代物流業と金融、保険、ビジネスサービス等の金融業であることを示す（表47をご参照）。

表47　深圳の第三次産業は弾力的に発展

年　度	運送、倉庫と通信サービス	金融保険、不動産と商業サービス	商業、飲食、観光サービス
1991～1995	0.96	1.19	0.47
1996～2000	1.06	1.04	5.55
1998～1999	1.08	1.65	0.72
1999～2000	1.53	0.99	0.54
2000～2001	1.03	0.59	0.66
2001～2002	1.69	—	0.93

2. 第三次産業対第二次産業発展の適応性構造調整

「導入－出来高法」により産業間の相互関連性を分析し、相互関連性に

産業構造の協調性を判断させ、その上更に深圳産業構造の調整領域を確定する。

これから7年間以内に深圳の産業構造は、工業が主構造である為、第三次産業内部の各業種が工業発展及び工業発展の調整度に適否は産業構造の調整ポイントである。

『1997年深圳導入出来高表』により第一次産業、第三作業、第二次産業の建築業対第三次産業及び他の関連業種の完全消耗係数、深圳工業対物流、商流、金融保険業等の完全消耗係数を算出できる（表48、49をご参照）。

表 48　深圳工業対第三次産業の完全消耗係数

第三次産業	交通運送、・倉庫業	郵政業	商業、飲食業	金融、保険業	不動産業	社会サービス業	総合計術サービス業
0.73249	0.0507	0.03415	0.13364	0.195556	0.1343	0.070641	0.0129688

表 49　深圳工業以外他の産業対第三次産業の完全消耗係数

交通運送・倉庫業	金融、保険業	社会サービス業	総合計術サービス業
0.04164	0.13565	0.0889	0.01779

注：その他の産業は、建設業、農業、第三次産業を含む。

完全消耗係数により工業及び他の業種が第三次産業と第二次産業に対する関係領域及び規模要求を算出出来る（表50をご参照）。

表 50　第三次産業適応工業及びその他の産業発展規模

	2000 年					2001 年					2002 年				
	工業	其の他	合計	実際規模	規模差（%）	工業	其の他	合計	実際規模	規模差（%）	工業	其の他	合計	実際規模	規模差（%）
交通運送・倉庫業	36.9	39.0	75.9	54.6	39.0	45.9	43.7	89.6	61.8	45	54.4	48.6	103	—	—
金融保険業	142.4	127.2	269.6	212.6	26.8	177.0	127.2	304.2	228.5	33	209.7	158.3	368	236.2	55
社会サービス業	51.4	83.3	134.7	88.7	51.8	63.9	83.3	147.2	109.5	34	75.7	103.8	179.5	126.3	42
技術サービス業	9.4	16.7	26.1	6.8	283.8	11.7	16.7	28.4	7.9	259	13.9	20.8	34.7	9.4	269
第三次産業	—	—	—	—	—	—	—	—	—	—	785.4	511.1	1296.5	1003.1	29.2

注：その他は、工業外の他の産業であり、建築業、農業、第三次産業を含む。規模は、相応産業の増加額の水準で、単位は億元である。規模差＝（実際規模－需要規模）/実際規模。

分析結果により以下の三点を表明可能：

全体により深圳第三次産業と第一、第二産業間に比較的に良い産業発展協調性をも持ち、第三次産業が殆ど工業及び他の産業発展の需要に満たす。但し、全体発展の速度上にはやはり遅れている。

第三次産業内部に深刻な構造性発展のバランスが取れていなく、深圳工業及び他の産業発展に不利なる。そのうち、総合技術サービスの発展が最も遅い、産業需要との規模差は260～285％である。社会サービス業、金融保険業と物流業にもある程度発展が遅れている。

目下深圳の工業発展が支えられるのは、需要増加値が54.4億元の物流業の規模、209.7億元の金融保険の規模、75.7億元の社会サービス業の規模と13.9億元の技術サービス業の規模に達さなければならない。同時に1072億元の工業増加値が、785億元第三次産業のGDPを上昇られる。

参考文献

劉偉、李紹栄編集『中国的地区経済結造与平衡発展』，『中国工業経済』，2005年第4期。

李金華編集『中国産業結構的軌跡、σ—収斂性与空間集聚格局』，『財貿研究』，2006年第2期。

楊治編集『産業経済序論』。

鄭徳良：『現代香港経済』，中山大学出版社，1993年12月。

〔米〕クズネッツ：『各国経済成長』，第118～119頁。

世界銀行『1999/2000年世界発展レポート：21世紀に入る』，2000中国財経出版社。

統計年鑑資料：各年版『国際統計年鑑』、『国際労工組織統計年鑑』、『中国統計年鑑』、『新嘉坡統計年鑑』、『深圳統計情報年鑑』等。

他の資料。

深圳社会保険制度研究 *

要　　旨

一

　完備な社会保障制度は、現代市場経済の一つ重要な特徴である。現代社会保険制度は、市場経済の運営秩序と社会安定を保証する重要支柱である。中国は社会主義の市場経済の形成と発展するの当たり、経済特区が中国市場経済形成の「試験場所」と「窓口」として、必ず現代市場経済の条件に符合する中国の特色のある社会保険制度を構築しなければならない。1980 年に深圳経済特区を設立して以来、27 年間の高速発展に伴って、深圳の社会保険制度は絶えず探求より構築され、逐次に改善されている。

　1992 年 5 月、『深圳市社会保険暫行規定』及び実施細則を公布したのは、深圳の社会保障制度を改革開始し、社会養老保険制度の構築を表していた。同年 5 月『深圳市社会保険暫行規定』の発布は、深圳市の改革に公費負担医療及び労保医療の序幕を開いた。1990 年 4 月に『深圳経済特区労働災害保険暫行規定』及び1994 年 11 月に『（深圳経済特区労働災害保条例）実施細則』の発布は、社会化の労働災害保険制度を構築させた。1997 年 1 月に『深圳経済特区失業保険条例』の実施は、深圳特区失業保険制度の構築を表し、全市の失業保険が統一に管理するのに実現させた。2003 年

＊　高興民、鐘若愚：深せん大学経済特区研究センター。

5月に発布された『深圳市城鎮職工社会医療保険弁法』に、女性労働者の特殊需要に対して、強制的に生育医療保険制度を執行していた。

27年間の改革と探求を経て、深圳は既に統一、効率、カバー面がより広大、保障内容がより完備な新システムが構築した。当面、深圳の社会保険システムは、養老、労働災害、医療、育成、失業の五大保険種類をカバーしている。深圳の従業員に対し、養老、労働災害、医療、生育、失業等の面に有効的な保障を提供し、深圳社会の経済発展と人民生活水準のアップに「ショック・アブソーバー」、「安全網」、「コンディショナー」の役割を果たした。

二

深圳は、中国諸経済特区の成功事例として、社会保険制度の変遷と実践は強い代表性を持っている。これは、我々が中国社会保険制度の全面考察と理解に例証を与えてもらった。深圳の社会保険システムは以下の特徴を持つ：

（一）全社会の統一社会保険制度のカバー面

経済特区設置の初めに社会保険は、主に国有企業をカバーし、「高福利、狭い適用範囲」の政策を実施していた。これと深圳経済特区の迅速発展の所有制構造と多種経済成分の急成長に強烈なコントラストを形成して、労働市場の形成と発展を妨げ、労働力を合理的に配置するのに妨げた。だから、深圳市は社会保険改革の初めから全社会統一のために社会保険制度は基本的な出発点と落着点に配慮した。

深圳の養老保険、医療保険及び労働災害保険は、深圳市戸籍（出稼ぎ者の都市戸籍を含む）の従業員をカバーするのみならず、広範な非深圳市戸籍の従業員もカバーする。この様な制度設計は、所有制の制限を打ち破って、圧倒的な多数の労働者の基本権益を保護された。労働者の用心及びリスク抵抗能力を高め、良好平等競争の市場経済環境を創造し、労働、賃金制度及び企業制度の改革を推進した。また、経済特区の各改革措置の組み合わせにセットして、特区経済の発展と社会各事業の進歩に促進した。

深圳市は社会保障制度の深化改革に、事業機関の基本保障と企業の基本保障を統一して考慮し、統一に養老保険、医療保険、失業保険等の基本保険制度を実行とし、尚かつ、両者にそれぞれの補充保険制度を設けた。

（二）個人口座と社会共済相結合の社会保険パターン

深圳市は特区従業員の収入及び特定社会環境などの要素に基づいて、国内外の経験と教訓を参考にして、世界各国と異なる社会共済と自我保障が

有機的に結合する新しいパターンを作り出した。当該パターンを設計する中に個人育成の自我保障の意識を強調し、伝統的な社会保障パターンに対して捨て去る態度を取り、十分に社会の調合と相互援助の機能を発揮した。社会保障の権利と個人の義務を結びつけて、国家、集団、個人の三つの利益を総合して、現有の利益と将来の利益に基礎を置いて、鮮明な深圳特色を持つ。

深圳では社会共済と自我保障が互いに結合する社会保険制度の実施は、労働力資源の合理流動と人力資源の優化配置に促進し、人力資源が経済発展で十分に役割を果たせ、現代社会より社会成員に与える諸リスクを軽減した。まさにそのために、基本生活の保障を提供して社会成員の平等に実現し、社会の対立を減らして、社会の安定を守って、深圳経済特区の高速発展のために高素質の労働隊列を提供した。

（三）基本保険と補充保険の相結合の多段階社会保険の仕組み

社会保険は現代社会保障の核心内容であり、カバー面が最も広い社会保険は基本保険と補充保険の二つに分ける。基本保険は主に広範な労働者の基本生活の需要を保障とする。補充保険は企業と個人の経営成果と収入水準の高さに現れ、労働者の段階別の需要を満たす。

深圳市は初歩に基本保険、地方補充保険と企業養老保険等の相結合する諸レベルの社会保険システムの仕組みを構築した、そして、実践する中で絶えずに改善しつつである。地域間、企業間及び個人間の経済状況の差異を具体的に表して、段階別の保険需要を満たせる。

三

本文には重点的に中国社会保険システムの発展、改革と探求のプロセスに創始性、代表性のある深圳の養老保険と医療保険のシステムを研究する。この二種類の保険に存在してある主要問題及びその対策構想に対して分析を行う。

（一）養老保険

全体的に、農民工に対する養老保険の設計は制度欠陥を存在している。費用の納付基数は農民工の実際収入に離れ、多くの農民工は保険料の納付する経済能力をもっていない。また、農民工の都市労働者とは異なる特殊性から、養老保険の具体的な実施には欠陥があり、規定の不公平で多数の農民工が深圳で養老保険の将来的利益を享受することが出来ない事態になっている。よって、多くの農民工が単なる保険に加入して利益を享受しな

くて、養老保険の解除を誘発した。

　現実を出発点とする原則によって、効果的に農民工の社会保険の権益及び自由選択の権利を保証すること配慮して、類別、段階別に分けて差異を表す農民工の養老保険制度を構築とし、農民工の養老保険問題を解決とする二つの選択可能な案を提供した。社会養老保険のカバー面が拡大して、極力、広範、有効的に社会保障制度のセーフティネットの役割を果たして、社会保障の公平性を実現とする。

（二）医療保険

　深圳の医療保険は、現在比較十分なコミュニティの医療資源をもっている。但し、総合医療と医療保険サービス、コミュニティ医療保険サービスのシステム構築するにまだ足りない。明確的な激励メカニズムに不足して、コミュニティ医療保険のサービス資源の利用率が低い。また、コミュニティ医療保険のサービスシステムの機能が単一、サービスは単なる医療技術のサービスに留まっている。

　深圳市はコミュニティとしての拠り所の医療保険管理サービスのシステムを創立しなければならない。コミュニティの管理サービスのプラットフォームを改善して、医療保険の管理サービスはコミュニティまで延び、医療保険のサービスシステムはコミュニティをキャリヤーとする社会化に実現して、社会医療衛生資源の合理的な利用率を高める。一定の優遇政策を設けて、保険に加入してある患者がコミュニティの医療サービス機構に分流するように引き付ける。保険の加入者に「ゼロ距離」の医療サービスを提供とし、より高品質の医療と社会サービスを提供する。コミュニティの医療サービス機構への注目力を高め、医療保険の制度が健康に発展させる。

第一節　深圳社会保険制度

　完備な社会保障制度は、現代市場経済の一つ重要な特徴である。現代社会保険制度は市場経済の運営秩序と社会安定を保証する重要支柱である。中国は社会主義の市場経済の形成と発展するの当たり、経済特区が中国市場経済形成の「試験場所」と「窓口」として、必ず経済に組み合わせる社会保障制度を改革し、現代市場経済の条件に符合する中国の特色のある社会保険制度を構築しなければならない。

1980 年に深圳経済特区を設立して以来、27 年間の高速発展に伴って、深圳の社会保険制度は絶えず探求より構築され、逐次に改善されている。深圳は、中国諸経済特区の成功事例として、社会保険制度の変遷と実践は強い代表性を持っている。これは、我々が中国社会保険制度の全面考察と理解に例証を与えてもらった。

27 年間の改革と探求を経て、深圳は既に統一、効率、カバー面がより広大、保障内容がより完備な新システムが構築した。深圳社会の経済発展と人民生活水準のアップに「ショック・アブソーバー」、「安全網」、「コンディショナー」の役割を果たした。

一　深圳社会保険の実施と制度変遷

1980 年に経済特区を設立して以来、経済特区の社会保障制度は、経済特区の社会主義市場経済の構築の中に発展させてきた。内地と同様に深圳経済特区の社会保険制度も従業員の養老、労働災害、医療、生育、失業等の面より有効的に保障する。

（一）深圳養老保険

深圳の社会保険制度の構築と改善は、まず、養老保険制度の改革から突破しなければならない。1992 年 5 月、『深圳市社会保険暫行規定』及び実施細則の公布は、深圳の社会保障制度の改革を開始することを表している。2000 年 12 月に修正された『深圳経済特区企業従業員社会養老保険条例』は企業従業員の基本養老保険の現行制度である。但し、事業機関の基本養老保険制度は依然として1996 年発布された『深圳市基本養老保険暫行規定』により実施している。

1992 年に深圳は社会調達と個人口座の相結合の養老保険制度を提出した。中国は社会からの調達と個人口座の相結合①の新しい養老保険のパターンを切り開き始めた。「社会統籌＋個人口座」（調達・個人口座相結合）を特徴としての基本養老保険制度は、中国が世界で創造した一つ新型の基本養老保険制度である。この制度は、伝統型の養老保険制度のメリットを

---

① 養老保険は如何なる「社会統籌＋個人口座」を実行するかを相違を存在している。一つの主張は、基本養老保険が単一に社会の統一的な計画案配制を実行できず、個人口座の取り入れが必要である。もう一つの出張は、基本養老保険が社会の統一的な計画案配制を実行して、養老保険を補充して個人口座制を実行する。明らかに、深セン市は一つ目の主張を取った。1995 年 3 月に中国政府は『企業従業員養老保険制度に関する深化改革の通知』を頒布した。「社会統籌＋個人口座」に関する二つの実施方法を出して、地方政府の選択が容赦したが、結局制度の不統一を齎した。

吸収し、個人口座パターンの長所を参考にした。伝統上の社会保険の社会相互共済、リスクの分散、保障性が強い特徴も現しているし、従業員の自我保障意識と激励メカニズムを強調した。

(二) 深圳医療保険

1992 年 5 月、『深圳市社会保険暫行規定』の公布に伴い、深圳市の公費負担医療と労務医療の改革に序幕を開いて、全国では真っ先に医療保険の改革に対して実践した。1996 年 5 月、深圳市は『深圳基本医療保険暫行規定』を発布して、医療保険制度に対して更に調整を行い、多段階の基本医療保険制度を実施した。総合医療保険（外来診療と入院診療を含む）、入院医療保険と特殊医療保険の三つの保険を創り上げた。その中、総合医療保険は「社会統籌＋個人口座」のパターンで実施とする。2003 年 5 月、深圳市は『深圳市城鎮職工社会医療保険弁法』を頒布し、実施した。2005 年 2 月に『深圳市労務工合作医療試点弁法』を発布し、実施とした。

(三) 深圳失業保険

1997 年までに、深圳では実施されている失業保険は1993 年と1986 年の両国統一の暫行規定であり、失業保険制度の雛形を創り上げた。但し、強い失業救済の性質を持っていた。1997 年 1 月、『深圳経済特区失業保険条例』の実施に伴い、正式に深圳特区の現行の失業保険制度を制定した、全市の失業保険が統一管理に実現した。

(四) 深圳労働災害保険

1990 年 4 月、深圳は『深圳経済特区労働災害保険暫行規定』を公布した。1994 年 11 月、深圳は『（深圳経済特区労働災害保条例）実施細則』を公布して、社会化の労働災害保険制度を制定した。2000 年 1 月、深圳市人民代表大会常務委員会に『深圳経済特区労働災害保険条例修正案』を通過した。2004 年、深圳市では統一に2003 年に国務院より公布された『労働災害保険条例』を実施し、2004 年 2 月『広東省労働災害保険条例』を参考して、国務院より公布された『労働災害保険条例』の補充として実施していた。

(五) 深圳生育保険

2003 年 5 月、公布された『深圳市城鎮職工（従業員）社会医療保険弁法』に女性労働者の特殊需要に対して、強制的な生育医療保険制度を実施した。『深圳市城鎮職工社会医療保険弁法』には、深圳市の戸籍を持つ基本医療保険の加入者が生育医療保険に加入すべきであると規定している。

二　深圳社会保険制度の特徴

（一）全社会に適用する統一社会保険制度

伝統の経済特区の社会保険は、主に国有企業をカバーし、「高福利、狭い適用範囲」の政策を実施していた。これと深圳経済特区の迅速発展の所有制構造と多種経済成分の急成長に強烈なコントラストを形成して、労働市場の形成と発展を妨げ、労働力を合理的に配置するのに妨げた。だから、深圳市は社会保険改革の初めから全社会統一のために社会保険制度は①は基本的な出発点と落着点に配慮した。

深圳の養老保険、医療保険及び労働災害保険は、深圳市戸籍（出稼ぎ者の都市戸籍を含む）の従業員に適用するのみならず、広範な非深圳市戸籍の従業員も適用する。この様な制度設計は、所有制の制限を打ち破って、圧倒的な多数の労働者の基本権益を保護された。労働者の用心及びリスク抵抗能力を高め、良好な平等競争の市場経済環境を創造し、労働、賃金制度及び企業制度の改革を推進した。また、経済特区の各改革措置の組み合わせにセットして、特区経済の発展と社会各事業の進歩に促進した。

深圳市は社会保障制度の深化改革に事業機関の基本保障と企業の企業保障を統一して考慮し、統一に養老保険、医療保険、失業保険等の基本保障制度を実行とし、尚かつ、両者にそれぞれの補充保険制度を設けた。

（二）個人口座と社会救済相結合の社会保険パターン

深圳市は特区従業員の収入及び特定社会環境などの要素に基づいて、国内外の経験と教訓を参考にして、世界各国と異なる社会共済と自我保障が有機的に結合する新しいパターンを作り出した。当該パターンを設計する中に個人育成の自我保障の意識を強調し、伝統的な社会保障パターンに対して捨て去る態度を取り、十分に社会の調合と相互援助の機能を発揮した。社会保障の権利と個人の義務を結びつけて、国家、集団、個人の三つの利益を総合して、現有の利益と将来の利益に基礎を置いて、鮮明な深圳特色を持つ。

深圳では社会共済と自我保障が互いに結合する社会保険制度の実施は、労働力資源の合理流動と人力資源の優化配置に促進し、人力資源が十分に経済発展に役割を果たせ、現代社会より社会成員に与える諸リスクを軽減した。まさにそのために、基本生活の保障を提供して社会成員の平等に実

---

① 全社会統一の社会保障制度は管理制度、保障方法の統一以外に、社会全員が享受すべきの関係保障を指す。

現し、社会の対立を減らして、社会の安定を守って、深圳経済特区の高速発展のために高素質の労働隊列を提供した。

（三）基本保険と補充保険相結合の多段階社会保険の仕組み

社会保険は現代社会保障の核心内容であり、カバー面が最も広い社会保険は基本保険と補充保険の二つに分ける。基本保険は主に広範な労働者の基本生活の需要を保障とする。補充保険は企業と個人の経営成果と収入水準の高さに現れ、労働者の段階別の需要を満たす。

長年の探求を経て、深圳市は初歩な基本保険、地方補充保険と企業養老保険等の互い結合する諸レベルの社会保険システムの仕組みを構築した。そして、それを実践する中で絶えずに改善しつつである。地域間、企業間及び個人間の経済状況の差異を具体的に表して、段階別の保険需要を満たせる。

紙数に限りがあるため、本レポートには中国社会保険システムの発展、改革と探求のプロセスに創始性、代表性のある深圳の養老保険と医療保険のシステムを研究とし、他の保険を一々紹介しない。

第二節　深圳養老保険制度現状研究

1981 年以前、深圳市の養老保険は企業負担の制度を実施[①]し、事業機関は統一に離・退職制度を実施していた。1982 年から深圳市は、労働契約性従業員の養老保険制度を試行し始めた。深圳市の養老保険制度は初歩探求、快速発展と全面発展の三段階を経てきて、全国に新しいパターン「社会統籌＋個人口座」の養老保険制度を創始した。

一　深圳現行養老保険制度概況

深圳市の現行養老保険制度は基本養老保険制度及び補充養老保険制度を含む。基本養老保険制度には企業従業員基本養老保険制度と事業機関養老保険制度に分けられる。補充養老保険には地歩補充企業養老保険制度と企業年金制度に分けられる。

深圳の養老保険は無から有になって、一連の制度の革新を行なって加入者数が増えつつである。広いかバー面、多段階の社会養老保険システムに

---

① 企業の従業員は養老保険流を納付しない、退職後に企業より退職金を受け取る。

形成した。

（一）加入者数の迅速増加

1996 年、深圳市基本養老保険制度の制定から今まで、基本養老保険の加入者数は快速に増加し、基本養老保険制度が有効的にアップしつつである。深圳市の基本養老保険の加入者数の迅速拡大で、基本養老保険の加入者数は1998 年の57 万数から2005 年12 月に352.75 万人[①]に増加した。

（二）養老保険の広い適用範囲

1. 戸籍、非戸籍労働者と農村都市化人員のカバー

社会保険は人々が享受すべきの基本権利である。『深圳経済特区企業従業員養老保険条例』及び『台湾香港澳門居民内地就業管理規定』によって、非深圳市戸籍の従業員と深圳市戸籍の従業員は同じ基本養老保険の待遇を享受する。深圳企業の基本養老保険制度は深圳市の各種類の企業及び従業員、個体経済組織及び雇用人員、深圳市農村都市化の人員と深圳市事業機関の臨時雇用人員に適用とする。

2. 農村都市化人員の農村保険から都市保険の移行パターン

都市化の推進に伴い、深圳市は2004 年に既に全面的に都市化としている。深圳市では、農村の都市化人員の農村養老保険は直接に都市居民の基本養老保険に移行した。

（三）養老保険の多段階

基本養老保険、地方補充養老保険と企業補充養老保険等の多段階発展の養老保険システムを構築した。

基本養老保険制度には、企業従業員の基本養老保険制度と事業機関の養老保険制度を包含し、基本生活の需要を保障する。補充養老保険制度には地方養老保険と企業補充養老保険を包含し、企業と個人の経営成果と収入水準の高さに現れ、労働者の段階別の需要を満たす。

（四）養老保険制度制定の効果突出

一つ目は外国のやり方を参考にして特区の実際状況を結び付けて、「社会統籌＋個人口座」の養老保険パターンを創り上げた。全国の養老保険制度に見事な経験を提供した。二つ目は、養老金の計算発給方法であり、比較的に公平と効率相結合の原則を貫いて、旧制度と新制度との繋がりに有利にした。三つ目は共済基金の「以支定収」（以支定収は、税法を制定するときに政府の職責権利及び国民経済の発展可能性により、財政収入の総

---

① データの出所は『深圳市 2005 年国民経済と社会発展統計広報』。

量とGDPに占める比重を確定する。具体的な税目を設計して、具体的な税率で徴収するかを確定する。よって一定の収入規模を保証とする。）を実施して、全て個人口座に積立ての資金運営方式である。共済基金の収支バランスと基金運営の良性循環に実現して、人口老齢化と定年退職ピークの圧力を軽減するに良い基礎を打ち立てた。四つ目は、事業機関、企業従業員の統一の基本養老保険制度を実施して、人材流動に促進した。五つ目は、真っ先に企業補充養老保険の制定及び実施して、多段階の社会保障すステムを構築した。

二　深圳現行養老保険制度の既存問題

（一）農民工に対する養老保険制度設計の既存欠陥

非深圳戸籍の従業員は都市企業従業員の養老保険制度に組み入れたが、但し、制度の設計と実行に一連の問題を存在する。特に労務工の中の「農民工」が最も際立っている。全体的に労務工の養老保険制度の設計に対して、以下の問題を存在する。

1. 納付基数は農民工の実際収入に離れ

『深圳経済特区企業従業員社会養老保険条例』の関係規定により、養老保険の最低納付基数は、深圳市上年度の従業員の平均月給の60％であり、非深圳市戸籍の従業員の納付比率は13％であり、その中、従業員の個人負担は5％である。農民工の実際収入は大体500~600元であり、自身の正常支出と家族扶養費用を除けば、多くの労民工は養老保険料の納付経済能力を持っていない。

2. 多数の農民工が養老保険利益の享受難

深圳は移民都市であり、労働力の流動程度が高くて、多数の農民工が深圳にて養老保険の条件に達せず、多くの農民工は単なる保険に加入するだけ、利益を享受しないことを招いている。

『〈深圳経済特区従業員社会養老保険条例〉若干実施規定』第13条の要求は、非当市戸籍の従業員は深圳で定年退職して月毎に養老保険待遇を享受する場合、国家法定定年退職年齢を達成する5年前に当市で連続納付しなければならない。

養老保険を享受する条件に関する規定は不公平の要因で、農民工が絶えずに保険解除を引き起こす傾向である。深圳市は養老保険に加入した外来工は約50万人である。但し、毎年、保険解除の人数は12万以上に達した。宝安区沙井社会保険拠点に一日に600名以上の農民工が列を並んで保険解

除の場面①もあった。外来工が保険に加入しても利益を享受するのが困難なので、2005年の年末に外来工の保険解除ピークになった。

3. 制度設計の強制性に欠如

社会保険の強制制は、企業の強制加入に表すのみならず、個人意識による任意解除の不許可にも表している。深圳市は、労務工が都市従業員養老保険に組み入れると同時に労務工の保険解除にも許可している。これは、社会保険の個人に対する強制性を表していなくて、労務工が養老保険の権利上にある程度濫用する情況が出てくる。

養老保険は政府が年を取って収入を失う人のために、社会制度の一つ基本的な生存条件を提供する。その本質は国民所得の再分配であり、国家のマクロコントロールの手段である。労務工の保険解除を許可するのは現段階の一つの便宜上の政策で、長い目からみれば社会養老保険制度に対する否定であり、個人権利の実現による社会保障水準のアップに影響をされる。そこで、現行制度の設計と社会養老保険の制度の初志はある程度の背離が現れた。

（二）事業機関と企業養老保険待遇の格差離れ

1. 待遇格差の現状

深圳市の事業機関の養老保険パターンは「社会統籌＋個人口座」の部分蓄積型制度であり、財政、個人共に費用を納める。待遇の計算し方と発給し方は、依然として計画の体制の下で勤続年数によって定年退職待遇を計算する。

社会性、共済性の基礎養老年金の部分に、事業機関の基礎性年金は定年退職時の前年度の事業機関の従業員の平均月給の25％であり、企業は定年退職時の前年度の市の都市従業員の平均月給の20％である。ここ数年以来、企業の1人当たりの年金は少しずつ逓減されつつ、事業機関の1人当たりの年金は着実に上昇しつつであり、両者間の待遇格差は年々増えつつである。

2. 待遇格差による養老保険制度の不公平

事業機関と企業の養老保険制度間の待遇格差②は、直接に養老保険制度間の不公平さを招いた。

---

① 参考文献：『老有所養：『農民工保険加入解除』から社会保障制度の完備を見る」、『工人日報』、2006年1月9日。

② このような待遇格差の出所は主に「四不統一」である。即ち、不統一制度、不統一徴収、不統一管理及び不統一発給。

企業の従業員と国家機関、事業機関の従業員が採用した養老保険の支払方法と標準が異なる。企業の養老保険は既に「社会保険」の規則で運行する下で、事業機関の退職費の発給は依然として直接に給与収入と連結する。

現行養老保険の支払い枠は有効に初回配分の差別を調整できないだけではなく、かえって、逆方法に初回配分の差別を調整する。企業の従業員の平均収入と福利は国家機関、事業機関より低い。但し、国家機関、事業機関の養老年金は企業の従業員より高い。このように社会統籌の養老保険の配分効果はねじ曲がられる。

(三) 多段階制度上の企業年金発展不十分

基本養老保険のカバー面は広範であるけど、補充養老保険、特に企業養老保険の段階発展は不十分で、全体の人民大衆間の公正性まで影響をされる。

1. 企業年金の低いカバー率

2004年年末、企業基本養老保険のカバー率は61.7%である。2005年10月、深圳市企業年金のカバー率は1.8%で、先進国に比べれば、深圳市現段階の企業年金の段階発展はかなり十分で、カバー率がかなり低い位置につけている①。

企業年金の発展は事業機関と企業の養老保険待遇の格差を縮小する有効方法である。中国政府都市・鎮養老保障システムの未来モードを参考すれば、基本養老保険年金の目標代替率は58.5%である。企業年金の代替率は20~30%の水準を達せば、従業員の定年退職後の基本生活水準が維持できる。

2. 企業年金の供給と需要の不足

(1) 基本養老保険の高い代替率による企業年金発展スペースの妨げ

定年退職の基本養老金の代替率水準は高過ぎて、企業の年金に対する需要になってしまい、ある程度企業年金の発展スペースを妨げる。深圳市2004年の基本養老保険の総代替率は72%に達し、定年退職従業員の企業年金の需要に足りない。

(2) 雇用企業の負担が多い、企業年金の供給不足

企業年金の主要供給者は雇い主であり、費用納付の水準を引き続き高め

---

① 例えば、20世紀80年代に日本は90%以上を達し、デンマークは殆ど100%、オランダは85%、イギリスは60%、アメリカは50%、アイルランドは40%を達し、最も低いスペインも15%を達していた。

れば必ず雇い主のコストを激化させる。企業年金の納付額は給与総額の
4%以内の場合、コストの支出として計上できる。企業年金の目標代替率
30%を実現するには、企業の片方で費用を納める下で、税金を納める前の
4%の支出は激化不足である。

3. 国家関係規定及びマクロ環境上の欠陥

国家は企業年金に対する発展運営の規則と運営プログラムに関わる規定
はまだ成型していなく、企業年金の現行投資ルートも不合理である。企業
年金の実施に当たる外部条件もまだ未熟、これは以下の三点に表してい
る、(1) 資本市場の未熟 (2) 支える基本法律システムが不足で、企業年
金の運営根拠がない (3) 関係経験者と専門管理者の不足。

三　深圳市養老保険制度の対策思考の完備

現行養老保険制度の既存問題に対して、深圳市の養老保険制度の対策思
考を提出する。

(一) 農民工養老保険制度のルート選択

現実を出発点とする原則によって、効果的に農民工の社会保険の権益及
び自由選択の権利を保証すること配慮して、類別、段階別に分けて差異を
表す農民工の養老保険制度を構築とし、農民工の養老保険問題の解決する
には以下の二つ選択案を提供した。

方案一：類別、段階別に分けて養老保険制度の構築

雇い主があるかつ職業が安定で、技能が強くて固定収入がある労務工に
対して、都市・鎮従業員の養老保険制度の規定によって実行する。雇い主
があるけれども、職業が不安定で、技能が普通で固定収入がない労務工に
対して、上海、成都などの養老補助制度を参考にして、労務工の保険解除
問題を解決する。

この方案に、農民工は国家規定の退職年齢に達せば、老年補助証拠に社
会保険機関まで1回だけの補助金を享受する。費用納付の基数は深圳市の
前年度の従業員の平均月給の30%と老年補助金の5%は、全部企業より納
付する。類別、段階別の養老保険制度の方案は「一律処理」を回避して、
農民工にと，て選択でき、比較的に拡張面と保険解除の問題を解決する。
欠陥はある職業の農民工をカバーしていなくて、一部人員の養老権益を軽
視した。

方案二：都市・鎮従業員制度に統一、相違がある養老保険制度の構築

ルート依頼を考慮に入れて、農民工と都市・鎮従業員は統一の養老保険

制度に参加しなければならない。改革の振動を減少して、管理のコストを節約する。全ての差異は費用納付の基数、養老保険の個人口座への移転及び納付年限未満の待遇などに表している。

　費用納付の基数は、前年度の社会保険平均給与の30%であり、大幅に納付限界を下がって、拡張面と企業負担軽減に有利になった。待遇水準は、費用納付年限未満の養老待遇二対して、段階別で計算方法を取る。深圳での費用納付年限を基礎にして、ある程度月事に基礎養老年金の年限を享受できるように設計する。個人口座への移転継続は、農民工が保険解除できなく、保険移転しか出来ない。銀行の協力を求めて、個人口座は1枚の「民工」カードに制作して、銀行のネットシステムを通して、「カードは人の移動によって移動、異郷での支払い」に実現する。

（二）事業機関養老保険制度選択の改革

　逐次に養老保険代替率①の減少から、部分累計制度の原則を堅持して、事業機関養老保険制度の改革は以下三つの方案で構想選択ができる。

　方案一

　統一の深圳市基金養老保険制度を創立する。企業の従業員、事業企業の従業員などの人員は市基本養老保険システムに組み入れて、統一の基本養老金を享受する。これを基にして企業従業員の補充養老保険、公務員の定年退職補助（年金）、従業員の定年退職補助（年金）を創立して、それぞれ各自の特徴を現す。

　方案二

　国際慣例を参照して、それぞれ企業従業員の養老保険制度、公職人員の養老保険制度を創立する。国家機関に対して、まず分類区別を見直し、行政類と社会公益類の事業機関に属す場合、機関と一緒に公職人員の養老保険制度で実行する。生産経営類の国家機関或いは企業の性質に属す場合、企業従業員の養老保険制度で実行する。

　方案三

　それぞれ企業従業員の養老保険制度、公務員の養老保険制度、国家機関

---

①　国家機関の定年退職金は元給与の支払い比率に比べると、世界多くの国家より高く算出している。特に大部分の人の定年退職金は元給与の100%（例：中・小学校の教師及び引退人員は30年の勤務年数を満たす）を受け取る。これを比べると、アメリカの公務員の最高退職金は退職前の3年最高給与の45%、アメリカは退職前の3年最高給与の80%、新嘉坡は退職前の3年平均給与の三分の二、フランスとドイツは退職前の給与の75%、日本は70%、韓国は76%を受け取る。よって、逐次に国家機関養老金の代替率を下げなければならない。

職員の養老保険制度を創立する。

　上述の方案に、方案一の「コスト退出」は最も低い、「コスト実施」は最も小さくて、社会養老保険の最大限の共済を実現することができる。

（三）企業年金発展の促進

1. 相応的な税収優遇政策を制定

　逐次に、適当に企業年金の税金を納める前の納付費用の支出割合をアップする。企業年金はEET遅延徴税優遇政策を執行する。即ち、企業年金の供給と企業年金の基金投資収益に対して、免税とする、その代わり、企業年金の給付金に対して、所得税を徴収する方法である。

2. 企業年金多段階の取り扱い形式に支持

　大手企業の企業年金基金は信託型の年金制度を採っている。このように企業年金に対して、効果的に監督管理もできるし、資本市場の発展にも促進できる。中小企業の企業年金計画は、社会化の商業保険会社に委託して経営する。

3. 情報披露メカニズムの完備

　十分性、有効性、記録性、情報公開の4原則に従う。市場を通じて当事者を監督管理とし、有効的に法に反する行為の発生に用心する。監督管理部門の監督管理コストを下げる。

第三節　深圳医療保険制度現状研究

　医療保険は社会保険の一つ独立の子システムでもあり、労働災害保険、成育保険、養老保険などの項目にも関連する、他の保険項目に比べれば、保障対象の全民生、医療機会と待遇の均等性、医療保険目的の専一性、医療保険の強制性、医療保険と他の保険の関連性、医療保険のサービス性と医療保険の福利性などの特徴をもつ。

　1992年、1995年、深圳の医療保険制度に対する改革を経て、全市統一の医療保険制度を作り上げた。一つ目は、多段階の基本医療保険制度を創立した。二つ目は、綜合の基本医療を創立して「社会統籌＋個人口座」制度を実施する。三つ目は、新しい医療保険待遇の標準を制定する。四つは、健全に監督管理の新しいメカニズムを拘束する。

一　深圳市現行医療保険制度の概況

　1992年、深圳市は『深圳市社会保険暫行規定』と『深圳市社会保険暫

行規定医療保険実施細則』を公布して以来、正式に従業員の社会医療保険制度を実施して既に14年になった。深圳では社会医療保険制度を発展する中に、封建制度理念、経済社会などの他要素の影響を受けて、深圳の制度は何回の革新を経てきた。大体は従業員の基本医療保険の草創段階、完全段階と全方位、多段階の社会医療保険システムの探求段階の三段階を経てきて、初歩的に新型、全方位、多段階の社会医療保険システムを構築した。

(一) 医療保険の広い適用範囲

目下、深圳市の医療保険制度は2003年深圳市政府は公布した『深圳市城鎮職工社会医療保険弁法』を核心とする都市・鎮従業員基本医療保険制度である。基本医療保険は、戸籍、非戸籍労働者の基本医療需要を保証とし、従業員に直面する医療リスクを解消して、全市の一致と公平を表した。2005年末に、全市では基本医療保険の加入者数は269.58万人[①]を達した。

同時に、基本医療保険制度の体制性欠陥と労務工の需要特徴に対して、深圳市は労務工合作医療保険制度を創立して、2005年2月に『深圳市労務工合作医療試点弁法』を公布した。労務工は医療合作医療保険と基本医療保険の間で自主的に選択でき、労務工と雇用企業の積極性を引き出して、切実に労務工の基本医療の需要を保障とした。

(二) 医療保険の多段階

基本医療保険の限られている保障水準に対して、深圳市では多種形式の補充医療保険も実行して、地域間、企業間と個人間の経済状況相違を表し、段階別の医療保険需要を満足させる。2003年に深圳市は『深圳鎮職工市城社会医療保険弁法』の中に、地方補充医療保険の関係規定を増加した。国務院と労働と社会保障部門の関連文献の基で、2005年に『深圳市公務員医療補助暫行弁法』を公布した。1999年に『深圳市機関、事業機関家族統籌医療管理弁法』を公布した。

現行の深圳市社会医療保険制度の下で、医療の保険のシステムは4つの段階に分けられる。第1段階は、基本医療保険であり、全市一致と公平を表している。第2段階は、地方補充医療保険であり、地区経済相違を表している。第3段階は、公務員の医療補助と企業補充医療保険であり、同一

---

① データ出所:『深圳市2005年国民経済と社会発展統計公報』。

地区の異なる企業の経済相違を表している。第4段階は、商業性の医療保険であり、個人経済の相違を表している。それで、深圳市は都市・鎮従業員の基本医療保険制度を主として、補充医療保険（企業補充保険、公務員医療補助、労働組合の巨額医療費補助を含む）と商業保険を補佐とする。基本的に社会医療救助をアンダーラインとしての多段階の医療保障制度の枠組みが形成した。

（三）医療保険の多形式

まず、基本医療保険は多形式である。基本医療保険は綜合医療保険と入院医療保険の二種類に分ける。綜合医療保険の加入対象は、深圳戸籍の在職従業員と定年退職人員である。入院医療保険の加入対象は、主に非深圳戸籍の在職従業員と深圳戸籍の失業救済金を受け取る失業人員である。非深圳戸籍の在職従業員は企業の申請を経て、綜合医療保険を加入することが出来る。この混合型医療保険パターンは異なる医療の需要を満たして、有効的に医療保険のカバー面を高まる。

つぎ、補充医療保険は多形式である。補充医療保険は地方補充医療保険、公務員補充医療保険、企業補充医療保険の三種類に分ける。地方補充医療保険は、地域経済の格差に表す。国家公務員の補充医療保険は国家公務員の基本医療保険の多額医療費の支出不可と個人口座の使い後に個人負担の医療費用を解決とする。

（四）医療保険制度の改革効果顕著

改革後の医療保険制度は、段階別の医療需要も保障するし、効果的に企業の負担も軽減した。根本的に過去医療費用の公費請求、企業負担から企業と個人負担に切り替えた。基本的に医療衛生資源の合理利用に実現、基金統籌と個人口座の相結合に実現、保険加入者の基本医療の需要を保証する。

二　深圳市現行医療保険制度の既存問題

社会医療保険に干渉する行為は、政府と医療保険の提供方、医療保険被保険方と医療サービスの提供方の三つである。三つの行為は共同的に医療保険制度の功績効果[1]を影響する。

---

[1]　政府と医療保険提供方の行為は医療保険功績効果に対する影響は、主に政府が医療衛生領域の社会責任は十分、適度に発揮するか否かである。医療保険被保険方と医療サービス提供方行為の動力は、現行医療保険制度に対する有効的な激励と拘束メカニズムである。

（一）医療保険の多保障機能持ち

1. 社会医療保険は公民の基本医療だけ保証

医療衛生サービスは公共衛生①、基本医療サービス②と非基本医療サービス③の三段階である。

政府は基本医療サービスに対して、社会医療計画を提供すべき、公衆の基本健康薬品と診療プロジェクト目録の保障を確定して、出来る限り低い価格で医療保険に加入してある患者に提供して、社会成員の健康リスクと病気で誘発する経済リスクを下げる。社会の個人に対して医療保険の支払い定額を超えた、基本医療の需要に対して医療救助を実施しなければならない。

社会医療保障システムは、医療福利、社会医療保険、医療救助、商業保険などの一連の保障方式より構成した。社会医療保険は唯一の医療保障ではなく、単なる医療保障の中の1つの主体の部分であり、公民の基本的な医療だけを保障するに過ぎず、基本医療保険は全ての医療需要を解決するのではない。

医療救助は、経済の原因で医療保険に加入できない特殊な人員の基本医療の需要に配慮を支払う。また、一部の医療保険支払い定額を超えた基本医療の需要に配慮を支払う。

2. 医療保険の多保障機能持ち

疾病医療保険の理念を明確すべキである。医療保険はその他の医療保障形式が持つ部分機能を持つだけではなくて、多くの非疾病の医療の需要に対しても保障する、例えば、以外傷害などである。これは社会基本医療保険の範疇を超えた。

3. 医療救助システムの未構築

都市医療救助制度の機能は、都市の貧しい人員を助けて医者面に於ける困難と問題を解決とする。病気で貧になる、貧に戻ることを減少して、社会が調和がとれていて公平を促進して、以人為本（人間本位主義）から社

---

① 公共衛生は、計画免疫、伝染病のコントロール、母子保健、職業衛生、環境衛生と健康教育などを含む、典型的な公共商品に属す、政府に医療福利の形成から全体社会成員に対して無料に提供しなければならない。

② 基本医療はよくある病気、多発病に対して全民に所要薬品と診断手段を提供して、全民の基本健康需要を満たす。

③ 基本医療サービス以外の医療衛生需要、政府は統一の保障を提供しない、自由性の商業医療保険の発展を奨励して、社会全員間の「互保」を推進し、企業が自らの意思で従業員のために補充商業医療保険を購入することを奨励する。

会安定の必要とすることを守ることを堅持する。

深圳市では一部の経済困難で医療保険に加入できない人々は基本医療の保障を享受していない。医療保険の支払い定額を超える分は個人負担になっていて、ある程度「治療難」と「病気で貧になる」現象をもたらす。保険の加入者が医療保険に対する期待が高すぎ、医療保険部門に集中する傾向である。医療救助システムは、まだ構築していなくて、医療保険の保障負担が重くなる。

（二）医療保険基金と賦課方式原則の違反

1. 深圳市医療保険基金の高残高

深圳市の医療保険基金の累計残高が比較に高い、全他の余剰率が高い。医療保険は賦課方式の社会保険制度として、基金自体は収支のバランスを取った上で、若干の残高を有すべきである。一般的には、基本残高は2－6ヶ月の正常支出を有すれば結構である。

医療保険料の納付比率が下がった後で、深圳市の医療保険基金の残高は依然として約36ヶ月の正常な支払うことを負担する。医療保険の基金残高が高すぎて、個人の収入に対する自主使用に影響して、社会全体の効率を下げた。

2. 現行医療保険料の比率が十分に深圳の特殊要素の未考量

保険加入者の年齢構造が軽い：深圳市の全体人口の年齢構造が軽い、加入者は中青年を主としている。目下では、全市の定年退職人員は約11万人であり、全員保険に加入してあると計算すれば、扶養係数は全国水準より遥かに超えて、4：1の扶養係数の理論警戒線である。

医療保険基金の支払い圧力が軽い：医療保険基金の支出と使用は保険加入者の年齢構造と密接な関係がある。保険加入者の年齢の逓増に伴い、病気になる確率も高くなり、1人当たり費用もそれに応じて高くなる[①]。

納付基数が高い：深圳市の経済は比較的に発達させ、社会の平均給与水準は他の都市より高い。ただ、医療保健の価格水準は全国に似ていて、医療保険基金の支払い圧力が比較的に小さくさせ、基金の残高率が比較的に高い。

---

① 国際国内の経験により、アメリカでは12％の65歳以上の人口は全国29％の医療経費を消耗した。日本では、13％の65歳以上の人口は全国28％の医療経費を消耗した。一人当たりの費用により、アメリカの年寄りの医療費は約非年寄りの3倍位である。。台湾地区の年寄りの医療費用は約非年寄りの2.5場合である。イギリスの85歳以上の年寄の医療費用は16歳から44歳の人口の9場合である。

定年退職従業員の医療保険料の納付：その他の都市の定年退職人員は基本養老保険に加入すればあまねく費用を納めないで、深圳市の定年退職従業員の基本医療保険料は養老保険の基金の中から差し引く。医療保険基金の出所ルートの多様化も医療保険基金の残高率が高くなる一つの原因である。

3. 医療保険基金残高が高くて、賦課方式の原則の違反

割りに高い医療保険の基金残高は個人当期に消費を占める。即ち、被保険方が高すぎる価格で社会医療保険をかけられて、被保険方の支配できる収入を下げた。

医療保険の個人の自主選択権と賦課方式の原則内包をもとって、保険加入者の福利水準も下げた。

4. 医療保険基金残高の下落リスク

2004 年に深圳の社保基金の全体投資収益率が高くなくて、同時期の中国のインフレ率（3.9％）より低くて、アジア銀行の予測により、2005 年の中国のインフレ率が5.9％まで達する。そこで、現有の医療保険の基金残高が価値の下落が現れている。

投資ルートの制限を受けて、社会保険基金の投資収益率は大幅に改善されない、割りに多大な医療保険の基金残高が下落リスクに直面する。賦課方式の医療保険制度は、割りに多大な基金残高を維持すれば、今後の支払い圧力に対抗するが、但し、下落リスクは対抗リスク能力を下がらせる。

（三）家族統籌医療保険は企業従業員の家族まで未カバー

現在、深圳市の医療保険のカバー率とカバー範囲が影響された主要要素は一部の人員が医療保険制度に適用されていないからである。その中、企業の従業員の家族はその中の主体である。

深圳市の都市・鎮従業員の家族は、機関と事業機関の家族が統籌医療保険に加入できる以外、企業の従業員の直系親族が1953 年に公布した『中華人民共和国労働保険条例実施細則修正草案』の規定だけを参照して、企業より医薬費の1/2を負担する。なお、現在では殆ど本規定を実行していない。

企業の従業員が扶養する直系親族は大よそ従業員の総計の50％ぐらいを占める、その中に90％は従業員の子女で、10％は年寄りである。企業の従業員に直面する医療リスクは自身の病気になったリスクなだけではなくて、扶養する直系親族は病気になって同様に従業員の家庭全体の福利水準

の下がりをもたらすことも直面している。従業員の家族が医療保障の不足で、直接に社会医療保険の保障水準とリスク解消の能力を下げる。

（四）コミュニティ医療保険サービスシステム発展の不足

現在、深圳市では比較的に十分なコミュニティ医療資源を持っている。しかし、綜合医療サービスと医療保険サービスの提供、コミュニティ医療保険サービスシステムなどの構築面ではまだ不足している。

コミュニティ医療保険サービスシステムは、コミュニティ健康サービスセンターとコミュニティ医療保険ワークステーションの互いに結合する基礎上の医療技術サービスと医療保険取り扱いサービスが一体となる医療保険サービスシステムを指す。

1. コミュニティ医療保険サービス資源の有効的に未利用

明確的な激励メカニズムの不足により、保険加入者の患者は依然として多き病院へ診療を受ける傾向であり、コミュニティ健康サービスセンターへの診療を受ける割合が低い。

2. コミュニティ医療保険衛生サービスと取り扱い業務の結合不足

コミュニティ医療保険の衛生サービスと医療保険の取り扱い業務の間に有効的な相結合するメカニズムと組織建設が足りない、深刻に深圳市のコミュニティ医療保険サービスシステムのあるべきの機能の発揮まえ影響された。

3. コミュニティ医療保険サービスシステム機能の単一、サービス不足

2005 年まで深圳市では332 軒のコミュニティ健康サービスセンターがあり、その中、324 軒は基本医療保険の指定機構であり、総計の97.59％を占める。しかし、コミュニティ医療保険サービスは単なる医療技術サービスに留まっている。

三　深圳市養老保険制度措置の完備

（一）恩恵受け及び全体居民の基本医療保険制度の構築

現段階では、中国の衛生発展は「誰でも初級衛生保健を享有」を発展戦略にして、恩恵受け及び全民の社会医療保険制度を構築するには、目標の重要なルートと保証を実現する。全国の都市医療改革は基本医療の90％の人員をカバーするのは全体の目標としている。

深圳市は恩恵受け及び全体住民の基本医療保険制度の構築は、一方では制度を改善しなければならず、全ての目標人員をカバーとする。他方では、措置を取ってカバーされる人員の保険加入に奨励する。

1. 家族統籌医療保険は企業従業員のカバー

目下の従業員によって直系親族を扶養する所要医療の平均費用は従業員給与総額の基本情況を占める。社会統籌を通じて、企業従業員の家族をカバーし、より低いコストで一部の医療リスクを解消とする。

2. 一視同仁、大病気保護の原則を堅持

従業員の家族社会統籌は、機関、事業企業と企業の従業員に適用する統一な政策の原則を堅持し、企業性質の戸籍差別の人為限界を打破する。

従業員家族社会統籌は、大病気を守る原則を堅持する。小さい病気は従業員自己で負担とし、重病に発生する医療費用は大病気統籌等を実行して、リスクを解消とし、社会共済の役割を果たす。

3. 先に従業員子女と学生大病気医療費用の調達弁法実行

従業員が扶養する直系親族に90％は従業員の子女である場合、従業員の子女と学生の大病気の医療費用を調達実施して、従業員の家族の医療保障問題の主要矛盾を捉まえる。試点弁法を通して、逐次に子女と年寄りの資金調達割合などの現実的な問題を解決する。

（二）医療保障上の医療保険職能限界の明確

医療保険は全体の医療保障システムの1つの部分であり、限界を上回る機能を引き受けられない。一方では、全民医療保険を通じて十分に公民の普通医療権を保障する。多方では、医療保険が医療保障上の機能限界を明確しなけrばならない、深圳市は更に構造上に存在してある医療保障システムの欠陥を改善しなければならない。

1. 基本医療保険の付加機能の解除

中国ひいては深圳市の医療保険制度は、疾病にかかった保険加入者に対して一定の事後経済保障制度である①。

原因別による医療需要は異なる措置で保障する。医療保険は単なる疾病にかかった基本医療リスクの解消に過ぎない、全ての基本医療リスクまで解消できない。

基本医療保険の疾病医療保険の内包を明確するには、以外傷害、事故等の原因でもたらす医療需要に対して、保険加入者が商業保険などの手段で解消するように導く。

2. 政府の公共衛生領域での投入量の拡大

深セン市社会医療保険は、基本医療保険と予防保健、健康教育と相結合

---

① 当該制度の著しい特徴は、大数の法則原理を通じて保険の基金を調達する。少数の社会成員は重大な疾病の時に負担できない医療費用と経済損失を償って分担する。

する新しい構造を創立しなければならない。最も重要な任務は政府が公共
衛生の領域での投入度を拡大することである。

現在、深圳市の公共衛生支出は非常に不足である。公共衛生と医療保険
の功績効果は密接に繋がるので、予防保健と健康教育などの各公共衛生の
仕事が良く出来れば、人々の健康状況も高まり、疾病発生の周波数も下が
り、医療保険の基金支出の減少にも有利、基金支出のリスクも減少でき、
医療保険の持続発展の保障にも有利になる。

3. 独立の医療救助制度の構築

深圳市労働と社会保障局と民政部門の調和で、独立な医療救助制度を構
築して、貧困な人員に切実に医療救助制度の実益を得させる。

合理的に救助対象者を確定して、科学的に補助基準を制定する。「配置
合理、数量適宜、需要満足、近所便利さ」の原則によって、医療衛生機構
の医療救助サービスを選択、確定する。

当市の都市・鎮従業員基本医療保険の甲種類の薬品使用の目録、診療プ
ロジェクトの目録と医療サービス施設の目録を参照して、医療救助対象の
医療サービスの基準を制定する。

医療救助サービス機構に対する監督管理を強化する。医療機関の合理検
査を導いて、合理に薬品使用、病気治療、医薬費用のコントロールして、
医療の品質と安全を保証する。

(三) 医療保険残高の発展拡大、配置効率のアップ

目下深圳市の医療保険は基金の残高率が高くて、経済の満足程度が偏っ
て低いのである。医療保険の基金残高の道を広げて、広範に保険加入者の
需要を満足しなければならない。

社会保険基金の投資ルートの制限を突破して、合理的に医療保険の基金
残高を配置する。公益性に投資し、全体保険加入者の医療インフラまで恩
恵が及ぶ。例：公立病院と従業員療養所などのようである。

医療インフラの建設は待遇支払いのアップより合理、医療保険の基金残
高の下落と投資リスクを下げたから。長い目から見れば、値上げもでき、
全体保険加入者の医療福利水準の持続性も高めた。

費用を納める比率を調整して、適切に待遇の支払いをアップする。保険
加入者の健康保護、重い病気の予防、無料での健康診断に使用するのに許
可する。

(四) 医療保険コミュニティ管理サービスシステムの強化

国家より公布された『都市コミュニティ衛生サービスの推進に力を入れ

ることに関する決定』には、大、中都市で3～5万人毎のコミュニティに一つのコミュニティ衛生サービスセンターを設立しなければならないと定めている。目下、深セン市では332軒のコミュニティ健康センターがある。その中、324軒は基本医療保険指定機構であり、大体社会の需要を満たしている。しかし、深セン市の全体はまだコミュニティとしての拠り所の医療保険管理サービスのシステムが完全に創立していない。

1. 健全制度システムの設立、コミュニティ医療サービスのアップ

コミュニティ衛生サービスの運行構造を完備する。健全なコミュニティ衛生サービス機構、人員の立入れ許可と退出の構造を設立し、人事管理、分配制度と財政補償の制度及び方法を改革して、サービスの質を確保する。

コミュニティ衛生サービスの人員育成を強化する。全科医師と看護婦の職場育成を進めて、病院と予防保健機関がコミュニティ衛生サービスを支援する制度を構築する。大・中型の病院の医療関係人員を奨励してコミュニティまで住民のためにサービス提供する。

コミュニティ衛生サービスの監督管理を強化する。法律に基いて厳格なコミュニティ衛生サービス機構、従業員と医療サービス項目の持ち入れを許可する。薬品の品質と民主の監督管理を強化して、住民が医者にかかる薬品使用の安全を保証する。

2. コミュニティ管理サービス・プラットフォームの完備

深圳市の各コミュニティにて労働補償事務所を設立し、医療保険サービス拠点を増設とし、サービス拠点毎に3名くらいの医療保険サービス人員を配置とする。

各コミュニティで公平的に労働保障専門管理者を招聘して配置する、経費は労働と社会保障部門より自己で調達とする。

コミュニティ管理サービス・プラットフォームの基に、医療保険の管理サービスをコミュニティまで展開する。従業人員への柔軟な管理サービス、医療保険指定機関の企業管理、保険加入者の健康教育、医療保険政策の宣伝、保険加入情報の諮問、医療保険情報管理などの仕事はコミュニティまで伸びる。

ネットでの医療保険情報を完備する。医療保険センターと街道コミュニティとのコンピュータをネットワークして、居民は街道コミュニティで加入手続き、医療費用の請求を実現させる。医療保険サービスシステムはコミュニティをキャリヤーとしての社会化に実現する。

3. コミュニティ医療保険サービスと医療衛生サービスの結合に実現

医療保険部門は社会化の管理サービスシステムの構築を進めるときに、コミュニティサービスとコミュニティ衛生サービスの結合を実現することに努力すべきである。

（1）完備、強調な管理と組織メカニズムの構築

一連の規則、制度、職責範囲などを通じて、健全な政策、規則システム、技術サポートシステムと監督管理システムを構築する。

医療保険認可制度の構築を通じて、コミュニティ医療衛生サービス機構に対して、協力管理を実行とする。医療保険審査標準の完備を通じて、コミュニティ衛生サービス機構に対して、規範化、制度化と化学科の管理を実行とする。

（2）コミュニティ衛生サービスの廉価優勢の発揮

コミュニティ衛生サービスの特徴によって、急診、入院、在宅看護及び老年回復など基本医療に適するプロジェクトは医療保険基金の納付範囲に組み入れる、かつ、一定の優遇政策を設置する。例えば、最低納付ライン、外来診察入院費の個人納付の割合などを下げて、加入者の患者を吸引してコミュニティ医療サービス機構に分流する。

コミュニティ衛生サービスの特徴に適する医療保険費の決算方法を探究して実行する。例えば、前払い性、診断回数による支払い等である。費用補償の機能を完備して、コミュニティ衛生サービス機構の積極性をアップすると同時に基金の使用率を確保する。

（3）保険加入者への「ゼロ距離」の医療サービス

人々の医者にかかる観念が根強いことを考慮して、一定の合理的な措置を取って指導しなければならない。逐次に「小さい病気はコミュニティ」との医者にかかることに慣れてもらう。例えば、総合性病院を取って、健全かつ開通な相互転院する制度等を創立して、確実に患者の後顧の憂いを解決とする。

参考文献

馮必揚等編『現代社会保障研究』，人民出版社，2003。

金麗馥、石宏偉著『社会保障制度改革研究』，中国経済出版社，2000。

劉俊霞著『収入分配及びわが国養老保険制度改革』，中国経済出版社，2004。

宋暁梧編『中国保障制度改革』，清華大学出版社，2001。

魏新武著『社会保障世紀回眸』，中国社会科学出版社，2003。

易憲易等著『香港強積金』，社会科学文献出版社，2004。

羅元文著『国際社会保障制度比較』，中国経済出版社，2001。

莫泰基著『個人口座と養老保険機能剖析』，『社会保障制度』，2001 年第 2 期。

袁志剛著『中国養老保険システム選択的経済分析』，『経済研究』，2001 年第 5 期。

鄭功成著『社会保障学—理念、制度、実践と思辨』，商務印書館，2000。

鄭功成等著『社会保障制度変遷と評価』，中国人民出版社，2002。

張樹新等著『全球企業年金（2003）』，中国労働社会保障出版社，2004。

労働と社会保障部社会保険研究所編『中国医療保険制度改革：1994～2004』，中国労働社会保障出版社，2004。

〔米〕艾維瓦・羅恩、謝尼亜・舎尓–阿德龍編『医療保障政策創新』，中国労働社会保障出版社，2004。

烏日図：『医療保障制度国際比較』，化学工業出版社，2003。

〔ハンガリー〕雅諾什・科尓奈、翁笙和：『転軌中的福利、選択和一致性：東欧国家衛生部門改革』，中信出版社，2003。

E. Santerre, Stephen P. Neun, Health economics : theories, insights and industry studies, Mason, Ohio : Thomson/South – Western, 2004.

Manning, Willard G. ; Newhouse, Joseph P. ; Duan, Naihua; Keeler, Emmett B. ; Lelbowitz, Arleen; Marquis, M. Susan, Health Insurance and the Demand for Medical Care: Evidence from a Randomized Experiment, American Economic Review, Vol. 77 Issue 3（Jun87）.

Richard B. Saltman, Reinhard Bussed & Josep Figueras（ed）, Social health insurance systems in western Europe , Berkshire: Open University Press, 2004.

中国当面の行政区画
体制改革及び行方 *

要旨：行政区画の改革は中央と地方関係の空間構造に関わっている。中国の経済体制の改革が深まっていくにつれ、新しい区画改革のうねりが盛り上がっている。本論文は、まず中国の行政区画の歴史沿革を簡単に述べる。次に、中国現在の行政区画体制の特徴を要約し、当面中国の行政区画改革の焦点問題を四つ指摘する。つまり、過多の管理層、不適切な省級レベルの行政区画、管理危機が現れている郷鎮政権、広く存在している「行政区経済」現象である。更に、強県拡権、撤併郷鎮、行政とりでの破りという当面中国の行政区画改革の態勢を分析する。最後は、当面中国行政区画改革の主な理論と見方をまとめ、評論する。それによって、本論文は「十一五」計画の要旨を結びつけ、中国経済社会発展の現状及び区画改革の実践に基づいて、①統治レベルを減らし、幅を調整し、機能を転換し、活力を増進し、効率を高め、区域の協力を促進するのは将来行政区画改革の主な方向であること；②増直分省，虚市強県、郷鎮自治、区域発展の総合的な計画などが将来行政区画改革の選択パターンであることを提案する。

キーワード：行政区画体制；行政区画改革；中央と地方関係；「十一五」計画。

行政区画は国家が政治統治及び行政管理のニーズに基づいて、相関法律に従って，地理条件、経済連係、民族分布、人口密度、歴史伝統、文化背景などの要素を総合的に考慮した上、国土が若干等級、不等面積の行政区

＊ 鄒樹彬、黄衛平、汪永成：深セン大学現代政治研究所。

域に分けられている。そして、各行政区域に相応的な政府機構が設置され、等級と区域に分けて管理が実施された上、国家統治の基本的な空間構成が形成される。「行政区画が中央と地方関係を現す空間的な投影である。」国家政治、経済、社会の総合発展にかかわる重要な戦略問題とする行政区画が、合理であるかどうかは、政治の安定、国家と地方の行政管理の効能、資源の科学的な配置、生産力の合理的な構造、経済社会の健康発展などに直接に関係する。

　中国は歴史が悠久で、土地が広くて、自然状況の差が激しくて、人口及び民族が多いことで、経済社会の発展がアンバランスに陥り、行政区画体制が極めて複雑なものである。簡単になったり複雑になったり、また設立したり廃止したりされて、絶えずに変更されていることは、中国の行政区画改革の重要な特徴である。中国経済体制改革がさらに進み、市場経済体制が漸進に確立・完備される背景に、政府職能の転換、生産力レベルの向上及び現代交通通信設備の発展と都市化の推進に伴って、現行の行政区画が経済社会発展に対し、不利影響要素がますます顕著となり、過多な管理層と区画分割がしだいに都市と区域持続発展の阻害になる恐れがある。新しい世紀に入り、中国が新たな行政区画改革が始まっている。

　本論文は四章からなっている。第一章では、中国の行政区画の歴史遠隔を簡単に述べている。第二章では、中国現在の行政区画体制の特徴を要約し、当面中国行政区画改革の焦点問題を指摘している。第三章では、中国当面の行政区画改革の状況を分析している。第四章では、中国の行政区画改革の行方を展望している。

第一節　中国行政区画変革の簡単回顧

　秦始皇帝は中国を統一してから、郡が県を統制する「郡県制」を実行し始めた。これは中国の行政区分の歴史の中で、第一の一里塚である。それによって、中央集権制度の国家行政体制はようやく設立され、固まっている。今に至って、「県制」は2200年あまりの歴史を持ち、安定化している。東漢時代では郡の下に州を加えられ、三国、両晋、南北朝に至っても踏襲されている。その後、隋の時代では、また郡県という二級制度に戻り、唐及び宋が三級制度を実行する。それから、元は省、路（府）、県を設置し、行省制を採用し始めた。こうした「行省制」は今まで700年あま

りを渡って、中国の最高レベルの地域型行政区形式をたいてい確立し、中国行政区画歴史の中、意味深い重大な変革である。その後、明は布政使司、下轄府と県を設置する。そして、清は全国を18省、5つの将軍管轄区、2つの処理大臣管轄区といった25の一級行政区域や内モンゴルなどの旗盟に区分する。それらの下に府（州、庁）、県（散州、散庁）を設け、三級地方行政管理体制を形成する。それと同時に、清は明の臨時派遣性質の総督を地方常設機構に発展させ、総督が地方の最高長官となり、一省及び二、三省を総合管理する。つまり、こうした体制は更に行政編制を一級増加することに相当する。民国初年では、府（州、庁）一級を廃止し、省道県三級制を実行する。その後、さらに道一級を廃止し、省政府の派出機関とする行政公署を増設する①。

　中華人民共和国が設立してから、基本的に元、明、清時代の行政区画を踏襲する。しかし、国家の建設の要求に適応するため、行政区画の調整を絶えずに行っている。総合的に言えば、三つの時期に分けることができる。

一　建国初期から1954年の憲法の発布までという段階である

　この時期において、大区（直轄市）、省（大区轄市、行政公署区）、県、郷鎮という四級行政区画を実行し、全体から、中国の行政区画体制を立ち上げることは主要な任務とする。建国初期に設けられた華北、東北、華東、西北、中南、西南という六つの行政地域は、地方最高レベルの行政区、管轄省、直轄市及び自治区である。省は過去の一級行政区から二級行政区に変更され、規模も適当に縮小され、1953年まで全国で省レベルの区画単元を53つ区分された。1954年以降、中央政府は大行政区を廃止し、直接的に省レベルの行政区をリードする。また、省レベルの行政区間の合併を行い、30ぐらいに減少した。こうした構造は、1988年の海南省と1997年の重慶直轄市の設置の前に、大きな変化がなかった。1954年に省と県の間に専門地区、政府の派出機関とする専員公署を設立し、省、専門地区（市）、県、郷鎮四級制度を実行した。建国の初期では、郷レベルの行政区は各レベルの行政区画において、変動が最も頻繁的であり、行政区に対する廃止、合併、分離などの改革を重点として行われた。またこう時期で、もう一つの重要成果は、民族地域自治制度である。よって、全国の民族地

　　①　『学習貫徹十六回五中全会精神　推進中国行政区劃体制改革健康発展』、『経済地理』，2006年1月第26巻第1期、李暁杰編『従歴史的角度見当代行政区劃階級与幅員改革之必行』、『江漢論壇』2006年第1期により作成

域で自治区、自治州、自治県が設けられた。

二 1958年の人民公社化から1978年の改革開放前の20年

この時期における主な行政区画の変動は、郷体制の抜本的な変革と県、市などの局部的な調整にある。1958年に人民公社化時期では、郷体制は全面に取り消され、政社合一の人民公社体制は普遍的に実行され、1982年まで維持された。1958年から1985年まで、一部分の県、市及び地区などは廃止されたり、合併されたり、また回復されたりして繰り返した。「文化大革命」期間において地区は、派出機関から一級の行政区へ変えられてから、また派出機関の法律地位に回復されたといった変化を経た。

三 改革開放以来

この時期において、人民公社体制の改革、及び地区と県の廃止と共に市の設置などは行政区画体制の変革に主要な内容である。省の下に市（地区）、県（市、区）、郷・鎮・街道が置かれる四級制度が相変わらず実行され、当面中国の行政区画体制も形成され始めた。そのほか、この時期では海南省、重慶直轄市、香港、マカオの返還によって特別行政区などがそれぞれ増設され、10年間で省レベルの行政区画編制が四つ増加した。

行政区画は国家政治、経済、社会、文化、民族など各方面に対して、重大的かつ計り知れない影響を持ち、国家政権建設の前提条件で、国家政治体制の重要な構成部分である。中央から地方へのコントロールを強め、民族国家の整合能力を向上することは、封建王朝行政区画変革の重要な原因である。それに対して、中華人民共和国建国からの区画変革は、主に国家建設の需要に適応するためである。行政区画は中央が地方を御し、地方との分権を行うための重要な形式と手段である。単一制の国家構造を具現・堅持し、多民族国家の統一を促進することは、行政区画改革の重要な原則である。

第二節　中国現行行政区画体制及び改革の焦点問題

中国現行の行政区画体制が、1982年に公布され実施された「中華人民共和国憲法」に基づいて、打ち立てられたものである。「中華人民共和国

憲法」の第三十条では、「中華人民共和国の行政区域が以下のように区分される。（一）全国が省、自治区、直轄市に分けられている；（二）省、自治区が自治州、県、自治県、市に分けられている；（三）県、自治県が郷、民族郷、鎮に分けられている。直轄市及びより大きい市が区、県に分けられている。自治州が県、自治県、市に分けられている。自治区、自治州、自治県がすべて民族自治地域である。」と明記されている。また、第三十一条によって、「国家が必要な時に、特別行政区を設立すべきである」ことがわかった。

　従って、中国現行の行政区画体制が一般的に四つのレベルに分けられている。つまり省級（直轄市、省、自治区、特別行政区を含む）、地級（地級市、地区、自治区、盟を含む）、県級（市轄区、県級市、県、自治県、旗、自治旗、特別区、林区を含む）、郷級（区公所、鎮、郷、蘇木、民族郷、民族蘇木、街道を含む）である。西部少数辺境山地では、県と郷鎮の間に県の派出機構とする区公所が設けられる。東中部地域の一部分の郷鎮では、郷鎮と村の間に管理区あるいは事務所が置かれ、5級の管理層が形成される。2005年の末まで、全国では34つの省級単位、333つの地級単位、2862つの県級単位、41636つの郷級単位が設けられる。中国の現行の行政区画状況は表1のとおりである。

表1　中華人民共和国行政区画統計表（2005年12月31日まで）

単位：個

省　級		地　級		県　級		郷　級	
直轄市	4	地级市	283	市辖区	852	区公所	11
省	23	地　区	17	県级市	374	鎮	19522
自治区	5	自治州	30	県	1464	郷	14677
特別行政区	2	盟	3	自治県	117	蘇　木	181
				旗	49	民族郷	92
				自治旗	3	民族蘇木	1
				特　区	2	街道	6152
				林　区	1		
合　計	34	合　計	333	合　計	2862	合　計	41636

出所：中国行政区画ネット，発布時間：2006年7月3日。

　中国の経済体制の改革が深まり、市場経済体制がしだいに確立・完備され、政府職能が転換され、生産力レベルが向上し、現代交通通信設備が発

展し、都市化が推進していくに伴って、現行の行政区画は、経済社会発展に対する不利影響要素が、ますます顕著化となってしまう。なお、管理層が多すぎ、省級行政区画の設置が不合理にあり、郷鎮に政権統治危機が現れ、さらに「行政区経済」が区域間の横断的な連携・協力を阻害することは、中国現行の行政区画に主たる問題である。

（一）管理層が多すぎるため，政令の不伝達、効率の低下をもたらす

中国は世界でも地方政府四級制度を実行する有数な国家である。尚且つ、もし副省級の行政単位（即ち遼寧の瀋陽と大連、吉林の長春、黒竜江のハルビン、江蘇の南京、浙江の杭州と寧波、福建の厦門、山東の済南と青島、湖北の武漢、広東の広州と深セン、四川の成都、陝西の西安）、及び相当多い副地級行政単位（主に省轄県レベルの市）、副県級行政単位（主に経済が進んでいる鎮）も加えれば、現行の中国行政区画の等級がさらに多いのである。他国の比較的に平たい行政区画設置に比べると、中国の高い且つ尖った「ピラミッド」型の行政区画では、上からの命令が下に伝達されにくくて、政策が差し止められやすくて、効率が低下、官僚機構が肥大化、地方財政が「食事財政」になってしまうといった弊害は存在している。

これらの弊害は高額のコストが投入されて維持されている膨大な地級市の構造に、最も目立っている。20世紀の80年代から、地級管理層が派出機構から一級行政区画へと変革した。1982年の中央第51号で、地区体制を改革し、市が県をリードする体制を実行する知らせは出された。江蘇はこの改革の先行者となり、1983年になって全国も試行されてきた。2001年末まで全国では、地級行政編制はあわせて332あり、その中に地級市は277があった。地級市が県を管理するという形の数が全国の70％、人口が総人口の80％に占めた。それ故、市が県を管理することは中国の地方行政体制の主要な形となっている。

市が県を管理する体制とは行政区画の中に同じ経済区に位置する県（市）が中心都市の傘下に置かれ、管轄されると共に、該当中心都市が省に直接リードされる一級地方政権となるということである。こうした体制設立の最初では、経済力が強い地級市は都市と郷鎮の連携と協力を深め、都市と郷鎮の経済を調和的に発展していくに寄与した。だが、中国の政治、経済体制改革と市場経済体制が確立・完備し続けていくにつれ、市が県を管理する体制は改革最初の長期目標からしだいに離れてゆき、その限界もますます明らかになってくる。20世紀90年代以来、大規模に地区を取り消し、市として再設置され、県級市が地級市に格上げすることは、逆

に地級市の経済力が弱いわけで、権力と利益を収め、「漏斗効果」をもたらしたことになってしまった。「市が県を抑える」、「市が県を遮断する」、「市が県を排斥する」、「市が県を搾り取る」などの局面が形成された。さらに、地級市は吸い上げポンプとなり、県地域の経済発展力を弱めるに至った。

「漏斗効果」には以下の3点を指す。第1は「財政漏斗」である。一部分の地級市は該地域の経済総額が小さくて、自身の財政力だけでは維持することが困難なので、行政手段で下部の機構を搾り取り、上部に対しては差し止めるしかない。第2は「権力漏斗」である。地級市が経済社会への管理権力を大半握っているのに対して、県級政府は自主権が小さすぎるのである。地級市と県級政府はプロジェクトや、投資、貸付、税源などを争いあい、鋭い対立を起こしている。特に弱い市と強い県の間の争いはもっと目立つのである。第3は「効率漏斗」である。中級レベルの地級市では、毎年給料の支出だけで2億元を必要とし、後方勤務、執務経費などを加えると、財政支出が平均的におよそ5億元になると見積もられる。また、もし全国の280余りの地級市を計算すれば、毎年全国の地級市本級だけの財政支出でも、1400億元以上に達す。行政コストが高いが、効率が低い上[1]、さらに「駒が馬車を引く」という問題もある。そもそも市が県を管理するに主要な目的は、優位性に立つ中心都市が管轄する県や郷などの経済を促進することである。しかしながら、現実ではすべての市もこうした役割を果たしたわけではない。工業基礎が弱い市または県級から地級性格に格上げされた市は、県や郷の発展の力になりがたいばかりか、逆に自身の発展のために、周辺の県、市を搾り取りがちである。市と県の経済格差が縮んでいくに伴って、市と県間の対立は当面都市圏の行政区画の中最も際立つものであり、経済発達の東部沿岸地方では特に顕著である。

（二）省級行政区画の不合理的な設置によって、地方尊大になり，中央政府のコントロールが無力になりやすい

中国の省制はすでに700年あまりの歴史を持っている。現行の省制はまさに社会歴史の発展プロセスで進展変化してきたものである。2005年まで、全国で合計34つの省級単位（4つの直轄市、23つの省、5つの自治区、2つの特別行政区）が設立された。中国の市場経済体制の改革を深めつつあるにつれ、こうした県級体制は欠陥が次第に顕著化となってくる。主に

---

[1]　任衛東、呉亮編『地級市"漏斗効應"透視』，新華サイドにより作成 http：//www.fj.xinhuanet.com/news/2004－08/20/content_2718702.htm。

以下のとおりである。

（1）省の数が少なすぎ、各省の規模の差が大きすぎることである。国内の一級行政区の設置から見れば、アメリカは面積が中国とあまり変わらないが、人口が1/4しかないにも関わらず、一級行政区が50つある。次は、ロシアの面積が中国の2倍相当するが、人口が1/10にしか達していなくても、一級行政区が81つも持っている。また日本では、面積がおよそ中国の1/30で、人口が1/10だけであるが、一級行政区の数47つにも達する。そしてフランスの場合は、面積と人口もわが国の1/20だけで、中国の中等レベルの省に相当するが、一級行政区の数が95にも達している（11つの海外の省および領地を除く）。中国の行政区は管轄範囲が平均28.34万平方キロメートルに達しており、韓国、イギリス、ドイツ、日本などの国土面積に相当する。さらに、世界のトップレベルにある人口が4000万人にも達して、およそ世界の中等規模の国に相当する。だが、人口密度の不均衡や、自然条件の地域相違性、および民族の分布、歴史伝統などの原因で、各省は規模の相違が著しくて、事情も大きく異なっている。一般的にいえば、東南部の沿岸平原地域は面積が少なくて、人口密度が高くて、経済力が強いのである。それに対して、西北部の辺境地域の省は面積が多くて、人口が少なくて、経済力も比較的に弱いのである。面積においては、3万平方キロメートルの省もあれば、20万平方キロメートルの県もある。新疆ウイグル自治区は面積が160万平方キロメートルにも達し、江蘇省、浙江省の16倍、寧夏の24倍、台湾、海南の45倍である。また人口からみれば、1億人に近い大きな省と300万人にも達していない小さな省も、数百万人を有する大きな県と1万人さえもいない小さな県も共存している。こうした区画は中間部分を増やし、一部分の省が全体の構成にあまりにも重要な地位を占めさせ、国家の長期的な安泰に損になりかねない。

（2）直轄市の数が少なすぎ、発展レベルの格差が著しく、分布が不均衡の状態にある。

国家あるいは地域の経済中心とする特大都市圏は一般の中小都市が代替できない役割を果たしていると思われる。中国特有の体制の下で、中央直轄市は国家および地域間の経済発展や、政治の安定化などに重要な存在である。但し現在では、4つの中央直轄市でしかなくて、数が明らかに少ないと思われる。また、直轄市の地域分布もアンバランスな状態にある。京（北京）、津（天津）、沪（上海）という三つの市が沿岸に集中し、重慶が

昇格してから西南地方の直轄市がない空白を埋めた。しかしながら、西北、華中、華南と東北地域ではまだ直轄市に欠けている①。

　（3）省級行政区境界線が犬の歯のようにでこぼこしていて、自然経済区域の一体性が破壊される。歴史から見れば、昔の省級制は「牧民」ではなく、「鎮撫」を目指し、地方発展ではなく、地方の安泰を求めるものである。したがって、隣接の行政区は牽制しあい、境界線がジグザグの状態にある。「河南と河北が一体にすれば、黄河の険がなくなる；江南と江北が一体にすれば、長江の険がなくなる；湖南と湖北が一体にすれば、洞庭湖の険がなくなる；浙東と浙西が一体にすれば、銭塘江の険がなくなる。」商品の取引や地域の提携などがますます盛んになってきた本日は、こうした地域構造が当然市場経済発展の足を引っ張るにちがいない。

（三）郷級政権は財政苦境に陥り、統治危機が現れられている

　郷鎮は中国農村の基礎的な行政単位である。2005 年まで全国には14677つの郷、19522つの鎮、181つの蘇木、92つの民族郷と1つの民族蘇木がある。郷鎮の政権は国家政権の基礎である。上から「国家」と繋がっており、下からも「国家」の代表として農村を接して、直接管理する。国家による農村への管理の良し悪しは主に郷鎮政権の実際の「業績」にかかわる。したがって、郷鎮政権はとても重要である②。

　中国の農村改革が進行していくにつれ、郷鎮政権の管理危機は顕著になり始め、内陸と中西部の地域にある郷鎮の一部分が持続しがたい局面さえも現した。具体的には以下の通りである。

　（1）郷鎮政府の機関はあまりにも大きく且つ多くて、秩序が立っていない状態にあり、完全な政権組織であるといいがたいのである。「郷鎮政府は名で一級政府ではあるが、実際は地域の政治、経済、教育、科学、文化と社会の各方面を管理しようとしてもできない状態である。あるべきである権威・効能・社会の凝集力が欠けている見掛け倒しの仕組みにすぎない・・・（県級は郷鎮に設立した）支部が、郷鎮政府の職能を分散化させ、郷鎮に必要とする自主権を奪うことは、憲法と地方組織法が郷鎮政府に授ける政権の大半を烏有に帰させた③。」

---

① 劉君徳編『21世紀中国直轄市行政区改革的戦略思考』、『浙江学刊』，1998 年第 4 期により作成。

② 呉理財編『中国郷鎮政的現状』，黄衛兵、鄒樹彬主編『郷鎮選挙方式改革：案例研究』、社会科学文献出版社，2003 年，第37ページにより作成。

③ 頂均良等編『中国郷鎮政権建設概論』，北京，人民出版社，1994，第36ページにより作成。

　（2）郷鎮政府は空漠たる職能の中、独立の公共財政権を持たず、「事務権」と「財政権」のアンバランスが深刻化になってしまった。その結果、責任が重くても、権力が小さくて能力が弱いのである。

　（3）財政人員と事務人員があまりにも多くて、定員をはるかに超えた。該当部門に行われた1020つの代表的な郷鎮のサンプリング調査によると、平均的に各郷鎮は機構を16つ設立し、人員を58名おいており、通常の定員の2、3倍を超えたことがわかった。さらに、郷鎮ごとに所属する下級単位は平均19つ、その人員が290人にも達し、余剰人員の問題が深刻化している[①]。

　（4）財政収支が非常に合わないのである。多数の郷鎮とも重い債務を担っており、それは下部単位の日常運営に影響を与え、財政のリスクを高める。

　（5）郷鎮は債務が積み重なり、財政が困難な状態に落ちてしまう。政府はそれに悩まされており、社会保障職能と公共職能などさえも実行できなくなる。

　（6）農民の負担が重くなり、郷鎮政府が"利益を得る型政権経営者"になる。一部分地域は幹部と群衆の対立が激化し、郷鎮政府の政治合法性が低くなってしまう。

　財政の行き詰まりは郷鎮政府が管理危機に陥った主なる原因である。郷鎮財政は中国現行五級財政制度の基礎であるが、最も弱い部分でもある。「国家の財政は日増し向上発展してゆき、省級の財政は安定化にあり、市級の財政は揺れつつ、県級の財政はひどく不足しており、郷級に至っては財政がすっかりなくなってしまう」という言葉は、最下部単位の財政窮境をよく現わしている[②]。現在、郷鎮の財政赤字及び債務規模が相当膨大である。関係資料に示されたように、全国では約40％の県は一般予算に赤字が出たことがわかった。また、郷鎮の負債率は70％以上に達し、郷鎮レベルの負債額はすでに5000億元を超えた。その中、郷鎮レベルの純負債額が2300億元、村レベルの負債額が2500億元を超えた。にもかかわらず、郷鎮政府の負債額がさらに年ごとに200億元過ぎのペースで増えつつある[③]。

---

① 馬暁河、武翔宇編『加快郷鎮機構改革 強化農村公共管理与公共服務』，『中国発展観察』，2006年第10期により作成。

② 王紅茄編『郷村財政困境：10000億財務如何緩和?』，『中国経済週刊』，2006年6月22日により作成。

③ 宋蕾編『中国郷鎮債務超5000億元　近近40％県予算均赤字状態』，『第一財経日報』，2006年9月13日により作成。

中西部地域では、郷鎮政府の債務状況が特に目立っている。ほとんどの郷鎮政府は巨額の債務に悩まされて、一部分の地域は日常運営さえ維持できなくなった。郷鎮の赤字財政と高い債務に至った重要な原因は経済の未発達、財税体制の不備、政府の職能転換がまだ十分にできでいないこと、郷鎮の財政に有効な制約と監督体制が欠けることなどの多数な要因にある。そのほか、農村税金と費用の改革とりわけ農業税の廃棄の後、郷鎮財政は収入総額が下がり、収支のバランスを取りにくく、収入源が減少し、収入の安定性と自主性が低下するといった大いに打撃をこうむった。財政収支の著しいアンバランスや、重い財務などで、郷鎮政府が管理の責任を負えないのである。

（四）「行政区経済」現象が広く存在し、区域経済の順調的な発展が制約される

いわゆる「行政区経済」現象とは、中国が計画経済体制から社会主義経済体制へ転換するプロセスで、区域経済が縦向きの運行システムから横向きの運行システムへの転換に現した過渡的性格を持つ区域経済型であり、行政区画からの区域経済に対する強硬な制約によって生まれた特殊区域経済現象でもある。その典型的な特徴は企業間の競争においても、地方政府の経済行為もよく見られること；地方政府が生産要素の行政区間の流動を激しく阻止すること；各行政区の産業構造が同質の構造になってしまう現象が顕著であり、経済構造が安定化していること；経済中心と政治中心が一致すること；行政区の境界の経済が衰えるということである。その中、行政区の政府が区域経済に主導性ひいては決定的な役割を果たすことは行政区経済が一般の経済区の経済と最も異なる特徴である①。

行政区と経済区は性質が異なりながらも、緊密に結び付けられる地理的な区域概念である。行政区は一定等級の政府に相対する政治・経済・文化の総合的なものである。それに対して、経済区は一定等級の経済中心に相対する自然・地理・経済の総合的なものである。行政区は設置と変更が主に政治要素に従い、大小と等級が職権の需要にかかる。経済区の場合は区画が主に経済要素に着目し、規模の大小が中心都市の経済力、区域経済関係、交通条件などで決定付けられる。国家の経済政治においては、行政区のファンクションがまず政治方面の職能にあるが、経済区のファンクションが主に経済面の職能にある。「行政区経済」は地方政府の企業化、企業

---

① 劉君徳編『中国行政区划的理論与実践』，華東師範大学出版社，1996，第93~99ページにより作成。

の不正競争、要素市場の分割化、経済形態の同質化、資源配置の等級化、及び隣接地域の効果内部化などの一連の問題を引き起こした[①]。行政地域の制限を打破し、市場に基づき、生産要素の十分な流動と合理的な配置を実現させることは市場経済体制改革の目標と動力である。現在、行政区と経済区は鋭く対立しており、区域経済は地方政府行動に強く影響されている。行政区画の区域線は、「見えない壁」のように各行政区の間に築かれている。それによって、区域経済の横断的な協力関係にハードな制約が及ぼされ、区域間の資源配置が阻害され、区域の一体化の形成にも影響される。

「行政区画が区域の発展に対する影響から見れば、中国が最も深刻するのである。中国自体からみると、現段階は行政区画が区域発展への影響も最も重要なかつ強い時期である[②]。」したがって、「行政区経済」を弱め、区域の提携を強め、「経済区経済」を推し進めることは中国の市場経済の発展にとても重要である。

第三節　中国当面の行政区画の改革態勢

一　強県拡権：（県を強め、県の自治権を拡大する）"市管県"（市が県を管理する）体制改革

「市が県を管理する」体制は、都市と農村の分割を打破し、都市化の発展を促進するに重要な役割を果たした。しかし、中国の経済社会が発展していくにつれ、「市が県を管理する」体制には早急に解決しなければならない問題が次第に露呈し、市場経済、特に区域経済の発展に適応できなくなった。これは蘇州、無錫、常州地域や、珠江デルタなどのような経済が発展している東部沿岸地域で最も顕著である。

県の経済発展を加速して、県郷の財政苦境から抜け出すため、近年「省が県を直接管理する」体制を実行し続けている浙江のほか、湖北、河北、江蘇、河南、安徽、広東、江西、吉林等省は、あい続いて「強県拡権」

---

① 王健等編『複合行政——解決当代中国地域経済一体化与行政区划冲突的新思路』，『中国行政管理』，2004 年第 4 期により作成。
② 劉君徳編『論行政区与区域可持続発展』，『中国方域（行政区划与地名）』，1998 年第 6 期により作成。

を中心内容とする改革試験区を推行し、地級市が握った経済管理権限を一部分の重要な県に直接に委譲した。経済管理面においては、「省が県を管理する」ことに類似する構造が形成された。これは現行の行政区画が変わらない状況の下で、行政管理体制と財政体制を調整するものである。市級政府が所有する県への管理権を縮小させ、県級政府の自主権を拡大し、中間の機構を減らし、行政効率を高め、県域の経済発展を促すとはその本質である。この改革は省以下の財政体制改革および政府等級の調整に対して大変有意義であり、政府の等級を減少し、市（地）県同級および省が県を直接管理する体制を実行する過渡的な措置であると考えてもよいだろう。

　浙江省は全国で強県拡権の改革を実行する先行者である。1992年に13つの強大な県に審査権を授け、1997年に蕭山、余杭両県で一部分の地級経済管理権限の実行を試した。そして2002年8月17日に、浙江省が地級市に所有すべきであった313つの経済管理権限を20つの県級行政区に委譲させると明確された「浙委弁（2002）40号」文件を下した。つまり、紹興、温嶺、慈渓、諸暨、余姚などの17の県と杭州、寧波など3つの区である。この313つの権限は計画、経済貿易、対外経済貿易、国土資源、交通、建設などの12種類への権利の拡大事項を含み、省と市両級政府の経済管理権限のあらゆる面を包括した。簡単に要約すれば、「放せることをすべて放す」ことはその原則である。委譲された権限が主に2種類に分けることができる。即ち①国家法律、法規にはっきり規定されたものを除いて、市が審査または管理すべきであったものは拡県（市）に自主的に審査・管理するようになること；②市が審査・照合してから省から審査をもらうため、省に報告すべきであったものは拡権県が自ら直接省に報告し、市に記録に載せてもらうことになることである。さらにこの文件には、国務院が部委弁の文件によると市の審査、照合を必要とする事項も、原則的に権力を委譲すべきであると定められた、と書かれている。経済力が強い県にとっては、経済管理権の面が行政の上級である地級市と同じの地位におかれるようになった①。

　浙江省では省が県を管理し、県の財政が直接に省の財政に管轄されるという財政体制が実行され続け、県の主要なリーダーが省から直接任命される。財政権と人事権からみれば、実際「省が県を管理する」行政体制に近いのである。「強県拡権」改革はこうした経済力が強い県に直接に経済権

---

① 李梁編『浙江強県拡権独家披露』,『南方週末』, 2003年9月18日、許峰編『取消地級市視野省管県将有試点』,『南方週末』, 2005年9月15日により作成。

力を握らせる。改革の後、地級市からこうした県への管理権が非常に限られるようになる。地級市が廃止され、本来の都市に戻させ、行政等級で県と同じくさせることによって、省と県という2級政府の地方行政管理体制を実行することは浙江省がこれからの措置であるかもしれない。

　現在、「強県拡権」が実行される省は増えてきた。実際実行するプロセスでは、省割市が拡権県（市）への支持を減少することや、縦関係の管理部門が拡権政策にあいまいに位置づけられることや、「強県拡権」の後省級政府の監督管理能力が問われるなどの問題が出た。にもかかわらず、実際実践の状況からみれば行政管理の中間機構を減少し、行政コスト・ダウンを行い、管理効率を向上し、県地域の経済力を発展するに、「強県拡権」改革は大変役立つものである。

　中国の行政区画改革のトレンドからみれば、「強県拡権」は県を強大にさせるために、権利を拡大するという終局的なものではなく、実際「省が県を管理する」ための先行措置のはずであると予想される。「全体からみると、改革は中国の行政基礎関係を調和したことがわかった。それを続けていけば、最終的に中国で省・県・郷三級地方政府という構想は順調に実現できるのではないか[1]。」

二　撤併郷鎮（郷鎮を廃止・合併する）：郷鎮の行政区画調整改革

　税費改革の推進及び農民負担軽減の要望が日に日に高まっていくにつれ、郷鎮を廃止・合併する改革がすでに各地に広く展開されている。この原動力は主に2つからである。第1は都市化の発展が加速していること；第2は農業税の取り消しによってさらなる財政問題が生じたことである。「郷鎮の数量が減少しなければ、簡素化された機構と削減された人員の数がわずかであると同時に、郷鎮の財政支出と農民の負担も根本的に減ることができない。行鎮を廃止・合併する以外に、これらの問題を解決できない[2]。」

　郷鎮の廃止と合併は20世紀80年代末90年代初から、安徽、貴州、四川などの省で実行され始め、1998年に国家の機構改革が行われてから、全国

---

① 　杰人、冬潔編『行政区劃改革　試水"拡権強県"』,『人民論壇』, 2005年第9期により作成。

② 　張崇防編『政府冗員多農民負担重　中国撤并郷鎮7400多個』, 新華サイド2004年3月2日により作成。

の大半に展開されていった。2001 年に、民政部会は中央機構編制委員会事務局、国務院経済体制改革事務局、建設部、財政部、農業部、国土資源部と共同で「郷鎮行政区画調整の指導意見」を公布した。2004 年 1 月に中共中央、国務院に公布された「農民収入の増加を促す政策と意見」（中発 ［2004］1 号）に、「郷鎮の機構と編制人員をさらに簡素化させ、郷鎮の調整を積極的かつ適切に行い、条件を満たせば、村の合併を行ってもよい」と指摘された。また、民政部もそのため、「中発［2004］1 号の精神を貫くための郷鎮行政区画の調整に関する知らせ」を下し、現状に従って郷鎮村の規模をさらに調整し、条件と必要があれば、調整し続けるべきであると要求した。2005 年 6 月の全国農村税費の改革試験区工作会議で、温家宝総理は「郷鎮機構の改革を積極的かつ適切に行うべきである。これは税費改革成果の要である。政府の職能を転換し、事業機構を整え、機構と人員を簡素化し、社会管理と公共サービスを向上しなければならない。また、規範が正しくて、効率が高くて、公正・透明・廉潔・調和である郷鎮行政管理体制と実行体制の設立を加速すべきである」と強調した。さらに、「中華人民共和国国民経済と社会発展第 11 ヶ五年計画綱要」にも、「農村の税費改革からの成果を維持し、農村の総合的な改革を全面的に推し進め、郷鎮機構、農村義務教育と県郷財政管理体制などの改革任務を完成させるべきである」と要求された。

　郷鎮の廃止と合併においては、一般的に 1 万人以下の郷鎮を廃止し、郷鎮規模が平原地区では 5 万人以上、丘陵地帯では 3 万人以上、遠い辺境では 1 万人以上でなければならないと規定された[①]。2004 年 9 月 30 日まで郷鎮の数は 37166 で、1995 年より 9970 つを減少した。つまり、毎日平均 3 つの郷鎮を廃止したことである。さらに 2005 年まで、この改革を行い続ける 26 省（自治区、直轄市）が廃止また合併した郷鎮は 1953 つに達した。計算すれば、1 つの郷鎮が平均毎年の財政支出が約 100 万元なので、1953 つの郷鎮を減少しては、20 億元に近い財政支出が節約できるということがわかった。[②]

　全国で廃止・合併された郷鎮が最も多い省は河南省である。2004 年まで、河南省には 2100 つの郷鎮での定員が 16.21 万であるはずであったが、

---

① 魏愛雲編『下部行政区の改革試験は田に於ける区分——民政部区划地名司長戴均良が郷鎮取除、合併問題に対して記者のインタビューに答えた』『人民論壇』，2006 年第 3 期により作成。

② 『2005 年全国撤并郷鎮 1953 個』，中国行政区划サイド，2006 年 4 月 6 日により作成。

実際の人員が30.23万人になり、定員より86.5％を超えた。郷鎮ごとに平均66.8人が多すぎて、200人以上を超えた郷鎮が60つあり、300人さえ超えた郷鎮もあった。その外、全省で雇われた臨時人員が1.25万人もいた。こうした状況で、河南省は全省470つの郷鎮の廃止と合併を行い、200ぐらいの数を減らした①。

　実践に証明されたように、経済と社会の発展の需要に従って、郷鎮の規模と分布が適時かつ合理的に調整される必要がある。それは機構の簡素化、郷鎮の行政人員と財政支出の削減、農民負担の軽減に役立つつ、資源の合理的な配置、郷鎮経済と社会事業の発展に貢献し、小さな都市と鎮の構造を改善し、建設を促進することに寄与する。

　県と郷の機構の簡素化を推進し、財政難の問題を緩和するため、財政部は財政支持を与える「三奨一補」の政策を立てた。「三奨一補」とは①財政部は財政難に陥る県郷政府が税金の収入を増加することと、省政が府困難に直面する県の財力的な移転を増加することを奨励すること；②県郷政府が機構と人員を簡素化することを奨励すること；③糧食の生産量が多い県を奨励すること；④財政難にある県郷の問題をよく解決した地区に補助金を与えることである。2006年に、中央財政が「三奨一補」のための235億元資金を割り当て、2005年に郷鎮財政の実際供養人数が前年度に比べて減らした省の1人当たりに、4000元の奨励金を与えた②。

　郷鎮区画が調整された後に、債権債務の処理と解決、解雇された人員の配置と再就職などがうまく進むことは、改革の成果を保つためのかぎを握っている。同時に、郷鎮の廃止と合併は郷鎮体制改革の一環に過ぎない。長い目からみれば、次第に郷鎮自治体制を打ち立てることは将来の発展方向であろう。

三　行政とりでを破り、区域協力を促進する：「行政経済区」改革

　長期以来、行政区画は中国経済の空間的な構造の基盤である。しかし、区域経済が運行するには地方政府の参与がよく見られ、自体の状況だけに従って行動する各級の行政区域の間にとりでが築かれ、区域間の資源配置がひどく阻まれた。それは統一する大市場の形成に影響する。

---

① 宋健：《河南刮起撤并乡镇风暴》,《人民政协报》, 2005 年 10 月 21 日により作成。
② 趙建華編『中央下発235億元専項資金解決県郷財政困難問題』, 中新社, 2006 年 10 月 20 日により作成。

グローバル化と区域の一体化のうねりが盛り上がってくるにつれ、中国の市場化、工業化、都市化ならびに現代化が進展する速度を増していく一方、行政区画による行政とりでと地方の保護主義からの悪い影響がますます明らかになる。区域の行政関係を築き上げ、行政区画の制限を打破し、区域間の相互協力する体制を完備し、区域の経済発展を促進することは、中国の市場経済が一層発展していくカギである。

現在、国内の区域経済一体化という趨勢が現し始めている。区域経済の一体化とは行政区画経済が経済区経済にまい進する総合的なプロセスである。経済基礎が固く築き上げられ、対外開放がいち早く進んでいる沿岸地域、長江地域などで、上海を始めて、江蘇、浙江地域の大半を含む長江デルタ経済圏、香港・深セン・広州を軸とする大珠江デルタ経済圏、及び北京・天津を中心に環渤海湾経済圏（大北京経済圏とも呼ばれている）という活躍している経済圏が現わした。行政区域の間に、新しいトップ合作制度を設け、区域行政も開始するようになった。「区域行政は地方行政の構造を重ねることをさらに開拓と改善し、政府が区域経済の発展に応じて政府間の関係と行動を調整するものである。一定の区域において2つまたは以上の地方政府が本地区を発展させ、社会資源の合理的な配置と統合を実現するために、相互に調整・調和・提携しあい、区域公共事業を総合的に運営・管理するという行政管理活動と制度設計は、その主要な表現である①。」

2004年6月に、第1回の珠江デルタ区域合作と発展フォルムが広州にお行われた。そこで、中国南方9省（広東、広西、湖南、海南、福建、江西、雲南、貴州、四川）と香港、マカオ特別行政区政府の首脳らが「広汎な珠江デルタ地域の合作枠組みに関する協議」を結び、「地域の封鎖を破り、市場開放を促進する」、「公平且つオープンな市場環境をつくり、生産要素の合理的な流動と優れる組合せを促進する」というコンセンサスを得、実務に励む姿勢で「行政経済区」という観念の束縛を脱した。「9＋2」システムは建国以来、異なる体制の下で規模が最も大きく、範囲が最も広い新区域の組み合わせであり、東、中、西部地域経済を一体化する実験でもある。「こんなに多い省と区が共同で経済利益の調和協力体制を設

---

① 陳瑞蓮編『論区域公共管理的制度創新』、『中山大学学報』、2005年第5期、陳瑞蓮、張謹跟編『試論中国区域行政研究』、『広州大学学報』、2002年第4期により作成。

けたことは中国の版図で始めてである」という世論もあった①。

　一年間あまりの合作で中国南部の9つの省政府はその枠組みに関する協議に基づいて、「広汎な三角9省区の労務合作に関する協議」、「広汎な三角九省区の人材サービス合作に関する協議」、「広範な三角区域地方の税務合作に関する協議」、「広汎な珠江デルタ区域の農業合作に関する協議」、「広汎な珠江デルタ区域の九省区の部下部門の交流と合作に関する協議」など、20弱の合作協議を締結した。2005年7月に、第2回の広汎な球江デルタ区域合作と発展フォルムは成都で行われた。「広汎な珠江デルタ区域の合作と発展に関する企画綱要」によって、「9省区の政府は共同で貿易封鎖、地方保護にかかわる制度と規定を廃止し、3年で規範にあい、秩序立っている市場システムを築き上げる」と、「地区の貿易障害を排する調和制度を設立する」と要求された。また、最初から広汎な珠江デルタ区域の合作を維持し続けるための組織と制度を設立したこのフォルムは、広汎な珠江デルタ区域の行政首長の共同会議の秘書課を常設機構に設立した。広汎な珠江デルタ区域の合作は実を結んでおり、2回だけの「広汎な珠江デルタ区域の経済貿易合作に関する会議」でそれぞれ2926億元と4535億元の契約項目が締約されたという好成績を収めた②。

　2005年4月に、遼寧省中部にある瀋陽、鞍山、撫順、本渓、営口、遼陽と鉄嶺という7都市（瀋陽経済区）は会議を開き、各市長が共同で、「遼寧中部都市圏（瀋陽経済区）の合作協議」を締結した。それは瀋陽を中心として半径が百キロメートルまでの範囲を包括する遼寧中部都市圏（瀋陽経済区）が全面的に動き出すしるしである。この協議によると、同年に7市が共同で瀋陽の区番号である「024」を使用することを実現し、7都市の「1時間の経済圏」をつくり、11の方面での合作を展開することがわかった③。

　2006年に、遼寧省は行政区画の意識を弱め、経済区画の概念を強め、区域の経済協同発展を促進するための新しい試みをチャレンジした。沿岸の重点発展区域が対外開放を拡大することに関する「若干の政策意見」において、遼西錦州湾の沿岸経済区の区域内で「飛地」を設立し、特恵政策を

---

①　候大偉、張小俊、呂慶福編『中国開始淡化強制区劃強化経済区域』，新華サイド，2006年9月29日により作成。

②　黄庭満編『中国経済従省份走向区域経済共謀一体発展』，『経済参考報』，2005年8月15日により作成。

③　鄭有義編『 "七星連珠" 啓動遼寧中部城市群』，『人民日報』，2005年4月11日により作成。

施すと提案した。つまり、錦州市と葫蘆島市はそれぞれ朝陽市、阜新市のために、区域中の若干平方キロメートルの範囲を「飛地」として設立することができる。また、「飛地」で設立された企業は一般の特恵政策を享受する外、増量の返還金額が100％まで増加し、この増加額は提供市と使用市が50％の比率で配分する。遼寧省は錦州湾「飛地」の設立によって遼西地域を、省の開放を拡大する新要所、および環渤海経済圏の新しい成長点に発展させると願うわけである①。「飛地」とは所有権と使用権がそれぞれの都市に属する土地である。錦州湾「飛地」は現行の行政区体制の突破であると思われる。

　前述した改革が示したように、中国の経済空間構造は、20余年を経た地方政府主導型の経済モデルから、市場主導型の区域経済発展へ着実にまい進しつつあると同時に、行政区経済から区域経済へ発展していく段階に進み、区域経済が中国の新しい改革開放の柱になろうと考えられる。

第四節　中国行政区画改革の行方

　2006年3月16日に第十回全国人民代表大会第四次会議で、「科学発展観」を指導思想として今後一定時期での経済社会発展を導く綱領文献である「中華人民共和国国民経済と社会発展第11ヶ五年計画要綱」が審議され可決された。この中に、行政区画体制改革と関連した内容は主に以下4点にまとめることができる。(1) 政府の機構改革を深め、組織構造を合理化にし、行政の等級を減少し、職務の分業とそれによる責任を明確し、行政効率を向上し、行政コストを下げ、政府の職責を尽くし、機構と編制の科学化・規範化・法定化を実現すべきである。中央と地方および地方各級の政府間で、経済調整、市場監督、社会管理と公共サービスなどに対する権力と責任を合理的に分けるべきである。(2) 市場体制、合作体制、並びに区域の協力体制を整えるべきである。(3) 都市圏の発展構造を立て、都市圏の全体的な競争力を強め、それによってほかの地域を導き、よい影響を与えるべきである。(4) 財政体制を完備するべきである。「中央と地方、地方各級の政府間の収支関係を調整・規範し、職権にマッチする財税体制

---

① 史暁輝編『錦州湾"飛地"的戦略意義』、『遼寧日報』、2006年9月25日により作成。

を設けるべきである。」「中央と省級政府の財政の移転と支払い制度を完備し、省級以下の財政管理体制を合理的に調整し、条件を満たす地方は省級が県を直接管理する体制の実行を可とし、次第に基本的な公共サービスを均一化と平等化にするべきである。」

「十一五」計画は今後一定時期の行政区画改革に総合的な思想を提供した。中国経済社会発展の現状及び当面の行政区画改革実践に基づいて、「十一五」計画の要旨を結びつけることによって本文は、単一制国家構成形式を堅持し、国家全般の発展戦略と相まって、経済社会発展の需要に応じながら、徐々に進行していくことは今後行政区画改革の根本的な原則であると考える。また、中間の機構を減らし、幅を調整し、機能を転換し、活力を増強し、効率を高め、区域の協力を促進するのは将来行政区画改革の主な方向である。増直分省、虚市強県、郷鎮自治、区域発展の統一的な計画などが将来行政区画改革の選択パターンである。

一　増直分省

「増直」とは経済力、地理位置、政治影響、科学技術文化、発展の未来図などの要素を総合的に考慮した上で、直轄市の数を増加すると共に、合理的に配置することである。中国は広い国土なので、直轄市が政治経済生活を実現するに大変大きな影響を与える。直轄市の増設は中心都市の率先垂範の役割を発揮し、区域の協同的な発展を促進する。しかし直轄市を増設するには、経済社会と政治発展の空間構造を十分に考慮し、いくつかの総合的な大経済区からトップにふさわしい特大な都市を選択するべきである。「分省」とは省級区画の数を増やし、現存の省級区別の管理幅を縮めることである。省級区画の調整には経済発展、地理位置、国家安全、区域のバランス、文化伝統、および民族分布などを重点として考えなければならない。

増直分省による最も直接的な効果は、政府管理チェインを短縮し、中央政府から直接管理するところを拡大し、単一制体制の下で中央が地方への管理・監督の権威を実現することである。と同時に、公共政策の資源浪費を減少し、省級政府の責任を明確し、省級政府が地方経済社会発展での自主権および、区域経済の率先垂範の役割を拡大させることも、その効果である。しかしながら、当面中央と省級政府の間の権力争い、及び地方政府間の激しい競争というマクロ背景の下で、増直分省は必要があるとしても、実際実行するには大規模の調整が不可能に近い。したがって、この提

案を中国行政区画改革の戦略的な配置として考えてよい。実際、省制問題は清代の末からすでに論争され始め、民国時代に至って政治論争中のさらなる重要な課題となった。この問題において、「省を廃止する論」、「省を縮小する論」、「省を拡大する論」、「省を有名無実させる論」のような大変隔たりがある見方が現わした①。意見がまちまちであるにもかかわらず、元、明と清時代の省制がとうてい揺らがなかったのである。なぜかというと、省制問題は政治安定、中央と地方の利益と権力の空間分布などにかかわるわけである。

二　虚市強県（市を弱め、県を強める）

当面、地級制度（地区、地級市）及び「市が県を管理する」体制はすでに行政区改革の焦点問題となっている。虚市強県は行政等級を減少し、財政難を改善し、県域の経済を発展させることに役立つ。「虚市」とは地区レベルの行政機構を取り消しし、市が県を管理する体制を改革することによって、市と県が、行政的な従属関係がなくなり、それぞれ管轄する範囲内の事だけ務を管理することである。国際の通例によれば、市は農村地域のことを問わず主に市内と郊外を管理する都市型の行政制度であることが明らかである。「強県」とは権限を下に委ね、県級政府の自主性を向上し、圏域経済力を増強し、条件が成熟になってから「省が県を直接管理する」体制を設立することである。

中国の歴史からみれば、県制度は最も安定化している区画階層であり、長期に最下部の政府職能を担当していることがわかった。県制度の問題は省制度と同じく、清代の末から論争がやまないのである。現在、県制度の行方については、学術界に主に「県を強める論」、「県を廃止する論」、「県を有名無実にさせる論」、「県を簡素化する論」という4つの見方がある②。県を強める論は、長い歴史を持つ県制度が比較的に成熟かつ安定化しているから、「市が県を管理する」制度を廃止し、省・県・郷という三級制度を形成すべきであると論じる。それに対して県を廃止する論は、県を廃止し、市を設立する（県を市に変更させる）改革

---

①　於鳴超編『中国省制問題研究』、『戦略与管理』、1998 年第 4 期、馬述林編『論省級行政区体制改革』、『戦略与管理』、1996 年第 5 期、王思睿編『中国行政区劃的重心：省還是府州』、中国選挙と治理サイド、2005 年 4 月 15 日により作成。

②　徐勇編『郷村治理結構改革的走向――強村、精郷、簡県』、『郷村治理与中国政治』、中国社会科学出版社、2003 年、第 189～194ページより作成。

を行い続け、省・地級市・県級市・郷鎮という四級体制を設けるべきであると考えている。さらに県を有名無実にさせる論は、県の行政区はこのまま続けても問題がないが、県の機構と職能が該当の財政を設けずにして、事実上の等級から虚無的な等級に変更させるような改革をしなければなりないという観点を披露する①。最後は県を簡素化する論では、権力が果てしなく拡大し続けるにつれ、県の機構がますます肥大化になり、スーパー政府になってしまった結果、管理コストが上がり、過酷な政治に至りかねないという考えがある。そして、県を簡素化するにはまず複雑な行政から簡易な行政へ替えるために県の機構を簡素化し、長い目から見れば条件が成熟にしていくにつれ、県が中央に属する一級地方自治単位に替えてもよいとも論じられる。

前述した見方からみれば、筆者らは県を強める論と県を簡素化する論のほうが中国の経済社会発展にもっとふさわしいようであるし、今後県制度の行方によい方向を示唆すると考えている。現在、各地域に「県を強め、権力を拡大する」改革が試験的に行われている動力づけは主に両面からである。つまり、財政困難を改善し県地域の経済を発展させること、及び「市が県を管理する」体制の拘束を打破し、県級政府へさらなる自主権を授けることである。前者は弱い県の要請からであるが、後者は強い県と省轄区市の争いの結果からである②。「県を強め、権利を拡大する」改革から「省が直接に県を管理する」改革への転換は長い過程である。2005 年 6 月の農村税費改革の会議で国務院総理温家宝は、財政管理体制の見地から、「条件がある地方は『省が直接的に県を管理する』改革を実験的に行ってもよい」と指摘した。「省級以下の財政管理体制を合理的に調整し、条件を満たす地方は省級が県を直接管理する体制の実行を可とする」と、「十一五」計画にも明確された。行政区画を調整する法則からみれば、省が県を直接に管理するにはまだたくさんの障害があることがわかった。「国土が広くて人口が多い中国では、同じのモデルで全国各地域のすべての問題を解決するという考え方は甘いと言わざるを得ない。明らかに省と省の間、ひいては省の内部でも、区域の差が激しいのである。浙江は小さな省なので、比較的に「省が県を直接に管理する」改革を行いやすい

---

① 於鳴超編『現代国家制度下的中国県制改革』,『戦略与管理』,2002 年第 1 期, 張春根編『見域論』, 中国文聯出版社, 1999 年により作成。

② 龔尋澤編『江蘇・“市管県”変革図存』,『南風窓』, 2005 年 3 月 12 日により作成。

が、四川のような大きな省では、省が県を直接に管理する」改革をどうしても行いにくいのであろう①。」

三 郷鎮自治

郷鎮の廃止と合併は郷鎮体制の改革を深めるための重要な一環である。この改革が広く展開していくにつれ、郷鎮の最終的な行方は注目を浴びている。この問題にかんしては、健在学術界で主に5つ見方がある。つまり、精郷拡鎮、郷派鎮治（徐勇、2002）；郷鎮の自治を実現すること（温鉄軍、2001：党国英、2001；于建嶸、2002；沈延生、2003；鄭法、2003）；郷鎮の構造を改善し、民主の方式を強化すること（李凡、2000；黄衛平、2001）；郷の自治をある程度まで認めるという第三道（呉理財、2003）；県・郷・村という三級政府が共同で全体的に行うこと（徐勇、2002；賀雪峰、2003）②。（1）精郷拡鎮、郷派鎮治。

「精郷」とは郷の行政職能を簡素化し、郷の行政が行政の力しかうまく解決できない業務だけを参与することである。「郷派」とは郷の財政を取り消しし、体制において郷レベルの政権を県級政府の派出機構として、県以下の行政組織に替えることである③。（2）郷鎮自治を実行すること。沈延生氏は郷鎮が日本の町と村に類似し、コミュニティー・サービスを主として、行政の政策を二の次にして、財政体制と人事制度が上部から決められるべきであると論じ、さらに、郷鎮長と自治代表機構は有権者から直接に選ばれると共に、郷鎮の幹部は全部地方公務員になるべきであるという考え方も示した④。于建嶸氏は郷鎮政府を廃止すべきであるし、自治組織を設立して、郷鎮自治が行政範囲からコミュニティー自治へとなると主張した。また、鄭法氏は郷鎮政府を廃止してから、農会を中心とする農民自治体を設立すべきであると主張した。（3）郷鎮の構造を改善し、民主の方式を強化すること。郷鎮長は直接選挙から選ばれ、郷鎮の人民代表の地位

---

① 鐘合編『郷村財政困境：債務達1万億』,『南方農村報』, 2006 年 4 月 11 日により作成。

② 賀雪峰編『当前学術界間与県郷村体制改革的主要意見』,『学習時報』, 2004 年 5 月 27 日及び。

　孟軍編『関於郷体制改革路径的研究総述』,『蘭州学刊』, 2004 年第 5 期により作成。

③ 徐勇編『県政、郷派、政治：郷村治理的構造性転換』,『変郷政府為派出機構』,『精郷拡鎮、郷派鎮治：郷村治理体制的結構性変改革』,『郷村治理結構改革的走向——強村、精郷、簡県』,『郷村治理与中国政治』, 中国社会科学出版社, 2003 年, 第 137～197 ページにより作成。

④ 沈延生編『中国郷治的回顧与展望』,『戦略与管理』, 2002 年第 1 期により作成。

と郷鎮管理の合法性の基礎を固めて、条件が成熟してから郷鎮自治を行うという見方である①。（4）郷の自治をある程度まで認めるという第三道。呉理財氏は、郷鎮の未来は取り消しや、有名無実や、強大化にあたるかのではなく、民主へ転換する現代管理に適応し、県と郷の分権化を実現し、郷鎮政府が国家政権組織を維持するのを前提とする下で、郷鎮コミュニティーがうまく運営する主体になるため、郷鎮政府の自主性を増やし、県に頼る状況を徹底的に改革し、郷鎮政府と郷村社会の多元的な新型民主合作体制を設立することにかかわると論じた②（5）県・郷・村という三級政府が共同で全体的に行うこと。賀雪峰氏は伝統の農業型である地区、県、郷、村が全体的に改革していくプロセスにおいて、まず村の自治を行うことが第1歩、次に郷鎮政府を廃止し、消極的な行政を実行する郷派が第2歩、更に県の政府を設立し、強力な行政によって村民自治の不足を補うことが第3歩、最後は県の人民代表会の職能と県政府への制約を強めることによって、県政府を改革することが第4歩であると提案した③。

　前述した考えを総合して筆者らは、県と郷の分権化を行い、郷鎮が県政府に頼る現状を変え、郷鎮の行政性を弱め、自治性を強め、郷鎮と農村社会の多元的な新型民主合作体制を設立することが郷鎮の将来の発展にもっと役立つのであると考えている。だが、郷鎮体制改革は郷鎮政府自体の改革に止まらず、県と村の体制に直接関連しており、国家の郷村管理体制の再建設がその本質である。したがって、郷鎮体制改革は政治体制と行政体制の改革という広い視野から考えるべきであるし、全体から総合的に計画するのも当然である。実際の改革プロセスにおいて、郷鎮が廃止するかどうかは社会経済発展の要求だけではなく、政治的なコントロールと社会の安定化の需要も考えなければならない。

四　区域の発展及び企画

　区域企画とは行政区の間で経済を緊密的に結びつける地区を対象として、約束力がある空間的な企画である。行政封鎖を解除し、行政区経済が区域経済へまい進することを促すことはその目的である。「十一五」計画

---

① 李凡編『創新与発展：郷鎮長選挙制度改革』，東方出版社，2000；黄衛平：『郷鎮選挙方式改革：案例研究』，社会科学文献出版社，2001 年により作成。
② 呉理財編『郷政新論』，『開放時代』，2002 年第 5 期により作成。
③ 賀雪峰編『県郷村体制整体設計的基本原則及具体進路』，『江西社会科学』，2004 年第 1 期により作成。

に書かれる区域発展と全般的な企画に関する内容で、行政区画改革と関連があるものは主に2点ある。第1は、区域協力体制を完備することである。「行政区画の制約を打破し、生産要素が区域間で自由に流動させ、産業の移行を導くべきである。」「各地区が多種多様な区域間の経済提携と技術・人材の合作を展開することを支持・奨励し、東が模範を示して西を向上させることによって東・中・西が共同で発展する構造を形成するべきである。」第2は都市圏の発展構造を立て、都市圏全体の競争力を強め、率先垂範によってほかの地域を導き、影響を与える役割を発揮することである。「都市圏の構造がすでに形成された北京・天津・河北、長江デルタ及び珠江デルタなどの区域は見本による導き、影響する役割を発揮し続け、都市圏内の各都市の分業と提携を深め、都市圏全体の競争力を強めるべきである。都市圏を形成する条件を満たす区域は総合的な企画を深めるべきである。特大な都市と大都会がリーダーとして中心都市の役割を発揮し、面積が少なくて就職のチャンスが多くて、要素を集める能力が強くて、人口分布が合理的である新都市圏を形成するべきである。」

　「十一五」計画が初めて中央レベルから区画を強調することは、中国未来の発展が行政区に跨る空間的な経済構造を重視すべきであることを示唆した。

　行政区画改革が各方面に関連し、影響要素も多くて、長期にわたって複雑かつ敏感的な体系的なプロジェクトである。また、行政区画改革がいっぺんで成功したり、成功を急いだりできないものであり、総合かつ全般的に計画しなければならない。それによって徐々に科学化、規範化、法制化の道に乗ることができる。だが、国力及び国情が限られているため、中国の行政区画改革は道が紆余曲折で任務が重く、道のりが遠いものに違いない。

市場規律と不良債権問題 *

―日本の金融革新の構造―

第一節　金融革新とグローバリゼーション

　現在日本は金融制度の再構築の過程にある。近年の最人の課題は、日本
の銀行が取り組んできた不良債権の処理問題であった。そして今、郵政の
民営化という政策の中で金融制度の再構築に向けて新たな課題が生まれて
いる。こうした日本の金融制度の再構築への動きを大きく形造っている背
景にあるのはグローバリゼーションであり、銀行を中心とする金融機関の
国際的競争力の強化である。金融の自由化・国際化の流れの中でグローバ
リゼーションへの対応を開始し、金融ビッグバンによって国際金融市場と
しての東京市場の確立と金融機関の国際的競争力の強化を目指した。これ
は当時、アメリカ、ヨーロッパで展開されていた金融市場の国際化の動き
が加速する中で、先行するアメリカ、ヨーロッパの金融機関に対抗するた
めの金融機関の再構築を意図するものであった。しかし、金融ビッグバン
はその政策目標を達成することはできなかった。グローバリゼーションの
進展と国際競争力の激化の中で日本の銀行が直面したのは不良債権処理問
題であり、その重圧のもとでの銀行の再構成であった。日本の主要の銀行
が国際金融市場でアメリカ、ヨーロッパの金融機関と競争するという構想
は成功しなかったのである。金融ビッグバンの誤算である。その後の小泉

　＊　坂本　正：熊本学園大学学長、教授、北京大学中国金融研究センター顧問、経済学博士。

構造改革のもとで、現在日本の銀行は不良債権処理の目途をつけ、国際的競争力の強化に向けた金融制度の再構築に取り組んでいる。

ではなぜ日本はグローバリゼーションに対応した金融制度の構造変化に長い時間を要することになったのであろうか。本稿ではこの課題に接近するため、いくつかの論点を整理することに努めることにしたい。

金融革新を推進することで金融構造の現代化を図ることが政府、金融当局の課題である。金融構造の現代化とはグローバリゼーションに対応する国際規格の金融構造へと金融構造を改革することである。

この政府、金融当局の戦略課題に即したシナリオは、金融の自由化、国際化の推進によって進められた。それはそれまでの政府、金融当局の保護政策から市場原理に即した銀行経営の改善と高度化を誘導する政策への転換である。しかし、そのスケジュールが緩慢で漸進的であったために銀行を初めとする金融機関の国際化への対応が大幅に遅れ、国際競争力において劣位になったと指摘されてきた。その遅れを挽回するために、起死回生の策として提起されたのが金融ビッグバンである。金融ビッグバンは金融の自由化と国際化の流れの中で、国際競争力の強化に向けた急激なキャッチアップを金融機関に促すものといってよいであろう。

金融ビッグバンはアメリカを中心とするグローバリゼーションへの対応に出遅れていたため、日本の銀行の経営体質を国際的競争力を持つものへと急激に転換させることを意図するものであった。それだけに金融ビッグバンの誤算は日本の金融機関の国際化に向けた戦略を大きく変更することになった。金融ビッグバンの誤算の背景にはいくつかの重要な要因が考えられる。

第1は、日本の銀行を中心とする金融機関が国際金融市場においてアメリカ・ヨーロッパの金融機関と競争をするという明確な戦略を持っていたかどうかである。金融機関の側が掲げる国際競争力の強化という戦略的な目標を容易にするための金融環境の整備という形で金融ビッグバンが用意されたとは思えない。金融機関の国際的競争力の強化がグローバリゼーションの進展への対応の基本である。金融当局と金融機関はこのことを共通に認識していたはずである。しかし、金融当局が描いたシナリオと金融機関の対応力にはなお大きなギャップがあったというべきであろう。

第2は銀行の不良債権の処理が予想を大幅に上回る困難な課題であったということである。金融ビッグバンによって銀行の不良債権の処理は一層困難になったというべきであろう。特に銀行の不良債権処理におけるグロ

ーバリゼーションの影響である。銀行の不良債権処理に対してグローバル
スタンダードという形でアメリカンスタンダードの処理基準が市場から要
求され、適用されることになった。銀行の不良債権処理の過程で顕著にな
ったアメリカンスタンダードに基づく市場のルールが日本の金融構造に対
して、その後大きな制度変更を求めることとなる。銀行の不良債権処理問
題はグローバリゼーションのもとでの日本の金融構造の変化に関わる問題
として理解すべき課題である。

第二節　金融革新と金融行政

一　金融行政の役割と課題

　（1）日本の金融革新は、グローバリゼーションに対応した金融制度の
構造の改革を目指したものである。そのシナリオは日本の政府、金融当局
によって描かれ、推進されてきた。その意味で金融革新における金融当局
の役割は極めて大きい。これは金融革新を進める政策であるが、金融制度
そのものの構造変化を意図したものであるので、金融行政としてその役割
をみていくことにしたい。

　（2）だが政府、金融当局のシナリオ通りには金融革新は進展しなかっ
た。金融行政が進めてきた金融革新の基軸は市場原理を基本とする金融制
度への構造変化である。それまでの政府、金融当局による保護行政から、
銀行を中心とする金融機関が市場原理に基づいて経営行動できる金融環境
を整備し、ヨーロッパ、アメリカの金融機関と競争できる国際的競争力の
強化をする。したがって、金融革新のキーワードは、市場原理と国際的競
争力である。

　このシナリオの目指すものは、市場原理に基づく金融機関の国際的競争
化であり、金融行政はその環境づくりをデザインすることである。したが
って、金融機関は市場の評価を基準に経営行動をおこない、金融当局は極
力、経営行動には関与しないことが原則である。金融制度の構造変化は市
場原理のもとで金融機関相互の競争を通じて推進され、競争原理によって
金融機関が淘汰されることを前提にしている。当然のことながら、例えば
金融機関の規模の大きさや社会的影響力の大きさから金融機関の倒産をそ
のまま政府、金融当局が是認できないことがある。いわゆる "too big to

fail"（大きすぎてつぶせない）政策である。このように政府・金融当局が描く金融革新のシナリオの中で、しばしば誤算がうまれ修正が必要となる。むしろ、グローバリゼーションの進展の度合や金融環境の変化の中で、さまざまな試行錯誤がある方が自然というべきかもしれない。だが日本においてはその試行錯誤の歩みをみると、現実の対応の間の隔たりが極端に大きいことが特徴である。

（3）金融革新のシナリオの中で、最大の誤算は銀行の不良債権処理問題が金融当局の想像以上に深刻で、その対処に長い時間がかかっていることである。

第2の誤算は、金融機関の競争力の強化を目的とした金融ビッグバン（1996年）が目論みのように国際金融市場としての市場の強化や金融機関の強化＝再編成に結びつくのではなく、逆に銀行の不良債権問題と重複する形で金融構造の不安定化を招いたことであろう。

第3に重視すべきことは、政府＝金融当局は銀行の不良債権処理と銀行の復興＝再生に向けて、金融当局の指導と管理を強化せざるを得なくなったことである。このことは、銀行への公的資金の注入に象徴的に示される。

（4）銀行への公的資金注入プランの原形は1930年代のアメリカのRFC（Reconstruction Finance Corporation）による資本注入であり、これは金融危機への対応策である。金融不況であれ、金融危機であれ、明らかに市場原理が機能不全をおこしている時期に銀行への公的資金注入はどのような意味を持つものであろうか。これは日本金融革新プランが描く市場原理主導の金融システムの構築とは明らかに相違する事態である。しかし、このような対極的な金融行政を並存することで金融革新プランが遂行されてきたのである。

（5）本稿ではこのような金融危機化で、市場原理主導の金融システムプランが推進されてきたという極めて特異ともいうべき金融革新の構造を、金融行政の側面についても考察し、公的資金注入問題を中心に、政府＝国家管理までをも射程に入れた銀行の不良債権処理と銀行再生の意味を探ることにしたい。

二　1990年代の金融危機

1990年代の日本の金融危機の深まりの中で日本型金融システムがどのように展開したかについて、数阪孝志氏は「日本型金融システムの構造と展

開」〔日〕（植田浩史編『日本企業システムの再編』東京大学出版会，2003，107～139頁）で多面的に論述されている。基本的テーマは、「金融危機の深化」である。その過程で深刻になってきた不良債権問題、金融ビッグバン（1996年11月）と金融再編問題を取りあげ、「メガバンクの誕生と金融持株会社」という新しい展開のもとで「新しい金融業の展開と日本型金融システム」を考察されている。この考察によって数阪氏は、この転換期において金融当局が用意した金融改革プログラムと金融機関の側が進めた金融危機への対応としての金融再編の動きとの間にはなお隔たりがあると指摘されている。そしてその原因として日本の金融システムの歴史的な構造的な要因をあげられた。こうした観点から数阪氏は次のような結論を述べておられる。

「1990年代以降の10年間は，金融機関，金融市場，金融行政の『三位一体』となった縦割り構造，地域における棲み分け的競争環境，大蔵省のコントロールにもとづく『護送船団方式』による『金融秩序』，これらを構成要件とする日本型金融システムが大きく転換期を迎えた時期であった．

転換せざるを得ない背景には，自由化環境の下で金融機関の競争環境が変化したこと，国際的競争を意識したときに日本型金融システムが有効に機能しない側面をみせること，未曾有の金融危機に対し金融機関側が真剣な態度で金融再編にむけて動き始めたことがあり，転換を可能とする法制度上の整備がかつてない広範囲な金融改革のプログラムの中で用意されたことが有効に作用した．

しかしながら，転換は改革プログラムの計画通りに進んでいるのではない．その背景には日本の金融システムには歴史的構造的に形成されてきた特徴が刻印されており，それが短期間には消えないことと，金融システムはあくまでも資金循環を効率的に行うためのパイプ役を果たすものであるが，その資金循環のパターンが各国の経済構造によって大きく異なるからである．資金循環構造がまったく異なるのに金融システムを一定の共通の型に収斂させようとするのはむしろ効率的ではない．企業構成や地域経済構造に即した資金パイプの整備こそが求められている．」

確かに数阪氏の指摘通り、金融危機下での日本型金融システムの転換が大きな論点となる。〈金融機関・金融市場・金融行政の「三位一体」〉の変化の中で、求められていたのは金融市場主導の「新しい金融システム」であったはずである。だが、規制緩和のもとで〈大蔵省のコントロールに

基づく「護送船団方式」〉からの転換がどのようになさたのであろうか。確かに「護送船団方式」の枠組みは崩れたが、別の形で金融当局の管理は強化されたのではないか。私はこの転換の基軸をなすのが金融行政主導の公的資金の投入問題だと考えている。この論点を中心に考察することにしたい。

三　金融危機と公的資金

1990 年代の二度にわたる公的資金による資本注入は、貸し渋りによる連鎖倒産の防止を重視した形で借り手保護の強い要請のもとに採られた金融危機の未然防止政策であった。これは当時の社会状況からの強い要請に基づくものであり、金融危機対策としても全く新しい観点から立案された政策であった。しかし振り返ってみると、その効果と結果についての評価は厳しい。そこで、まず「誤算」あるいは「失敗」とされた内容と問題点からみておくことにしたい。

2002 年 10 月に入って、政府が公的資金注入の方針を固めたことから、改めて金融危機下における公的資金注入の仕組み作りが大きな課題となった。これまでに、1998 年、1999 年と二度に渡って公的資金を投入したにも関わらず、銀行の不良債権問題の解決の糸口が見えず、借り手の側の企業の不況業種の改善にも至らなかったからである。つまり「借り手保護」を重視したために、銀行と借り手の側の企業の双方において構造改革が進まなかったからである。この誤算について『日本経済新聞』（2002 年 10 月 4 日）は、この二度に渡る公的資金注入失敗について、次のように総括をしている。

「過去二回の公的資金投入は資金不足に陥っていない銀行に対する『予防的注入』だった。流動性危機が起きる事態への懸念を重視、企業など『借り手の保護』に主眼を置いた。このため『経営に問題がない健全銀行だが、積極的に貸し出しを進めやすいように、資本を増強する』という建前で実施された。九八年は事実上無審査で、大手行にほぼ一律で公的資金を投入。九九年は金融監督庁の特別検査を踏まえて銀行の資産内容に個別に踏み込んだものの、事実上『甘い査定』を黙認したままの投入となった。」

同紙の整理の概要によれば、1998 年 3 月の公的資金注入の法律は「金融安定化法」で注入枠は13 兆円である。注入形式は「大半が劣後債・劣後ローン」で、注入前後の状況は「拓銀、山一證券などが破たん。注入後半

年で長銀、日債銀が相次ぎ破たん。株価急落、第2次注入へ」とつながることになった。

1999年3月の公的資金注入の法律は「金融早期健全化法」で、注入枠は25兆円である。注入形式は「大半が普通株への転換権付き優先株」で、注入前後の状況をみてみると、「注入前後に株価上昇。その後大手銀が再編したものの、不良債権増加、株価下落で再び銀行の財務悪化」を招いている。この2回の公的資本注入については「健全行」が対象で、1998年資本注入時には「全銀行が『健全』」認定され、1999年資本注入時には「長銀、日債銀を除き、すべて『健全』」と認定されたため、銀行の経営責任は問われていない。資産査定と審査も1998年資本注入では、「過去の大蔵省検査をもとに1ヵ月弱の短期間で審査。検査甘く、事実上の無審査と批判」とある。1999年資本注入では「大手銀への一斉検査後、3ヵ月間審査。借り手企業の保護に留意したため、不良債権の引き当て処理が不徹底との批判も」と厳しい。

二度にわたる公的資金注入への評価が厳しいのは、これが銀行の再建にも企業の再建にもつながることなく、金融不況と産業不況の重層的な不況が長期化したためである。ここには、政府・金融当局による金融行政の問題点も浮かびあがる。

「その後、経営不振企業向けの債権が一段と不良化し、流通や建設などの業種で大型破たんが相次ぎ、多額の追加損失を迫られた。さらに政府が『貸し渋り』を憂慮した結果、銀行に中小企業向け貸し出しの増加目標を求めた。このことが結果的に不況業種の構造改革を遅らせる矛盾も抱え込んだ。不良債権問題と表裏一体の関係にある過剰債務という借り手企業の構造問題に踏み込まず、銀行の資本増強で当座をしのいだことが問題を深刻にし、今の苦境を招いた。今回の局面で『金融と産業の一体再生』が求められるのはそのためだ。」したがって、「徹底した引き当てを銀行に求めないまま予防的に資本注入すれば、『再び経営のモラルハザード（倫理の欠如）を生み、問題企業の整理などの先送りを招く』恐れもある。」

では、どうすべきか。「今回は『健全行への注入』とされた過去二回とは異なり、『厳しい査定の結果、引当金積み増しで資本を食いつぶした銀行への資本注入』という図式を鮮明にする可能性がある。そうなれば、従来のように経営陣の責任は不問にされず、経営刷新や報酬の返上など明確な形で経営責任が問える。モラルハザードを防げるうえ、税金など公的資金を負担する国民の合意も得やすいという。経営責任を巡っては、注入時

にトップが引責すべきという意見と、注入後、経営改善を達成することが責任だという意見がある。いずれの場合も、注入後に経営を担う経営陣に、不良債権の処理加速の明確な目標を課すなど、責任があいまいにならないようにする方策が検討課題になる。」

　ここでは、資本注入に伴う経営責任の明確化が主張されている。本来、公的資金の注入にあたっては、銀行の経営責任論はセットとなるべき論点であった。しかし、銀行の経営責任を問うとなると、銀行が公的資金の申請を行わなくなる懸念があったため、銀行の経営責任を問わない形での公的資金の注入が行われたのである。銀行の不良債権処理について、二度にわたる経営責任不問の金融行政の判断こそ、日本的な金融革新の手法と特質を示すものであろう。

　その後の日本の金融革新がなお銀行の不良債権処理の重圧に苦しみ、不良債権問題が小泉構造改革の最重要課題となった。その結果、竹中大臣の金融再生プランによって「政府による管理」政策が金融行政の中心に据えられた。1990 年代のこの「政府による管理」政策の原型こそが二度にわたる公的資金による資本注入問題であった。ここでは金融革新の基軸である市場原理に基づく市場規律重視政策と金融危機に対応する公的資金投入という相反する課題が並存する形で推進されざるを得なかったからである。

四　金融革新と公的資金

　1990 年代の金融危機において、公的資金投入に至る背景について金融行政を中心に西村吉正『日本の金融制度改革』〔日〕西村吉正（東洋経済新報社．2003［第 1 刷］，2004）の整理からみてみよう。

　西村氏を取りあげるのは、西村氏が大蔵省の銀行局長として金融行政のトップとして金融革新を主導した第一人者だからである。津田和夫氏も、西村氏による金融行政の整理を資料的価値が高いものと評価されている。

　「西村はかつて銀行局長という金融行政の頂点にいた大蔵省高級官僚である。1960 年代後半から現代に至るまでのわが国金融制度を対象とし、研究者が承知すべき客観的史実がコンパクトにまとめられている。その資料的価値の有用性とともに、随所に現状認識と問題点が、控えめな表現で批判的に語られており、行政の深層にうごめいてはいたものの、容易に陽の目を見なかった多くの改革の考え方や、対立する論点の所在や変化を十分

に推察でき、金融・銀行行政の歴史的背景を知る意味で、また現代の改革の論点を評価し行政を客観的に批判する材料として興味深い。」〔日〕（津田和夫「金融行政の現代史」。一ノ瀬篤編著『現代金融・経済危機の解明』ミネルヴァ書房。2005，99頁）。

　西村氏は金融革新と金融行との関わりについて「はしがき」でその目的を次のように述べておられる。

　「バブルが崩壊し、不良債権問題が日本経済に重圧を加えるようになってから，既に10年以上の歳月を経た．わが国の金融が今日のような苦渋に満ちた状況になっているのは，金融制度改革の遅れや護送船団行政に大きな原因があることは否定できない．ただ一方で，この30年余りの間，金融制度改革には度々取り組まれ，今では日本の金融制度そのものは先進諸国に比して遜色ないものとなっていることも事実である．本書は，金融制度の効率性と安定性を維持・向上させるための努力が，日本経済が安定成長に移行した段階から真剣に追求されてきた歴史をたどるとともに，そのような金融制度改革への努力がなぜ十分な成果を挙げ得なかったのかを検討することを目的としている．」

　津田氏が西村氏の時代ごとの金融行政の特質を要約的にまとめられているので、それをみておこう。

　「『1981年の銀行法改正は既存の枠組みを大きく変えることなく終わってしまった、……金融界・金融当局も世界に通用するプレーヤーとしての認識・実力・経験を十分に備えるに至っていなかった』として金融界全体の遅れを指摘している。

　1980年代については、『金融自由化の関心が高まり、金融の自由化・国際化・証券化はメディアにおいても日常的話題となった……金融界は垣根を越えた参入を争った、……1992年金融制度改革（業態別相互参入）は画期的な改革であったが、従来型の状況認識で戦略的判断なしに業務拡大に走り、バブルの影響を拡大するに至った』（19頁）として、状況認識に欠ける行政と金融界のあり方を批判している。1990年代以降については『護送船団方式に転機を与えた破綻処理に始まり……既得権の死守により従来実現できなかたものを短期間に網羅的に実現した……伝統的金融制度改革の完了期と見る……1997年後半の連続的大型金融破綻の心理的影響でビッグバン熱（東京金融市場復活論）が急速に冷め……予定されたシナリオは狂ったが市場原理を基本とする金融制度への改革が一挙に進んだという皮肉な見方も可能……金融制度改革は完了したといえるにもかかわらず

実態は著しく安定性を欠き国際的にも地位の低下した時期となった』
(19～20頁)と歴史の総括をしている。」

　このような評価のもとで、なぜ公的資金投入が課題となったのか。金融
危機に際しては、預金者保護が重要な行政の課題となる。しかし、日本に
おいては、借り手保護という新しいコンセプトが提起され、金融行政の課
題として資本注入の理論的根拠とされた。西村氏によれば、「このように
事態が深刻化し金融機関の破綻が現実の問題になってくると，狭義の預金
者保護を中心として理論構成されてきた従来の金融行政は，ある意味では
机上論の域に止まっていたことに気づかざるを得なくなる．金融システム
の機能維持のうえでより難しく深刻な問題は，金融機関への貸し手（預金
者）よりもむしろ金融機関からの借り手（取引企業）の保護であること
が明らかとなってきた．借り手保護は信用秩序の概念を広く捉える考え方
に結びつきやすい．金融機関が破綻して借り手への資金の循環が滞れば借
り手の経済活動はストップしてしまい，連鎖倒産ということもありうる．
借り手の従業員の雇用・その家族の生計・地域経済へのショックと波紋は
拡大し，経済・社会への波及という意味では預金者よりも借り手を経由す
る影響のほうがはるかに大きい」（西村［2004］333頁）

　これから判断する限り信用秩序の維持と預金者保護という金融危機に対
応した従来型の金融行政の目的に対して、借り手保護は信用秩序の維持が
より困難な金融危機の深化の段階に対応した金融行政の目的ということに
なるのであろうか。しかし、現実にはこの金融行政の目的は明確な理論的
根拠をもつものではなかった。それは西村氏が続けて次のように言われて
いることからも明らかであろう。

　「従来，破綻処理における借り手保護という目的は信用秩序維持や預金
者保護に比べ，それらと同程度に明確な位置づけがなされてきた訳ではな
かった．1998年秋になると金融不安を反映しこれを明確化する必要が生じ，
金融再生法では破綻処理原則のひとつとして『金融機関の金融仲介機能を
維持するものとすること』を掲げるに至っている．しかし，このような時
代の要請に応じた『適時適切な』制度の対応によって，信用秩序維持制度
（預金保険制度）の根幹・基本理念はかえって曖昧なものになった可能性
もある。

　いずれにしても，1971年の預金保険法制定以来実際には発動されなかっ
た金融安定化・破綻処理制度は90年代半ば以降頻繁に発動され，また破綻
処理の実務を経験することを通じて制度も飛躍的に整備された．しかし金

融情勢はこれによって安定化することはなく，この後さらに頻繁な制度改
正を余儀なくされた.」（同上）

　こうした総括を検討するために、金融危機への防止のためにとられた借
り手保護と公的資金投入の問題の推移をみていくことにしよう。

　この時期には多面的に金融措置がとられたので、まず表1、表2を示し
ておく。

表1　1998年取った金融措置

	1998年
1月12日	橋本首相国会で「日本発の金融恐慌は起こさない」（通常国会，金融・経済演説）
2月16日	金融機能安定化2法成立（金融危機時における金融システム安定化のための制度整備，30兆円の公的資金確保）
3月10日	預金保険機構・金融危機管理審査委員会，1兆8156億円の公的資金投入決定
3月30日	住専法改正法成立（住専債権の回収促進）
3月31日	大蔵省「新しい金融検査に関する基本事項について」公表（予告検査導入，検査は自己査定・法令遵守・リスク管理に限定）
4月1日	新日銀法，新外為法施行，早期是正措置の運用開始
5月25日	米国並みの基準による「リスク管理債権」発表，大手18行で21兆7786億円
6月22日	金融監督庁発足
7月2日	政府・与党「金融再生トータルプラン（第2次）」公表（ブリッジバンク導入）
7月7日	金融監督庁，主要19行に対する集中検査・考査に順次着手
7月30日	小渕内閣発足，「金融国会」（第143回臨時国会）開始
8月5日	政府は金融機能安定化法改正案，野党は金融機能再生法を提出．政府提出法案を取り下げる異常事態に
10月16日	金融機能早期健全化緊急措置法成立
10月23日	長銀の特別公的管理決定
12月1日	金融システム改革法及び関連法の施行（銀行・保険会社の投信窓販開始等）リスク管理債権情報と新資産査定額の公表を法定義務化
12月5日	金融再生委員会発足（柳沢委員長）
12月13日	日債銀，特別公的管理決定

表 2　1999 年取った金融措置

	1999 年
1 月 22 日	金融監督庁，自己査定額を初めて公表
1 月 25 日	金融再生委員会，資本注入行への引当ガイドライン制定（破綻懸念先 70％，要管理先 15％）
2 月 12 日	日銀，ゼロ金利政策を導入
3 月 5 日	金融監督庁，貸し渋り問題で 7 金融機関に業務改善命令
3 月 12 日	金融再生委員会，大手 15 銀行の経営健全化計画を承認，7 兆 4592 億円の資本注入
4 月 1 日	住管機構・整理回収銀行合併，整理回収機構設立
4 月 8 日	金融監督庁，「金融検査マニュアル」を最終決定

〔日〕西村吉正〔2004〕「金融制度関連年表」（第 459、460、461 頁）より抜粋

五　金融危機と借り手保護

（一）借り手保護と RFC

　1997 年 12 月に入ってようやく「金融システム安定化」対策が固まってきた。公的資金による資本注入問題が最大の課題だが、銀行の貸し渋り対策として、借り手保護対策が急浮上している。なぜ借り手保護が問題になるかといえば、金融状況がそれだけ緊迫していることを示している。公的資金の投入もモデルがアメリカの 1930 年代の RFC（復興金融公社）だとすれば、まさに金融恐慌下での銀行再建を目指すものとなる。金融危機という認識のもとで「資本注入の基準明確化」と「借り手保護」という新しい局面での二つの論点が「金融システム安定化」対策の基軸となったのである。

　「自民党は十五日、『金融システム安定化のための緊急対策』を固め、金融機関に対し公的資金で資本注入する方針に踏み切った。資本不足で取引企業への融資打ち切りに追い込まれることを避けるのが狙いで、預金者保護だけでなく借り手保護にも配慮した。ただ発動基準を明確にしないと不健全な金融機関の救済につながる恐れがあり、拡大解釈を許さない歯止めが不可欠だ。」[1]

　このように、健全な銀行に対する資本注入と借り手保護が強調されて

---

　[1]　『日経金融新聞』，1997 年 12 月 16 日。

いる。

「自民党が『銀行の国営化につながる』『銀行救済になる』などの批判を承知で、破たん処理時の受け皿金融機関の優先株・劣後債買い取りを決めたのは、従来の発想から踏み出さないと『善意の借り手』を守れないほど事態が切迫していると判断したためだ。」①

だが、アメリカのRFCを念頭においた「『危機管理』のための公的資金投入」については、すでに疑問が提示されている。

「ただRFCは大恐慌後の一九三〇年代に約四割の銀行が倒産した非常事態を受け設立されたもので、日本の現状とは明らかに異なる。

またRFCは優先株買い取りには経営陣の退陣、優先株償還のため純利益の五〇％積み立てなど厳しい条件を付けた。これに対し自民党案では預金保険機構に『金融危機管理勘定』を設け、客観的な審査機関の意見を踏まえて決定するというだけで内容は不透明だ。『危機管理』という大義名分でなし崩し的に制度化することは、金融機関の『政府頼み』を助長し、かえって金融機関の健全性低下を招く恐れがある。」②

ここにはまだ金融恐慌対応型としての公的資金投入の認識は乏しい。しかしRFC型は金融恐慌に対応する公的機関である。ここにその後の「国の管理の強化」につながる原型があることは確認しておく必要があるだろう。

（二）経営の自主性と公的資金

日本政府の金融システム安定化策は金融危機への緊急的な対策であった。その要は30兆円の公的資金の投入である。しかし、その投入にあたっては、あくまでも銀行経営の自主性判断が重視されている。この点について『日本経済新聞』の「社説」「景気回復の条件（下）透明な原則で金融安定化策を」（1998.1.26）はその原則を3点あげている。

「『日本発の金融恐慌は起こさない』（橋本竜太郎首相）ことをめざして、政府は金融システム安定化策を打ち出した。」

「日本の金融システムは戦後最悪の危機に見舞われた。大型の金融破たんは金融市場にいかに疑心暗鬼が広がっているかを示した。四月の早期是正措置の発動を前にした銀行の貸し渋り・資金回収は健全な企業まで経営危機に追いやっている。」

「三十兆円の公的資金を預金保険機構に投入するのは、金融不安を公的

---

① 『日経金融新聞』，1997 年 12 月 16 日。

② 『日経金融新聞』，1997 年 12 月 16 日。

資金をてこに回避する姿勢を示すものだ。三十兆円のうち十七兆円は預金者保護のため金融破たん処理に投入される。預金者保護のための公的資金投入は当然の措置であり、国民の理解が得られるはずだ。残りの十三兆円は金融機関の自己資本増強に充てられる。」

「資本注入には、透明な原則が必要である。対応を誤れば、金融機関の経営にモラルハザード（倫理の欠如）を引き起こす危険があるからだ。」

「第一に、資本注入を銀行救済には使わないことだ。」

「第二に、金融当局の指導で一律に適用するのではなく、あくまで個別銀行の自主的な経営判断で自発的に申請すべきだ。ここで護送船団行政に逆戻りしては元も子もない。

そして第三に、資本注入の目標を明確にすることだ。金融システム安定の名目で掲げられる基準にはどうしてもあいまいさがつきまとう。貸し渋りの解消という目標をはっきり掲げるべきだ。資本注入を受ける銀行は、それによってどれだけ貸し出しを増やしたかを示すことだ。」[1]

公的資金による金融機関への資本注入は貸し渋り解消と預金者保護であり、銀行救済ではない。特に護送船団行政からの脱却を目指して、金融当局の指導による一律的な適用ではなく、経営の自主的な判断が重視されていることに注目しておきたい。

（三）RFCと公的資金

金融安定化法案は銀行による貸し渋り対策として、公的資金の投入を柱にしている。しかも「経営の自主性」を重視しているが、この金融危機対策がアメリカの1930年代の金融恐慌対策をモデルにしていることは周知のことであった。

「金融機関の優先株を引き受けて資本を充実させる手法は、大恐慌後の米国で実施され、金融危機克服の決め手となった。野党には『経営が悪化した銀行の救済に利用されないか』などの異論がある。

だが、不信感が高まった市場では、健全な金融機関さえ、噂（うわさ）や風説で狙い撃ちされ破綻に追い込まれかねない。それが金融システム全体を崩壊の危険にさらす。漫然と市場にゆだねてはおけない。防衛手段としては金融機関の資本強化が効果的だ。

優先株の引き受けは、政府が、市場の暴力に対抗する武器を手にすることを意味する。破綻後に処理するより国民的コストが安く、借り手企業も

---

[1] 『日経金融新聞』，1997年12月16日。

倒産から救う。」①

このアメリカのモデルはニューディール下で活用されたRFCによる公的資本の投入を指すものであるが、ここで強調されているのは、金融機関の破綻防止と借り手企業の倒産防止、即ち借り手保護である。ここにはRFCによる公的資金の投入が「金融恐慌」時の政策手段であるとの認識は極めて乏しい。

六　金融機関破綻処理問題

(一) 国会審議と資本注入

資本注入をめぐって金融安定化法案の国会審議では審査基準の透明性が論点となった。橋本首相は「肝心の審査基準の内容となると、『破たん金融機関は対象にしない』と述べるだけ。」「このまま法案が成立すると、実際にどんな審査基準ができるのか国民にはわかりにくい。『優先株を引き受けてもらった後、厳しい条件を付けられるようなら申請はしない』と静観を決め込む銀行も多い。」②

新聞報道ではそのもどかしさばかりが目立っている。

「しかし公的資金による優先株購入には、いまだ不透明な部分もある。」

「優先株購入の条件として、銀行には経営健全化計画の提出が義務付けられ、審査委員会は計画の実行状況を監視する。大蔵省は『金融市場混乱など外部要因で公的資金が投入される場合もあるので、必ずしも経営責任は問わない』と個別行ごとの対応を想定している。ただ金融界には『うかつに優先株を買ってもらうと、当局からの経営監視が強まって事実上の国家管理銀行になったり、後から経営責任を取らされるリスクが大きい』(大手都銀幹部) と警戒する声が根強い。」③

公的資金による資本注入については、議会においても資本注入の審査基準などその詳細は不明確なまま成立した。

「公的資金で金融機関への資本注入を可能とする金融関連法案が十六日の参院本会議で成立する。政府・自民党の当初予定より半月ほど遅れての成立だが、どうにか三月末までの資本注入には間に合いそうだ。成立が懸念された法案だが、焦点がぼけた審議だったともいえる。」④

---

① 『読売新聞』「社説」「金融法案の一日も早い成立を」，1998 年 1 月 29 日。
② 『日本経済新聞』，1998 年 2 月 4 日。
③ 『日経金融新聞』，1997 年 12 月 16 日。
④ 『日経金融新聞』，1998 年 2 月 16 日。

　金融機関への資本注入に対して強い国民感情の反発があり、「国会もや
はりこの点に関心と批判が集中する形で審議が始まった。」①　しかし、「結
果的には資本注入の是非をめぐる審議は深まったとは言えず、資本注入の
審査基準もまったく具体的にならないまま法案は成立する。大蔵省は広範
囲に資本注入したい意向があるだけに国会で範囲を狭めるような答弁に追
い込まれるのを一番懸念した。その意味では同省の願った通りの状態で法
案は成立するが、大きな代償も払ったことになる。」②

　銀行の貸し渋りが社会問題となる中、金融危機への対応として政府・金
融当局は1998年の金融安定化法の成立を急いだ。そして成立後は貸し渋り
対策として銀行に公的資金の受け入れを強く要請することが重要な課題と
なった。

　「金融機関が優先株発行などによって公的資金を受け入れるかどうかは
各機関の自主判断に任されている。自民党では週内にも、蔵相経験者らが
大手都銀などに対し、公的資金投入による自己資本強化で金融機関の貸し
渋り傾向を解消することの必要性を口頭で説明する方針だ。」③

　この段階ではまだ、この「銀行の自主判断」を金融当局がどのように公
的資金受け入れへと誘導できるかが問題であった。しかし、その後の日本
長期信用銀行の破綻とその処理をめぐる混乱に象徴される金融危機の深化
は金融安定化法の限界を示すことになり、金融安定化法の廃止へと進む。
こうして公的資金による金融システムの再生と健全化のプログラムは金融
危機深化の第二段階を迎えるのである。

（二）　金融危機の深化と公的資金の資本注入

　1998年の公的資金の金融機関への注入は、アメリカからみると政府・金
融行政の指導の強化であり、規制緩和に逆行するもののようにみえた。

　「『護送船団方式の復活ではないか』―。公的資金で金融機関へ資本注
入した今春以降、米財務省は大蔵省に何度も問いただした。横並びで資本
注入し弱い銀行を温存すれば、いつまでも金融システム不安は解消されな
いとの警告だった。」④

　護送船団方式の規制からの脱却という大方針のもとで進めた公的資金の
注入に効果はなく、国際的な市場の圧力のもとで市場の競争原理に基づく

---

①　『日本経済新聞』，1998年2月4日。
②　『日経金融新聞』，1998年2月16日。
③　『読売新聞』，1998年2月18日。
④　『日本経済新聞』，1998年6月2日。

金融機関の淘汰が課題にのぼることになったのである。

「政府・自民党の間で『淘汰』は禁句のはずだった。昨年十一月に大型破たんが相次ぎ、市場は『次はどこか』と神経質になった。大蔵省は『つぶれる銀行はもうない』と言い続けてきた。方針転換したのは米国などの圧力、三月決算期を乗り越えた安心感が背景にあるが、それだけではない。淘汰は不良債権処理のため避けて通れないからだ。」①

だが、金融行政の基本は銀行の自主裁量に置かれている。ここに矛盾がある。そこで「市場の監視で銀行に自主的に償却する圧力がかかればよいが、銀行が不良債権を隠せば不発に終わる。そこで検査や情報開示を強化する案が出ている。」

ここで金融行政の判断基準が「市場」を重視した規制の強化に移行する転換がみてとれる。

1998 年の金融危機の深化によって、6 月末の臨時国会では不良債権問題が最優先課題となった。不良債権処理は米国に「約束」する形で国際公約の意味あいを帯びることになり、構造改革と金融再生の早期実現が最重要な政治課題ともなったからである。だが橋本首相の決意にも関わらず、当時の評価はなお厳しい。

「七月末にも召集される臨時国会に関連法案を提出する方針だが、いずれも金融機関に不良債権処理の自主努力を促す『環境整備』にとどまる。実施も秋口になる見込みで、首相がクリントン米大統領に約束した『迅速な処理』にはつながらないとの見方もある。」②

そこで「迅速な処理」に求められるのは金融当局による権限強化である。

（三）市場原則重視からの提案

1998 年 7 月、竹中平蔵氏（慶応大学教授：当時）は、金融機関の破綻処理に関するブリッジバンク構想に対して、市場原則重視の視点から鋭く問題を提起された。竹中氏によれば、金融破綻の問題を含めて「一連の出来事で共通しているのは、金融システム安定化に向けた政策の『原理・原則』が見えないことだ。」と指摘される。（「『破綻』の基準、明確に－透明な市場へ原則重視」「一切両断」③。

したがって、「現状における事態の深刻さと緊急性はわかるとしても、

---

① 『日経金融新聞』，1997 年 12 月 16 日。
② 『日本経済新聞』，1998 年 6 月 19 日。
③ 『日本経済新聞』，1998 年 7 月 12 日。

不良債権処理にあたっては、あくまで健全な金融市場を築くという方向と一致した政策が採られなければ意味がない。」①

ところが、これまでの政府の方針は一定していない。「そもそも大銀行を含めてどの程度金融機関を破綻させるつもりなのか、政府の基本姿勢が見えないことだ。これまで政府は、二つの空手形を発行してきた。一九九五年には、今後信用組合以外に公的資金を投入しないと表明した。さらに九六年に、大銀行は一行も潰（つぶ）さないと述べた。」②

要は、政府による金融機関の保護＝金融システムの維持なのか、市場原理による新しい金融システムの構築かということである。

「受け皿機関を作ってもそれをどう使うのか、つまり依然として『大きすぎて潰せない』（too big to fail）という立場を採るのか、それともこれを放棄して前向きに市場淘汰（とうた）を受け入れるのか、基本点が明らかでない。」③

次いで、「ここにきて急きょ浮上してきた『借り手保護』という名の公的資金投入が、再びモラルハザード（倫理の欠如）を招かないかという懸念がある。」（同上）と、クレジットクランチ下でのこの間の「借り手保護」による資本注入にも批判を向けられる。批判の論旨は実に明快である。

「不良債権問題の解決はあくまで透明で競争的な金融市場の形成と矛盾のない形で行われなければならない。」④

しかし、公的資金投入が金融市場形成の矛盾がなく行なわれるのは困難であろう。

（四）金融国会と金融再生

日本長期信用銀行の処理問題は、金融危機における公的資金のあり方をめぐる問題であった。

この問題について、「政府・自民党はこれまで十三兆円の公的資金投入の根拠である金融安定化法によって、長銀の優先株・劣後債を買い取り、資本増強した上で、住友信託銀行と合併させるとの方針を取ってきた。」

これに対して、「民主党など野党側は、『金融安定化法は、健全な銀行の資本増強が目的なのに、債務超過の疑いのある長銀への公的資金投入は法

---

① 『日経金融新聞』，1998 年 2 月 16 日。
② 『日本経済新聞』，1998 年 6 月 19 日。
③ 『日本経済新聞』，1998 年 7 月 12 日。
④ 『日経金融新聞』，1998 年 2 月 16 日。

律違反』などと主張しており、長銀への公的資金投入問題などがネック」
となっていた。

　そこで、「政府・自民党は十二日、日本長期信用銀行の処理策について、
現行の金融機能安定化緊急措置法ではなく、新たな破たん前処理スキーム
（枠組み）を盛り込んだ新法を制定したうえで公的資金を投入する方向で
検討に入った。」のである。[1]

　日本長期信用銀行問題は、1998 年 8 月 21 日に長銀がリストラ策と公的
資金申請の方針を発表したことから公式に問題となるのが、野党民主党が
主張していた金融安定化法の廃止をめぐる与野党の激しい攻防の結果、9
月 14 日、自民党が第 3 次修正案で金融安定化の廃止を提示することになっ
た。

　金融危機の深化という認識のもとで、この国会はアメリカとの首脳会談
を控えて「世界恐慌」の未然防止のための「金融国会」となったので
ある。[2]

　金融危機の深化の中で、金融再生に向けて新聞の論調も、公的資金によ
る資本注入への要望が一段と高まっている。

　「金融機関の破たんを未然に防ぐ金融早期健全化法が十六日成立し、破
たん時の混乱を防ぐ金融再生法と合わせて、ようやく金融恐慌回避の枠組
みが整った。政府・自民党が当初案をまとめてから三か月余。この間の国
会審議の迷走で、金融の危機的状況は一段と悪化した。手をこまねいてい
る時間はない。早期健全化の枠組みを活用し、公的資金による銀行への資
本注入を急がなければならない。」

　「大胆に公的資金を投入し、破たん銀行に整然とした退場を迫るととも
に、業界の垣根やグループにとらわれない金融再編を促すべきだ。」[3]

　この背景には日本長期信用銀行の破綻がある。

　「日本長期信用銀行は、金融安定化法に基づく十三兆円の公的資金枠か
らの資本注入を前提に、住友信託銀行との合併交渉に入り、小渕首相自ら
合併の仲立ちまでしようとした。ところが、安定化法は廃止され、長銀は
国が全株式を取得して一時国有化（特別公的管理）される。現行法が当て
にできず、首相の仲立ちも水泡に帰すのでは、政治不信が高まるのも当然

---

①　『読売新聞』，1998 年 9 月 13 日。

②　『読売新聞』，1998 年 9 月 17 日。

③　『日経金融新聞』，1997 年 12 月 16 日。

だ。各銀行が貸し渋りを強めるのは、長銀問題の迷走からである。」①

破綻銀行の整理を進め、金融恐慌を回避すべきだという主張である。

（五）金融危機と日本型金融システム

1990 年代を「金融危機の深化」と規定する数阪氏は、細かく5つの時期区分をして分析され、1998 年半ば以降を第 4 期としてその特徴を次のように説明されている。

「第 4 の時期は、1998 年半ば以降の日本長期信用銀行，日本債券信用銀行の破綻ケースの時期で，非常事態としての金融再生法による公的資金投入が行なわれた．また，不良債権処理・金融機関破綻処理に対して政府が直接関与せざるを得なくなった．さらに，金融行政の枠組みも，従来の大蔵省による一元管理から権限を分離し，新たに金融監督庁，後に金融庁が誕生することとなった．時限的な措置として金融再生委員会が組織され，政治主導で金融危機に対処する体制がとられたのもこの時期である．」②

ここで強調されているのは「非常事態としての金融再生法による公的資金投入」と「政治主導で金融危機に対処する体制」である。

「第 4 の時期には日本発の世界恐慌を起こさないという政府の『決意』の下，金融危機対処に政府が直接未曾有の対応を迫られることになった．金融機関，金融市場，金融行政という日本型金融システムの構成要素が，この短期間に大きく姿を変えた．」③

この時期に金融行政主導の日本型金融システムが明確になった。護送船団方式から脱却して市場原理、即ち金融市場での市場評価に依存した新たな日本型金融システムの構築は大きく変貌することになったのである。

第三節　市場規律と公的資金注入問題

金融危機のもと公的資金による金融機関への資本注入は、銀行の体質強化と貸出余力の創出によって企業の連鎖倒産を防止するという金融恐慌回避の防止策として推進された。本来の預金者保護から借り手保護への保護の拡大は、社会不安への鎮静という優れて政治的な判断のもとに行われたが、その効果は必ずしも有効ではなかった。しかし、金融危機と「借り手

---

① 『日本経済新聞』，1998 年 6 月 19 日。
② 数阪［2003］115 頁。
③ 『日経金融新聞』，1998 年 2 月 16 日。

保護」問題について十分な批判的検討はなされていない、ひとつの課題である。もうひとつの論点は、このような公的資金に支えられた銀行の強化策を並存した市場規律重視論である。この相互関連はどうみるべきか次に検討することにしたい。

一　借り手保護

「借り手保護」政策が公的資金注入の背後に据えられていたが、これこそが、この時点金融危機への対応施策を支える中心的な考えであった。堀内昭義氏は、この点を次のように要約されている。

「こうしたマクロ経済の危機に注目する人々は、銀行の保守的な融資態度を「貸し渋り」と称して批判すると同時に、銀行の保守的な態度や経営破綻によって打撃を受ける「善意の借り手」を保護する政策を打ち出すべきだと主張する。とくに九七年以降、銀行危機が深刻化するにつれて、政府・与党内部に借りて保護を必要とする議論が高まってきた。この議論は、九八年二月に成立した金融安定化法に基づく「健全な」銀行の資本への公的資金注入や、九八年七月に政府・与党金融再生トータルプラン推進協議会が取りまとめた「金融再生トータルプラン」ブリッジ・バンク構想などに反映されるにいたった。[1]

これこそが金融危機の状況を如実に反映している。本来「有望な借り手」はどこかの銀行から最終的に融資を受けることができるか。証券市場から資本調達できるはずであるが、

「近年の日本では、ほとんどの銀行が深刻な資本不足状態にあり、しかもアンシャン・レジームの下で、十分に金融仲介能力を高めることができなかった証券市場は、資金調達構造の大きな変化に伸縮的に対応する能力を欠いていることは明らかである。」[2]

二　市場規律重視の意義

市場規律を重視する政策であったが、市場メカニズムは金融制度の展開に均衡的に作用するのではなく、しばしば「暴力的」「破壊的」ですらある。この面から市場メカニズム重視の議論や政策に対しては強い批判が示された。これに対しては堀内氏は次のように反論される。

「九七年秋以降、人々が目の当たりにすることになったのは、銀行に冷

---

① 堀内昭義：『日本経済と金融危機』，岩波書店，第98頁，1999。
② 堀内昭義：『日本経済と金融危機』，岩波書店，第99頁，1999。

酷なリストラ圧力を加える金融・資本市場の破壊的な力である。政策担当者や一部の経済学者は、市場の破壊的な側面だけを強調して、その抑制の必要を訴えているが」、「政策当局による包括的セーフティ・ネット運営の行き詰まりと、最悪なタイミングでの市場規律づけメカニズムの発現を許した政府の失敗を理解していない議論である。既に説明したように、包括的セーフティ・ネットは市場の規律づけメカニズムを排除する性格を持っていたから、アンシャン・レジームにおいて生じた銀行危機は市場メカニズムの所産でないことは明らかである。むしろ金融・資本市場や金融サービス業における市場競争の規律づけ機能を十分に利用しなかったことが、危機の深刻化につながったのである。銀行の経営実態や不良債権についての曖昧な情報を市場へ流し続けたことも、市場の不安定な反応を惹起する原因になった。」[1]

このように堀内氏は金融当局がタイミングよく市場規律を活用するような政策をとれなかったことを批判されている。つまり、銀行危機の対応策として市場メカニズムに依存した金融行政を行なったことで、銀行危機は深刻化したと主張されている。氏によれば、市場メカニズムの意義は非効率な銀行経営を是正するように市場規律が作用することにある。

「金融・資本市場の規律づけにせよ、金融業における市場競争がもたらす規律づけにせよ、それらの建設的な機能は、銀行経営に対して非効率的な経営や過度のリスク選択を予防する点にある。その意味では、市場規律メカニズムと健全経営規制は、相互に代替的な機能を発揮する。現在の日本の金融システムのように、状況が極端に悪化した後で、これらの規律づけメカニズムに事態の収拾を全面的に依存するのは、アンシャン・レジームを破壊する上では、大きな効果が期待できるが、そうであるがゆえに混乱に満ちた結果を招く危険がある。」（堀内 121 頁）

三　金融再生と市場規律

金融危機での金融再生という課題に対して、金融行政が市場規律をどう活用するかは極めて困難な問題である。堀内氏はこの点を次のように表現されている。

「日本の政府が銀行危機への対策に成功するためには、その対策が政府による明確な規律づけの発揮、つまり銀行に対する資本強化と、リストラ

---

[1]　堀内［1998］120～121頁。

の厳しい要求を盛り込んでいることを金融・資本市場に対して明確に伝えるものでなければならない。市場からポジティブな反応が得られない対策は、最早成功はおぼつかないであろう。欠落していた銀行経営に対する規律づけをめぐって、政府と金融・資本市場がしのぎを削るという状況は、これまでにわれわれが経験しなかったものである。」（堀内 1999. 121～122頁）

四　公的資金投入問題

金融機関の不良債権の処理に公的資金を導入するかどうかは、大きな課題である。公的資金導入は、市場メカニズムでは不良債権が処理できない問題だということをまず明らかにしなければならない。これは政府が市場メカニズムで不良債権を処理するという原則をとりながら、一時的にせよ不良債権を市場メカニズムで処理できないという「金融危機」の認識をどのように国民に説明し、合意を得るかという課題である。先にみた竹中平蔵氏の提案と合わせて検討すべき課題がここにある。市場規律を重視する観点から、どのように公的資金投入問題に取り組むべきかということである。

政府主導の市場への介入は、市場規律重視の政策とは相いれない。むしろ正反対の政策といってよいであろう。これについて堀内氏は次のようにいわれる。

「一時的にせよ、銀行の直接的な介入を支持する立場からは、個々の銀行経営に対する規律づけの欠如を積極的に埋める努力を政府、監督当局に強く求めたい。こうした政府の対策は、市場の規律づけメカニズムが推し進めるであろう圧力と同等のものを銀行経営に加えるはずである。その意味では、緊急対策に盛り込まれている銀行経営への政府介入の強化は、市場メカニズムと本質的に異なるものではない。」[1]

公的資金の投入を含めて、金融危機を回避するための緊急避難的な政策は、銀行の経営管理を強化するものである。このような銀行の経営内容に対しては、本来、市場が判断するものである。しかし、市場規律が機能しにくい状況にあっては、市場に代替して金融当局が銀行経営への管理強化をしなければならない。これが市場規律重視の立場からの公的資金投入への限定的な支持の内容といえるだろう。

---

[1]　〔日〕堀内昭義：「日本経済と金融危機」，岩波書店，1999，第139頁。

第四節　金融危機と金融行政の強化

　1990 年代の後期、特にビッグバン以降の金融革新は金融不安をかかえての金融革新であった。より正確には金融危機から金融恐慌へという懸案事項に対処することが最大の金融行政の課題であった。論点を整理しておこう。

　1. ビッグバンの最大の誤算は、国際規格での金融システムの構築を目指したプログラムの開始とともに金融不安が進行したことである。日本の金融システムの国際的基準から遅れを急速に回復させることが最大の戦略課題であったとすれば、金融システムの再構築は金融不安の払拭と金融システムの国際規格化という難しい課題を同時に目指すことになったのである。

　金融革新は金融不安や金融危機を克服する形で進展するプロセスを持っている。それまでの金融システムの構造上の問題点をドラスティックに改革することで新しい展開がなされうるからである。日本においてもビッグバンはそうした想定のもとでプログラムされたといってよいかもしれないが、想定を越えた金融不安を招来し、金融危機に直面することになった原因が、銀行の不良債権問題だったのである。

　2. 銀行の不良債権処理問題は、金融恐慌を未然に防ぐという戦略のもとで解決の糸口が検討されたのである。金融機関の破綻が問題になる段階では、預金者保護が最大の課題である。だが日本ではそれに加えて善良な企業が銀行の貸し渋りによって倒産するという案件が社会問題化していた。政治問題として、銀行の貸し渋り対策と「借り手保護」が重要視されることになった。こうして金融危機のもとで銀行システムの安定化を目指す銀行経営の健全化と銀行の貸し出し能力を高める体力強化が金融危機の未然防止の戦略課題となった。このような背景のもと、特に1998 年、1999 年は金融システム再生に向けて金融行政の役割が問われることになったのである。

　日本経済の危機の根幹をなす金融危機への対応策はアメリカの経験がモデルとされた。早期是正措置やブリッジバンクなどがそうである。特に公的資金投入は金融危機回避の切り札であった。だが、日本では金融危機の状況がアメリカの場合とは異なっている。したがって、アメリカでの金融

危機への対策がそのまま日本で同じような効果をあげるわけでもない。しかも、ここで重視されたアメリカモデルも1930年代のモデルと1990年代のモデルが混在している。この点も金融行政の評価について留意すべきことであろう。

このような金融行政の中でとりわけ市場規律と公的資金の関係が問題となるのは、金融システムの革新を目指すプログラムの基本が市場原理に基づく金融機関の競争に求められたからである。しかし、にも関わらずその進展の過程で金融システムの維持と健全化のために公的資金による金融機関への資本注入が金融行政の最大の問題となったからである。

3. 公的資金投入による金融危機の回避は成功しなかった。その後の持続する金融危機の中で2002年、デフレの阻止に向けて、竹中金融相の決断は政府・金融行政の強化であった。竹中金融相は「銀行への公的資金の資本注入に現行の預金保険法で対応する方針を固めた。同法の『金融対応措置』を柔軟に解釈することで、深刻な危機状況にない銀行にも予防的な注入が可能と判断」した。① ここで重視されているのは、金融危機のもとで金融当局の主導による公的資金注入の緊急度が高い状況にあるという認識である。

「竹中経財・金融相が現行法で可能とみている背景には『銀行は金融システムを担う公共的な存在』との判断がある。不良債権処理や株安で銀行が体力をすり減らす状況を放置すれば、危機を招きかねず、結果として国民経済に大きな影響を与えかねないとみている。このため、健全な預金者や借り手を保護するためには、具体的な『危機』が想定される手前でも、資本注入が可能としている。現行法で注入は銀行の申請が条件。銀行の公益性を考慮して受け入れを迫るなど『強制注入』に近い仕組みをどう作るかが焦点になる。」②

この段階で課題となったのが「強制注入」の仕組み作りであることが重要である。

4. 不良債権処理問題の深刻さは、社会問題化するたびに真剣に対策をとりながら長期にわたってなかなか解決への展望がみえないことである。バブル崩壊後の後遺症として位置づけられているうちに、デフレ化で銀行の不良債権の処理はますます困難になった。2003年3月期にまだ処理への見通しは暗かった。

---

① 『日本経済新聞』，2002年10月7日。
② 堀内昭義：『日本経済と金融危機』，岩波書店，第99頁，1999。

　「多くの読者が首をかしげる経済問題の一つが銀行の不良債権処理ではないか。二度にわたる公的資金注入、再三にわたる『ヤマは越した』宣言、さらには大手行一斉の自力増資にもかかわらず、銀行が背負う重荷の軽重を計りきれない。

　二年連続の金融庁特別検査などに背中を押され、大手行の二〇〇三年三月期の不良債権残高は一年前より約六兆円減の二十兆円前後になったもよう。この調子だと、二〇〇四年度末に不良債権比率（貸出総額に占める不良債権の比率）を現行の半分（四％）とする目標の達成は、二年間で残高を年五兆円ずつ減らせば何とか可能な計算だ。」①

　しかし悲観論は続く。

　「悩ましいのは、仮に三度目の公的資金で穴埋めしてもデフレが止まるかだ。銀行が新規融資で競っても、企業の資金需要は高まらない。デフレの根を断ち切るのは簡単ではない。」「本来は、企業の再編・再生の推進で倒産確率を低下させ、銀行自身の収益強化とも相まって、民間主導のデフレ脱却ができることが望ましい。しかし、財政・金融両政策に手詰まり感が色濃いのに、銀行、不振企業の政策頼み姿勢は相変わらずだ。ヤマを越すどころか、深くヤマに迷い込み、立ちすくむ状況。」②

　ここには、金融危機脱出に向けて展望がみえない困惑が表現されている。それほどに金融行政はこの段階ではまだ明確な金融再生プログラムを提示できなかったのである。

　5. その後の小泉構造改革のもとで竹中金融構造改革とでもいうべき金融行政主導の金融革新はプラン通りの成果をあげた。この金融革新が、市場規律重視の金融構造の再生にどのような意義を持つものであったか、グローバリゼーションのもとで何よりもこの点が鋭く問われることになろう。金融革新の潮流が市場規律重視政策のもとで推進されたとしても、現実の金融行政の課題は公的資金による銀行への資本注入を軸に据えたものである。これは金融行政の強化の過程である。本来、市場規律に委ねるべき機能を金融当局と政府が代替するという金融革新がこれまでの日本型金融革新の特徴である。そして今日、このように「再生された」金融構造の中で、金融当局の権限強化から市場規律重視へとどのように転換できたのかどうか。これこそが日本型の金融革新に問われるべき課題である。

---

①　編集委員〔日〕藤井良広「いつ終わる不良債権処理」『日本経済新聞』，2003 年 5 月 4 日。
②　堀内昭義：『日本経済と金融危機』，岩波書店，第 99 頁，1999。

現代日本における地方制度改革の動向 *

――市町村合併と道州制の導入論議を中心に――

はじめに

　中央と地方政府の関係はその国の発展程度によって異なるが、国民・住民ニーズの多様化は、中央集権的・法先占的行政から、地方政府を主体とする現地性・弾力性・地域性を重視した「きめ細やかな行政」サービスの提供を不可欠とし、中央と地方政府のあり方を変化させる。中国は「社会主義初級段階」にありながら驚異的な経済発展を続け、世界経済に占める地位はもはや発展途上国の領域を超えている。その一方で都市部と農村部の所得格差が一層拡大し、都市部でも失業や多大の所得格差が生じる等、経済発展に伴う様々な障害が重大な社会問題として認識されるに至った。それ等の諸問題に対処するには、中央と各級地方政府の段階ごとの適宜・適正な役割分担と共に、地方分権改革が必要となる。

　中でも国民・住民と直接的な関係を有する基礎的な地方政府の役割拡大と、多重的な各級地方政府の合理的再編が重要で、多面的に分散した行政ニーズを地域・地方段階において集約し、住民の多様な表現を同質化し、かつ諸々の行政分野を全体的視野から把握・調整して行政の総合的管理を実現する体制構築が求められ、近い将来、中央から地方政府への一層の行財政権移譲と地方分権改革が深化すると思われる。

---

　* 〔日〕香川正俊：熊本学園大学。

　但し本稿は中国の問題を扱うものではなく、我が国における国（以下、中央とも呼ぶ）と地方（以下、地方公共団体及び地方自治体、自治体等とも呼ぶ）の役割分担、行財政権移譲問題を通し、市町村合併と道州制を中心とする地方制度改革に係わる論議を扱う。また紙数の関係から、本稿では批評よりも、論議の背景と事実関係の整理に重点を置きたい。

第一節　国と地方の役割分担の現状

一　役割分担明確化の必要性

　地方自治は民主主義の基盤に他ならず、住民の意思に基づいて行われる民主主義的要素としての「住民自治」と、自治を国から一定程度独立した団体に委ね、当該団体自らの意思と責任で行う地方分権的要素としての「団体自治」の2つを「地方自治の本旨」と位置づけ、「日本国憲法」第8章「地方自治」各条項の規定がこれ等を保証している。また地方自治は民主主義の基盤として「民主主義の学校」と比喩されるが、参加を通じて民主主義のあり方を学ぶという意味で特に「住民自治」が重視される。各種政策は本来、可能な限り直接民主主義的な方法で決定されなければならない。理論的に地方議会とその議員は、人口増に相俟って導入を余儀なくされた直接民主主義の「補完」と理解すべきであり、住民の直接参加（住民投票、各種政策に対する意思表示）要求を「議会制民主主義の破壊」と捉える一部保守主義者の主張は誤りである。さらに自治を行なう基礎自治体は概ね小さいほど理想的であって、国と地方自治体の財政再建や「小さな政府」或いは行政効率の向上等を優先する、国主導の半強制的な市町村合併は民主主義の自殺行為に繋がると考える。

　「きめ細やかな行政」に対処するには、地方自治体の行政能力の向上を図ると共に充分な行財政権を確保する必要がある。またこの過程には地方自治体の管轄区域を超える広域行政への対応と「二重行政」の原因になる国の地方支分部局の廃止・統合問題が複雑に錯綜する。ともあれ地方自治のあり方を論議する上で最も重要な前提は、大幅かつ無条件の行財政権限の移譲そのものではなく、国と地方がいかなる役割を果たせば国民や地域住民のニーズに適応するかという「国と地方の役割分担」（守備範囲）の明確化に他ならない。

　一般に「政府」の役割には①所得再配分機能、②経済の安定化機能、③資源再配分機能及び④治安・秩序の維持機能がある。本来的には富裕層の他地域への流出や充実した福祉給付を行う地域への貧困層の流入等をもたらす所得再配分や、景気循環が全国に及ぶ経済の安定化機能については国が担い、選好やニーズが細分化される地方公共財の供給や住民間並びに地域内の治安・秩序維持に対しては地方政府が充分な裁量を持つことが望ましい。

　その場合、国と地方との関係については、例えば自民、民主、公明、共産及び社民党で構成する参議院憲法調査会の報告書において「地方分権が進む中、国と地方の関係は、国が地方を支配・監督するという従来の関係ではなく、対等な関係であるべきとするのが、本憲法調査会におけるおおむね共通した認識」① とした基本的姿勢が順当であろう。

　しかし実際は近年まで、どの機能も行政の広域化に伴って国と地方の役割が重複し、権限が複雑に錯綜する中で、国が主導する中央集権的な行政が続いた。戦後日本の地方制度の歴史の中で地方分権の動きを推進する契機となったのは、1993年6月の第126回国会衆参両院による日本憲政史上初めての「地方分権の推進に関する決議」② である。その後、同年10月の第3次臨時行政改革推進審議会最終答申をはじめ、1994年9月の地方6団体③による『地方分権の推進に関する意見書－新時代の地方自治』、11月の第24次地方制度調査会④の『地方分権の推進に関する答申』、12月の「地方分権の推進に関する大綱方針」の閣議決定を経て、95年5月に地方分権推進法（1995年5月19日、法律第96号、2001年7月2日失効）が制定され、地方分権は議論の段階から実行の段階へと進むのである⑤。

---

① 参議院憲法調査会：『日本国憲法に関する調査報告書』，第201頁，2005年4月。
② 第126回国会衆議院本会議、議事日程　第22号，1993年6月3日。第126回国会参議院本会議、議事日程　第22号，同年6月4日。
③ 地方自治法第263条の3に基づき全国連合組織に位置づけられる首長の連合組織である全国知事会、全国市長会、全国町村会の3団体（執行3団体）と議長の連合組織である全国都道府県議会議長会、全国市議会議長会、全国町村議会議長会の3団体（議会3団体）を指す。
④ 地方制度調査会は、内閣総理大臣の諮問に応じて地方制度に関する重要事項を調査・審議する、地方制度調査会設置法及び総理府本府組織令第18条に基づく機関である。
⑤ 歴史分析に関しては、東京都総務局行政部地方課：『市町村合併に関する検討指針』，東京都，2001年1月18日が詳しい。

二 「地方分権一括法」に定める役割分担の概要と国の関与に関する諸問題

国と地方の役割分担の「概要」は、地方分権推進法第8条等に基づき、地方公共団体の長に国の事務を委任する機関委任事務の廃止、国の関与等の見直し及び国の権限移譲の推進等を内容とする1998年の第1次地方分権推進計画（閣議決定、1998年5月29日）として具現化し、その後同計画を受けて制定された「地方分権の推進を図るための関係法律の整備等に関する法律」（1999年7月16日、法律第87号、以下、単に「地方分権一括法」と呼ぶ）に包含される改正「地方自治法」（1947年4月17日、法律第67号）等に規定された。

改正「地方自治法」は、不十分ながらも国と地方の役割分担を体系化しており、国が企画立案し、国の代行者である中間団体としての都道府県が市町村の差配を通して行政を行う方法から、市町村が可能な限り地域における事務を自己決定・自己責任により処理し、都道府県は市町村のできない事務を自己の決定と責任において処理し、国は主に全国的な準則等の企画立案者となる地方自治制度改革の新たな転機となった。また、地方公共団体が「地域における行政を自主的かつ総合的に実施する役割を広く担う」（第1条の2第1項）とし、地域における事務及び法令で定めるその他の事務を処理する第一義的な行政主体と位置づけたのである。1994年11月22日の第24次地方制度調査会『地方分権の推進に関する答申』によれば「総合的に実施する」の内容は狭義の管理・執行に加え、企画・立案、選択、調整、管理・執行等を一貫して行うまでの範囲を包含する。その上で同法は、国の役割を①外交、防衛、通貨及び司法等、国家としての存立に係わる事務、②公正取引の確保、生活保護及び労働基準等、全国的に統一して定めることが望ましい国民の諸活動若しくは地方自治に関する基本的な準則に関する事務、③公的年金、宇宙開発、骨格的・基礎的交通基盤整備等、全国規模又は全国的な視点に立って行う必要のある施策及び事業の実施に関する事務、④その他（同条第2項）に分類した。すなわち改正地方自治法は国の役割を主に国家が唯一の高邁な権利を有し、義務を負う「高権」と全国的な各種指針や準則及び国家が責任を持つことが望ましい施策・事業の実施等に限定し、住民に身近な行政をできる限り地方公共団体に委ねたのである。但し、国の役割が再び拡大する余地は残された。

改正地方自治法の施行に伴い、都道府県と市町村との関係も変化を遂げ

た。いうまでもなく都道府県は地方行政区分の一つであり、「市町村を包括する広域の地方公共団体」（第2条第5項）とされ、包括的地方公共団体或いは広域的地方公共団体とも呼ばれる。これに対し、市町村は都道府県に包括される基礎的な地方公共団体（第2条第3項）で、住民の生活と直接関係のある事務を処理する地方自治の基盤となる団体である。制度上両者は基本的に普通地方公共団体として対等の立場にあるが、機関委任事務制度の下では都道府県知事等が市町村長等に対し、国の機関として包括的な指揮監督権を行使するため、一般的に優越的な地位にあった。ところが改正地方自治法に基づく機関委任事務の廃止に伴い、①機関委任事務に関する都道府県知事の市町村長に対する指揮監督権等（旧第150条等）、②事務委任制度（旧第153条第2項）及び条例による事務処理の特例制度創設（旧第252条の17の2）、③いわゆる統制条例（旧第14条第3項・第4項）が廃止された。都道府県の事務も広域事務、統一事務、連絡調整事務及び補完事務の4種類の事務処理事項（旧第2条第6項）のうち統一事務を削除し、市町村を包括する広域的な地方公共団体として広域事務、連絡調整事務及び補完事務の3種類の事務を処理すると改められ、事務の例示規定（旧第2条第3項・第6項）が削除されたのである。

　すなわち改正地方自治法が定めるところにより、都道府県は市町村との関係において優越的な地位に立つ存在ではなくなり、本来的な制度に沿った対等・協力の関係に基づく広域的な地方公共団体に変化したのである。但し、地方分権の理想像として「広域的課題に対応能力のある都道府県」、「市町村に対する支援・補完能力のある都道府県」等が期待される反面、3種類の事務範囲は、構成する市町村の力量に左右され流動的である。小規模な過疎市町村の多い県、比較的規模の大きい都市が多い県及び政令指定都市を抱える県等により、果たすべき役割の大小は当然異なってくる。

　一方、改正法は立法基準として「地方公共団体の自主性及び自立性が十分に発揮され」、「地方自治の本旨に基づき、かつ国と地方の適切な役割分担を踏まえたもの」（第1条の2第2項、第2条第11項）であれば、国は法律又は政令・省令・告示等に基づき、地方公共団体に関する制度を企画立案できると定め、「できる限りの抑制及び地方分権を推進する観点からの検討と適宜・適切な見直し」（地方分権推進一括法附則第250条）を前提に、国が本来果たすべき事務であるが利便性、効率性、総合性等の観点から地方公共団体の事務に委ねる法定受託事務を新設した。また国は、助言又は勧告、是正要求、同意、許可・認可又は承認、指示、代執行等の権

限を確保（改正地方自治法第245条）する等、一般的指揮監督権を超えた
関与の余地を多く残し、最も重要な税財源移譲問題と共に、国の地方支分
部局との「二重行政」問題の解決を先送りしたのである。

三　役割分担上の重要課題——安倍内閣の地方分権改革と地方分権改革推進法の制定

　地方分権改革の推進は、小泉前内閣の経済財政諮問会議[①]でまとめた中
期構造改革計画及び2007年度予算の基本方針となる『経済財政運営と構
造改革に関する基本方針2006』（2006年7月7日、閣議決定）に盛り込ま
れ、06年9月27日の安倍内閣誕生後、10月24日に開催された経済財政諮
問会議において税源移譲を含めた議論が行われる等、「重要な柱」として
位置づけられた。地方分権推進一括法に規定する「国及び地方公共団体が
分担すべき役割をより明確」にし、新しい地方分権改革一括法（仮称）
の制定に向けて「地方公共団体の自主性及び自立性を高める」[②]等を基本
理念とする地方分権改革推進法（2006年12月15日、法律第111号）は
2006年9月26日開会の第165回臨時国会衆議院総務委員会に付託、一
部修正がなされた後、本会議において11月28日に可決、参議院に送付
され、共産党を除く賛成多数で可決・成立した。同法は基本方針に国か
ら地方への権限移譲の推進、地方に対する国・都道府県の関与の整理・
合理化等（第5条）を掲げた3年間の時限立法（附則第4条）である。
同法により政府は07年4月、内閣府に首相が任命した有識者7人で組織

---

① 経済財政諮問会議は、経済財政政策に関し、有識者の意見を十分に反映させつつ、内閣
　総理大臣のリーダーシップを十全に発揮することを目的として、内閣府に設置された合議
　制機関であり、その所掌事務は内閣総理大臣の諮問に応じた経済全般の運営の基本方針、
　財政運営の基本、予算編成の基本方針その他の経済財政政策に関する重要事項に関する
　調査審議、内閣総理大臣又は関係各大臣の諮問に応じた国土形成計画法（昭和25年法律
　第205号）第6条第2項に規定する全国計画、その他の経済財政政策に関連する重要事項
　につき、経済全般の見地から政府の一貫性及び整合性を確保するための調査審議であり、
　重要事項に関し、それぞれ当該各号に規定する大臣に意見を述べること（内閣府設置法
　第19条）とされる。構成員は人数を議長（内閣総理大臣）及び10名の議員、計11名以
　内に限定した上で内閣官房長官、経済財政政策担当大臣（置かれた場合）以外の議員は
　法定せず、民間有識者の人数を議員数の4割以上確保することを法定し、経済界の発言力
　をより高く設定した。政治主導による新自由主義推進の要として小泉内閣時、重要な役割
　を果たしたが、安倍内閣の急速な求心力低下に伴い、同会議は存在感を喪失しつつある
　との指摘がある。
② 総務省法案提出趣旨説明、同省自治行政局行政課資料。

する地方分権改革推進委員会を設置（第 9 条～第 13 条関係）し、その勧告に基づき政府が地方分権改革推進計画を作成する（第 8 条第 1 項関係）等、形式的には、国から地方へ権限や財源・税配分の地方移譲方針や関係手続法をまとめ、新しい地方分権一括法案の国会提出を目指すことになった。

　しかし、地方分権改革推進法は様々な問題を内包する。同法に対する最大の関心事は、長く棚上げ状態に置かれた国から地方への税財源移譲問題であった。ところが 1995 年の地方分権推進法に明文化されていた「地方税財源の充実確保を図る」の文言が同法案段階では削除されており、審議途中における野党の反発や全国知事会等の強い要望に配慮して「国と地方公共団体との役割分担に応じた地方税財源の充実確保等の観点から」と書き加えた後、「財政上の措置のあり方について検討を行う」（第 6 条）としたのである。前述の『経済財政運営と構造改革に関する基本方針 2006』等にある「歳出・歳入一体改革」の一環に位置づけられた地方交付税の削減①及び『経済財政運営と構造改革に関する基本方針 2003』（2003 年 6 月 27 日、閣議決定）を端緒とする「三位一体の改革」② 路線に沿った国の歳出削減を優先する、事実上、地方分権の後退とみられてもやむを得ないであろう。

　しかも、国の事務を地方に受託する「法定受託事務」に関し、かねてより自治大臣（現：総務大臣）が国会において「抑制する」すると答弁してきたにもかかわらず、逆に大幅増となる危険性も払拭されていない。とはいえ同法の成立が国と地方の役割分担（守備範囲）論議と、行政権に止まらず税財源移譲問題といった重要課題を深化させ、地方分権に向けた動きが一層高まることは明らかである。ちなみに地方 6 団体は、2006 年 11 月に設けた新地方分権構想検討委員会の最終報告書③に沿った法案であり、

---

①　経済財政諮問会議：『経済財政運営と構造改革に関する基本方針 2006』中第 3 章 1「歳出・歳入一体改革に向けた取り組み。

②　国と地方の税財政に関する小泉前内閣の改革。（1）国から地方への補助金の削減、（2）国税から地方税への税源移譲、（3）地方交付税制度の見直しの 3 改革をまとめて実行するため「三位一体の改革」と呼ぶ。また国庫補助金と地方交付税の削減と見直しによって国庫負担を減らす代わりに、税財源のうち 3 兆円規模を地方に移譲するというもの。

　　しかし実際は税源移譲が進まず、国庫支出金の大幅削減ばかりが先行している。

③　分権型社会のビジョン（最終報告）『豊かな自治と新しい国のかたちを求めて～このまちに住んでよかったと思えるように～第 2 期地方分権改革とその後の改革の方向』，2006 年 11 月 30 日，新地方分権構想検討委員会。

「同法の成立により、第2期の地方分権改革が確かな第一歩を踏み出した」① と評価している。

第二節　市町村合併

一　地方公共団体の意義——最高裁判決

地方自治法は、地方公共団体の役割を「住民に身近な行政はできる限り地方公共団体にゆだねることを基本」（第1条の2第2項）とすると位置づけており、制度の策定及び施策の実施に当たっては同団体の自主性及び自立性の十分な発揮を保証すべきとしている。

市町村合併に際して重要な事柄は、国による半強制的な合併推進の是非である。憲法上の地方公共団体の意義について最高裁判決は「（筆者注：憲法93条2項にいう地方公共団体であるためには）単に法律で地方公共団体として取り扱われているということだけでは足らず、事実上住民が経済的文化的に密接な共同体生活を営み、共同体意識をもっているという社会的基盤が存在し、……（中略）……かかる実態を備えた団体である以上、その実態を無視して、憲法で保障した地方自治の権能を法律で以って奪うことは、許されないものと解する」② と判断した。同判決に従えば、共同体生活等の社会的基盤を無視した半強制的な合併策は憲法違反となり、行政効率の向上や財政再建、財界の広域行政の要請も合憲の理由になりえない。むしろ小規模な地方公共団体にこそ「密接な共同体生活」と「共同体意識」等が根付きやすいのである。最高裁の判断は地方自治法の定める「住民の福祉の増進を図ること」（第1条の2第1項）と、「できる限り地方公共団体にゆだねる」べき「住民」の適切な範囲及び地方公共団体の適正規模のあるべき姿を示すものといえる。

さらに同判決は、「道州」が日本国憲法第92条以下に定める「地方公共団体」になりえるかという疑問を惹起させる。すなわち地方公共団体の要件を「沿革的に見ても、また現実の行政の上においても、相当程度の自主立法権、自主行政権、自主財政権等、地方自治の基本的権能を付与された地域団体であることを必要とする」として、地方自治法第281条第1項に

---

① 地方6団体名：『地方分権改革推進法成立にあたって』、2006年12月8日。
② 最高裁判決，1963年3月27日，『最高裁判所刑事判例集（17巻2号）』，第121頁。

規定する東京「都の区」としての特別区は憲法上の「地方公共団体」に相当しないと判断したのである。特別区は独立した法人であり市町村に準じた機能を持つが、憲法上の地方公共団体というには各種自主権のない都の下部組織的な性格の特別地方公共団体に過ぎない。日本憲法と地方自治法が予定する地方公共団体のみならず、地方分権推進法は「地方分権の推進は、……（中略）……住民に身近な行政は住民に身近な地方公共団体が処理するとの観点から……（中略）……行われるものとする」（第4条）と定めていた。

　相当程度の「地方自治の基本的権能」を付与されておらず、都道府県を遥かに上回る人口・面積を持つ「道州」は憲法の予定外団体だけでなく、新法を制定して普通地方公共団体とするにも国の出先機関との関係や市町村との補完性をめぐる調整等、困難な諸問題が発生すると思われる。参議院憲法調査会では法的・制度的問題に対し、「現行憲法の規定でも道州制は実施し得るが、憲法の基本法典としての性格から、大幅な地方分権や地域主権への政体の変更のためには憲法の規定を大幅に改めるべきである」[1]との意見を紹介する形をとり、道州制が必ずしも現憲法になじまず、違憲の可能性をほのめかしている。

二　「平成の大合併」に至る市町村合併の歴史的経緯

　市町村制度は1888年、国会開設に先立ち、府県制と並ぶ明治憲法下の重要な地方制度であり、中央集権制を基礎から安定させる市制及び町村制（1888年4月17日、法律第1号）[2] として制定された。同制度は国の下部機関であった地方公共団体としての市町村を対象とし、地方行政事務と警察事務の執行については別に、地方官官制（1886年7月19日、勅令第54号）を定めている。但し市制と町村制は市と町村を独立した法人と定め、形式上、国とは別個の自治体として認めていた。1911年には市制（1911年4月6日、法律第68号）と町村制（法律第69号）に分けられ、市町村制度はその後も大改正が行われたが第二次世界大戦後、1947年の地方自治法制定に伴い廃止され、現在の市町村制度に改められた[3]のである。

---

①　参議院憲法調査会，前掲調査報告書，第211頁。

②　市には市会を置き、土地所有と納税額による選挙権制限と、高額納税者を重視した3等級選挙制により市会議員を選出した。市は条例制定等の権限を持つ。町村制では参政権は地租又は直接国税を年2円以上納税している者のみに付与する等、資産家本位の制度であり、また内務大臣と府県知事等の監督権が強く自治権は弱かった。

③　『ウィキペディア（Wikipedia）』，http://ja.wikipedia.org/wiki/

　地方自治法第 2 条第 3 項に定める通り、我が国の基礎自治体は市町村であり、1964 年の第 1 次臨時行政調査会答申①でも「国民の便利という観点から地域住民の生活に密着した実施事務はなるべくその身近な所に配分」し、事務権限を「特に市町村に優先的に配分」することが望ましいとされてきた。こうした「基礎自治体優先の原則」による市町村の重要性は近年でも重要視され、例えば第 27 次地方制度調査会答申にも「充分な権限と財政基盤を有し、…（中略）…積極的な権限の移譲を進めるべきである」② 等とある。しかし一方で、市町村の行政能力向上と効率性及び広域性の確保並びに行財政権限の「受け皿」づくりが課題とされ、「基礎自治体の規模・能力はさらに充実強化することが望ましい」等という理由付けによって現在、国主導の市町村合併が強力に進められている。国会においても、地方分権の流れの中で「受け皿」となる基礎自治体の強化に関する認識があり、財源と権限を移譲して地方の自主性、自己決定能力を高めると共に、広域自治体と基礎自治体の二層性を前提とし、基礎自治体を優先する方向性③を示した。

　市町村数は地方自治法が施行された1947 年には1 万 505 に上ったが、3 年間で町村数を1/3 に縮減する町村合併促進法（1953 年 9 月 1 日、法律第 258 号）が施行された53 年に9，868、1956 年には4，668、新市町村建設促進法（1956 年 6 月 30 日、法律第 164 号）施行により1965 年までには3，392に減少した。「平成の大合併」と呼ばれる市町村合併④は、1997 年 7 月 8 日に出された地方分権推進委員会⑤の勧告⑥に始まる。しかし、市町村合併は行財政権の「受け皿」づくりというより国と地方の財政再建、行政の効率化、道州制と連動した広域行政の推進及び「小さな政府」の実現を本質とするもので、住民本位の地方分権に逆行する危険性を孕んでいる。すなわち同勧告は、公務員の給与・定員の大幅削減、広域的な事務・事業の見直し及び業務の民間委託の推進並びに市町村合併の推進を包含する、国

---

① 第 1 次臨時行政調査会：『行政改革に関する意見』，1964 年 9 月 28 日。
② 第 27 次地方制度調査会答申：『今後の地方自治制度のあり方に関する答申』，2003 年 11 月 13 日。
③ 参議院憲法調査会，前掲報告書，第 207 頁。
④ 1953 年～1956 年にかけて行われた：「昭和の大合併」，に対する呼称。
⑤ 地方分権の推進に関する基本的事項について調査審議し、地方分権推進計画の作成のための具体的指針を内閣総理大臣に勧告すると共に、地方分権推進計画に基づく施策の実施状況を監視し、内閣総理大臣に意見具申する1995 年 7 月設置の時限機関。
⑥ 地方分権推進委員会：『地方分権推進委員会第 2 次勧告』第 6 章，1997 年 7 月 8 日。

と地方の徹底的な経費節減を目標とした『財政構造改革の推進について』(1997年6年3日、閣議決定)等を踏まえ、合併を「国・地方を通じた厳しい財政状況の下、今後ともますます増大する市町村に対する行政需要や住民の日常生活、経済活動の一層の広域化に適格に対応するため」、「市町村の行財政能力の向上、効率的な地方行政体制の整備・確立が重要な課題」と位置づけた。また同勧告には「自主的な市町村合併を推進する」とあるが、2005年3月まで延長された「市町村の合併の特例に関する法律」(1965年3月29日、法律第6号、以下、「特例法」合併特例法と呼ぶ)に基づく財政上の支援措置は、合併を推進する市町村に対し、合併特例債や地方交付税の算定特例を設け、各種補助金等の積み増しを行い、合併推進補助金を予算化する反面、消極的な市町村に対しては重要財源である地方交付税を他自治体より一層削減する等、「自主的な合併」とは無縁の半強制的な方法を採っている。

　小渕元首相直属の諮問機関であった経済戦略会議は1999年2月の答申『日本経済再生への戦略』の中で「全国約3200の市町村を少なくとも1000以下に減らすことを目標に、国は市町村合併を促進するための有効なインセンティブ・システムの拡充について積極的に検討を進める」と提言[1]した。しかも合併せずに残る小規模な基礎自治体の扱いにつき、人口1万人未満の小規模市町村の権限を大幅縮小する等の措置を講ずる地方制度調査会副会長の私案「今後の基礎自治体のあり方について」が示され、第27次地方制度調査会の中間答申[2]に同私案を包含した合併の方向を打ち出したのである。

　こうして2004年10月現在、全国には587の法定協議会が設置され、1852市町村が合併協議を続けたが、特例法の期限である2006年3月31日の全国市町村数は1999年同月同日の3232(市670、町1994、村568)から1821(市777、町846、村198)となった[3]。これにより、村のない県は9県から13県に増え、市町村数は7年間で56.34%にまで減少、1市町村当たりの平均人口は約6万5000人規模に拡大し、2003年の市町村(3204)平均人口

---

① 市町村合併をめぐる一連の経緯については、東京都総務局行政部地方課前掲『市町村合併に関する検討指針』が詳しい。

② 同調査会:『今後の地方自治制度のあり方についての中間報告』, 2003年4月30日。

③ 特例法は2005年3月31日に失効したが、経過措置により05年3月31日までに都道府県に合併申請し、06年3月31日までに合併する市町村も同法が適用され、財政支援が受けられた。同措置により1年間で324の市町村合併が実現し、700市町村が一層減少した。

と比べても2万6000人程度も増大①した。住民自治や「きめ細やかな行政」サービスの提供がより確保しにくい状況が進んだのである。それでも1821市町村のうち、10万人以下の市町村が85%を占め、人口1万人以下の町村も480（村数は約200）残っている。

　国は1965年に制定した「合併特例法」の効力喪失後を見越して「市町村の合併の特例等に関する法律」（2004年5月26日、法律第59号）を制定し、2005年4月から5年間の期限付きで施行（附則第1条、第2条）した。同法では合併特例債は廃止されたものの、各種優遇或いは不利益措置を極力維持し、人口1万人未満の小規模自治体の合併促進等を指針に掲げ、都道府県による合併構想の策定（第59条）や都道府県知事の合併協議会勧告（第61条）等、合併促進に対する中間団体としての都道府県の役割を強めている。ともあれ国は1000市町村を目標に合併を推進しており、総務大臣告示に基づき、2007年3月12日に市町村数は1812（市781、町835、村196）、同月末には1807にまで減少する予定②である。

三　市町村合併の背景——地方財政の窮乏

　日本国の内政を担っているのは地方公共団体であり、国土開発、学校教育、民生等、国民生活に密接に関連する行政のほとんどを実施している。2004年度の政府支出に占める地方財政のウエートは、地方の歳出決算・最終支出ベースで約3/5（国38.1%、地方61.9%）であった。しかし地方の財政力は脆弱で、国の補助等がなければ充分な住民サービスが行えない状況にある。従って、住民に身近な行政をできる限り地方に委ねるには、単なる行政権移譲ではなく、税財源の移譲が不可欠となる。地方財政の借入金残高は2006年度末で201兆円（対GDP比39.7%）であり、財政の健全性の指標である基礎的財政収支（プライマリーバランス）は2005年度より4.7兆円改善し、赤字幅は11.2兆円に縮小した。一方、国の新規国債発行額は小泉内閣の5年間だけで約170兆円（2003年度予算における国債依存度は過去最高の42.9%、2006年度当初予算では37.6%）に上り、2006年度末の国債発行残高は65年度の国債発行以来最悪の542兆円（前年度比6兆円増）に達し、地方の長期債務残高と合わせれば775兆円（2004年6

---

① 総務省統計局資料：「都道府県別の市町村数、総人口、総面積及び1市町村当たりの平均人口・面積表」。

② 総務省ホームページ、http：//www.soumu.go.jp/gapei/

月末の国債及び借入金残高 729 兆 2281 億円）[1] で、対 GDP 比 150.8％に匹敵し、将来的には個人資産 1400 兆円を超過する可能性さえ否めない。

　地方公共団体の借入金は、近年の地方税収等の落ち込みや、国策減税による減収補填、中でも国主導の景気対策等に要した地方債の増発に伴って急増し、2004 年度は1991 年度比 2.9 倍、134 兆円増であった。内訳は減税補填債、財源対策債、減収補填債、臨時財政対策債、交付税特別会計借入金等の特例的借入金が76 兆円で全体の57％を占め、特例的借入金の内、赤字地方債である減税補填債、臨時財政対策債及び交付税特別会計借入金合計が56 兆円に上る。その結果、地方の借入金残高／GDPは1991 年度の14.7％から2004 年度の39.7％に達した。但し、総じて地方公共団体の借入金増加の多くは国の政策に起因する。

　このような状況下、地方公共団体の大幅な財源不足と、高い公債依存度の是正が緊急課題[2]となっている。2006 年度の地方財源不足額は8.7 兆円（2005 年度は11.2 兆円、2004 年度は14.1 兆円、2003 年度は17.4 兆円で改善傾向にある。）である。各指数を見ると、2006 年度の公債依存度は13.0％（2005 年度は14.6％、2004 年度は16.7％）[3]、2004 年度の経常収支比率は91.5％（都道府県 92.5％、市町村 90.5％。なお、2003 年度は89.0％、1993 年度は79.4％）、公債費負担比率 19.4％（都道府県 19.9％、市町村 17.3％。2003 年度は同率、85 年度は14.3％）、起債制限比率11.7％（都道府県 12.4％、市町村 11.2％。2003 年度は12.3％、92 年度は9.1％）[4] 等であり、財政の硬直化が伺える。また2004 年度における47 都道府県の財政力指数（2002 年から3 年間の平均）は0.8 以上が2 団体に対

---

① 総務省自治財政局地方債課及び財務省理財局国債企画課資料及び財務省主計局：『我が国の財政事情（平成 19 年度政府案）』，2006 年 12 月。

② 財政再建団体は、1992 年度に指定された福岡県旧赤池町（現：福智町）が00 年度中に財政再建が完了した後皆無であったが、北海道夕張市では2006 年 9 月 29 日、地方財政再建促進特別法（1955 年 12 月 29 日、法律第 195 号）に基づき指定申請を行うべく市議会の議決を得て、2007 年 3 月末までに総務大臣の同意を受ける予定である。同市は財政難のため、地域振興に充てる経費を70％の元利償還を国から受ける過疎債の乱発等によって確保し、不要不急の諸施設を建設し続けたが、運営費の赤字補填のため2005 年度末の債務残高は財政規模の13 倍に当たる約 630 億円に達した。同市と同程度の債務を有する地方公共団体は非常に多く、地方債発行に際して総務省の許可を必要とする団体数も2007 年 1 月現在、全体の20％を占める。

③ 総務省自治財政局：『平成 18 年度地方財政対策の概要』，2005 年 12 月，同局『平成 19 年度地方財政対策の概要』，2006 年 12 月。

④ 総務省編『地方財政白書　平成 18 年版』，国立印刷局，2006 年 4 月，第 11、12、13、20、54 頁の各図表。

し、0.3 未満は15 団体に上る。これを市町村段階に見ると、人口 10 万人
以上の市の場合は0.8 以上が約 60.3% を占めるのに対し、人口 10 万人未
満の市は約 14%、町村の場合は約 4% に止まり、人口 1 万人未満の町村で
は平均 0.28で全体の約 80% を占めており、小規模自治体程脆弱である。

　こうした地方財政の窮乏に伴って、国から地方への税財源移譲の「受け
皿」づくりや住民近接性による「きめ細やかな行政」サービスの提供等
を目的とする、本来的な地方分権論議とは全く別の、財政再建や「小さな
政府」に基づく行政の効率化等の観点から国が進める合併に地方自治体も
同調せざるをえない機運が醸造され、「市町村の合併の特例に関する法律」
等に基づき、合併を推進する市町村への各種優遇策の実施と、消極的な市
町村に対する地方交付税の減額等の不利益措置を通した半強制的な合併が
促進されるのである。

　繰り返せば、地方公共団体の財政力が脆弱な要因は独自の税源が極端に
不足しており、国庫補助負担金や地方交付税に依存しても「三位一体の改
革」で大幅に減額され続け、基礎自治体の多くが国主導の合併を選択せざ
るを得ない状況に置かれたのである。にもかかわらず、合併後も深まる財
政難の中で、新自治体の運営基礎も定まらないまま新たな合併を模索した
り、合併を嫌って自立の道を選択した一部の自治体が財政的限界を理由に
合併を検討する等、合併は混迷し必ずしも財政再建に寄与していない。読
売新聞が2006 年 9 月下旬に行った全市町村1，817（2006 年 10 月 1 日現
在）に対するアンケート（回収率97.6%）では、3 月 31 日までに合併し
た自治体の68.6%に当たる374 市町村が今後も厳しい財政状況が続くと答
え、29.5%が再合併の必要性を考えており、合併済みか、合併が決定した
自治体の86.8%が「行財政の基盤強化のため」を合併の理由に挙げた。ま
た、47.5%が「合併特例法の優遇措置があるうちに合併した方が有利」
（複数回答）と答え、今後の合併を必要とする自治体が45.2%に上ってい
る[1]。公共事業を中心とする国と県の財政支援で市町村財政を賄う従来の
手法が破綻した後、合併が本来地方分権とは無縁の地方財政の窮乏をしの
ぐ手段とみなされ、効果が現れない結果、再合併を求める悪循環を示すも
のである。

　しかも大規模自治体の設立は、財政力のある自治体との地域間格差是正
に繋がらず、「三位一体の改革」に伴う地方交付税と補助金削減によって

---

[1]　読売新聞，2006 年 11 月 15 日。

格差が一層拡大する恐れがある。

　地方財政審議会は2006年6月、地方行財政の健全化を進めるためにも「引き続き自主的な合併を全国的に推進すべき」[1]　と答申した。2004年度における財政力指数を単純な人口比較でなく市町村規模別に見れば、大都市・中核市及び特例市には0.30～0.50以下は特別市1を除いて存在せず、0.50～1.00が92.3％、91.4％、77.5％と続き、1.00以上も7.7％、8.6％、20.8％存在する。これに対し、小規都市と町村は0.30以下が各々9.0％と45.9％、0.30～0.50が31.1％と29.1％で相当数に上り、市町村合併の財政的効果を裏付けるように見える。

　けれども0.50～1.00の小規都市と町村が54.6％と22.0％、1.00以上も5.3％と2.9％[2]あり、地方交付税等の大幅縮小の中で健闘している小規模自治体の存在を示している。これ等の中には補助金等に頼らず、地方自治体と住民が創意工夫によって地域づくりを目指す「住民自治」と「団体自治」のかみ合った真の地方自治を志向する自治体が数多く含まれる。このような自治体の存在は、合併を地方財政の窮乏や財政的健全化の手段とみなす誤りを是正させる、全体から見れば少ないが、重要な事例である。

　地方財政の窮乏につけ込むような国主導の市町村合併は、参議院憲法調査会でも議論となり、①合併は強制すべきでなく、事務協同処理の仕組みも併用して市町村の権能を拡充することが望ましい、②基礎自治体の適正規模は人口と行政コストの関係という机上の計算だけで割り出せるものではなく、面積、地形、気候、風土、住民の生活様式などが総合的に判断されるべき、③平成の大合併は、財政を主な理由として中央からの呼び掛けで進められている結果、古くから行われてきた本当の住民間の協力と事実上の住民の自治が無視されてないか、④平成の大合併を、もっと国会で議論すべき等の意見[3]が出された。

四　諸外国の地方制度改革事例——市町村規模の適正規模・基準

　フランスの基礎自治体である市町村数は2005年現在3万6500に上り、平均人口は約1600人で10人や20人の市町村も存在し、50人未満の村が

---

①　『地方財政の健全化の推進に関する意見』，地方財政審議会，第10頁，2006年6月19日。

②　総務省自治財政局：「財政力指数段階別の団体数及び構成比」。

③　参議院憲法調査会，前掲報告書，第207頁。

1000 以上、100 人未満が約 3900 を占め、全市町村の76%が人口 1000 人以下で、5000 人未満が95%である。人口 10 万人以上の都市は0.1%に過ぎず、我が国の中核都市に匹敵する人口 30 万人を単独で満たす都市はパリ、マルセイユ、リヨン等 5 市[1]しかない。我が国と同様、広域行政の要請に伴う市町村合併も試行されたが失敗に終わり、地方政府間の協力関係に重点が置かれた。

　新たな協力機関として都市開発、住宅、交通、経済開発等の分野で計画と投資に係わる協力を行う新都市事務組合と、県ごとに経済開発や土地整備分野での協力機関として市町村間協力委員会を設置、同委員会の計画を実行組織として、主に農村地帯の小規模市町村で構成する「市町村共同体」と、人口 2 万人以上の中規模の主に都市近郊の市町村で構成する「広域都市共同体」が創設された。こうした共同体には80%の市町村が参加している。

　地方分権の先進国であるドイツでは、市町村数が2004 年現在、約 1 万1300あり、基本法第 28 条により自治が保障されている。2001 年末現在の人口規模は、1000 人未満の市町村が43.1%、1000 人～3000 人未満が3483、3000～5000 人未満が1314で全体の78.9%を占め[2]、平均人口は5700 人程度である。重要な事柄は同国の自治が、行財政の効率化よりも、身近な政治を目指す「住民近接性」を重視してきたことである。我が国と同じく、同国の市町村も広域行政の要請と財政難解決の課題があり、各州は人口規模別目標に従って農村部の市町村合併を進めた。しかし合併は必ずしも成功せず、共同体としての市町村連合が設置されている。また市町村は課税権を有する[3]

　スウェーデンにおける2003 年の市町村数は290、平均人口は3 万 1000である。ストックホルムのような大都市は小共同体に分割され、行政区別の実質人口は少ない。国の事務を外交、国防、社会保険、通貨、労働市場政策、経済政策等に限定し、県の業務も保険・医療と広域開発計画等に限定され、住民と直接関わる大部分の行政サービスは市町村で実施し、県の市

①　自治・分権ジャーナリストの会編『フランスの地方分権改革』，日本評論社，第 11～12頁，2005 年 5 月。
②　森川洋：『ドイツ市町村の地域改革と現状』，古今書院，2005 年，第 24 頁の表。
③　室田哲男著『欧州統合とこれからの地方自治』，財団法人日本法制学会，第 24 頁，2002年 4 月。

町村に対する指導もない①。市町村は憲法第1章第7条に定められた独自の徴税権を持ち、税源は地方分の所得税62％が主体で国庫補助は11％に過ぎない。

このように、ヨーロッパ各国においては基礎自治体の行財政権限が大きく、地方制度改革に際しても、合併より小さな自治体を維持した地域間協力が主流である。

一方、我が国では1999年8月、旧自治省行政局が「市町村の合併の推進についての指針」の中で「合併後の人口規模等に着目した市町村合併の類型」を提示した経緯がある。団体の人口規模等に着目し、地域特性や行財政能力に応じた権限の範囲の異なる都市類型を提示したもので、一定の事務権限が移譲される中核市、特例市が市町村合併の類型として示されている。しかし、適正な基準は人口や面積規模の拡大ではなく、共同の社会的・経済的・文化的生活圏に基づく必要があり、小規模自治体の多くが山村僻地に散在する実態に鑑みても、人口規模による半強制的合併を行えば混乱を招来する恐れがある。しかも「平成の大合併」は小規模自治体の大規模自治体への吸収或いは中規模自治体の新設等を重視するため、旧大規模自治体の発言権強化による旧小規模自治体住民に対するサービス水準の低下をもたらし、小規模自治体同士の合併は全体のサービス低下に繋がる可能性が高い。

広域的課題に対応するには、上述した各国事例のように、半強制的な合併より共同体や市町村連合といった方法が望ましい。全国町村会は2003年、「広域行政は、合併だけを唯一の手段とせず、地域の実情に応じて様々な対応をとれるような方途を講じておく必要」があり、市町村が規約によって設立する特別地方公共団体としての「市町村連合（仮称）」の制度を提案②した。同連合は、構成市町村住民の直接投票による連合の長と規約で定める議会を有し、議会で決定した事務を行うもので、必要な経費は構成市町村の負担金や国等の補助金で賄い、かつ一定の課税権付与を検討するとなっている。

---

① 岡沢憲英著『スウェーデン現代政治』，東京大学出版会，1988年10月，第83頁；拙稿「スウェーデンの政治・行政と交通政策」，『海外事情研究』，熊本学園大学附属海外事情研究所，2000年9月，第69～72頁；藤岡純一著：『スウェーデンの財政』，有斐閣，第152～154頁，2001年10月。

② 全国町村会：『市町村合併と基礎自治体のあり方等について』，2003年2月28日。

第三節　道　州　制

一　道州制論議の経緯と背景

　都道府県制度が廃止され道州制が導入されれば、明治期以来続いてきた
地方自治制度の初めての歴史的再編となる。中間団体或いは広域的地方公
共団体としての都道府県制度は、過去に大きな機能的改革を2度経験した。
同制度の前身は明治政府が1869年8月24日、一連の太政官布告を発して
京都府・東京府・大阪府以外の全藩を県に改める「廃藩置県」を決定し、
1871年8月29日に実行した地方統治を中央管下の府と県に一元化する府
県制度である。中央集権国家を進めるための地方制度改革であり、国の官
吏である地方長官を長とし、1868年1月3日の王政復古に次ぐクーデター
として行われた。こうした中央集権的機能は第二次世界大戦後の1947年、
日本国憲法第92条に基づく地方自治法の制定で大きな変化を遂げる。都
道府県は以前の中央政府の下部機関ではなく、市町村と同様の普通地方公
共団体に位置づけられ、議会議員のみならず知事も選挙によって選ばれる
ことになった。地方自治法によれば、都道府県を基礎自治体である市町村
を包括する地方公共団体として、①地方における大規模総合開発計画の策
定、治山治水、広範囲な環境保全整備等の広域にわたる地方の事務、②国
と市町村間の連絡調整といった市町村に関する連絡調整関連事務、③相当
の財政力や高度な技術力及び専門的な能力を必要とする事務等、④その規
模又は性格において一般の市町村が処理することが適当でないと認められ
る事務を担当（第2条第2項、第3項、第5項）する、国と基礎自治体の
中間的な地方公共団体に変容したのである。

　ところが高度成長期、都道府県の管轄を超えた広域行政の課題と相俟っ
て、複雑に錯綜した国の地方支分部局との「二重行政」解決の要請もあ
り、国や経済界は地方支分部局の権限の道州移管と、国、道州、基礎自治
体相互間の新たな役割分担に関する検討を精力的に進めたのである。企画
立案を国に純化しつつ、市町村合併を通した大きな基礎自治体と道州制の
導入による大規模総合行政主体の実現を模索するもので、総じて経済圏の
広域化に応じた地方行政体制の見直しという経済界の要望に沿った内容で
あった。但しその際、道州制と連動した広域行政の推進、行政の効率化と

経済成長の促進等の観点から様々な研究・提言がなされても、住民の共同体生活や共同体意識等といった社会的・経済的・文化的生活圏のあり方に基準が置かれる筈もなく、人口及び経済圏域或いは面積規模の拡大に主たる関心が注がれたことはいうまでもない。

　道州制導入をめぐる動きは1953 年、関西経済連合会が初めて府県規模の合理化を提言した①時から始まり、上述した高度成長期には様々な提言や議論がなされたが、政治的な実現可能性を持つに至ったのは小泉内閣になってからのことであり、特に市町村合併の推進に一定の道筋がついた2004 年頃からである。具体的には、小泉前首相から道州制のあり方について諮問（府企75 号、2004 年 3 月 1 日）を受けた第28 次地方制度調査会が、同調査会第 6 回専門小委員会の「論点メモ」（同年 8 月 4 日）から、第 5 回専門小委員会メモ（同年 7 月 22 日）にあった「広域自治体としての都道府県のあり方」を削除し、「『国と地方の役割分担』と道州制の制度設計とを相互に関連づけながら議論を進める」に改めて以降、都道府県の廃止を大前提とした道州制導入の方向性が明示的に決定したのである。

　広域行政への対処及び行財政権移譲の「受け皿」としては当初、憲法を改正して行政権のみならず、立法権や司法権を国と州で分割する連邦制への移行も検討された。しかし第 27 次地方制度調査会の答申において、憲法の根幹部分の変更を要するだけでなく、「歴史的・文化的・社会的に一体性、独立性の高い連邦構成単位の存在が前提となる」といった問題が指摘され、「我が国の成り立ちや国民意識の現状から見ると、連邦制を制度改革の選択肢とすることは適当でない」② として退けられた経緯がある。

二　道州制論議の内容と評価

　第 28 次地方制度調査会は2004 年 11 月、「道州制に関する論点メモ」③の中で、都道府県は地方分権一括法の改革により、「純粋な意味における広域の地方公共団体となった」が、「経済産業振興のみならず、広域的観点からの国土保全管理や、地域間の機能分担に基づく効率的な社会

---

① 関西経済連合会：『地方財政制度改革に関する意見 – 地方制度調査会委員会答申に対して – 』、1953 年 9 月。

② 第 27 次地方制度調査会：『今後の地方自治制度のあり方に関する答申』、2003 年 11 月18 日。

③ 地方制度調査会：『道州制に関する論点メモ – 専門委員会における調査審議経過 – 』、2004 年 11 月 8 日。

基盤整備等の政策課題にも、都道府県より広域のブロックを単位として取り組むことがより現実的」だとし、主要な論点を①憲法上の「地方公共団体」かを含む道州の位置づけ、②国と道州の役割分担、③道州と基礎自治体の事務配分、④道州の範囲設定方法等に分類した。その際、都道府県が最も注目していた税財源問題については、「自主性・自立性の高い税財政制度のあり方は、議論の進捗に即して検討する」に止められ、相変わらずの重要問題先送りの姿勢に批判が起こった。

　2006 年初頭、道州制の導入を前提とした第 28 次地方制度調査会の答申①が出されたが、その内容は「国と基礎自治体の間に位置する広域自治体のあり方を見直すことによって、国と地方の双方の政府を再構築しようとする」道州制の「導入は、地方分権を加速させ、国家としての機能を強化し、国と地方を通じた力強く効率的な政府を実現するための有効な方策となる可能性を有」するという、道州制を積極的に肯定するものであった。

　一方、都道府県制度の評価については、①市町村合併の進展が都道府県から市町村への大幅な権限移譲を可能にする、②都道府県の区域を越える広域行政課題の増大と財政的制約の増大及び、③海外に対するプレゼンスが弱い、④国からの権限移譲事務の一層の拡大に対応できない等とされ、これ等の理由により都道府県制度を廃止し、「道州制の導入が適当」としている。また地方分権推進に最も重要で、最も遅滞している税財源の移譲については、広域自治体改革のあり方に沿って「税財政制度を実現できる」との記述程度に止められた。

　「道州制に関する論点メモ」に示された主要な論点についてはまず、単に「地方公共団体は、道州及び市町村の二層制」とし、憲法上の位置づけを回避した。国と道州の役割分担或いは国の地方支分部局との「二重行政」問題に関しては、地方支分部局の道州への統合も見据え、本来国の役割に属する事務を除き、できる限り道州に移譲するとあり、国道・一級河川の管理、大気汚染・水質汚濁防止政策、地域産業政策、観光振興政策、農耕転用許可、自動車登録検査、職業紹介、職業訓練、危険物規制等の事務を国から権限移譲すべきとしている。しかし性格が曖昧な法定受託事務を残すだけでなく、必要な場合には大臣による監査請求制度を新たに導入するとされ、意見調整のために設ける国との間の

---

①　地方制度調査会：『道州制のあり方に関する答申について』, 2006 年 2 月 28 日。

「協議」制度に関しても、現行制度との違いが不透明で、国の関与増大が懸念される内容である。

　道州と基礎自治体の事務配分に関しては「近接性の原理」及び「補完性の原理」に基づき、住民の生活に係わる事務は基本的に基礎自治体が担当し、道州は圏域の主要な資本形成の計画・実施、広域的な環境の保全・管理、地方経済政策・雇用政策等の事務を果たすとする。「補完性の原理」とは、近接的な行政サービスの行政主体たる基礎自治体が対応できない分野を、中間団体が補い完全化する意味であるが、同答申を読む限り中間団体の役割を基礎自治体の役割とは敢然として区別し、広域行政に突起しているとしか思えない。

　それは、第4の論点である道州の範囲設定方法にも如実に表れている。設定方法の特徴は、「人口や経済規模、交通・物流、各府省の地方支分部局の管轄区域といった社会経済的な諸条件に加え、気候や地勢等の地理的条件、政治行政区画の変遷等の歴史的条件、生活様式の共通性等の文化的条件も勘案」するとして経済的条件或いはそれに密接な関係を持つ諸条件を優先し、住民の経済的文化的な共同の社会的基盤といった自治体形成のあるべき基本的要素を第2次的な部分に抑制している所にある。住民に対する行政サービスの提供を基礎自治体に委ねるというより、経済界の要請に対応できる「国と地方を通じた効率的な行政システムの構築」を優先したものと思われ、住民自治の観点からも疑義が残る。

　ともあれ同答申は、全国を9・11・13道州に分ける3つの区域例を提示した。道州制の導入をめぐる今後の具体的な議論は、同答申を基本的な指針として行われると考えられる。

　繰り返すが、市町村合併と道州制の導入は、高度成長期以後も引き続き、財界の悲願ともいえる強い要望であったことに注意しなければならない。1989年、経団連は都道府県制を「国民や企業の活動範囲が全国的に広がってくることを考えると、行政単位としてはいかにも狭小に過ぎる」と批判し、再編を提言した。その後、道州制の導入を経済界の戦略として明確に位置付けたのは、日本経団連の発足直後に発表されたいわゆる『奥田ビジョン』[1]であった。同ビジョンでは「『州制』を導入」し、「社会資本整備や地域の環境対策などの内政分野については、各地

---

[1]　（社）日本経済団体連合会：『活力と魅力溢れる日本をめざして』、2003年1月1日。

域の州政府（全国で5～10）、ならびに現在より広域的な自治体（300 程度）の所管とします」と明記している。同ビジョンの内容は政府の経済財政諮問会議『日本 21 世紀ビジョン』専門調査会が2005 年 4 月にまとめた「道州制の実現・人口 30 万人規模の基礎自治体」を目標に掲げる報告書『日本 21 世紀ビジョン』[1] に受け継がれ、上述の地方制度調査会答申に繋がるのである。

総じれば、道州制導入に係わる動きの背景には、国内経済活動の一層の広域化とグローバル化に対応可能な国と地方の行政組織体制再編を意図する経済界の思惑及び、政府が進める一連の新自由主義政策の一致が垣間見え、国民や住民に対する本来的な広域行政のあり方を志向する民主的な地方制度改革論議と対峙する形をなしているように思われる。

道州制に関する国会の議論は次の2つに別れている。賛成意見は、①市町村の機能拡充が進めば、国と市町村の間の中間団体である都道府県の役割と位置づけを見直す必要が生じるが、市町村合併が進めば都道府県の役割・権限が低下するのは当然であり、道州制の導入が望ましい、②組織体制の大幅な簡素化と国の仕事のスリム化をもたらし、行政改革の推進に効果がある。また、東京一極集中の是正にも有効といったものである。一方、消極的意見は、①財界が巨大プロジェクト等大型開発を進めるには都合が良いが、住民の自治はほとんど実態を失う恐れがある、②上から作っていく発想より基礎自治体の流れをくみ上げ、広域的な二層性のあり方を考えるべきというもの[2]である。

但し、賛成意見がいう都道府県の役割と権限の低下は現在、政令指定都市等を持つ府県では普通の事象になっているが、広域的地方公共団体としての役割を失ってはおらず、道州制導入との直接的連関が認められない。また「行政改革」の中身は「小さな政府」の実現にあり、中央・地方政府の行政責任を民間に委ねる無責任な考え方に他ならない。

三 道州制の試行導入

道州制の導入は、中期構造改革計画等の基本方針ともなる小泉前内閣の『経済財政運営と構造改革に関する基本方針2006』では「検討を促進」という表現に止められた。安倍内閣でも市町村合併に比べ道州制導入に関す

① 『日本 21 世紀ビジョン』，専門調査会報告書：『新しい躍動の時代——深まるつながり・広まる機会——』，第 28 頁，2005 年 4 月。
② 参議院憲法調査会，日本国憲法に関する報告書，第 211～212 頁。

る議論は後れており、「道州制ビジョンの策定で地方分権、行政スリム化を推進し、『強い地方』を創出」するとした自民党政権公約等の具体化を理由に、地方分権改革推進法からも除外されている。しかし、基本方針2006の「道州制特区推進法案の成立を期す」に基づき、安倍首相を議長とする経済財政諮問会議の意見を受け、特区という形の道州制が試行されるに至ったのである。

　そもそも道州制特区は2003年12月、経済財政諮問会議に出席した北海道知事が、「道州制の実現に向けた国民的な理解や議論を深めるため」、全国初の「道州制の先行実施」を国に要望、同年の総選挙における自民党の『政権公約2003』に「道州制導入の検討と北海道における道州制特区の先行展開」が明記されたことに始まる。北海道が選定された理由は、単独で広域なブロックを形成しており、他の地域のように複数の県を合併させる必要がないためである。道は『道州制特区にむけた提案』（2004年4月5日）を発表し、財源の移譲、規制改革、権限の移譲及び国と地方支分部局との事務事業の一元化を構想の柱に位置づけた。しかし実際は、税財源の移譲はもちろん、地方分権に繋がるような大きな変化は盛り込まれておらず、国の地方支分部局の統合と国家公務員の削減、地方交付税と各種補助金、特にそれ等の率的嵩上げを保証した「北海道特例」の縮小・廃止等、財政再建のための「三位一体の改革」に準ずる施策を羅列したものといえる。

　その後、北海道は道州制特区を着実に推進するためには制度的な裏付けが必要と考え、国の権限の一部を北海道に移譲する「道州制特区推進法」（仮称）の制定に向けて取り組んだ。道州制の試行導入を図る法律は2006年年5月、「道州制特別区域における広域行政の推進に関する法律案」として閣議決定され、第164回国会において継続案件となったが、再度政府・自民党、全国知事会等において検討が進められ、第165回国会閉会前の12月13日、与党の賛成多数で可決、成立（2006年12月20日、法律第116号）したのである。

　法案の趣旨説明によれば同法は、「市町村の合併の進展による市町村の区域の広域化、経済社会生活圏の広域化、少子高齢化等の経済社会情勢の変化に伴い、広域にわたる行政の重要性が増大していることに鑑み、道州制特別区域の設定、道州制特別区域における広域行政の推進についての基本理念、道州制特別区域基本方針の策定、道州制特別区域計画の作成及びこれに基づく特別の措置、道州制特別区域推進本部の設置等について定め

るもの」① となっている。同法に定める「道州制特別区域」は、北海道の
みならず「自然、経済、社会、文化等において密接な関係が相当程度認め
られる地域を一体とした地方」であり、3以上の都府県の区域を包含する
地方で政令に定めるものの区域（同法第2条）をいい、北海道以外での適
用も想定している。また、内閣に首相を本部長とする道州制特区推進本部
をつくり、同本部が策定する道州制特区基本方針を閣議決定（第5条関
係）する。さらに特区の指定により現在、国の直轄で実施している砂防事
業、2級河川の管理・修築、調理師養成施設の指定や商工会議所への監督
の一部等、8つの事務事業が権限移譲される。しかし、これ等はいずれも
古くから国の事務事業であること自体に疑義があったものばかりで大きな
進展とは決していえない。

　同法については、全国知事会が一定の評価②をした。けれども同法は事
務事業の実施に係る経費を主務省令で定める「交付金」で充てる（第19
条）とする等、財源を「三位一体の改革」によって削減が一層加速する国
の支出金にも求めており、最も重要な税財源の移譲論議に「歯止め」をか
けるような内容を包含している。全国知事会の中も一枚岩とはいえず、
2007年1月18日の総会では道州制に対する初の統一見解『道州制に関す
る基本的考え方』をまとめたが、会議冒頭から「導入を前提にすべきでは
ない。国民的議論が欠けている」との批判や「区域割り論が先行してい
る」或いは「現在言われる道州制は考慮に値せず、都道府県合併は地方自
治の破壊に繋がる」といった慎重論が続出し、見解のタイトル『あるべき
道州制の姿』が変更された上、11箇所あった「導入」の文言全部が削除
され、「導入を前提とした進め方に慎重な意見があることも事実」との文
章が付け加えられた。

　道州制の導入に向けた特区の設定は、国民的・地域的な議論を経ておら
ず、充分な情報公開もない状況の下、「北東北」（青森、秋田、岩手）、
「首都圏連合」（東京、千葉、神奈川、埼玉）、「関西」（8県）等の8地域
が想定されており、北海道における先行試行の行方が今後の道州制論議に
大きな影響を与えると思われる。

　ところで政府は2007年1月26日、道州制担当相の下に、①道州制
導入で実現される地域社会や経済社会の姿、②道州制下での新しい国
と地方の行政府の姿等を検討課題とし、北海道知事をはじめ賛成派知

---

　① 　内閣府経済財政運営担当政策統括官「趣旨説明」，内閣府。
　② 　全国知事会：「『道州制特区推進法』の成立に当たって」，2006年12月13日。

事や財界人及び元閣僚等 14 人で構成する「道州制ビジョン懇談会」と、同懇談会に意見を述べる組織として、委員全員が各地域の財界人からなる「道州制協議会」の設置を発表した。道州制導入に向けた国民的議論の喚起を促すというが、財界主導の議論になることは極めて明瞭である。

おわりに

　日本国における地方分権は必要な行政権限はもちろん、税財源の移譲が遅々として進まない状況にあり、その理由は行財政権限移譲の「受け皿」づくりである筈の市町村合併の目的が事実上、住民共同の社会的・経済的・文化的基盤を無視した基礎自治体の行政効率の向上や財政再建に取り代わったためである。道州制の導入論議の本質は、中間団体としての都道府県の役割を否定した広域行政と、特に経済界の要請に対応できる地方経済圏の創出にある。市町村合併が必ずしも成功せず、道州制論議が遅滞する根本原因は、国と地方の役割分担が依然曖昧さを払拭できないまま、直接民主主義的手法を軽視し、実行を優先するためと思われる。本稿では紙面の関係で、地方政府は「どうあるべきか」、地方制度改革を進めるためには「どうすればよいのか」に関してほとんど扱わなかった。「三位一体の改革」及び諸外国の事例加筆と合わせ、別の機会に譲りたい。ただ筆者は21世紀を「地方分権と環境の時代」と捉えており、紆余曲折を経て地方の時代が到来すると信じる。

　転じれば、中国は広大な国土と人口を有する多民族国家であり、経済的・社会的特性に鑑みても行財政権の多くを中央に集中する必要がある。中央と地方各級政府の役割は当然、我が国と単純に比較すべき性格のものではない。しかし既に初歩的に到達した小康の水準を定着・発展させ、2021 年までに10 数億の人口に恩恵が及ぶより高い水準の小康社会を完成させるという中国共産党改正規章の目標或いはGDP 実質成長率が2006 年に4 年連続10％を超える一方、都市住民と農民との所得格差が2000 年の2.8 倍から約 3.3 倍に拡大する等、貧困層の底上げが緊急課題となる中で、胡錦濤主席の掲げた「調和社会の実現」を達成するためには各級地方政府の役割は飛躍的に増大すると思われ、中央政府との適正な役割分担の模索と共に、各種行政責任の遂行に対応可能な地方制度再

編を含む各級政府の合理的な体制形成がこれまで以上に求められよう。我が国の地方制度は、基礎自治体と中間団体の二層性を採っている。欧米諸国の地方政府もそれ程の多層性を有しない。諸事情は異なるものの、省・自治区・直轄市から郷・鎮に至る過剰な多重的各級地方政府の存在は、返って政治的・行政的弊害をもたらす可能性を高めると考える。

モノづくりの日本回帰に関する検討*

はじめに

　ここ数年、日本経済の本格的回復の象徴として、「モノづくりの日本回帰」という論点はマスコミにも研究報告書にも頻繁に登場している。しかし、この論点に関して、さまざまな議論が提起され、未だに疑問が多いと言える。例えば、まずこの論点の成立可能性に関して、客観的な事実なのか、それとも人為的な架空話なのか、という対立した見方がある。次には、仮に客観的な事実があっても、それは経済的合理性を持つ行動なのか、それとも民族主義価値観の産物なのか、という意見の分岐がある。さらに、仮に経済的な合理性があっても、この論点を完全に賛成・支持すべきなのか、それとも慎重な保留態度で臨むべきなのか、という温度差が見られる。

　一方、学術界では、日本回帰に関する議論は皆無に等しく、日本回帰というコンセプトさえ明確な定義がなされていない。筆者の調べた範囲内に、「日本回帰」あるいは「国内回帰」をキーワードとする学術論文はほとんど存在していない。日本回帰という現象がマスコミと実業界でこれだけ熱く議論されているのに対して、学術界があまり関心を示さないのは不思議に思う。微力でありながら、一研究者として、日本回帰という論点を

　＊　喬晋建：熊本学園大学商学部。

理論的に分析・検証する必要があると考えている。

　本稿では、主に日本工場と中国工場との相対比較を念頭に置きながら、デジタル家電関連業界の状況を踏まえたうえ、モノづくりの日本回帰という論点について詳しく検討し、以上で挙げたそれらの疑問を解明することに試みる。全体的な流れとして、まずこの論点の根拠とされる主な現象を簡単に紹介する。次にそれらの現象が生まれた原因を説明する。そして、この論点の捉え方に重点を置いて自分なりの見解を展開する。具体的には、日本回帰の概念を定義したうえ、世間で言われる日本回帰は果たしてホンモノかどうかを解明し、日本回帰の不安要素を指摘する。最後に、ホンモノの日本回帰を回避するために、中国から見る日本回帰の現実可能性について議論を提起する。

第一節　日本回帰といわれる現象

　戦後日本の製造業の発展過程を簡単にまとめると、次のような段階を経て来ている。

　（1）日本の製造業は戦後日本の経済復興と高度成長を支えていた。造船、カメラ、鉄鋼、自動車、半導体、電子機械などの産業は矢継ぎ早に現れ、高付加価値商品をどんどんと生み出していた。その背後に、中小企業から大企業まで生産現場にモノづくりにこだわり、モノづくりを支えた人々が数多くいた。そして、アメリカ、ドイツ、韓国、中国、台湾といった国々の製造業との競争にも勝ち抜いた。

　（2）1980年代に起きたバブル経済の中、多くの企業が土地や株式などによる手近な金儲けに走り、生産現場でのコストダウンや品質管理などへのこだわりを捨てた。賃金上昇に円高が加え、人件費が高騰するなか、産業ロボットをはじめとする高価な生産設備が大量に導入され、採算を度外視するような自動化がむやみに進められた。その結果、生産現場も現場で働く従業員の心も荒廃するようになった。

　（3）1990年代にバブル経済が崩壊した後、日本経済の低迷と衰退は十数年にも及んだ。日本の製造業は、米国に経営戦略で差をつけられ、中国に生産コスト競争力に差をつけられた。特に中国が強力なライバルとなり、日本が戦後何十年にかかって辿ってきた産業発展の道を猛スピードで走り抜け、日本を追い上げてきた。繊維、家電、二輪車、鉄鋼、

電子、造船、自動車といった製品分野だけでなく、金型、鋳造、鍛造といった製造技術分野でも日中両国の競合領域は確実に広がっている。中国製造業の台頭とともに、日本国内の生産拠点を縮小し、生産体制を中国にシフトする日本企業は少なくなかった。かつての栄光が失われているなか、「日本の工場が中国に逃げていく」、「日本国内の産業は空洞化する」、といった悲鳴は2000年前後に日本国内のマスメディアで氾濫していた。

　（4）2002年以降、デジタル家電ブーム、中国需要の急拡大、原油価格急騰による省エネルギー機運などが日本の製造業にとって追い風になり、バブル崩壊後の苦しい時期を生産現場が耐え抜き、長年に技術開発などで力を蓄えてきた成果が一気に開花した。在庫、設備投資、人員という三つの過剰を削ぎ落とした日本の工場は確実に勢いを取り戻しており、日本国内の「モノづくり」の現場に活気が戻ってきている。そのため、「モノづくりの復権」や「産業空洞化の克服」といった楽観的な意見が聞かれるようになった。

　このように、「モノづくりの日本回帰」という議論はここ数年に出てきた話である。2006年版の『ものづくり白書』によると、日本国内の景気は、02年以降、4年近くにわたって回復傾向を見せている。リストラの完了、債務の圧縮、事業の統廃合による設備の集約化がさらに進み、それらを受けた好調な企業収益を背景に設備投資が伸びているという[1]。

　モノづくりの日本回帰という議論の裏づけとして、何よりも、デジタル家電関連産業の事例は最も説得力があると思われる。多くのデータが示すように、2003年前後から日本を代表するような大手企業が単独投資額数百億円以上の大型プロジェクトを日本各地で相次いで展開し、地方の経済ならびに日本の景気回復に大きく貢献している。今年に入ってから、デジタル家電関連産業の好景気はさらに加速されているように見える。大規模な設備投資を発表した企業が多く、特に目立つのは半導体事業への投資である。例えば2006年5月の発表によると、電機大手8社の2007年3月期の設備投資計画は、各社ともに前期実績より増え、合計で前期比27%増の2兆8130億円である（次の表1を参照）。

---

[1]　経済産業省・厚生労働省・文部科学省編『2006年版ものづくり白書』ぎょうせい，第3頁，2006。

表1 電機8社2007年3月期設備投資計画

単位：億円

	投資額	重点分野
東　芝	6440 (38.7)	半導体が75％。フラッシュメモリの四日市工場の増強
日　立	5300 (33.4)	ハードディスク事業、プラズマパネル工場の増強など
ソニー	4600 (19.7)	半導体が3割強。デジカメやビデオの画像センサーの増産
松　下	3800 (9.9)	プラズマパネルの尼崎工場の増強と半導体で4割
富士通	3500 (40.1)	半導体が半分以上。最新鋭システムLSIの三重工場
シャープ	2750 (25.6)	液晶が8割。パネル製造の亀山第2工場の稼動・能力増強
三菱電機	1200 (7.4)	競争力のある産業用機械と自動車向け半導体に集中投資
パイオニア	540 (34.0)	カーナビゲーションとプラズマテレビ事業に約半分を投資

出所：『毎日新聞』2006年5月5日記事より作成。カッコ内は前期比伸び率％。

　モノづくりの日本回帰というそよ風を早い時期に吹かせた企業の中、キャノンの行動が大々的に報道された。しかもキャノン社長の御手洗富士夫氏が2006年5月に日本経済団体連合の会長に就任したため、キャノンの事例が特別に注目されている。もともとキャノン社は国際色豊かなグローバル企業であり、中国だけでも、珠海、東莞、蘇州、大連、天津などの八ヶ所に複写機、プリンター、スキャナー、デジタルカメラ、トナーカートリッジなどの工場を展開している。中国工場をグローバル市場向けの生産拠点として存分に活用したため、大きな成功を収めて中国進出の勝ち組として称賛されていた。しかし、今までの成功体験にとらわれることなく、キャノンは日本回帰を目指すようになった。2004年春に、キャノンの御手洗社長が「国内生産こそキャノンを支える競争力」と宣言し、自分のふるさとである大分県内にキャノンの社運を背負う最新最大のデジタルカメラ生産工場を建設した。キャノンは中国広東省で中下位機種のデジタルカメラを生産しているが、将来的にはデジタルカメラの生産を大分工場にほぼ集約していく方針を社長自らが打ち出した[1]。

　要するに、ここ数年、一部の産業、とりわけデジタル家電関連産業において、生産ラインないし生産工場を増設したりして国内生産能力の拡大をはかった企業が多く、この種の現象はモノづくりの日本回帰といわれる事実根拠とされている。

---

① 〔日〕後藤康浩：『勝つ工場』，日本経済新聞社，2005。

第二節　日本回帰といわれる現象の原因

モノづくりの日本回帰といわれる現象の原因を追究すると、次のことが考えられる[1]。

一　メイド・イン・チャイナのコスト優位性に対する再評価

中国の賃金水準は国際的に見て低いので、中国工場の製品に強い国際競争力を有するという通説がある。しかし、中国よりさらに賃金水準の低い国がアジアやアフリカに数多くあり、また外資系企業の多い中国沿海地域よりも中国内陸部の賃金水準が一段と低い。明らかに、「安い賃金＝高い競争力」というロジックは正しくない。

（材料）Material、（製造装置）Machine、（手法）Method、（人）Men、（計測＝品質保証）Measurementという「5M」のうち、人件費はその一つに過ぎない。特にエレクトロニクス産業では（材料）Materialという部品コストの占める比率が高く、人件費の比率はほんの数％に過ぎないのである。日本貿易振興機構（JETRO）の2005年度調査の結果によると[2]、中国に進出した企業の材料費の比率は相当に高いレベルにある。具体的にいうと、製造原価に占める材料費の比率は50～70％と回答した企業が41.9％、70％以上と回答した企業が36.1％、50％以下と回答した企業が22.0％にすぎない。例えばデジタルカメラの生産コストに占める人件費の比率は平均的には1％以下に過ぎない。電子部品の塊ともいえるデジタルカメラでは光学レンズや画像処理プロセッサー、液晶モニターなどの中核部品が圧倒的なコストを占め、人件費の安さはコスト競争力の決め手にならないのである。そのほか、中国工場では物流関係のコストと部品在庫コストは特別に高いし、また技術指導に必要な日本人派遣社員の後方支援コストなども無視できない。これらのコストを考慮に入れると、人件費の安さはかなり打ち消され、中国工場のコスト優位性が薄れてしまう。

---

[1]　日本回帰の原因について、次の拙稿で8つに分けて詳しく説明しているが、ここではその中の5つを簡略に説明する。喬晋建・羅敏：「モノづくりの日本回帰の現象と原因」『海外事情研究』第34巻第1号，2006年9月。

[2]　日本貿易振興機構海外調査部：『在アジア日系製造業の経営実態：中国・香港・台湾・韓国編』，第9頁，2006年3月。

二　技術流失を阻止せよ

　製造業の日本回帰を促す最も重要な原因を技術流出の阻止に求める見方がある。ほかの途上国と異なり、今の中国では産業技術のレベルは高く、新しい技術を吸収・消化する能力は高い。部品を中国系メーカーに委託生産することはもちろん、重要な組立工程を日系の中国工場に置くだけでも品質向上のノウハウが流出してしまう危険性が大いにある。つまり、Menのコスト削減を求めるあまりに、かえって重要な（生産設備）Machine、（手法）Method、（測量）Measurement、（材料）Materialなどに関する企業秘密を中国企業に流出してしまいかねない。

　冷蔵庫やテレビからパソコンや携帯電話まであらゆる家電製品を大量に生産している中国のエレクトロニクスメーカーの技術力、模倣力、吸収力を考えれば、高付加価値の家電商品を中国子会社工場で生産するリスクがあまりにも大きい。中国企業のキャッチアップを断ち切るためには、キャノンの大分工場のように日本回帰を断行し、さらにシャープの亀山工場のように生産製造の現場を丸ごとブラックボックスにする、といった徹底的な対策を取る必要があるかもしれない。

三　「垂直立ち上げ」と「コンカレント・エンジニアリング」を実現せよ

　エレクトロニクス業界では、技術進歩のスピードが速く、プロダクト・ライフ・サイクルが短いので、最新の商品を価格が下落し始まる前に、迅速かつ大量に世界市場に供給し、発売の初期段階に開発コストを回収し、利益を確保するという「垂直立ち上げ」の生産体制が客観的に要求されている。このため、余分な在庫を持たずに済むように、「店で売れるスピードで、工場で生産し、客先に届ける」とは製造業の新たなビジネスモデルになっている。当然、中国工場と比べて、日本国内工場の強みが一層鮮明になる。

　また、製品の設計が完成した後、量産構造に移行するのが難しかったり、生産コストが高かったりすることはしばしばある。しかし、設計をやり直すには余分なコストと時間がかかり、市場ニーズを取り逃がしてしまう恐れがある。先端的な製品を最初から高品質で安定的に大量生産できるという「垂直立ち上げ」の生産体制を実現するためには、研究開発部門が新商品そのものの開発だけを行い、量産体制の確立を生産部門に委ねると

いう従来のやり方では無理である。それに代わって、研究開発部門と生産現場が一体化となり、商品の開発・設計段階から生産現場の意見と提案を十分に反映させ、商品そのものの開発と大量生産体制の開発を一緒に行うという「コンカレント・エンジニアリング（concurrent engineering）」の手法を取り入れなくてはならない。この手法を実現するためには、当然、最新製品の生産体制を研究開発部門に最も近い日本国内工場に置いた方がより取り組みやすい。

四 「強い工場」でイノベーションを実現せよ

企業の競争力に最も大きく寄与するものはイノベーションだと言われる。そのイノベーションには、主に製品イノベーションと生産技術イノベーションという二種類のものがある。一般論として、製品イノベーションは本社直属の研究開発部門から生まれ、生産技術イノベーションは生産現場から生まれることが多い。日本のメーカーには、「強い工場」＆「弱い本社」というイメージが強い。しかし、「工場レベルで勝てない」企業が、長続きする戦略優位を築くことは不可能である。極端に言うと、本社レベルの経営戦略は移転しやすいのに対し、工場レベルの現場力は移転しにくい。したがって、「強い工場」＆「強い本社」という理想型を追求すべきであるが、アメリカ型の「弱い工場」＆「強い本社」の組み合わせよりも、日本型の「強い工場」＆「弱い本社」の方がマシである。

日本製造業の優位性を保っていくためには、従来からの生産技術イノベーションだけでは不十分で、製品イノベーションを積極的に行う必要もある。しかし、製品イノベーション能力の形成は従来のモノづくりのうまさと無関係ではない。日本企業には、長年に製造現場を含む企業内各部門に蓄積されたさまざまな技術と知識を組み合わせる能力、いわゆるインターフェース構築能力が高く、異なる技術の統合と複合化を必要とする複合型製品の開発には好都合である。例えばハイブリッド自動車、デジタルカメラ、液晶テレビといった20世紀90年代以降の主な製品イノベーションのほとんどは強い国内工場で生まれたものである。要するに、技術イノベーションにせよ、製品イノベーションにせよ、それを実現するためには、日本国内に「強い工場」を維持しなければならない。

五 高い現場力を発揮せよ

モノづくりには「モジュラー型」と「擦り合わせ型」という二つのタイ

プがある。アメリカや中国の企業は「モジュラー型」に向き、日本企業は「擦り合わせ型」に向いていると言われている。「擦り合わせ型」のモノづくりにおいて、日本企業が高い競争力を獲得できた最大の理由は生産現場で働く人々の「現場力」にある。

　日本工場の高い現場力を支える要素の一つは多能工による「セル生産」体制である。先進国市場の消費者ニーズをキャッチするために、「少量、多品種、短納期、高収益性」の商品注文を柔軟にこなすことが客観的に要求されている。しかし、この種の商品注文に対して、ベルトコンベヤーを用いる従来型の大量生産体制はうまく対応できず、少数の従業員だけが関わるようなセル生産体制が最適である。セル生産では、複数の工程を一人でこなさなければならないので、熟練作業員でなければ難しい。長期雇用の日本ならベテランの多能工を育成することは可能であるが、従業員の出入りが激しく、平均在職期間も短い中国工場では、多能工の育成は困難である。

　日本工場の高い現場力を支えるもう一つの要素は、高度な技能を持つ熟練労働者と技術者を育成する企業内教育システムの存在である。例えば金型づくりの場合、工業高校の卒業生が工場に入り、モノづくりの現場で何十年にわたって職人技を徐々に磨き上げていく。その結果、加工技術が既に樹立された普通金型を作るときに中国工場は既にコスト優位性を獲得しているが、複雑な形をする新しい金型を作るときには日本工場の方が圧倒的な技術優位性を持っている。

第三節　日本回帰に関する理論分析

一　基本概念の定義

　日本回帰という概念を厳密に規定する学術的な定義は見当たらないが、生産ラインや工場の増設による国内生産能力の拡大が日本回帰の事実根拠とされていることを踏まえて定義すると、「海外進出を果たした企業は、何らかの理由で、新たな生産規模の拡大を優先的に日本国内に求める」ということであろう。また、日本回帰に関連する一連の概念を定義する際に、企業の投資額を最も重要な指標に据えるべきであろう。

　筆者なりの定義として、図1に示されているように、企業の投資は2本

の軸の交差点からスタートすると、「成長」、「日本回帰」、「衰退」、「空洞化」という四つの進路がある。このうち、国内投資と海外投資の両方が同時に増える「成長」（右上へ）と同時に減る「衰退」（左下へ）の善し悪しがわかりやすく、議論する余地もない。しかし、国内投資と海外投資の片方が増えて片方が減るという「日本回帰」（右下へ）と「空洞化」（左上へ）の場合に、賛否両論が起きる。

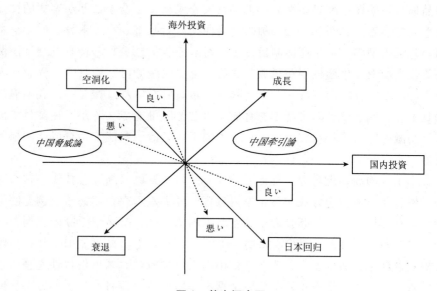

図1　基本概念図

　若干の説明を加えると、図1にチすはに海外への投資を減らし、その分を国内投資に回すということは筆者が定義した「日本回帰」に該当する。その反対、国内投資を減らして海外投資を増やすことは「空洞化」となる。「日本回帰」または「空洞化」の場合、線の傾きが45度ちょうどの場合にのみ、国内投資の増加額（または減少額）はちょうど海外投資の減少額（または増加額）に等しく、投資額の総量は変化しないというゼロ成長の状況になる。しかし、線の傾きが45度でなければ、国内投資と海外投資という二つのうち、一方の増加額がもう一方の減少額を上回るか、または下回る。つまり、投資総額は増加するか、または減少するという結果になる。前者は良い「日本回帰」と「空洞化」となるのに対して、後者は悪い「日本回帰」と「空洞化」となってしまう。

　こうして、「日本回帰」が絶対に良い、「空洞化」が絶対に悪いというわけではなく、投資総額が減る悪い「日本回帰」より、投資総額が増える

良い「空洞化」の方が望ましいはずである。また仮に投資総額が減る悪い「日本回帰」または同様に悪い「空洞化」であっても、「衰退」という最悪の状況よりはいくらかマシである。ただし、日本国内の雇用情勢などを考慮に入れると、「空洞化」が「中国脅威論」につながるのに対して、「日本回帰」が「中国牽引論」につながる。この意味で、「空洞化」よりも「日本回帰」が歓迎される。もちろん、海外投資と国内投資が共に拡大するという「成長」が最も喜ばしい状況である。

　以上のような概念規定に基づいて判断すると、「成長」、「日本回帰」、「衰退」、「空洞化」という4種類の状態のうち、「成長」が最も良く、「衰退」が最も悪い。「日本回帰」と「空洞化」は良いまたは悪いという二つの可能性があるので、当然、悪いものより良いものがいい。さらに「中国牽引論」と「中国脅威論」との関連性を考慮に入れると、「日本回帰」と「空洞化」が同じ良いもの、または同じ悪いものの場合、「空洞化」より「日本回帰」がマシであろう。

二　日本回帰はホンモノか

　産業空洞化による中国脅威論が数年前に流行っていたと同様に、モノづくりの日本回帰による中国牽引論は今頃のマスコミで賑わっている。しかし、珍しいものを追いかけたがるマスコミに惑わされることがないように、物事の流れを注意深く見守り、疑問を異なる視角から提起し、物事の本質を冷静に見抜く必要がある。

　日本回帰と呼ばれる現象の本質を追究すると、国内生産能力の増強はデジタル家電、高度素材、高精密度機器類、自動車といった少数の業界で起きている現象であり、製造業全体に見られる共通現象ではない。また、これら少数の業界に限って見ても、戦略的に海外から国内に生産能力をシフトし始めたというわけではなく、国内生産能力を増やすと同時に中国をはじめとする海外への生産移転も進めている。「日本回帰」の代表事例に挙げられたシャープ亀山工場の場合でも、同社は従来から最先端工場を国内に置くという一貫方針があり、決していったん海外に移した生産機能を日本に戻したわけではない。そもそも国内工場の生産能力と設備投資が拡大された主な原因は、旺盛な中国特需と世界規模のデジタル家電関連製品の好調に支えられ、日本経済は輸出主導の景気回復を果たしたところにある。過去十数年間に日本経済がバブル崩壊後のデフレ状態に陥り、大半の日本企業は設備投資を抑制するスタンスを取らざるを得なかった。その間

に先送りされてきた国内投資が、急激な輸出拡大をきっかけにして一気に吹き出されたのである。つまり、国内生産が増えた主因は景気循環要因であり、そして景気の回復によって、その恩恵を最も大きく受けた一部の業界が海外工場と国内工場の生産能力を同時に拡大し始めているのである。

要するに、世間で騒がれている日本回帰の諸現象は単なる国内投資と国内生産能力の拡大を意味しており、しかも、その本質は国内投資と海外投資の同時拡大である。筆者なりの定義で考えると、今日の状況は、海外投資を減らして国内投資を増やすというホンモノの「日本回帰」ではなく、最も高く称賛されるべき「成長」に当てはまるものである。

三 成長に関する不安要因

諸外国のキャッチアップを追い払い、日本国内の「成長」局面を維持していくために、日本国内の生産拠点で絶えずにイノベーションを生み出し、生産性の向上あるいは製品の高付加価値化を実現し続けなければならない。しかし、実際問題として、それは至難の作業であろう。したがって、「モノづくりの復権」や「空洞化の克服」と叫んで喜ぶには早すぎる。本稿では、日本回帰と呼ばれる現象の原因を中国工場のコスト優位性の再評価、技術流失の阻止、「垂直立ち上げ」と「コンカレント・エンジニアリング」の実現、「強い工場」でイノベーションの実現、高い現場力の活用という五つの視角から検討した。しかし、これらいずれの視角から見ても、かなり多くの不安要因を抱えていると言える。紙幅の関係で、以下二つの問題を提起する。

（一）現場力低下の恐れ

日本工場の現場力が高いということはモノづくりの日本回帰を促す要因の一つとされているが、その現場力の低下をもたらす不安要素はいくつか観測されている。

まず日本企業は「擦り合わせ型」生産に向いているとされているが、最近の研究では、オートバイや自動車などの多くの産業分野において、中国のローカル企業の技術力が急速に向上しており、日本企業が得意とする「擦り合わせ型」生産を中国企業が得意とする「モジュラー型」生産に改造・転換したりするように、中国企業が「擦り合わせ型」のモノづくりにも柔軟に対応できるようになってきたという[①]。もちろん、中国工場の現

---

① 〔日〕藤本隆宏・新宅純二郎：『中国製造業のアーキテクチャ分析』，東洋経済新報社，2005。

場力の上昇に伴い、日本工場の現場力の相対的な優位性は低下することになる。

次には、コンカレント・エンジニアリングや多能工によるセル生産体制などは日本企業独自の強みとされているが、その強みはいつまでも維持できるとは限らない。例えば2002年7月にキャノンの蘇州工場（デジタル複写機の生産拠点）は本格的なセル生産体制を取り入れた。生産効率を高めたいという狙いもあるが、多数の中国人熟練作業員（多能工）と技術指導者（マイスター）を育成したいという動機も強く働いている。今後、中国国内で中国市場向けの製品開発をする可能性が高く、そのとき、中国国内でのコンカレント・エンジニアリングと多能工によるセル生産体制は実現可能となり、日本工場の強みが色あせ、日中工場間の現場力の差が縮まることになる。

さらに熟練作業員と技術者を育成する企業内教育システムの存在は日本企業の強みとされているが、この強みは正社員の長期雇用制度を前提とするものである。また、セル生産を確立するためには、優秀な労働力の確保が不可欠である。しかし、今の日本では、労働力と雇用形態の多様化に伴い、正社員の長期雇用制度が見直され、優秀な労働力の確保が難しく、企業内教育システムが機能しなくなり、セル生産体制の確立にも大きな支障が出ている。具体的には、まず若年労働者はモノづくりの現場を好まず、生産ラインに立つよりマクドナルドの店員を優先的に選ぶことが多い。その結果、生産ラインに立つ作業員の中、正社員の占める割合が継続的に低下し、失職者や外国人などの何らかのハンディを背負う弱者の割合が一方的に高まっている。製造業で働く労働者の中身を見てみると、役員を除く雇用者全体（970万人）のうち、非正社員（211万人）の占める比率は1982年の15.0%から2005年の21.7%に上昇した。その非正社員をさらに細かく見ていくと、パート64.0%（135万人）、契約社員・嘱託19.4%（41万人）、アルバイト10.9%（23万人）、その他5.7%（12万人）の順となっている[①]。当然、正社員の減少は労働力の素質低下につながっている。それにとどまらず、近年に自ら期間労働者を雇用することに加えて、生産現場の一部を「ライン請負」の形で人材派遣会社に丸投げをするメーカーが増えている。その場合、派遣会社はメーカーから工場内のある特定の生産現場や生産ラインをまとめで受注し、派遣会社の雇用している人員

---

① 経済産業省・厚生労働省・文部科学省編，前掲書，第189、211頁。

だけでその生産ラインが運営され、派遣会社が生産現場の指揮権を取る。明らかに、非正社員と「ライン請負」が増えている状況下では、企業内教育システムの役割は大幅に制限され、従業員の素質も能力も士気も低下し、セル生産を担当できるほどの熟練労働者を育成することはますます困難になる。その結果、現場力は必然的に低下することになる。

　最後に、技術継承者の不足が重大な課題となっている。バブル崩壊後の企業大量倒産と大規模のリストラ①によって、大量の熟練従業員が職場を去った。それに加え、技術開発と利用の中核を占めてきた団塊世代は2007年から60歳を迎え、大量に定年退職していくこととなる。「知識資産」となる団塊世代からノウハウやスキル、経験と勘などの暗黙知を継承し、それらをさらに発展させる新しい世代の人材の育成が急務となっている。しかし、その継承に関する課題が多く、問題はかなり深刻である②。企業レベルでは、雇用延長や再雇用によって団塊世代を技術指導者として活用する対策を打ち出している。また、業界レベルでは、技術継承者を育成するためのより大きな枠組みが構築されている。例えば日本の金型業界は、産学連携事業として2004年春に芝浦工業大学内に金型学科の新設を援助し、業界の将来を背負う人材の育成に取り組んでいる。また2005年度から製造・生産プロセスにおいて画期的なシステムや手法の開発と導入に貢献した個人とチームを対象に「ものづくり日本大賞」を設置し、産学官連携の取組みにも試みている③。そして特筆すべきものは、2001年春に埼玉県行田市で開校された「ものつくり大学」である④。しかし、企業や産業界がこれだけ真剣に努力しているにもかかわらず、これらの取り組みがどれだ

---

① 2000年以降の5年間だけで電機各社は国内で10万人以上の従業員をリストラしたとされる。城繁幸：『日本型「成果主義」の可能性』，東洋経済新報社，第48頁，2005。
② 技能継承を困難とする背景には、時間不足、「人財」不足、形式知化不足、現地・現物不足、リアルな伝承の場の不足、責任体制の不備などが指摘され、詳しくは次の文献を参照。浅井紀子：『モノづくりのマネジメント』，中央経済社，第77頁，2006。
③ この「ものづくり日本大賞」は、「内閣総理大臣賞」、「経済産業大臣賞」、「特別賞」の3等級に分けられている。
④ トヨタ自動車の名誉会長である豊田章一郎を会長とし、文化勲章受章者である哲学者の梅原猛を総長とするこの大学には、製造技能工芸学科と建設技能工芸学科の二つの学科がある。さらに2005年春に修士課程となるものつくり学研究科も開設された。教授陣の7割は企業出身者で、非常勤講師のほとんどが現職の企業人である。学生は4年間の在学中に6～9ヶ月のインターンシップを日本で最初に始めている。カリキュラムにはかなりユニークのものもあり、例えば町工場の達人を講師として招き、ものづくりの技術や技能や心構えなどを伝授してもらう講義がある。まさに産学共同の大学である。

けの効果を生み出せるかを判断するには時間がかかる。中国をはじめとするアジア諸国が急激に追い上げてくるので、日本の技術継承者不足の問題は依然として深刻である。言うまでもなく、今まで築き上げてきた技術やノウハウを継承できなければ、現場力の低下は避けられない。

（二）研究開発体制弱体化の恐れ

モノづくりの復権を促す原因として、「垂直立ち上げ」と「コンカレント・エンジニアリング」の実現、「強い工場」でイノベーションの実現、技術流失の阻止などが挙げられ、日本国内で日本国内消費者向けの商品開発体制を構築するという意味合いが非常に強い。しかし、その体制には多くの落とし穴があり、弱体化する恐れも大いにある。

第一の落とし穴は国内市場向けの開発体制にある。日本の消費者は世界で最も厳しいとよく言われている。また長年にわたって日本の行政当局はわざわざ厳格な製品基準を設定することにより、企業側のイノベーションを引き起こすきっかけを作ってきた。ポーター教授が国の競争優位を論じるときに、自国市場の消費者の洗練されたニーズは需要条件の一つの中身として、自国企業の競争力を高める重要な要素になりうると指摘している[1]。なぜならば、要求水準の高い洗練された買い手は、先進的な顧客ニーズに関する情報を与えてくれるので、企業には高い水準を求める圧力がかかり、改善とイノベーションが促進され、もっと高度なセグメントへの移行が刺激される。国内企業をより困難な課題に取り組ませることによって、自国の産業ないし国家全体の競争優位を高めるのである。例えば日本では、トラックの主なユーザーは法人顧客であり、その要求は比較的に寛容なものである。一方、乗用車の主なユーザーは個人顧客であり、その要求は比較的に厳しいものである。その結果、日本の乗用車メーカーがより強い国際競争力を有することとなった。

こうして、一般論として、洗練された国内需要は自国企業の競争力を高める働きをするとされている。しかし、例外の場合も少なくない。最も心配すべき事態は、日本市場の顧客ニーズと世界市場の顧客ニーズに重大な差異が生じる場合である。例えば携帯電話機の業界において、国内一部顧客のこだわりが行きすぎ、生産者は国内顧客のその特殊ニーズに応えるために、必要以上に高度な性能と多くの機能を搭載させ、高い製造コストにつながってしまう。電話機と通信サービスを抱き合わせた

---

① 〔米〕マイケル・E・ポーター著、〔日〕竹内弘高訳：『競争戦略論Ⅱ』，ダイヤモンド社，1999。

国内販売の場合、高い通信料金が見込まれるために電話機が製造コスト以下の価格で販売されているが、海外輸出の場合、電話機と通信サービスは別々に契約する国も多いので、日本製の携帯電話機の販売価格が相対的に高くなって外国の消費者に敬遠される可能性がある。要するに、国内需要が特異であるか、国内需要と世界需要があまりにも一致しないかの場合、商品の開発と製造を日本国内で行うことには大きなリスクが伴われていると思われる。

　第二の落とし穴は、国内開発体制の閉鎖性にある。つまり、技術流出の阻止とかコンカレント・エンジニアリングの実現とかイノベーションの実現などの目的で、研究開発体制を国内主力工場に置く企業は増えているが、外部との交流が大幅に制限されているために、製品開発とイノベーションに悪い影響が生ずることもしばしばある。例えば液晶とプラズマに続く「第三の薄型テレビ」として、キヤノンと東芝は高画質と低電力消耗をセールス・ポイントとする「SED（表面電界ディスプレー）」の共同開発に取り組んできた。2004年に両者が合弁会社「SED」を神奈川県平塚市に設立し、2005年8月の商品発売を宣言した。しかし、技術を社外に一切出さない方針が徹底されたため、主要部品などを外注できず、自分で開発せざるを得なくなり、開発スピードは大幅に遅れた。その間、ライバルの液晶とプラズマの価格が急落したため、当初の想定より低コストで量産できる技術が必要になった。その技術を確立するために予想以上の時間がかかり、発売時期をいったん2006年春に延期したが、その後の進捗状況も振るわず、2007年10月以降に発売すると2度目の延期が発表された[1]。それでも事業が難航し、2007年の年頭に東芝が撤退し、キヤノンが単独生産体制に切り替えると発表された。しかし、2007年の年末に生産開始といっても、月産1000台程度という小規模にとどまる見通しなので、液晶とプラズマ陣営が共に巨額投資で大型化、年間1000万台の量産体制を整えつつある状況下で[2]、SEDの発売が遅れるほど市場に食い込む余地が狭くなり、先発商品の液晶とプラズマに対抗できる価格設定が難しく、SEDの苦戦が予想される。

　また逆の例を挙げると[3]、電気炊飯器が日本に登場してから半世紀以上が過ぎているが、この間にさまざまなヒット商品が世に出た。松下電

----

① 『毎日新聞』，2006年3月1日、9日記事。

② 『毎日新聞』，2007年1月13日記事。

③ 〔日〕前間孝則：『技術開発のエースたち』，大和書房，2005。

器産業においても、1960年に保温機能とタイムスイッチ付き炊飯器、1972年に電子ジャー、1979年にマイコンジャー、88年にIH（電磁誘導加熱）ジャー、2003年に高温スチームジャーといった炊飯器を開発してきた。味覚には民族や文化によって好みの差があるので、炊き上がりの微妙なノウハウがこめられた調理ソフトは日本国内しか開発できないというのは松下社の一貫した考えであった。しかし、広いアジアの米文化圏とくに人口の多い中国に炊飯器を売り込もうとするときに、国内開発体制の弱点が明らかになった。広い中国では数百種類の米が栽培されており、炊き加減や味覚も微妙に異なっている。当初、松下は日本の短粒米をベースにした調理ソフトが組み込まれた製品を中国で販売していたが、長粒米で固めの炊き上げを好む地域ではそっぽを向かれて売れなかった。中国市場向けに炊飯器を生産しているのは、松下電器産業の合弁会社となる杭州松下厨房電気である。この会社は、中国市場を押さえるためには、中国人自身の微妙な味覚に頼る以外に方法がないと判断し、中国人女性を開発チームに入れた。その成果が現れ、「蒸し機能」、「おかゆ機能」、「スープ機能」などを搭載する「中国人の味覚や食生活にあった商品」が次々と開発された。また、日本で広く食べられている短粒米だけでなく、中粒米や長粒米も含めた12種類の米にも対応するように、おいしく炊ける調理ソフトの開発が進められている。炊飯器の中国での年間需要は350万台と言われているが、そのなか、松下のシェアは既に一割を超え、中国系メーカーの美的集団と首位争いを演じるほど健闘している。この成功の裏には、実に現地開発による貢献度が非常に高かったのである。

　第三の落とし穴は慢性的な人材不足である。日本市場向けの商品を開発するために、日本人消費者のニーズを正確に理解し、消費者の嗜好に合うような設計が必要である。そのため、研究開発者が日本で長く暮らすこと、できれば日本人であることが望ましいというわけである。しかし、実際問題として、日本人の出生率が下がり、青少年の理系離れが進み、理工系大学生の比率も絶対数も伸び悩み、研究開発を担う日本人技術者の数は将来にわたって増える見込みが全くないのである。一方、出入国の管理が厳しく、外国人移住者を取り巻く生活環境にも問題が多いので、世界各国の優秀な技術者が日本に集まり、そして安心して長く滞在することも期待できない。つまり、人材不足の問題は存在している。

第四節　中国から見る日本回帰の現実可能性

　前で分析したように、今までは海外と国内の両方で新規投資が増えておりので、筆者の定義によれば、それは「日本回帰」ではなく、「成長」であった。しかし、海外投資を減らして国内投資を増やすという厳密的な意味での「日本回帰」は今後起きるであろうか。この問題を考えるときに、相手国の状況を理解する必要がある。つまり、日本にとっての「国内回帰」は、進出国にとっての「外資撤退」となるが、その撤退にあたって、多くの課題を克服しなければならない。

一　撤退障壁に関する理論的な見解

　時代が流れていく中、産業の勃興と衰退は自然な成り行きである。とくに経済成長率が低下して技術進歩が加速される時代になると、「終盤」を迎える企業ならびに産業はよりいっそう増えることとなる。椅子取りゲームのような性質があるだけに、「終盤」はひどく残酷なものになりかねない。現実には、無残な形で命を絶たれた企業もあれば、巧みに逃げ切った企業もある。両者の違いは、終盤戦略を正しく選択したのかというところにあると思われる。

　経営戦略論が速いスピードで発展を遂げ、すでに経営学の一大勢力をなしているが、その主な関心は、企業ならびに産業を如何に発展させること、つまり「弱いものを強いものに」、あるいは「強いものをより強いものに」成長させるところにある。それに対して、「弱まっているもの」を如何に助けるかという衰退産業における終盤戦略に関して、今までの先行研究は非常に乏しいと言わざるを得ない。この分野において、ポーターの終盤戦略論はおそらく最も貴重なものになっていると思われる。彼の理論によると、企業が市場に参入する際に参入障壁を克服する必要があると同様に、市場から撤退するときにも乗り越えなくてはならないような撤退障壁がある。言うまでもなく、撤退障壁が高いほど、業界の衰退期における居心地は悪くなる。具体的に、次のような撤退障壁が挙げられている①。

　①耐久性のある特化した資産：買い手が見つかりにくいので、資産の清

---

　①　〔米〕マイケル・E・ポーター著、〔日〕竹内弘高訳：『競争戦略論Ⅰ』、ダイヤモンド社，1999。

算価値が低くなる。企業にとって、部分的な生産縮小という選択肢が存在せず、そのまま操業を続けるか完全に撤退するかという「オール・オア・ナッシング（all or nothing）」の苦しい選択に迫られる。

②撤退コストの高さ：固定費が巨額の場合、撤退コストは高くなる。

③戦略上の配慮：多角化が進んだ企業では、ほかの事業との関連性、金融市場へのアクセス、垂直統合による価値連鎖といった理由から、衰退産業に留まらざるを得ない場合がある。

④情報のギャップ：衰退している事業が社内のほかの事業との関連が強ければ強いほど、またほかの事業と資産や顧客や供給業者を共有している場合には、経営者が衰退事業の業績について信頼できる情報を得ることが困難になる。

⑤経営陣の抵抗：もともと撤退というものは、経営者として最も不愉快な決断となる。それに加えて、経営者が心情的に衰退事業に愛着を持ったり、個人的打算があったりする場合、心情的な撤退障壁ができてしまう。

⑥社会的な障壁：衰退事業からの撤退に伴い、従業員の解雇や地方自治体の税収減少などが起きることも少なくない。

⑦資産の処分：撤退企業がどんなやり方で資産を処分するかは、残された企業の収益性に大きな影響を与え、残存企業の撤退障壁を高めたり低めたりすることが多い。

紙幅の関係で以上7項目を逐一にチェックすることを省略するが、明らかに、ポーターが分析したこれらの撤退障壁は、中国に進出している日本企業、とくに本稿で取り上げたような巨額投資と先端技術を売り物とするデジタル家電関係業界の大手企業にとっても、間違いなく大きな存在となっている。これら多くの撤退障壁が存在しているために、海外投資を減らして国内投資を増やすという「日本回帰」の道を選ぶのは容易なことではない。

二　外資企業が中国から撤退する環境条件

中国は外資企業が最も多く進出している国であるので、当然、その中国で多くの外資企業が撤退している。通常、外資企業の進出がにぎやかに宣伝されるのに対して、その撤退は静かに行われるので、外資撤退に関する実態は容易に掴めない。さいわい、この問題に関する貴重な研究成果は最近出版されたので、その成果の一部をここで引用したい[①]。

---

① 毛蘊詩・蒋敦福・曽国軍著『跨国公司在華撤資』，中国財政経済出版社，2005。

　毛・蒋・曽（2005）は、中国各地、とくに広東省の状況を念頭に、マクロ的な統計データの解析とミクロ的な事例研究を詳細に行い、外資撤退という複雑な問題をさまざまな角度から挑み、説得力のある分析を論理的に展開した。その研究の中、1987～2002年の間に中国から撤退した日本企業170社がリスト・アップされ、そのうち、五十鈴と伊藤忠の自動車事業撤退（北京）、三洋電機と日商岩井の冷蔵庫事業撤退（広東）、日立のテレビ事業撤退（福建）、東芝の携帯電話事業撤退（南京）などの事例は詳しく分析されている。その研究成果によると、日本企業を含む外資企業が中国から撤退する事例は既にかなり多かったが、撤退に至る主な中国国内環境要因はおおむね以下のいくつである。ちなみに、これらの諸要因を互いに独立するものでなく、互いに関連し、重ね合っているものとして捉えるべきである。

（一）生産能力の過剰で商品の売れ行きが鈍っている

　今の中国市場では、供給不足の商品はほぼ存在しない。生産能力が過剰であるために、商品の値下げ競争が激しくなる。中国系メーカーより生産コストの高い外資系メーカーは苦しく、そのハイエンド商品の売れ行きは一向に伸びない。とくに製造技術やブランド・イメージなどにおける優位性を確立していない外資系メーカーは、先に白旗を挙げ、中国市場から撤退する。例えばビール、飲料水、乳製品、野菜などの事例がある。

（二）より強い外資企業の進出によって淘汰された

　世界トップ500社のうち、400社以上は中国に進出し、投資プロジェクトの規模も年々に大きくなっている。その結果、一部の産業分野で、情報、資金、技術、経営ノウハウなどの面で優位性を確立した少数大企業による寡占状態が形成され、それ以外の企業の生き残りが困難になっている。多くの中国系企業と同様に、一部の外資系企業も買収され、淘汰される。また多くの外資企業は対中投資戦略の修正が迫られ、中国事業の規模を縮小したり、巨大企業の傘下に入ったりする。例えばチェン・ストア、化粧品、日用化学品、飲料水、レストラン、コンピューター、携帯電話、自動車、写真フィルムなどの事例が多い。

（三）強い中国系企業との競争に敗れた

　外資企業の進入に伴い、多くの中国系企業は買収または淘汰されるなか、逆に一部の中国系企業は厳しい競争に勝ち抜き、「比較優位」と「後発優位」によって競争優位性を確立し、驚異的な成長を遂げている。「比較優位」とは「現地企業」に起因するものであり、例えば人件費、土地代、原材料費といった生産コストが比較的に安く抑えられ、人脈、言語、

文化、情報、風俗習慣、法律法規といった本国の市場環境にも比較的に熟知しているからである。一方、「後発優位」とは、外国企業から先進的な技術と管理方法と経営ノウハウなどを学べることである。その結果、競争優位性を失われた一部の外資企業は撤退せざるを得なくなる。例えば家電メーカーやコンピューターメーカーなどの事例がある。

（四）地方保護主義によって撥ね返られた

中国では、社会主義計画経済の時代から地方保護主義は大いに幅を利かせていた。今は社会主義市場経済体制に移行しているものの、地方保護主義は進出企業選定、資本比率制限、地域内調達率制限、税制優遇政策、雇用政策などの形で生き残り、ある程度の威光を保っている。地方保護主義の主役は政府官僚であるゆえに、人脈や裏取引に不得意の外資系企業にとって、大変破りにくい壁となっている。一部の地域では、外資企業はやっとの思いで進出を果たしたものの、地域保護主義の被害にあい、その事業を他人の手に渡さざるを得ない、という事例が観察された。例えばビール・メーカーやチェン・ストアなどの事例がある。

（五）知的財産権の侵害に耐えられなくなった

中国に進出している外資企業とくに大手外資企業にとって、知的財産権の保護は最も関心度の高い事項の一つである。これは、先進国と途上国の間によく起きる問題であるが、「知識経済」や「知識経営」といった言葉が今の時代を特徴づけているだけに、重大な問題にならざるを得ない。実際、コピー商品による被害を被った外資系企業は非常に多く、正当な企業収益を上げられず、中国事業を撤退する事例も少なくない。マイクロソフトなどの米国企業が率先して中国政府に改善を求めたが、近年は日本の家電メーカーやオートバイ・メーカーたちも積極的行動している。

（六）外資優遇政策の撤廃によって行き詰った

改革開放の初期に、外資を吸収するために、各地政府はそれぞれ税制や輸出入管理などの面で外資優遇政策を制定していた。しかし、近年は中国のWTO加盟とともに、外資企業への優遇政策を撤廃する動きが各地で広がっている。世界規模での公平競争を目指し、外資企業と本国企業を同様な条件下で競争させていく、という中国政府の主張は、経済学的な観点から見れば間違っていないが、今までの優遇政策に頼りすぎた一部の外資企業にとって、中国事業の魅力が失われ、中国より生産コストがさらに安い国家や地域への移転を考えるようになる。

こうして、以上6点は中国から見た「外資撤退」、すなわち日本から見

た「日本回帰」の環境条件となる。確かに、多くの日系企業は知的財産権
の被害者であり、また中国市場で厳しい競争を強いられている。しかし、
本稿で取り上げられる国内工場が新設・拡張されているデジタル家電関連
業界にとって、これらの諸条件の適用可能性はほとんど現状に見られない
ので、しばらくの間、これらの業界において、ホンモノの「日本回帰」が
なく、より望ましい「成長」が続くのではないかと思われる。

三　中国進出日系企業の実態

（一）撤退の理由

中小企業基盤整備機構が2003年10月に行った調査によると[①]、海外進出の
経験を持つ中小企業1094社のうち、投資先から撤退した経験を持つ企業は
215社もあった。また232の撤退事例のうち、25.9%が中国からの撤退で、特
に上海周辺からの撤退が最も多かった。撤退理由として、最も多かった三つ
は「生産・品質管理が困難」（29.8%）、「現地パートナーとのトラブル」
（26.3%）、「財務管理が困難」（26.3%）であった。一方、「コストの上昇」
（14.0%）、「模倣品増加と技術流出」（3.5%）、「現地での競争激化」
（3.5%）といった本稿でまとめた日本回帰の理由となる項目はそれほど大き
なウェートを占めていない。この結果から、中国における生産、品質、財務
面での管理を中心としたマネジメント、および合弁パートナーとの関係維持
の難しさが伺えたが、日本回帰の必要性はまったく立証できないのである。

（二）営業利益の現状

JETROの2005年度調査の結果に基づいて中国に進出した日系企業の全体
状況（サンプル数約293社）を見ると[②]、まず2005年度の営業利益につい
て、「黒字」が73.0%、「均衡」が8.2%、「赤字」が18.8%である。次に
2004年度比について、「改善」が49.3%、「横ばい」が18.9%、「悪化」が
31.8%である。さらに2006年の見通しについて、「改善」が58.0%、「横
ばい」が32.1%、「悪化」が9.9%である。これらの数字を眺めていると、
営業利益の前年度比が「悪化」している企業は多いことに気になるが、次
年度にさらに「悪化」すると見込んでいる企業が少ないことで気が楽にな
る。「悪化」する理由について、「価格下落・値下げによる売上減少」

① 日本貿易振興機構海外調査部中国北アジア課：『中国におけるビジネスリスクの高まりと対
処法のケーススタディ』，第84頁，2006年3月。
② 日本貿易振興機構海外調査部：『在アジア日系製造業の経営実態：中国・香港・台湾・韓
国編』，第3頁，2006年3月。

（50.5％）、「調達コストの増加」（46.2％）、「人件費の増加」（37.4％）
が上位三つにあげられている。しかし、全体的なイメージとして、中国進
出日系企業の経営業績はおおよそ満足できるレベルにあるといえよう。

（三）今後数年の方向性

　同上の調査結果によると、中国進出日系企業の今後数年の事業展開の方
向性として、「規模拡大」（71.4％）と「現状維持」（同 26.1％）と回答
した企業が圧倒的に多く、「規模縮小」（1.1％）と「第三国への移転・撤
退」（1.4％）と回答した企業はわずかにすぎない[1]。そして、「規模拡大」
の具体的な方針について、「追加投資による事業規模の拡大」（58.5％）
と「生産品目の拡大（多角化）」（55.0％）と回答した企業は、「生産品目
の高付加価値化」（42.0％）と「設計・研究開発機能の強化」（24.0％）
と回答した企業を大幅に上回っている[2]。この結果は、日本と中国との棲
み分け、高付加価値製品ならびに研究開発拠点の国内への集約といった本
稿でまとめられた分析結果に一致するものである。要するに、中国事業へ
の投資は今後も継続し、現時点に中国からの撤退を真剣に考えている企業
は極端に少ないといえる。

　以上3点をまとめると、中国に進出した日本企業の全体状況として、ま
ず中国撤退の理由は日本回帰の理由に一致せず、中国撤退は日本回帰に直
結しないものである。次に営業利益が黒字である企業が多く、しかも増え
る傾向にあるのに対し、営業利益が悪化する企業は少なくないものの、減
る傾向にある。そして、今後の方向性として、規模拡大を目指す企業が多
く、規模縮小と撤退を検討する企業はわずかである。したがって、しばら
くの間、中国撤退を意味する「日本回帰」は見られないであろう。

おわりに

　本稿の分析を通じて、以下数点の結論が明らかになっている。
　（1）デジタル家電関連産業をはじめとする一部業界のこととはいえ、
日本国内工場への設備投資が大幅に増え、国内生産能力が確実に拡大して

---

① 日本貿易振興機構海外調査部：『在アジア日系製造業の経営実態：中国・香港・台湾・韓
　国編』，第63頁，2006年3月。
② 日本貿易振興機構海外調査部：『在アジア日系製造業の経営実態：中国・香港・台湾・韓
　国編』，第64頁，2006年3月。

いる。つまり、「日本回帰」という議論は事実無根の作り話ではなく、ある程度客観的根拠を有するものである。

（2）「日本回帰」といわれる現象の原因を中国工場のコスト優位性の再評価、技術流失の阻止、「垂直立ち上げ」と「コンカレント・エンジニアリング」の実現、「強い工場」でイノベーションの実現、高い現場力の活用などの五つに帰結することができる。つまり、「日本回帰」と呼ばれる現象は、愛国心や民族主義などの価値観による産物でもないし、また経済が保守化に向かっている証拠でもなく、経済的合理性を有する正当な企業行為である。

（3）筆者独自の定義に基づいて考えると、企業の投資状況には、「成長」、「日本回帰」、「空洞化」、「衰退」という四つの可能性がある。そして、注意すべき点として、「日本回帰」と「空洞化」は良いまたは悪いという二つの可能性があるので、「日本回帰」は必ず「空洞化」に勝るというわけではない。したがって、すべての「日本回帰」を手放しに支持・賛成すべきではなく、その中身が良いものか悪いものかを確認しなければならない。

（4）世間一般に言われている日本回帰の現象は国内投資と海外投資の同時拡大を特徴としているので、実際、それは、ホンモノの「日本回帰」ではなく、より高次元の「成長」である。それは最も望ましい状況であるが、現場力低下や研究開発体制弱体化などの不安要素も抱えている。

（5）「日本回帰」を「中国撤退」の視角から考察すると、中国に進出している日本企業にとって、まずポーターが挙げた7点の撤退障壁は確実に存在している。次に毛・蒋・曽がまとめ上げた6つの外資撤退の環境条件は好調なデジタル家電関連業界に該当していない。そして、中国進出の日系企業の全般的な実態を見ると、中国撤退の理由も日本回帰の理由に一致せず、経営業績もおおよそ好調であり、今後の規模拡大を目指す企業も多い。したがって、今後しばらくの間、中国撤退を意味する厳密的意味での「日本回帰」は見られないであろう。

（6）以上5点に基づき、日本経済のさらなる回復と躍進をはかるために、「成長」という今の流れを継続させるべきである。そのためには、「成長」を支える諸原因要素をさらに強めるとともに、「成長」を妨げる諸不安要素を払拭していく必要がある。それとともに、中国撤退を意味する厳密的意味での「日本回帰」を回避するために、撤退障壁の存在を十分に認識し、中国での外資撤退の環境条件にはまらないように努力していかなくてはならない。

日本経済の成長・発展と産業間格差 *

第一節　はじめに

　日本経済の成長を論じるとき、戦後の期間をいくつかに分けて議論することが役に立つ。それは発展段階で発生した出来事、エピソードーと関連があるからである。1973～1983 年期間は1973 年と1979 年の2 回のオイルショックにより、高度成長に歯止めをかけられたこと、1983～1991 年期間はバブル経済期間、1991～1998 年期間はバブル経済の崩壊の後の低迷，Stagnation 期間として特徴づけることができる。

　少し詳しくみると、20 世紀60 年代から70 年代初めにかけて日本経済は10% 前後の成長が続き，高度成長を謳歌していたが，1973 年 10 月に第4 次中東戦争が勃発し，原油価格が4 倍強に上昇するなどの出来事がおこった第1 次石油危機をきっかけに日本経済の高度成長に終止符を打つことになった。成長率は，1974 年にマイナスに転じ，それ以降，成長率は大幅に低下することになる。それでも1978，1979 年には成長率を5% 台にまで戻るなど安定成長の軌道に乗るかに見えたものの、1979 年初めからのイラン革命を契機に原油価格が再び高騰し，1979 年から1980 年にかけて原油価格は2 倍以上にはね上がった。「第 2 次石油危機」のために、再び成長率を押し下げる結果となり，1980 年から1983 年にかけ

＊　朴哲洙：日本熊本学園大学　経済学部　教授。

て日本経済の成長率は2%から3%の間で低成長率を推移することになった。

　1986年後半から1991年初めにかけて，株価や地価といった資産価格の高騰を特徴とする「平成景気」により、日本経済の成長率も1988年には6.2%と第1次石油危機以降，初めて6%台に乗った。しかし、1990年以降，株価，地価と次々に急落していくにつれて，日本経済は深刻な景気の後退・低迷期を迎えることになり、成長率も1992年には1%となり，1993，1994年には1%を割り込むまでに低下していった。20世紀90年代の長期停滞の要因を巡り見解が分かれているものの、有効需要の不足など需要要因と生産性など供給側の要因の他に、不良債権問題，大手金融機関の経営破綻に象徴されるように金融システムの機能不全も指摘されている。さらに1996年には5.1%といったん持ち直したものの，1998年には－2.5%と74年を上回るマイナスの成長率を記録した。2000年に入り経済は回復傾向になりつつある。

　本稿では、日本の経済成長と発展の要因を産業の観点から見て、生産性の停滞の要因を究明し、その底上げの政策的な意義を論じる。とくに製造業と非製造業部門の格差から日本経済構造の特徴ともいえる二重構造を取りあげ、資源配分の歪み問題、産業間の生産性の格差とマクロ生産性を関連させることで、日本経済の供給側の需要側への影響を与えることを明らめる。これを背景として認識した上で、政策課題としての問題を指摘し、新しい経済政策を議論する。

第二節　経済成長・発展の要因

　経済成長と発展を規定する要因については様々な考え方がある。その中、最近の政治経済学的なアプローチでは、フォーマルな、インフォーマルな制度も含めた「制度」（Institutions）が政策またはその政策形成に影響を与えると見てさらに制度を資源配分と所得分配など機能と目標を持つ経済制度が、政治制度による配分されたパワー、それを持つ全人口の一部のグループ（例えば、社会層、階級、産業・社会部門別の勢力など）の選好（Preferences of the population's segment）によってきめられると考え、政治制度も含む諸制度が多面的かつ補間的に働いてダイナミクスな均衡を強調するのである。

標準的な論議では一般的に、経済変動のメカニズムを考えるときに長期的なマクロ全体のトレンドを経済成長短期変動を景気変動としてとらえ、経済変動の過程で，需給差によるGDPギャップが発生していることを示唆する事実を考慮すると、短期または調整停滞といった経済変動を潜在生産能力というトレンドとそのからの一時的な乖離としての景気変動から考えることができる．ある経済の中長期的な成果を議論するとき、その経済の持つ潜在生産能力の成長、または潜在GDPの増加を用いて経済成長の要因分析する。また集計量の成長率の要因分析として、全体の成長への相対的な貢献度を測る成長会計として、労働一人当たりGDP、資本装備率の成長、全要素生産性の成長率（TFPの成長率）などに分解することができる。そのとき、全体の生産性を測る全要素生産性は、ソロウ残差として測定され、技術進歩を反映するTFPの推定として解釈されたが、厳密な意味では、その測定には生産要素で説明できないすべて要因を含むことであることが先行研究の結果から明らめになりつつある[1]。

日本の経済変動、経済成長、長期停滞の真因をめぐっては、最近90年代以降のマクロ経済の成果を中心とした論争が展開され、実証面において様々な進展がみられはじめたが、議論の大きな基本的な対立軸として「需要サイド（総需要不足）か供給サイド（生産性の低迷）か」という考え方があけられる。しかし、経済の需要面と供給面は互いに密接に関連する可能性があると共に、その実証的な評価の際に両者の相互依存関係を適切に考慮することが必要にも関わらず、両者を統一的に分析した実証研究は数少ないことが指摘されている[2]。この論文では、需要サイド、供給サイドという基本考え方に、動学的な観点から資源配分・生産性問題をとらえる第3の観点を強調することにする。これは供給側から需要側へのフィードバックの経路を究明することによって日本経済についての説明力が高いことと、その実証的な評価の際に両者の相互依存関係を適切に考慮することが必要となるからである。

たとえば、その需要面が供給面への影響に関するフィードバックとして

---

① これが経済成長理論と実証の基本フレーム枠であり、生産要素以外の「その他」を理論と実証的に究明することが、経済成長・動学分野の発展の源流でもある。

② GDPギャップ、TFPとうい需要・供給面を直接考慮した実証分析がよく使われる。ここで、GDPギャップは需要不足の大きさ、TFPは供給面からの重要な成長要因（または構造的要因）を代表する変数である。両側面の相対的な役割を検証することができる。GDPギャップの推計の代替アプローチには、HPフィルター、マクロ生産関数アプローチなど、いくつかの異なる方法がある。

二つの経路が考えられる。一つは供給サイドにおける推計上の全要素生産性（Total Factor Productivity，TFP）が景気循環と同調的に変動することがよく知られている。もう一つは供給面から需要面へのフィードバックとして、持続的な生産性ショックは（それが正確に推計されれば）、家計の恒常所得や企業の収益見通しを通じて、さらに株価等の資産価格の変動を通じて、民間部門の消費や投資支出に影響を与える可能性があると考えられる。

　これは、日本経済、特に1990年代以降では、需要面のショックだけではなく、供給サイドの持続的な変化も重要な経済変動（景気と成長）の要因であるとい統合的な考え方を示唆する。マクロ実証面からでも、供給要因が需要サイドへもたらす効果まで考慮に入れれば、持続的な生産性低迷など供給要因を根本要因として、継続的な需要不足（GDPギャップの持続的低迷）とマイルドな物価下落を統合的かつ整合的に理解することも可能となるとの考え方や研究も出始めてしている[1]。

　日本経済の低成長・長期停滞・回復などの経済変動の要因となる需要・供給側の要因が何があるのか。ここでは、まず、日本の長期停滞、特に1990年代初めのバブル崩壊以降経験した記録的な低成長の要因について最近の論争と実証を中心に簡略に整理する[2]。需要サイドでは、①不十分な金融緩和とデフレ予想による民間部門の消費と投資の低迷、②財政引締めによる公的需要の減少、③銀行の貸し渋りによる投資不足が強調される。供給サイドでは、④少子高齢化や週休二日制への移行による労働供給増加率の鈍化、⑤企業部門の生産性低迷・収益力低下、⑥産業構造調整の遅れ、⑦資源配分の非効率化、などが構造的な変化の要因として。

　さらに⑤の産業部門における生産性上昇の低迷の背景要因[3]としては、グローバル競争と・低価格輸入品との価格競争、規制緩和による競争環境の変化、企業組織の非効率化、企業ガバナンスの劣化などがあげられ、また⑤資源配分の非効率の背後原因としては、銀行の追い貸し・過剰貸出、

①　宮尾龍蔵：「日本経済の変動要因：生産性ショックの役割」，日本銀行ワーキングペーパーシリーズ，日本銀，2006年1月。
②　これらの要因が経済へもたらす影響は、標準的な総需要・総供給モデルで理論的に説明することが可能。宮尾龍蔵（2006）、浜田・堀内（2004）、Fukao and Kwon（2005）など参照。
③　長期停滞の真因を巡る論争については、日本銀行「90年代における非製造業の収益低迷の背景について」、『調査月報』、19992月号。

政府による非効率な公共投資と政策金融・産業政策などが指摘される[1]。また⑤と⑦を関連した説明として、日本のTFP上昇率減速を資源配分の非効率の背後原因として説明する「ゾンビ仮説」がある。ゾンビ仮説は、不良債権問題の表面化を恐れる銀行が、再建の見込みの低い企業に追貸しをしたり、低利で融資を続けたりすることで延命を図り、このため生産性の低い企業が残存し、これが日本経済を低迷させているとする[2]。

このような資源配分の非効率と生産性低迷問題（ゾンビ問題）は、20世紀90年代初頭の土地価格バブル崩壊がもたらしたバランスシート毀損に起因するため、不動産業や建設業、商業やサービス業といった非製造業に集中していると考えられてきた。本来なら撤退・縮小すべき企業が存続するために新規の生産的企業が参入できず、結果として新陳代謝の機能低下を招き、TFP上昇率が低下している可能性を指摘している[3]。

以上の要因に関する実証研究から、日本経済では、需要面でのショックだけではなく、供給面の持続的な変化も、重要な経済変動（景気変動）の要因であり、その影響を考慮することが、特に20世紀90年代以降の経済変動を理解するために重要であることが指摘されている。

第三節　産業構造の変化とその特徴

経済全体としての成長・発展をその経済の産業の観点から見るのは、その経済を構造的な側面から分析する意味で重要であり、各産業の成長や波及などの全体への貢献や影響を理解するために欠かせないのである。この章では、日本経済の歩みを経済成長、産業構造の変化、それぞれ産業の変遷、そしてその特徴をデータから見る[4]。

日本経済における産業構造の変化をマクロ全体の国民生産から各産業の付加価値の占める比率を用いて把握することができる。もし各産業の付加価値が，同じ割合で伸びていくならば，GDPに占める各産業の生産物価値のシェアは変わらず，産業構造はまったく変化しない。しかしながら，各

---

[1] Beason and Weistein (1996), Growth Economies of Scale, and Trageting in Japan (1955~1990), The Review of Economics and Statistics. 本田 (1995) Beason and Weistein (1996).

[2] Caballero, Hoshi and Kashyap (2004).

[3] Ahearne and Shinada (2004).

[4] その中：「国民所得統計SNA」または「企業法人統計」が代表的な指標である。

産業におけるこれらの比率には格差があり、その度合いによって、成長産業，衰退産業の様子が現れるので，産業構造の変化が観察されるのである。また水準だけではなく、各産業の成長率も異なる。

表1　日本経済おける産業構造の変化：生産、
成長率、シェア、1970～2003

単位：10億円、%

	農林水産業	製造業	建設業	卸売・小売業	金融・保険業	不動産業	運輸・通信業	サービス業	政府サービス生産者	国内総生産
1970年	9660.0	48856.0	23335.4	16500.1	4417.5	17371.7	14825.8	27395.2	18525.3	188323.1
share	5.1	25.9	12.4	8.8	2.3	9.2	7.9	14.5	9.8	100.0
1975年	10756.4	58106.7	28708.4	24139.8	7829.0	24365.7	18024.0	32149.5	22959.3	234458.7
シェア	4.6	24.8	12.2	10.3	3.3	10.4	7.7	13.7	9.8	100.0
成長率	2.2	3.5	4.2	7.9	12.1	7.0	4.0	3.3	4.4	4.5
1980年	9469.1	75405.6	30966.6	37624.9	11249.2	31996.1	18613.6	41672.0	27857.2	290551.1
シェア	3.3	26.0	10.7	12.9	3.9	11.0	6.4	14.3	9.6	100.0
成長率	−2.5	5.4	1.5	9.3	7.5	5.6	0.6	5.3	3.9	4.4
1985年	10486.3	95718.1	29600.2	41902.9	15527.1	38408.1	22415.1	54338.4	30725.2	342950.3
シェア	3.1	27.9	8.6	12.2	4.5	11.2	6.5	15.8	9.0	100.0
成長率	2.1	4.9	−0.9	2.2	6.7	3.7	3.8	5.5	2.0	3.4
1990年	10920.5	121218.9	43427.5	58358.0	25545.6	46792.2	28474.8	63624.2	32688.0	429985.5
シェア	2.5	28.2	10.1	13.6	5.9	10.9	6.6	14.8	7.6	100.0
成長率	0.8	4.8	8.0	6.8	10.5	4.0	4.9	3.2	1.2	4.6
1995年	9652.9	126554.1	44780.9	62643.0	25007.2	54540.6	29870.9	75588.6	34459.9	461893.5
シェア	2.1	27.4	9.7	13.6	5.4	11.8	6.5	16.4	7.5	100.0
成長率	−2.4	0.9	0.6	1.4	−0.4	3.1	1.0	3.5	1.1	1.4
2000年	8756.9	120840.1	39166.0	77094.6	30502.4	62685.6	37400.0	98387.1	42497.9	521405.5
シェア	1.7	23.2	7.5	14.8	5.9	12.0	7.2	18.9	8.2	100.0
成長率	−2.2	2.1	−1.7	−0.8	1.8	1.6	1.7	3.4	2.6	1.4
2003年	7997.0	124097.7	35472.1	72606.9	35714.8	66534.6	40183.8	106037.4	46840.5	538084.4
シェア	1.5	23.1	6.6	13.5	6.6	12.4	7.5	19.7	8.7	100.0
成長率	−2.8	1.2	−2.8	−0.4	4.9	1.5	2.0	1.1	1.8	0.8
通期伸び率	−0.6	3.4	1.5	4.0	6.2	3.9	2.6	3.8	2.5	3.1

出所：経済企画庁編「国民経済統計計算年報」から筆者作成。

注：産業の大分類基準に基ついた産業別の実質国内総生産の推移を5年ことの平均した数字、その比重、変化率（各産業の成長率）である。

　戦後の年代ことの各付加価値額と平均成長率に関する時系列統計から以下の事実が整理された。20世紀80年までの高成長率産業は，卸売・小売業，金融・保険業，不動産業であり，いずれも第3次産業を代表する業種である。これに対して農林水産業の成長率は20世紀70年代後半にマイナスに転じるなど，その衰退ぶりは第3次産業とは対照的である。第3次産業は，20世紀80年代に入っても高成長率を維持している。とりわけ，金融・保険業の高成長率が目を引く。1980～1985年，1985～1990年の平均成長率は，それぞれ6.7％，10.5％と最も高い伸びを示している。20世紀80年代以降，金融の自由化・国際化が進行していくが，そのなかで金融・保険業は大きく成長を遂げていったのである。また，1985～1990年については，建設業も8％という高成長を記録している。この期間は，地価の高騰に支えられた建設ブームに沸いた時期であったことが想起される。資産価格が暴落した1990～1995年，1995～1998年の時期は，どの産業も軒並み成長率を鈍化させているが，そのなかでもサービス業，不動産業はかろうじて成長率を3％前後に保っている。これに対して，過剰債務に苦しむ建設業や不良債権問題を契機とした大手金融機関の経営破綻に揺れた金融・保険業の成長率は一転してマイナスに転じた。

一　製造業の発展・成長

　マクロ経済を産業の側面からみると、柱として製造業と非製造業があり、そのなかでもサービス産業が補完関係を持ちながら発展していく。特に最近知識成熟経済社会においては、製造業部門を「情報通信生産部門」と「非情報通信生産部門」に分け、それらが製造業部門、さらにそれを活用（または需要）する他部門との関係を究明することにより産業構造の変化を理解することが必要となる。

　ここではまず、製造業の成長発展の特徴を整理する．日本の製造業は，1970～1998年の通期にわたって，3.4％とほぼ平均的な成長率を示している。製造業の中でも産業構造の変化が生じていることに注意しなければならない。表2には，製造業の代表的な産業について，業種別の付加価値水準と成長率を示している。製造業全体の平均成長率との格差比較により、製造業内産業からどの産業が成長産業と衰退産業かを識別することができる。通期の平均成長率が製造業全体の値よりも低い産業は，食料品，繊維，鉄鋼，輸送用機械である。これに対して，成長率が平均よりも高い

表2　日本の製造業部門における産業構造変化製造業部門の産業構造：
製造業における実質総生産の分布

単位：10億円、%

	食品	繊維	化学	鐵鋼	一般機械	電気機械	運送用機械	精密機械	製造業
1970 年	7859.6	2244.1	1247.9	4140.8	4178.0	32.6	4009.6	274.2	48856.0
1975 年	10465.1	2711.3	1277.0	4808.9	4434.4	1038.9	5260.3	498.5	58106.7
	5.9	3.9	0.5	3.0	1.2	99.8	5.6	12.7	3.5
1980 年	11640.9	2821.3	3822.7	7959.1	7959.1	3974.4	8017.1	1204.2	75405.6
	2.2	0.8	24.5	8.8	12.4	30.6	8.8	19.3	5.4
1985 年	12770.9	2726.2	6436.0	6493.0	12117.3	9730.2	9209.4	1831.3	95718.1
	1.9	-0.7	11.0	-2.4	8.8	19.6	2.8	8.7	4.9
1990 年	12321.7	2514.0	9375.2	7081.9	15901.8	19386.2	11820.0	2203.8	121218.9
	-0.7	-1.6	7.8	1.8	5.6	14.8	5.1	3.8	4.8
1995 年	12843.6	2148.3	11036.0	7473.7	13862.6	27837.2	11793.3	1712.2	126554.1
	-0.9	-3.1	2.8	1.1	-2.7	7.5	0.0	-4.9	0.9
2000 年	12096.1	1246.3	10359.9	5618.6	11119.6	26891.2	10959.0	1711.5	120840.1
	-2.0	-6.2	1.3	-1.0	-0.8	11.8	2.1	1.0	2.1
2003 年	11882.4	914.8	10706.2	5390.2	99992.3	33706.7	13315.8	1615.2	124097.7
	1.1	-7.4	2.2	0.2	-0.3	6.4	5.2	-0.7	1.2
通期伸び率	1.1	-1.7	7.5	1.7	3.7	28.5	4.2	6.1	3.4

出所：経済企画庁編「国民経済統計計算年報」から筆者作成。

注：産業の大分類基準に基ついた産業別の実質国内総生産の推移を5年ことの平均した数字、その比重、変化率（各産業の成長率）である。

産業は，化学，一般機械，電気機械，精密機械である。高成長産業群には，3つの機械産業が含まれており，その中でも電気機械産業の成長率は群を抜いており，通期の成長率は28.4%という驚異的な値を示している。

この成長率は，第3次産業を含めたすべての産業群の中でも最も高い値である。電気機械産業は，高い技術水準を体化した製品を生産しており，生産性の向上によって高成長を維持してきたのである。生産活動は、電気機械産業で顕著にみられるように技術水準が大きな役割を果たすが、それ以外にも、生産活動に労働力、機会や設備といった資本ストックの役割を見逃すわけにはいかない。産業によって産み出される付加価値の成長率に差異が生じることは，前に見たとおりであるが，各産業で生産に従事する就業者の成長率も，それを反映して当然異なっているはずである。衰退産業での就業者の伸び率は，成長産業のそれよりも，低いであろう。したがって，産業構造が変化していくにつれて，産業間で就業者の移動も当然必要となってくる。しかしながら，ある産業に長年従事していた労働者が，ある日突然，成長産業に移動してそこで働き始めるということは，移動に伴う諸々のコストや労働者に体化された技術という観点からみても，ほぼ不可能に近い。したがって，ここに失業という問題が発生してくるのである。このように，失業問題を考察する上でも，産業構造の変遷という観点は不可欠なものである。

二 産業別の雇用構造

　日本経済の各産業にはどのくらいの人々が働いているのか？ これでは、日本の総雇用の産業間分布より把握することができる。表3は，大分類の産業別に就業者の推移を見たものである。まず，農林水産業はどの期間をとっても就業者が減少傾向にあることがわかる。農林水産業に就業していた者の減少分のなかには，高齢のために生産活動に従事することを断念せざるをえない者や，若年層や中年層のなかには，他産業へと移動していった者が含まれている。特に，労働力の移動方向を探るには，就業者の高い伸びを示している産業を調べることが有用であろう。不動産業は，90年まで高い就業者の伸びを示していた産業である。サービス産業も平均して3％前後で安定的に就業者が伸びており，労働力を吸収してきた産業といえよう。これに対して，製造業では，就業者の伸びはほとんど横這いであり，生産の伸びに見合った形で，第3次産業が中心となって雇用を吸収してきたといえるだろう。

表 3　日本経済の産業別雇用構造

単位：万人％

	農林水産業	製造業	建設業	卸売・小売業	金融・保険業	不動産業	運輸・通信業	サービス業	政府サービス生産者	就業者合計
1970 年	1073.6	1452.9	442.9	872.8	131.6	35.0	299.7	691.3	314.7	5443.4
構成率	19.7	26.7	8.1	16.0	2.4	0.6	5.5	12.7	5.8	100.0
1975 年	861.8	1422.8	528.7	965.0	153.4	45.9	324.9	788.9	364.6	5597.3
構成率	15.4	25.4	9.4	17.2	2.7	0.8	5.8	14.1	6.5	100.0
増加率	- 4.3	- 0.4	3.6	2.0	3.1	5.6	1.6	2.7	3.0	0.6
1980 年	756.6	1405.7	591.0	1043.0	176.9	60.1	332.7	943.6	391.1	5865.7
構成率	12.9	24.0	10.1	17.8	3.0	1.0	5.7	16.1	6.7	100.0
増加率	- 2.6	- 0.2	2.3	1.6	2.9	5.5	0.5	3.6	1.4	0.9
1985 年	659.8	1478.0	549.2	1098.8	194.7	73.1	337.0	1140.0	393.5	6104.0
構成率	10.8	24.2	9.0	18.0	3.2	1.2	5.5	18.7	6.4	100.0
増加率	- 2.7	1.0	- 1.5	1.0	1.9	4.0	0.3	3.9	0.1	0.8
1990 年	563.1	1541.5	620.0	1103.7	213.9	93.7	351.5	1341.8	394.2	6426.9
構成率	8.8	24.0	9.6	17.2	3.3	1.5	5.5	20.9	6.1	100.0
増加率	- 3.1	0.8	2.5	0.1	1.9	5.1	0.8	3.3	0.0	1.0
1995 年	487.3	1503.6	703.1	1109.8	209.2	103.2	375.3	1546.7	400.6	6668.8
構成率	7.3	22.5	10.5	16.6	3.1	1.5	5.6	23.2	6.0	100.0
増加率	- 2.9	- 0.5	2.5	0.1	- 0.4	2.0	1.3	2.9	0.3	0.7
2000 年	441.1	1309.5	695.4	1201.4	202.9	97.1	396.8	1803.1	369.4	6705.6
構成率	6.6	19.5	10.4	17.9	3.0	1.4	5.9	26.9	5.5	100.0
増加率	- 2.5	- 1.9	- 0.4	0.4	- 1.0	- 0.6	0.7	2.3	- 0.4	0
2003 年	396.5	1168.9	645.5	1176.9	190.7	91.7	392.3	1989.2	357.1	6553.7
構成率	6.1	17.8	9.8	18.0	2.9	1.4	6.0	30.4	5.4	100.0
増加率	- 2.8	- 3.2	- 3.2	- 1.2	- 2.3	- 2.8	- 0.7	2.5	- 1.0	- 0.2
通期伸び率	- 3.0	- 0.5	1.1	0.7	1.1	3.0	0.7	3.1	0.6	0.6

出所：経済企画庁編「国民経済統計計算年報」から筆者作成。

注：産業の大分類基準に基ついた産業別の就業者数の推移を5年ことの平均した数字、その比重、変化率（各産業の成長率）である。

第四節　日本産業の格差：要因と推定

産業構造の転換と産業間の格差は経済全体としての生産性だけではな
く、各産業の生産性の変化（単なる変化ではなく、質も考慮したもの）が
及ぼした産業のダイナミズムに注目すべきである。これは生産投入構造の
変化と生産性（生産投入における質的な変化による構造変化）が深く関係
しているからである[1]。

一　豊かさ、生産性、産業間の格差

豊かさの指標としての生産性：我々個人も政府も「豊かさ」を求めてい
る。経済全体の豊かさを表す経済指標として、国民1人当たり国内総生産
（GDP）がよく用いられる。それは、国民のうち働いているヒトの割合を
示す「労働率」と「労働生産性」の積に分解できる。これを変化率にお
き直すと、この二つの分解要因の和の形で表現できる[2]。ここである経済
の豊かさを論じる際、労働生産性の変動とその要因を分析することが必要
である。しかし、経済全体としての生産性の向上と所得から見た個人の豊
かさの関係に関しては、注意をはらう必要がある。生産性の向上が必ずし
も個人の豊かさ、言い換えれば、個人の所得増加につながる保障がないか
らである。これは所得分配における格差が個人または各層（例えば、富裕
層対中流層、下流貧困層など階層；伝統産業対新産業）労働生産性の上昇
の背後にある要因が何か？（一人当たり平均）労働生産性の変動要因とし
て（1）相対賃金、（2）相対価格、全生産要素生産性TFP（Total Factor
Productivity）（3）労働分配率などが上げられる。ここで、労働力率の変化
を所与とするとき、1人当たりの所得で測る「豊かさ」は相対賃金に反映
される個人の所得（収入・報酬）と相対価格で測られる財・資産価格など
諸物価の変動（それによる富の価値の変化と富の格差）、労働分配率だけ
ではなく、経済全体としての平均的な生産性（全要素生産性、TFP）によ
り規定されるのである。なので、実際、雇用の受け皿になる各産業におえ

---

[1]　暗黙的な仮定として同質の生産要素を考えたが、複数の資本財、属性の異なる労働力な
　　どを考慮すると、こうした生産要素の構成が質的変化によるものであり、かりに生産要
　　素量が変化しなくでも、生産性が変化する可能性がある。
[2]　国民1人当たり国内総生産（GDP）変化率＝労働力率の変化率＋労働生産性変化率

ての生産性（各産業のTFP）の変遷を分析することが必要となる。

産業間における生産性格差の問題：「部門間生産性」と「マクロ経済」の関係：マクロ経済において需要が総産出に影響を与えるかどうか？ それは部門間生産性（ここでは価値限界生産）格差があるがどうかによる。もしすべてのセッターで生産要素（以下では労働）の価値限界生産（value marginal product）が等しくなっていれば、「需要」は経済全体の産出量に影響を与えない。逆に生産要素の限界価値に部門間で格差かあれば、「需要」は総産出量に影響を与える。しかし、そうした格差はなぜ生まれ維持されているのかを説明することとは別の問題である。マクロ経済において「産業構造」の変化が、マクロ経済の動態を理解する上で重要な鍵にとなる。経済における部門間不均衡が現実の経済の重要な特性であり、それがマクロ経済の成長や循環の深い関係を持つことが指摘された。

二 日本経済の二重構造問：製造業と非製造業

日本経済の、日本経済の持つ「産業の二重構造」から考えることも成長要因分析するのに有用である。様々な二重構造問題のなか、「製造業対非製造業」の次元がよく上げられる。日本経済の産業構造を製造業と非製造業間の二重構造問題みると、両門における対照的な性格が明確になるからである。貿易財産業である製造業の構造変化では，生産性の高い産業が拡大する比較優位の原則（競争原理）が働いている，非貿易財産業である非製造業の構造変化では，低い価格弾力性や支出構造の変化，参入規制等により生産性の低い産業が拡大するボーモルの命題（非競争的原理）が働いているなど日本経済の産業構造の一つの特徴として指摘される。

この節では、製造業と非製造業の両部門について成長会計による成長要因分解した結果を紹介する。全産業、製造業について「付加価値構成比変化幅」と「各成長要因寄与度」の相関関係からの示唆点は対照的である。生産要素要因（資本，労働投入）については、全産業，製造業とも全年代を通じてほぼ正の相関がある。TFP（全要素生産性）については、20世紀80年代以降の全産業で負の相関が見られる一方で製造業では正の相関ある。

生産性の成長率の測定と分解の特徴としては、技術の変化として解釈される生産性を純技術変化と非技術的な要因という異なる性質を持つ構成要因に分けて、それぞれを産業別の生産性を計測する点にある[1]。

---

[1] これらの分析方法を日本経済に応用する体表的な実証としてJIPデータを用いる分析がある、

第五節　日本産業における成長・衰退の要因分析

　この章では日本経済の成長に貢献した要因を産業の観点から分析する。全産業を製造業部門と非製造業部からなる2部門の経済を分析することにより、最近のサービス産業などの非製造業部門と新成長部門に焦点をあてる。

一　経済全体（マクロ）の成長率の要因分析：「集計付加価値額」の変化の分解

　経済全体の生産額の成長率要因分解と推定において、投入量だけではなく質的な面も考慮したマクロ成長率の要因分解式は以下のように要約できる。

　GDP成長率＝サービス投入に関してのマンパワーの成長率＋労働の質の成長率＋資本サービスの投入に関しての成長率＋質の成長率＋全要素生産性（TFP）上昇の寄与

　ここで、1と2項目の和は労働投入増加の寄与であり、3と4番目の項目の和は、資本投入増加の寄与をしめている。また、TFPは資本と労働（及び中間投入）の組み合わせ1単位あたりの生産量を示す。経済全体（マクロ）の集計付加価値額における加法整合性の問題を克服するため、生産ウェイトの変化を考慮したラスパイレス型の連鎖指数がうきれる。これによって計算された付加価値、RIETI（2006）データベースに基づく経済全体の成長要因分を検討する。RIETI（2006）データでは過去の実質GDP成長率を、連鎖指数方式で算出しているので、比較的最近年を基準年としてその価格を固定して長期遡及を行う場合よりも、20世紀70年代等、遠い過去における実質経済成長率と全要素生産性上昇率が高めに算出されている[①]。RIETI（2006）のデータの特徴は生産ウェイトの変化を考慮したディビジア集計の作成にある。

　生産要素投入の質的面を考慮した成長率分解式に基づいて、日本経済の

---

① 深尾（2006）はその背後の例として"電子部品は今日では70年代と比べて非常に安価であるために、今日の価格に基づいて固定価格方式で評価すると、過去に全要素生産性を大幅に改善させ、急速に拡大してきた電子部品産業の70年代における重要性を過小評価してしまうためである"と説明している。

集計付加価値額の変化を全期間（1970～2002年）、20世紀70年代、20世紀80年代、90年代に分けて要因を推定した結果は表1である。経済全体として平均的に生産性を示す全要素生産性（TFP）はどう変化したのか。TFPの成長率による寄与度は1980年代に1.42%であり、1970年代（1.63%）に比較して若干低下した後に、1990年代（0.25%）には大きく低下している。1990年代について前半（1990～1995年）と後半（1995～2002年）とに分けてみると、TFP成長率は前半にほぼ0.4%成長となった後、後半は年率平均成長率が0.4%程度に回復している。投入の貢献を量的と質的な貢献に分解し見ると、全体の生産性と深い関係のある"労働の質"の寄与に関しては、1970年代から1990年代にかけて大きな変化がないのに対して、1990年代において生産の低下に大きく寄与したのがマンパワーの減少である。これは特徴的であり、「時短」など制度的な変化から影響も反映している（表4をご参照）。

表4　日本経済の成長要因分解経濟全体の成長率の要因分解

単位：%

	70年代	80年代	90年代		1990～2002
	1970～1980	1980～1990	1990～1995	1995～2000	
実質GDP成長率	5.58	4.41	1.27	-0.22	1.10
労働投入増加の寄与	0.78	0.75	-0.06	-0.98	-0.19
マンアワー増加	0.24	0.35	-0.42	-1.03	-0.51
労働の質向上	0.54	0.41	0.33	0.36	0.04
資本投入増加の寄与	3.17	2.24	0.92	0.37	1.03
資本ストックの増加	2.82	1.76	0.79	0.31	0.94
資本の質向上	0.36	0.49	0.13	0.06	0.09
TFPの寄与	1.63	1.42	0.41	0.39	0.25

注：RIETI（2006）を基に執者が作成　GDPはラスパイレス型連鎖指数により計算された集計付加価値額の年次データ。

日本経済の生産性の変化を全要素生産、生産要素投入の面も考慮した「効率性」から成長への貢献度を見ると、20世紀70年代は45.75%、20世紀80年代は52.61%に対して、20世紀90年代には、生産性または広い意味での効率性の貢献度は平均34.55%で、その成長率への相対的な貢献度が低落していることが分かる。これは、生産要素の質的な要因よりも、全

要素生産性の動きにより説明できる。住宅（帰属家賃）を除くと、1970～1990年には平均して、全要素生産性上昇率は年率1.7％に達していたのに対して、1990年を境に、全要素生産性上昇率が大幅に下落したことが特徴である。

　低成長の要因が生産性の低下または効率性の低下であるというこの事実から、政策的な示唆点として、「低下した生産性または効率性の底上げ」による新成長戦略が生み出されたのである。全要素生産性の上昇は、資本収益率を上昇させ、資本蓄積を促進することを通じても経済成長を加速するというメカニズムにその論拠を置く。また、資本の収益率や効率を論じるとき、物的資本だけではなく「人的資本」も含めた資本として議論されることも重要な点である。一般的な予測として、仮に日本経済が年率1.5％程度の全要素生産性を今後回復することが出来れば、それだけで日本の潜在成長率を年2％程度にまで引き上げることが可能と指摘しているである[①]。

　これらの主張は、供給サイドから総需要へのフィードバック効果・経路を強調している本論文とも一貫性を持っている。ちなみに、生産性の向上により物的、人的資本の収益率が増加するので物的・人的投資が増え、短期的に総需要が増え、長期的には資本蓄積の増加を通じた潜在生産の増加が実現されることが予測される。

二　産業別の成長要因分析

　マクロ経済の会計成長を産業の観点から見ることは、経済の産業ダイナミクスを理解するために重要である。成長率の変動の要因として、労働と資本の投入に加え中間財の投入の影響も明らかになるので、成長率への寄与度を中間財投入増加の寄与、労働投入増加の寄与、資本投入増加の寄与、TFPの寄与など四つの要因に分解する。しかし、産業別の生産性TFPの推計のために技術状態$Ai(t)$を観測することは困難だが、技術状態の変化が生産変化にもたらした影響についてはより観測値から求めることができる。

$$dlny_i(t) = S_{Ki}(t) \cdot dlnK_i(t) + S_{Li}(t) \cdot dlnL_i(t) + S_{Mi}(t) \cdot dlnM_i(t) + dlnA_i(t)$$

$$S_{fi}(t) = \frac{1}{2}[S_{fi}(t) - S_{fi}(t-1)]$$

ここで$S_{fi}(t)$は2期間の3要素コストシエアの平均値である。この式は産

---

① 深尾（2006）。

業部門 i の生産の成長率を、資本投入の成長、労働投入の成長、中間投入の成長による寄与からなることを示している。また、労働、資本、そして中間財などの生産要素の寄与を、さらに要素サービス投入に関して「量の成長率」と要素の「質の成長率」と異なる構成要因から識別する[1]。分析の目的のためにマクロ経済を2部門からなると仮定し、製造業部門と非製造業部門の成長の歩みを分解・分析する。

三　製造業における成長率の要因分析と推定結果

製造業部門の成長率は90年代に低下した。産業の低下には、どの要因か寄与したのか。製造業の動向をみると、TFP 成長率による寄与度が1970年代と1980年代においてほぼ同水準であったが、1990年代は1980年代に比べて年率平均0.74%ポイント低下している。マクロ経済全体同様、労働の質の寄与に関しては、1970年代から1990年代にかけて大きな変化がないのに対して、1990年代において生産の低下に大きく寄与したのがマンパワーの減少である。加えて、資本投入の寄与に1990年代に低下したことが分かる。

表5　日本製造業の成長要因分解製造業
部門の成長率の要因分解

単位：%

	70年代	80年代	90年代		1990～2002
	1970～1980	1980～1990	1990～1995	1995～2000	
実質 GDP 成長率	4.20	4.33	0.57	-2.73	0.26
中間財投入増加の寄与	2.67	2.48	0.00	-1.94	-0.45
労働投入増加の寄与	0.02	0.21	-0.31	-0.73	-0.43
マンアワー増加	-0.11	0.11	-0.46	-0.83	-0.56
労働の質向上	0.14	0.10	-0.05	-0.60	0.13
資本投入増加の寄与	0.36	0.51	0.20	-0.03	0.23
資本ストックの増加	0.36	0.49	0.36	0.40	0.21
資本の質向上	0.00	0.11	0.05	0.00	0.03
TFPの寄与	1.15	1.13	0.68	-0.03	0.39

注：RIETI（2006）を基に執者が作成　GDPはラスパイレス型連鎖指数により計算された集計付加価値額の年次データ。製造業部門の定義。

---

[1]　日本における生産投入の質に関する実証データに関する代表的な文献はRIETI（2006）などがある。

四　非製造業における成長率の要因分解と推定結果

非製造業部門の成長率も1990年代に入り、製造業部門と同様、成長率が20世紀70年代と80年代の平均4.34%から1.5%（1990～2002年年平均）に低下した。中間財投入、労働投入、資本投入、全要素生産性（TFP）などの四つの要因の中、TFP寄与が非製造業の成長率の低下に貢献（－0.04%）していることが分かる。非製造業（分類不明を除く）をみると）の成長率への貢献度をみると、TFP成長率による寄与が1980年代において1970年代に比して上昇したが、1990年代においてマイナスとなっている。製造業同様マンアワーの成長率の低下が1990年代における生産の成長率の低下に寄与していることに加え、資本投入の寄与が1980年代に比して大きく低下している。

表6　日本の非製造業部門の成長要因分解非製造業
部門の成長率の要因分解

単位:%

	70年代	80年代	90年代		1990～2002
	1970～1980	1980～1990	1990～1995	1995～2000	
実質GDP成長率	4.83	3.84	1.13	0.61	1.50
中間財投入増加の寄与	1.89	1.63	0.45	0.38	0.83
労働投入増加の寄与	0.60	0.45	0.11	－0.35	0.09
マンアワー増加	0.28	0.20	－0.09	－0.35	－0.09
労働の質向上	0.32	0.25	0.20	0.00	0.17
資本投入増加の寄与	2.25	1.39	0.58	0.27	0.63
資本ストックの増加	1.90	1.10	0.50	0.21	0.57
資本の質向上	0.35	0.29	0.08	0.06	0.06
TFPの寄与	0.10	0.37	－0.02	0.30	－0.04

　注：RIETI（2006）を基に執者が作成　GDPはラスパイレス型連鎖指数により計算された集計付加価値額の年次データ。非製造業部門の定義。

以上の実証結果とデータが示す事実から、ポストバブル期における日本経済の行動と特徴が確認された。第一に、90年代において多くの産業でTFPの増加率が低くなっていることである。（低成長と生産性の低下と関

係）次に、TFP 成長率は各産業において大きく異なることである。（産業間の生産性格差）

　最近の産業分析によると、全要素生産性上昇率は産業間で大きく異なっている。具体的には、半導体素子・集積回路、電子計算機・同付属品、電子部品など、情報通信機器を生産する産業や、医薬品、サービス業の内訳である保険、通信・電話などで、高い全要素生産性上昇が起きている一方、多くの産業分野では生産性の低下が持続的に維持されている。生産性の産業間格差を起こしているのはどの分野か、なぜその格差が持続的に維持されているのかは、経済全体の停滞を理解するために、究明すべく重要な問題である。

表7　日本経済部門別の成長率の推移：成長率ベスト、ワースト部門の時代別変遷

TFP の変化が生産量増大に大きく貢献した部門	TFP の低下が顕著だった部門
70 年代： 半導体素子・集積回路（15.53%）、 事務用・サービス用機器（12.29%）、 電子計算機・同付属品（12.19%）、 その他公共サービス（9.23%）、 保険業（7.18%）	70 年代： 工業用水道業（-9.72%）、 その他の映像・音声・文字情報制作（-6.48%）、 娯楽業（-5.84%）、 上水道業（-5.49%）、 不動産業（-4.55%）
80 年代： 電子計算機・同付属品（8.86%）、 半導体素子・集積回路（6.44%）、 その他の映像・音声・文字情報制作業（4.85%）、 医薬品（4.29%）、 電子部品（4.22%）	80 年代： 保健衛生（民間・非営利）（-11.19%）、 情報サービス業（インターネット付随サービス業）（-9.00%）、 その他の公共サービス（-5.56%）、 不動産業（-5.10%）、 業務用物品賃貸業（-4.60%）
90 年代： 電子部品（5.04%）、 半導体素子・集積回路（5.03%）、 通信機器（4.65%）、 研究機関（政府）（4.57%）、 電子計算機・同付属品（3.86%）	90 年代： その他の映像・音声・文字情報制作業（-4.24%）、 廃棄物処理（-3.45%）、 電子応用装置・電気計測器（-2.73%）、 娯楽業（-2.54%）、 その他（非営利）（-2.45%）

　注：RIETI（2006）、宮川（2006、表4）を基に執者が作成。各年代別においてTFP 成長率が高い順・TFP 成長率が低い順から5 位までを列記。1970 年代：1970～1980 年の年率平均成長率、1980 年代：1980～1990 年の年率平均成長率、1990 年代：1990～2002 年の年率平均成長率。

　これらの産業間格差に関する事実が示唆する点は、生産性の低下している産業について、低生産性の背景（要因分析）と政策的な観点から、どうすればその産業分野を底上げするのかを考えることがかりになる。これを国際マクロの文脈からは、国際分業の中で、仮に日本がハイテク産業にさらに特化を進めることが出来れば、高い全要素生産性上昇とそれがもたらす堅調な経済成長を享受することが出来るとも解釈できる[1]。

第六節　構造問題としての「資源配分の歪み問題」

　第4章の産業レベルの成長要因とTFP分析の実証結果から、いくつかの重要な問題の提起ができる。TFP上昇は、なぜ産業毎に大きく異なるのか? 1990年代以降製造業を中心に観測された全要素生産性の停滞がどのような原因で起きたか? 生産性の内外格差は産業毎に大きく異なる、その背後にある理由は何か。また海外と比べて著しく生産性が低いといわれている一部の非製造業で生産性上昇を妨げているのはどのような要因か? これらの問いに明確かつ実証的に答えるのは[2]、ポスト・バブル期の日本経済における低成長と生産性の低下現象を理解するために重要であり、今後の持続成長、資源配分、そして所得分配など政策観点からにも鍵になる。本節では、以上あげられた問題の中、日本マクロ経済の産業分析または供給サイドかた総需要へのフィードバック効果と深く関連した問題として、資源配分の効率性の問題、「資源配分の歪み」の問題を説明する。

　まず、「資源配分の効率性」の問題とは何かについて考えてみる。例えば、ある企業のなかで、労働、資本といた生産要素がより収益性の高い事業やプロジェクトへ配分されれば、資本や労働量に変化がなくても、より高い付加価値が生産される。これは生産性（正確には「全要素生産性」）の向上を意味する。同じことが企業・産業部門全体または経済全体で実現すれば、マクロ経済の生産性が向上する。その結果、経済の供給側の改善により、景気が上向くことになるのである。資源配分の歪みの例として、

---

[1]　深尾（2006）。

[2]　これらの問題に関する様々な仮説や理論があり、その論議や実証分析も最近活発になった。しかし統計上の制約などがあり、生産性プロジェクトでは、日本経済全体をほぼカバーする企業ないし事業所レベルのデータベース（JIPミクロデータベース）を構築し研究するなど新しい展開も見せている。

「銀行の不良債権問題」（銀行の追い貸し（おいかし）問題）、「政府による公共投資の非効率性、硬直な予算配分」があり、「財政の非効率性」などが資源配分の効率性を低下させるメカニズムとして上げられる。

一　資源配分の歪みと総需要

標準的な総需要・供給分析では、生産性などの供給面は一定として取り扱われ、資源配分の問題も特に重要視されていなかったが、1990 年代の日本経済の経験から、これらの「資源配分の歪み」の問題が、注目を集めるようなるようになった。その意味で、「資源配分・生産性」問題の需要側へのフィードバックと、それらの波及メカニズムが日本経済の長期的な経済変動、長期低迷や構造問題の理解すために欠かせない側面であることがわかった。この生産性の低迷に関連した問題として、所得分配における格差を究明する鍵になる「異なる経済主体間の所得分配」の問題もある。

二　要素市場の歪みと生産性

「構造問題」としての「歪み」と「資源配分」を論じるとき、生産要素市場の歪みと生産性の関係があげられる[1]。資源配分における歪みのある経済の産業成長は以下の式で描くことができる。

$$Growth\ rateGDP = Con\ by\ factors(K, L, M) + Con\ by\ TFP$$
$$- Decon\ by\ (factor\ market\ distortion)$$

または

$$dlnY_i(t) = S_{ki}(t) \cdot dlnK_i(t) + S_{Li}(t) \cdot dlnL_i(t) + S_{Mi}(t) \cdot dlnM_i(t)$$
$$+ dlnA_i(t) - Wedge(Factor\ Market)$$

ここで成長率の変化があげられる。例えば、経済の停滞を規定する要因として資源配分の歪み（要素市場における歪み）が成長率の向上に歯止めをかけることを示す、Wedge の役割を反映している。この資源配分における歪みも、全要素生産性の測定と同様、観察にくい正確をもつので、測定も同じ方法で考えることもできる。

この式は、生産要素市場の歪みが生産性の低下の重要な要因であると考えられる。それら。日本経済についての研究では、「経済の歪み」が経済

---

[1]　他に Private sector：Mis-allocation、Public sector：Government Regulation 政府の規制、規制緩和の時代などもある。

全体に与える影響を分析するために、実質産出量成長率の分解式を用い
て、その分解式にて、生産や消費の外部性、「生産要素市場の歪み」とい
った「経済の歪み」を明示的に入れ、その歪みによる成長の下落効果、マ
イナスインパクトを定量的に分析している。例えば、「生産要素市場の歪
み」の指標として生産要素市場の不完全性（市場構造）と生産要素の部
門間での限界生産性の乖離を用いる。これらのも方は構造問題としての要
素市場の歪みであり、それが生み出す経済全体における資源配分が、日本
の1990年代以降の経済停滞に影響を与えると考えている。その効果を定量
的に把握することによって、生産性が「単なる技術進歩」だけではなく、
生産資源の産業間配分にも影響を受けることを証明している[1]。

表 8　産業間格差：構造問題と生産性
構造問題要因に関する製造業と非製造業の寄与度

	構造問題にする実質 GDP の低下	
	相対限界生産性	労働投入シェア
全　体	Δ0.26	Δ0.21
うち製造業	Δ0.05	Δ0.38
非製造業	Δ0.21	0.17

注：1986～1998 年大谷他（2004、表 3）。

　最近の研究では、バブル期（1986～91 年）には、労働時間がマイナス
に寄与しているものの、TFP の上昇や資本蓄積だけでなく、生産要素市場
の歪みの改善によって、実質 GDP 成長率が大きく上昇している。また、ポ
スト・バブル期（1992～98 年）には、資本蓄積やTFP がプラスの寄与を
低めただけでなく、労働投入シェアの効果がプラスの寄与を低下させたほ
か、部門間での限界生産性の乖離の効果がマイナスに転化するなど、生産
要素市場の歪みの悪化が実質 GDP 成長率を低下させていたという結果が
あられた。具体的に、バブル期からポスト・バブル期にかけての実質 GDP
成長率の低下（Δ3.6%）のうち、生産要素市場の歪みという構造要因（g
の変化による部門間での生産要素配分の効果と労働投入シェアの変化の効
果）が約 Δ0.5% 寄与しており、実質 GDP 成長率の低下の約 1/7 を説明し

---

[1]　生産要素市場の歪みと生産性の関係にyすいてTFPの分解を分析の枠組みとして生産要素
　　の歪みと部門間限界生産性の乖離を用いる。

ている。

　同じ考え方を産業別に適用するために、こうした生産要素市場の歪みに伴う労働生産性の低下が挙げられる。製造業と非製造業別に寄与度分解した推定からは、労働投入シェアの変化の効果について、非製造業ではプラスとなっているものの、製造業のマイナス幅が非製造業のプラス幅を上回り、全体としては実質 GDP 成長率を押し下げていることが分かる。ここで、非製造業部門でのプラスであるのは、特に資本装備率の高い建設業や不動産等での労働投入シェアが高まっていることを反映いると解釈される。また製造業がマイナスであることは、相対的に生産性の高い製造業の労働投入シェアが低下していることを反映と考えられる。

　これらの実証事実から多くの研究結果から、「もし、経済のサービス化が進展する中で、非製造業の労働生産性が相対的に高ければ、非製造業部門における就業者数の増加によって、非製造業での労働投入増加のプラス効果はより大きくなり、全体としての労働投入シェアのGDP に与える影響はプラスになる」はずである。しかし、実際には、非製造業の生産性は、製造業に比べ低く、かつ、非製造業の中でも、労働生産性の低い建設業等で就業者数が増加しているため、労働投入シェアの変化の効果は 製造業と非製造業を合計するとマイナスとなっている」と産業間の格差やその経済への影響のダイナミクスを説明する。

　1990 年以降、伝統的なマクロ経済政策が期待された効果を発揮せずに、低迷にいた日本経済の経験から、マクロ経済学があまり重視してこなかった問題、その中でも経済の供給面にかかわる問題などに目を向けることになった。銀行の不良債権問題や政府による公共投資の非効率性、硬直な予算配分など、「資源配分の歪み」の問題が「マクロの生産性」にも深く関連があると考えられる。

　このように「資源配分の歪み」の問題と「マクロ生産性」を促えることで、供給側の需要側への影響することが、構造問題としての「金融問題」を把握するのが一番重要である。ポスト・バブル以降の、日本経済の低迷の原因として「金融問題」が指摘されている。しかし、不良債権などの金融問題が経済全体の生産性などのマクロ全体へ及ぼす影響とそのメカニズムに関しては、まだ明確に究明されてない。

　これは不良債権などの金融問題を投資行動への影響を中心とした需要側面を強調することが必要であり、低成長期における供給サイドからのフィードバックの重要性をあまり顧慮してないからである。このような考え方

から金融問題のマクロ経済的影響と示唆は、構造要因説全体を生産性ショックとして捉え、その役割について論じることにある。

「銀行の不良債権」問題と「資源配分の効率性」の問題の背景に、銀行が、収益を生まない不良企業に、貸出しを持続してきたという 銀行の「追い貸し」問題がある。追い貸しの結果、本来なら退出すべく，又は、スリム化して再生すべく①、問題企業に大量の資源（資本、労働といった生産要素）が張り付いたままとなり、それが資源の歪みを温存させた可能性があると指摘されている。

第七節　経済政策課題と新しい政策

一　政策課題

第 1 章で説明したように、1960 年代の終わりの高い成長期の日本は「世界第 2 位の経済大国」となった。しかしながら、バブルの崩壊した後は成熟経済になり、1990 年代は低成長、長期不景気とともに金融と生産部門など経済全体における転換期を迎えることになった。

今、転換期にある日本では最近「新経済成長戦略」が提案され、経済の規模だけではなく、国際競争力のある経済、一人当たり所得水準の高い経済、リスクや不確実性に強い経済、すなわち、世界に存在感のある「強い日本経済」、新しい価値を次々と発信し、世界へ提供し続ける「魅力ある日本」などを政策目標と挙げている。②

戦後日本の高度成長の一つの要因として、生産年齢人口の規模とその移動という労働供給などの制約が比較的に低いことが指摘される。ちなみに、1970 年代初頭までの日本経済は、生産年齢人口が従属人口を大幅に上回る、いわゆる「人口ボーナス」を享受する人口条件や農村部から都市部への人口移動等がその背景にあった。

しかし、最近 90 年代に入ってからは、その供給制約が強くなり、経済に影響を与え始め今後も持続されると考えられる。それは「生産年齢人口」と「労働力人口」の伸び率の問題である。具体的には、少子化・高

---

① 慣習上、制度上、または法律上、退出また再生が すく、速やかに できない 障害が存在する可能性もある。

② 経済通産省「新経済成長戦略」，2006 年 6 月。

齢化に伴い生産年齢人口の伸びは、その後、鈍化し、1995 年をピークに減少している。労働力人口で見ても1998 年以降減少に転じている現状である。また、将来の予測については、経済産業省によると、今後 10 年間は戦後の日本の経済成長を支えた「団塊の世代」が大量に引退する時期に当たり、日本の20 歳から34 歳の「若手」人口は、2020 年までに約31％減少すると見込まれているため、日本経済は供給サイドで経済成長の制約要因を抱えることが予測されている。

　このような 労働力人口の減少など供給サイドで経済成長の制約下で、持続的な発展への一つの対応は、一人ひとりの能力を高め、生産性の向上を実現することが最大のカギになる。言い換えれば、これは「労働生産性」の質的な向上の問題である。特に日本経済のように成熟段階において「労働生産性」を向上するのは成熟経済への入る前とその性格が異なる。

　これは成熟経済における部門間、産業間生産性の格差の性格に注目すべきであることを意味する。（1）まず、産業全般にIT の高度活用、省人化や最新設備への投資を促進する。（2）特に製造業部門のなかでも「情報通信部門」における生産の比重と生産性、情報通信財の「他部門」による需要とその活用による生産性の向上を図る。（3）それにより、国際的に高いレベルにある「製造業部門」の生産性をより一層高めるとともに、全般的に低いとされている「非製造業部門」の革新を推進し、相互に補完しながら、生産性を高めることになる。

　この点は非製造業におけるサービス産業の比重と経済全般におけるサービス化などを考慮すると、「新経済成長戦略」の基本的な考え方と一貫性をもつのである。

　　　"GDP の 7 割を占めるサービス産業が「もう一つの成長エンジン」となるよう、産学官の連携体制を立ち上げ、明確な目標を掲げつつ、生産性向上運動を広く展開する。成長のエンジンをこれまでの製造業単発から製造業とサービス産業の「双発エンジン」へと切り替え、製造業からサービス産業へと軸足を移したアメリカとは異なる道を目指す。"①

上に指摘したような成熟知識経済インフラと基盤になる産業構造の二重

----

① 　経済産業省：「新経済成長戦略」

性の克服には、投入としの「労働量」と、その賃金または報酬の伸縮的な調整も重要な対策であるが、より根本的に重要なことは、創造性豊かな多様な人材を育成することである。そのために先進各国と同様、日本でも教育機関、産業界、地域が連携、協力して人材育成に取り組むことを検討実行することが必要である。また、いままで十分に活かされていなかった潜在的労働力の顕在化できる環境や政策なども必要である。

二　新しい成長政策

もし、ある経済が成熟段階に入り長期低迷にあるとき、ここから抜け出す政策を構想するべきである。またその際、生産性や産業構造、資本収益率、労働生産性の動向等に関する分析が欠かせない。その意味で日本の90年以降の停滞を理解し、経済政策観点からの教訓を得ることが多いだろう[①]。

日本経済についでの政策形成の過程で、持続的な成長と非製造部門の活生化の関係は注目を集めている。日本経済が持続的な成長を実現できるかどうかを論じるとき、しばしば非製造業部門の重要性が上げられる。同部門は日本経済のGDP 国内総生産の8割を構成していて、非製造業の生産性が1ポイント上昇することは、製造業の生産性が4ポイント上昇することを、経済全体のGDPへの影響は同じである、ロジックが背後にあるかである。ここで製造業部門は、グローバル化の流れの中で国際競争に揉まれて、主要な製造業部門においては、高い競争力と生産性を維持している。しかし、多くの製造業はグローバル競争に直面し、海外での活動を拡大している。例えば、自動車のような製造業が国内市場だけに頼って、生産を大幅に拡大させていくのは限界があり、現地生産を拡大するなど、グローバル立地生産戦略が求められている。もちろん、一部の高度な製品や素材・部品などは、国内に生産を続けることになると思われる。よって先端の技術や製品開発の国内での活動もその重要性が強調されている。

日本経済において、製造業部門の影響力を維持しながら、経済全体の潜在成長の向上と、地域の経済的繁栄のためには、製造業部門たけではなく、非製造業部門の活生化も注目されている。非製造業部門が占める比重からみると、すでに日本のGDPの8割を、医療・金融・消費流通・教育・農業・観光・レジャーなどの産業が占めている。こうした部門の産業に

---

① 〔日〕森川：「新経済成長戦略」、とTFP・潜在成長率。

（生産性の向上や資源配分の効率など通じ）活力をもたらすことが、経済全体を活生化するために欠かせない条件であると指摘されている。例えば、日本の成長産業を論じるとき医療部門については、なぜ医療部門が日本で有望な成長産業となる可能性があるのかについて、（1）所得が増える一方、高齢化が進む日本社会では、健康の維持や治療のための支出の増加など医療サービスへの潜在的な需要が拡大する傾向があること。（2）医療部門はハイテク技術や生命科学の研究成果が幅広く応用される成長分野であり、基礎科学や研究開発の付加価値を高める重要な役割を担う分野として認識されていること。（3）現在日本の医療サービスの主たる提供者は、公立病院と小規模の医療法人であり、企業の参入で医療サービス向上や病院管理やなど医療部門全般の生産性を高める余地はきわめて高いといわれていることなどがあげられる。

　しかし、これらの多くの非製造業部門は、医療、教育、農業（食品）などの分野に象徴されるように、多くの非製造業の部門では、公的関与（たとえば規制と競争政策など）が強すぎるため、生産性が全般的に非常に低い[1]。生産性が低い分、それだけ生産性を引き上げる余地がある。また、その分、経済全体を引き上げることになるという政策観点からの示唆が考えられる。そのとき経済全体レベルで、そうした努力とともに産業、地域レベルでの取り組みと、それらの経済環境を創る経済政策と制度設計が必要となる。

おわりに

　以上のような現状の下で、「潜在成長の伸び」や「製造業と非製造など産業間の潜在力の発揮」そして「地域経済の活生化」といた相好関係と波及メカニズムを明確に究明するために、成長と分配問題間のトレード・オフも含めた政治パワーの配分と既存制度の維持誘引などについて制度・発展の政治経済アプローチが必要だろう。

---

[1]　規制と効率性：今の現状では、医療部門、例え、労働集約的な病院は、製造業と異なり、大量生産に効率化の余地は小さいので、規模の経済が働くような規制緩和・撤廃が必要である。医者以外の人（現在は医者以外の人は病院経営はできない）も病院経営者になること、さらに病院のM&Aが自由になり、医療品など一括購入、医療人材の共同訓練、新機器など新技術の導入など経営効率化を推進ができる。医療サービスの価格を反映する医療診療費用の問題も議論し始めている。

　日本経済の成長と発展を分析、特にマクロ生産性を論じる際、その平均的な姿を中心に、産業の格差を考慮した生産性の変動も重要である。産業間の格差や生産性の格差要因を究明することが、日本経済の構造的な要因を究明するのに役に立つのである。特に日本の二重構造という供給サイドから需要側への影響を認識することが、持続的な成長を目指す新しい政策スタンスに欠かせないのである。今後の日本経済社会が向かえて行く方向は、経済のサビース化と情報化が進む中、成長と分配を同時に考えないといけない時代、生産性のため経済政策と格差など社会政策が融合する政治経済政策の方向と重なる可能性が高いだろう。

参考文献

　岩田　規久男・宮川　努編：『失われた10年の真因は何か』，東洋経済新報社，2003。

　権　赫旭　深尾京司：「失われた10年にTFP上昇はなぜ停滞したか：製造業データによる実証分析」Discussion Paper Series No. 168 June 2006 Institute of Economic Research Hitotsubashi University，http：//hi‐stat. ier. hit‐u. ac. jp/ 2006。

　宮尾龍蔵：「日本経済の変動要因：生産性ショックの役割」，日本銀行，2006年1月。

　宮尾龍蔵：『マクロ経済学』，新世社，2005。

　日本銀行：「90年代における非製造業の収益低迷の背景について」，『調査月報』2月号，日本銀行、1999。

　本田：「政策金融の誘導効果」，『日本の景気』，1995。

　宮川，努・竹内　文英：「新生日本経済の課題」『失われた10年を超えて』プロジェクト報告論文，日本経済研究センター，2006。

　中島　隆信：『日本経済の生産性分析』，日本経済新聞社，2001。

　中島　隆信・粕谷　宗久・才田　友美・種村　知樹「セクター別生産性変化の分析と構造変化の検証」、福田　慎一・粕谷　宗久編『日本経済の構造変化と経済予測』東京大学出版社，2004。

　中西　泰夫・乾　友彦：「サービス産業の生産性と研究開発・IT・規制」『産業空洞化と日本経済』，日本経済研究センター，2003。

　Ahearne and Shinada. "Zombie Firms and Economic Stagnation in Japan," *Discussion paper* no. Hitotsubashi University, 2004.

　Beason and Weistein, "Growth Economies of Scale, and Trageting in Japan: 1955～1990," *The Review of Economics and Statistics*, 1996.

　Fukao, Kyoji and Kown, H. U, "Why Japan's TFP Growth Slow Down in the Lost Decate? AN Empirical Analysis Based on Firm-Level Data of Manufacturing Firms," *Japanese Economic*

Review, Vol. 57, No. 2, June 2006, pp. 195 ~ 228.

Hayashi, F. and Edward Prescott "The 1990s in Japan: A Lost Decade," *Review of Economic Dynamics* 5, 2002, pp. 206 ~ 235.

Hayashi, Fumio and Nomura, Koji, "Can IT be Japan's Savior?" Special Conference Issue: Enhancing Productivity, *Journal of the Japanese and International Economies*, Volume 19, Issue 4, December 2005, pp 543 ~ 567.

Jorgenson, Dale and Nomura, Koji, "The Industry Origins of Japanese Economic growth," WP 11800, NBER 2005.

Miyagawa, Sakuragawa and Takizawa, "Productivity and the Business Cycle in Japan: Evidence from Japanese Industry Data," *Discussion paper*. No. 108. Institute of Economic Research, Hitotsubashi University, 2005.

Nakajima, Tomoyuki, Comment: Productivity and the Business Cycle in Japan: Evidence from Japanese Industry Data, *Japanese Econmic Review*, Volume 57, Number 2, June 2006, pp. 187 ~ 194.

Park, CheolSoo, "Business Cycles and Adjustment Dynamics: Empirical Evidences in Japan," *Studies of Economics and Business*, The Institute of Economics and Business, Kumamoto Gakuen University, 2006, pp. 87 ~ 116.

Ralph Paprzycki and Kyoji Fukao, "Overcoming economic stagnation in Japan: The importance of total factor productivity and the potential contribution of foreign direct investment," *Discussion paper* no. 39 Hitotsubashi University, 2004.

日本における地方自治体の会計改革 *

—バランスシート、行政コスト計算書、
キャッシュ・フロー計算書の導入に関連して—

第一節　夕張市の倒産が投げかけた問題

　2006年7月7日、全国自治体政策研究集会は、第一分科会において「三位一体改革と自治体財政について」というテーマをめぐって活発な意見交換をおこなた。実行委員会は、このテーマについて事前につぎのような問題提起をおこなっていた。

　「三位一体改革の名で交付税や補助金は削減され、合併で業務は増大している中で人員は削減され、福祉・医療をはじめ住民へのサービスと自治体労働者の賃金をはじめとした労働条件は切り下げられています。自治体財政の現状はどうなっているか、何が問題か、財政の再建は可能か、など具体的分析に基づく報告から学ぶ。」

　第一分科会の報告者は、島根県雲南市の市議会議員である足立昭二さんで、「雲南市の財政の現状と課題」について具体的な財務データをあげながら上記の問題提起にアプローチしてくださいました。詳細な報告内容は、あとで紹介することにしますが、折しも財政再建団体（倒産）に陥った夕張市財政、この問題をどのように考えたらよいのかということが参加者の大きな関心を集めました。それゆえに、私は、足立さんの報告のコメントをするととともに、「夕張ショック」についてもふれざるを得ません

---

　*　杉田憲道：熊本学園大学商学部。

でした。言うまでもないことですが、この二つは、本質的に切り離しがた
く結びついています。

　今から14年前になりますが、福岡県の旧赤池町が倒産しました。それに
比べると今回の夕張市の負債総額は桁違いの金額で、財政再建団体に適用
される基準をはるかに超えた規模でした。確かに夕張市の特殊な事情もあ
るでしょう。しかし、今日、全国の地方自治体が陥っている財政危機に共
通した、一般的な特徴もその中に見ることができるのではないかと考え
ます。

　もっとも特徴的なことは、財政危機が深刻化すればするほど、財務関連
データが非公開になる傾向があるということでした。夕張市の場合も、事
が公になるや否や、私は直ちに同市のホームページで財務（会計）情報を
検索したのですが、まったくと言っていいほどありませんでした。あとで
ふれることになりますが、財務情報の非公開は、住民にたいするアカウン
タビリティ（説明責任）の欠如という問題につながります。夕張市長は、
記者会見の席で「今後、住民と痛みを分かち合いながら再建していく」と
発言しましたが、住民にはこれまで財務データにかんする重要な情報がほ
とんど知らされてこなかったのです。これまでの経験から明らかなこと
は、倒産した自治体の住民にたいしてはいちじるしいサービスの低下とさ
まざまな負担増が、また自治体労働者にたいしては人件費の大幅な削減が
実施されるであろうということです。つまり、国による厳格な「財政コン
トロール」の下で徹底した蔵入増と歳出減がおこなわれるのです。

　地方財政の問題は、今日、自治体会計の問題として現れています。財務
（会計）情報の開示が大前提にありますが、「夕張ショック」は、くしくも
今日の地方財政の危機が地方会計の危機として現れ、「自治体会計システ
ムの本質的な問題」を露呈することになったと、私は認識しています。

第二節　雲南市の財政状況の説明

　足立さんは、第一分科会で「雲南市の財政の現状と課題」をテーマにし
て、きわめて具体的かつ詳細に同市財政の危機的な状態を報告されました
が、その報告内容の際立った特徴は、同市の財政分析がバランスシートに
よっておこなわれたことにありました。まず、足立さんの報告（要旨）を
紹介いたします。

　最初に、雲南市の財政状態が平成18年度の一般会計予算額（約280億円）の歳入・歳出状況によって説明されました。歳入面では、自主財源が23.9%、依存財源が76.1%、そして、この自主財源の中の市税は12.2%にすぎず、依存財源では地方交付税の割合が46.5%を占めており、「その動向で市財政が大きく左右される」こと、そして「地方交付税並びに臨時財政対策債は平成16年度の地方財政計画による削減、その後の三位一体改革、現在論議されている新型交付税への移行により、大きな影響が考えられる」ことが明らかにされました。歳出面では、公債費が全体の21.0%を占め、以下、人件費の17.3%、補助費等の15.7%と続き、その割合が高いこと、公債費は、これまで実施してきた投資的建設事業等のための起債の返済で、平成21年がピークとなる見通しであることが説明されました（平成17年度地方債残高は、559億円）。さらに、補助費等は、一部事務組合の負担金や補助金が大きいこと、類似団体と比べても公債費と補助費等が飛びぬけて大きいことが強調されました。

　今後の課題として、まず『中期財政計画』が作成され、①普通会計規模の縮小（240億円以下）、②収支不足額の圧縮（7億円以下）、③地方債残高の削減（453億円以下）、④基金残高の確保（30億円以上）という具体的な数値目標が設定され、さらに『行財政改革の集中改革プラン』で、①事務事業の再編整理、②民間委託、③職員等の定員管理と人件費削減、④権限委譲、⑤組織機構の見直し、⑥第三セクターの見直し、⑦財政運営の見直し、⑧公営企業の運営見直しなどに取り組むことが明記されています。

　縮小予算による市民生活への影響は、例えば、介護保険料の月額800円の引上げ、医師や看護師の不足、指定管理者制度の導入による市民への新たな負担、保育所の全面民間委託、結核検診日数の削減などさまざまな分野に現れていること、自治体労働者への影響は、人員削減とともに一般職賃金が5%、期末勤勉が10%のカット（2年間）および臨時職員の賃金削減などで昨年度（2005年度）の当初予算に比べて削減額が4億2500万円にのぼることが報告されました。

第三節　バランスシートによる分析

　全国自治体政策研究集会において、おそらくはじめての試みであったのではないかと思いますが、「バランスシートから見た雲南市の財政分析」

がおこなわれました。足立さんによって、平成17年3月31日現在の雲南市のバランスシートを利用しておおよそつぎのような分析がなされました（表1を参照）。

　まず、バランスシートに表示された資産総額1227億円のうち、有形固定資産が1108億円（90％）、そのうち土木費が354億円（32％）、教育費が305億円（28％）あり、「雲南市は、道路、橋、住宅などのインフラ整備と小中学校の教育施設に力がいれられていると評価できる」こと、さらに、負債総額610億円のうち、固定負債の564億円を取り上げて、「雲南市の財政悪化の最大の要因が地方債にある」ことが強調されました。そして、「人口1人当たり地方債発行残高が全国ワースト5（123.3万円）であること[①]や将来負担の健全度が類似団体（50市）内で最悪であること」などが引用されて、その言明力が高められているような印象を受け。

表1　日本雲南市パランスシート（平成17年3月31日現在）

単位：千円

借　方		貸　方	
［資産の部］		［負債の部］	
1. 有形固定資産		1. 固定負債	
（1）総務費	8502054		
（2）民生費	9479833	（1）地方債	51972880
（3）衛生費	2211918		
（4）労働費	102534	（2）債務負担行爲[①]	
（5）農林水産業費	19766625	①物件の購入等	271604
（6）商工費	3858693	②債務保証又は損失補償	0
（7）土木費	35420227	債務負担行爲計	271604
（8）消防費	586391		
（9）教育費	30537902	（3）退職給与引当金	4198803
（10）その他	320063		
計	110786240	固定負債合計	56443287
（うち土地	18615695）		
有形固定資産合計	110786240	2. 流動負債	
2. 投資等		（1）翌年度償還予定額	4604872

①　『朝日新聞』，2006年6月25日付。

続表 1

借　方		貸　方	
（1）投資及び出資金	2746810		
（2）貸付金	515372	（2）翌年度繰上充用金	0
（3）基金			
①特定目的基金	2138740	流動負債合計	4604872
②土地開発基金	538218		
③定額運用基金	3000		
基金計	2679958	負債合計	61048159
（4）退職手当組合積立金	200764		
投資等合計	6142904		
3．流動資産			
（1）現金・預金		［正味資産の部］	
①財政調整基金	821666		
②減債基金	4378095	1．国庫支出金	12996861
③歳計現金	328932		
現金・預金計	5528693	2．都道府県支出金	14136620
（2）未収金			
①地方税	163955	3．一般財源等	34487879
②その他	47727		
未収金計	211682		
流動資産合計	5740375	正味資産合計	61621360
資産合計	122669519	負債・正味資産合計	122669519

①　債務負担行爲に係る補償等	①物件の購入等に係るもの	2490891	千円
	②債務保証及ぴ損失補償に係るもの	2837950	千円
	③利子補給等に係るもの	158144	千円

　ました。しかし、正味資産合計が616億円であることから、「正味資産と負債との関係は、資産形成の世代間負担の状況を示しているが、雲南市は1対1（610億円対616億円）の割合である」と言われてはいるのですが、それにかんする評価と「バランスシートから見た問題点」の具体的な検討がなされなかったことが非常に残念でした。

　最後に、足立さんは、「今後の課題」として「きびしい財政状況の中で何をしていくべきかですが、今回『バランスシート』、『行政コスト計算

書』をもとにした分析ははじめてであり、理解できない部分が多い現状で
すが、雲南市がどのような施策に予算をつぎ込み、どうしようとしている
か分析できると思います。合併によって同じような建物が各町村に存在し
ているなかで、土木費予算をきちんと精査しながら民生費予算を多くして
いくことが高齢者比率で30％をこえる雲南市には求められていると考えま
す。保育所民営委託攻撃も始まろうとしていますが、バランスシートから
の指摘も新たな武器となると思います。今後もしっかり勉強しながら地方
分権確立に向けてがんばる決意です。」とまとめられ、一定の方向性を提
示されました。

　実は、この「人口一人当たり地方債発行残高」（全国ワースト5）と
「資産形成の世代間負担比率」（1対1）とのあいだの関連性をどのよ
うに捉えるべきかということが、今日の自治体会計の本質的な問題を
考えるうえで、重要なポイントのひとつであるのですが、それにかん
する足立さんの未整理が、「バランスシートから見た問題点」を十分
に浮きぼりにできなかった原因ではなかろうかと思っているところ
です。

第四節　バランスシートの必要性

　足立さんの報告を傾聴して、まず思ったことは「多忙な議員活動にも
かかわらず学習の成果がよくあらわれている」ということでした。これ
からも努力してくださることを希望して、報告にたいするコメントをさ
せていただくならば、何はともあれまず「自治体財政にとって、どうし
てバランスシートが必要になるのか」という問題を考えることでしょ
う。われわれは、この点から出発しなければなりません。足立さんは、
バランスシートの他にキャッシュ・フロー計算書と行政コスト計算書を
資料として持って来られましたが、この「三つの財務諸表」は、確かに
その果たす役割が違うのですが、それらの利用目的が利用者によって様
々に異なっていることにも大きな注意を払わなければなりません。つま
り、「三つの財務諸表」が住民や自治体労働者にたいする合理化攻撃の
材料として利用されることもあれば、逆に彼らの身を守る闘争の武器に
もなるということです。

　現行の（国と地方の）公会計システムは、歳入歳出計算書（あるいは

資金収支計算書）と呼ばれ現金主義会計と単式簿記をベースにしていますが、現金出納帳と基本的に同じ仕組みであることは、皆さんよくご存知のとおりです。この会計は、単年度予算主義をベースにした現金の収入・支出（歳入・歳出）を記帳するには非常に便利なシステムで、歴史は古く、1889年（明治22年）に当時のプロイセン（ドイツ）から日本に入ってきましたが、その後大きな変更もなく今日に至っております。現金の収支を管理するという限りでは、このシステムはそれなりに機能してきましたが、しかし、国と地方の財政が危機的状況にあるなかで、現金の収支を管理するさいの不備や不十分さを理由に、公会計制度の抜本的改革が求められるようになりました。しかし、この分野の改革では先進資本主義諸国のなかで日本はかなり立ち遅れているようです。

　現行の会計制度には、一般的に「四つの欠如」があると言われています。①ストック情報の欠如、②コスト情報の欠如、③アカウンタビリティ（説明責任）の欠如、④マネージメントの欠如が、それです。①は、財産（資産、負債）の会計的管理であって、バランスシートの作成によって少なからず解決されます。②の情報を提供するのが行政コスト計算書で、「費用対効果」といった効率性を把握します。③は、住民との情報共有が重要ですし、財務データの公開が前提になります。④は、「プラン（予算）・ド（執行）・シー（決算・評価）」のことで、現行のシステムでは、とくに「シー（決算・評価）」が十分に機能していないことにたいする反省からきています。評価のキーワードは、「コストに着目した評価」で、行政コスト計算書が中心的な役割を果たします。こうして「三つの財務諸表」が必要となるような公会計改革が、今日、遂行されつつあるのです。

　それではもう一度、足立さんが分析されたバランスシートに立ち戻ってみましょう。バランスシートは、年度末に自治体が所有するすべての資産、負債等のストックの状況を総括的に表示したものですが、それは、しばしば「自治体の姿」を表すとも言われています。一つ一つの数字に注目することも大切ですが、全体を眺めてみることも重要です。自治体がこれまでどのような「町づくり」をおこなってきたのか、その姿が表1の左側の数字に表れます。土木型なのか、民生（福祉政策）型なのか、それとも教育型なのか、それは、各市町村によって様々ですが、一般的に言えば、土木型が多いでしょう。そして、その姿を形づけるための財源がバランスシートの右側の数値です。負債と正味資産（純資産）とに分かれます。こ

こで、足立さんは、当然のことながら「地方債」を問題にされました。しかし、負債はこれだけではありません。退職給与引当金が42億円、債務負担行為が271604千円ほど計上されています。さらに、よく見落される箇所なのですが、バランスシートの脚注に注目してください。「債務負担行為に係る補償等」として約55億円の数字があがっています。（図表1を参照）これは、まだ債務として確定はしていませんが、しばしば「隠れた債務」と表現されているものです。夕張市の倒産は、これが主たる原因の一つになりました。例えば、外郭団体や第三セクターへの債務保証などが典型的なものです。つまり、オフバランスにある「債務負担行為」の中身の検証が必要になってきます。ということは、バランスシートの左側にある「投資等」の貸付金や基金（特定目的基金や土地開発基金など）の数字にも注意を向けなければならないでしょう。バランスシートは、それらに表示された財源と使途との相互関連性をいろいろな角度から分析・検証することが大切なのです。

第五節　キャッシュ・フロー計算書と行政コスト計算書の役割

　キャッシュ・フロー計算書は、現行の現金主義会計をベースにした歳入歳出計算書と基本的に同じもので、1年間の資金の動きを示しています。ただ、歳入歳出計算書と少し異なるのは、キャッシュ・フロー計算書が行政の活動を①行政活動資金、②投資活動資金、③財務活動資金の三つに区分して、その資金の流れを明らかにしているということです。雲南市のばあい、③の財務活動資金の流れに注目すべきです。「地方債の償還による支出」や「支払利子及び公債諸費による支出」（歳出）が54億円ほどありますが、「地方債の発行による収入」（歳入）額が六八億円ですので、この数字を見る限り、足立さんが言われるように「雲南市が依然として起債に頼る体質を維持している」ことがわかります。（表2を参照）

　行政コスト計算書は、フローの面から1年間に実施された自治体の活動実績にかんする情報をコスト（費用）として把握する計算書です。企業会計の損益計算書に相当します。自治体は基本的に収益活動をおこないませんので、損益計算書という言葉の使用を避けています。雲南市の平成16年度の行政コスト計算書によると、1年間の行政サービスに要したコスト

は、254 億円となっています。その主な内訳は、減価償却費 57 億円（22.6%）、補助費等 48 億円（18.9%）、人件費 47 億円（18.7%）などです。

　が、減価償却費がトップにきていることで、有形固定資産（ハコもの）の中身の検証をする必要がありそうです。さらに公債費（利子分のみ）で10 億円が計上されていることで、地方債残高がかなり大きいことも容易に理解できます。（表3を参照）

　減価償却費は、現金の収支を伴わない費用ですので、キャッシュ・フロー計算書（歳入歳出計算書）には表示されませんが、固定資産の使用による価値費消分だけ費用が発生したと考えるのです。この他に現金収支を伴わない費用として、退職給与引当金繰入等があります。これは、自治体労働者に将来支払う予定の退職手当の1 年間の増加額を表示しています。キャッシュ・フロー計算書における人件費の支出は54 億円になっていて、その中に退職手当が含まれていますが、その全額が退職年度における費用の発生と見るのではなくて、勤務する期間に応じて徐々に費用が発生してきたと考えるのです。このように正確なコスト計算をしようとすると、現金の収支だけでは説明ができないコスト（費用）が発生します。逆に、キャッシュ・フロー計算書に歳出として表示されていたもので、費用とならないものもあります。例えば、先ほどの「地方債の償還による支出」、「貸付金による貸付による支出」や「投資および出資による支出」などが典型的なものです。これらは、当該年度の行政サービスの結果として資源が消費されたものではありません。それは、資金の単なる移動に伴う資産と負債の増減にすぎないのです。以上のように、行政コスト計算書は、1 年間の行政サービスの結果として資源が消費されたものだけを行政コストとして計上しているのです。

　この「三つの財務諸表」の相互の関連性を分かりやすく図式化したものを、図1（『日本経済新聞』、2002 年12 月27 日付）として掲げておきましたので参考にしてください。そして、もう一度「なぜ、歳入歳出計算書（現金主義会計）ではダメなのか」を考えてみてください。

　さらに「経年比較」と言いますが、当該自治体のバランスシートの過去から現在までの数字を時系列で比較してみましょう。そうすれば、自治体のこれまでの姿の変容が浮かび上がってきますし、そのことから「将来のあるべき姿」も描けるはずです。

表2 キャッシュ・フロー計算書
(平成16年4月1日～平成17年3月31日)

単位：千円

活動区分	キャッシュ・イン（歳入）	キャッシュ・アウト（歳出）	ネット・キャッシュ（収支差額）
Ⅰ 行政活動によるキャッシュ・フロー			11785821
1. 税収	4081695		
2. 使用料及び手数料収入	616559		
3. 人件費による支出		5401858	
4. 物件費による支出		3746105	
5. 維持補修費による支出		161735	
6. 扶助費による的支出		1589275	
7. 諸収入	871172		
小　計	5569426	10898973	△5329547
8. 交付金による収入	13370937		
9. 国庫及び都道府県支出金による収入	4893277		
10. 分担金・負担金・寄附金による収入	348301		
11. 補助費等による支出		1497147	
Ⅱ 投資活動によるキャッシュ・フロー			△8660694
1. 有形固定資産の取得による支出		8726333	
2. 国庫及び都道府県支出金による収入	1326023		
3. 財産の発却・運用による収入	131942		
4. 貸付金元利収入	336881		
5. 貸付金の貸付による支出		423689	
6. 投資及び出資による支出		179400	
7. 他会計・基金かちの繰入による収入	2331015		
8. 積立金への積立による支出		1087106	
9. 他会計・固定額運用基金への繰出による支出		2370027	1333982
Ⅲ 財務活動によるキャッシュ・フロー			
1. 地方債の發行による収入	6765700		
2. 地方債の償還による支出		4571414	
3. 支払利子及び公債諸費による支出		860304	

続表 2

活動区分	キャッシュ・イン（歳入）	キャッシュ・アウト（歳出）	ネット・キャッシュ（収支差額）
Ⅳ 現金及び現金同等物の増減額			4459109
Ⅴ 現金及び現金同等物の繰越残高			1069584
Ⅵ 現金及び現金同等物の年度末残高			5528693
内訳）			821666
財政調整基金			4378095
減債基金			328932
歳計現金			5528693

表 3　行政コスト計算書
（平在 16 年 4 月 1 日～平成 17 年 3 月 31 日）

［行政コスト］

		総額 4 円	構成比率%
1	（1）人件費	4740057	18.7
	（2）退職給与引当金繰入等	217688	0.9
	小　計	4957745	19.5
2	（1）物件費	3746105	14.8
	（2）維持補修費	161735	0.6
	（3）減価償却費	5747424	22.6
	小　計	9655264	38.0
3	（1）扶助費	1589275	6.3
	（2）補助費等	4799844	18.9
	（3）繰出金	2332947	9.2
	（4）普通建設事業費（他団体等への補助金等）	896046	3.5
	小　計	9618112	37.9
4	（1）災害復旧事業費	144022	0.6
	（2）失業対策事業費		0.0
	（3）公債費（利子分のみ）	1009691	4.0
	（4）債務負担行為繰入		0.0
	（5）不納欠損額	5129	0.0
	小　計	1158842	4.6
	行　政　コ　ス　ト　a	25389963	
	（構成比率）		

[収入項目]

1　使用料・手数費等 b	2167994	
b/a	8.54	
2　國庫（県）支出金　c	4893277	
c/a	19.27	
3　一　般　財　源　d	17621716	
d/a	69.40	
収　入（b＋c＋d）　e	24682987	
4　正味資産国庫（県）　支出金償却額　f	1726047	
5　期首一般財源等	33407063	
差引（e－a＋f）　一般財源等増減額	1019071	
債務負担行爲等調整額	61745	
6　期末一般財源等	34487879	

※［使用料・手数料］…分担金及ぴ負担金、使用料、手数料、財産収入、寄附金、繰入金、諸収入。

※［一般財源］…地方税、地方讓与税、利子割交付金、地方消費税交付金、コルフ場利用税交付金、特別地方消費税交付金、軽油・自動車取得税交付金、地方特例交付金、地方交付税、交通安全対策特別交付金、国有提供施設等所在市町村扶助交付金。

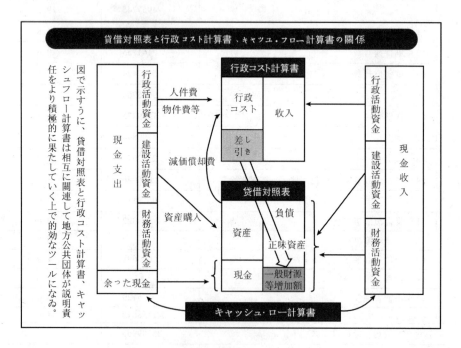

図1

第六節　地方財政の危機は、自治体 会計システムの危機

　すでにお分かりのように、現金主義会計をベースにした現行会計システム（歳入歳出計算書）では、仮に支出額が収入額よりも大きくなったばあい、一般財源として赤字地方債の発行がおこなわれることによる歳入の増加によって収支のバランスをとることができます。しかし、この計算書の中で地方債残高（総額）を認識することはできません。さらに運転資金や赤字補填等のために地方公営企業（法非適用）などへ資金を移すばあいには、一般会計から特別会計へ「繰出金」項目でおこなわれることが一般的ですが、夕張市のばあい、それを一般会計からの「貸付金」でおこない、その財源を一時借入金でもって充当していました。観光事業などの地方公営企業は財源不足ですので、借入年度に返済する資金がないために「出納整理期間（4月1日～5月31日）」を利用して翌年度会計から償還していました。

　こういう会計操作をすると、他の事情に変化がないかぎり、前年度までの累積額に今年度の不足額が加算されることによって、一時借入金の総額が年ごとに増加していくことになります。一時借入金は、借入限度額を議会の承認のもとで同一会計年度内に処理（返済）されれば、なんら違法行為にはなりません。しかし、実質的な赤字（あるいは借入金総額）が見えてこない仕組みに本来なっていることが問題なのです。

　マスコミは、この会計操作を「不適切な財務処理」としていっせいに批判しました。たとえば「一時借入金の乱用だ。年度内返済を前提に金融機関から借りるもので、予算・決算書には記載されない。返済のために新たな一時借入金をする自転車操業を重ねた。」と書いています。[①]

　夕張市の負債総額が第三セクターも含めて標準財政規模（約45億円）の14倍（632億円）に達しましたが、この数字は、同市のばあいに九億円の赤字額が財政再建団体の基準になることを考えれば、あまりにも異常な事態であると言わざるを得ません。たとえ違法な行為ではないとしても、一時借入金による会計操作によって巨額な赤字を表面化させなかった現行会計システムに、本質的で構造的な問題があるということを認識しなければなりません。さらに、この632億円の中には「確定した債務負担行為」

---

① 『朝日新聞』、2006年6月25日付。

だけの数値しか入っておらず、オフバランスの債務負担行為（隠れた債務）の設定額（例えば第三セクターなどの債務保証額）が含まれていませんので、負債総額はさらに増えるであろうことが予想される。

　夕張市は、おそらくこの「三つの財務諸表」を作成していたと推察しますが、市民に公開されていませんでした。住民にたいして詳しい「財務（会計）情報」を提供していなかったという事実がまず大きな問題ではないかと考えます。その意味で何よりもまず、アカウンタビリティ（説明責任）の欠如、つまり市政のあり方（市民にたいする市議会の姿勢）を問題にしなければなりませんが、仮に説明責任が果たされていたとしても、つぎに「不適切な会計処理とは?」という問題がでてきます。「不適切」という言葉は、本質的な問題を隠蔽するには非常に都合の良い「曖昧な表現」です。当局は、財政不足という状況から「適切な処理」をおこなったと評価することもできるでしょう。問題の本質は、「適切」か、あるいは「不適切」か、ということにあるのではなく、現行会計システムそれ自身の構造的な問題であるということです。これまで地方債の発行によって公共投資活動を中心とした景気刺激策を国家が積極的におこなってきましたが、このやり方に実は現行会計システムがぴったりと適合していたと考えられます。しかし、20世紀末ですが、当時の小渕内閣は、国と地方の財政が危機的な状況にあるとして「小さな政府」への取組みの一貫として「公会計改革」を打ち出しました。これは、「三つの財務諸表」の導入に向けたはじめての体系的な取組みであったと思う。

第七節　未解決の問題

　本稿でまだ解決していない問題があります。足立さんを悩ませた「未整理の問題」、つまり「一人当たりの地方債残高」（雲南市、全国でワースト5）と「世代間負担比率」（雲南市、1対1）の関連性の問題です。図2（「市町村財政比較分析表」）をご覧下さい。このような分析表が最近、類似団体を比較するさいにさかんに利用されるようになりました。この図表の右上の「将来負担の健全度」を見る指標として「人口一人当たり地方債現在高」が使われています。雲南市はこの表から最下位であることがわかりますが、その理由として「合併前6町村において整備した類似する公共施設が数多くあるため、類似団体を大きく上回っている」ことをあげています。

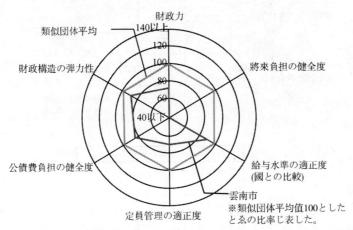

人 口	45.870(H17.3.31現在)
面 積	553.37km²
年収入総額	37.973.594千円
年支出総額	37.644.662千円
實 質 收 支	280.260千円

島根県 雲南市

雲南市
※類似団体平均値100とした
とゐの比率じ表した。

※類似団体とは,人口および産業構造等たより全国の市町村を88のタルーフに分類した結果。
当該団体と同じタルーフに属よる団体を言う。

分析欄
【財政力指数】
本市は平成16年度に6町村の合併により発是したぞちるガ。人口の減少ヤ全国平均を上回る
高齢化率に加え、産業基礎も弱いため、類似団体平均を大きく下回つている。今後,産業振興
により財政基礎の強化に努める。
【經常收支比率】
今後，過去の普通建設事業に伴う公債費の上昇はるのの，合併効果を生かした人件費の削減、
物件費、補助費等の撤底的な歳出削減を行ない，經常收支比率の改善に努める。
【起債制限比率】
今後、起欵償還額は，平成21年度よせ上昇していくガ、中其財政計画等に基つき、計画的せ必
要度の高い普通建設事業を行い、薪たな市債の発行額を抑无るとともに、繰上償還等により財
政の健全化に努めゐ。
【人口1人当たリ地方債現在高】
合併前6町村にお゛て整備した類似すゐ公共施設が数多くあゐぬ、類似団体を大きく上回つてゐ。
平成17年度じ一部繰上償還を行つているか，今後、中期財政計画・公債費負担適正化計画に
一定の框を設計、緊急度の高いものから実施することで薪たな市債の発行額を抑え、平成21年
度末には992千円以下になるよう努める。
【ラスパイレス指数】
現在旧町村間の給与調整中であるが、平成17年度に給料月額5%、期末勤勉手當10%、管理職手
当50%の給与削減を実施したほか、退職勧奨により、職員数削減にも取り組んでおり、今後モ
人件費職額の抑制に努める。
【人口1000人当たリ職員数】
合併協議において、一般職員を10年間で150人程度削減することとし、平成16年度に30人
を削減した。平成17年度で定員管理計画を策定、前期5年間（集中改革期）に約50人、モ
の5年間で約70人の削減を図る。

図2 市町村財政比較分析表（平成16年度決算）

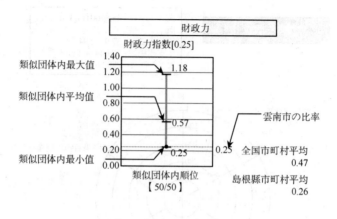

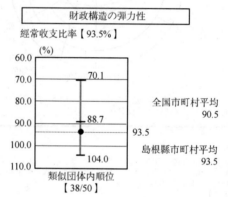

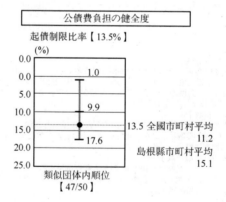

续图 2

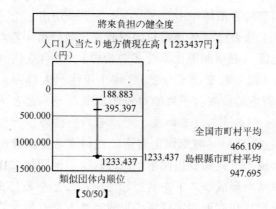

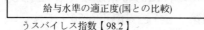

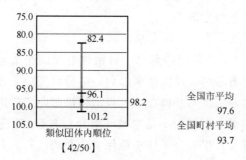

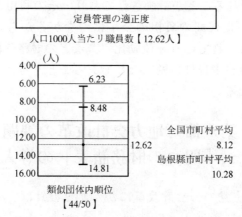

続図 2

　しかし、自治体間のバランスシートの比較として、たとえば財団法人社会経済生産性本部の自治体マネジメントセンターが出した『自治体財政事情総覧』の資料によれば、各市町村の財政を比較分析するための評価方法として、①安定度（起債制限比率などの指標）、②自立性（財政力指数など）、③柔軟性（経常収支比率など）、④生産性（人口一人当たり行政コストなど）、⑤資本蓄積度（予算額対資産比率など）とともに、⑥として「世代間公平性」があげられていました。その指標のひとつが「社会資本形成の世代間負担比率」（有形固定資産にたいする正味資産の割合）でした。社会資本形成の世代間負担比率が高ければ、他団体に比べて過去の世代が有形固定資産の形成コストを負担していることを表しますし、反対に低ければ、将来世代が有形固定資産の形成コストを負担することになります。この率が30％から40％台にある県が多く存在していますが、この中で島根県が67.2％（全国第3位）、雲南市が56％です。

　バランスシートを分析するさいに、これまでは「世代間負担の公平性」が重要な指標のひとつである

　と考えられてきました。『日本経済新聞』は、以前、つぎのような記事を掲載していました。「負債の部は、自治体も民間企業も将来の負担という意味では同じであるが、民間企業において優れているといわれる無借金経営は自治体においてはあり得ない。自治体においての借金（主に地方債の発行）は、一時的な財源の不足を補う場合もあるが、その多くは現世代と将来世代の受益と負担の公平性を確保するために行われる。つまり、地方債を発行することによって建設される公共施設などは、建設時から長期にわたって利用されることが計画されており、その利用期間の税収などでまかなうことが、世代間の負担の公平につながるからである。したがって、民間企業で行われている「流動比率」などの財務分析は、地方債の償還資金がそもそも将来世代の税収などであることを考えれば、異なった意味をもつものとなる。」①

第八節　地方会計改革の課題
—「四つの財務諸表」の導入

　政府・自由民主党の公会計改革にかんする方針は、小泉内閣誕生いら

---

① 『日本経済新聞』，2003 年 12 月 26 日付。

い急速に変化してきています。最近では、自治体の破綻法制の見直しに関連して「再建団体になる条件は、現行では赤字比率というフローの指標だけ。夕張市のように黒字決算を続けた場合は破綻が先送りされ、結果として事態は深刻になってしまう。このため、たとえば人口一人当たりの地方債発行残高のような指標も加えることを検討している。」① というような主張が展開されています。2006 年 8 月 21 日の『日本経済新聞』こでは、「財政赤字が深刻な地方自治体の再生をめざす破綻法制の整備に向けて総務省が検討する新たな枠組みの骨格案が明らかになった」として、つぎのように書いています。「最大の焦点は自治体が発行する債券と金融機関からの借り入れを対象とする債務免除の検討。・・・債務免除の検討は自治体が容易に資金を調達できないようにするため、いまは金融機関は健全度が低い自治体にも安心して貸せ、財務規律が緩みがち。地方債にも、元利償還金の一部に地方交付税を充てる『暗黙の政府保証』がある。・・・いまの再建団体制度は単年度決算の赤字比率だけが認識基準で夕張市のような赤字隠しは発覚しにくい。第三セクターや地方土地公社などを含めた連結ベースの債務残高比率や、一時借入金を含めた実質赤字比率も新たな指標として導入する。」

　政府・自由民主党がめざす方向は、明らかです。これまでの「世代間負担の公平性」という考え方をなくして、民間企業と同じ「資本の論理」（無借金経営）を自治体に導入することが目標でしょう。そのためには、現行の会計システムを抜本的に改革しようとしていたこれまでの「三つの財務諸表」の導入をさらに発展させていく必要があると考えているようです。

　最近、『新地方会計制度研究会報告書』が総務省から出されました。この特徴は、これまでの「三つの財務諸表」に加えて「純資産変動計算書」の作成を義務づけ、「純資産の変動は、政策形成上の意思決定であって・・・その純資産の変動こそが現役世代と将来世代との間での資源の配分を意味することとなる。」と書いて、「純資産」を強調していることです。②

　『報告書』はまず、新公会計制度を整備する目的として「①資産・債務管理、②費用管理、③財務情報の分かりやすい開示、④政策評価・予算編成・決算分析との関係づけ⑤地方議会における予算・決算審議での利用

① 『朝日新聞』，2006 年 6 月 25 日付。
② 日本総務省：『新地方会計制度研究会報告書』，第 16 頁，2006 年 5 月。

などをあげ、具体的には、従来の現金主義会計から減価償却費や退職給与引当金などをあらかじめ計上しておく発生主義を活用した会計に移すほか、複式簿記の考え方も導入。これらを踏まえた①貸借対照表（バランスシート）、②行政コスト計算書（損益計算書に相当）、③資金収支計算書（キャッシュ・フロー計算書に相当）と、バランスシート上の資本（純資産）と負債の割合の変動を示す④純資産変動計算書の四つの財務諸表の基準モデルを整備するとした。」[1]

　これは、足立さんの問題に引きつけて言えば、明らかに「世代間負担の公平性」から脱却し、純資産を重視すること、そして、その中で「人口一人当たり地方債現在高」指標を重視する方向への転換を意味するでしょう。最近、「自治体経営」という言葉がさかんに使われていますが、その内容は、自治体の中に「資本の論理」を導入することなのです。

　「ブルジョア階級は・・・人間と人間とのあいだに、むきだしの利害以外の、つめたい『現金勘定』以外のどんなきずなをも残さなかった。」（マルクス・エンゲルス『共産党宣言』、筆者の好きな言葉です。資本主義システムは確かにそうだと思います。しかし、地方自治体に目を転じれば、その与えられた条件（限界）の下でも、氷のように「つめたい現金勘定」から心の通い合った「あたたかい現金勘定」へ政策転換が可能であると考えます。

---

[1]　『官報速報』，2006 年 5 月 24 日，時事通信社。

中国のWTO加盟と世界市場構造 *

はじめに

　中国のWTO加盟をどう評価するかという点では、通常、それによる機会と挑戦という2つが基準とされている。前者は新しく改善された世界市場アクセスがどの産業で、どういう形態において利得、すなわち輸出拡大あるいは輸出機会の獲得などが現れ、経済開発と産業構造・就業構造の動態的変化に寄与するかに着目する。同時に経済「大国」にして、GDPの約60％を輸出入が占め、その大半を合弁ないし外資企業が占めるという、国際的に異例な経済活動の態様が注目され、とりわけ外需変動のインパクトは大きい。対比的に、「資源小国・外需（輸出）依存」度の高い日本の場合のそれは20％未満で、国内需要（消費、投資）が主体の「国民経済型」の需要構成にある。この中国的特徴は、別名「世界の工場」といわれるように、外資優遇体制（経済特区、臨海開放都市、重点技術開発地域などの形態をとる。）下で、資本・生産財と原材料の無税ないし関税優遇輸入と完成品輸出（委託加工、輸出の相手先ブランドでの製造［OEM］・輸出等）という輸出志向製造業の展開が外資主導で実行されている点に由来する。こうした特異な発展戦略の合理性は世界市場の現代的態様に求められる（Ⅲ節参照）。他面で、中国自身の内需の拡大、発展のメカニズムある

　＊　西田勝喜：熊本学園大学経済学部教授。

いはダイナミズムが今後どのような経路とプロセスを通じて形成・展開されるかは、先の外資導入、輸出主導型との対応ないし照応関係、とくに前者から後者への転換のタイミング等との関連で視野におさめる必要がある。

一方、「挑戦」に関しては、上記の「機会」がポジティブな面を表すのとは反対に、国内での市場経済化（国有企業の株式会社制への移行とコーポレート・ガバナンス構築、財政・金融を含む構造改革と規制緩和等、多様な展開を含む。）の進展の途次でのWTO加盟は、静態的にみても、その時点と経過期間における国際競争力を勘案した産業的劣位部門に集中的に現われる。中国の場合、その産業劣位部門は、近代産業構造論でいう（国防を第一義とした工業体系たる）オールド・エコノミー（耐久消費財需要に照応した重化学工業）に存しており、その再活性化あるいは産業的退出を余儀なくされ、そうした事態への「挑戦」が主要形態である。視野を農業に転じると、アメリカを筆頭に第二次世界大戦後、一躍「高生産性」農業を実現した粗粒穀物（小麦、とうもろこし、大豆、米など）を内容とする国際商品において立ち遅れているだけでなく、小規模生産と膨大な労働力の滞留が「挑戦」上の制約となっており、転作等の方途も不分明である。更に重要な挑戦領域は、先のオールド・エコノミーに対置される、ニュー・エコノミーという今後の産業構造の基軸領域の創出である。いわゆるIT革命下の高度な情報・通信産業の構築、そこでのイノベーションの他産業への応用、とりわけサービス経済化の進展とオールド・エコノミーの再活性化（リエンジニアリングまたはリストラクチュアリング）など、多様な課題が、WTOの権利・義務関係の下で内外無差別（内国民待遇）を基本に遂行されざるをえない。

中国人研究者達の多彩な中国経済研究、なかんずく中国のWTO加盟＝中国経済のグローバル経済統合（金融・資本市場のグローバリゼーションとは区別される、実体経済面でのグローバリゼーション）の評価と展望に接していて、重要な点で異和感を禁じえないので、そこから論点を開示しよう。

端的にいって、世界貿易機関（WTO）の基本性格をどう提えるか、という論点である。我々はこの論点へのアプローチは、K・マルクスにならって、「歴史的」・「論理的」な方法に基づける必要があると考える。先ず、「論理的」視点からすれば、その前身であるGATT体制そのものが、多くの例外と先進・工業締約国の既得権への妥協を含みながらも、価格メ

カニズムの作働にもとづく市場経済主義を採っており、WTOはそれをネオ・リベラル（端的には、1980年代に入り、ケインズ主義批判のなかから登場した、いささか偏向気味の市場経済至上主義のレーガン＝サッチャー「革命」）の立場から継承している。財貨を中心とした市場競争による需要・供給の価格調節による諸資源の効率的配分を市場参加の国民経済相互間で実現するシステムを想定してのことである。ネオ・リベラルのケインズ主義批判は、直接には先進諸国がほぼ同時に経験した1970年代央～1980年代初のスタグフレーションへの処方箋で、「市場の失敗」を救済・調整する公的当局（・政府）自体が「失敗」をしている状況を救済するには「本来」の市場機能を再生させ、すなわち市場・経済・社会機構への政府諸規制を緩和・撤廃することに論点をすえた。

　但し、論拠ではない。アメリカのレーガノミクスに具体例をとれば、推論の限りで、市場の構成員であるビジネスの行動の自由（労働市場における法制的ならびに慣行的な労働者保護の後退を含む－結論から言えば、職（job）の確保（それには、労働条件の劣悪化と労働組合の弱体化をともなった。）。マクロ経済的には、国民諸階層での貧富の格差の拡大と、低・中所得層の所得減退として表出させた。）を回復・拡張する公的規制の緩和（合理的期待学派の主張点）と、P.ボルカーFRB議長の指導下で既に「実験」されていた、金融政策の転換（利子率オペレーション主導から、連邦公開市場を舞台にした、通貨供給量（マネーサプライ）の調節によるインフレーション抑制への転換の追認）に示された自由市場を信奉するマネリストの登用であった。[1] 以上、政策展開の現実を措けば、少なくとも理念的には、20世紀70年代末～80年代初の時期を転機にネオ・リベラルが先ずイギリスとアメリカで台頭し、次いでフランス（ミッテランの政策転換）西ドイツ、そして日本等を席巻した。こうした主要先進資本主義諸国の経済政策の主流となったネオ・リベラリズムは、産業的には先ず、国際的な金融・資本市場での「（新）時代の声（＝グローバリゼーション）」の

---

[1]　レーガノミクスは、通常、「4つの柱」から成るとされ、本文中の公的（政府）規制の緩和とマネタリスト的金融政策の継続に加え、景気刺激を期した、個人・法人を対象にした大型減税（前者の場合は個人所得税率の3年で25％引下げで限界税率の低下が強調され、法人減税では、法人所得の税率の引下げはもとより、固定資産の大幅償却を認める加速償却が固定資本投資を刺激してサプライ・サイドを強化するとされた。）、それとの財政上のバランスをとる意味も含めた歳出削減（「小さな政府」の実現）とがある。

　　今日のアメリカ経済にも通底する「双子の赤字」はこのレーガノミクスから胎動するが、本論のコンテキストとの関連上、論述を省略する。

展開」であった。① そのグローバリゼーションの波が次に目指したのが国際通商の世界であった。ところが、財貨・サービスの貿易の世界には一つの「革新」が試みられ始めた。節を改めて見よう。

第一節　レーガノミクスの破綻とアメリカ主導の通貨・通商改革

　ここでの視点は、前項の「論理」をひき継いで、GATTが主に対象とした財貨（および、その取引と関連する）サービスの領域が拡張されて、ウルグァイ・ラウンドの終結を承けて成立したWTOは、GATTの対象をはるかに越えて、ウルグァイ・ラウンドでの3つの「新分野」（略称で当該協定を示すと、GATS、TRIPsおよびTRIMs）に及び、これを突破口にして、今後は労働条件、環境条件、競争条件等の国際的規律が注目され始めたことをどのように解釈すべきかである。この論点は形式論理の次元では捉えようがなく、その端緒をひらいたアメリカの、プラザ合意・新通商政策声明（ともに1985年9月で1日違いの連動改革）に具体化した、通貨・通商改革の態様を「歴史的」に捉え直す必要がある。

　1970年代初に、戦後の安定的な国際通貨制度を固定為替相場制度で規律してきた先進諸国間の関係は終了し、主要諸国は変動為替相場という「羅針盤なき航海」へ歩を進め、本格的なドル本位制の時代が幕開けする（ドルの為替媒介通貨機能に着目。R・ニクソンの「ビナイン・ネグレクト」政策という通貨戦略の結果でもあった）。レーガンの通貨改革はニクソンのそれほどトリッキーではなく、1980年代入りのスタグフレーションの深化を反転させ、景気回復（景気の底は1982年第4四半期）を導いた。スタグフレーションの克服で世界に先駆けた後に、いわゆるレーガノミクスの「影」の部分と称される「双子の赤字」を必然化させた。本論ではその経緯に関心を払うことは類書に譲って、大規模化し構造内化された経常収支の赤字（レーガン政権I・II期、父ブッシュ政権、クリントン政権I・II期、および子ブッシュ政権I・II期と連続して、四半世紀にわたり既に定着した点に着目しよう）、なかんずくその基礎をなす貿易（サービスでなく、財貨の）収支の赤字が注目された。アメリカにとっての諸悪の

① 具体的にはBIS（国際決済銀行）加盟諸国の金融規律の確保に関する合意（バーゼル委員会規律）で、金融機関の諸リスク資産に対す自己資本の比率が、国際金融業務を行う銀行の場合は8パーセント以上で、その他の場合は4パーセント以上とされた。

根源は、自由で広大な規模を誇るアメリカ市場をターゲットに、「不公正貿易慣行」等の手段を動員して輸出ドライブをかける反面、自国の国内市場に関してはこれまた「不公正貿易慣行」・自国産業の育成・保護等々の政策で外国（競争力ありと観念されるアメリカ産業を含む）からの競争を排除する国々なのである。

　貿易収支の赤字は当然のこととして、日本、西ドイツあるいはアジアNIES等からの競争の高まりであり、その価格面に着目すれば、結果的にアメリカ経常収支の赤字をファイナンスした、「不況」諸国のアメリカにおける早期の景気回復をとげ上昇基調に転じた対米資産運用あるいは対米直接投資を主因とする、「ドル買い」がドルの「独歩高」を導き価格競争力の悪化に帰因するアメリカの製造業を中心とする諸産業に「空洞化」の危機を招来する－もう1つの悪は「ドル高」なのだ。この認識は重要な転機であった。

　同時に、先述の海外資金、資本の対米流入はアメリカの債務累増を導き、いずれかの時点（というのも、それらの価額を簿価で捉えるのか、あるいは時価で捉えるかで異なり、インフレーションの進展と対外投資の「歴史性」で、後者の方が時期はズレ込むから）で、アメリカは債務国に転落することになる。ドル本位制という国際通貨レジームの下でのアメリカの債務国化は、アメリカの景況に対応したアメリカを中心とする大規模な資金の流出入を反映する国際協調的な通貨調整の鼓動を働かせ始める。この動因を問題意識として、当面のドル高是正を秘密裡に提起したのがプラザ会議であった。）通貨改革に先行する「学問」的な問題提起がS・マリスの「ドルのハード・ランディング」論であった。）[①]

　いずれにせよアメリカは、1980年代のスタグフレーション克服とその後の経済拡大管理のプロセスで「構造化」された貿易収支赤字を「基礎的前提（事実）」として、その着実な改善よりもむしろ、これを逆手にとって「アメリカ国内市場＝需要への依存（輸出にしろ、海外投資にしろ）」を梃子にその相手国から「譲歩」を引き出す通商改革に着手しはじめて、今日に至っている。そして、その方向性を示したのがアメリカ通商法の新基軸であった。以上で通商改革にかかわる国際的枠組みの概要は明らかとなった。我々は、こうした、考察上の手続きをして、「歴史的」と称する。

　「1984年通商・関税法」／第三編「国際貿易・投資法」は「1974年通

---

①　Marris, Stephen（1987）Deficits and the dollar : the world economy at risk , Rev. ed. Institute for International Economics.

商法」に準拠しながら、従来の通商法の規定を超え、あるいはより彫琢した内容を提示した。我々はそれらを約言して「3つの新基軸」と称していて、順次（1）「通商」概念の拡張、（2）不公正貿易慣行の是正（通商法301条）、そして（3）2国間自由貿易協定（FTA）政策の開始（多角的通商交渉との共働を含む）がそれである。

第二節　「1984年通商・関税法」第三編「国際貿易・投資法」の認識と政策論理

アメリカの通商（貿易）政策の法的根拠は、随時、議会で審議採決され、大統領による署名により発効する通商法である。レーガン政権2期目に入り、周到に準備・発動された（R、ベーカー主導の）「通貨・通商改革」の後者の法的根拠は表題の「1984年通商・関税法」であり、就中、その第三編「国際貿易・投資法」であり、それに基づいて、（前者の交渉成果である、1985年9月22日の、プラザ合意−ドル高の協調的是正と輸出主導・黒字諸国、就中、日本の経済政策転換＝（円高不況防止の）内需振興・産業構造改革を骨子にG5諸国が合意―と連携した）新通商政策の大統領表明が行われた（9月23日）

相互主義（reciprocity）の強調（＝新保護主義）と並んで、新通商政策が打ち出した、新基軸が不公正貿易慣行の是正（を通じるアメリカ輸出の拡張＝貿易収支の改善）であった。この場合、一つの説明を付け加えておく必要がある。ここでの不公正貿易慣行とは、「国際貿易・投資法」が施した、「通商」概念の拡張を前提としており、その是正の為の法整備がいわゆる「通商法301条」の明確化と強化（通商代表部USTRの職権整備―強化を含む。）であった。同法が、従来の財貨、（それに関連する）サービスに加えて新規に国際通商の対象と認定したのは、アメリカが世界に先がけて展開するサービス経済化のなかで夫々の産業をリードする専門的サービス（法律を含む）、近代的なビジネス・サービス（金融業、電気・通信サービス、情報・通信サービス、企業活動支援サービス等）、旅行、運輸サービス等の国際取引は着実に増加してきたなかで、概してアメリカは国際的優位と産業的指導性を保持していると自己認識している。また、戦中、戦後の旺盛な技術革新は基礎的技術革新に強いアメリカに独特なベンチャービジネスとベンチャーキャピタルの複合的・相補的研究・開発活動を積極的に展開し、多くの創造的成果を挙げてきており、他方で国防総省

を核にした軍・産・学連携の軍事技術面のブレーク・スルーとその民生技術へのスピン・オフに主導された産業構造の高度化（アメリカ型産業政策）を他方のR&D（研究・開発）軸として、世界の技術革新をリードしてきた基調に変化はなく、これらの成果は総じて知的財産権（IPs）と観念されている。そしてそれらは個別的に著作権（コンピューター回路設計を含む）、特許権、等の「法的規制・拘束力」の弱い国際条約とその下での機関によって統轄されてきた。そうしたR&Dの成果は主として巨大企業の傘下に収取されて、R. バーノン提出のプロダクト・ライフ・サイクル論[1]の推進軸となる一方で、一定の教育・科学技術水準をクリアした外国の競争者による盗用・模倣、RE（リバース・エンジニアリング）による換骨奪胎等のいわゆる海賊行為等のリーケージによる被害をこうむってきたと宣伝されてきた。こうした最終的には大企業（独占）体制の擁する技術優位＝労働生産性格差にもとずく「独占」の利益を国際条約の改訂・新設あるいは補強を新たに協定化する国際的作業が、アメリカの優位の下に進められたのが知的財産権に関する交渉で、その成果がウルグァイ・ラウンド協定類中のTRIPs（知的財産権の貿易関連措置に関する協定）であった。

ウルグァイ・ラウンド交渉において新分野として国際通商の枠組みに組み入れられるこれらのサービス、知的財産権関連、これらに国際投資（FDI）に際しての受入国の課す障害（輸出入均衡、利益の本国送金に対する規制、国内産品の使用要求、等）の撤廃＝（アメリカ）資本の行動の自由を実現するため、のみならず、アメリカの個別2国間で相手国市場の開放（新規分野でのアメリカ輸出｛したがって、それらに従事する高報酬職｝の増進）を実現するのが、そうした拡張されたアメリカ「通商」に対する諸外国の「不公正貿行慣行の是正」行動の明確化・積極化である（通商法301条による協議・報復行動）。

委細を措いていえば、アメリカ通商に対して、不公正（unfair）・不正（unjustifiable）・差別的（discriminatory）とアメリカ当局（USTR）によって認定される慣行（通商法上は「法律・政策および慣行」）は是正を求められ、応諾がなければ報復を甘んじさせられる－アメリカの一方的な基準・判断・行動による。念の為にいえば、アメリカにとって「交渉」上の梃子は当該国との貿易赤字額—経済外交上の「人質」作戦である。もう1

---

[1]　Vernon, Raymond (1985) Exploring the global economy; emerging issues in trade and investment, University Press of America.

点補足すれば、この通商法 301 条は「1988 年包括通商・競争力法」により強化され（そのターゲットはウルグァイ・ラウンド交渉全体の進展）、悪名高い「スーパー 301 条」「スペシャル301 条」等を規定した—アメリカ通商法の独善性。

第三節　GATT/ウルグァイ・ラウンドとWTO（世界貿易機構）

　これまで、アメリカによる通商改革、とりわけサービス・知的財産権ならびに対外直接投資（ウルグァイ・ラウンドでの3つの新分野）への「通商」概念の拡張、その実現の梃子としての「報復条項」（不公正貿易慣行の是正・通商法 301 条の明確化と詳細化）、それらを多国間、あるいは2 国間で実現する自由貿易協定（FTA）政策の提起をみてきた。そのインパクト（1984 年法に続く「1988 年通商・競争力法」を含めて）は、ECという巨大経済共同体を除いて、残余の世界に様々な政策変更を余儀なくさせる。主要には、アジアNIEsの韓国・台湾による「自主的」な貿易・為替ならびに資本の自由化（1980 年代末で、のちに韓国はOECD 加盟）、隣国カナダのアメリカとのFTA 発効（1989 年。後に、メキシコを加えたNAFTAへの修正・拡張（1994 年））、あるいは1984 年法を新分的に強化・明細化した1988 年法のスーパー 301 条（優先交渉国による優先交渉項目の特定）に基づく対日報復（1989 年、3 分野）と（規定外の）日米構造障壁協議（1989 ~ 90 年、後に、日米経済協議へフレーム・アップ）による日本市場の開放への着手、といった事態を確認しておこう。

　他面で、アメリカ通商政策の焦点はやはり、通商上の枠組であるGATTとそこに蓄積・体現される体制の革新にあった。その主舞台が、1986 年秋に交渉宣言したGATT/ウルグァイ・ラウンド（1986. 9 ~ 1994. 4）であった。ここでは、交渉成果を、第 II 節での論点を考慮しながら、要約しておこう。

　ウルグァイ・ラウンドは基本協定として「WTOを設立する協定」に合意して、多角的貿易交渉で交渉成立した協定類を付属書 I ~ IV として採録した。付属書 Iは多角的通商協定類（Multilateral Trade Agreements）で（1）当初からの「一般協定の暫定的適用に関する議定書」に補佐されてきたGATTをGATT 1947として、この議定書を廃棄しGATT 条項に必要な補足を加えたGATT 1994、（2）既に東京ラウンド（1973 ~ 1979 年）で

成立していた協定類で、再交渉のうえ強化されたもの（技術的障壁、アンチ・ダンピング、関税評価、ライセンシング、補助金・相殺措置、原産地表示）、（3）GATT規律の枠外とされてきた分野で、発展途上国の重要な関心である自由化措置（農業および繊維・衣料［MFAの段階的撤廃］）、（4）GATT内「灰色措置」（VERs，OMAs等）を誘発・定着させてきたGATT19条（セーフガード条項）の弾力的機動化を期するセーフガード協定（先の東京ラウンドでは未決着）、（5）その他の特殊な非関税措置（衛生・検疫、船積前検査）、および（6）アメリカが主唱し先進諸国が追随した、多国籍企業の進出先での活動の自由を保証する、新分野の1つであるTRIMs協定（以上、付属書1A）を含む。

さらに、このMTAsには、新分野の他の2つである、サービス貿易に関する一般協定（GATS）（付属書1B）と知的財産権（Intellectual Property Rights）の貿易関連措置協定（TRIPs）（付属書1C）が追加された。これらの新分野に関する協定は、先のTRIMsもあわせて、アメリカを筆頭とした先進諸国中心の、サービス経済化へ通商ルールを適用し、研究・開発（R&D）成果の国際的保護の強化と規律を期し、WTOは従来の物品（Goods）の枠組みを踏みこえた。

サービス貿易はともかく、他の2つは" trade-related"なる安直で強引なレトリックに拠った。その背後には、アメリカ通商法301条による「力の論理」・「不公正貿易慣行」の一方的判断があった。

次いで、統一的・整合的な紛争処理を期し、新しい工夫（処理プロセスでのパネルと上訴機関との2審制と、報告決定時のネガティブ・コンセンサス方式の採用）を導入した「紛争処理了解」（付属書2）と、加盟国の貿易政策の透明性を達成する「貿易政策審査メカニズム」（付属書3）も新たに収録された。

ここで強調しておくべきウルグァイ・ラウンドの終結方式、したがってWTO協定の運用方式の原則に言及しなければならない。それは、上述の付属書1、付属書2および付属書3はすべて一括受諾されてはじめて、その受諾国・地域がWTOの構成員となれるのである。この手法が採用されるにあたっては、先進諸国にとって、1970年代後半の東京ラウンド成立協定への参加の任意選択制という若い経験があった。なかんづくアメリカは諸国際機関での、「数の論理」による南北問題的アプローチをとる「南」に対する嫌悪があり、1970年代後半に高揚した資源ナショナリズム要求は急速に後退していた。

第四節　WTOにとっての中国加盟—「WTO プラス」条件の国際規律逸脱

　1978 年に開始された中国経済（中央指令型計画経済）の改革・開放は高いテンポの経済発展を持続しながら、経済の過熱化とマクロ的調整を交錯させつつ、1990 年代に入りそのテンポを一段と加速し、鄧小平の南巡講話を契機に「社会主義市場経済」（1992 年、共産党大会決定）の建設を提起している。その具体的イメージは、中国型の産業政策に領導される長期経済計画において示されるが、20 世紀 90 年代に入っての基本建設は、従来の、条件的に「無尽蔵」とも言われる識字率の高い低賃金労働力に依拠した、委託加工・輸出を基盤に、そこでの工業化の質的高度化と「内製化」と、アメリカを筆頭とする IT 革命の諸成果、つまり「高度情報化社会」を国内経済建設の基軸として導入することである。後者の建設は、WTO 加盟以降は、当初は外国資本とのジョイント・ベンチャーを余儀なくされるとしても、中国政府による積極的な産業育成策が WTO 体制下の 2 つの平等原則（最恵国待遇と内国民待遇）のもとで模索されるであろう。そこには、経済のマクロ的管理（その主要手段は財政政策が中心で、もう 1 つの主力である金融政策は、不良債権問題を主因として、多くの問題を抱えている。）の定着とバランスのとれた産業体系・連関の建設という自立的「国民経済」志向が貫いているものの、それを個々の産業分野で具体的に担っていく経済主体は、移行経済と特徴づけられるプロセスにあって、国有を含む公有制企業・民間の私営企業・｜合弁・合資および独資から成る、ベクトルを異にする｜三資企業であり、中央・地方政府の指導・統御に服する程度は多様である。

　こうした一般的特徴に加えて、中国の WTO 加盟は更に新しい様相を中央・地方政府の経済政策展開に加味ないしそれを制約する。同時に世界市場に君臨するアメリカにとって、「世界の工場」としての中国経済の勃興は、偏狭なアメリカの産業界（ここでは輸入商品と競合する個別の産業が主で、その特性は既得ビジネスの政治・経済的存続にあり、その相手国が歴々と変遷し、今日では中国をターゲットとする。）の反発を招き、旧態依然とした社会排外主義に短絡しかねない（一応、純経済的には、中国当局の通貨操作による人民元の過小評価・外貨準備の累増・米国債運用、等々が先ず目立つ。また、中国の知的財産権違反キャンペーンも格好の材料

を選別してのことである。)。

中国のWTO加盟は、貿易転換（中国加盟により、WTO譲許関税率で優位にあったある国の特別輸出産業が競争力のより強い中国産業・製造業に代替される関係。）による世界市場構成の再編を含むだけでなく、WTO体制下の国際通商関係にも一定の変容をもたらしかねない。つまり、契機はともあれ、旧社会主義国の経済改革と併行したWTO加盟は、その処遇を体制移行国として、通常のWTO体制下の権利・義務関係を上回る「WTOプラス」条件（"WTO plus" requirements）を課すからである。[1] GATT/WTOの世界では、歴史的・論理的そして政治的に、価格メカニズムの作動による諸資源の効率的配分をもたらす市場経済主義が正規体制であり、それへの過渡にある（当該国経済のグローバル経済への統合とも形容される。）移行経済にはその偏差分が「過渡的措置」を追加される（これが「プラス」条件である。）。この体制移行国の（GATT・）WTO加盟に際しての準則[2]に加えて、中国の場合は別に、世界市場への急速な進出を根拠に、加盟後の「特別・優遇待遇（Special and Differential Treatment）」（東京ラウンド・「世界貿易を律する枠組」の授権条項の一核芯～他は、発展途上締約国に対する相互主義（reciprocity）の不適用）を約束される「発展途上国としての加盟」を事実上拒否されて、先進国並み（場合によっては、それ以上の）加盟条件を同意させられている。[3]

そこで、中国の加盟文書（加盟協定と作業部会報告書—両者は、条約上、「不可分の一体」とされる。）に表われた「WTOプラス」条件を採り上げよう。主要な3条件が確認され、（1）体制移行製品特殊セーフガード（Transitional Product-specific Safeguard：TPSS）、（2）繊維特別セーフガードおよび（3）アンチ・ダンピング協定の対中適用がそれである。[4]

（1）TPSS。その前提となるGATT1994・19条（緊急避難条項）とセーフガード協定の核芯は、輸入急増が国内産業に深刻な被害（serious injury）あるいはその恐れを生じた際に（但し、因果関係の立証を要する。）当該産業あるいは競合する類似の産業を救済するために、一定の「息継ぎ」期

① Lardy, Nicholas R（2002）, Integrating China into the Global Economy, the Brookings Institution, 西田勝喜訳（2003）「中国の世界貿易機関（WTO）加盟」『海外事情研究所』（熊本学園大学付属海外事情研究所）, 第31巻第2号（2004年3月）。

② Stiglitz, Joseph E, and Andrew Charlton（2005）Fair Trade For All：How Trade Can Promote Development, Oxford University Press.

③ Lardy, op. cit.

④ ditto.

間に旦って、当該輸入を規制することを認める（輸入救済）。但し、その措置は輸出相手国に一律に適用され（無差別原則の遵守）、その措置と「等価値な」補償あるいは報復を、相互主義に照らして認めている。また「息継ぎ」の容認は期間の限定を欠くが、積極的には産業調整（退出又は再構築）を想定していた。後者の協定は、日米間の貿易摩擦を舞台に、GATT1947・19条を回避した、輸出自主規制（VERs）・市場秩序維持協定（OMAs）などGATTの「灰色措置」による国際的貿易管理という「GATTの空洞化」を是正すべく、上述の相互主義の適用の仕方と救済期間の組み合わせに意を用いた合意が図られている（詳細は協定に就け）。

　これに対してTPSSは、GATT/WTOのセーフガード条項の基本を根底的に修正している。先ず、輸入救済の条件である深刻な被害は（戦後最初の綿繊維品に関する規制協定を導く際に導入された）「市場攪乱（market disruption）」に後退させられ因果関係の稀薄化が図られた。[1] また、TPSSの有効な中国のWTO加盟後12年間にわたって、その権限を得た輸入国は、無差別適用の原則を回避して、中国からの輸入品のみを対象に出来、これに対する中国の補償要求ないし報復の権利は著しく制限されている（相互主義の侵害）。のみならず、N.R ラーディによれば、「TPSSの発動は、輸入増加から被害を蒙っている、との産業の主張の正当性の調査で始まるのではなく、輸入国の政府による中国政府との協議を求める要請で始まる。自国の輸出が市場攪乱をひきおこした、あるいはその恐れがあることに中国政府が同意すれば、中国政府は自主的に当該国向け輸出を規制する。この行動は、再度、輸出自主規制（VERs）協定を禁止する（WTO ―引用者）セーフガード協定に違反している。」[2] 便宜的に「特殊中国的」とされる便法が、結果的に、国際通商法関係に背理を持ち込んでいる。

　そこで問われるべきは、単に学習不足というだけでなく、後述のプラス条件も含めて何故中国がこうした条件を容認＝譲歩したか、である。推論には程遠いが我々は、新規加盟に対するGATTないしWTOの不適用を容認するGATT35条ないしWTO13条の脅威だと想定している。前者の事例として、しかも中国の改革・開放が学ぶ事の多い、日本の場合、当時（1955

---

[1] ditto. ,「市場攪乱がTPSSの発動基準とされ、WTOのセーフガード協定のより厳しい「深刻な被害」基準から開放されたのは重大な逸脱であるが、アメリカ通商法上のその定義では、「輸入が絶対的に、あるいは相対的に、国内産業に対する実質的被害、あるいはその恐れの顕著な原因であるよう急増しているときはいつでも」攪乱が存在するとされる。

[2] Lardy, op. cit.

年以降）は「日本の国際貿易への調整問題」を引き起すなかで、西欧諸国の対日通商差別に苦しんだ。[1] 更には、東欧・ソ連邦での「市民革命」による西側＝「自由と民主主義」したがってまた欧米型資本主義、就中、いわゆるIT革命を主導し、アメリカン・スタンダード→グローバル・スタンダードという産業覇権と証券・株価資本主義と称されるコーポレート・ガバナンスがその基盤上に開花したアメリカ中心のアングロ＝サクソン型市場経済の優位（国際政治・経済的な「アメリカの1人勝ち」・単極支配）の確立と展開という国際環境を想起する必要もあろう。更にまた、「血の気」の多いアメリカのネオコンの独走・・・・・。

（2）繊維特別セーフガード。WTO繊維・衣料協定（ATC）は既存の国際繊維協定（MFA。1960年代に構築された綿製品の国際貿易を量的にコントロールした枠組みを設けて、その対象と参加国を拡大した包括的繊維協定で1974～2004年間存続。その最後の10年間がWTO・繊維・衣料協定の対象。）を段階的に、10年間で自由化するプロセスを詳細に規定する（すでに、2004年末で終了）。加盟議定書に盛込まれた対中特別セーフガードは経過期間中のセーフガードに更に、市場撹乱を理由に追加的な5年間に亘って一方的輸入規制を受け（その際、7.5パーセントの中国の輸出増は保証される。）、それに対する中国の報復は制限される。自他ともに、ATCによる繊維・衣料貿易の自由化による圧倒的受益者は中国と認知されながら、その量的制限を中国は2008年末まで余儀なくされている。そこには、いわば中国の巨大な影響力を前にして、貿易転換による輸出シェアの急低下（その典型的例はメキシコであろう。同国はNAFTAによりアメリカ市場アクセスに有利な条件を得てきたが、高率ではあれ、禁止的ではないWTO関税率が中国に適用されることで、その優位を喪失する。）に対処する調整期間を発展途上・輸出国に提供している側面も否めない—そこでの中国の役割は「市場撹乱」者とされる。

（3）アンチ・ダンピング法制の運用。アメリカを筆頭とする（その他、オーストラリアなどのアングロ＝サクソン国家に典型的な）更に恣意的で差別的な「リーガリスティック」（法律万能の、「訴訟」保護主義を志向する）不公正貿易慣行の是正策の一つである。アンチ・ダンピング（不当廉売防止）法の運用に際して、移行経済国からの輸入の場合、通常の場合に基準とされる輸出国の国内「正常価格」と輸出価格（後者が前者を下廻

---

① Shonfield, Andrew (ed.) (1976) International Economic Relations of the Western World, 1959 ~ 1971, Oxford University Press, vol. II.

ればダンピング輸出と認定され、次のステップである損害要件が満たされ
れば、ダンピング・マージンに相当するダンピング防止税が課される。)
の市場価格ベースでの比較が該当しないとされ、概して「構成価格」基準
が採用される。移行経済国（中国）では市場経済が未発達で価格体系に歪
みがあるため、ある商品の「正常価値」は推定されざるを得ず、「類似
の」発展段階にある市場経済国（発展途上国）で成立している同一また
は類似の商品の市場価格を基準に、所要の流通・管理費用を加え、これら
に一定のマージン（アメリカの場合は8パーセント）を上乗せして、これ
を国内「正常価格」とする。

　問題は、この場合に「参照」される「類似の発展段階」にある発展途
上国の選定がアンチ・ダンピング発動国によって一方的且つ恣意的に運
用されてきたことである。当該措置の利用に明確な国際的偏差が存在す
るなかで、[1] アンチ・ダンピングの実践者[2]であるアメリカは、対中ダン
ピング調査において、構成価格算定の「参照」国として近隣の発展途上
国（例えば、台湾、韓国、マレーシア、タイ王国など）のデータを利用
する。詳細な比較を試みるまでもまく、発展段階の高い国の1人当たり
GDP、ひいては労賃は中国を遙かに上廻り、国内市場価格は中国より格
段に高い。中国は欧米ある国にダンピングに思われる。

　とはいえ、N・Rラーディの正当な推論と検証によれば、こうした「移
行経済」基準のドグマとそれにもとづくリーガリズムにも拘らず、中国の
改革・開放は90年代に入って一段と加速し、諸産業における国有企業のシ
ェアは急速に落込み、私営企業・外国企業が圧倒的シェアを確立し、諸価
格の市場決定は厳然たる事実となっているのである。[3]

　アングロ＝サクソン諸国に比べればその提訴行動は活発とはいえない
EC/EUであるが、アンチ・ダンピング提訴における「市場経済状況（Mar-
ket Economy Status)」を認定する基準は4つあって（1）十分な企業統治を
保証する企業法の透明かつ無差別な実施、（2）所有権を保証する一連の法
および破産法の、首尾一貫する、有効かつ透明な実施（3）国家から切り
離された純粋な金融部門の存在、および（4）、民営化企業の運営における

---

① Stiglitz, Joseph. E. et. al. (2005), op. cit.
② Jackson, John H. (2000) The Jurisprudence of GATT and the WTO, Cambridge University Press.
③ Lardy, op. cit.

国家誘導による歪みの非存在、が4基準である。[1] EC/EUにとっては、いわゆる市民革命後の中・東欧の旧社会主義諸国の経済・政治改革とEU加盟問題への対処であろうが、裏返していえば、中国の社会主義市場経済の建設（・改革）課題が集約的に示されている。その限りで、EUのMES基準による中国の輸出品に対するダンピング提訴と認定は中・長期的に成立すると考えざるをえない。

第五節　中国にとってのWTO加盟—現代世界市場の構造と中国貿易

　WTO加盟後の中国の世界市場アクセス強化を展望するに際して我々は、化学実験の初歩的方法である「定性分析」（関与する諸要因・要素の存在確認の方法）を先ず提起したい。というのも、この事例や多角的な関税引下げ交渉の一国の貿易・生産・雇用等に及ぼす効果の測定（定量分析）は一般均衡モデルを用いて計量経済学的方法で行われるのが通常であるが、後述のように、我々は貿易理論の展開とともに明らかになりつつある世界市場の構造を明らかにし、中国の位置付けを重視するからである。その際「定性」的というのは、中国で生産され世界市場向けに輸出される財貨ないしサービスが有する商品特性と生産—輸出のプロセスの背後に成立している国際的関連をいわば「仕分け」する入口的手続きが必要だからである。つまり、多種多様な世界市場構成ファクターがいわば貿易・投資の自由度を媒介に、縦横無尽に展開していると観念しておく必要を提起したい。

一　世界市場の構造—外国貿易と対外直接投資

　戦後の世界市場（貿易）の構造は従来の、先進国が工業製品に特化し、後進国は、農産物を含む、一次産品の生産と輸出に特化する垂直分業（・貿易）の役割を後退させ、先進国相互間の、あるいは製造業の同一産業内の水平分業（・貿易）を著しく発展させた。それとともに、国際貿易論は新しい事態・現象を説明する形で進化をとげる。

　本節ではその経緯と内容を紹介することよりも、今日の世界市場の構造とそれに参加する諸国、とりわけ中国の位置関係に迫る観点から立論していく。

---

[1]　〔日〕田中直毅:『内なる敵に克つ』，東洋経済新報社，第288~289頁，2004。

先ずは簡単な確認から始めよう。上記の垂直貿易に関しては、ヘクシャー＝オリーン（H－O）モデルにより、資本集約型の先進国工業と労働集約型の後進国産業（一次産品）の貿易関係と類型化してよいだろう（シェアは低く、低下していても存続していることに注意。また、温～亜寒帯に生育する小麦等麦類、とうもろこし、大豆、等の国際的農産物に関しては、品種改良、施肥、防除等のバイオ関係、農業機械類の投入、圃場管理（カンガイ施設を含む）等々の技術革新成果が積極的に導入され「高生産性農業」を先進国で展開し、加えてそうした農業営農者に政府補助金が交付されている点では、ヘクシャー＝オリーンモデルが該当しない。）。ここでの工業（・製造業）は一般消費財と観念されるが、発展途上諸国の開発・工業化によって、今日では、その比較優位関係は途上国の側に次第にシフトしていると理解するべきであろう。

それというのも、一国の生産力水準は自国の経済を構成する産業の生産性上昇（発展途上国の場合にはいわゆる「後発性の利益」が付け加わる。）の偏差を伴いながら急速に上昇することがある。発展途上国のいわゆる開発独裁の下では、日本型のキャッチ・アップ志向の産業政策（アメリカ議会の用語では、industrial targeting policy）が重用され、産業全体が生産力水準を向上させながら、より急速な生産性上昇を達成する産業部門が国際競争力を獲得し、輸出部門を形成してゆく。そしてこの輸出部門は経済開発と生産力発展の持続のなかで継続的に向上を遂げていく。

また、水平分業に関して、従来の理論が捨象してきた資本移動、とりわけ対外直接投資（FDI）が重要な役割を演じはじめたのが1960年代後半以降の大きな特徴であり、新たに多国籍企業が製造業を中心に展開[1]、次第

---

[1] アメリカ製造業のEEC進出を契機とした多国籍企業化開始については、発足後のEECの共同市場計画、すなわち、工業製品に関する関税同盟（移行期｛計画では、1958～1969年の12年間｝後に、域内関税撤廃および対外共通関税、結果的に対外関税差別の形成）と加盟国夫々の国内農業保護を統一し域内の農産物移動を自由にする共通農業政策（CAP）の形成（この場合、域内を優先させるため、域外からの対象農産物には変動課徴金賦課）とが両軸をなすが、戦後復興後の高度成長を背景にした計画の進捗は順調で、アメリカにとっては「発展性ある共同市場の挑戦」と映った。

EECの共同市場計画に対処するアメリカの公的な反応は、1962年通商拡大法制定による、GATTの下での差別的関税格差の解消を目指すケネディ・ラウンド（1963～1967年）であり、民間レベルの反応がアメリカの有力企業のEECの共同市場進出であった。その衝撃はEECを覆い、巨大なアメリカ企業に対抗できる欧州企業の形成が域内での企業合同・合併によって行われ、多国籍企業問題は国際寡占間競争の次元に展開することになる。

に国際寡占体間競争を最終需要地（先進国市場）[1] で開始する。この新しい形態の国際分業は先進国資本を主体に、それぞれの産業領域に成立する規模の経済と製品差別化を条件とも戦略ともしている点に大きな特徴を見出せる。

二　世界市場の新展開―「世界生産ネットワーク」アプローチの含意

世界市場の構造に関する以上の一般的な理解（・理論）を基礎としながら、近年、急速に理論化が進められている「世界生産ネットワーク」論から更に立入った構造分析が可能となってきた。中国のWTO加盟がもたらす世界市場のアクセス改善（いわゆる「機会」）はいくつかの層から構成されると考えられる。今日の国際貿易に登場する市場商品は用途別に一般消費財、部品・中間財、生産財、資本財である製品・半製品等、多様な形態をとる。我々がここで貿易商品の形態に注目するのは、それぞれの形態の背後に成立している（国際的な展開を含む）生産関係、つまり「世界生産ネットワーク」の存否という問題関心を有するからである。この「世界生産ネットワーク」の存立を理論的にどう解明するかは、その大きな前提としてIT革命を技術ベースとする高度情報化のネーミングで呼称される「第3の産業革命」の到来（1990年代以降）以降、新・旧の産業分野で開拓あるいは改編されてきた商品設計（・製造）思想の革新の理解にかかる。

この新しい様相に入る前に、上記の一般消費財を特徴づければ、IT革命との関連は乏しく、H－Oモデルが比較的に妥当するか、あるいはバーノン・モデルが示す革新的商品開発のもたらす競争優位を誘因とするものであろう。前者は財的に設計仕様が国際化されている普及型商品であろうし、後者はむしろ新しい質の価値を付加していく創造的商品であるかもしれない（消費の高度化・多様化）。こうした推論は生産財、資本財にも該当しよう。国際貿易の新しい段階を示しているのは部品・中間財の貿易商品としての登場である。

この新形態の国際貿易は近年、東アジアを対象に急速な展開を示して、「産業内垂直分業」として注目される世界生産ネットワークを反映している。そこで、この新形態を表出する世界生産ネットワークの態様の、IT革

---

[1]　Heymer, Stephen H.（1976）The International Operations of National Firms; A Study of Direct Foreign Investment. The MIT Press; 宮崎義一編訳：『多国籍企業論』，岩波書店，1979。

命という技術ベースの出現との関連で、その新規さを規定する必要がある。ここで注目される新しい貿易と投資（FDI）の流れの国際的形成・編成に際して、製品の設計思想（アーキテクチュア）が関係してくる。大別してそれはモデュラー型アーキテクチュアとインテグラル型アーキテクチュアとに①類別され、それぞれについて企業外に開放するか否かでオープン型とクローズド型に再類別される。オープン型で独立した機能を有する部分（モデュール）にいわば切り分けられ、それらの接合部（インターフェース）が基本的に1対1で結合されるモデュラー型の場合、その製品の核心部に相当するモデュールに技術上の優位を有する企業（コア・コンピータンス企業）が主導して自らはアセンブラーとしても全体を組成し、諸他の部品類を内・外市場に対して最適立地し全体のコストを最小限におさえて、競争力を発揮する。コア企業（多国籍企業であるのが一般的である。）は特定の競争上の優位を維持・刷新しながら、その他の工程上必要な部品を社外から調達するが、今日の革新された情報、通信、物流等のインフラストラクチュアを基礎に、自国の内外のサプライヤーを工程間分業によって統合、管理する。こうした「開かれた世界市場」を前提としたモデュラー型アーキテクチュアはスライス・カットされた部分工程に応じて資本・技術・労働熟練度等を異にし、中核企業の海外生産あるいは海外の独立企業との戦略提携を通じて工程間分業を展開し、部品貿易の活発化として自己表現する。そして、この種の世界生産ネットワークに編入される、中国を含む発展途上国は「付加価値の低い」・「部品単体の価値が小さい」部品生産に特化させられるのが通常である）。製品的にはパーソナル・コンピューター、ディジタル家電が典型である。

　また、もう一つのアーキテクチュアであるインテグラル型にしても、工程間国際分業が排除されているわけではなく、アナログ型からディジタル型への進化につれて工程内のモデュラー化は進展しながら世界生産ネットワークが押し進められてきた。製品的にはトヨティズム（リーン生産方式）を生み

---

①　モデュラー型とは、定義的に、1つの製品が相互に独立した機能をもつ部分（モデュール）に分割可能で、部分相互を接合する部位（インターフェース）が国際的に統一化されたプロトコルで統合されるタイプで、機能と部分が1対1で対応する特徴をもつ。インテグラル型となるとこの1対1の対応が崩れ、1対複数が交りあう関係が必要で、とくに1つの部位が複数の部分に対応するインターフェースに参加企業独自の方法が採用されるという特徴をもつ。それでも、インテグラル型にあっても、モデュラー型と同様のスライス・カットのできる領域は存立する。

出（藤本隆宏的にいえば、創生（2004））[1] した自動車が典型で、同産業の場合は下請生産・部品提供の独自性のため、特定地域での生産集積が特徴で、したがって、国際間の工程間分業は稀である。したがって当分の間はこの型のアーキテクチュアに関する貿易形態の主流は完成品の輸出入で、規模の経済と製品差別化を相手国での市場需要に対置させる対外直接投資（FDI）を通じる現地生産・販売と支援サービスの構築となるであろう。

そうした新しいタイプの貿易・投資関係が世界市場のいかなるシェアを占めるかは難しいが、我々の本節の視点である世界市場の構造の点からして、それがIT革命に密接に関連した産業（インターネットやマルチメディアに代表される情報、通信産業など）、あるいはまたIT関連技術の応用（ネットワーキング—物流革命が端的。）による既製の重化学工業の再活性化（リエンジニアリングあるいはリストラクチュアリング）による業務刷新（と、その下でのコーポレート・ガバナンスの革新）に強く関係している点を踏まえると、この新しい動向に発展途上国、なかんずく改革・開放を掲げ、WTO加盟を果たした中国がどのように参加できるかは重大課題である。端的な事例として、同じ華人社会の台湾がコンピューター関連のハード面での世界市場参加の確保、同様にコンピューターのソフト面でのインドの積極的な進出（と同時に、いずれの国もが先進国からの需要に決定的に依存する側面を有する）を例として、世界市場のこの領域での中国の発展展望は如何に描き出せるだろうか？ この点で明白な事実は、それぞれの産業領域におけるコア・コンピータンスとそれにかかわるグローバル・スタンダードの圧倒的多数をアメリカを筆頭とする（アメリカの場合、基盤的技術の開発にもとづく競争上の優位を保持する）先進国の企業が「独占」していることである。その意味では、発展途上諸国および中国の得る「機会」は受動的・部分的とならざるをえない。

これまで我々は世界市場の基層的部分（・領域）と最新の産業領域に焦点を当てて、世界市場の構造と主導者を明らかにしようと努めてきた、序でながら、その中間領域は圧倒的な貿易シェアを占める重化学工業製品から構成され、先進諸国の国内市場を中心に「寡占体制」下の市場支配が成立し、市場価格は新古典派の需要・供給の調整機能を果たす以前に、つまり「完全競争」以前に、寡占価格として存立している。その典型的形態が多国籍企業で、「企業によって内部化された貿易はもはや市場関係でなく

---

[1] 〔日〕藤本隆宏：『日本のもの造り哲学』，日本経済新聞社，2004。

なった結果として、多くの変質を伴った。何よりもトランスファー・プラ
イジング（移転価格）が可能になって、節税、資金移動、競争力強化など
様々な目的に利用されている。」[1] 寡占価格体制下の先進諸国の国内市場、
市場関係から外れた価格設定に支配される多国籍企業体制下の世界市場、
いずれも寡占的資本の恣意性が特徴である。

　以上、今日の世界市場の構造あるいは態様に言及してきたのは、WTO
加盟後の中国貿易が拍車をかけられることが十分に予想されるなかで、広
くいえば、中国の国民経済的発展という視点からみて社会主義市場経済論
のみで達成できるかどうかが問題として残されているからである。という
のも、上述の概観的な世界市場における中国貿易の位置関係をみれば、豊
富、低廉な労働力を背景にした労働集約的な商品生産に優位をもつ反面、
新しい技術ベース（IT革命）に即して勃興しつつある情報・通信産業そ
れ自体の展開を国際分業（・貿易）面からは保証されえない。いわゆるハ
イテク製品にしてもしかりで、技術的な枢要部は先進国資本の手中に占有
され、国際法的には、その占有権はWTO所轄のTRIPs（知的財産権の貿易
関連協定）によって保護されている。また、製品アーキテクチュアのいず
れの型（そして、オープン型）においても産業的垂直分業のうち、低技
術・低賃金でカバーできる部品生産が発展途上国（例：中国）に配置さ
れ、その分野での付加価値生産は先進国のそれに比べて著しく低い。[2] そ
うした国際環境のなかでの中国にとっての突破口は（1）WTO plus require-
ments と紹介した「特殊中国的な」対中差別を行使させない豊かな経済外
交の準備と展開であり、（2）中国の産業構造的後進性を、「後発性の利
益」を十二分に利用しながら、積極的で効果的な産業政策の企画と実行で
あろう。この産業政策に関しては、WTOのTRIMs（貿易関連の直接投資措
置に関する協定）の運用（具体的内容は、当面のところ、輸出実績要件、
国内産品利用要件、本国送金規制要件など）にあって、国内外の資本（外
国分は中国への直接投資）の処遇にかかる内国民待遇の要求が産業政策と
低触する。それへの対処如何で交渉力を発揮する必要がある。それという
のも、すでにWTOのGATS（サービス貿易一般協定）では、前述した経済
のサービス化、就中、近代的ビジネス・サービス（銀行業、電気・通信サ

---

①　〔日〕木下悦二（2006）：「世界生産ネットワークをめぐる諸理論について」（上）・
　　（下），『世界経済評論』，2006年7月号および8月号。
②　〔日〕石田修（2004）：「経済のグローバル化と貿易の垂直構造」『経済学研究』（九州大
　　学）2004年第70巻/第4・5合併号（2004年1月）。

ービス等）が国際取引の自由化を目途に（WTOの発足後に、IT協定が合意され、中国もこれに参加している。）、最恵国待遇と内外無差別の内国民待遇の2大原則は新たな通商関係に着実に定着してきているからである。

おわりに

　社会主義中国の改革・開放路線は、1990年代に入り、社会主義市場経済の建設を自称する局面に入る（1992年以降）。経済上の「日米開戦」とまで極言された経済興隆に沸く日本の大型バブルとその崩壊・「失われた15年」下の長期低迷、遠く西ヨーロッパでのEC経済統合の深化への胎動と傾注（単一市場の形成を目指す市場統合計画の進展と単一市場に対応する経済・通貨同盟［EMU］創設の開始（マーストリヒト条約によるローマ条約の修正））、さらに1989～1991年にかけての戦後の冷戦体制の終了に導いた中・東欧ならびにソ連邦での「市民革命」による政治改革と西側市場経済モデルによる経済改革の開始等による、アメリカの単独覇権の確立に結果する事態が急進展するなかで、1990年代は開始されている。これらの90年代初頭ののちに、アメリカは世界に先駆けてIT（情報・通信）革命を開花させて、経済的パフォーマンスにおいて欧・日に大きく水をあけることになる（「ニュー・エコノミー」宣言（2000年経済報告））。つまり、ハードウェアとソフトウェアを含む情報、通信産業の勃興グローバルな展開（インターネットに代表的。）による物流・流通革命の実現、さらには、既成産業のリエンジニアリング・リストラクチュアリング（産業革新と新しいコーポレート・ガバナンスの登場等、総じてアングロ＝サクソン型の証券資本主義を上述で見たオープン方式のモデュラー型アーキテクチュア産業郡における中核的技術によるコア・コンビタンス確保を通じて（ワールド・スタンダード）グローバルに展開しはじめたのである。

　そうした構図と位相を概観して、いささか暴論的に聞こえようが、日本の一部に米中一体化「スーパー・キャピタリズム」[1]説が提示され、一方の極に「知識資本」（知財）を独占的に擁するアメリカが存在し、他方の極に「世界の工場」的生産基盤を形成した中国という新しい発展段階が説かれる－その際、中国の自律性あるいは主体性はどう保証されるのか？

---

　[1]　関下稔：『多国籍企業の海外子会社と企業間提携―スーパーキャピタリズムの両輪』，文眞堂，第1部，2006。

中国深圳市における
地域福祉の現状と課題 *

はじめに

　2000 年中国における高齢化の進展に伴って、高齢者の福祉ニーズとサービスの大きな隔たり克服する施策として、民生部は5つの社会化として、「一、テスト・ケースの経験を総括し、テストの範囲を拡大する。二、「社会福祉社会化活動会議」の開催を準備する。三、国営の社会福祉機構の改革を深化させ、政府によるマクロ規制、社会の仲介組織による経営・管理、社会福祉サービス機構による実体化運営という新しい道を模索する。国が一手に引き受け、一手に管理する現象を改め、国営福祉機構が市場に向かい、良質サービスにたよって自己生存、自己発展の能力を増強することを促す。四、家庭養老を積極的に唱え、コミュニティーによる老人へのサービスを大いに発展させる。五、社会全体の力を動員して、農村に住んでいる古参赤軍、烈士の古参家族、古参除隊軍人に愛の手を差し伸べ、暖かさを与え、生活における困難解決を助け、2000 年までに彼らの生活難、住宅難、医療難の問題を根本から解決することを目指す。」① ことを推し進めると提起している。今日いくつかの課題を残しながら都市部は急激な高齢社会に突入し、改革が進められてい

　*　和田　要：海外事情研究所研究員。
　①　『人民日報』，日文版，2000 年 1 月 3 日 3 面。

る。2003 年に『民営社会福利施設への公的援助および社会福祉施設の「公有民営」に関する指導意見』① によって、政府による公的サービスを主体としながらも、インフォーマルな民間組織の補完によって展開する政策をとっている。特に都市部の都市の末端行政組織としての街道や居住民の自治組織である居民委員会（社区組織）、民間部門を中心とした高齢者福祉サービス事業の育成と発展に政策の転換をとっている。② 改革の一環として2007 年以降には中国政府は、「今後五年間で10 万人の社会福祉関係職員を養成」するとしているが、1 億人を超える高齢者の実数からすると重介護状態が仮に2 割とした時に2000 万人にのぼり、介護に関わる人材が500 万人の介護・看護職③が必要になと仮定できる。日本のような社会福祉サービス供給方式でなくとも、中国の高齢者の社会福祉ニーズがいかに膨大であるかをうかがいしることができ、そこには市場主義のサービス提供のメカニズムが動き出す背景がある。さらに今後すべての障害者の社会福祉ニーズも想定するといかにマーケットのサイズが大きいかがわかる。④

第一節　深圳経済特区の現況

　広東省にある深圳市は、香港が1997 年に返還されたあと1980 年に中国政府より経済特区として深圳市が指定された。香港に面した交通経済の要衝の地でその発展ぶりは、GDPを見ると中国でもっと高く、広東省は22366.54 億元で経済成長率も13.8% を示している。広東省の人口も7954万人⑤で、その内深圳市は597 万7500 人である。⑥

---

① 民政部政策研究中心李慷編『中国民政事業発展報告（2003～2004 年）』
② 魯炜：「中国高齢者福祉の現状―大連市の在宅介護福祉サービス事業を中心に―」（岡山大学大学院文化科学研究科博士課程）によると大連市の高齢者サービスの展開と課題について述べられている。
③ 日本の場合、65 歳以上の高齢者の20%弱が介護が必要とされ、要介護者4 人に一人の介護専門職として考えた場合を中国にそのまま当てはめることはできないが、仮に計算して想定した場合である。
④ 日本工業新聞，2006 年6 月5 日付・7 月31 日付・8 月7 日付によると楊軍氏による中国福祉市場メモをみると高齢者サービスや障害者の福祉用具にかかわるレポートがある。
⑤ 2005 年の中国統計 http://searchina.ne.jp/business/004.html
⑥ 2004 年の6 行政区の常住人口である。『深圳年鑑2005』，第56～57 頁，2005。

表1　深圳地区人口

単位：人

	福田区	羅湖区	南山区	塩田区	宝安区	竜崗区
戸籍人口	422400	332700	258000	30200	331000	276600
常住人口	996300	799600	671000	162600	1987000	1358800
社 区 数	85	115	96	17	172	127
経済特区	経済特区	経済特区	経済特区	経済特区	特区外	特区外

出所：『深圳年鑑2005年』，深圳年鑑社，第56～57頁，より筆者作成。

　深圳市における保健・医療・福祉ニーズは、産業化の進展と住民の収入の増加にともなってさらに爆発的な増加が予想される。例えば、2000年中国人民の平均寿命は71.4歳とされ、中国衛生部の調査によると60歳以上の高齢者の慢性有病率は60～70％にのぼるとされ、60歳以上の者で障害をもつ者は16％であり全障害者の40％が高齢者が占めている。また、寝たきりの高齢者は、60歳～69歳で3.16％、70歳～79歳で4.22％、80歳以上で4.3％である。[1] 高齢者の疾患の特徴として、高血圧・脳血管疾患・糖尿病は高齢者の三大血管である。さらに、中国の認知症高齢者は、65歳以上で10％前後出現しているとみられ500万人を超える[2]数値がある。この結果、中国における医療サービスや医療費の増加は、社会的な圧力として確実に進展していることがうかがえる。これらのことから、高齢者に対する、保健・福祉サービスの施策をいかに設計するかが重要な課題となっている。

　特に、地域における高齢者や障害者に対する予防的なサービスの工夫は急務であり、社区（コミュニティ）における、住民の安心と安全と確保し、これまでの中国の良き伝統文化である「敬老」精神がいかに人びとの中に現実のサービスとして作られることが求められているといえる。

第二節　塩田地区における社区居民委員会

　2006年11月に深圳大学との学術交流によって、深圳市の調査を行い、特にコミュニティにおける、地域福祉実践にふれることができた。これは

---

① 楊中新：『中国人口老齢化論』，社会科学文献出版，第240頁，2006。
② 王弟臣、李浩、魏明、周建明：『老年痴呆』，科学技術文献出版，第17頁，2004。

「塩田摸式」（Yantian model）と称され、中央政府からも大きな期待が寄せられている。

2005年に深圳市塩田区委員会及び人民政府は、社区の改革に着手し、社区委員会選挙規定、社区資源の共有化、社区における市場サービスの導入などの通達によって、「塩田摸式」を創設した。[①] その結果、塩田地区における地域福祉体制が整ってきた。（図1）

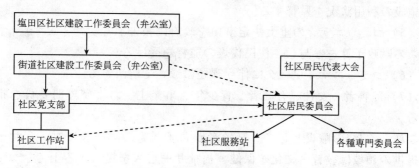

図1　塩田地区社区組織体制
出所：『透視塩田摸式』，第32頁。

塩田地区は古くから香港との交流があり文化的影響も強くのこっており、社会資本も背景にある。塩田地区におけるコミュニティ・サービス提供の組織として、重要な役割を果たすのが「社区居民委員会」である。地域住民の代表が選挙で選ばれ、「社区党支部」と連携しながら、サービス提供組織として「社区服務站」と「各種専門委員会」によるソーシャルワーカーなどによる支援によってへの高齢者のニーズ把握とサービスを決定している。さらに塩田地区に戸籍があるなしに関わりなく、公平・公正にニーズに応えるという視点も評価できる。

一　社区居民委員会

塩田地区における「社区居民委員会」は、わが国における社会福祉協議会と機能的には同様の役割を果たしている。「社区居民委員会」は社区党委員会の指導のもとに、コミュニティにおける自治組織であり、民主的選挙・決定・管理・監督の方針で運営されている。「社区居民委員会」の主

---

① 深塩民、2005－7号「社区居委会選挙工作通知」，深塩府、2005－23号「推進社区服務市場化若干政策的規定」他がある。

要な職責は7つある。

（1）コミュニティ内で関係する組織と協力し住民の団結、助け合い、平等の意識を高め住民の社会参加意欲を引き出す。

（2）コミュニティの重大決議案に調査、研究、評議、監督を行う。

（3）住民の情報と意見を収集し政府に意見を反映し、住民の権利を守る。

（4）宣伝活動を行い、住民の社会参加を促す。またコミュニティの公共施設の利用状況を監督する。

（5）コミュニティの重大決定事項を政府に報告する。コミュニティサービスの財政予算を参与し、住民代表の監督を受ける。

（6）コミュニティワークに伴う課題について解決する。

（7）障害者、女性、有職者、青少年、事業主、および専門委員を指導する。

これらの7つの職責として、高齢者から子どものニーズに対するサービス提供の領域は教育・文化・保健・福祉サービスを提供する上で、コミュニティの自治と同時に住民一人ひとりの選択と決定という仕組みにむかって今後発展していくことが求められているといえる。

また、社区居民委員会の活動内容を見てみると次の通りである。

（1）メンバーは選挙で決まる人員配置は5～9人、主な仕事は協議会の開催および各種活動の展開。

（2）社区居民委員会の会議と住民代表会議を両方開催する。財務状況を公開する。社区居民委員会は各種活動を行う前に住民代表大会の了解を得て国家法律に従って行動する。

（3）政府に属するコミュニティ・ワークを監督する。

（4）毎年、最低一回住民代表大会を開催し社区居民委員会の業務を評価する。

（5）社区居民委員会は、従来のように上からの命令に従って行動することから民意を反映して決議するように転換する。

二　社区居民委員会の活動（コミュニティ・ワーク＝社区活動）

塩田地区のコミュニティ・ワーク（社区活動）の機能は5つある。

（1）コミュニティ組織、環境、衛生、治安、安全、育児制限6つの仕事にかかわる。

（2）政治面のサービスを提供する。

（3）コミュニティの特色を持った活動や発展を模索する。

（4）コミュニティの公共事業を管理する。

（5）コミュニティ委員会に協力し住民の公共事業を行う。

三　社区服務事業所

コミュニティサービス事業所は非営利組織である。仕事の内容は以下の三つある。

（1）住民のニーズに応じて生活しやすいようにサービスを提供する。

（2）政府がサービス項目を購入する形で社会福祉サービス・社会保障、障害者や高齢者にボランティアのサービス事業を提供する。

（3）コミュニティで高齢者が安心暮らせるように、障害者も気軽に社会参加にできるように活動を行う。

コミュニティサービス事業所のサービスできる範囲は図書館、ジム、老人の家などある。コミュニティ委員会、コミュニティワーク、コミュニティサービス事業所は全て政府の指導の元で仕事を行う。

四　利益分離体制

（一）コミュニティ組織の経費と財務管理

新しい制度の規定では、社区居民委員会と政府財政関係について、社区居民委員会は財産管理する権利を持っている。収支報告を公開しなければいけない。

経費の出所は：政府から毎年決まった補助金額（2005年は5万元の設置費と4万元の運営費）、社区居民委員会の財産の収益、三つ目は募金である。

社区居民委員会が所有する固定資産、非固定資産による収益金は住民の財産であり、使用状況を毎月住民に公開し、一度使用金額を5万元を超えた場合は住民代表大会を開いて決済がおりたらはじめて使えることになる。社区居民委員会の収益金はコミュニティ内の活動にのみ使える。

次はコミュニティワークの財政問題。政府が財務を管理する。

三番目はコミュニティサービス事業所の財政について、政府が住民に社会福祉サービスや公共事業を提供するための資金、高齢者障害者に提供するサービスの収入（国がサービス料金を支払う）3はコミュニティ有料サービスからの収入がある。

（二）　人員配置と給料待遇

本来なら社区居民委員会には政府の財政項目にないが、政府に協力する仕事もするため、主任に月800元、副主任500元、委員300元を補助している。

コミュニティワークの人員は常勤と臨時採用二つある。

給料は月3000元でセンター長と副センター長それぞれ職位手当て1500元と1200元支給される。

（三）　事務所の建物の権利書について

新しい制度では政府と社区が投資して立てたビルの権利は政府、社区居民委員会、コミュニティワークとコミュニティサービス事業所が所有する。空き部屋があっても勝手に賃貸することはできず、協議した上で賃貸しても家賃収入はコミュニティ福祉支援事業に使われる。

社区居民委員会の流動資金については、政府からのお金であればコミュニティワークに経費当たる。コミュニティサービスの提供で得た収入はコミュニティサービスに還元される。コミュニティサービス事業所の建物は、政府は撤収しても良いしコミュニティサービスを提供しつづけることも可能である。

五　塩田地区の社区居民委員会についての総括

「塩田模式」は、コミュニティにおける活動を社区居民委員会から切り離して、コミュニティにおける政府組織の機能する。

コミュニティ・ワーク・センターの職員は社区居民委員会委員と兼任することはできない。仕事の内容はコミュニティの組織、衛生、環境、治安、文化、育児制限の6項目がある。同時に社区居民委員会に協力し住民の事務処理する。

またコミュニティセンターの職員は、社区居民委員会が推薦解雇の権利を持っている。新しい制度では、政府→市町村→コミュニティ委員会の管理体制から、政府→コミュニティ事務所→市町村コミュニティ管理事務所→コミュニティワークセンター・社区居民委員会と並列に位置し機能している。

経費と財産分配面では、社区居民委員会とコミュニティ・ワーク・センターの財務主体を徹底的に切り離した。コミュニティ・ワーク・センターの財政は直接政府によって管理され、住民から費用を徴収しない。社区居民委員会は経済主導権を持っており銀行口座を持っている。社区居民委員会の委員は給料なしでコミュニティワークセンター職員の給料の5分の1のに相当する手当が支給されるが、住民の同意によってコミュニティサービス事業所の利益から手当を支給することも可能である。過去の経験から見

ると社区居民委員会はコミュニティサービス事業所のサービス提供で得た収入で財政状況は黒字であること分かる。

社区居民委員会は、事務所として100平米の面積ある場所を確保できる。その他の場所についてコミュニティワークセンターをコミュニティサービス事業所が使用する。

新制度は組織責任仕組みから政府と自治体を切り離したといえよう。財政面では、はじめの段階で社区居民委員会は政府との間は一定の関係を持っている。新しいコミュニティの管理モデルでは、政府組織の行政権と社区居民委員会の自治権の対立闘争が避けられない。長年政府がコミュニティ組織の指導権を握っていたため、コミュニティ自治体が政府組織からの離脱は難しいという状況にある。[1]

今後の課題

塩田区の人口はおよそ19万人であり、高齢化率を10%として、約1万9千人が高齢者となる。高齢者の20%が医療・介護サービスが必要な高齢者であれば、3800人となる。塩田地区が17地区であるから、1地区当たり230名前後が直接的で緊急の医療・介護サービスが求められていることなる。塩田地区が今後発展することに伴って更なる福祉ニーズは拡大していくことが容易に予測できる。社区居民委員会の活動は、非営利組織（NPO）や営利企業の参入をさらに拡大することが予測でき、省政府や深圳市などの対応が求められている。福祉サービスの提供が地域住民自らの活動で機能していくためには、3M・I（人・金・物・情報）が有効に組み合わされていかなければならない。まず、医療・福祉に関わる人材の育成が急がれなければならない。そのために大学や専門学校での社会福祉学や介護福祉学・看護学に関わる人材の養成が必要となる。制度としての社会保険（医療や年金さらには介護）方式によるサービスの確立を、政府組織や企業そして地域住民の参加によって作られること求められているといえる。

家族以外の者が、扶養の一部である介護や看護に関わることを考えるとさらなる意識改革が進められなければならないといえる。また情報分野や工学などの技術がコミュニティの生活を支える時代が到来しているといえる。

---

[1]　侯伊沙：『透視塩田模式』，重慶出版集団，第34～42頁，2006。

東アジアにおける高齢者介護保障制度展開の特質と課題 *

——日本、シンガポール、中国上海市を中心に——

第一節　問題意識

　東アジアの高齢化の急激な進展の中で高齢者に対する社会保障の整備と充実が求められているが、年金・医療と並ぶ介護については、取り組みが遅れていた。しかし20世紀90年代半ば以降、介護についても従来的な家族価値に依拠する私的保障への期待・強化とともに、社会的サービスを行う方向が新たに展開しつつある。

　筆者は、1990年代半ばにシンガポールと中国で制定された高齢者保障に関する立法を「親孝行法」として注目し調査した（篠崎、2000）。また、韓国ではこうした立法措置はとられず「民族的価値」に基づく道徳・教育による敬老精神の涵養・発揮を通じて高齢者への私的・家族的扶養が推進されてきた。が、東アジア各国において増大する介護需要と減退する家族の介護機能の進行から見て、社会的サービス供給体制整備は不可避であろうと予測していた。「親孝行法」は、とりあえず、アジア親子関係文化を私的保障のために法的に動員し、社会的サービス整備への時間を確保したものと考えた。ただ、社会保障の中に介護を位置づけることは、アジアではそれぞれの社会にとって歴史的に未知の経験である。従って、その社会の家族観、家族の構造や機能の実態、介護を担ってきた女性の社会的位置

＊　篠崎正美：熊本学園大学社会福祉学部。

や役割の変化及びジェンダーをめぐる政治、高齢者自身の意識と要求する介護水準、社会的介護サービスのための人材育成、サービス需要と供給の調整の制度的枠組み形成、財源と公私負担バランス、等々多くの要因が絡まり、政策展開の方向や進度がはっきりとは把握できなかった。

しかし、日本で1997年に介護保険法が成立したのを皮切りに、2000年以降、シンガポール及び中国でも介護の社会化への急展開があった。韓国においても、2008年から介護保険法の導入が予定されている。

本論では、産業化に伴う高齢化の予期せざる進展とこれが必然化する高齢者社会保障の動きの中での東アジアという視点から、まず、アジアで最初に社会保険としての介護サービスを開始してきた日本の現状と課題を確認する。続いて、先に「親孝行法」を制定しその後に介護サービスの社会化への道を歩み始めたシンガポールと中国とりわけ上海市について、施策の展開と内容、意味づけ、親孝行法との関連、その施策の政治的イニシアテブの特徴と施策の課題について把握する。そして、今後の東アジアの経済発展の視野の中での高齢化の益々の進展における、介護保障制度の適切な展開における課題を考えるステップとしたい。

第二節　福祉国家論の中の東アジア

産業化と経済成長はどの社会においても意図せざる結果としての人口高齢化を惹起したし今もしつつある。H. ウィレンスキーはすでに20世紀70年代半ばに、人口高齢化による要保護人口の拡大が年金・医療などの社会保障制度を必然化させるという収斂理論を展開した（1974）。同時に、各国の福祉努力、強調されるプログラム、行政のスタイル、福祉をめぐる政治的駆け引きには大きな違いがあると指摘し社会保障プログラムは多様な発展を遂げるとも指摘した。ところでかれの比較福祉国家研究の中で日本は先進国の例外的位置づけをされており、その理由の一つは「家族的価値と親族制度の強力な残存」（ウィレンスキー、1975）であった。ただし、彼の著作が著された1970年代と異なり、今日の日本では、核家族化やさらに進んで個別化・多様化により、高齢者扶養機の意識及び機能は大きく減退しているが、欧米と比べると家族同居による私的保障の位置はまだ大きい（表1）。

表1　家族と同居の状況

単位:%．M．A

同居者	日本		アメリカ	ドイツ	韓国	スウェーデン
	1980年	2000年	2000年	2000年	2000年	
配偶者或いはパートナー	65.4	72.5	45.4	50.6	60.0	54.7
既婚の子ども（男性）	41.0	25.2	1.4	2.6	28.1	1.8
既婚の子ども（女性）	9.2	8.1	2.9	3.4	3.6	0.6
未婚の子ども（男・女）	18.7	20.5	11.1	5.2	19.8	1.3
子どもの配偶者或いはパートナー	41.0	21.2	1.4	2.1	24.4	0.3
孫	41.0	23.2	5.3	1.5	29.4	0.1
兄弟・姉妹	-	1.1	1.1	0.8	0.0	0.2
その他の家族・親族	2.9	4.8	1.7	1.4	1.4	0.1
家族・親族以外の人	0.7	0.4	3.2	1.6	0.9	0.5
同居人なし	5.7	9.6	40.1	35.6	13.9	41.7

資料：総務省高齢社会対策室
「高齢者の生活と意識に関する国際比較調査」2001年より抽出

　1990年に、Ramesh Mishraの福祉国家の時系列分析と並んでEspin-Andersenは、クロスセクショナルな手法で、福祉国家分析家形成にかかわる政治的イニシアテイブの違いに注目し、比較研究の進展の大きな促進力となった。Espin-Andersenは福祉国家レジーム（後に福祉レジームと修正）として、「社会民主主義」「保守主義」「自由主義」の3類型を構築した。この福祉レジーム論に関しては、日本を欧米と並んで比較分析することが難しいという指摘が日本の研究者を中心になされたが、その根拠は日本が「企業」と「家族」に依拠した「企業社会」であるとされる。これらの論者は「福祉レジーム論に福祉国家発展についての〈後発性〉という視点を導入する必要性」を指摘している（宮本、2001）。「欧米の福祉国家形成過程とスタートラインを異にした後発福祉国家は、経済開発を優先させることに特質があり、このような後発福祉国家が三つの福祉レジームに収斂するかどうかは議論すべきだ」というものである。

　福祉レジーム論では政治的イニシアテイブのあり方によって、市場・家族・国家のいずれが制度形成の基礎として重視されるかが異なるとされ、この差異を説明するものさしとして、「脱商品化」「脱家族化」「階層化」指標が用いられる。日本の場合、キリスト教民主主義のイニシアテイブにより家族の役割も重視する保守主義（ex，ドイツ）と、アメリカ的な市場

セクターの影響が大きい自由主義のレジームのいずれであるのか、中間なのか、あるいは第4の類型であるのかが議論されてきた。第4のレジームという考え方に対しては、Espin-Andersenは、儒教的な倫理が保守主義レジームにおけるキリスト教民主主義の機能的代替物であるという考えを表明している（2003）。

しかし、東アジア各国の福祉の特質を儒教倫理に還元しがちな議論への批判も少なくないGoodmanらは、次のような東アジアの福祉モデルの特質を抽出すべきだと主張する（1998）。財政資源を経済開発に集中し、その枠の中で開発に適合的な福祉体制の設計を行うというモデルである（傍点筆者）。結果として狭義の福祉に対する政府支出は抑制されるものの、政府規制は強化され、そのもとで、企業、家族、コミュニテイなどの非政府機関が福祉供給の主体となる、というものである。筆者はまた、これとは別に、儒教的な倫理が現代の東アジアのそれぞれの社会で、男性と女性、民衆や政治的リーダー層でどのような異なった内実で存在するのかという大きな問題も存在すると考える。以上のように、比較福祉国家論の中で日本を始めとする東アジアは特別の位置にある。

今日、日本を始めとする東アジアでは、世界に前例のないスピードと高い経済成長が持続し、この過程で欧米に例のない高速で高い比率の人口高齢化を経験しつつある。本論考では、高齢者に対する社会保障のなかでも、年金、医療について最後に登場する介護保障に焦点をあわせ、その施策形成がどのような展開をしているのか、その特質と課題を考察する。

本論で日本とともに考察の対象とするシンガポールと中国上海市の二つでは、「親孝行法」或いは関連する規定という共通項目がある。それだけでなく、①2000年に高齢化率が10%を超えていること（ただし、この二つの国・地域では、高齢者は60歳以上）、②年金・医療保険制度は（成熟度は別としても）ほぼ整備されていること、③高齢者介護サービスの社会化を施策として開始していることである。上海市は、中国の1都市であるが他の2国と並べて取り上げるのは、中国の中でも最も早く高齢化社会に突入し、中国の介各種護保障施策が先行的、実験的におこなわれ、その成果を見て制度や施策として全国展開が企図されているという特別な地域であることによる。今後膨大な人口が高齢化していく中国の高齢者介護保障制度の展開の原型となりうるという意味で対象のひとつとして選んでいる。

第三節　三対象における介護保障制度・施策の展開と特質及び課題

　経済発展の段階や政治体制が異なる三対象を単純に比較することは不可能に近い。むしろ二つの後発先進国といえる日本とシンガポールが人口高齢化へどのように社会的に対処したかの展開過程とその特質・課題を示しつつ、これに続いている中国上海市においての介護保障への取り組みにおける特徴と課題を把握することが必要かつ有効であろう。

一　日本

　日本では高度経済成長末期の1971 年に高齢化率が7% を超え、1973 年には福祉元年が宣言された。2005 年には高齢化率は20% を超え、高齢者人口は2500 万人である。2020 年には高齢化率は30% 台に達すると予測されている。また、現在およそ6：4である前期高齢者：後期高齢者の人口比率が、2025 年には逆転すると予測され、団塊の世代のすべてが大量の年金受給者となる2015 年問題と並んで、この頃に大量の介護問題が発生する可能性が高い。日本は、1970 年代には2 度のオイルショックで低成長時代に入ったが、いわゆる「先富後老」をかろうじて経験した。先進国に先駆けて1963 年には老人福祉法が制定され、国の税財源による各種老人福祉施設の整備が図られ始め、在宅要介護高齢者のためのホームヘルプサービスも地方自治体等の財源によって各地で開始され、後に厚生省（現構成労働省）の事業として拡大した。

　1980 年代から叫ばれていた行財政改革は、1990 年代バブル経済の破綻の後に本格的な社会福祉構造改革へも結果した。1980 年代半ばに「家庭基盤充実政策」が、日本型福祉として推進されようとしたが、定着はしなかった。女性の就業増加など社会進出と女性のジェンダー役割意識における変化、高齢者単身世帯・夫婦世帯の増加、家族の介護機能の衰退、高齢者特に高齢女性の社会的介護サービスへの期待増などにより、「行政処分」から「契約」へ転換による「公的介護保険制度の導入」となった（2000 年4 月から開始）。

　2000 年当時、介護保険導入の諸理由の中の大きなものとして社会保障費に占める医療費とりわけ老人医療費の増大抑制があった。「社会的入院」の排除である。不要で高額な入院をしている高齢者を在宅へ戻す、あるい

は病院よりはせめて費用の安い老人介護保険施設で面倒を見ようというわけである。介護保険制度では、議論が多かった市場化原理が取り入れられ、民間営利企業もサービス提供が可能となった。5年が経過して、社会的入院問題は表面上解決したかに見える。が、新たに、予想以上に在宅介護利用者数及びサービス利用量が増加し、介護保険財政の悪化が大きな問題となった。2000年から2003年の間に、65歳以上の高齢者数は12%の増加だったが、要介護認定者が218万人から78%増の271万人へ増加。介護保険総費用は3.6兆円から2004年には6,1兆円へ200%増加。2017年には10,2兆円に増加する予測である。2017年の医療・介護費総額は50兆円超と予測されている（日医総研、2005）。

　2003年の介護保険料等の見直しの後、2005年10月から始まった改正介護保険法では重度化しないための予防事業、施設入所者のホテルコスト負担、要介護認定そのものやケアマネジメントの適正化・公平化を図る仕組みなどを再設計して再スタートしている。しかし、抜本的に、「本当に介護保険でカバーするケアとはどの部分か」「可能な限り在宅で自立して暮らす、あるいは介護を受けながら暮らすために介護保険制度はどうあるべきか」「在宅や居住施設で医療ニーズを持った要介護者が適切に処遇されるには」「高齢者の尊厳を守るための介護の量や質をどうするのか」「財源における公私の負担のあり方」「人材の確保と労働条件の整備」議論と施策は課題として残された。日本の介護保険制度では、導入時も導入後も財源問題が極めて大きく、公共支出の財源としての消費税率、被保険者の年齢層拡大、個人の介護保険料負担額、サービス利用者の利用料負担率（現在1割）をどうするかの課題が、介護の質を向上させることと並んで大きくのしかかっている。

　家族との関係で見ると、改正介護保険法の下では、施設のホテルコストや保険料の段階の算定が、個人でなく世帯単位に行われ、家族（同居家族）は、非明示的に取り込まれている。このことは、一方では、経済的理由から世帯分離が意思に反して行われ、他方では、同居家族と別居家族での費用負担の不公平さが残る。また、そもそも、階層格差やジェンダー格差、年金成熟までの時代的格差などの現実に寄りよく対処していないと言う問題を残し、その一部を家族の私的保障が担ったり担えなかったりしていると言う現実がある。今後、持続可能な保険制度のために、家族の責任と役割もふくめた財源の議論が浮上してくると考えられる。民法およびこれに基づく判例では、実際の「介護行為」は、負担が大きいため「自発

的」に行われるべきもので、法的に強制はできないとしている。ならば、介護費用と介護行為を区別する必要が議論されることにもなるであろう。家族成員間・社会成員間の公平な負担、税負担と自助努力の間の国民の意見整理と合意形成、社会保障の意義についての徹底した公教育を行う民主的な政治的イニシアテイブがきわめて重要であろう。

以上に加え、次の法改正へむけてはすでに、被保険者の範囲拡大、医療保険との連結、障害者の介護支援との統合、介護の質の確保とそのための労働者の労働条件など諸課題が山積して提出されている。

二　シンガポール―

1965 年の独立・建国時、シンガポールは「未来のない都市国家」とさえよばれたが（田村、1999）、人民行動党の一党支配的な政治イニシアテイブの下で、懸命に市場経済を発展させ「奇跡の経済成長」をとげてきた。高齢化率（60 歳以上）はすでに1970 年代に7％を超え、2005 年には11，8％となった。戦後のベビーブーム世代が60 歳以上に加わる2010 ～ 2020 年は、高齢化の年間平均増加率は5％に達すると予測されている。この人々がold-old（75 歳以上）となる2030 年に、介護問題は一気に顕在化すると見られる。

高齢者扶養については、1989 年に「家族と高齢者に関する国家評議会」が設置され、高齢者施策が明確化された[①]。「高齢者のケアは、高齢者自身、家族、地域社会、政府のすべての関心事である」とされつつも、「家族が社会保険である」ことが明言されている。このことを法的に確定すべく、1996 年、「両親擁護法」が施行された。老親が、自分自身で生活維持ができない場合、または病弱な場合は、子どもに対して生活費や介護などの費用を払うよう裁判所に申し立てることができることとなった（篠崎：1999）。

この背後には、増加しつつある高齢者の経済保障・介護保障への安定的で即効性のある対応の必要性があった。さらには、90 年代に国際社会で登場した「アジア的価値」論争を背景に、「家族価値」を主軸にした「国民共有価値」路線を打ち出した指導層の政治的イニシアテイブがある。「愛・ケア・関心」「親孝行」「コミットメント」などの価値がマスコミを通して大々的に国民にマスコミを通じて国民に宣伝された。

---

① 高齢者国家評議会の設置。

　しかし、2000年、政策の実質的転換が生じた。「家族が社会保険である」という基本理念を存続させながらも、政府により「高齢者介護基金」が創設された。相当な額の高齢者入所施設建設と運営費補助施策が取り入れられ始めた。シンガポールは中国系、マレー系・インド系など多民族社会であるが、その中で、民族集団・宗教集団の中での相互扶助的あるいは慈善的な福祉供給の基盤があったことが活用されている点である。中国系の人々の間では、市場主義的な自己責任観念とともに家族主義の相互扶助があり、加えて個人や企業による寄付の文化的基盤もあった。これらが社会的介護保障施策への受け皿となっている[1]。シンガポール社会で比較的マイノリテイであるマレー系、インド系の民族集団では、民族的な相互扶助の強固なコミュニテイそしきがあり、とりわけイスラム教を信仰するマレー系の人々の間でそうである。ここでは、階層差を越えた相互扶助の組織が発達している[2]。

　シンガポールでは、介護保障以前に、家族親族の世代間相互扶助を促進するための住宅政策が、一般的な先進的な住宅政策とともにすでに早くから取り入れられてきた。親世代・子世代が隣居・近居できる「修正拡大家族」としての生活を支援する住宅政策がそれである。これに加えて、高齢者のコミュニテイ・ケアを可能にする都市住宅政策が実行され始めている[3]。

　教育・住宅や医療を除けば、シンガポールでは長い間家族を「社会保険」であると公言し、福祉国家たらんとする国家意思がなかったために民間の自助・共助的福祉供給が発達した。今日ではそれらが新たな介護保障施策展開のサービス供給基盤となっていると言える。今日、シンガポールの介護保障の大きな課題は介護労働者の確保・人材育成である。筆者は、ほとんどがイスラム教徒であるマレー系住民の多く住む地域で高齢者介護施設を訪問したが、介護のスタッフは、管理的な立場を除くとほぼ全員がインドネシアからの出稼ぎにきた女性たちであった。10代後半から20代前半の若い期限付きの移住労働に従事する女性たちで、特別な介護職としての訓練等は行われていなかった。保護と言う名目ではあるが外出は2週間に1-2回などの制限もあると述べられていた。これらの施設建設は政府の補助金で行われ、運営は マレー系住民の宗教的コミュニテイがあたって

---

[1]　2001年8月の訪問調査。
[2]　同上調査時にジャミア・イスラム（団体）運営の施設を訪問・見学。
[3]　同上調査時。

いる実態であった。一部は公設民営と言う形である。

　別のキリスト教系の施設では、全く寄付金のみで建設運営が行われ、韓国や日本からのシスターが運営し、地域のボランテイアが世話をするというものも見られた。これらとは全く別に、有料民間老人ホームも設置経営されている。これらは民間の契約により所得の比較的高い人々が利用している。しかし、女性の就業率が高い一方で保育の公共政策が行われてこなかった国では、もともと子守や家事使用人としてフィリピンやベトナムなどからの移住労働者を個人が住み込みや「通い」で雇用するケースはきわめて一般的である。外国人女性労働者を、お手伝いさん感覚で雇用してきた国では、良質の介護サービスを提供できる社会的人材育成のシステム作りが急がれる課題である。また、こうした課題解決に、福祉国家否定宣言を必ずしも撤回していないシンガポール政府が、どのようにイニシアテイブを発揮していくことになるのか、あるいはそうではないのかが注目される。

三　中国上海市

（一）人口高齢化の現状

　戸籍人口 1400 万人、非戸籍人口 500～600 万人と推定される上海市は、周知のように、改革開放経済政策の中で最も経済発展が著しい。生活水準の向上に伴って、で、1961 年 67，0 歳（男女計）だったものが、1995 年には男性 74，11 歳、女性 77，97 歳、2000 年には男性 76，71 歳、女性 80，81 歳、2005 年には、男性 77，78 歳、女性 81，81 歳と先進国並みに伸びてきている。さらに上海市は 1979 年以降の「一人っ子」政策が最も成功した都市でもあり、合計特殊出生率は 1998 年にすでに 0，86 を記録し、現在も 0，9 を下回っている。1993 年に人口の自然増加率マイナスとなり、2005 年、出生数 6，2 万人に対し、死亡数 10，1 万人と大幅なマイナスである。（流入非戸籍人口が多いため、市の全人口での社会増加率を考える必要はある）。

　こうしたことから上海市は 1979 年にすでに中国でも最も早く高齢化率 7％ を記録（人口に占める 60 歳以上）し、2005 年現在 19、6％ である。2005 年現在、60 歳以上高齢者 26637 万人、このうち 84，43 万人が 75 歳以上である（前出）。今後 2010 年から 2030 年の間に、後期高齢者が増加し、かつ、家族のいわゆる「2－4－8」構造が主流化している中で、一気に介護問題が噴出する可能性が高い。

表1　1995～2050 年上海市常住戸籍高齢人口の推計

年　次	60 歳以上 人口数 （万人）	割　合 （%）	65 歳以上 人口数 （万人）	割　合 （%）	80 歳以上 人口数 （万人）	割　合 （%）
1995	226. 83	17. 4	155. 60	12. 0	23. 01	1. 8
2000	238. 30	18. 2	183. 82	14. 0	29. 62	2. 3
2010	291. 58	21. 5	197. 24	14. 5	47. 09	3. 5
2020	449. 61	32. 9	301. 41	22. 0	52. 38	3. 8
2030	488. 60	37. 1	401. 20	30. 4	72. 58	5. 5
2040	438. 17	35. 5	357. 58	29. 0	129. 36	10. 5
2050	415. 62	36. 8	323. 48	28. 6	105. 78	9. 4

資料：「東アジア地域高齢化問題研究」エイジング総合研究センター

　高齢者のいる世帯総数 137. 69 万のうち、1 人の高齢者のいる世帯は
64. 7%、2 人の高齢者がいる世帯は34. 4%である（上海市「人口と発展研
究センター」）。表 1は上海市常住戸籍人口の高齢化の今後の予測である。

（二）高齢者の介護保障に関する政策の展開

　上海市はいわゆる先進国の「両高一少」、発展途上国の「一速一低」と
いう二重の挑戦に直面している。また、伝統的三世代同居の比重は低くな
り、高齢者自身も住み慣れた住宅とその周りの環境で晩年をすごしたいと
いう希望を持っている。1999 年 3 月の新聞報道では、同居希望は10%に過
ぎず、別居希望 60%、近居希望 30%と報じられている（新民夕刊）。

　介護の必要な高齢者について、1995 年 10 月「上海市高齢者人口綜合調
査」によると主に配偶者から介護されている高齢者が42. 3%、主に子供が
介護が21. 2%、親友・近隣・他人による介護が6. 7%、お手伝いさん
21. 2%、社会的介護が4. 8%であった。私的介護が圧倒的に多かったが、
「お手伝いさん」という形で「サービスを買う」というカテゴリーが5 分
の1を占めていることも注目される。その後も、平均余命の急速な伸び、
少子化、男女平等的な就業、改革開放経済進展による都市内外への人口の
流動などの要因から、高齢者社会保障において介護・看護問題が急速に社
会的問題として浮上してきているのである。

　こうした中での、介護保障に関する市の政策の推移をみると、三つの時
期が区別されるように思う。それぞれの時期の特徴的な政策展開の動きを
見てみると次のような展開が見られる。

1.「労働単位」福利＋救貧社会福利から改革開放体制福利への移行期

（1）上海市老齢委員会は1980年代から高齢者の介護・看護問題研究とこれに基づく社会事業のあり方についての試案を提出（「地域社会が老人のためにサービスを提供する事業」「比較的若い高齢者がより高齢の高齢者のために奉仕する」など）。

（2）1989年、上海市「高齢者保護条例」施行

（3）1992年、上海市老年法廷設置

2.「介護サービスの社会化」体制への模索期

（1）1996年、上海市老齢委員会は市老齢科研中心とともに、「都市高齢者の介護保険研究」の課題グループを結成。研究調査の結果、「多段階、多形式、多ルート」の高齢者介護保険体系を設立する試案提出。

（2）1997年9月、上海市政府、高齢者事業に関する協力会議開催。「現在上海市高齢者を悩ませる最も顕著な問題は介護問題」との認識。

（3）1998年3月および6月、上海市高齢委員会・老齢科研中心が専門家と職員を交えて、市の高齢者介護問題検討の座談会実施。

（4）1998年8月18日、「上海市老齢者権益保障条例」上海市第11回人民代表大会常務委員会第4次会議を通過、公布。（1999年1月1日から施行、保護条例は廃止）

（5）1998年8月、市高齢委員会、市高齢科研中心研究者と市民政局、市労働局、市衛生局、市総工会、関係高等学校専門学者等の連携による「上海市高齢者生活介護互助会」（以下「互助会」）のモデル実施法案及び設計のための「課題グループ」結成

「総課題」と5つの「小課題」① が確認された。

（6）1998年12月、「課題グループ」メンバー、上海人民放送局と連携して、局の「高齢者ひろば」番組で「上海高齢者介護の今後の課題」の討論。介護費用、人員資源、外国の経験、組織形態におよぶ視聴者からの電話等の反応大きい。

（7）1999年初め。市老齢委員会と老齢科研中心、「互助会」に関する研究成果を示しつつ、市政府に「互助会モデルケースの事業展開の申請」

---

① 課題グループの5つの小課題。
　1. 高齢者介護互助会会費の収支資格制度の研究。
　2. 高齢者介護互助会会員が介護金を受け取る資格審査制度について。
　3. 高齢者介護者チーム設置について。
　4. 高齢者介護関連方案、政策について。
　5. 互助会機構の設置および運営モデルについて。

を提出。市はこの件について非常に重視し、重要指示回答。モデルケース設置に同意。静安・虹口の2区にモデル事業実施決定。

　(8) 2000年、上海市民生局、市内6つの区で高齢者施設の拡充・改善を実施

　(馬利中ほか「『上海市高齢者生活介護互助会』実施法案の研究」1999年)

　3.「星光計画」導入実施期

　(1) 2000年、中央政府国務院「老齢事業推進に関する決定」

　(2) 2001年、民生部「社区老年福利服務星光計画実施方案」発表

　(3) 2001年、上を受けて、市民政局「社区老年福祉サービス星光計画」実施に関する意見（通達）

　(4) 2001年上海市「老年法廷」を「民事3廷」と名称変更（最高法院の指導により）

以上のように、日本の介護保険制度をモデルにした半官半民の介護保険制度を上海市独自の方法として模索した。が、2000年には、中国政府の「星光計画」が出され、上海市や、大連市でこの方法での介護の社会化が急速に実施されることとなった。

「星光計画」の実施期間は2001年～2003年とされ、主な内容は、

　① 高齢者サービス施設（高齢者活動室が重点中の重点、高齢者入居施設も）の新設、または改築

　② 居宅養老サービス（生活介護、デイサービス、緊急通報システム、情緒的援助など）

　③ 社区（コミュニテイ）における高齢者サービスの情報化

　④ 共産党および市の強いリーダーシップ、福祉の部門における「三つの代表」の具現。

　⑤ 資金源、福祉宝くじの収益金の80％使用。（2001年度は8000～8500万元）寄付金の募集（免税措置）

　⑥ アッピールと監督評価（高齢者からの評価も含む）

　(5) 2003年、市民政局、市内の数区において「居宅養老サービス」および「社区助老と万人再就職プロジェクト」を実験導入。

　(6) 2004年市、民政局「居宅養老サービス事業促進に関する通達」で上記事業を全市に拡大

こうして、「星光計画」は、実験段階を終えて2004年から全面的に展開されることになった。この計画による施策の特徴を見ておくと、

　①高齢者介護施設の増床、拡大

②高齢者在宅介護と再就職促進を結合

③福祉ミックス（政府推進と市場化運営システムの組み合わせを原則）

④個人の自費サービス購入と政府補助の組み合わせを原則

⑤要介護度認定制の導入

⑥介護者の研修訓練の導入

⑦「社区」（コミュニテイ）単位を基盤に展開、社区服務中心の整備

等とまとめられる。①の介護入所施設建設や地域の高齢者福祉センター建設は、政府によって、福祉という産業開発と位置づけられ積極的に推進されている。特に、第Ⅱ期に構想された上海式介護保険構想と異なる点は

①サービス労働者を、主として「失業している男女」に位置づけている点

②サービス購入時には「自費」が含まれるが、社会連帯的な保険料の義務付けはないという点

である。ただ、政府の財源は基本的に「福祉宝くじ」のそれであり、必ずしも恒常性や安定性があるとは言えないことも指摘される。このことは、土地の利用権の寄付や福祉施設建設への企業や個人からの寄付金を特典付きて奨励していることとも関連し、また、訪問介護等在宅介護のサービスの種類や量、さらには質の向上がどう図られるかについての展望を難しくさせていると考えられる。

　(7) 2004 年 4 月 上海市民生局・上海市労働局と社会保障局・上海市財政局「本市に置ける社区助老サービス項目の実施に関する施行案」への通知

　(8) 2005 年 10 月、「上海民生事業発展報告書」発表

など、高齢者介護保障への施策が持続されている。

4. 上海における介護の社会化の現状

2005 年 8 月、筆者は上海市民生部および朝霞街道での聞き取りから、施策の展開による介護の社会化の進展に関し以下のような現状を把握した。

①中国の社会保障制度の中で、医療、年金、失業、生育、労災は社会保険制度に、介護は社会福祉制度に含まれる。

②高齢者介護施設は多くが公設公営であるが、職業団体による設立運営、民説民営もあること。

③要介護者と介護者の比率は4：1くらい

④一人当たり介護費用：250 元月

⑤介護者への賃金：交通費含めて800 元/月（プラス失業・養老・医療の保険料）

⑥施設の建設に政府補助金を出し、敷地面積・部屋面積に基準

⑦在宅介護サービスの種類は訪問介護（家事援助、身体介護）および通所介護

2000年から開始したが、まだ未成熟であり、2005年の統計では55000人がサービスを受けた。うち16000人が自費、39000人が補助（一部および全部）を受けた。

⑧介護者の訓練研修：半月年（労働局が経費負担）

1990年代以降、中国は高齢化社会への急速な進展を自覚し始め、年金・医療に続いて、介護保障への対応に乗り出している。社会主義的な労働単位制度による企業福祉が破綻し、従来の老人に対する施設福祉から脱して、退職後都市労働者の急増する介護ニーズへの対応を迫られたのである。これに対して、まず第Ⅱ期では、「老年人権益保障法」の制定によって全面的に家族の責任を明記し（介護に限らず扶養全般）、高齢者の権利を親孝行によって保障する手立てを法的に講じた。上海では、これに対応すべく「老年法廷」（及び老年人権益相談所）が設置された。

上海では同じ第Ⅱ期に、日本やヨーロッパとの交流を通じて、介護の社会化を探る方

策の検討が積極的に行われている。日本のいくつかの取り組みのうち、「労務貯蓄」や「有償ボランテイア」などが「互助会」モデルに取り込まれた。日本の介護保険方式は企業・個人の双方において負担が大きいとして中国では時期尚早と退けられた。「互助会」モデルは市内でのテスト施行は行われたが、結果は明らかにされておらず、結局は進展しなかった。ただ、このグループの5つの課題グループでの研究は、要介護度の認定や介護スタッフの研修などを含んでおり、第Ⅲ期へつながっていったとも考えられる。課題グループのメンバーの中には現在の市政府へのブレーン的な存在の研究者たちが含まれているからである。

第Ⅲ期は、中央政府からの政策の推進である。「星光」計画は、20世紀90年代に本格化した「社区服務」を土台に、福祉宝くじを財源とする奇策を取り入れた点、また、介護スタッフとしてレイオフ者（その大部分は40・50代の女性）や農村余剰労働力、失業者として吸収している。また、高まっている施設介護のニーズを充足すべく、増設・増床をはかり、健康な高齢者のための地域の活動センターを建設するなどハード面の整備に成果を収めつつあるといえよう。これらを、福祉ミックスとして設立することによって、良い効果を生んでもおり、市場経済を進める中国の政策との適合性が強いとも言える。しかし、市場主義的な介護サービス人材の育成

は、労働力の質の低さや労働条件の低さを固定化する原因にもなっている。また、このことが、介護サービス労働へのインセンテブを低め、利用者の生活の質を上げる介護を実現しにくくなると言う悪循環を生み出す。さらにそのことが、国家間の経済格差のもとに、より低い労働条件で働くサービス提供者を外国から引き出すと言う現象を生み出す。

他方で、介護スタッフの労働条件や介護の質のための研修、要介護者の介護ニーズの量と質の両面での適切な対応、つまりソフト面については、今後の大きな課題である。量的な面だけをとっても、日本では高齢者人口の約20%が介護認定を受けているが、この比率を上海に当てはめるとおよそ52万人となる。上海市では、在宅・施設をあわせて昨年度約10万人がサービスを受けたと報告されている。今後は人数だけでなく一人当たりのサービス時間などもあわせ、量的な拡大が必須となっていくであろう。（上海のメデイアでは要介護者はほぼ15万人としているものが多いとのことである）。

さらに、介護従事者の賃金等の条件改善や研修のありかたも、大きな課題であろう。

また、「親孝行法」或いは関連する規定との関連で見ると、「星光計画」の導入とほぼ同時に「親不孝問題」に対処する「老人法廷」の設置は解除された。しかし、今日でも、法的には社会福祉事業の根幹は「高齢者権益保障法」および上海市の「高齢者権益保障条例」であり、家族責任を強く規定した法を根幹に、市場経済を阻害せずむしろ伴走し、地域（社区）を再組織化するものとして、多元的な高齢者介護事業がトップダウン式に展開されつつあるのが実情といえよう。

終わりに

以上に日本、シンガポール、中国上海市における、高齢者介護の社会的保障への動きと、その課題を取りまとめた。とりわけ、高齢化率のみならず高齢者の絶対数がこれまで人類の歴史が経験したことがない大きさになる中国において、介護保障施策がどのように展開するかは、人々の生涯にわたる暮らしの安心や尊厳の観点から注視を怠ることができないし、先発した日本の介護保険制度のありようがモデル的な役割を果たしうるのかが問われることになる。

開発を急ぎ、経済開発に最優先性を与えてきた東アジアに共通するのは、

財源の安定性と持続可能性、在宅と施設サービスの両方とも増大する介護需要にどう対応していくかの問題、利用者特に低所得層の費用負担のありかたや認定の公平性・客観性確保、認知症を含めた医療的ニーズのある要介護者への対応をどう進めるかなどの課題、介護やマネジメントの質の確保とそのための人材育成、ケア労働者への需要増に対して国内のみならず国外からの働き手に対する適切な処遇や効率性とのバランス、これに基づく「介護の質」の向上及び持続可能な人材供給体制等の課題もこれに加わる。

なによりも介護の社会的保障は、人生の終末期を前に、個々の高齢者の家族状況、経済的成功度等に関係なく、公平に人として尊厳ある生活機能自立を支えるための仕組みといってよい。家族や親族、地域社会という資源を動員せざるを得ない状況があるが、「家族」を明示的・非明示的に介護保障の担い手として措定することは、上記の諸課題を一定程度あるいは一時的に解決する側面はあるけれども、普遍的な福祉を阻害しかねない側面も生み出す。家族は愛情や信頼の共同体でありうると同時に、現実に葛藤と愛情の失敗、離反と憎悪の源泉でもありうるからである。すべての人の幸福追求と高齢者の普遍的な福祉のためには、北欧諸国が模索してきたように、「家族」の役割を情緒面及びそれに基づく自発的な活動に限定し、社会的に公平なサービス（Espin-Andersen のいう脱階層的・脱家族的なサービス）の整備が必要であり、それを可能にする政治的イニシアテイブが東アジア各国においてどのように可能かを問うことになる。

参考文献

H. L. ウィレンスキー、Ch. ルボー：『産業社会と社会福祉』, 1974。

H. L. ウィレンスキー：『福祉国家と平等』, 木鐸社, 1984。

〔日〕宮本太郎：「比較福祉国家論の可能性」社会政策学会編『「福祉国家」の射程』, 2001。

〔日〕埋橋孝文：『比較の中の福祉国家』, ミネルヴァ書房, 2003。

デボラ・ミッチェル：『福祉国家の国際比較研究』, 啓文社, 1993。

エスピン・アンデルセン：『福祉資本主義の三つの世界—比較福祉国家の理論と動態サ』, 2001。

〔日〕篠崎正美：『アジアの社会変動とジェンダー』, ミネルヴァ書房明石書店, 1999。

〔中〕桂世勲：「広い意味での高齢者介護システムの構築—上海を事例に」, 2006。

医療保険及び診療報酬制度 *

要　　旨

　医療費問題は、世界各国高齢化もあって、財政的に重要な問題となっている。日本の医療保険・診療報酬制度は整備されてきたが、時代の進展につれて老人医療費などの問題が増えている。中国のそれも、未だ制度を制定・整備している段階であるが、無保険者が2003 年で都市部 44.8%、農村部 79.1% もある。

　しかし、中国の医療保険制度も個人口座など見習うべきものも多い。また後進性の優位性から、日本と同じように原価計算の実施、DRG/PPSの採用、外国資本への開放など進んだ面もある。

　本稿では日本の医療保険に照準を合わせ、中国との比較を行い、あるべき姿を検討する。

　他方診療報酬も医療費問題にとって重要なものであり、特に原価によって決定されるべきであるとの意見が多い。ここでは診療報酬の決定には、標準化が必要であり、この場合規模別原価算定、医師の技術評価などの要因を考慮する必要があること。

　キーワード：中国医療保険、日本医療保険、日本診療報酬

---

　* 山下正喜：熊本学園大学教授。

第一節　　医療保険

　医療費は、社会保険制度をとっているところが多い。（アメリカのように私保険を主としている所では問題はもっと分かりやすい。）医療費は個人（従業員）と企業の保険料と国の財政負担（保険料）でまかなわれている。医療費がいろいろの要因から年々ふくらみ、保険料の値上げ、窓口自己負担の引上げ、財政負担の増加により、これに対処している。いずれも応急的対処で基本的な解決には至っていない。個人口座を設けて医療に対する個人の自覚を広い観点から促すことも必要である。

　日本の社会保険の基本を崩さず、低所得者層には、高齢者医療制度のような別制度を設け、保険の管理を強め、保険料と給付の関係をより鮮明にすることも必要である。

　中国は社会主義体制で、近年（1988年頃）までは、医療費は殆ど無料であったが、医療費の無駄遣いなど多くの問題も現れた。一方中国は1978年から改革開放政策を導入、して以来、世界で注目を浴びるまでに経済・社会は発展した。それにつれて次第に国民の生活水準も高くなり、医療への国民の要求も高くなってきた。これに対して国は医療費支出に耐え仕切れなくなり、社会保険制の導入となった。そして個人もある程度負担することとし、個人の費用意識を高めることとした。すなわち小額の医療費の場合は個人口座から支払い、高額の場合は、社会的総合口座から支払うことにした。

　中国は政府のこのような改革にもかかわらず、依然として国民の8割近くは、医療保険にカバーされていない。また医療資源の都市集中による格差、医療における都市・農村間の格差、国家財政支出の減少や経済・所得による格差が大きく[①]、医療において国民は平等に恩恵を受けるに至っていない。

　中国は「2010年までには都市部のすべての住民が、基本医療保険に加入できるように体制を整えようと考えています。この基本医療という共同で負担するメカニズムは、政府が1/3、企業などの雇用者が1/3、個人が1/

---

① 陳金霞：「中国における医療格差問題の現状」——日本への示唆，『病院』第65巻第8号，2006年8月，646～649ページ。

3（日本と同じ――筆者）をそれぞれ負担するものあろ。農村部の場合は、合作医療保険というものを考えていろ。現在、130の農村地域において新型農村合作医療保険制度を策定している最中であろ。この保険の費用負担割合は、政府が1/3、地方自治体が1/3、残りの1/3を農民が個人で負担していくものであろ。」①

　又、陳によると②日本も中国のような予防医療を重視することが必要である。日本のカネのかかるゴルフ、スイミングではなく、広場や公園で自由参加で無料の体操、太極拳などを普及させる。中国では各地でこのことが普及している。

　（1）ここでは前述のように中国・日本の医療保険を日本に照準を合わせて述べる。（表1）まず、経済体制の相違について、日本は民主主義市場経済制で、中国は社会主義市場経済制であり、全体として、日本が個人責任、中国では社会責任の考え方が強くなり、それが医療保険システムにも表れる。

　④の負担の問題であるが（④の記号は表1の番号による、以下同じ）、給与差引き保険料は、日本9.5％（個人と会社で折半）、中国8％（個人2％、会社6％）であるが、実際支払う治療費レベルでは日本41％で中国に比べて非常に高い。

　（2）社会的な法規として制定されたのは、日本1922年、中国1951年である。30年程の差があるが、これは経済、社会の発展の程度の差があるので、年数のみをとって比較はできない。中国の医療保険制度は日本と比較するとかなり遅れているが、また後進性の優位性で新しいものが先進国に少し遅れて導入されている。病院の経営、⑨病院の一部で原価計算が日本より普及しているし、⑩DRG/PPSも一部で採用され（2004年）、⑪外国資本参入（2002年）も認められている（高星氏，2005，8～9月山東省で調査）。

　（3）健康保険法の母体であるが、日本では「ムラ」を母体とした国民健康法と「カイシャ」を母体とした健康保険組合の二つである。中国では「カイシャ」に相当するのは都市労働者医療保険である。わが国では「ムラ」で村落単位の灌漑稲作農業の共320

---

① 黄潔夫、中国衛生部副部長、森岡共彦、日本医師会参与日中医学協会理事長：「中国における医療の課題」，『日医雑誌』，2005年3月，第133巻6号，793ページ。

② 陳金霞前掲論文，649～650ページ。

表1　日本と中国の医療保険

日　本	中国全国
（民主主義市場経済）	（社会主義市場経済）
	1951年労働保険医療制度
1922年健康保険法	1952年公費医療制
①政府	（無料）
②1961健康保険組合	↓
	改革
①国民皆保険1961年	①1998年都市労働者医療保険
②	②個人口座と社会共済
③医療費の増加	③医療費の増加
1980→1990　200％，1990→2000　130％	1978→1988　一人当たり310％，
	1988→1998　400％
④財源個人負担41％，企業26％，政府33％	④保険料　企業6％
高額支払打切り制	個人2％
給与−個人4.75％，会社4.75％	
⑤	⑤アンケート調査
	個人口座必要30.5％
	必要なし17.1
	4倍　賛成　51.2％
	反対　43.9
	（『基礎整合的社会保障体系』，景天魁主編、楊団、唐鈞、副主編，華夏出版社，2001年6月，279頁，281頁。）
問題点	問題点
⑥社会化，公平化達成，効率化未達成	⑥社会化，公平化，効率化未達成
⑦国民皆保険100％，1961年	⑦対象者カバー率の拡大1993年～79％無保険者
⑧赤字（国の負担分の金額が増え続ける）	⑧専門的な医療保険ファンドの確立
病院の経営	病院の経営

日　本	中国全国
⑨病院の一部で原価計算実施	⑨病院の一部で原価計算実施
⑩病院の一部でDPC実施	⑩病院の一部でDRG/PPS実施
	（山東省調査、中田範夫・高星，「中国の病院におけるコスト・マネジメント―実態調査を中心にして―」，『山口経済学雑誌』，2006年5月，33頁。）
⑪外国資本参入不可	⑪外国資本参入可

出处：項目の設定については 塚本隆敏，『中国の国有企業改革と労働・医療保障』，2006年，大月書店参照。

同作業などが行われていた。「カイシャ」では慶弔等が行われ、三菱造船所救護基金などが存在していた。[1]

（4）日本では①国民皆保険が1961年に達成され、これは世界でも珍しい制度である。中国では、1998年都市労働者保険が発足し、漸く近代的社会保険制度が一部で発足した。

（5）個人口座と社会口座についてであるが、中国ではこれが設けられ、日本にはない。

少額の医療費については、個人口座から支払う。個人口座は個人負担の保険料2％と企業負担の保険料の6％のうち3割は個人口座にいれられる。（2％＋6％×30％＝3.8％）。企業負担の7割（6％×0.7）＝4.2％は社会プール部分とされる。

丁度日本でも2004年に医療改革の一環として、同じように3000円以下の医療費について全額自己負担の案が検討されたが、実現するに至っていない。

この仕組みは、自己の口座を出来るだけ健全に管理しようというインセンティブが働き、良い仕組みと見られる。台湾でも個人口座が設定されている。

ただし、日本では高額の医療代制度が設けられ、個人負担が重くならないようなシステムを用いている。たとえば医療費が2250000円（年間）かかったとしても10万円以内ですむようになっている。

---

① 〔日〕島崎謙治：「わが国の医療保険制度の歴史と展開」，遠藤久夫他編：『医療保険・診療報酬制度』，2005，10～11ページ。

　(6) の医療費の増加についてであるが、いずれの年代帯においても中国が高いが、これは医療保険の発足年度、社会の進展度合の相違で比較は難しい。しかし日本では1977年から2002年の25年間で医療費は1300%の増加を来している（病院）。

　(7) のアンケート調査については、個人口座が他に実践結果を検証するのを待つべきが50%となっている。社会的ファンドから最高支払い限度額が社会的な平均賃金の4倍でいいかどうかは賛否が相半ばしている。仮に限度額が無いなら、医療保険は収支のバランスを失うとする専門家は多い。日本が今その状況下にあり、中国に見習って一考を要するところである。

　(8) 問題点については、日本では⑥社会化、公平化は十分でないにしても、国民皆保険、所得に応じての保険料支払いでほぼ達成できているとみてよい。ただ老人医療費が優遇されてきたが、2007年から一般人と同じ窓口三割負担となる。しかし効率化については、その活動がようやく始まろうとしている段階である。今迄診療報酬が潤沢に支払われてきたために、医療関係者に効率化の認識が薄い。

　(9) 中国では対象者カバー率の拡大が当面の問題である。2003年段階で無保険者が都市部44.8%、農村部79.1%というのは、少し多すぎる①。特に社会主義を標榜している中国にとっては、重要な問題である。これにはいろいろの方法が考えられるが、日本が一つのモデルと見てよい。高額所得者から保険料を多く払ってもらい、政府が医療費の1/3を補助するのも一つの方法である。

　(10) 医療保険はいずれの国も赤字であるが、日本でも、後発薬品の採用、地域病院・診療所の連携、老人医療費の別勘定など赤字をへらす対策は多く考えられているところである。

　後発薬品は新薬に比べて2〜5割安いし、その効能も新薬と比較して検証されつつあり、病院・診療所の専門化を徹底し、同じ病気で何箇所もの病院にかかるのをやめ、検査なども一度やるとそれが全国使用できるシステムにする。老人保険を別立てにすることにより、その意識を持たせる。医療費の増加は老人によるところが大きいからである。

　(11) 医療制度が整備される過程で平行して出てくるのが医療上の格差問題である。日本の医療制度は平等を中心としてかなり充実してきた

---

　①　都市部の失業者，私営企業の従業員，農村戸籍の従業員はほとんど無保険者である。

が、それでも都市部と地方では現在も都市部に医師が集中し、地方では産婦人科専門医や他の医師が不足しており、深刻な問題を引き起こしている。

　以下、日本と中国の医療上の格差（4項目）を検討してみる。（日、中を厳密に比較するだけの資料がなく、比較は限定される。）

表2　日本の地域別医療状況

	（1） 人口（千人）	（2） 病院数	（3） 病床数	（4） 医師数	（5） 1人当たり国民 医療費（千円）
全　国	127687	9077 (7.1)	1277.8	201.0	243
1. 高知	1803	17.7	2447.2	261.4	323
2. 鹿児島	1769	15.9	2033.9	212.9	314
3. 北海道	5644	11.1	1870.6	203.2	286
4. 富山	1117	10.3	1642.4	213.6	256
5. 島根	749	7.9	1578.4	238.1	278
6. 福島	2106	7.1	1424.3	171.0	260
7. 京都	2638	6.8	1397.7	258.3	223
8. 東京	12378	5.4	1047.6	264.2	211
9. 愛知	7192	4.9	973.1	174.9	200
10. 神奈川	8732	4.1	865.6	167.9	202
11. 東京都				307.7	
12. 名古屋市				248.4	
13. 横浜市				167.6	
14. 川崎市				181.9	
15. 京都府				342.1	
16. 茨城県				142.3	

　1.（注（1）、（2）、（3）については2004.10.1現在、（4）、（5）については2004.12.31.,（5）については2002年度現在）。

　2.（2）、（3）、（4）については人口10万人当たり。

　3. 厚生労働省編：『平成17年度厚生統計要覧』，2006，厚生統計協会により作成。

表3　中国の地域別医療状況（2004年）

地域別	(1) 総人口 （万人）	(2) 病院数（軒）	(3) 病床数	(4) 医師数	(5) 1人当たり 医療費（元）
全　国	129988	15783	240	150	4366.8
北京市	1493	2.6	630	420	12146.9
天津市	1024	2.3	414	269	7037
遼寧省	4217	1.9	385	221	4296.8
上海市	1742	1.1	562	327	8056.6
安徽省	6461	0.9	178	100	3370.9
広東省	8304	0.9	235	145	6659.1
重慶市	3122	1.0	193	116	3990
貴州省	3904	0.9	152	96	2951.1
チベット	274	3.5	226	166	2158.2
甘粛省	2619	1.4	224	131	2700.4

衛生部『2005 中国衛生統計年鑑』より作成（陳金霞，前掲論文，646ページ）。

（2）、（3）、（4）は人口10万人当たり。

（12）まず地域の抽出であるが、日本は全国都市部、地方を適宜取り上げた。他の地域については、項目の検討の中で、随時ふれることにする。また中国では医療制度の整備途中であり、以下の比較は割り引いて考える必要がある。表3（2）の病院数の総数については、日本9077施設に対して中国15,783軒であり、日本は人口10万人当たり7.1施設である。都市部を考えると適当と思われるが、都市部に集中しており、地方での都市部以外では不足している。

日本約6.3（7.3）に対し中国1（1.12）の比率であるが、発展途中にある中国においては少ないのは考えられるところである。

日本における地域格差は、鹿児島15.9に対し、神奈川4.12で約4倍。中国では（表3の数値に関するかぎり）北京市2.6に対し、重慶1.0で2.6倍の格差がある。

（13）次に病床数については、日本の1280に対し、中国では240で、これも中国は日本の1/5で、病院数の場合と同じで、中国は発展途上にあるので、日本より少ない。日本の病床数については、世界的に最も多く1470（2001年）で独910、仏820、英470、米350である。

　日本の地域間格差については、高知の2,450に対し神奈川の870で約3倍の開きがある。高知県の病床数が日本で最も多く、神奈川が最も少ないのは地域の特殊事情によるものであろう。中国の場合、北京市の630に対し、貴州省の152で約4倍の差があり、日本と大体同じ位の開きである。

　（14）医師数については、日本201人（2005年）に対して中国150人である。日本は数だけ見れば足りており（仏330人、独330人、米240人、日本210人、英210人——2002年）中国は日本とそんなに格差はない。中国は医師が多いといわれている。日本と中国の比較の中で最も差が少ない。

　地域では、高知の261人に対し、神奈川の168人で格差は5割強であり、他の項目程には差異はない。しかし都市部とそれ以外の地域では、医師が都市部に集中し、格差が社会問題化している。

　東京の310人に対し、茨城では140人で2倍強の格差である。

　（15）一人当たりの国民医療費については、日本は243千円、中国57千円（1人当たり外来診療費と同入院費を加えてそれを13倍して円換算）で、日本は中国の約5倍弱である。

　国際的には、米国571千円（1位）スイス459千円、ノルウェー368千円、デンマーク312千円、日本311千円（2001年）で世界で5番目に多く、以下独294千円（7位）仏256千円（11位）英223千円（15位）韓国157千円（24位）である。

　県別では、鹿児島の334千円に対し、神奈川の202千円で65％の差がある。これは様々な要因が相互に影響しあって生じているものである。

　中国では北京市の158千円に対し、貴州省の38千円（チベットは除外）で約4倍の格差があり、日本の格差65％に対し、かなりの格差があることになる。

第二節　診療報酬

　診療報酬は保険診療において、国が医療機関に支払う診療代・治療代である。診療報酬はある程度はそのコストによってこれに政策を加味して国が決定してきたといわれている。しかしその決定過程は未公表で、コストによって大勢が決められているとはいえない。診療を受ける側にとって、診療報酬がコストによって決定されておれば、その支払いも納得がいく。

　また診療報酬にコストを反映していないものは、医療サービス供給に歪みを生じる可能性がある。厚生労働省も近来、診療報酬がコストとの乖離が生じてきたので、調査を委託したといっている。

　また診療報酬は、国の財政にも大きな影響を及ぼす。診療報酬が日本国では2006年4月から3.2％引き下げられた。これは前回（2年前）と薬価市価調査などの結果を比較して引下げられたが、前回（今迄のもの）がどういう風に科学的に合理的に決定されたのかはっきりしない。また診療報酬は国が決定するので、公定価格であり、その短所において、たとえば、薬の公定価格が決められている。医療機関は公定価格より安く購入しようというインセンティブが働き、購入価格の低下→公定価格の低下→購入価格の低下というメカニズムが働く。これによって公定価格の短所は補完される。① またたとえば、CTを普及させるのに、その診療報酬を高く設定したために、急速に普及した例のように政策誘導のプラスの面も大きい。（これはまた大きい危険性もはらんでいる。）遠藤は「診療報酬を、より科学的に透明性高く、患者志向で設定することは極めて重要なのである」としている。

　ここで診療報酬は基本的にはコストによって決定されるべきであるとの立場をとり②、どのようにコストによって決めるかについて、原価計算的計算システムとその問題点をとりあげる。

　（1）先に述べたように診療報酬がどのように決定されてきたかは、不明であるが、とにかく原価によって決定されるべきであるという意見が強い。そこで診療報酬を原価によって決定する場合、標準化して、標準原価を算出する。診療報酬の標準原価を算出する場合、4つのことが考慮されるべきである。① 規模別原価算定② 実際原価 - ABC原価計算、クリティカルパス、タイム・スタディ③③ 資本コストの算入 ④ 医師の技術評価④。

---

① 〔日〕遠藤久夫：「診療報酬制度の理論と実践」，遠藤久夫他編，前掲書，56、57ページ。
② 〔日〕遠藤久夫は：「合理的な公定価格の設定とはどうあるべきなのだろうか、その一つの答えは公定価格にコストを反映させることである」としている。（同上書，2005，57、58ページ）
③ 〔日〕山下正喜・後藤紳一：「放射線部の原価測定」『熊本学園商学論集』34号，2002。以下は山下正喜：「診療報酬とコスト問題」，2005年（熊本学園大学『産業経営研究』24号）を加筆修正したものである。
④ 〔日〕西村真理子：「診療報酬改定のメカニズムに関する歴史的考察」，（社会保障研究所編『医療保険と医療費』），1996，38ページ。

（2）規模別原価算定

まず、医療施設を三つ、規模を二つに分けて、そこでの原価算定をする必要がある。それは（現在、厚労省が行っている調査では病院 大、中 に相当するものをひとくくりにして、同一レベルで行っている）、①施設の種類・規模の大きさによって標準コストは異なってくるからである。

②次に通常なら、例えば病院大規模の 7 つの原価調査をやる場合、出来るだけクリティカルパスなど条件の等しい所か、等しくするのが望ましいが現状では殆ど不可能であるので、調査病院の平均コストということになる。

③現在の診療報酬体系はこのように区分されたものではなく、全国統一のもので一種類である。初診料やDPC 採用病院において診療報酬点数に差異を設けているが、ほぼ一つとみてよい。ただ診療報酬体系は一つとしても、各々の施設のコストは診療報酬に反映すべきである。

（3）実際原価

クリティカルパスについては、ここ数年急速に病院で研究開発され普及しつつある。これは、主要な疾病について、医学水準からみた最適なプロセスと期待されるアウトカム（治療成績）を規定するために、入院患者に対して提供する医療サービスをあらかじめセットしたパス（経路）として用意するものである。

クリティカルパスについては、一般民間企業では数十年も前から普及しているものであるが、医業界では今後も一層研究開発され、原価削減も行われるであろう。

また、このクリティカルパスの手法は、病院内における他の業務 – 事務、その他の業務にも利用されるであろう。

診療報酬決定のためのコスト計算には、標準時間、標準価格の考え方が必要である。例えば胃の手術のクリティカルパスによる標準手術時間であり、試薬、薬剤、医療機器の標準価格などである。薬は国で市価を調査し、標準価格を提示している。

しかし厚労省の調査は、標準的な考えは一部あるが、病院の現状の実際原価の平均である。この点は一般民間企業の考えの普及が必要である。

電気、通信費、その他の商品価格は国際比較が可能である。医療行為、医療機器についても可能と考える。

日本では医療機器が世界的に見て高いといわれている。一般に医療機器は人命に関するものであり高いのであるが、最近の CT、MRI を中心とし

て医療機器の開発・普及はめざましい。

ところで、医療費問題において、この利用機器の購入資金、特にその償却費が（高額なため）問題になっており、この償却費計上で病院は赤字になるといわれている。この償却費は当然、診療報酬に算入すべきであるがこれについては別扱いするのも一つの考えである①。

　(4) 資本コスト

資本コストは、医療機関の建物、大型診療機器等といった医療事業を遂行するための投資的経費であり、人件費などと同じように診療報酬のコストを形成する。ここで、資本コストが、コストの一つとして特に取り上げられるのは、材料費のようにこれを全部診療報酬で保障すると過剰投資を招くとか、資本コストを診療報酬に反映させるとしても、医療機関別、医療機能別に考慮すべきである等の多くの問題があるからである。

まず基本的には国は次のように考えている②。

診療に要するコストの全体は、医師の技術料のほか医療提供組織としての人件費や材料費等の維持管理費、建物・設備の減価償却費等の投資的経費、関連サービス等の諸経費も含めて成り立っている。しかしながら、医療費の償還に関する体系である診療報酬体系には、元来、投資的経費、維持管理費等について、医療機関の形態を考慮して評価する仕組みがない。このため、現在の診療報酬体系に代えて、投資的経費等を含む医療費の全体を適切に評価する新たな医療体系の必要性が指摘されている。

投資的経費については、厚生省の医療保健福祉審議会がまとめた診療報酬体系のあり方についての意見具申（平成 11 年 4 月 16 日）において、一律な価格となる診療報酬ですべて対応するのではなく、補助金等の他の仕組みとの組み合わせで対応すべきとの方針が示され、現在、中央社会保健医療協議会の場で具体的な方策について検討が行われている。（規制改革についての第 2 次見解（平成 11 年 12 月 14 日行政改革推進本部規制改革委員会）（抜粋））そして投資的経費は、医療機関の機能別に基本的費用を入院基本料・外来基本料の中で評価。補助金を維持・充実するが、医療機関の自主的な努力にゆだねることも必要である。（診療報酬体系見直し作業委員会報告書（平成 11 年 1 月 13 日）（抜粋））

---

① 『医療機関の資本コスト評価に関する研究報告書』平成 12 年 3 月（平成 11 年度老人保健健康増進等事業による研究報告書）。

② 『医療機関の資本コスト評価に関する研究報告書』平成 12 年 3 月（平成 11 年度老人保健健康増進等事業による研究報告書），6、2ページ 。

（5）医師の技術評価

　診療報酬に技術評価を入れるべきであるというのが、第3の問題である。昭和17年に健康保険法が改正され、「それまで診療報酬に加味されていた技術料（医師間の技術差－点数で考慮）がいったん廃止された。改正前の医師会点数表では、疾病程度、技術難易度によって、診察料、審査・手術料が最高最低の幅（初診料3～15点、往診料3～50点、細菌学的培養検査10～20点、虫様突起切除術200～400点等）をもった点数に設定することで、個人の技術差が考慮されていた①。」

　（6）「その後も厚生省は、「専門委員会4部会」を設置して（昭和31～1956）さらに抜本的な改正を進め、基本診察料（診察、投薬、簡単な注射・検査等を包括化）と特掲診察料（技術の難易度、所要時間を考慮）を基礎とした甲表を新設、甲表は厳密に原価計算にもとづくのではなく、原価計算的なものをより所として新点数表を作成するというものであった」②。そして「新医療費体系は、技術者としての医師の生活保障と医療再生産性を考慮し（減価償却費等資本ストックを考慮）、8.5％の改定率上昇とする診療報酬の量的な保証を行うことで、診療側との妥協が成立したものとなった。それに続く1961年の国民皆保険以降の保険給付・保険適用者の拡大過程では、診療報酬の改定においては量的な拡大のみが改善されて、質的な考慮は注目されることがなくなっていった。それゆえ、全国一律の診療報酬体系の下で、医療機関の経営財源確保の点から、薬価の潜在技術料に依存する状況が拡大してゆくのである。」③

　以上のように診療報酬に医師の技術的評価を入れるということは、基本的にはあり、また時として改廃があるが、実行されてきたのである。しかしその後スライド制の単純化とその廃止、医療費の抑制策がなされ

---

①　西村万里子前掲稿39ページ，続いて39－45ページ。

　　なお，西村によると，人的考慮の廃止については，調べたかぎりでは，具体的に記述された資料はない。① 1948年8月，全国統一単価に戻ること，② 1950年10月には社会保障制度審議会から提出された『社会保障制度に関する勧告のなかで，「全国画一的方法の実施を避け」「限られた範囲で，技術差を認めるような措置を講じることが望ましい」とする主張がなされた（これは1950年代時点では地域差の考慮がないことを表している）。これらの2つの点から，1948年に地域差が簡略化されると同時に，人的考慮が廃止されたと推測できる。厚生省（「診療報酬の経緯」健康保険組合連合会『中医協をめぐる動き』1992. 5）51、52ページ。「これからの診療報酬を考える（1）地域差（上）」『社会保険旬報』No. 1803，1993. 6. 21，6－12ページを参照。（西村67）。

②　西村万里子前掲稿，46ページ。

③　西村万里子前掲稿，47ページ。

（1965～1990）、再び現在のコスト要因を考慮してスライド制が診療報酬の決定に使用されている。（スライド制とは診療報酬は単価が 10 円と定められ、改定率の算出には医業費用の各構成費用 1 世帯支出（＝医師生計費）、人件費、薬品衛生材料費、物件費、経費を各上昇率で補正するものである。）「現在、中医協では、改定ルール化の確立と薬価の実勢価格への接近を背景として、医療コストにもとづく原価計算方式が再び検討し始められている。これまでの考察から、各診療行為と薬価に内包される総技術料＝医師所得の水準をどう評価するかが、診療報酬改定議論における基本的な問題であることが明らかであろう。」[1]

参考文献

石川義光：「診療報酬の昭和史（上・中・下）」、『社会保険旬報』、1640 42、1989、1. 21、2.1、2.11。

岩佐、潔・菅谷、章・鈴木、淳編：「公衆衛生・社会福祉・社会保障 特殊病院管理」、『病院管理体系 第 5 巻』、1970、第 339、395 頁。

小川鼎三：『日本医学史概要 1・2』、平凡社、1982。

キャンベル・ジョン・C，増山幹高：「日本における診療報酬政策の展開」、『季刊社会保障研究』、29（4）、1994、第 359、368 頁。

厚生省保険局：『健康保険三十年史』、1958。

日本医師会：「健康保険診療報酬単価の歴史」、『日本医師会雑誌』、48（9）、1962年 11 月 1 日。

日本医師会：「診療報酬（支払方式）の歴史と展望」、『国民医療年鑑』、1964。

濃沼信夫：「資本コストをめぐる診療報酬体系」、『病院』、53（5）、1994，May，第 428、432 頁。

長谷川敏彦：『クリティカル・パスと病院マネジメント』じほう、2000。

広井良典：「診療報酬の政治経済学」、『医療と社会』、3（2）、1994、3、93 117。

富士川游：『日本医学史』、形成社、1972。

松浦十四郎他「診療報酬体系の過去・現在・未来 第 1、26 回」、『現代社会保険』、1983、1985、第 70、95 頁。

吉原健二：『日本医療保険制度史』、東洋経済新報社，1999。

医療経済研究機構：『医療原価モニタリングシステムに関する調査研究報告書』、2002。

---

[1]　西村万里子前掲稿、65ページ。

竹下昌三：「診療報酬と厚生省の医療行政」，『岡山商大論叢』，33（1），1997。

医療経済研究機構：『「医療費に関する研究」，『急性期形 5 病院における診療単価の原価調査報告書』，1996。

医療経済研究機構：『「医療費の原価に関する研究」報告書・統合版』，1997。

医療経済研究機構：『「医療費の原価に関する研究」4 病院における患者特性別原価調査報告書』，1997。

医療経済研究機構：『21 世紀の高齢者医療を考える——その費用負担と診療報酬を中心に——』。

福井次夫：「エビデンス・ベイスト・メディスンとクリティカル・パス」，『クリティカル・パスと病院マネジメント』，じほう，1998，第 39、49 頁。

長谷川敏彦：『序論』同書，第 3、12 頁。

Cooper, R. and R. S. Kaplan, The Design of Cost Management System, Prentice-hall, 1991.

Eggers, L. J., Activity-based costing, Journal /American Water Works Association, Vol. 90, Issue 6, 1998, pp. 63 69.

Innes, J. and F. Mitchell, A survey of activity based costing in the U. K. s largest companies, Management Accounting Research, June 1995, pp. 137 153.

Judith, J. B., Cost accounting for healthcare —A guide to utilizing information and technology for effective decision making—, Healthcare Financial Management Association, 1999.

Eriksen BO Almdahl SM Hensrud A, et al. Assessing health benefit from hospitalization: Agreement between expert panels. Int J Technol Assess Health Care 1996; 12: 126、135.

Sackett DL Rosenberg WMC, Gray JAM, Haynes RB, Richardson WS. Evidencebased medicine: what it is and what it isnt. BMJ 312: 71、72, 1996.

福井次矢 Decision Siences 認知心理学 Cognitive Psychology Decision Analysis. 『日本医学教育学会教育技法委員会（編）：臨床教育マニュアル』，篠原出版，1994，pp. 25、38。

中国深圳大学校长 章必功 教授

春色今秋南
春光绝今绝古
——祝贺汕头杏林药物研究
友好合作二十周年

章必功
2007.5.18

日本熊本学园大学校长 坂本 正 教授

卷頭坂本学長挨拶

この共同研究の成果が、日中両国間の問題提起と解決の糸口になることを期待する。

坂本校长致辞

期待此次共同研究成果，成为日中两国提出和解决问题的开端。

曹龙骐

　　深圳大学中国经济特区研究中心教授、博士生导师，享受政府特殊津贴，兼任中国人民大学金融学博导，深圳市决策咨询委员会委员，2000～2006年任深圳大学中国经济特区研究中心主任，从事金融理论和实务研究。

黄卫平

　　深圳大学当代中国政治研究所所长，教授，深圳大学图书馆馆长，哲学硕士，主要从事中国政治体制改革研究。

袁易明

　　深圳大学中国经济特区研究中心副主任，经济学博士，教授、博士生导师。深圳市政府软科学专家委员会专家。主要从事产业组织理论与政策研究。

高兴民

　　深圳大学中国经济特区研究中心教授，政治经济学硕士导师。从事政治经济学理论、社会保障研究。

郭茂佳

　　深圳大学中国经济特区研究中心教授，博士。主要从事金融市场研究。

汪永成

　　深圳大学当代中国政治研究所副教授，政治学博士，主要从事政府能力研究。

钟若愚

　　深圳大学中国经济特区研究中心副研究员、政治经济学硕士生导师，南开大学博士生，主要从事理论经济与特区港澳经济研究。

邹树彬

　　深圳大学当代中国政治研究所副教授，政治学博士生，主要从事中国政治体制改革研究。

陈红泉

　　深圳大学中国经济研究中心助理研究员，南开大学博士生。主要从事特区经济与金融研究。

香川正俊

　　熊本学园大学附属海外事情研究所所长，教授、政治学硕士、商学博士。从事交通论、公共政策、行政学研究。

乔晋建

　　熊本学园大学商学部教授，主要从事经营学研究。

坂本　正

　　熊本学园大学校长、教授，北京大学中国金融研究中心顾问、经济学博士。主要从事金融制度研究。

朴哲洙

　　熊本学园大学经济系教授，大学外部 BBEC 全球亚洲地域经济研究所所长、经济学博士。主要从事宏观经济学研究。

杉田宪道

　　熊本学园大学商学部教授、经济学博士。主要从事经济学、社会主义会计学、公会计研究。

西田勝喜

　　熊本学园大学教授，主要从事 GATT/WTO 体制研究。

篠崎正美

　　原熊本学园大学教授，现（财）亚洲女性交流·研究论坛主席研究员（非专职），文学硕士。主要从事家族社会学、地域、性别论研究。

山下正喜

　　熊本学园大学教授，主要从事会计学、成本核算论、医疗成本核算研究。

和田　要

　　熊本学园大学社会福利系第一部社会福祉学科准教授，社会福祉学硕士。主要从事社会福祉学、社会福祉援助技术论、地域福祉论、社会病理研究。

课题组全体人员在深圳大学研讨

课题组人员在日本熊本学园大学研讨

课题组人员在深圳招商银行调研

日本熊本学园大学校长（右三）与课题组在告别宴会上留影

中日课题组人员在深圳大学研讨

中日双方课题组主持人互赠纪念品

中方部分课题组人员访问日本创价大学，前排右三为该校校长若江正三，右四为副校长马场善久

中方课题组全体人员在日本岚山公园拜谒周恩来总理纪念碑

献给 中国深圳大学
日本熊本学园大学 建立友好合作二十周年

中日经济社会
问题研究

深圳大学中国经济特区研究中心
熊本学园大学附属海外事情研究所　联合课题组

社会科学文献出版社
SOCIAL SCIENCES ACADEMIC PRESS(CHINA)

图书在版编目(CIP)数据

中日经济社会问题研究/深圳大学中国经济特区研究中心,
熊本学园大学附属海外事情研究所联合课题组著.
－北京：社会科学文献出版社，2007.10
  ISBN 978－7－80230－838－1

Ⅰ.中… Ⅱ.①深… ②熊… Ⅲ.①经济发展—研究—中国
②社会问题—研究—中国③经济发展—研究—日本 ④社会问题—
研究—日本 Ⅳ.F12 F131.3

中国版本图书馆 CIP 数据核字（2007）第 153195 号

中日经济社会问题研究

著　　者／深圳大学中国经济特区研究中心
　　　　　熊本学园大学附属海外事情研究所 联合课题组

出 版 人／谢寿光
出 版 者／社会科学文献出版社
地　　址／北京市东城区先晓胡同 10 号
邮政编码／100005
网　　址／http：//www. ssap. com. cn
网站支持／(010) 65269967
责任部门／财经与管理图书事业部 (010) 65286768
电子信箱／caijingbu@ ssap. cn
项目负责／周　丽
责任编辑／方　明
责任校对／陆　辉
责任印制／盖永东

总 经 销／社会科学文献出版社发行部
　　　　　(010) 65139961　65139963
经　　销／各地书店
读者服务／市场部 (010) 65285539
排　　版／北京金若龙文化公司
印　　刷／三河市尚艺印装有限公司

开　　本／787×1092 毫米　1/16
印　　张／38.75
插图印张／1.25
字　　数／694 千字
版　　次／2007 年 10 月第 1 版
印　　次／2007 年 10 月第 1 次印刷

书　　号／ISBN 978－7－80230－838－1/F·192
定　　价／89.00 元

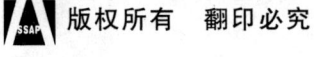

致　辞

今天，呈现在我们面前的是一本非同寻常的著作，它既是国际学术交流与合作的成果，也是中日两国学者两年来的心血凝结。两年前，中国深圳大学和日本熊本学园大学的一批教授，成立"中日经济社会问题研究"课题组，着重从两国的金融体制、产业结构、社会保障和政治制度四个方面，在各自深入调研的基础上写出研究报告，然后中日双方对口调研和交流，最后形成本书，分别在两国出版。

本书的内容既有重点又有一定的代表性。（1）在金融体制方面，双方回顾改革的进程、总结改革经验，提出需要解决的问题，如金融宏观调控、金融市场结构、金融不良资产、金融系统效率等，在此基础上，提出了深化金融改革的思路。（2）在产业结构方面，中方主要以深圳为例，阐述产业结构的演进、调整和发展战略；日方注重日本产业效率、制造业的回归和产业国际化问题等方面的介绍和研究。（3）在社会保障方面，中方主要以深圳为例，对深圳的社会保障制度，特别是养老和医疗保险制度进行深入研究；日方主要就社会福利、老年人保障制度、医疗保险和诊疗保险制度等给予阐述。（4）在政治制度方面，中方就政治体制、基层民主直选等给予论述；日方主要就地方分权的改革动向进行论证。

本书的特点和创新之处是：内容新颖、跨国题材、重点突出、紧密联系本国的实际，采取"有比较、有鉴别"的方法，层次清楚、资料翔实、图文并茂，较好地展示了中日两国在经济和政治方面的改革实践，对两国深化政治经济体制的改革，提供了理论和实践的有益参考。它是一个难得的跨国学术交流成果，具有较强前瞻性和针对性。

需要强调说明的是，本书虽是近期的一个科研成果，但它反映的是20

年来中日学者学术交流的追溯和情缘的延续。早在 20 年前，即 1987 年，为促进中日双方永久友好和亲善关系，推进两所大学之间的学术交流，在平等互惠的原则基础上，当时的深圳大学特区经济研究所与日本熊本学园大学附属海外事情研究所缔结了"学术交流协议书"。协议书具体商定：（1）共同推进彼此的学术交流；（2）彼此交换研究资料和刊物；（3）就共同关心的学术领域和课题进行共同研究、调查；（4）共同调查的研究成果，由双方发表、出版。

之后的 20 年中，双方来往频繁。1988 年、1989 年、1990 年、1991 年、1992 年、1993 年、1995 年、1996 年、1997 年、1998 年、2002 年、2003 年、2005 年、2006 年这 14 年均有活动，且得益甚丰。其间，特别是从 2003 年下半年开始，当时任深圳大学中国经济特区研究中心主任的我，与多年的朋友——日本熊本学园大学附属海外事情研究所所长香川正俊一起，探索开展跨国共同科研项目的可能性。经双方反复论证和商议，决定设立"中日经济社会问题研究"课题项目，拟定政治、金融、产业、社会保障四个子课题，分别由双方的专家教授承担，其中中方 9 人，日方 9 人，共 18 人组成。此事一经拟定，就立即得到两校校长的热情关怀和大力支持。日本熊本学园大学校长坂本正先生即将协议草案交董事会讨论，并来专信告之"同意"，坚信"合作会更有成效"。深圳大学章必功校长即批复中方先组织调研组赴日调研考察。

值得一提的重大活动是，2006 年 9 月中方一行 9 人访问熊本学园大学，期间开展了多次非常活跃和热烈的讨论。之后，按各子课题组成专门小组分别参观了日本共产党熊本县委员会、日本银行熊本支行、熊本县健康福利部以及商工观光劳动部、熊本市社会福利部、公众意见课等部门，并对其进行了调研，拜访了熊本市市长。在此之后，日方于同年 11 月一行 10 人赴深圳开展了同样的交流活动，各子课题对口调查了月亮湾片区人大代表工作站、深圳市盐田区政府及社会保障局、招商银行总行、奥林巴斯工业有限公司等部门，还与中国共产党深圳市宣传部副部长进行了恳谈。

中国与日本，一衣带水，在绵延两千多年的交往中，生息相通，世代相传，源远流长。两国人民在相互交流、学习和借鉴中，建立了密切友好的亲邻关系，结下了深厚的友谊。第二次世界大战战后 60 多年来，中日关系的发展道路虽艰难曲折，但是在克服了一个又一个困难的过程中向前发展着。反省历史，中日两国人民都深刻体会到：两国的"和平共处，世代友好，互利合作、共同发展"关系到两个国家的命运和人民的福祉，培育两国人民的亲近感情对巩固中日友好的根基意义重大。正是本着这一宗旨，我们两校积

极组织、精心策划、协作交流，最终形成这一丰硕成果。

今年是中日邦交正常化 35 周年。对我们来说，还是中国深圳大学和日本熊本学园大学结缔"学术交流协议书"20 周年。借此机会，谨以中方课题组主持人的身份向以熊本学园大学附属海外事情研究所的香川正俊所长为代表的日方 9 位课题组成员，向深圳大学中国经济特区研究中心和深圳大学当代政治研究所的 9 位课题组成员，对他们在课题实施过程中付出的辛勤劳动表示深深的敬意。并对日本熊本学园大学坂　本正校长和深圳大学章必功校长的殷切关怀和大力支持以及相关工作人员的热情协助表示最衷心的感谢。

愿今后我们友谊长存，进一步加强合作，继续为两国的学术交流作出贡献！

> "中日经济社会问题研究"课题组中方主持人
> 深圳大学中国经济特区研究中心原主任、教授、博士生导师
> 曹龙骐
> 2007 年 4 月 29 日

致　辞

2007 年，熊本学园大学附属海外事情研究所迎来了与深圳大学中国经济特区研究中心（当时：特区经济研究所）签署学术交流协定（1987 年 6 月）20 周年。在此值得纪念的时刻，两家研究所之间第一个共同项目的成果在日中两国以出版书籍的形式面世，这对于今后进一步发展双方交流有着深远的意义。

20 年来，在两家研究所之间的学术交流中，除了参观访问和研究成员之间小规模的共同调查等活动之外，仅仅局限于对各位研究成员提供研究资助以及参加研讨会、研究会的程度。

本次共同项目是研究所之间正式的学术交流，得到各大学及相关机构的全面支持，研究经费充足，双方参加者认识充分，可谓是通过调查和热烈的讨论进行的首项研究工作。

2008 年北京将举办奥运会，同时也是中日和平友好条约签订 30 周年纪念。2007 年 2 月末源自上海证券交易所股票的下跌给全球股价带来的冲击，展示了中国对世界的强大影响力。另外在中国，国内城市与农村地区差距拉大，贪污腐败、社会保障问题等各种矛盾亟待解决。而在日本，经济长期不景气，正在推进的新自由主义政策，虽然强调了效率和盈利性，但安全性受到影响，拉大了社会差距。中国和日本在经济和政治上有着密切的联系，今后双方必须加强经验交流，进一步紧密地合作。特别是九州与中国在地理位置上距离比较近，投资活动也比较多。因此，熊本学园大学附属海外事情研究所与签订了协定的深圳大学中国经济特区研究中心共同协作，以一些重要领域为对象开展中日比较研究，这不仅对于两家研究所而言有利，对于地区的国际化也非常有利。

共同研究项目正是以上述背景为前提推动开展。

本人以前就一直希望双方能开展一些共同项目，从2003年后半年开始，本人与多年的朋友、即当时的中国经济特区研究中心主任曹龙骐教授一起，探索开展共同项目的可能性。2004年以后，在新所长选举中，我将此作为一项"承诺"，在就任所长后，为了解决双方之间悬而未决的事项，在2005年9月访华期间对1987年的"学术交流协议书"进行了修改，解决了几个前提条件。之后，与包括本人的好友、也即现任副主任袁易明在内的相关人员共同推进项目的相关进展，2005年4月开始进行为期2年的共同研究。共同议题是"中日经济社会问题研究"，分为双方均关注的政治、金融、产业、社会保障四个方面，由各个领域的专家构成。中方参加人员包括后来成为了本人好友的深圳大学当代政治研究所的黄卫平所长等，最终定为9人；日方参加人员包括本校校长在内，共9人。另外还进行了责任分担，中方进行与中国相关的研究，日方进行与日本或与中国以外的其他国家及地区相关的研究；在各年度计划方面，2005年进行调查、研究，2006年双方共同发表成果，进行评论和讨论，在修改之后完成最终稿。

其中值得一提的重大活动是，2006年9月中方来访熊本，其间进行了积极活跃的研究交流和热烈的讨论。之后，分别参观了日本共产党熊本县委员会、日本银行熊本支行、熊本县健康福利部以及商工观光劳动部、熊本市社会福利部、公众意见课，进行了调查，拜访了市长。在此之后，日方于同年11月，在深圳市分别进行了研究交流，同样展开了热烈的讨论。调查地点包括月亮湾片区人大代表工作站、深圳市盐田区政府及社会保障局、招商银行总行、奥林巴斯工业有限公司等，与中国共产党深圳市宣传部副部长进行了恳谈。

当前，中日关系发展必须实现向新阶段的跳跃。虽然两国间的政治、文化鸿沟还很大，在这种情况下，开展促进学术交流的活动非常重要。日本和中国的大学、研究所之间的交流增多，日本国内出版物中也不乏能见到包含着中国学者在内的事例。但是，共同项目的实施不仅是单纯的距离上的问题，由于文化差异的障碍，还存在着各种各样的问题。因此，持续数年的共同研究并非易事，而发表的成果在两国出版的事例也并不多见。尽管我们的研究成果尚微不足道，但是今后我们将致力开展更深入的共同研究。而最为重要的是在这种友情的基础上保持相互信任与热情。希望我们的共同研究能在学术交流形态上引起反响。

最后，谨代表参加本次项目的海外事情研究所的优秀研究工作者，向以

曹龙骐教授和袁易明副主任、黄卫平所长为代表的各位中方研究者表示敬意。并对两所大学、校长以及相关工作人员的协助表示衷心感谢，同时对为共同研究活动花费了宝贵时间的行政部门和企业表示感谢。

日本熊本学园大学附属海外事情研究所所长

香川正俊

2007 年 4 月 30 日

目　录

C O N T E N T S

中国金融体制改革：回顾与前瞻 *

内容提要： 本文将中国 1979 年以来的金融体制改革分为浅、深两个层次分析，总结了改革的成就和经验，提出了必须解决的问题以及面临的各种挑战，并就未来中国金融体制改革的思路进行了阐述，旨在为了解和展望中国金融体制改革提供有价值的研究材料和提出参考性建议。

第一节 中国金融体制改革的历程

1979 年以前，中国金融带有明显的压抑性特征，其表现是：①在金融体制上，实行"大一统"单一银行制。②在信用形式上，强调信用集中于银行，对商业信用、国家信用、消费信用、股份信用、租赁信用、国际信用等信用形式，或严格禁止，或严格加以限制。③在融资方式上，只有间接融资，而无直接融资。④在管理方法上，强调直接控制，所采用的手段主要是计划指标和行政命令。⑤在金融资产价格体系上，只有利率一种价格，而且其变动很少考虑市场资金供求的因素。⑥在金融空间上，长期闭关锁国，严格限制资本跨境流动。

从 1979 年开始，中国针对"一家银行、一种信用、一个市场、一种管理方法、一个价格、一个空间"的传统金融体制特征，进行了漫长的渐进式改革。

---

* 郭茂佳、曹龙骐：深圳大学中国经济特区研究中心。

一 1979~1999 年：浅层次改革阶段

这一阶段改革的主要特点是：改革总体思路是搭建满足社会主义市场经济需要的基本框架，为深层次金融体制改革奠定基础；改革重点是以治标为主，不过多地触及金融开放、产权改革、公司治理等深层次金融问题；改革体现的主要是国家意志和倾向，对国有金融实行保护的政策，而对非国有金融实行歧视，甚至排斥的政策；改革的短期成本较低，但是以牺牲金融体系的整体效率以及金融风险的大量累积为代价。其内容主要有：

(一) 打破"大一统"单一银行制

1984 年，中国拉开了打破"大一统"单一银行制的改革序幕。一是国务院决定，中国人民银行专门行使中央银行职能，并撤销省级分行，跨省（区）设立分行。二是先后成立了中国农业银行、中国银行、中国工商银行、中国建设银行，并将其革新为国有商业银行。三是相继成立了中国农业发展银行、国家开发银行和中国进出口银行三家政策性银行。四是陆续增设和重组 120 多家股份制中小商业银行，成立和规范了城市与农村商业银行。五是规范和发展证券公司、保险公司、信托投资公司、财务公司、租赁公司、典当行等非银行金融机构。

(二) 打破单一银行信用形式

自 1979 年开始，中国在拓宽银行信用领域的同时，还大力发展商业信用、国家信用、消费信用、股份信用、租赁信用、国际信用等多种信用形式。与之相适应，先后推出了股票、政府债券、企业债券、金融债券、大额可转让存单、商业票据、证券投资基金、认股权证等多种金融工具。

(三) 打破单一间接融资市场

1979 年以后，除继续大力发展间接融资市场以外，中国还致力于发展直接融资市场。1981 年 40 亿元国债的发行，拉开了新一轮启动债券市场的序幕；1984 年 7 月北京天桥百货公司的登记注册，开创了中国股票融资的先河；1990 年 12 月和 1991 年 7 月，上海证券交易所和深圳证券交易所相继正式营业，使中国直接融资市场进入了一个全新的发展阶段。目前中国的股票除可以在主板市场交易以外，还可以利用证券公司提供的业务设施进行股份转让，即人们俗称的"三板市场"交易；不仅建立起了为大公司股票上市服务的证券交易场所，而且也建立起了专门为中小企业股票上市服务的"中小企业板"。

(四) 打破单一直接管理金融的方式和方法

1984 年中国人民银行专门行使中央银行职能后，开始运用国际通行的间

接调控手段，如存款准备金、再贴现、公开市场业务、利率、中央银行贷款等货币政策工具调控信贷规模和货币总量，宏观调控从指令性计划方式逐渐过渡到直接调控与间接调控相结合的方式。同时，在宏观调控的中介目标上，从1994年第三季度起，推出货币供应量统计监测指标体系，由贷款规模开始向货币供应量转化，从而建立起了直接管理与间接管理相结合的金融管理方式和方法。

（五）打破单一金融市场价格体系

1979年以后，中国开始重视金融市场价格体系的建设。一是完善利率体系，增加利率弹性。如在完善存贷款利率体系的同时，还建立起了再贴现利率、同业拆借利率和债券利率体系。并且，根据经济实际需要增加利率档次和调整利率水平，扩大了计息范围，实行加息罚息制度，给予银行在规定利率基础上一定的利率浮动权。二是建立证券价格体系。如通过招投标和二级市场确定债券价格；依据市盈率、竞价、拍卖等方式确定股票价格等。三是建立汇率价格体系。如从1994年1月1日起，实现汇率并轨，实行以市场为基础、单一的、有管理的浮动汇率体制，从而改变汇率长期不变的状况。

（六）建立金融法律法规体系

随着金融体制改革的不断深化，金融法律法规体系建设也逐渐被提到了重要的议事日程。先后颁布了《中华人民共和国中国人民银行法》、《中华人民共和国票据法》、《中华人民共和国商业银行法》、《中华人民共和国保险法》、《中华人民共和国公司法》、《中华人民共和国证券法》、《中华人民共和国担保法》、《中华人民共和国信托法》等金融法律法规。

二　2000～2006年：深层次改革阶段

这一阶段改革的主要特点是：实行标本兼治，以治本为主，改革触及金融市场深化、金融开放、产权改革、公司治理、金融创新、盘活农村金融等深层次金融问题；以国有金融为重点改革对象，对国有金融部门造成相当程度的压力和阵痛，如何化解第一阶段金融改革积累的金融风险成为此阶段金融改革需要考虑的重要因素。其内容包括：

（一）深化金融市场改革

具体包括：①深化货币市场改革。如允许证券投资基金和有实力的券商参与银行间同业拆借市场融资；将回购市场参与主体由商业银行、信托投资公司逐步扩大到保险公司和证券公司；建立以中心城市为依托的区域性票据市场；重新启动企业短期融资券市场等。②深化资本市场改革。如将股票发行制度由审批制改为核准制，继而改为注册制，将股票发行上市的相关权限

下放到证券交易所；按照"试点先行、协调推进、妥善解决"的步骤和"统一组织、分散决策"的思路，启动上市公司股权分置改革。③深化黄金市场改革。2001年10月，国务院批准成立上海黄金交易所，2002年10月30日，上海黄金交易所正式开业运行，它标志着"统购统配"黄金管理体制的终结和真正意义上的黄金市场的形成。④深化外汇市场改革。一是增加及扩展外汇交易方式。允许符合条件的市场参与主体开展银行间远期外汇交易与人民币对外币掉期交易，允许银行对客户办理不涉及利率互换的人民币与外币掉期业务等。二是扩大外汇市场交易主体范围。中国外汇交易中心推出外币做市商制度，在银行间外汇市场引入人民币做市商制度，在银行间市场推出即期询价交易方式。三是放松对外汇市场的管制程度。如扩大银行间即期外汇市场非美元货币对人民币交易价的浮动幅度，同时允许银行自行制定非美元货币对人民币价格；提高境内机构保留经常项目外汇收入限额和居民个人因私购汇指导性限额等。

（二）国有金融股份制改革

此项改革总体上分为三个步骤，一是财务重组，即在国家政策的扶持下消化历史包袱，改善财务状况。二是公司治理改革，即根据现代银行制度的要求并借鉴国际先进经验对银行的经营管理体制和内部运行机制进行改造。三是资本市场上市。通过改革，中国人寿保险公司、中国财产保险公司、中国建设银行、中国银行、中国工商银行顺利实现了改制重组和境外上市，真正接受股票市场的监督和检验。

（三）放松金融管制改革

其内容主要是：①减少或取消对外国金融机构活动范围的限制。如允许外资银行经营外汇和人民币业务；外国证券机构可以（不通过中方中介）直接从事B股交易，外国证券机构驻华代表处可以成为所有中国证券交易所的特别会员，允许外国机构设立合营公司，从事国内证券投资基金管理业务，允许外国证券公司设立合营公司，允许合资券商开展咨询服务及其他辅助性金融服务；外资财产险公司可以经营除法定保险业务以外的全部非寿险业务。②对外汇管制的放松或解除。如扩大企业自愿结汇的比例和范围，放松对外汇指定银行的外汇净头寸的管制；减少外汇管理中的行政审批，逐步采用登记制度及额度控制等。③放宽对金融机构业务活动范围的限制，允许金融机构之间的业务适当交叉。如金融业综合经营取得突破，商业银行设立基金管理公司试点启动，让保险资金直接进入股票市场等。④放宽或取消对利率和汇率的管制。如放开拆借利率、债券回购利率、现券交易利率、债券发行利率、扩大外币大额存款利率、人民币大额

存款利率和贷款利率浮动范围、取消贴现利率限制；开始实行以市场供求为基础、参考一揽子货币进行调节、有管理的浮动汇率制度；扩大人民币浮动幅度，取消了银行对客户挂牌的非美元货币的价差幅度限制，银行可与客户议定所有挂牌货币的现汇和现钞买卖价格等。⑤放松外资参股的限制。至2005年底，共有19家外商入股16家中资银行，投资总额165亿美元，接受外商入股的中资银行包括国有银行、全国性股份制银行和城市商业银行。

（四）启动农村信用社改革

自2003年6月启动深化农村信用社改革试点，并扩大到全国30个省、直辖市、自治区（西藏没有农村信用社）。此项改革，主要集中在以下两个方面：一是改革农信社产权制度，确定不同的产权形式，以解决"谁出资、谁管理、出了问题谁负责"难题。产权改革的具体组织形式可以根据各地不同情况选择不同的产权组织形式（包括股份制、股份合作制和合作制）。二是完善监督管理体制，落实管理责任，将农村信用社的管理责任交由省级政府负责（包括使农信社贷款投向符合国家政策要求、进行人事管理等），同时国家监管机构（主要是银监会）依法实施监管，农村信用社自我约束、自担风险。

（五）金融规范化改革

如根据金融形势变化的需要适时修改了《中华人民共和国保险法》、《中华人民共和国证券法》、《中华人民共和国公司法》、《中华人民共和国证券投资基金法》等金融法律法规，颁布了《外国投资者对上市公司战略投资管理办法》；在各主要商业银行全面推行贷款质量五级分类制度；成立中国证券投资者保护基金、建立股票交易结算资金的保护制度、推出了客户股票交易结算资金第三方存管模式；由央行牵头组织的跨部门金融稳定小组、建立跨部门的反洗钱工作协调机制等。

第二节　中国金融体制改革的成就

经过两轮改革，中国金融体制在许多方面发生了质的变化。具体表现在：

一　建立分工明确的监管体系

按分业经营的改革思路，先后成立了中国证券监督管理委员会（简称证

监会）、中国保险监督管理委员会（简称保监会）、中国银行业监督管理委员会（简称银监会）等三家正部级金融监管机构，从而建立起了分工明确、具有权威的分业监管体制。并且，金融监管正在经历从一般行政性金融监管为主向依法监管转变、从侧重机构审批向全过程系统化监管转变、从注重合规性监管向注重风险性监管转变、从注重外部监管向注重金融机构内部控制监管转变、从分散性的单一监管向综合性监管转变的过程。

二　建立现代化的金融组织体系

在城市，建立起了以国有商业银行、股份制商业银行和城市商业银行为主体的存款货币银行体系和建立起了以证券经营机构、保险机构、信托投资机构等为主体的非银行金融机构体系；在农村，形成了包括商业性、政策性、合作性金融机构在内的，以正规金融（受到中央货币当局或者金融市场当局监管的那部分金融组织或者活动）为主导、以农村信用合作社为核心、以非正规金融为补充的农村金融体系。

三　建立功能较为齐全的金融市场体系

它包括：以同业拆借、商业票据和中央银行票据为主的货币市场；银行与企业间外汇零售市场、银行与银行间外汇批发市场、中央银行与外汇指定银行间公开操作市场相结合的外汇统一市场；以承销商为中介，以股票、债券为主要品种的证券一级市场，以上海、深圳证券交易所场内交易为核心，以各地券商营业部为网络，以及遍布全国各地的国债柜台交易的证券二级市场；以上海黄金交易所为中心，有商业银行、产金单位、用金单位、冶炼单位、造币单位参与的黄金市场；以保险人和投保人为中心，有保险代理人、保险经纪人、保险公估人、保险顾问参与的保险市场。

四　推出多样化的金融业务与工具

它包括：保值储蓄、住房储蓄、按揭贷款、信用证、信用卡、代客理财、银行柜台出售开放式基金、投资与保险联结、"银证通"等金融业务的创新；国库券、商业票据、短期融资债券、回购协议、大额可转让存单等货币市场工具创新；长期政府债券、企业债券、金融债券、可转换债券、股票、封闭式基金、开放式基金、股权证、利率互换交易等资本市场工具创新；金融机构资金汇划电子化、证券交易无纸化、电子化、信息管理电子化和办公自动化、电子货币"一卡通"、网上银行、网上股票交易等技术创新。

五　扩大对外开放程度

（1）从银行业来看，根据 2001 年加入世界贸易组织时的承诺，中国于 2006 年 12 月 11 日如约对外资银行全面开放人民币业务，对外资银行全面实行"国民待遇"。截至 2007 年 2 月底已有 9 家外资银行获批将境内分行改制为法人银行，允许开展人民币业务。

（2）从证券市场来看，2006 年 86 家中国企业海外上市筹资额达到 440 亿美元，其中 VC（风险投资）和 PE（私募收购基金）支持的企业创下 29 家的历史新高，总计筹集资金 312.25 亿美元；有 100 多家公司成功发行 B 股，累计筹集资金 50 多亿美元。1982～2005 年中国利用国际债券市场共筹资达 200 多亿美元，并在发行债券的品种、地点和期限上呈现出多元化的趋势。

（3）从保险公司来看，截至 2005 年底，共有 15 个国家和地区的 47 家外资保险机构在华设立了 121 个营业性机构，135 家外资保险机构设立了近 200 家代表处。超过 600 亿元人民币的境外资金通过已设立的外资保险机构和参股中资保险公司进入中国。在北京、上海、深圳和广东四个开放较早、外资保险公司较为集中的地区，外资保险公司保费收入分别占当地市场份额的 19.43%、17.37%、10.14% 和 8.86%。

（4）从在国际合作来看，目前，世界上有上百家金融机构与中国金融机构之间建立了债券发行代理关系，有数十家境外券商在中国设立了办事机构，其中相当一部分已成为深沪两家证券交易所的会员单位，参与了中国 B 股的发行、承销或清算、托管工作。

六　提高金融业的整体素质

据统计，2006 年，中国商业银行不良贷款余额为 1.25 万亿元，不良率已从 2001 年按 4 级分类法的 40%，降低至按 5 级分类法的 7.09%。特别是股份制商业银行贷款质量持续好转。截至 2006 年末，中国股份制商业银行不良贷款余额已经从 2001 年末的 2035 亿元下降到 1168 亿元，同期不良贷款比例从 16.62% 下降到 4% 以内。全国农村信用社（含农村合作银行、农村商业银行）通过 2003～2006 年的改革，自 2005 年起实现了全行业赢利。

第三节　中国金融体制改革的经验

20 多年来，中国金融改革的步履十分稳健，避免了许多发展中国家因金

融深化而带来的系统性金融风险，之所以如此，有以下几点经验值得总结：

一　思想重视

在中国金融体制发展的进程中，自始至终把金融体制改革视为经济体制改革的重要组成部分，从思想上认识到：深化金融体制改革是代表中国先进社会生产力发展要求的具体体现；深化金融体制改革是代表广大人民根本利益的具体体现；深化金融体制改革是对外开放的必然要求。

二　与时俱进

中国金融体制改革因世界而变、因时间而变、因形势而变。如基于亚洲金融危机的影响，中国实行了分业经营的管理体制；基于对外开放的需要，中国金融体制改革又朝着混业经营的体制过渡。再如随着金融市场的深化，不断修订《中华人民共和国公司法》、《中华人民共和国证券法》、《中华人民共和国保险法》、《中华人民共和国证券投资基金法》等法律法规。

三　抓主要矛盾

如 2000 年以前，主要矛盾是高度集中的金融体制满足不了社会主义市场经济体制的需要，所以，改革的主线是打破高度集中的金融体制；2000 年以后，主要矛盾是臃肿的金融身躯无法应对金融竞争的挑战，所以，改革的主线是改革金融产权制度、转换金融企业内部经营机制。

四　付出成本

据统计，1997 年以来，中国先后关闭了近 160 家信托投资公司、证券公司等金融机构，分类处置了 2800 余家城市信用社，清理了大量农村合作基金会，共动用近 1700 亿元国家再贷款。这些数字尚未包括国家对 4 大国有商业银行的不良资产剥离、注资等的巨额改革成本。但改革并不是单纯的"输血"，而是在"输血"的同时，培育金融企业的"造血"功能。

五　统筹兼顾

一是统筹兼顾金融体制改革与经济体制改革的关系，既不超前，也不滞后。二是统筹兼顾金融体系内部各项配套措施的关系，在做出改革决策时，要反复论证、充分比较、多方权衡、慎重取舍。

六　先易后难

中国金融体制改革走的是一条渐进式之路，即先进行浅层次改革，后进

行深层次改革。

七　组合操作

如在启动国有商业银行改革时动用国家外汇储备，这样既可以减轻财政压力，又可综合发挥外汇储备作用，提高外汇储备利用效率。实践证明，这种组合操作的策略能起到一石二鸟的效果。再如启动信用社改革时，国家给予了补贴、资金援助、减免企业所得税征收、实行灵活的利率政策等四项配套支持政策。

八　标本兼治

如对国有商业银行和农村信用社改革，都采取了标本兼治的策略。所谓治标，就是动用财政资源消化其不良资产；所谓治本，就是借鉴国际金融改革的通行做法，对国有商业银行和农村信用社进行机制再造。

九　试点先行

无论是股权分置改革，还是国有商业银行和农村信用社改革，在操作上都采取了"分批试点，然后推开"的策略。

十　立足国情

中国金融体制改革既遵循国际惯例，又结合中国金融发展的现状和经济发展水平，客观地评价金融发展过程，以金融深化为目标，以必要的金融抑制为手段，走渐进的、有层次的、持续的金融改革之路。

第四节　中国金融体制改革需要解决的问题

一　金融宏观调控和监管不力

（一）央行缺乏超然独立的地位

目前中国虽然已经基本建立了金融间接调控体系，但中央银行宏观调控仍然受中央政府的直接控制，重大金融问题的决策不是由货币委员会做出，而是由国务院决定。这样，货币政策的运用难以全面有效地反映客观货币运动规律，确保货币政策的连续性和有效性。

（二）金融监管的协调性不足

首先是中央银行和三大监管机构特别是银监会的协调配合尚处在磨合

期，中国人民银行短时间内还很难完全摆脱过去以监管促政策推行的老思路，而银监会却可能因为不具备最后贷款人职能而无法对发生风险的金融机构实施救助。其次是监管当局缺乏独立性和权威，难以对商业金融机构实施全面监管。尤其是银行，相应监管权力被分割到各个部门，并且由于责权不对称、部门间缺乏协调和存在利益冲突，而使监管准则落后和不配套，监管最终变得表面上严格而实际上十分宽松。此外，没有充分发挥行业自律组织、社会中介组织的监督作用；尤其在金融市场监管手段上，中国目前的金融市场监管仍主要以市场准入、业务领域、分支机构的设立、资本充足性等合规性监管手段为主，过多地采用了行政性手段，而在金融机构的资产负债比例管理和风险管理等方面十分缺乏；更未建立起完善的风险预警机制和危机处理机制等。

二 金融市场结构失衡

（一）直接融资严重滞后于间接融资

统计显示，2000～2006 年，中国非政府性社会总融资（剔除国债及政策性金融债）中超过 70% 的比例来自银行贷款，企业债及股票融资在非金融企业外源性融资总额中所占比例常年在 10% 上下徘徊，远低于世界发达国家非金融企业直接融资占其全部外源性融资总额 20%～30% 的比例。这种银行贷款比例长期居高不下的情况，直接导致企业资本结构不合理，长期高负债经营，大大增加了企业的经营风险。同时，也导致银行不良资产比例过高的问题长期难以有效解决，加剧了中国金融体系风险的聚集。

（二）企业债券市场发展滞后于其他证券市场

首先，企业债券市场发展滞后于股票市场。如 2003 年，股票市场筹资总额达 1357 亿元，而企业债融资仅为 358 亿元，两者相比为 3.79∶1。其次，企业债券市场发展滞后于国债市场与政策性金融债券市场。如 2003 年国债与政策性金融债的发行量达 1 万多亿元，是企业债券发行量的 30 多倍。

三 金融包袱沉重

（一）体制不健全的包袱沉重

目前，中国金融业仍带有明显的垄断性特征，四大国有商业银行约占中国商业银行存、放、汇业务 60% 以上的市场份额；129 家证券公司的 1000 多亿元资本金中，国有资本约占 50% 以上；中国人寿垄断了国内 70% 以上的寿险业务，中国财险垄断了国内 45% 以上的财险业务。由于中国金融业高度集中，带来的问题，一是股权结构过于单一，甚至 "一股独大"。二是缺

乏必要的竞争，导致国有金融企业改革动力不足、效率低下与非国有金融企业发展滞后并存。三是普遍存在着平均主义的观念和思维方式，不利于建立适应现代企业发展需要的经营、激励、制约等一系列机制。四是国有金融企业产权名为国有，实际上却因没有明确的所有者主体、没有明确的所有者要求而虚置，存在人治色彩过浓的问题，代理风险和"内部人控制"的现象十分严重。五是经营管理人员普遍存在着官本位的思想，唯上而不是唯下，唯官而不唯商。六是机构臃肿，人浮于事的现象十分严重。

（二）资本金不足的包袱沉重

从四大国有商业银行来看，如果不是政府注资，远没有达到巴塞尔协议规定的比率。从证券公司来看，资本金规模虽然突破了 1000 亿元，但不及国外一家大证券公司的规模。从中国保险公司来看，根据标准普尔公司对中国保险业所作的静态估计表明，2006 年中国保险业资本金缺口约为 300 亿元，以这样的资本金状况，是难以抵挡国外航母级金融机构冲击的。

（三）不良资产的包袱沉重

近年来，四大国有商业银行虽然两次剥离了巨额的不良资产，但截至 2006 年末，国有商业银行的不良贷款余额仍达 1.05 万亿元人民币；证券公司的不良资产平均比例达 20%。让金融机构以如此虚弱的身躯参与国际化的竞争，难度之大，可想而知。

四 金融系统运行效率低下

（一）M2/GDP 比率长期居高不下

相关数据显示，1991～2003 年，中国国内生产总值增长 5.4 倍，年均增长率 15.61%，同期广义货币增加 11.4 倍，年均增长率 23.06%，是 GDP 年均增长率的 1.5 倍。这意味着货币的产出效应不佳。

（二）资金总量过剩与资金结构短缺并存

最近几年，国内资金总供给大于总需求的现象日趋严重。其表现，一是储蓄率长期居高不下，导致储蓄存款规模快速扩张。如发达国家的储蓄率一般在 10%～20% 之间，而中国则高达 45%。2006 年末人民币储蓄存款总规模已突破 16 万亿元。二是商业银行始终存在着巨额的存差，2005 年末已达 9.2 万亿元。但资金短缺的结构性矛盾始终没有解决，并集中表现为中小企业贷款难和农村地区资金匮乏。这表明金融配置效率低下。

（三）国内储蓄过剩与外资大量涌入的现象并存

数据显示，1993～2006 年，除 1993 年外中国国内总储蓄额均远高于总投资额。在国内储蓄长期过剩的同时，外资大规模流入，这说明中国金融体

系存在严重的低效和资源浪费现象。

五　农村金融支农不足

农村金融呈现"一农支三农"的艰难局面。作为国有金融，因贷款权限进一步上收，许多县级及以下机构已变成单纯吸收存款的"抽血机"，造成了农村金融的严重失血。同时，对于非正规金融活动的打压，导致其不可避免地走向两种归宿：一种是消亡，如农村合作基金会、经济服务部、金融服务部等类似于信用合作组织，基本上均被取缔；另一种是地下经济化，如一些地方私人钱庄、高利贷的存在，由于不具备合法地位，难以有效地满足农村经济主体的资金需求。只留下了农村信用社苦苦支撑着农村经济的发展。

第五节　金融体制改革面临的挑战

一　来自金融体制改革特殊性的挑战

（一）金融体制改革受制于国有企业改革

中国的金融业是以国有金融业，尤其是以国有银行业为主的，而国有商业银行的主要服务对象是国有工商企业，其改革同国有企业改革紧密相连。国有企业改革特别是政策性破产对国有商业银行改革将产生不确定性。

（二）金融体制改革受制于多种外部因素

以消化国有商业银行不良贷款为例，其成因非常复杂，除自身体制落后、内部管理薄弱等内因以外，还有许多外部原因：直接融资占比过低，企业严重缺乏自有资金，生产经营过度依赖银行贷款；为支持产业结构调整，体制转轨和国有企业重组，国有商业银行发放了大量特定贷款；社会信用环境较差，企业银行债务严重；未能实行审慎会计制度造成大量虚盈实亏等。可见，国有商业银行历史上聚集起来的各种损失，不同于西方市场经济国家商业银行的经营损失，它是为建立社会主义市场经济体制，保持国民经济快速发展和社会稳定而必须付出的成本，对这些外部环境的改善将会遇到更大的阻力。

二　来自沉重历史包袱的挑战

目前中国金融体制中存在的重大遗留问题有很多，如国有商业银行的不

良资产问题、国有控股金融企业中的官本位问题、证券公司和保险公司及信托公司的亏损问题、民营控股企业集团中的资金链紧张问题、证券市场中的股权分置问题、AB股并存问题等。且其中任何一项历史遗留问题都是难啃的硬骨头，它涉及各方的利益，投资方的利益、金融管理部门的利益、投资者的利益。处理起来不仅时间较长，而且难度颇大。

三　来自金融企业商业化的挑战

如中国农业银行，其对象主要面向三农，三农问题目前在中国不可能完全靠市场的办法来解决。因为：第一，农行投资农业的回报相对较低；第二，农行向分散的中小农户以及乡镇企业进行融资的成本相对较高。这是农行商业化改革中遇到的最大挑战。再如农村信用社只是名义上的金融"合作"组织，在实际经营中，农村信用合作社的官办性质依然存在，从而使其经营经常受到官方的行政干预。同时，农业活动的比较收益受到人为压低，农村信用合作社无法取得平均化的利润，使商业化的步履十分艰难。

四　来自股份制改造的挑战

（一）来自资本多元化的挑战

这主要表现在三个方面：一是来自资产评估的挑战。资本多元化必然要涉及资产评估和资产折股问题，资产评估之所以难度较大，是因为：第一，难在资产评估范围广。它既涉及有形资产的评估，也涉及无形资产的评估；它既涉及固定资产的评估，也涉及流动资产的评估；它既涉及经营性资产的评估，也涉及非经营性资产的评估。第二，难在资产评估政策性强。资产评估都要涉及国有资产的评估，其净资产评估结果要经过国有资产管理部门认可，即便是非国有资产也涉及一个折股计价依据的认定问题。第三，难在资产评估程序复杂。至少要经过申请立项、资产清查、评定估算、验证确认等四个环节。第四，难在资产评估方法多种多样。有收益现值法、重置成本法、现行市价法、清算价格法等。二是来自合资冲突的挑战。在资本多元化的过程中往往要采取合资的方式，但实践证明，合资从来都不是一个稳定结构，利益冲突之下，各股东往往同床异梦。三是来自控制权之争的挑战。外资能否控股中资银行？持股不能超过25%的界限能否突破？这是实施股权多元化战略中必须澄清的问题。

（二）来自国有金融企业公司制改造的挑战

改制无异于是一场革命，它要触及许多深层次的问题：一是必然要触及固有的观念；二是必然要触及所有者缺位的问题；三是必然要触及臃肿的体

态。其过程既是十分漫长的，也是十分痛苦的。

（三）来自完善金融企业治理结构的挑战

一是如何理解公司治理结构尚未达成共识。在中国，各部门对于公司治理的说法和要求也不尽一致，对于 OECD 公司治理原则（1999 年版和 2004 年修订版）没有正式的态度。因此，我们所说的公司治理改革很可能是一个没有定义或定义不清的改革。二是股东利益缺乏保障。比如，债转股，转股股东权利没有得到保证，利益也没有保证，甚至处于非债非股的悬空状态。三是如何恰当处理党组织和董事会、管理层关系是个难题。绝大多数情况下，党组织对董事会、管理层起到了支持保障作用，但也有少数实例表明存在不一致的情况，争议如何解决，还需要相应的原则和指引。四是如何处理治理与监管的关系是个难题。中国企业在计划经济体制下和转轨初期由行政主管部门作为"父母官"，它既代表所有者，又是监管者。现在尽管治理和监管大体分开了，但两者混淆交叉的现象依然十分普遍。这方面也缺乏明确的原则和指引。五是谁定薪酬的问题。长期以来，甚至在上市之后，银行仍然将内部级别与官员的行政级别相对应，职务消费、福利、住房均参照而来，实际上执行标准远高于公务员。六是高管的选拔问题。目前国有商业银行的高管层属于"中央直管干部"，其任免权掌握在政府而非银行董事会。从法律角度来说，一般公司董事由股东聘任，高管由董事会聘任，中层由高管聘任。但在国有商业银行，并没有解决谁使用谁提名、谁聘任的问题，内部人控制的风险隐患依然存在。从目前情况看，即使海外上市银行，公司高管的选拔和任命，仍然是按照组织部门的要求进行筛选，而不是市场竞争的结果。这使得整个国有银行的人事改革陷入了两难的境地：如果单方面进行激励机制改革，经理人可在行政体系与市场体系获得双重收益；如果不进行激励机制改革，又难以摆脱旧有的痼疾。

（四）来自金融企业上市的挑战

上市虽可以改善国有金融企业的股权结构、增强资本实力、树立良好的市场形象。但上市成为公众公司后，其公司治理和经营管理将会完全暴露在资本市场和社会舆论的严格监督之下，处理得好，将大大推动银行建立有效的激励和约束机制，锻炼和提高银行的市场适应能力，有利于银行的长远发展；处理得不好，则将在严酷的竞争中被市场所淘汰。

五 来自金融自由化的挑战

（一）分业经营逐步走向混业经营的挑战

分业经营和分业监管，使保险、银行和证券的资金都有防火墙，而混业

经营意味着这些防火墙将逐步拆除。随之而来的疑问是混业经营会不会加大金融风险？

（二）来自金融国际化的挑战

金融国际化，一是有可能加剧经济运行的不稳定性。一方面金融国际化使金融宏观调控的对象扩大到了既有内部均衡，也有外部均衡问题；另一方面具有短期性、流动性、盲目性、分散性、隐蔽性、投机性等特征的金融资本大量流入，对于市场机制尚不健全、制度建设残缺的中国金融业来说，就更容易受到这种外在力量的冲击。二是有可能弱化货币政策的有效性。在金融开放的前提下，货币政策已不像过去那样伸缩自如。如在经济过热时期，中央银行为了给经济降温，通常会实行昂贵的货币政策，提高利率，抽紧银根，以此来减少贷款规模和货币供应。但利率提高可能会导致外资的大量流入，并转换成本国货币进行投资，从而抵消了紧缩的效果，使过热的经济无法降温。三是有可能冲击国家的经济决策权。金融国际化必然会对传统的国家干预和经济决策权形成某些冲击，使政府的一部分经济权和经济决策权发生转移，甚至丧失。

六　来自防范金融风险的挑战

中国是一个金融风险高度聚集的国家，其原因是多方面的，首先是自身体制、制度建设、内部管理和监管方面的问题；其次有行业特点的因素，这也正是即便是发达国家，金融业案件也高于其他行业的原因；再次，还有历史发展阶段的因素，人均 GDP 在 1000 美元～3000 美元阶段，既是经济高速增长期，又是矛盾凸显期；另外，还有东方文化的因素，这就是情面大于制度。金融体制改革的重要目的是要防范和化解金融风险，但问题是金融改革也有可能释放金融风险，让许多潜在风险显性化。

第六节　未来中国深化金融体制改革的思路

一　强化金融可控性

（1）对于国家而言，要把握好金融开放度和运用好两个工具。就开放度而言，一是使国际化程度与市场经济发育程度相对称。因资金实力的薄弱、调控能力的不足、创新的落后、经验的欠缺，均决定了中国不能采取激进的开放战略。二是使国际化程度与资本流动的控制力相对称。国家在开放金融市场时应

该区分资本流入管制和资本流出管制、区分全面控制和选择控制、区分市场导向的控制和数量型的控制、区分谨慎控制和出于收支平衡表及宏观经济原因的控制以及区分对不同类型资本流通的控制等。三是使国际化程度与市场运行的微观基础相对称。因为缺少健全的现代企业制度、完备的法律和法规、科学的会计制度和信息披露制度、严谨的监管体制等微观基础，决定了中国金融国际化必须是审慎的、渐进式的，而不应是鲁莽的和突变式的。

从控制工具来看，一是要用好大量超额外汇储备。在外汇储备规模跃居世界首位、突破万亿美元大关和经常项目顺差仍大的背景下，应向新加坡的政府投资公司（GIC）模式学习，成立专业化的政府投资公司来运作外汇储备资金。同时，根据测算，2007 年中国最佳的外汇储备应该在 7000 亿美元左右，多出来的部分外汇储备可用于满足国有银行注资、弥补社会保障资金缺口和清偿地方政府负债三个方面。在实现政治目标方面，超额外汇储备也大有可为。首先，可以维持香港货币稳定。其次，超额的外汇储备使得中国有能力出资参与建立亚洲货币基金、亚洲借款安排乃至货币互换安排，支持建立有利于本地区和本国的金融和贸易投资发展的金融机制框架。二是要用好开发性金融工具。开发性金融是适应制度落后和市场失灵，为维护国家金融安全、增强经济竞争力而出现的一种金融形式，它不仅可以弥补既有金融制度的"功能缺陷"，而且能有效地将国家信用与机构信用结合起来，通过项目融资主动推进市场建设和各项制度的完善，以市场化的方式实现政府的目标。因此，它是中国经济体制转轨过程中金融体系不可或缺的有益补充。

（2）对于中央银行而言，一是要加强本外币政策的协调，增强货币政策的主动性和有效性，综合运用各种货币政策工具，保持货币信贷适度增长。二是要完善公开市场工具和操作方式。合理把握公开市场操作的节奏和力度，有效调节银行体系流动性，促进货币市场利率平稳运行，发挥对市场预期的引导作用。三是要将金融宏观调控思路由被动调控转向主动调控，由短期调控转向中长期调控。

（3）对于金融企业而言，金融控制有着广阔的作用空间。如完善公司治理结构，加强内控机制建设，提高金融企业的资产质量、赢利能力和服务水平，进行混业经营试点等。

（4）对于金融市场而言，金融控制的重心则在货币市场、资本市场、保险市场和期货市场等基础性制度重构和完善，健全金融市场的登记、托管、交易、清算系统提高服务效率和监督效率。

（5）对于金融监管而言，金融控制的重心在于适应加入世界贸易组织要求，严格强化对金融机构资本充足率的约束，防范和化解金融风险于事前监

管之中，与此同时规范金融机构市场退出机制，建立相应的保险保障制度。

二 优化金融市场结构

（一）促进金融市场均衡发展

第一，要解决债券市场的结构性问题。当前，债券市场的结构性问题主要是债券收益率市场化程度不高，债券市场还没有形成一个有效的基准收益率曲线。发展债券市场的核心问题是如何形成一个有效的基准收益率曲线。基准收益率曲线，包含了对当前经济走势的判断及对未来经济走势的预期，涵盖经济增长、通货膨胀、资本回报率等一系列经济指标，反映了债券市场长短期利率结构之间的关系。只有打破市场分割，建立一条科学、合理、有效的基准收益率曲线，才能确保债券市场健康发展。第二，要解决股票市场的结构性问题。股票市场的结构性问题表现在，缺乏一个健全的市场体系。当前，股票市场具有较强的歧视性、排他性特征，几乎完全是大企业的市场。2004 年 5 月深圳中小企业板市场的推出，虽可解决部分中小企业融资难的问题，但由于上市门槛太高，仍然将大量的成长性中小企业拒之于门外。因此，要想从根本上解决中小成长性企业股票市场融资难的问题，还有赖于尽快组建创业板市场，特别是科技型的创业板市场，形成一个分层次的市场体系。第三，要解决货币市场的结构性问题。当务之急一是要逐步推出融资性票据，成立专门的票据金融公司，以解决票据市场发展滞后的问题；二是要增加货币市场的品种，以实现货币市场流动性与投资性。

（二）积极稳妥地降低间接融资比重

首先，商业银行可以成为直接融资市场的发行主体。一是商业银行可以债权融资形式，通过发行金融债筹集资本；二是可以通过股权融资，发行股票上市。其次，尽快推行信贷资产证券化。我们估计，把信贷资产转变成债券，仅住房贷款一项，就可以为商业银行减少近 10% 的长期资产，为债券市场带来近亿元的融资量。再次，允许部分信贷资金进入直接融资市场。除可扩大证券抵押贷款的规模以外，还应加大上市公司兼并收购的信贷资金支持力度。

（三）合理安排股票和债券融资的比重

一个成熟的金融市场，债券市场一般比股票市场要大得多。2005 年美国债券发行的规模大约是股票发行规模的 6.5 倍；而 2006 年中国发行的企业债和公司债仅相当于同期股票筹资额的 44%。中国企业债券的规模偏小，并不是市场不需要企业债券，而是现行的发行审批制度、企业信用评

级制度不健全，以及市场分割、市场流动性差以及品种单一等因素阻碍了企业债券市场的发展。未来企业债券市场的发展方向应该是变国家发改委、人民银行、证监会、证券交易所多头管理为单头管理，将企业债券的发行由审批制改为核准制、放宽发行主体限制和资金用途限制，实现发行定价市场化。

三　深化金融市场改革

（一）加快推进多层次资本市场体系建设

所谓建立多层次资本市场体系，即建立交易所市场、场外市场、区域性市场、无形市场等多层次的市场，满足不同层次的直接融资需求以及不同投资者的需求。

（二）进一步推进利率市场化改革

在巩固放开贷款利率上限和存款利率下限政策的基础上，适当简化贷款的基准利率期限档次，推进长期大额存款利率市场化，研究推出利率衍生产品。完善中央银行利率体系，提高中央银行对市场利率引导的能力，建立适时动态调整再贴现率等中央银行利率形成机制。进一步完善票据市场利率以及市场化产品的定价机制，合理反映期限和信用风险。提高商业银行、农村信用社利率定价能力，落实利率市场化改革政策措施。此外，利率自由化改革必须同资本账户开放相互协调，利率自由化改革应该先于资本账户开放。

（三）完善人民币汇率形成机制

第一，着眼于货币篮子的变化，降低美元在货币篮子中的比重，从而减少人民币对美元的盯住程度。第二，着眼于汇率浮动程度，进一步扩大人民币兑美元和其他货币的浮动区间，增加人民币汇率双向波动的幅度。第三，着眼于外汇市场本身，要进一步完善多种交易方式并存、分层有序的外汇市场体系，积极推出新的外汇金融产品，鼓励金融机构以有效控制风险为前提积极进行创新，丰富企业、个人规避汇率风险的金融产品。加强对跨境资本市场的监测和管理，防范金融风险。

四　转变金融企业经营机制

（一）继续稳步推进国有商业银行股份制改造

重点应放在以下三个方面：第一，积极推进商业银行的组织制度改革。要按照现代公司制度模式，将现在实行的全国一个独立法人，按行政区划设置机构的各商业银行，改造为数家全国性商业银行和众多地方性商业银行。具体做法是，国有商业银行适当放出一部分分支机构，组成由国有商业银行

控股的地方性商业银行。其中地方性商业银行由全国性商业银行控股或持股，但不是全国性商业银行的分支机构。全国性商业银行和地方性商业银行均为独立的法人实体。国有商业银行的重点是面对大城市和大中型企业，地方性商业银行主要为地方小型企业和个体经营者服务。第二，强化国有商业银行内部管理。包括：健全国有商业银行的法人治理结构，完善监事会和董事会监督下的行长负责制；建立科学的决策体系、内部控制机制和风险管理体制；按照集约化经营原则，实行机构扁平化，整合业务流程和管理流程；完善资产负责比例管理，贷款审贷分离、贷款担保抵押制度和信贷资产质量管理责任制；实行审慎的会计制度和严格的信息披露制度；按照现代金融企业人力资源管理的要求，取消行政级别制，深化劳动用工人事制度改革，将事业激励和经济激励相结合；以降低管理成本和工资成本为目标鼓励各类机构进行重组和裁员。第三，建立科学考核指标体系。包括总资产净回报率、股本净回报率、成本收入比、不良资产比率、资本充足率、大额风险集中度、不良贷款拨备覆盖率等。

（二）深化政策性银行改革

一是要将其转变为有竞争力的开发性金融机构，为包括西部地区在内的产业结构调整，基础设施建设和实施走出去战略提供持久的金融服务。其实，开发性金融经过一百多年的实践和发展已证明，无论是发展中国家，还是发达国家，都需要开发性金融机构来实现政府的发展目标，完成单纯依靠市场和商业性金融无法办到的事情，促进经济社会协调发展。世界银行、亚洲开发银行、德国复兴信贷银行、美国房贷协会、韩国产业银行、巴西开发银行等，都是国际知名的开发性金融机构。现在的问题是，要建立开发性金融机构管理模式，实行国家指定项目和自主经营的开发性项目分账管理、专项核算。二是要将其转变为有竞争力的商业性金融机构。政策性金融机构要建立受资本金约束的现代商业银行治理结构，延续其中长期信贷功能，不做零售业务，按照"一行一策"的方针进行商业化改革，实现自主经营、自负盈亏、自担风险。事实上，从不良贷款率来考察，国家开发银行、中国进出口银行、农业发展银行三家政策性银行都基本具备了商业化运作的基础条件。如截至2006年末国家开发银行不良贷款率降至0.72%，已连续7个季度保持在1%以内；国家进出口银行全行表内业务贷款不良贷款率为3.47%；农业发展银行不良贷款率为7.65%。

（三）大力发展非国有商业银行

一是要降低金融行业进入壁垒，鼓励社会资金以参股、购并、新设机构等方式进入金融领域，降低金融业的国有化垄断程度。二是将一些区域性的

股份制商业银行逐步向全国发展，在城市信用社的基础上组建城市商业银行。三是要把邮政储蓄3万网点改造成社区银行。邮政储蓄有近3万个金融网点，具有网络优势，只要对其放开金融业务，允许其放贷，过渡为社区银行并不困难。四是对证券公司、基金管理公司，要通过引进战略投资者、实行分类监管等手段完善其治理结构。五是对于保险业要通过建立综合性保险集团、专业性保险公司和保险中介机构，形成多元化保险机构体系。

（四）结束金融资产管理公司的政策性使命

2006年底是四家金融资产管理公司完成政策性任务的最后期限，他们的下一个目标是商业化和股份制。实际上，在政策性业务处置后期，四家金融资产管理公司已开始了各种可能的尝试。从2005年政策性业务后过渡期开始，资产管理公司下到地方办事处，上到总公司，一项更重要的工作是全员发动"找项目"。但商业化不光是在业务上，还包括内部治理结构上的市场化。因此，应当尽快从整体上对金融资产管理公司进行股份制改造，引进国有资本之外的投资者，包括具有丰富的不良资产处置经验的国外战略投资者，打破财政部是唯一股东的格局，以从根本上规范法人治理结构。

五　放松金融管制

（一）稳步推进金融业综合经营试点

金融业综合经营大体可分为两种类型，一是在同一法人内部实行银行、证券、保险等业务的综合经营，如德国、瑞士、英国等国推行的做法；二是通过资本的联系，在集团内部实行法人分业、集团综合的经营方式，即金融控股公司的模式。从中国金融监管体制现状和金融业发展水平出发，借助金融控股公司等形式稳步推进金融业综合经营试点，发展综合类、衍生类金融业务，有利于提高金融企业的经营能力和竞争实力。

（二）推动金融控股公司规范发展

分两个步骤建立和完善金融控股公司的法律制度。首先，由人民银行牵头制定《金融控股公司监管条例》，成为具有较高效力层次的行政法规。第二步，在条例实施一段时间后，总结经验，制定《金融控股公司法》，报全国人大审议通过。

（三）鼓励跨市场、跨机构的金融产品创新

目前，在亚洲有13种衍生工具销售，根据现时条件，至少可考虑推出指数、股票、利率和债券的期货以及指数和股票期权等6类衍生工具，以加大开发衍生品的力度，增加投资和对冲风险的选择。

六　减轻金融包袱

（一）大力推进金融产权制度改革

引入社会股东，并按证券市场的法律法规要求进行改制，将会带来如下正面效应：一是有助于完善法人治理结构。金融企业上市，不仅可以实现股权结构多元化，更重要的是，上市金融企业必须参照国际惯例建立企业运行机制，特别是要建立和健全法人治理结构和科学的决策机制、高效的激励约束机制。同时，金融企业之间相互交叉持股的结构，有利于抵消经营环境急剧变化而造成的冲击效应。二是有助于完善和规范金融企业的经营机制。通过重组、改制和上市，金融企业将演变成为以市场为导向、以股东价值最大化为经营目标的竞争主体。同时，随着内部约束力的增强，促使其在加强经营管理、大胆进行金融创新和提升服务质量等方面实现脱胎换骨式的变化。三是有助于完善监督机制。金融企业上市后，要受到来自方方面面的监督，如要接受证监会的监督、要接受各种投资咨询机构和证券分析员的监督、要接受审计、会计和律师事务所等中介机构的监督、要接受证券交易所的监督、要接受股东的监督等等。

（二）健全资本金的补充机制

要想尽快缩小中国金融市场中介与外资金融机构在资本金上的差距，上市不失为一条扩充资本金规模的高效、持续途径。因为金融企业上市不仅可以通过初次发行新股来扩充资本规模，而且可以通过上市后配股、增发新股、发行可转债等手段来动态地扩大资本规模。

（三）尽快消化金融机构的不良资产

中国金融企业不良资产形成的原因是双重的，既有大环境问题，也有小环境问题。因此需要采取双管齐下的策略来摆脱目前所面临的困境：一是通过重构外部环境来消化不良资产。如在正常时期政府可从诸如税收、资金运用、产品创新、业务经营范围等方面入手，创造一个有利于金融业发展的大环境；在非常时期政府可增加注资、引入战略投资者等致力于外部环境建设。二是要通过重构内部环境来消化不良资产。关键是要从内控制度上切断不良资产的生成机制。

七　建立多层次的农村金融体系

（一）大力发展商业性农村金融业务

一是要强化农业银行的商业性金融业务。作为商业银行性质的农业银行在服务三农方面，主要为商业化程度高、资金需求量大的中高层次农村经济

主体提供金融服务。为此，必须坚持商业性金融和政策性金融区隔的原则，妥善处置目前仍由农业银行承担的农村扶贫贷款等政策性业务。二是要强化农村信用社的商业性金融业务。首先是完善股权设置。要结合实际，合理确定入股起点；鼓励社会资金参与农村信用社重组改造；规范入股行为，确保入股资本金的真实性和有效性。同时，按照现代企业制度的要求，重视农村信用社公司治理制度的创新，积极探索符合实际的、切实可行的公司治理机制。其次是要制定和完善内部管理制度，如贷款、投资管理责任制，规范业务工作流程和岗位监督，推行严格的问责制，加强内部稽核审计，推行全员竞争上岗用工制度，等等。再次是强化对农村信用社的政策扶持和监督管理。继续对农村信用社在所得税和营业税等方面给予一定优惠，有条件的省级人民政府应加大对农村信用社的政策扶持力度。按照"国家宏观调控，省级政府依法管理，信用社自我约束、自担风险"的总体要求，有关部门应切实履行监管职责，进一步加强对农村信用社的监管，对风险较高的农村信用社及时采取有力措施，对严重资不抵债、经营混乱的农村信用社强行撤并。三是创建农村中小金融机构。相对于大金融机构而言，中小金融机构在向小规模农户和中小企业提供融资服务上更具比较优势，因此，应积极探讨建立适合农村发展需要的消费信贷机构、保险公司、租赁公司、担保公司、资产管理公司等中小金融机构。

（二）大力发展开发性农村金融业务

农发行在金融资源配置宏观指向毫不含糊地坚持政策性、体现政府意图的同时，在微观层次的经营管理上，坚持市场原理和银行原则，按商业化管理要求，完善经营机制，加强经营管理。要进一步扩大放贷范围，使其变成可以支持农业龙头企业的银行。要完善指标考核体系，把资产质量、经营绩效作为重要考核对象，建立有效激励机制。根据农发行贷款对象特点，从实际出发，建立切实可行的风险防范机制，确保贷款放得出、管得住、收得回。建立有效的财务管理机制，以收定支，根据经营绩效确定开支数量。深化收入分配制度改革，实现绩效挂钩；深化干部人事制度改革，把坚持党管干部的原则和扩大干部管理中的民主结合起来，实行干部竞聘制和任期制，对劳动用工实行合同制。完善配套措施，营造良好的外部环境。建立合理的利益补偿机制，财政部门应根据农发行承担的政策性业务规模，给予相应补贴。对农发行经营的政策性金融业务，应减免所得税和营业税，用以补充农发行的资本金。各级政府和有关部门，应抓紧清理粮食财务挂账和棉花政策性挂账，分清性质，落实消化责任，采取有效措施，通过多种方式处置不良资产。

（三）积极培育适合农村需求特点的多种所有制金融组织

我们认为，农村金融服务的机制不能完全按照大商业银行的机制运

作，应适度调整和放宽农村地区金融机构准入政策，降低准入门槛，鼓励和支持发展适合农村需求特点的多种所有制金融组织，积极培育多种形式的小额信贷组织、保险机构、乡镇银行等，建立比较适合农村金融需求的有效机制。

（四）规范非正规农村金融业务

一方面由于正规金融机构收缩农村阵地，其在农村金融市场中提供的金融服务越来越少，给非（准）正规金融提供了一定生存空间；另一方面非（准）正规金融组织远较正规金融组织灵活，具有较强的生命力，所以，农村非正规金融组织有其存在的必要。但由于非正规金融无组织化和非合法化，其在满足农村融资需求方面所起的作用终究有限。因此，政府应放松并最终解除对农村非（准）正规金融组织和活动的歧视和压抑政策，承认农民合作基金会、农民合作保险机构、个体私营金融机构、个体私营为主的基金会等组织存在，以有效补充农村正规金融业务的不足。

八 改善金融生态环境

（一）要完善法规制度和保障制度

当务之急，一是要建立完整的金融市场法律体系。如急需要制订或修改《外资银行法》、《境外中资银行管理法》、《商业银行信息披露法》、《存款保险法》、《信用法》、《银行监督法》、《投资基金法》、《投资顾问法》、《证券交易法》、《证券投资者保护法》等，从而最终形成中国金融法律监管体系的完整框架。二是要完善现有的法律法规体系。现在法律法规应随着金融市场的不断创新发展加以修改和完善，有必要补充的内容应及时补充，对市场的发展形成羁绊的条文应及时加以修改，针对《中华人民共和国商业银行法》、《中华人民共和国证券法》、《中华人民共和国保险法》《中华人民共和国证券投资基金法》中留有余地的方面，应出台配套实施细则，做好有关法律法规的衔接工作。三是要建立良好的执法体系，强化债权人在企业破产和重组中的法律地位和担保债权优先受偿顺序。四是要建立和完善社会信用体系，加强企业和个人的征信体系建设，建立有效的失信惩戒机制。

（二）构建大金融时代新监管体制

目前中国金融业正处于由分业经营向综合化经营转变过程中，需要就金融业综合经营、跨行业经营、形成大金融局面出台相关政策。考虑到中国金融业分业经营的时间还不长，在目前的管理格局下基本能够实现金融机构的有效监管，综合经营也只在探索和试点过程中。监管体制的完善可分两步进行：第一步，切实完善监管协调机制，即在"一行三会"联席会议的基础

上，增加财政部、发改委等相关部门，进一步加强监管协调，形成更为紧密的协调机制。第二步，金融监管体制最终将过渡到统一监管模式，建立超级金融监管部门——金融监督管理委员会。同时，还必须建立起以银行、证券、保险监管为龙头，构建内部监管（自我监管）和外部监管（行政监管和社会监管）相配合的全方位、多层次的监管体系。它包括：一是由大股东（即财政部门、汇金公司）及内部审计委员会、监事会、独立董事等实施的自我监管，通过"三会"制度达到相互制衡。二是银监会、证监会、保监会负责实施的行政监管，主要通过现场检查和非现场监管等手段，从方案审查、实施监控、过程检查、风险提示等方面负责金融机构改革的监管。三是由中介机构、行业自律组织、新闻媒体等实施的社会监管，代表一种社会公信力，促进公平竞争，构建和谐的经济秩序。

（三）尽快建立存款保险制度

借鉴国外经验，中国存款保险制度可按以下思路构建：一是存款保险机构由政府管理并具有履行职能所需要的职权；二是存款保险限额以 10 万元为限；三是存款保险是强制性，以防止出现逆向选择；四是实行事前征收保费方式累积基金；五是实行差别费率，促进金融机构公平竞争。

（四）转变监管的方式

对危机金融机构的处理，采取直接干预或保护的做法，不仅监管成本大，而且财政负担依然存在，但如果采取存款保险、信息披露和托管、收购、破产、兼并等制度可能会收到更好的效果。所以，要密切关注银行业、证券业、保险业、金融控股公司和交叉性金融工具发展状况，建立符合市场经济要求的风险补偿机制，特别是要加快推进存款保险制度、投资者保护基金制度和保险保障制度建设，以防范跨行业、跨市场的系统性风险。

参考文献

曹龙骐主编《金融学》，高等教育出版社，2003。

曹龙骐主编《金融学案例与分析》，高等教育出版社，2005。

郭茂佳主编《金融市场学》，经济科学出版社，2005。

中国金融网（http：//www.zgjrw.com），2007 年全国金融工作会议专版。

《中国金融时报》、《中国证券报》、《上海证券报》及《深圳证券时报》相关文献。

中国发达地区产业发展与结构调整研究 *

——以深圳为例

　　内容提要：从实现经济增长的途径来看，中国改革开放 20 多年经济的快速发展，一方面源于资本和劳动力数量的增长和技术的进步，另一方面是深圳产业结构不断调整的结果。深圳市的产生是中国改革开放政策的产物，也是中国东部沿海发达地区的典型代表。研究深圳产业结构调整的历史与未来发展有助于更具体地了解中国的产业结构调整。本文根据大量数据，主要从三次产业结构的总体趋势、有效性等角度分析深圳改革开放以来的产业结构调整状况，依据产业结构调整的规律和深圳的实际情况，指出深圳未来产业结构调整的发展方向。

　　经济增长有两个实现途径：一是资本积累、劳动力增加和技术进步；二是资本、劳动要素从生产效率低的部门向生产效率较高的部门的流动转移，重组要素以加速经济增长。

　　第一个实现经济增长的途径是市场体制完善、劳动力和资本流动自由、部门之间要素效率相等的地区或城市经济增长的有效途径。在这种情形之下，部门间劳动力、资本的流动转移不能增加总产出，扩大经济总量。

　　相反，在一个经济体内，当市场需求随着收入水平提升而改变，市场体制不完善，产业部门之间劳动力、资本的流动转移存在障碍时，因为要素收益部门之间的差异，要素的流动配置能创造新的经济总量，推进经济增长。这种非均衡增长即是经济增长的第二途径，也是产业结构调整的实质内容。

---

　　* 袁易明、陈红泉：深圳大学中国经济特区研究中心。

第一节 前言：中国改革开放以来的 产业结构调整

中国自 1978 年实行改革开放政策以来，国民经济以前所未有的速度增长，经济结构也发生了重大变化。总量上，GDP 从 1978 年的 3645.2 亿元增长到 2004 年 159878.3 亿元，年均增长率达到 15.6%；在结构上，1979～2004 年的三次产业结构变化情况分别为：第一产业增加值由 1018.4 亿元增加到 20955.8 亿元，占 GDP 比重由 27.9% 降低到 13.1%；第二产业增加值由 1745.2 亿元增加到 73904.3 亿元，占 GDP 比重由 47.9% 略下降到 46.2%；第三产业增加值由 881.6 亿元增加到 65018.2 亿元，占 GDP 比重由 24.2% 上升到 40.7%。整个时期的三次产业结构变化情况如图 1 所示。

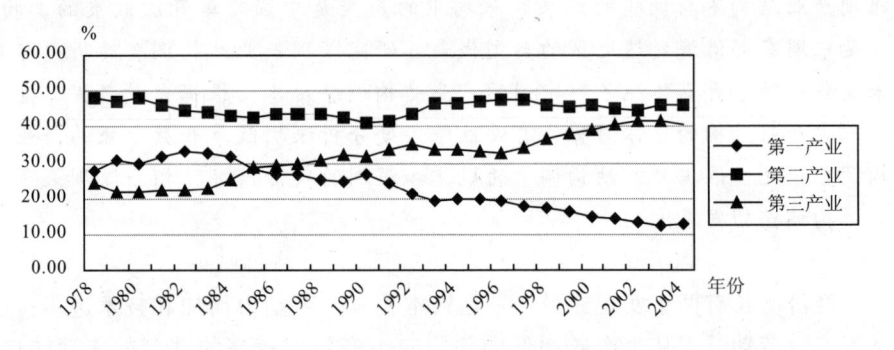

图 1　中国三次产业占 GDP 比重变动

从就业人数看（见表 1），中国的产业就业人员主要呈现出由农业部门向工业部门和服务业部门分流的结构性变化，但农业人口比重仍然比较大，农业人口的转移将持续较长的时期。具体来说，1980～2002 年中国各产业就业结构的变化分别为：农业部门从业人员总数稳定在 3 亿人左右，在全社会从业人员中的比重呈现不断下降的趋势，从 68.8% 下降到 44.1%；工业部门从业人员总数稳步上升，由 0.77 亿人增加到 1.3 亿人，占全部就业人数的比重稳定在 18% 左右；第三产业是吸收新增就业人员的重要部门，就业人数由 0.55 亿人增加到 1.8 亿人，占总就业人口比重由 13.1% 上升到 24.7%。

表1　中国各行业就业人员数量变化表

年　份		1980	1985	1990	1995	2000	2002
合　计（万人）		42361	49873	64749	68065	72085	73740
农、林、牧、渔业	人数（万人）	29122	31130	34117	33018	33355	32487
	比重（%）	68.75	62.42	52.69	48.51	46.27	44.06
采掘业	人数（万人）	697	795	882	932	597	558
	比重（%）	1.65	1.59	1.36	1.37	0.83	0.76
制造业	人数（万人）	5899	7412	8624	9803	8043	8307
	比重（%）	13.93	14.86	13.32	14.40	11.16	11.27
电力、煤气及水的生产和供应业	人数（万人）	118	142	192	258	284	290
	比重（%）	0.28	0.28	0.30	0.38	0.39	0.39
建筑业	人数（万人）	993	2035	2424	3322	3552	3893
	比重（%）	2.34	4.08	3.74	4.88	4.93	5.28
地质勘察业、水利管理业	人数（万人）	188	197	197	135	110	98
	比重（%）	0.44	0.40	0.30	0.20	0.15	0.13
交通运输仓储和邮电通信业	人数（万人）	805	1279	1566	1942	2029	2084
	比重（%）	1.90	2.56	2.42	2.85	2.81	2.83
批发零售贸易和餐饮业	人数（万人）	1363	2306	2839	4292	4686	4969
	比重（%）	3.22	4.62	4.38	6.31	6.50	6.74
金融、保险业	人数（万人）	99	138	218	276	327	340
	比重（%）	0.23	0.28	0.34	0.41	0.45	0.46
房地产业	人数（万人）	37	36	44	80	100	118
	比重（%）	0.09	0.07	0.07	0.12	0.14	0.16
社会服务业	人数（万人）	276	401	594	703	921	1094
	比重（%）	0.65	0.80	0.92	1.03	1.28	1.48
卫生体育和社会福利业	人数（万人）	389	467	536	444	488	493
	比重（%）	0.92	0.94	0.83	0.65	0.68	0.67
教育、文化艺术和广播电影电视业	人数（万人）	1147	1273	1457	1476	1565	1565
	比重（%）	2.71	2.55	2.25	2.17	2.17	2.12
科学研究和综合技术服务业	人数（万人）	113	144	173	182	174	163
	比重（%）	0.27	0.29	0.27	0.27	0.24	0.22
国家机关、政党机关和社会团体	人数（万人）	527	799	1079	1042	1104	1075
	比重（%）	1.24	1.60	1.67	1.53	1.53	1.46
其　他	人数（万人）	588	1319	1798	4484	5643	6245
	比重（%）	1.39	2.64	2.78	6.59	7.83	8.47

资料来源：《中国统计年鉴》，2006。

从各地区产业结构来看，由于中国各地区经济发展水平差距较大，

导致了地区间产业结构的不均衡；另一方面，中国各地区经济结构往往出现地域上的相似性。例如，珠江三角洲经济、长江三角洲经济等，并且就经济改革或市场化发展层次、经济发展水平看，也呈现一种由东部地域向西部地域扩散或传递的发展趋势。北京大学的刘伟、李绍荣（2005）[1] 指出东部、中部、西部三个经济区存在明显的产业结构差异。主要体现在：在东部经济区，出现了通过要素私有化能够大量吸纳资本要素和劳动要素的初级市场经济结构特征；在中部经济区，经济结构表现出很强的非工业化特征；而在西部经济中则表现出农业化的经济结构特征。中国社会科学院的李金华（2006）[2] 认为，中国的产业结构的演变影响了产业的空间集聚，中国各产业的空间集聚极不平衡，东部沿海、中部、东北地区集聚了大部分工业企业，而西部地区则相反，工业生产企业及相关第三产业数量较少；中国的产业集聚带有明显的资源特色，不同环境和资源的地区集聚了不同的行业，自然资源丰富的地区集聚了大量相关联的产业部门。

从过去 20 多年中国的产业结构变化看，基本结论是：①农业增加值在国内生产总值中的比重一直呈下降趋势，农业从业人员占全社会从业人员的比重也呈下降趋势，农业人口将持续向其他产业分流或转移。②第三产业平稳增长，但增加值未能超过第二产业而成为主导产业，就业人员数还远低于农业部门。可见，中国第三产业的低速增长制约了农村剩余劳动力的转移和城镇化水平的提高。③随着经济的发展，中国的产业门类越来越多，产业结构越来越复杂，在产业结构演变的过程中，除了农业外各产业的就业人员比重波动较小，而各产业增加值结构的波动较大，说明中国劳动力转移存在诸多障碍，没有完全反映产业结构的调整。④中国目前仍然存在大量重复性建设及产业布局不合理的现象，有相当一些工业企业仍在进行粗放式的生产，缺少核心竞争力，在中国第三产业还没有得到长足发展的情况下，中国经济处在工业化中期阶段，还未进入完全工业化时代。⑤受各地经济发展水平的影响，中国东部、中部、西部三个经济区存在明显的产业结构差异。在东部沿海地区的产业结构调整引领着中国的产业结构变化，而中西部地区的产业结构调整较慢。

深圳市的产生是中国改革开放政策的产物，也是中国东部沿海发达地区

---

① 刘伟、李绍荣：《中国的地区经济结构与平衡发展》，《中国工业经济》，2005 年第 4 期。

② 李金华：《中国产业结构的演变轨迹、σ—收敛性与空间集聚格局》，《财贸研究》，2006 年第 2 期。

的典型代表。研究深圳产业结构调整的历史与未来发展有助于更具体地了解整个中国的产业结构调整。

第二节　深圳产业结构演进与评价

一　深圳经济发展与产业结构调整概述

深圳国内生产总值从 1979 年的 1.96 亿元，经过 20 多年的增长，到 2004 年，其总体经济规模达到 3422.8 亿元，其间可分为三个增长阶段：1979～1989 年，GDP 由 1.96 亿元增长到 115.6 亿元；1990～1997 年，GDP 由 115.6 亿元增长到 1130.01 亿元；1998～2004 年，GDP 由 1130.01 亿元增长到 3422.8 亿元。这三个阶段，实现了深圳经济增长"三个量级"的跨越：10 年时间（1979～1989 年）增长百亿元，8 年时间（1990～1997 年）增长千亿元，6 年时间（1998～2004 年）再增 2 千亿元。

深圳经济增长是要素投入的数量效应和产业部门间要素流动配置的结构效应"双效应"推动的结果。要素的数量效应体现在社会资本和劳动力投入量的大规模扩张上。1981～1985 年，全社会新增固定资产投资合计 48.3 亿元；1986～1990 年为 141 亿元；1991～1995 年为 544 亿元；1996～2000 年为 1944.3 亿元；2001～2004 年 3513.9 亿元，1979～2004 年 25 年间累计增加固定资产投资 7107.3 亿元。劳动者人数 1980 年为 14.89 万人；1985 年 32.61 万人；1990 年 109.22 万人；1995 年 244.92 万人；2000 年 308.54 万人；2004 年增至 456.1 万人。

资本、劳动力的数量增长效应推动三次产业同步高速增长。1979～2004 年三次产业的增加值变化分别为：第一产业由 0.7 亿元至 14.2 亿元，第二产业由 0.4 亿元至 2108.1 亿元，第三产业则由 0.8 亿元至 1300.5 亿元。

深圳经济增长的结构效应体现在三次产业的非等速增长。1980～2004 年，三次产业总值的年均增长率分别为：第一产业 12.8%，第二产业 40.9%，第三产业为 34.4%。从经济规模的高速扩张，劳动力、资本投入量的迅猛增长和同步发生的产业结构变动可以看出，深圳过去 25 年间经济增长结构效应的主体是伴随产业扩张的"增量要素配置效应"而产生的。

1980 年第一产业对 GDP 增长的贡献为 7.2%，同年第二产业的工业仅有 6.5% 的经济增长贡献率。而 24 年后的 2004 年，工业对 GDP 增长的贡献已

为 61.34%，第一产业的 GDP 增长贡献已小于 0.2%，第三产业的 GDP 增长贡献也在 1990 年以后不断下降。由此可得出，产业结构调整产生的结构效应是过去 24 年间推动深圳经济快速增长的重要推动力。

二 深圳产业结构变动的总体趋势

20 世纪 80 年代初的改革与开放、经济特区的建立与引进外资，特别是香港工业资本的进入，拉开了深圳经济起飞的序幕，同时开启了深圳产业发展与结构调整的航程。从传统农业社会到工业经济社会，清楚地表达出深圳经济形态的实质性变迁和产业结构的深刻变化。

深圳产业发展的主要内容在于以工业为主体的第二产业的形成、扩张以及内部转型升级。这种结构变化是通过第二产业与第一产业相对速度实现的，也就是说，第一产业发展的相对缓慢与第二产业的超常规高速增长引起第一产业在整个产业结构中的"相对萎缩"（见表 2，图 2）。

表 2 1980～2004 年深圳市产业结构变动

单位:%

年 份	第一产业	第二产业	第三产业	合 计
1980	37.0	20.5	42.5	100
1982	23.0	38.1	38.9	100
1984	11.1	45.5	43.4	100
1986	7.9	39.2	52.9	100
1988	6.5	41.3	52.2	100
1990	4.1	44.8	51.1	100
1992	3.3	48.0	48.7	100
1994	2.2	54.7	43.1	100
1996	1.7	50.3	48.0	100
1998	1.3	50.0	48.7	100
2000	1.0	52.5	46.5	100
2001	0.9	54.0	45.1	100
2002	0.8	55.2	44.0	100
2003	0.6	59.6	39.8	100
2004	0.4	61.6	38.0	100

注：产业结构用产业增加值占 GDP 比重表示。资料来源：《深圳统计信息年鉴》各年。

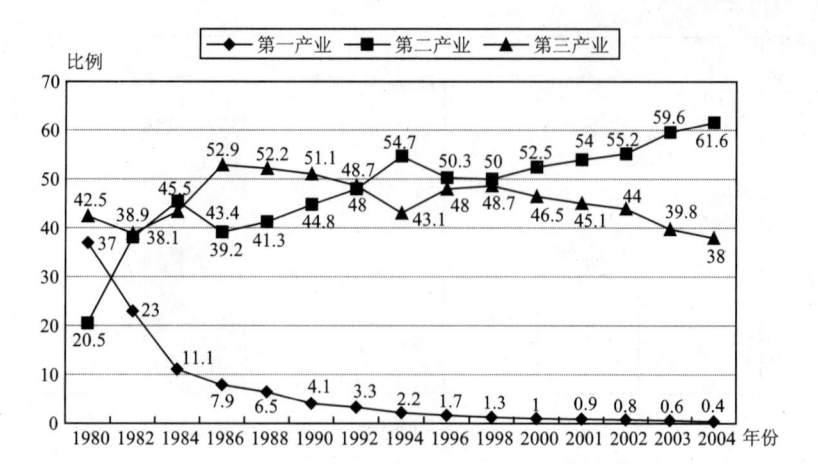

图 2 1980～2004 年深圳市产业结构变动

深圳 1980～2004 年间第二产业的高速发展是整个产业结构变动趋势的主体。第二产业的增长轨迹呈"半抛物线"状,这说明整个 20 多年第二产业呈一个边际递减的增长态势,其快速增长时期处于 1980～1984 年的 5 年间。这一时期第二产业的第一增长动力并非工业,而是建筑业(见表 3,图 3)。

表 3 1980～1984 年工业与建筑业增长比较

单位:%

年　份	工　业	建筑业	第二产业
1980	37.9	48.2	42.9
1981	55.2	57.0	56.0
1982	12.9	64.8	49.0
1983	57.5	34.4	43.7
1984	56.6	39.1	47.6
年均增长率	44.0	48.8	47.9

注:表中的数据为增加值增长率。资料来源:根据《深圳统计信息年鉴》各年计算。

1980～1982 年的 3 年间,建筑业的增长速度远超出工业。这是特区建立的前三年中固定资产投资迅猛增长的结果,因此,资本要素是这一时期的关键结构变动推动要素。

1986～1995 年,第二产业年增速下降到 33% 左右,其后,即 1996～

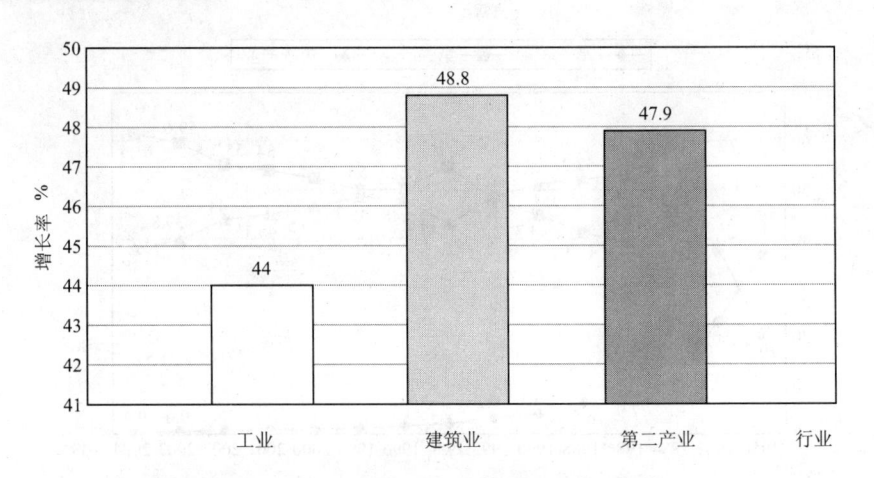

图3　1980～1984年深圳市工业与建筑业增长比较（％）

2000年年增长率再次下降到16%左右。

深圳产业结构演变可分成三个时期（见表4，图4）：

（一）1980～1985年的超常规高速演变期

第二产业年均递增86.9%。外资大量引进和内资的流入彻底地打破了原来深圳经济的结构模式，同时也打破了原有经济要素供给格局。大规模的建设为工业发展的启动创造条件，同时也使得建筑业产值突飞猛进，成为推动产业结构变动的重要产业。建筑业增加值由1979年的1.7千万元猛增到1984年5.4亿元，超过工业增加值的5.1亿元，成为第二产业中的支柱性产业。

（二）1986～1995年高速平稳变动期

第二产业年均增速为33%，较第一时期增长速度下降了近60%。其主要特征是，工业化进程迅速启动，工业化取代基础建设成为产业发展的新增长领域。10年的工业化进程使深圳由一个传统的农业社会变迁为一个工业经济社会。工业增加值由1986年的10.7亿元增加到1995年的326.3亿元，增长30.5倍，总产值（规模以上工业，按当年价）由33.05亿元增至1054.2亿元，增长31.9倍。第二产业与第一产业的相对增长速度为30%。

（三）1996年至今的"多元产业结构发展期"

第二产业年均增长率下降到16.8%，较上一时期，再递减近20%。其主要趋势是，第二产业与第一产业的相对发展速度比前10年大幅下降；同时，第二产业对第三产业的相对增长速度也呈下降趋势，20世纪90年代之后第三产业的扩张能力相对增强。

由此我们可以得出，深圳市产业结构变动的主体趋势，首先是以工业为主体的第二产业对其他两个产业的替代，呈现典型的工业化社会的产业结构与发展特征。其次，第二产业的相对增长速度开始下降，第二、第三产业已出现均衡增长的新特点。

表4　不同时期深圳三次产业的相对增长速度

单位：%

时　　期	第一产业	第二产业	第三产业	第二、第一产业相对速度	第二、第三产业相对速度
1980～1985	13.8	86.9	49.2	73.1	37.7
1986～1990	8.7	33.1	16.2	24.4	16.9
1991～1995	-0.2	33.6	28.2	33.8	5.4
1996～2000	3.6	16.8	12.8	13.2	4.0

资料来源：根据《深圳统计信息年鉴》各年计算。

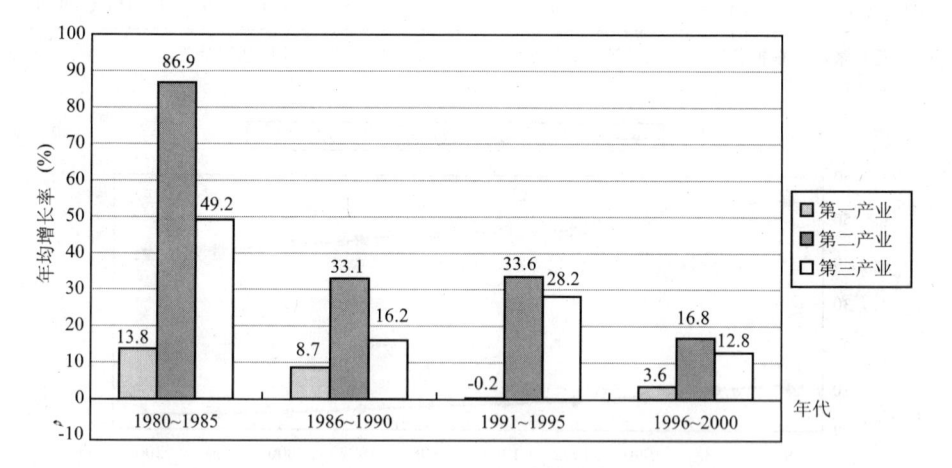

图4　不同时期深圳三次产业的相对增长速度

深圳产业结构的变动与国内主要城市比较具有不同的特征和产业结构演变方向。不论是北京、上海，还是广州，在1980～2002年间，均具有严格一致的产业演变趋势，即第一产业稳定发展，在三次产业中的相对份额几乎不变；第二产业比例下降，第三产业比重不断上升，尤其是北京、上海两市，第三产业比重呈严格的上升变动态势（见表5，图5-1，图5-2，图5-3）。

表5 深圳市与京、沪、穗产业结构的比较（占 GDP 比重）

单位：%

年份	深圳市				广州市			北京市				上海市			
	第一产业	第二产业	第三产业	人均GDP	第一产业	第二产业	第三产业	第一产业	第二产业	第三产业	人均GDP	第一产业	第二产业	第三产业	人均GDP
1980	28.9	26.0	45.1	835	10.9	54.5	34.6	4.4	68.9	26.7	1584	3.0	76.0	21.0	2738
1985	6.7	41.9	51.4	4809	9.7	52.9	37.4	6.9	59.8	33.3	2702	4.0	70.0	26.0	3855
1990	4.1	44.8	51.1	8729	8.1	42.6	49.3	8.8	52.4	38.8	4878	4.0	64.0	32.0	5910
1992	3.3	48.0	48.7	12707	7.0	47.3	45.7	6.9	48.8	44.3	6804	3.0	61.0	36.0	8652
1994	2.2	54.7	43.1	19514	6.2	46.8	47.0	6.9	46.1	47.0	10261	2.0	58.0	40.0	15204
1996	1.7	50.3	48.0	27005	5.6	46.7	47.7	5.2	42.3	52.5	15044	2.0	55.0	43.0	22275
1998	1.3	50.0	48.7	33282	4.7	44.9	50.3	4.7	39.1	56.6	18478	2.0	50.0	48.0	28240
2000	1.0	52.5	46.5	39745	4.0	43.4	52.6	3.6	38.1	58.3	22460	2.0	48.0	51.0	34547
2001	0.9	54.0	45.1	43355	3.6	42.3	52.1	3.7	36.2	60.3	25523	2.0	48.0	51.0	37382
2002	0.8	55.2	44.0	46030	3.4	41.0	55.6	3.1	35.6	61.3	27746	2.0	47.0	51.0	40646

资料来源：根据各年《深圳统计信息年鉴》，北京、广州、上海统计信息网计算。

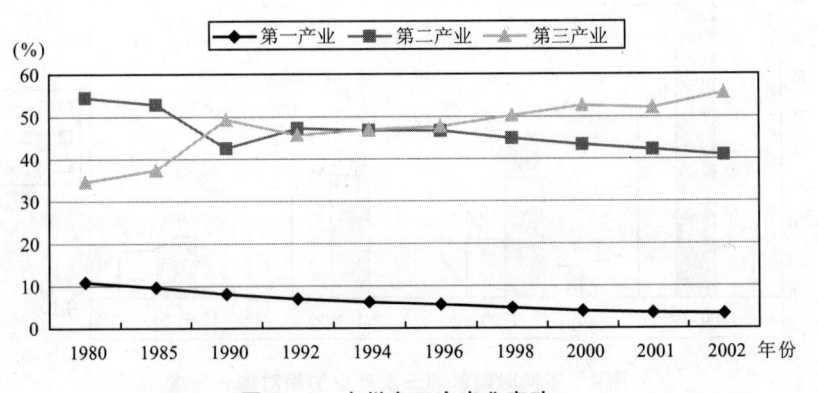

图5-1 广州市三次产业变动

　　深圳与北京、上海、广州三市产业结构变动的比较得出：在过去20多年间，深圳产业结构演进发生在第一、第二产业之间，京、沪、穗三市主要发生在第二、第三产业之间；深圳产业发展以工业为内容，其他三市则以服务业的扩张为内容，表明深圳在产业结构调整的层次上低于京、沪、穗三市。

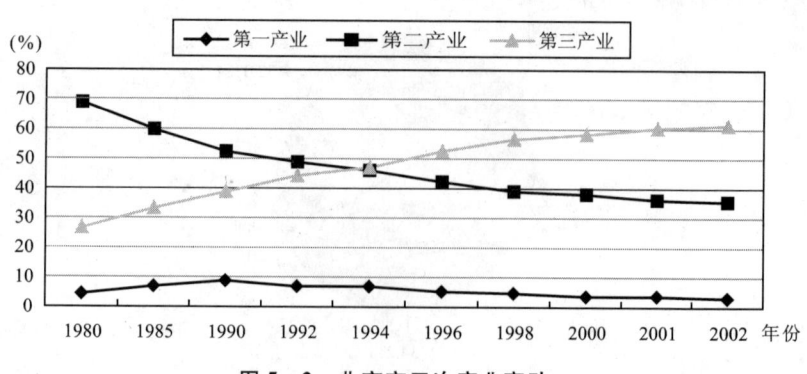

图5-2 北京市三次产业变动

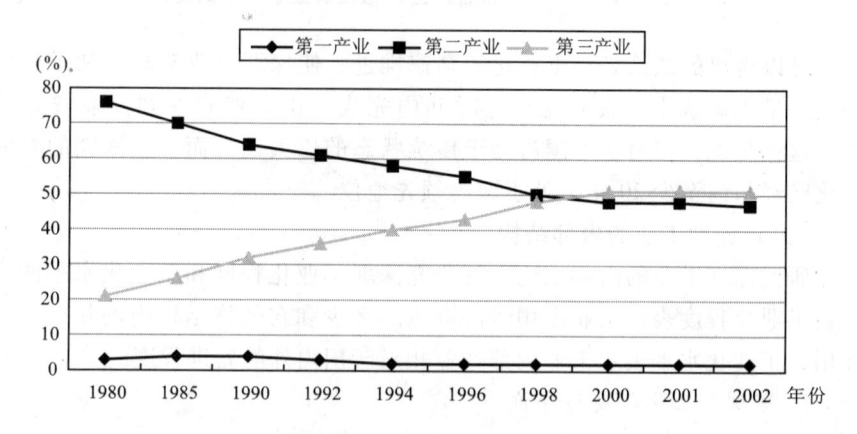

图5-3 上海市三次产业变动

三 深圳产业的内部结构与评价

（一）深圳第一产业的内部结构

伴随农业社会到工业经济的形态变迁，深圳第一产业内部结构发生了巨大变化。工业化创造出的大量需求，使农业由自足生产到产业化生产；市场制度的建立与完善，又使深圳农业由封闭运作走向商业化运营，商业化农业产业的内部结构已经形成（见表6，图6）。

表6 深圳现代农业产业结构的形成

单位：%

年　份	种植业	林　业	牧　业	副　业	渔　业
1979	49.6	0.6	12.2	34.3	3.3
1990	31.6	1.4	44.1	2.7	20.2
2004	32.3	2.1	34.2	1.9	29.5

注：产业产值占第一产业总产值比重。

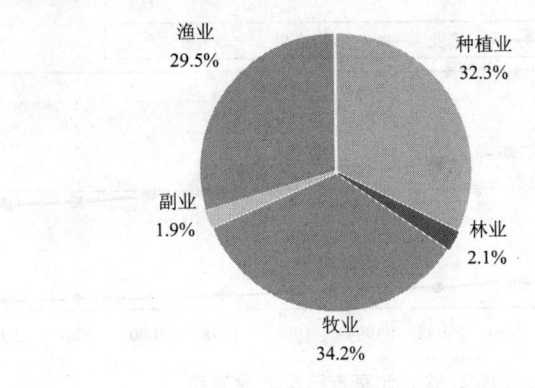

图6 2004年深圳市各产业产值占农业总产值的比重

可以得出的结论是：工业化的高速推进，使深圳农业劳动力和土地资源的供给量迅速减小，农业在很短时间内完成了由自然农业到商业农业的转变，这就是说，相对于中国尚处于传统状态的广大地区而言，深圳的农业现代化已经超前至少20年，处于国内领先地位。

（二）深圳工业的内部结构

研究深圳工业的内部结构主要研究深圳工业化程度和工业化水平两大内容：工业化程度表示工业占用经济资源的多少和在经济结构中的相对地位与作用，工业化水平表示工业内部产业相对于国内外的先进程度。

1. 深圳工业化程度与评价

表7 五大工业国第二产业的劳动力就业比重

单位:%

年 代	日 本	美 国	英 国	德 国	法 国
1870	5	25	50	36	38
1880	9	25	49	39	42
1890	13	28	47	40	36
1900	20	30	47	42	35
1910	19	31	50	41	37
1920	24	34	47	41	39
1930	26	31	46	44	35
1940	31	31	47	48	—
1950	35	35	45	48	—
1960	35	34	40	45	—
1970	35	31	37	48	37
1980	35	30	36	43	34
1999	31	22	25	32	—

资料来源：杨治：《产业经济导论》中国人民大学出版社，1985；张塞、朱元鑫主编《国际统计年鉴》，1995、2001。

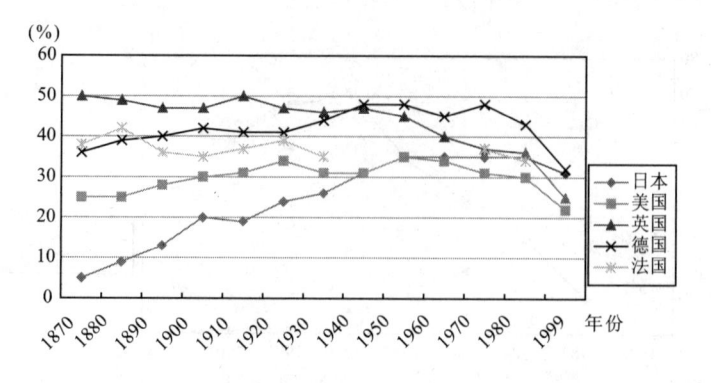

图7　五大工业国第二产业的劳动力就业比重

由于产业结构演进趋势的一个重要表现在于劳动力要素在产业间转移，这是"配第—克拉克定理"所充分表明了的。因此，劳动力的就业结构是产业结构及其变动的一个测度指标。从美国、日本、英国、德国及法国五大工业国的发展历程看，以工业化为主的第二产业发展具有明显的时期差别，工业化国家间存在着依次推进特征：英国在19世纪中后期第二产业达到高峰，德、法两国几乎同步，此后相继为美、日两国。显然，欧洲的工业化程度高于美、日两国（见表7，图7）。

深圳第二产业的就业比例最大值为69.8%，远高于5个工业化国家任何一国历史上的最高值。就产业结构演变的速度看，显然存在着一个逐步加快的趋势。深圳从25%上升到最大值69.8%仅用了10年左右时间，韩国用大约15年时间，而日本用了50年的时间（见表8、图8、表9）。

表8　深圳三次产业的就业结构

单位:%

产业＼年份	1980	1982	1984	1986	1988	1990	1995	2001	2004
第一产业	13.1	10.0	27.2	18.5	12.9	6.1	1.8	1.0	0.4
第一产业	24.9	32.9	36.1	39.2	49.7	69.8	66.0	55.7	57.3
第三产业	62.1	57.1	36.8	41.9	37.3	24.2	32.2	43.3	42.3

资料来源：各年《深圳统计信息年鉴》。

表9　韩国第二产业就业变化

年份	1970	1975	1977	1980	1985	1990	1991	1993
第二产业就业比例（%）	17.4	22.9	26.5	27.8	29.5	34.3	349	32.6

资料来源：张塞主编《国际统计年鉴》，1995。

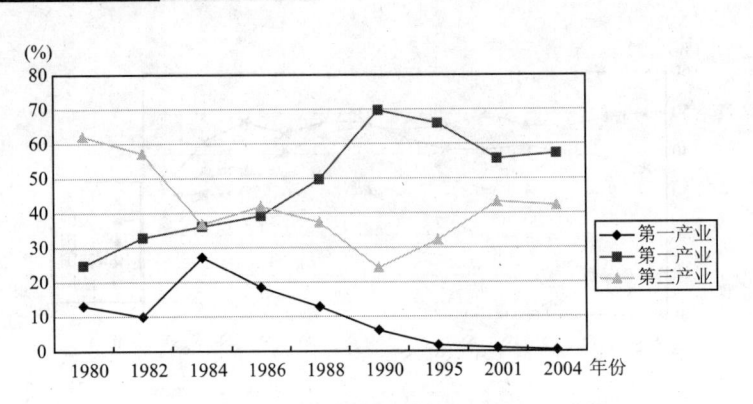

图 8 深圳三次产业的就业结构

工业增加值对占 GDP 值的贡献是衡量工业化程度的另一个重要测度指标。日本在 1970 年达到最高，工业增加值占 GDP 比例为 43.2%，挪威在 1953 年达到 35%，新兴工业国之一的韩国在 1986～1988 年间达到最大，最高值出现在 1988 年，为 32.5%，另一新兴工业国家新加坡则出现在 1990 年，为 29.6%（见表 10）。

表 10 深圳工业化程度与国际的比较

单位：%

年份 最大值	挪 威	日 本	韩 国	新加坡	深 圳
1953	35.0	—	—	—	—
1970	—	43.2	—	—	—
1988	—	—	32.5	—	—
1990	—	—	—	29.6	—
2000	—	—	—	—	74

资料来源：张塞主编《国际统计年鉴》，1995。各年《新加坡统计年鉴》，《深圳统计年鉴》。

以上分析可以得出以下结论：

其一，深圳的工业化程度已经大于新加坡、韩国等新兴工业化国家，也大于日本等发达国家。

其二，从劳动力就业结构上看，深圳 1980～1995 年的就业结构与美国 1950～1970 年、与法国 1962～1979 年、与日本 1963～1980 年的就业结构相近，与韩国 1977～1986 年、新加坡 1970～1980 年（1970 年 28.6%，1980 年 36.8%）相似。说明，20 世纪 90 年代中期，深圳的产业结构演进已达到

发达工业国 70 年代中后期、新兴工业化国家 80 年代中期的相当程度水平。

其三，深圳工业化所需时间短，强度大。说明深圳工业化强度大于历史上的发达工业国和新兴工业化国，国际生产力分工发展大大提升了城市工业化深度，工业化持续的时间延长。

2. 深圳工业化水平

我们将用工业行业结构的先进性和工业的增加值能力来表明深圳工业化水平。

工业行业结构的先进性又从两个方面去分析：行业静态结构和行业动态结构（见表 11）。

表 11　深圳与国外工业行业静态结构的比较

行业排序	美国（1991 年）	日本（1992 年）	韩国（1992 年）	深圳（2002）
Ⅰ	运输设备制造	运输设备	电气机械	电子与通讯设备
Ⅱ	非电气机械	电气机械	金属制品	电力、热力
Ⅲ	食品制造	排气机械	非电气机械	电气机械与器材制造
Ⅳ	电气机械	食品制造	运输机械	仪器仪表与文化办公机械
Ⅴ	印刷、出版业	金属制品业	纺织	塑料制品业

注：用行业增加值占工业 GDP 的份额排序。

从工业主要行业比较看，深圳已拥有与发达国家和新兴工业国几乎同步的行业，主要工业行业接近美国和日本 20 世纪 90 年代水平。

深圳工业行业的结构均衡性大大弱于其他三个国家，工业的行业集中度大大高于美国、日本和韩国（见表 12）。

表 12　深圳与三国工业就业集中度的比较

占工业 GDP%	美国（1991 年）	日本（1992 年）	韩国（1991 年）	深圳（2002 年）
第一大行业	12	11	13	44
五大行业	48	54	48	70

资料来源：《国际统计年鉴》，1995；《深圳经贸概览》，2003。

显然，电子产业的"一业独大"和电子产业高度集中于少数几个产品所导致的失衡的工业结构，已经成为深圳工业发展的潜在风险。

经济体间工业行业动态结构的比较，更能反映一个城市工业结构的先进性。

表 13 说明，深圳工业的动态结构相当于美、日、韩三国 90 年代后期的结构，深圳工业的演进与世界发达国家在时间上同步。

表13 深圳与美国等三国工业行业的动态结构比较

按增加 速度排序	美国 （1995年）	日本 （1998年）	韩国 （1995年）	深圳 （2002年）
1	电气机械 （164）	收音机、电视及通讯设备 （129）	石油提炼 （208）	家具制造 （556）
2	非电气机械 （149）	印刷、出版 （115）	工业化学 （176）	仪器仪表、办公机械 （392）
3	塑料制品 （133）	电气机械 （113）	运输设备 （171）	电子与通信设备 （253）
4	橡胶制品 （121）	化学制品 （109）	电气机械 （161）	电气机械 （218）
5	纺织 （118）	纸及纸制品 （106）	非电气机械 （157）	电气、热力生产供应 （129）

注：美、日、韩以1990年为100，深圳以1997年为100；表中数值是增加值增长率，单位为%。
资料来源：《国际统计年鉴》，2001；《深圳经贸概览》，2003。

增加值率是反映工业化水平的另一重要测度。发达工业国20世纪70年代前后工业增加值率为35%～40%，80年代末到90年代，上升到45%～50%。

韩国在80年代后期为35%～40%，达到发达工业国70年代水平，马来西亚在80年代中后期以来，工业增加值率一直在26%左右，而印度则低于20%。

深圳工业增加值率远低于发达国家70年代水平，也低于韩国80年代水平，与同期马来西亚、菲律宾接近，高于印度。说明深圳工业增加值能力仍然相当弱（见表14、表15）。

表14 发达国家工业增加值率

单位：%

年 份	1985	1989	1981	1993	1994	1995
美 国	43.9	46.9	46.5	47.6	47.9	47.7
年 份	1960	1970	1997	1998	—	—
日 本	38.2	43.2	38.0	36.4	—	—
年 份	1970	1980	1980	1985	1990	1992
德 国	40.2	33.6	31.6	45.6	48.9	49.9

表 15　深圳与亚洲国家的工业增加值率

单位:%

年　份	1987	1989	1991	1993	1995	1997	1999	2001	2002
深　圳	29.45	27.1	29.5	27.0	26.6	26.9	26.3	28.3	27.7
年　份	1985	1989	1991	1996	1997	—			
韩　国	34.7	37.0	41.9	43.3	41.6	—			
年　份	1985	1989	1990	1991	1997	—			
马来西亚	26.0	25.0	25.6	25.9	26.6	—			
年　份	1985	1987	1989	—	—	—			
菲律宾	28.5	28.0	31.0	—	—	—			
年　份	—	—	—	1996	1997				
印　度	—	—	—	19.8	17.6				

资料来源:《国际统计年鉴》,2001;《深圳经贸概览》,2003。

(三) 深圳第三产业的结构分析与评价

我们同样用产业结构的静态与动态分析,揭示深圳第三产业结构的内部特征与演变趋势。

1. 深圳第三产业结构的静态分析

深圳第三产业中的主要行业为批发零售贸易与餐饮业、交通运输仓储及邮电通信业,而发达工业国第三产业的主要行业是社会与个人服务,其地位相对于其他行业而言十分突出,金融保险和地产、商业服务占有重要地位。

表 16　深圳与发达国家或地区第三产业内部结构的静态比较

行　业	美国 (1976 年)	日本 (1980 年)	德国 (1986 年)	香港 (1999 年)	韩国 (1990 年)	马来西亚 (1999 年)	深圳 (2001 年)
社会与个人服务	48.9 (1)	35.9 (2)	49.1 (1)	29.9 (2)	32.1 (1)	42.2 (1)	16.3 (3)
批发零售贸易、餐饮、旅馆	31.7 (2)	41.8 (1)	26.9 (2)	38.3 (1)	4.7 (4)	37.6 (2)	22.1 (1)
金融保险、不动产、商业服务	11.6 (3)	10.6 (4)	14.2 (3)	17.8 (3)	11.2 (2)	10.5 (3)	16.7 (2)
交通运输及邮电	7.7 (4)	11.7 (3)	10.4 (4)	13.9 (4)	10.9 (3)	9.5 (4)	13.9 (4)

注:表中数值为行业就业人数占第三产业总就业人数的比例,单位为%,括号内的数字为行业排序。

资料来源:《国际统计年鉴》,2001;《深圳统计信息年鉴》,2002。

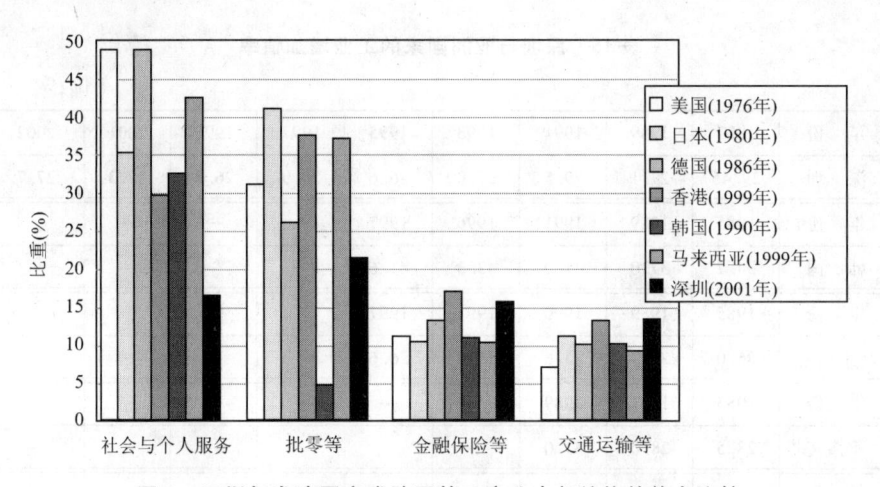

图9 深圳与发达国家或地区第三产业内部结构的静态比较

结果表明，深圳第三产业内部结构与发达国家或地区存在明显的差距，主要体现在：批发零售贸易、餐饮相对发达，社会与个人服务发展严重滞后。韩国、马来西亚等国的第三产业结构接近美、日、德等发达国家70年代中期的水平。目前深圳与70年代的发达国家还有相当差距，远未达到韩国、马来西亚两国90年代的第三产业结构水平，深圳第三产业还停留在批发零售贸易的基础层次上（见表16、图9）。

表17 深圳与发达国家或地区第三产业内部结构动态调整比较

行　业	美　国	日　本	德　国	香　港	韩　国	深　圳
社会与个人服务	20.1 (1)	16.5 (1)	11.1 (1)	100 (4)	35.8 (4)	57.1 (3)
运输仓储通信	22.8 (3)	8.3 (3)	-3.8 (4)	1.9 (3)	115.7 (1)	138.8 (2)
金融保险、不动产、商业服务	19.6 (3)	16.1 (2)	5.7 (2)	325 (1)	95.8 (2)	3.1 (4)
批发零售、餐饮、旅馆服务	12.0 (4)	89.5 (4)	3.2 (3)	109 (2)	57.7 (3)	613.7 (1)

注：表中数据为1990~1999年行业就业增长率，单位为%，德国为1995~1999年增长率，深圳为1992~2001年增长率。括号中数值为增长率排序。

资料来源：《国际统计年鉴》，2001。

第三产业内部结构的动态调整是衡量一个国家第三产业结构水平的另一重

要指标。美国、德国、日本三国以社会和个人服务高增长拉动第三产业结构调整，成为第三产业内部结构变动的主要动力。而香港、马来西亚、韩国则以金融保险、商业服务、运输仓储通信服务的增长推动它们的第三产业结构变动。

批发零售、餐饮和运输仓储通信是深圳近10年发展最快的行业，金融、保险、地产及商业服务发展水平较低，发展速度慢，远不如发达国家及亚洲的韩国和香港地区。深圳第三产业从整体上看还处于较低层次的规模扩张阶段（见表17）。

四　深圳产业结构的转型升级能力分析

产业结构变动指数是一个描述产业结构转型升级能力的重要指标，也是比较地区之间产业结构变动速度的一个有用测度标准。显然，在产业的国际转移、国际产业结构转型升级步伐不断加快，及在国内收入水平的提升引起消费市场结构不断变化的两大背景下，产业结构变动速度的快慢反映了一个经济体产业结构的转型升级能力，同时也反映一个城市（地区）参与国际产业分工的能力强弱。

产业结构变动指数值可用下式来测算：

$$R = \sum | S_{it} - S_{i0} | / m$$

其中，S_i 为 i 个产业部门（或行业）所占相应部门（或行业）的比重；0 和 t 分别为基期和研究期，m 为部门（或行业）数，$| S_{it} - S_{i0} |$ 为绝对值。

表18　四城市产业结构的变动指数

时　期	深圳市	北　京	上　海	广　州
1991～1995 年	3.2	4.3	4.0	—
1996～2000 年	1.47	3.9	4.7	2.9
2000～2001 年	1.0	1.3	0.1	1.3
2001～2002 年	0.5	0.8	0.2	—

整个20世纪90年代，前5年中第一、第二、第三产业间的结构演变速度快于后5年，2000～2001年的变动速度又快于2001～2002年。这说明，深圳三次产业间的结构调整步伐呈下降趋势，2000年以后进入结构稳定的产业发展时期。进而可推之，三次产业间的结构变动对深圳经济增长的推动力在减弱。与国内主要城市比较，三次产业间的产业结构调整速度最低（见表18、图10）。

过去5年深圳三次产业的变动速度高于同期发达国家或地区，与韩国、台湾地区产业结构演进的速度接近。

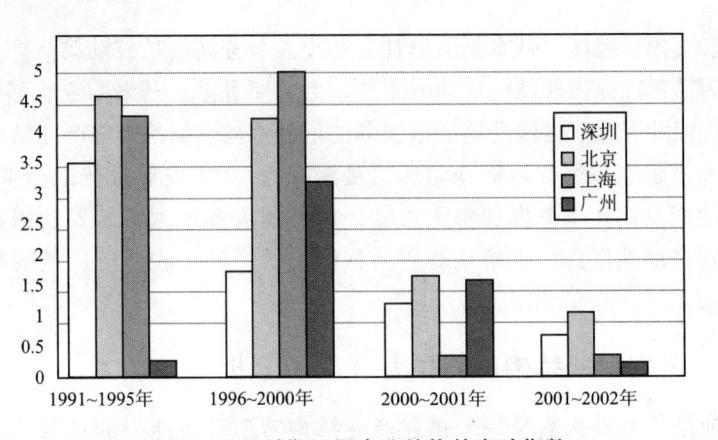

图 10 不同时期深圳产业结构的变动指数

由于发展中国家市场制度的原因，产业间发展的均衡性低于发达国家，因此往往具有较高的产业结构变动速度。上述数值也证明如此，依此推出：深圳近 2 年来产业结构调整速度明显偏慢（见表 19）。

表 19 国际产业结构变动的速度

单位：%

时　期	美　国	英　国	日　本	韩　国	台　湾	新加坡
1990 ~ 1995	0.4	0.04	0.8	2.0	1.9	0.1
1995 ~ 2000	0.4	0.4	0.9	1.8	1.5	0.1
1999 ~ 2000	0.1	0.1	0.1	0.4	0.46	—
2000 ~ 2001	0.5	—	—	0.4	0.2	—

1. 工业内部结构的调整速度

20 世纪 90 年代以来，深圳工业结构的调整速度在前半期较高，90 年代中期后开始下降。

表 20 深圳工业内部结构的变动指数

时　期	深　圳	北　京	上　海	广　州
1990 ~ 1993	1.3	—	—	—
1994 ~ 1997	0.6	—	—	—
1996 ~ 2000	—	2.5	—	0.6
2000 ~ 2001	0.5	0.4	0.4	0.3
2001 ~ 2002	0.4	—	0.4	—

资料来源：《深圳统计年鉴》，2003。北京、上海、广州统计信息网。

2000～2002 年，深圳工业内部的结构调整步伐与其他几个主要城市相近，2001 年稍快，2002 年与上海相同。北京工业结构调整主要依靠石油加工及炼焦业、电力蒸汽热水供应、电气机械与器材制造三业的增长带动。上海过去 10 年间工业结构调整的主要内容是：电子通信设备制造、非金属矿物制品、石油加工及炼焦业、文教体育用品制造等为主的行业扩张和化学原料及化学制品制造、纺织业、化学纤维制造等行业的相对收缩。而深圳则是以电子通信设备制造、仪器仪表、办公设备、电气机械制造的增长，食品加工与制造、服装及纤维制品、电力蒸汽地位的下降，为近 5 年工业结构调整的基本内容。另外，在过去 5 年中深圳工业结构向少数行业集中，特别是电子与通信制造业。在所有的工业行业中，深圳有 80% 的行业出现相对收缩，而同期上海出现相对收缩的行业为 60%。

2. 第三产业内部结构变动速度

深圳第三产业内部结构调整的速度自 20 世纪 90 年代以来出现加快调整的趋势。

表 21　深圳第三产业内部结构变动指数及其与国内城市比较

时　期	深　圳	北　京	上　海	广　州
1991～1995	1.6	—	2.4	—
1996～2000	1.9	3.1	4.8	4.5
1998～1999	0.2	0.8	0.9	2.8
1999～2000	0.2	0.7	0.9	0.6
2000～2001	0.3	2.8	1.3	0.8
2001～2002	0.9	—	—	—

资料来源：深圳、北京、上海、广州各年的统计年鉴。

深圳第三产业内部结构调整的速度明显慢于其他三市，其中第三产业最发达的北京，近期的主要增长行业是商业服务、生活服务和文化教育、卫生、研究三个领域。显然，深圳第三产业内部结构调整的速度在京、沪、穗、深四市中处于最低水平，换言之，第三产业内部的不同行业间要素流动重组最慢（见表 21）。

五　深圳产业的先进性分析

从劳动密集到资本密集到技术密集再到知识密集，是产业结构演进的一般规律，不同产业类型代表不同产业结构的先进性。以劳动要素的数量增大为产业发展主要动力对应的产业结构是一种处于低层次的产业结构状态。

　　根据生产要素的密集度，我们将产业划分为三种类别：劳动密集型产业、资本密集型产业和技术密集型产业。根据三种类别产业的比重分析产业结构的先进程度。

　　深圳工业在 13 年间实现了产业结构由劳动密集型向技术密集型转移的产业结构升级，已经形成了一个以技术密集型产业为主体的产业结构。其主要变动趋势为：劳动密集型产业的相对比重迅速下降，技术密集型产业快速上升，资本密集型产业稳定发展。

　　与上海、广州两大城市比较，深圳产业的技术密集型特别突出，而资本密集型产业的发展则相对不足（见表 22）。

表 22　深圳产业要素密集度及其变化

产业类型	行　业	产值比例（%）		
		1990 年	1995 年	2002 年
劳动密集型产业	非金属制品业	0.08	0.51	0.01
	食品加工业	—	4.0	1.48
	食品制造工业	3.26	0.64	0.45
	饮料制业	1.88	0.77	0.82
	烟草加工	1.62	0.34	0.39
	医药制造	3.47	1.88	1.37
	纺织业	5.57	1.80	0.37
	服装及其他纤维品制造	5.92	3.31	1.06
	皮革、毛皮、羽绒及其他制品	1.61	0.95	0.80
	木材加工及竹藤棕革制品	0.37	0.55	0.11
	家具制造	0.77	.23	0.65
劳动密集型产业	造纸及纸制品	1.80	0.92	0.82
	印刷业	1.40	0.86	0.94
	文教体育用品	2.75	1.28	1.08
	橡胶制品	0.19	0.14	0.10
	塑料制品	3.44	1.53	2.69
	非金属矿物制品	2.15	2.13	1.26
	金属制品	2.85	2.25	2.49
	其他制造业	0.87	0.96	0.84
	合　计	40.43	24.66	18.09

产业类型	行　业	产值比例（%）		
		1990 年	1995 年	2002 年
技术密集型产业	专用设备	—	0.76	0.86
	交通运输设备制造	0.98	1.65	1.14
	电气机械与器材制造业	4.06	2.11	5.07
	电子及通信设备制造	37.97	33.56	57.77
	仪器仪表及办公用品制造	0.16	0.71	5.07
	普通机械制造	6.74	0.37	0.28
	合　计	49.91	39.16	70.19
资本密集型产业	石油加工及炼焦	0.20	0.08	0.11
	化学原料与制品	2.57	1.66	1.38
	化学纤维制造	0.05	0.26	—
	黑色金属冶炼及压延加工业	0.48	0.43	0.34
	有色金属冶炼及压延加工业	0.98	0.39	0.12
	电力蒸气热水供应与生产	1.99	7.88	5.41
	自来水生产供应	0.47	0.34	0.49
	合　计	6.74	11.04	7.85

注：表中选取的行业为深圳工业主要行业，计算指标为产值比重。

资料来源：《深圳统计信息年鉴》1991、1996、2003。

广州工业仍以劳动密集型产业为主体，服装及纤维制品、皮革、毛皮羽绒制品及金属制品是广州三大传统制造业；上海劳动密集型产业产值比重高出深圳 11 个百分点，以服装、纤维制品、金属制品制造为其主要产业，在技术密集型产业领域、交通运输设备制造是两市共同的主体产业，上海还有电子与通信设备制造业。在资本密集型产业领域，广州、上海的化学原料及化学制品工业相当突出，上海还有黑色金属冶炼及压延加工业。

从总体上看来，深圳的产业结构较上海、广州两市先进，产业结构调整走出了一条由劳动密集型产业直接到技术密集型产业的超常规道路，没有经历资本密集型产业的发展阶段，资本密集型产业的发展则相对不足（见表23、图 11）。

表 23　深圳与沪穗两地产业先进性比较

产品类别	深圳 （2002）	上海 （2002）	广州 （2001）
劳动密集型产业	18.1	29.7	44.9
技术密集型产业	70.2	43.1	30.0
资本密集型产业	7.9	22.4	25.0

注：表中数据为产业产值占工业总产值比例（%）。

资料来源：深圳、上海、广州各年的统计年鉴。

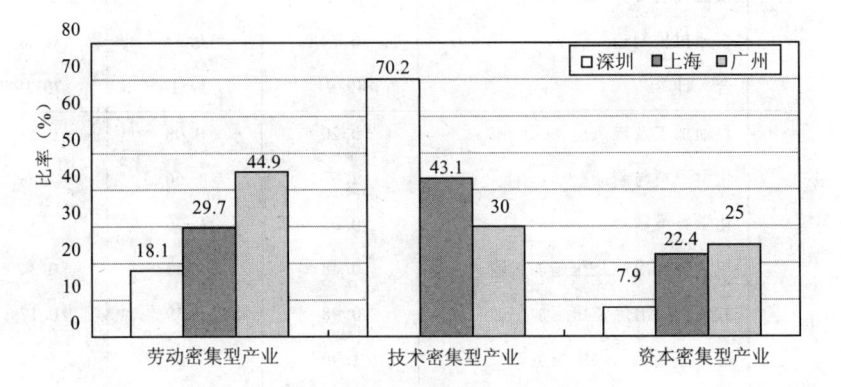

图 11　深圳与沪穗两地产业先进性比较

六　结论

1. 产业结构调整产生的"结构效应"是过去 20 年深圳经济高速增长的一个重要动力。

2. 深圳产业结构变动的主旋律是"工业化"，表现为以工业为主体的第二产业对第一产业的全面替代，产业结构演变的层次低于国内主要发达城市。

3. 第一产业内部结构的调整以传统农业向商业化的"都市型"现代农业的转换为核心内容，深圳农业的产业化已走在了中国的领先行列。

4. 深圳工业化在程度上已高于发达工业国和新兴工业国，在工业化水平上具有与美、日等发达国家 20 世纪 90 年代相近的行业结构，并能与世界先进国家的工业行业结构演变同步，但工业行业增加值水平却远低于发达国家和新兴工业国，处于较低水平。

5. 第三产业内部，社会和个人服务及商业服务发展严重滞后，整个第三产业仍处于较低层次的规模扩张阶段。

6. 近年来深圳市整体产业结构和各次产业内部的结构调整速度均较缓

慢，产业比重向电子与通信设备制造业的集中十分明显，已形成产业结构的"失衡"发展态势，形成了产业发展的结构性风险。

7. 技术密集型产业优势明显，深圳经济发展已从"劳动要素推动"阶段跃升到"技术要素为主要推动力"的阶段。

第三节 深圳产业结构的有效性分析

一 深圳产业要素使用效率及其比较

产业结构效率的实质内容是产业结构的要素配置效率和产业要素的使用效率。因此我们用产业的要素使用效率和产业结构的要素配置效率综合衡量产业结构的有效性。

（一）深圳三次产业要素使用效率

表 24 深圳三次产业全员劳动生产率的比较

单位：元

年 份	第一产业	第二产业	第三产业
1991	12776.4	12739.2	35516.9
1993	20884.6	17264.3	30964.9
1995	29659.2	25789.7	46369.7
1997	35291.8	33218.2	55775.2
1999	39022.6	42443.5	57919.6
2001	52036.1	56908.2	61250.8
2002	48383.9	61617.7	64729.9

注：表中数据为全员劳动的增加值生产率。

资料来源：各年《深圳市统计年鉴》。

三次产业的劳动力生产率均呈上升趋势，同时，三次产业的单位劳动成本产出率却呈下降趋势（见表24、图12）。

显然，三次产业中，第三产业的劳动生产率最高；其次是第二产业，第二产业全员劳动生产率超过第一产业的时间出现在20世纪90年代后期。

三次产业比较中，单位劳动成本的产业增加值水平是：第三产业为最高，其次是第二产业，以第一产业为最低（见表25、图13）。

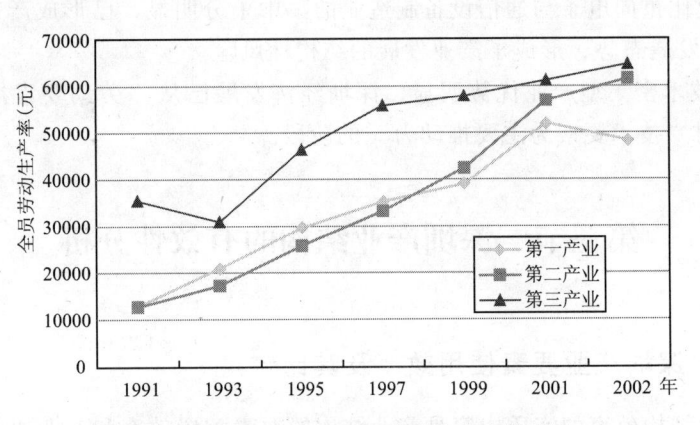

图 12　深圳三次产业全员劳动生产率的比较

表 25　深圳三次产业单位劳动成本增加值水平

单位：元

年　份	第一产业	第二产业	第三产业
1991	2.57	2.54	7.1
1993	2.56	2.12	3.8
1995	2.46	2.10	3.7
1997	2.13	2.01	3.4
1999	1.88	2.05	2.8
2001	2.00	2.19	2.4
2002	1.71	2.18	2.3

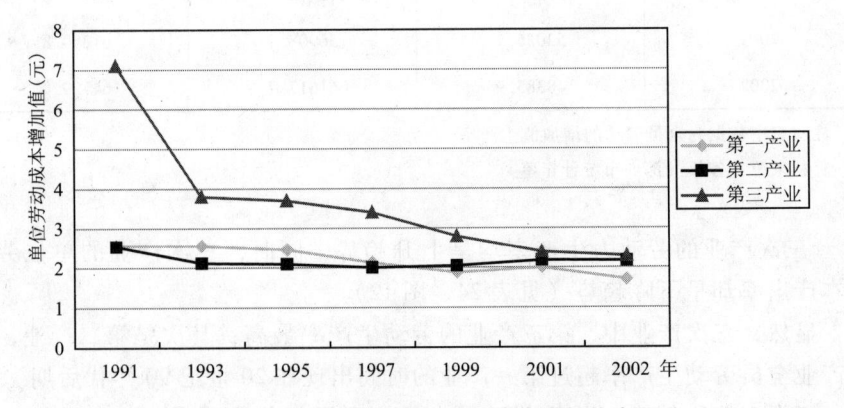

图 13　深圳三次产业单位劳动成本增加值水平

在三次产业间，第二、第三产业的单位劳动成本增加值水平接近，第一产业较低。另外，产业增加值中的劳动力报酬比例，第三产业（51.5%）高于第二产业（37.8%）和第一产业（34.8%）。从劳动生产率视角看，劳动力要素在第二、第三产业间处于效率相近状态，劳动力要素在第二、第三产业间的配置处于合理区域。

（二）深圳第二产业内部要素使用效率

我们按一般分类方法，将制造业分为传统制造业、先进制造业、高新技术制造业和基础工业四类，并用各年《深圳统计年鉴》资料分类统计、计算与比较第二产业内部四类制造业的要素使用效率及其增长率。

基础工业劳动生产率大大超过高新技术制造业，且劳动生产率的增长率最快，1991～2002 年 11 年年均递增 48.8%，其次是高新技术制造业为40.3%，先进制造业年均递增为 14.5%，而传统制造业劳动生产率年均增长仅为 3.1%（见表 26、图 14）。

表 26　深圳不同类型制造业的劳动要素效率

单位：元/人

年　份	基础工业	传统制造业	先进制造业	高新技术制造业
1991	11.74	0.95	0.89	1.20
1995	38.84	0.99	1.65	1.98
2000	45.52	1.05	2.29	6.59
2002	74.71	1.27	2.31	6.52

资料来源：根据各年《深圳统计年鉴》资料整理。劳动要素效率用人均增加值表示，以 1990 年不变价计算。传统制造业包括：钟表、家具、纺织服装、玩具、珠宝首饰、皮草、印刷等产业；先进制造业包括：模具、集装箱、专用机械、汽车配件等产业；高新技术制造业包括：IT 产业、电子计算机与外设、生物技术、新材料与新能源等产业；基础工业包括：电力、蒸汽热水、煤气、自来水等生产与供应业。

从资产利润率的角度看，2002 年传统制造业利润率为 5.6%，先进制造业为 7.4%，高新技术制造业为 8.3%，基础工业为 8.3%。

基础工业与高新技术制造业的利润水平相当，以传统制造业的利润水平最低，90 年代后期，4 个类别制造业中资产利润率增长最快的是基础工业（年均增长 15.4%）和先进制造业（年均增长 15.4%），其次是传统工业（年均增长 7.4%），高新技术制造业增长最慢（年均增长 1.1%）（见图 15、表 27）。

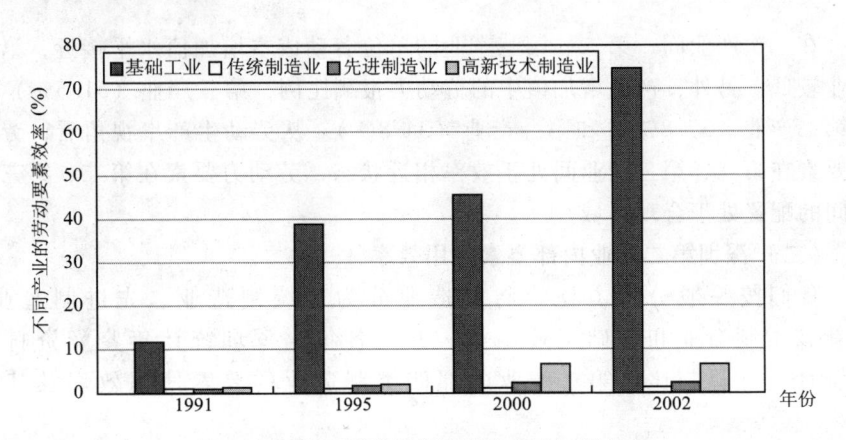

图 14　深圳不同类型制造业的劳动要素效率

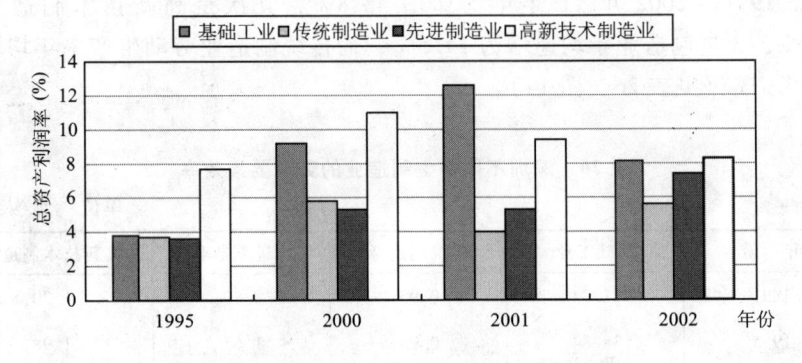

图 15　深圳工业内部产业间利润率的比较

由上述分析得出，在深圳工业内部，基础工业与高新技术制造业是两个要素利润率最高的产业，其次是先进制造业，以传统制造业要素利润效率最低。

表 27　深圳工业内部产业间利润率的比较

单位:%

年　份	基础工业	传统制造业	先进制造业	高新技术制造业
1995	4.0	3.7	3.6	7.7
2000	9.2	5.8	5.3	11.0
2001	12.6	4.0	5.3	9.4
2002	8.3	5.6	7.4	8.3

注：表中利润率为总资产利润率。

深圳劳动生产率最高的 10 个工业行业和成本费用利润率最高的 10 个行

业如表 28 所示。

表 28　深圳劳动生产率最高和成本费用利润率最高的各 10 个行业

排序	行业名称	全员劳动生产率（元/人）	行业名称	成本费用利润率（%）
1	石油和天然气开采	8256160	石油和天然气开采	32.74
2	石油加工及炼焦业	949813	电力蒸气热水生产供应业	31.74
3	烟草加工业	855743	煤气生产供应业	30.37
4	电力蒸气热水生产供应业	368786	医药制造业	22.88
5	医药制造业	331523	烟草加工业	21.38
6	黑色金属冶炼及压延加工业	312244	化学原料及制品制造业	13.53
7	电子及通信设备制造业	187348	普通机械制造	12.93
8	食品加工业	185808	自来水生产供应	12.50
9	煤气生产与供应	150933	印刷、记录媒介的复制	11.90
10	非金属矿物制品业	146970	非金属矿物制品业	8.69

资料来源:《深圳统计年鉴》, 2002。

　　显然, 深圳要素使用效率最高的行业主要集中在能源、电力、自来水等基础行业和重工业行业。

　　深圳 10 个要素使用效率最低的行业如表 29 所示。

　　深圳效率最低的行业主要集中于传统制造业领域, 属于较低层次的工业行业。

表 29　深圳 10 个要素生产率最低的行业

排序	行业名称	全员劳动生产率（元/人）	行业名称	成本费用利润率（%）
1	皮革毛皮羽绒及其制品业	14689	化学纤维制造	− 0.58
2	文教体育用品制造	19306	木材加工及竹藤棕草制品业	− 0.32
3	服装及其他纤维及其制品业	21612	家具制造	0.78
4	木材加工及竹藤棕草制品业	22200	交通运输设备制造	2.17
5	橡胶制品	30561	有色金属冶炼及压延加工业	2.19
6	化学纤维制造	31147	纺织业	2.20
7	塑料制品业	31171	皮革毛皮羽绒及其制品业	2.41
8	家具制造业	34142	服装及其他纤维制品制造业	2.94
9	造纸及纸制品业	35366	黑色金属冶炼及压延加工业	2.99
10	有色金属冶炼及压延加工业	36752	食品加工业	3.90

资料来源:《深圳统计年鉴》, 2002。

（三）深圳第三产业部门劳动生产率

在第三产业内部，为生产与生活服务的部门的劳动生产率最高，其次为居民素质和科学文化服务部门，流通部门劳动生产率为 53543.7 元/人，处于较低地位（见表 30）。

表 30　深圳第三产业的部门劳动生产率

单位：元/人

年　份	流通部门	为生产生活服务部门	居民素质和科学文化服务部门	为社会公共需要服务部门
1990	24967.9	60236.01	13119.5	15574.6
1995	54056.0	147865.1	56215.2	27266.03
2000	41480.7	176570.6	70822.8	38856.5
2002	53543.7	217866.7	101426.9	45105.8

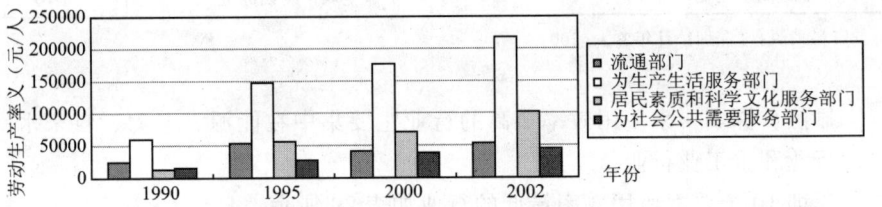

图 16　深圳第三产业的部门劳动生产率

第三产业中的行业按劳动生产率高低排序分别为：金融保险业，房地产业，交通运输、仓储、邮电通信业，批发零售贸易餐饮业，社会服务业，卫生、体育、社会福利事业，科学研究和综合技术服务业，国家机关、党政机关、社会团体。生产率最高行业分别是保险业、金融业、邮电通信业、房地产和餐饮业（见图 16）。

表 31　深圳第三产业中劳动效率行业排序

排　序	行　业	劳动生产率（%）	具体领域	劳动生产率（%）
1	金融保险	75.5	保险业	148.7
2	房地产业	27.6	金融业	68.4
3	交通运输仓储、邮电通信	25.6	邮电通信	54.6
4	批发零售贸易餐饮业	18.6	房地产业	27.6
5	社会服务业	16.0	餐饮业	22.0

注：表中数值为人均增加值，单位为万元。

资料来源：各年《深圳统计年鉴》。

劳动生产率最低的 6 个具体行业依次为：国家机关、党政机关、社会团体、教育文艺广播事业，卫生、体育、社会福利业，科学研究与综合技术服务业，交通运输、仓储业以及包括公共服务、居民服务、旅馆业和信息咨询服务业等内容的社会服务业。

二 深圳产业结构的要素配置效果

（一）深圳三次产业劳动力配置的整体效果

要素的配置效果表示在产业内部的部门之间（或产业内的行业间）要素流动重配对经济（或产业）总体要素生产率增长的贡献情况，当要素在部门或行业间转移重配对整体效率增长的贡献大时，则要素的配置效果好。这是一个判别产业结构优劣及产业优化情况的重要指标。本研究用赛尔昆法测算深圳产业结构的要素配置效果，具体方法为[①]：

$$G_y = \sum \lambda_i G_{yi} + \sum \lambda_i G_{ri}$$

其中，G_y 为整个经济的劳动生产率增长率；λ_i 为第 i 次产业在整个经济总产出中所占份额，即产出权重，$\lambda_i = V_i / GDP$；V_i 为第 i 次产业的产出；G_{yi} 为第 i 次产业的劳动生产率；G_{ri} 为第 i 次产业产出权重增长率，上式中第二项即为劳动力总配置效果（A_y），表示不同劳动生产率的产业间劳动力的流动配置对总体劳动生产率的贡献。同理，资本要素的配置效果（A_c）由下式表达：

$$A_c = G_c - \sum \lambda_i G_{ci}$$

其中，G_c 为整个经济的资本生产率增长率，即单位资本所创造的增加值；λ_i 为产业的产值权重；G_{ci} 为第 i 次产业的资本生产率增长率。

表 32 深圳产业结构的总体劳动要素配置效果

年　份	劳动生产率增长率 G_y	总配置效果 A_y	A_y 对 G_y 的贡献
1990~1991	0.39	0.0038	0.009
1992~1995	4.76	0.0162	0.003
1996~2000	0.45	0.0822	0.183
2001~2002	0.65	0.00028	0.0004

20 世纪 90 年代以来，深圳三次产业间劳动力要素的流动对整体国民经

---

① 金碚等主编《两岸突破：中国工业区域分析》，北京，经济管理出版社，1996。

济的劳动要素生产率的提升具有推动作用，说明深圳三次产业间的劳动力流动方向合理。1996～2000年，劳动力在三次产业间的流动对深圳整个劳动生产率提升的贡献率为18.3%，其次是1990～1991年，为1%，其他时段其贡献率均较小。

（二）深圳工业劳动和资本的配置效果

1993～2002年深圳工业内部劳动力要素的配置效果如表33所示：

表33　深圳工业劳动力要素的配置效果

时　　期	劳动生产率增长率（G_y）	总配置效果（A_y）	A_y 对 G_y 的贡献
1993～1995	0.77	0.52	0.67
1996～2000	0.29	－0.19	－0.06
2000～2001	0.14	0.057	0.40
2001～2002	0.07	0.0043	0.06

20世纪90年代前半期，工业内部行业间劳动力流动配置效率高，劳动力配置对整个工业劳动生产率提升的贡献达67%。此后，在90年代后5年，劳动力在工业行业间的配置出现"错位"现象，即劳动力向效益低的行业流动，由此使工业整个劳动力生产率降低。2000～2002年间，工业内部的劳动力流动配置出现了"纠偏"过程，劳动力资源配置趋于合理。2000～2001年劳动力在工业内部行业间的流动数量对整个工业劳动生产率增长的贡献为40%（见表34）。

表34　深圳工业资本要素配置效果

时　　期	资本生产率增长率（G_c）	资本配置效果（A_c）	A_c 对 G_c 的贡献
1993～1995	－0.38	－0.21	－0.55
1996～2000	0.27	－0.69	－2.56
2000～2001	0.11	0.05	0.45
2001～2002	－0.62	－0.05	－2.50

看来，除了2000～2001年以外，其他时期深圳工业资本的配置效果均为负值，说明深圳工业资本的行业间流动配置效率不佳，资本的主要投向不利于工业整体效率的提升。

（三）深圳第三产业内部劳动要素的配置效果

同样，我们用劳动要素配置效果分析深圳第三产业内部要素配置的合理性，以揭示深圳第三产业内部结构的优劣。

表 35   深圳第三产业劳动力要素配置效果

时　　期	劳动生产率增长率（G_y）	总配置效果（A_y）	A_y 对 G_y 的贡献
1990～1991	−0.43	0.013	0.03
1991～1995	2.89	0.019	0.006
1996～2000	0.14	0.012	0.086
2000～2001	0.02	−0.0009	−0.045
2001～2002	0.06	0.0043	0.072

深圳第三产业内部劳动力的配置总体上合理，具有较好的劳动力配置效果。1996～2000 年和 2001～2002 年两时期，劳动力在第三产业间的流动配置对第三产业整体劳动生产率的提升贡献约 1%。

三　结论

1. 深圳三次产业要素生产率呈不断上升态势，第二、第三次产业间要素生产率相当接近，并且从动态看，要素在三次产业间的流动均使得要素使用效率不断增长，所以，深圳目前三次产业结构是一个有效的产业结构。

2. 深圳工业内部劳动生产率和资产利润率均存在着明显的差异，行业间资本要素流动配置不利于整体效率的提升，因此，深圳工业现有内部结构存在不足，需要进行结构优化调整。从制造业四个类别看，基础工业具有明显优势，高新技术制造业资产利润率优势不突出，而先进制造业却有较高的利润增长率，同时，传统制造业的劣势日益明显。

3. 第三产业内部行业间要素使用效率差异大，金融、保险、邮电通信、房地产是第三产业中的高效领域，而交通运输、仓储业、社会服务及与公共事业成为效率较低行业。第三次产业内部行业间要素的配置基本合理。

综上所述，深圳目前产业结构调整的重点应是第二产业内工业结构的优化调整。

第四节　深圳产业结构选择与未来发展

一　第二、第三次产业间出现结构转折的一般规律

产业结构变动是一个多因素综合作用的动态过程[①]，一般认为，有 4 个

---

① 陈建安等：《产业结构调整与政府的经济政策》，上海财经大学出版社，2002。

因素决定产业结构的变动：①收入需求结构变动因素；②技术进步与劳动生产率的相对变化因素；③国际市场因素；④国际生产力分工与产业区域转移与布局因素。

1. 发达国家三次产业的演变。在工业革命之前，发达国家普遍存在着以农业为主体的产业结构；工业革命开始之后，工业迅速发展，所占比重迅速上升，农业比重逐步下降，第三产业比重缓慢上升；此后，工业比重由缓慢增长到逐步下降，而第三产业则由缓慢上升到迅速上升；工业化后期阶段，特别是进入后工业社会后，农业比重已降到5%以内，工业比重也大大低于第三产业，第三产业比重超过第一和第二产业之总和。

英国到1950年时第一产业占GDP的比重已下降到5.7%，第二、第三次产业分别为48%和46.3%；1984年三次产业的结构变化为2.1%、41.4%和56.5%；到2000年，第一产业占GDP的比重仅为1.5%，第二产业下降到25.9%，第三产业高达73.6%。

美国国民经济曾经一直以农业为主体。而到了1950年，第一产业占GDP的比重下降为7.3%，第二产业则占37%，第三产业则高达70.2%；到2001年，第一产业只占GDP的1.4%，第二产业继续下降到20.3%，第三产业上升到78.3%，成为国民经济的主导部门。

1950年的联邦德国，第一、第二、第三产业占GDP的比重分别是10.4%、48.9%和40.7%；1980年，第三产业的比重上升到53%，超过第一、第二产业之和，第一产业仅占2.2%，第二产业占44.8%；1989年两德统一前，第三产业比重上升到占GDP的57.6%，第一产业降到2.1%，第二产业下降为40.3%。

1950年日本的第一产业占GDP的比重仍有28%，第二产业31.8%，第三产业42.2%；到1985年，第一产业的比重已下降到3.4%，第二产业比重则上升到43.9%，第三产业也上升到52.7%，超过第一、第二产业比重之和；到2000年，第一产业进一步下降到了1%，第二产业下降到32%，第三产业则上升到67%，成为日本经济主导部门。

2. 新兴工业国家（地区）在经历了第二产业特别是制造业的高速增长之后，开始进入大规模的经济结构调整时期，第三产业加速发展，第三产业产值的增长成为经济增长的主要动力。

一些较发达的经济体，如韩国、中国台湾和巴西等在20世纪60～70年代抓住发达国家劳动密集型产业国际转移的机会，大力发展以工业为主的第二产业，并先后在20世纪80～90年代实现了工业化，有的已开始步入后工业社会进程之中。在拉美债务危机和亚洲金融危机过后，这些经济体开始进

行较大规模的经济结构调整，在第二产业充分发展的情况下大力发展第三产业，使其成为支撑国民经济发展的主导力量。

韩国1962年在第一个五年计划开始时，第一产业占GDP的比重高达43.3%，第二产业仅占11.1%，第三产业占45.6%；1986年"五五"计划结束后，第一产业所占比重下降到12.7%，第二产业迅速上升到32.3%，第三产业增加到55%；到2002年，第一产业已下降到仅占GDP的4%，第二产业为29.6%，第三产业占GDP的比重则增加到67.4%，进入了以服务业为主导的服务经济社会。

第二次世界大战后初期，巴西的三次产业占GDP的比重依次为：第一产业占26%，第二产业占26.2%，第三产业占47.8%；经历过20世纪60～70年代的"经济奇迹"后，1980年第一产业所占比重下降到11%，第二产业上升到43.7%，第三产业微降到45.3%；到2000年，第一产业继续下降到8%，第二产业则下降到30.9%，第三产业则迅速上升到61.1%，成为国民经济的主导产业。

台湾地区作为亚洲"四小龙"之一，经济结构调整较之其他的新兴工业体是相当成功的。1952年其第一产业占GDP的比重35.9%，第二产业只有18%，第三产业为46.1%；1986年第一产业所占比重下降到5.55%，第二产业迅速上升到47.11%，此时第三产业所占比重为47.34%；2001年，第一产业继续下降到1.9%，第二产业由升转降，其比重为30.9%，第三产业继续上升，占GDP的67.2%，成为国民经济的主导产业。

3. 产业结构转换的一般规律。由第一到第二再到第三产业是产业结构的一般"演进程序"，三次产业间的转换升级的发生是以前一次产业的充分发展为前提，因此，第三产业为主体的产业结构的产生必须以充分发展的第二产业为产业结构的升级条件。

对发达国家和新兴工业国的分析表明：第二产业占GDP的比重开始下降的"拐点"通常出现在人均GDP为8000美元（1997年美元）的水平上（1987年为6000美元左右，1970年为2100美元左右）。

巴西在1987年人均GDP达到2060美元（1970年美元），第二产业占GDP的比重开始下降，第三产业的比重加速上升；韩国在1981年人均GDP为2160美元时第二产业的比重开始下降；1971年日本第二产业开始下降时人均GDP为2140美元。

显然，8000美元左右的人均GDP（1997年美元）是经济体产业结构由第二产业向第三产业转型升级的"转折点"。

二 深圳产业结构调整的方向

（一）深圳三次产业结构变动特征

2004 年，深圳实现国内生产总值 3422.8 亿元，其中第一产业完成增加值 14.2 亿元，第二产业 2108.1 亿元，第三产业完成增加值 1300.5 亿元，形成了 0.4∶61.6∶38.0 的产业结构格局。

从产业结构的一般演变规律看，深圳第一产业增加值占 GDP 的比重不断下降，符合国际产业结构第一产业演变的一般趋势；第二产业总体上呈快速发展态势，与一般趋势相反，第三产业的比重相对稳定，所占 GDP 份额比世界平均水平低 17 个百分点，比中等收入国家低 12 个百分点，比高收入国家低 21 个百分点（见表 36）。

表 36 1980 年、1998 年不同发展水平国家的产业结构构成状况

单位:%

国家类型	第一产业		第二产业		第三产业	
	1980	1998	1980	1998	1980	1998
世界平均	7	5	38	45	55	61
低收入国家	35	21	26	41	38	42
中收入国家	18	12	45	36	37	52
中等收入国家	15	9	45	36	40	56
中高收入国家	9	7	46	35	45	57
高收入国家	3	2	36	33	61	65

资料来源：世界银行：《1999/2000 年世界发展报告：进入 21 世纪》，中国财经出版社，2000。

深圳过去的 20 年里第二产业发展出现过两次调整，分别发生在 20 世纪 80 年代中期和 90 年代中期，目前正处于第三个增长期。80 年代中期以前的产业结构调整主要是第一产业的比重下降和第二产业的比重上升；80 年代中期到 90 年代中期的 10 年，产业结构调整表现为第一、第三产业的下降和第二产业的相对增长；90 年代中期以后，产业结构调整主要发生在第二、第三产业之间，在这一增长期内，第三产业的比重已从 50.3%（1996 年）上升到 61.6%（2004 年）。

（二）深圳三次产业结构中主体产业的确定依据

我们判断深圳主体产业结构的合理性和分析未来 5 ~ 10 年深圳产业的基本结构是基于以下几个根据：

1. 产业的需求收入弹性

在三次产业中,我们重点分析工业产业的市场需求趋势,处于工业化中期的中国工业,正面临着一个不断扩大的需求市场。对于中国的整个市场而言,仅有皮革毛皮制品业、非金属矿选业等极少数行业,其产业需求收入弹性为负值,且只有6个行业,产业需求收入弹性小于1,其余大多数行业需求收入弹性值均相当大。这说明,工业行业正拥有一个需求迅速扩大的市场,大多数工业产品拥有广阔的市场空间(见表37)。

表 37　1997～2001 年间需求收入弹性最大的 10 个行业

排　序	行　业	需求收入弹性	排　序	行　业	需求收入弹性
1	电子及通信制造	4.79	6	有色金属加工	2.62
2	水电煤气业	4.21	7	交通设备制造	2.61
3	家具制造业	3.64	8	仪器仪表制造	2.58
4	医药制造业	2.84	9	塑料制品	2.32
5	电气机械制造	2.83	10	黑色金属加工	2.13

市场空间的迅速扩大,使以工业为主体的第二产业的继续发展具备了最重要的第一发展条件。

2. 技术进步与劳动生产率

深圳工业产业的技术进步快速,表现在工业内部产业的静态与动态结构与先进国家和地区接近,高新技术产业产值比重迅速上升。劳动生产率高速增长。这是第二产业继续扩张的另一重要条件。

3. 工业发展的低成本条件

发达国家制造业月工资水平在2500美元～2600美元之间,其中美国为2304美元,英国2530美元,日本为2593美元。深圳制造业月均工资为217美元,相当于日本工资水平的8.4%,英国的8.6%,美国的9.4%。

一些新兴工业经济国家或地区,制造业月均工资水平在1600美元～2000美元之间。韩国制造业的工资水平为1391美元,香港、新加坡制造业工资在1667美元～1917美元之间。深圳制造业月均工资相当于韩国的15.6%,香港、新加坡工资水平的11.3%。

周边发展中国家,如马来西亚、印度尼西亚、泰国、菲律宾等国,制造业月均工资水平在167美元～500美元之间。深圳接近于泰国、菲律宾、印度尼西亚三国的中低水平(见表38)。

表 38 深圳制造业工资成本的国际比较

发达国家	美 国	日 本	英 国
月工资水平（美元）	2304	2593	2530
深圳工资成本相当于比较国家（%）	9.4	8.4	8.6
新兴工业国家（地区）	韩国	香港、新加坡、台湾	
月工资水平（美元）	1391	1667～1917	
深圳工资成本相当于比较国（地区）（%）	15.6	13.0～11.3	
发展中国家	马来西亚、印度尼西亚、泰国、菲律宾		
月工资水平（美元）	167～500		

资料来源：《国际统计年鉴》、《国际劳工组织统计年鉴》，发达国家资料为 2000 年数据，其他为 2002 年资料。

显然，高度外向型的深圳制造业的劳动力成本优势依然十分突出。即使是与马来西亚、印度尼西亚及菲律宾、泰国比较，深圳制造业仍拥有其相当低的成本优势。

从劳动力成本的上升趋势看，深圳制造业劳动力成本的上升速度慢于第三产业的总体劳动力上升速度。

在三次产业间比较，第二产业成本上升速度低于平均水平，其低成本优势相对稳定（见表 39、图 17）。

表 39 深圳制造业劳动力成本的上升速度

单位：元

年 份	2000	2001	增 长（%）
全年平均工资水平	23039	25941	12.6
第一产业	17947	18097	0.8
第二产业	19556	21561	10.3
其中：工业	19457	21558	10.8
第三产业	27469	31542	14.8

资料来源：《深圳统计年鉴》，2001。

高新技术制造业工资成本上升最快，其次是基础工业，先进制造业及传统产业工资增长慢（见表 40）。这说明深圳制造业成本正在发生结构性的变化，传统产业和先进制造业工资增长慢，成本优势稳定，高技术产业因为高技术特征，具有较高附加值，因此工资水平提升较快。工资增长速度与产

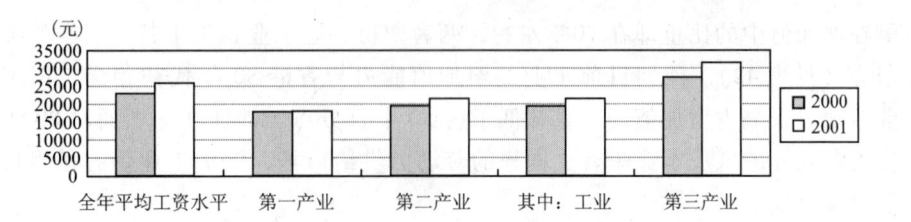

图 17 深圳制造业劳动力成本的上升速度

业增加值高低相一致的工资成本的结构表明，深圳的制造业成本结构调整是一个有效的过程，有利于稳定工业的整体成本优势。

表 40 深圳工业成本的增长结构

分 类	年工资水平（元）						年均增长率（％）				
	1990	1995	1998	1999	2000	2001	1990～1995	1995～1998	1999	2000	2001
传统制造业	3970	9076	12211	12731	13394	14608	25.7	11.5	9.5	5.2	9.1
先进制造业	3811	9019	13870	15500	17054	17345	27.3	10.7	11.7	10.0	1.7
高新技术制造业	4061	10635	17305	20352	24415	27606	32.4	20.9	17.6	20.0	13.1
基础工业	5494	22459	29798	33868	38618	42233	61.7	10.9	13.7	14.0	9.4

资料来源：根据各年《深圳统计年鉴》分类整理，表中工资额已扣除物价因素。

4. 工业增加值水平

深圳工业劳动力报酬占工业增加值的比重自 20 世纪 90 年代以来逐年下降，由 1991 年的 26.7%下降到 2002 年的 22%，近 5 年基本稳定在 22%的水平。从劳动力报酬占工业增加值比重的整体水平上看，深圳与巴西接近，与韩国相当，远低于发达国家，比美国低 10 个百分点，较日本低 16 个百分点，较英国低 30 个百分点（见表 41）。

劳动力报酬占工业增加值的比例高低决定着一个地区工业对资本吸引力的强弱，也是决定工业竞争能力强弱的重要因素。因此，深圳工业的竞争力优势依然突出。同时，劳动力报酬占工业增加值比例的不断下降，亦即说明深圳工业增加值的上升速度快于劳动力报酬的增长速度。这表明深圳工业整体资本吸引力正在增强的趋势。

与香港 20 世纪 80 年代初期的工业比较，我们能清楚地看到深圳工业发展的竞争力和未来空间。香港经济在 70 年代末 80 年代初开始大规模结构调整，工业大规模转移迁出，制造业在产业结构中的比重急速下降。此时，工业的增加值能力（增加值占生产总额之比）在 27% 左右，而工业劳动力报

酬在增加值中的比重却在70%左右，两者使得香港工业丧失了其对资本的吸引力（见表42）。深圳目前工业的增加值能力与香港80年代初相当，但工业劳动力报酬占增加值的比重却低了约50个百分点。即使在深圳面对80年代香港同样的低成本竞争者，同样的劳动力供给市场，深圳工业仍有相当长的发展时期。

表 41 深圳工业劳动力报酬占工业增加值比重及其国际比较

单位:%

年 份	深 圳	美 国	日 本	英 国	韩 国	巴 西	新加坡
1991	26.7	35.5	33.2	44.3	26.4	22.7	32.7
1992	26.7	35.3	34.7	43.5	25.8	—	33.7
1993	22.8	35.7	35.6		25.5		32.7
1994	21.5	32.7	36.0	40.3			
1995	20.2	31.9	35.0	49.7			
1996	19.0	—	27.4	50.3	24.3		
1997	19.5		27.5	51.7	22.9		
1998	22.8		28.5				
1999	23.3		39.5	51.9	19.4		
2000	22.9	—	—				
2001	22.1						

资料来源：各年《国际统计年鉴》，各年《深圳统计年鉴》。

表 42 香港工业外迁时期资本的利润空间

单位:%

年 份	1980	1981	1982	1983	1984	1985	1990
增加值占工业生产总值	27.3	27.6	28.9	27.6	27.9	28.5	28.7
劳动力报酬占工业增加值	71.2	66.0	66.9	63.6	62.7	67.8	59.1

资料来源：郑德良：《现代香港经济》，中山大学出版社，1993。

（三）深圳合理的产业结构确定

我们分析与选择深圳的合理产业结构以全市经济的快速增长和可持续增长为直接目的。根据以上分析不难发现：

持续加速发展工业是深圳经济发展中一个有效的优化选择，但是，对于主体产业结构的确定，还需要依据不同产业的经济增长带动能力以及可持续

增长的实现能力而定。

1. 深圳产业对经济增长的推动能力

我们用产业经济增长弹性[①]分析特定产业对经济增长的贡献，由此分析产业发展对经济整体增长的推动能力，通过比较不同次产业间的产业经济增长弹性大小，在三次产业中确定主体产业结构。

产业对经济增长的弹性由下式测算：

$$E_i = a_i + \left[(a_i - 1) / r \right]$$

其中，E_i 为产业的经济增长弹性，a_i 为第 i 次产业在报告期与基期的产值占国内生产总值比重的比率，r 为人均国内生产总值在研究时期内的增长率，$i = 1, 2, 3, \cdots, n$。

表 43 　深圳第二、第三产业的经济增长弹性与比较

时期	第二产业	第三产业	第二、第三产业弹性差
1991~1995	1.59	1.15	0.44
1996~2000	1.11	0.74	0.37
1999~2000	1.26	0.01	1.25
2000~2001	1.23	-0.55	1.78
2001~2002	1.17	0.75	0.42

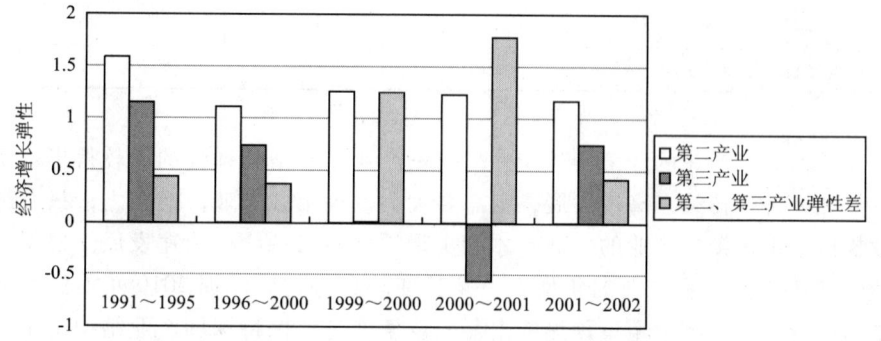

图 18 　深圳第二、第三产业的经济增长弹性与比较

显然，20 世纪 90 年以来深圳第二产业的经济增长弹性均大于 1，且约

---

① 〔美〕西蒙·库兹涅茨：《各国经济增长》，商务印书馆，1999，第 118~119 页。

为 1.20 左右。这说明第二产业比重增加对深圳整个 GDP 增长的作用大，至 2002 年，第二产业的发展对 GDP 的上升依然具有重要的推动作用（见表 43、图 18）。

与第二产业相比，第三产业的经济增长弹性小，说明第三产业在整个产业中比重的增大，对整个深圳经济增长的作用较小。这里的结论是，要实现深圳 GDP 的快速、持续增长，我们必须大力推进第二产业的发展，巩固和加强第二产业在深圳产业结构中的主体结构地位。这也就意味着在相当时期内第三产业不应作为产业结构中的第一主体结构，否则 GDP 增速将会下降。

2. 深圳未来产业结构确定

表 44　深圳第二、第三产业增加值年递增率

单位：%

年　份	第二产业	第三产业	第二产业增长率变动	第三产业增长率变动
1992	35.2	33.2	74.3	−25.0
1994	36.9	37.4	−33.8	1.8
1996	14.7	24.7	11.8	10.1
1998	15.8	12.6	19.0	−18.8
2000	20.2	11.8	57.8	15.1
2001	20.8	13.8	2.8	16.8
2002	16.9	13.9	−18.4	0.65
年均增长率变动	—		−9.1	2.7

根据第二产业的经济增长弹性与第三产业经济增长弹性的比较得出：实现深圳经济的持续、高速发展，则需要大力发展第二产业。换言之，只有继续扶持、推进第二产业的发展，才能实现深圳经济持续、快速发展。根据产业经济增长弹性和产业的年增长率及其变动趋势，对深圳 2010 年前的产业结构进行定量预测。定量预测的主要假设条件是：保持深圳产业结构中第二产业、特别是工业的技术进步速度；工业发展过程中不发生重大的政策性调整，即工业发展的基本环境不变。

深圳第二产业增长速度以年均 9.1% 的速度递减，而第三产业则以年均 2.7% 的速度递增，也就是说，深圳第三产业以增速发展，第二产业则相反。

根据假设条件，我们对第二、第三产业增加值的预测值结果用表 45 和 19 表示。

表 45　深圳市第二、第三产业增加值的预测值

单位：亿元

年　份	第二产业	第三产业
2003	1424.8	1145.8
2004	1624.4	1313.4
2005	1831.1	1510.6
2006	2042.9	1743.3
2007	2257.6	2019.1
2008	2473.3	2347.1
2009	2687.9	2738.4
2010	2899.9	3207.1

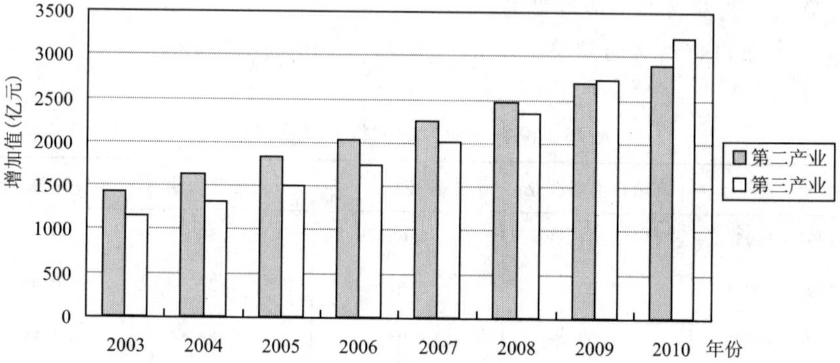

图 19　深圳市第二、第三产业增加值的预测值

根据预测值可以得出以下几个结论：

其一，至少在未来的 7 年内，第二产业仍将是深圳经济的第一大产业，同时也将是深圳国内生产总值的第一大贡献者。

其二，根据目前深圳三次产业的基本发展趋势，第三产业需要再经过 7 年左右的发展，才可能取代第二产业成为深圳经济的第一贡献者，并成为深圳产业的主体结构，深圳服务经济才算真正到来。

其三，当产业结构的主体由第二产业向第三产业转型升级时，深圳国内生产总值约为 6200 亿元左右，按照 700 万人口计算，人均 GDP 值约 8800 美元（按目前美元计算）。与国际上产业结构转型升级时的一般经济发展水平（8000 美元左右）相当，深圳目前处于符合国际产业结构转型升级的一般规律之中。

其四，如果深圳经济发展条件发生以下变化：行政管辖区域的外扩，土地资源供给增加；政府扶持工业技术进步的力度加大，例如，更多的资金、更优惠的政策推进高新技术产业的发展；重大的开放政策出台，使深圳深度参与国际产业分工，比如 CEPA 协议的实质性实施，深港之间的制造业（深圳）和服务业（香港）分工加快深化等。第二产业在深圳经济结构中占据主体地位的时间将延长，即在 2010 年，第三产业仍不能取代第二产业成为产业结构主体，也就是说，2010 年是由第二产业为主体的产业结构向第三产业为主的产业结构转型的最早可能时间点。

（四）深圳产业结构的调整趋势

未来 7 年内，深圳产业的主体结构将是以工业为主的第二产业，这就是说深圳未来 7 年内仍需保持目前的以工业为主体的基本产业结构。未来产业结构调整的重点在于：①第二、第三产业内部的行业之间的调整；②三次产业对第二产业发展的适应性调整。

1. 产业内部结构的调整

表 46　深圳工业内部的行业产出弹性

年　份	高新技术制造业	基础工业	先进制造业	传统制造业
1991～1995	1.00	6.66	1.30	0.53
1996～2000	1.20	3.61	1.27	0.43
1998～1999	1.07	1.07	0.88	1.00
2000～2001	1.22	0.84	0.67	0.84
2001～2002	1.20	1.00	0.69	0.47

根据传统制造业、先进制造业、高新技术制造业、基础工业对第二产业的产出反应弹性，工业发展的重点领域是高新技术制造业、基础工业、先进制造业，同时稳步发展传统制造业。也就是说，提升高新技术制造业在工业中的比重是加速深圳工业发展的第一选择（见表46）。

对于第三产业而言，根据不同行业对整个第三产业发展的带动力分析，运输、仓储和通讯服务的带动力最强，首先应是优先发展的领域，其次是金融保险、房地产和商务服务业，再次是商业、旅游业和餐饮业。

结果表明，在未来的"十一五"期间，深圳第三产业的主导产业仍然是以运输、仓储和通讯服务等为内容的现代物流业和以金融、保险、商务服务等为内容的现代金融业（见表47）。

表 47 深圳第三产业内行业的产业发展弹性

年　份	运输、仓储和通讯服务	金融保险、房地产和商务服务	商业、餐饮、旅游
1991~1995	0.96	1.19	0.47
1996~1997	1.06	1.04	5.55
1998~1999	1.08	1.65	0.72
1999~2000	1.53	0.99	0.54
2000~2001	1.03	0.59	0.66
2001~2002	1.69	—	0.93

2. 第三产业对第二产业发展的适应性结构调整

我们采用投入—产出法分析产业之间的相互关联性，根据相互关联性判断产业结构的协调性，进而确定深圳产业结构的调整领域。

由于深圳未来 7 年内产业结构是以工业为主体的结构，因此，产业结构协调性的关键是第三产业内部的各相关行业是否适应于工业的发展以及对工业发展的协调度。

用《1997 年深圳投入产出表》计算出其他产业包括第一产业、第三产业、第二产业的建筑业对第三产业及其相关行业的完全消耗系数以及深圳工业对物流、商业、金融保险业等的完全消耗系数（见表48、表49）。

表 48 深圳工业对第三产业的完全消耗系数

第三产业	交通运输、仓储业	邮电业	商业、餐饮业	金融、保险业	房地产业	社会服务业	综合技术服务业
0.73249	0.0507	0.03415	0.13364	0.195556	0.1343	0.070641	0.0129688

表 49 深圳除工业外其他产业对第三产业的完全消耗系数

运输、仓储业	金融保险	社会服务	综合服务
0.04164	0.13565	0.0889	0.01779

注：其他产业包括建筑业、农业、第三产业。

根据完全消耗系数测算出工业及其他行业对第三产业和第三产业内的相关领域的规模要求（见表50）。

表 50　第三产业适应工业及其他产业发展的规模

	2000 年					2001 年					2002 年				
	工业	其他	合计	实际规模	规模差（%）	工业	其他	合计	实际规模	规模差（%）	工业	其他	合计	实际规模	规模差（%）
交通运输、仓储业	36.9	39.0	75.9	54.6	39.0	45.9	43.7	89.6	61.8	45	54.4	48.6	103	—	—
金融保险业	142.4	127.2	269.6	212.6	26.8	177.0	127.2	304.2	228.5	33	209.7	158.3	368	236.2	55
社会服务业	51.4	83.3	134.7	88.7	51.8	63.9	83.3	147.2	109.5	34	75.7	103.8	179.5	126.3	42
技术服务业	9.4	16.7	26.1	6.8	283.8	11.7	16.7	28.4	7.9	259	13.9	20.8	34.7	9.4	269
第三产业	—	—	—	—	—	—	—	—	—	—	785.4	511.1	1296.5	1003.1	29.2

注：其他是指除工业外的其他产业，包括建筑业、农业、第三产业；规模是指相应产业的增加值水平，单位为亿元。规模差 =（实际规模 - 需要规模）/实际规模。

分析结果表明：

其一，从总体上看，深圳第三产业与第一、第二产业间具有较好的产业发展协调性，第三产业基本能满足工业及其他产业发展的需要，但在整体发展速度上仍然相对滞后。

其二，第三产业内部存在着严重的结构性发展失调，不利于深圳工业及其他产业发展。其中，综合技术服务发展滞后程度最大，与产业需要的规模差在 260%～285% 之间，社会服务业、金融保险业和物流业也存在着一定程度的发展滞后。

其三，支撑目前深圳工业的发展，需要增加值达到 54.4 亿元的物流业规模，209.7 亿元的金融保险规模，75.7 亿元的社会服务业规模和 13.9 亿元的技术服务业规模与之协调。同时，1072 亿元的工业增加值能拉动 785 亿元左右的第三产业 GDP 值的增加。

参考文献

刘伟、李绍荣：《中国的地区经济结构与平衡发展》，《中国工业经济》，2005 年第 4 期。

李金华：《中国产业结构的演变轨迹、σ—收敛性与空间集聚格局》，《财贸研究》，2006 年第 2 期。

杨治：《产业经济导论》，中国人民大学出版社，1985。

郑德良：《现代香港经济》，中山大学出版社，1993 年 12 月。

〔美〕西蒙·库兹涅茨：《各国经济增长》，商务印书馆，1999。

世界银行：《1999/2000 年世界发展报告：进入 21 世纪》，中国财政经济出版社，2000。

统计年鉴资料：各年《国际统计年鉴》、《国际劳工组织统计年鉴》，《中国统计年鉴》，《新加坡统计年鉴》，《深圳统计年鉴》等。

深圳社会保险制度研究*

内 容 提 要

一

完善的社会保障制度是现代市场经济的一个重要特征。现代社会保险制度是保证市场经济有序运作和社会稳定的重要支柱。中国要建立和发展社会主义市场经济，经济特区作为中国建立市场经济的"试验场"和"窗口"，必须建立符合现代市场经济要求的具有中国特色的社会保险制度。自 1980 年正式设立深圳经济特区至今，伴随着深圳 27 年的持续、快速发展，深圳的社会保险制度在不断探索中得以建立和逐步完善。

1992 年 5 月，《深圳市社会保险暂行规定》及实施细则的发布，标志着深圳社会保障制度改革的开始、社会养老保险制度的建立。同年 5 月《深圳市社会保险暂行规定》的颁布拉开了深圳市改革公费医疗和劳保医疗的序幕。1990 年 4 月，深圳颁布的《深圳经济特区工伤保险暂行规定》及 1994 年 11 月发布的《〈深圳经济特区工伤保险条例〉实施细则》，使社会化的工伤保险制度得以建立。1997 年 1 月实行的《深圳经济特区失业保险条例》，则标志着深圳特区失业保险制度的建立，实现了失业保险全市统一管理。2003 年 5 月颁布的《深圳市城镇职工社会医疗保险办法》中针对女性劳动者特殊需要，实行了强制的生育医疗保险制度。

＊ 高兴民、钟若愚：深圳大学中国经济特区研究中心。

经过 27 年的改革和探索，深圳已经建立起了统一、高效、覆盖面更广、保障内容更全的社会保险新体系。目前，深圳的社会保险体系涵盖养老、工伤、医疗、生育、失业五大险种，对深圳职工养老、工伤、医疗、生育、失业等方面提供了有效的保障，对于保证深圳社会经济发展和人民生活水平的提高起到了"减震器"、"安全网"和"调节器"的重要作用。

二

深圳作为中国诸多经济特区的成功典范，其社会保险制度的演进与实践具有很强的代表性，这为我们全面考察和理解中国社会保险制度提供了例证。深圳的社会保险体系具有以下特点：

（一）覆盖全社会的统一社会保险制度

经济特区创建之初的社会保险主要覆盖国有单位，实行的是"高福利、窄覆盖"政策，这与深圳经济特区迅速发展变化的所有制结构格局和各类经济成分的迅猛发展形成强烈的反差，阻碍了劳动力市场的形成和发展，阻碍了劳动力资源的合理有效配置。所以，深圳市从社会保险改革的一开始，就把面向全社会统一的社会保险制度为基本的出发点和归宿点。

深圳的养老保险、医疗保险及工伤保险，在覆盖面上不仅包括深圳市户籍（含蓝印户口）的职工，也包含了广大非深圳户籍职工。这种制度设计打破了所有制限制，使绝大多数劳动者的基本权益得到保障，使劳动者防范、抵御风险的能力得到提高，创造了良好的平等竞争的市场经济环境，推动了劳动、工资制度和企业制度的改革，加之与经济特区的各项改革措施相互配套，促进了特区经济的发展和社会各项事业的进步。

深圳市在深化社会保障制度改革中，将机关事业单位的基本保障与企业的基本保障统一起来，通盘考虑，统一实行养老保险、医疗保险、失业保险等基本保险制度，并为两者分别建立了补充的保险制度。

（二）个人账户和社会共济相结合的社会保险模式

深圳市根据特区职工的收入及特定社会环境等因素，借鉴国内外的经验和教训，开创了一条不同于世界各国，但又把社会共济与自我保障有机结合的新路子。该模式设计中强调培养个人自我保障的意识，对传统的社会保障模式采取扬弃的态度，注意充分发挥社会调剂、互助互利的功能，将社会保障的权利与个人的义务联系起来，综合国家、集体、个人三方面的利益，立足目前利益和长远利益的结合，具有鲜明的深圳特色。

深圳实行的社会共济与自我保障相结合的社会保险制度促进了劳动力资源合理流动和人力资源的优化配置，使人力资源在经济发展中充分发挥作

用，减轻了现代社会给社会成员带来的诸多风险，为其提供了基本生活保障，实现了社会成员的平等，减少了社会矛盾，维护了社会稳定，为深圳经济特区的快速发展提供了高素质的劳动队伍。

（三）基本保险与补充保险相结合的多层次社会保险结构

社会保险是现代社会保障的核心内容，而覆盖最广的社会保险，分为基本保险和补充保险两个层次。基本保险主要保障广大劳动者的基本生活需要，补充保险则体现单位和个人经营成果和收入水平的高低，满足劳动者的不同层次的需求。

深圳市已初步构建起了基本保险、地方补充保险和企业补充养老保险等相结合的多层次的社会保险体系新框架，并在实践中不断完善。以体现地区间、单位间和个人间的经济状况差异，满足不同层次的保险需求。

三

本文着重考察在中国社会保险体系发展、改革和探索过程中具有开创性、代表性的深圳养老保险和医疗保险体系，对这两大险种存在的主要问题及其对策思路进行分析。

（一）养老保险

总体上，对农民工养老保险的设计存在制度缺陷。一方面，缴费基数不切农民工收入实际，相当部分农民工不具备缴纳养老保险费的经济承受能力；另一方面，农民工享受养老保险金条件的规定存在不公，多数农民工难以达到在深圳领取养老金的条件，导致较多农民工只参保、不受益，进而引发农民工退保。

根据从实际出发的原则，考虑到有效保证农民工社会保障权益、保证农民工自由选择权利，建立分类型、分层次、体现差异的农民工养老保险制度，提供了解决农民工养老保险问题的两种可选方案。扩大社会养老保险的覆盖面，充分、广泛、有效地发挥社会保障制度安全网的作用，实现社会保障公平性。

（二）医疗保险

深圳医疗保险目前拥有较充足的社区医疗资源，但在整合医疗和医疗保险服务、建立社区医疗保险服务体系方面还存在不足。一方面，缺乏明确的激励机制，社区医疗保险服务资源利用率低；另一方面，现有社区医疗保险服务体系功能单一，服务仅停留在医疗技术服务的单一层面上。

深圳市要建立以社区为依托的医疗保险管理服务体系。完善社区管

理服务平台，医疗保险管理服务向社区延伸，实现医疗保险服务体系以社区为载体的社会化，提高社会医疗卫生资源的合理利用率。设立一定的优惠政策，吸引参保患者向社区医疗服务机构分流，为参保人员提供"零距离"医疗服务，更好地为参保者提供高质量的医疗和社会服务。增加社区医疗服务机构吸引力，使医疗保险制度能够健康地发展。

第一节　深圳社会保险制度

完善的社会保障制度是现代市场经济的一个重要特征。现代社会保险制度是保证市场经济有序运作和社会稳定的重要支柱。中国要建立和发展社会主义市场经济，经济特区作为中国建立市场经济的"试验场"和"窗口"，必须改革与计划经济相配套的社会保障制度，建立符合现代市场经济要求的具有中国特色的社会保障制度。

自1980年正式设立深圳经济特区至今，伴随着深圳27年的持续、快速发展，深圳的社会保险制度在不断探索中得以建立和发展。深圳作为中国诸多经济特区的成功典范，其社会保障制度的演进与实践具有很强的代表性，这为我们全面考察和理解中国社会保险制度提供了例证。

经过27年的改革和探索，深圳已经建立起了统一、高效、覆盖面更广、保障内容更全的社会保障新体系。对于保证深圳社会经济发展和人民生活水平的提高起到了"减震器"、"安全网"和"调节器"的重要作用

一　深圳社会保险的实践与制度演进

自1980年经济特区成立，经济特区的社会保障制度是在经济特区建立社会主义市场经济过程中建立和发展起来的。和内地一样，深圳经济特区的社会保障制度在职工养老、工伤、医疗、生育、失业等方面提供了有效的保障。

（一）深圳养老保险

深圳社会保险制度的建立与完善，首先以养老保险制度改革作为突破口。1992年5月，《深圳市社会保险暂行规定》及其实施细则的发布，标志着深圳社会保障制度改革的开始。2000年12月修正的《深圳经济特区企业员工社会养老保险条例》为企业员工基本养老保险现行制度，机关事业单位基本养老保险制度仍执行1996年颁布的《深圳市基本养老保险暂行规定》。

1992 年深圳提出的社会统筹与个人账户相结合的养老保险制度，开创了中国社会统筹与个人账户相结合的①的养老保险新模式。以"统账结合"为特征的基本养老保险制度是中国在世界上首创的一种新型的基本养老保险制度。这一制度既吸收了传统型的养老保险制度的优点，又借鉴了个人账户模式的长处；既体现了传统意义上的社会保险的社会互济、分散风险、保障性强的特点，又强调了职工的自我保障意识和激励机制。

（二）深圳医疗保险

1992 年 5 月《深圳市社会保险暂行规定》也同时拉开了深圳市改革公费医疗和劳保医疗的序幕，在全国率先对医疗保险进行改革实践。1996 年 5 月，深圳市颁布《深圳市基本医疗保险暂行规定》，对医疗保险制度进行了进一步调整，实行了多层次的基本医疗保险制度，建立了综合医疗保险（包括门诊、住院）、住院医疗保险和特殊医疗保险三种形式，其中综合医疗保险实行社会统筹与个人账户相结合的模式。2003 年 5 月颁布实施《深圳市城镇职工社会医疗保险办法》，2005 年 2 月颁布实施《深圳市劳务工合作医疗试点办法》。

（三）深圳失业保险

1997 年以前，深圳失业保险执行的是 1993 年与 1986 年两个国家统一的暂行规定，建立了失业保险制度的雏形，但仍具有较强的失业救济性质。自 1997 年 1 月实行《深圳经济特区失业保险条例》，正式建立了深圳特区现行失业保险制度，实现了失业保险全市统一管理。

（四）深圳工伤保险

1990 年 4 月，深圳颁布《深圳经济特区工伤保险暂行规定》，1994 年 11 月发布了《〈深圳经济特区工伤保险条例〉实施细则》，建立了社会化的工伤保险制度。2000 年 1 月，深圳市人大常委会通过《深圳经济特区工伤保险条例修正案》。2004 年，深圳市统一执行 2003 年国务院颁布的《工伤保险条例》，参照执行 2004 年 2 月《广东省工伤保险条例》，作为对国务院颁发的《工伤保险条例》的补充。

（五）深圳生育保险

2003 年 5 月颁布的《深圳市城镇职工社会医疗保险办法》中针对女性

---

① 对养老保险如何实行"统账结合"存在分歧：一种观点主张基本养老保险不能实行单一的社会统筹制，要引入个人账户；另一种意见则主张基本养老保险实行社会统筹制，补充养老保险实行个人账户制。显然，深圳市采取了第一种观点。1995 年 3 月，中国政府颁布了《关于深化企业职工养老保险制度改革的通知》，提出"统账结合"的两个实施办法，允许地方政府选择，结果造成制度不统一。

劳动者特殊需要，实行了强制的生育医疗保险制度。规定：具有本市户籍的基本医疗保险参保人应该参加生育医疗保险。

二　深圳社会保险制度的特点

（一）覆盖全社会的统一社会保险制度

传统的经济特区社会保险主要覆盖国有单位，实行的是"高福利、窄覆盖"政策，这与深圳经济特区迅速发展变化的所有制结构格局和各类经济成分的迅猛发展形成强烈的反差，阻碍着劳动力市场的形成和发展，阻碍了劳动力资源的合理有效配置。所以，深圳市从社会保险改革的一开始，就把面向全社会统一的社会保险制度①为基本的出发点和归宿点。

深圳的养老保险、医疗保险及工伤保险，在覆盖面上不仅包括深圳市户籍（含蓝印户口）的职工，也包含了广大非深圳户籍职工。这种制度设计打破了所有制限制，使绝大多数劳动者的基本权益得到保障，使劳动者的防范、抵御风险的能力得到提高，创造了良好的平等竞争的市场经济环境，推动了劳动、工资制度和企业制度的改革，加之与经济特区的各项改革措施相互配套，促进了特区经济的发展和社会各项事业的进步。

深圳市在深化社会保障制度改革中，将机关事业单位的基本保障与企业的基本保障统一起来，通盘考虑，统一实行养老保险、医疗保险、失业保险等基本保险制度，并为两者分别建立了补充的保险制度。

（二）个人账户和社会共济相结合的社会保险模式

深圳市根据特区职工的收入及特定社会环境等因素，借鉴国内外的经验和教训，开创了一条不同于世界各国，但又把社会共济与自我保障有机结合的新路子。该模式设计中强调培养个人自我保障的意识，对传统的社会保障模式采取扬弃的态度，注意充分发挥社会调剂、互助互利的功能，将社会保障的权利与个人的义务联系起来，综合国家、集体、个人三方面的利益，立足目前利益和长远利益的结合，具有鲜明的深圳特色。

深圳实行的社会共济与自我保障相结合的社会保险制度强化了人力资源的合理配置，减轻了现代社会给社会成员带来的诸多风险，为其提供了基本生活保障，实现了社会成员的平等，减少了社会矛盾，维护了社会稳定，为深圳经济特区的快速发展提供了高素质的劳动队伍。

（三）基本保险与补充保险相结合的多层次社会保险结构

社会保险是现代社会保障的核心内容，而覆盖最广的社会保险，分为基

---

① 覆盖全社会的统一社会保障制度是指：除管理制度、保障方式和办法的统一外，社会全体成员都应享受到相应的保障。

本保险和补充保险两个层次。基本保险主要保障广大劳动者的基本生活需要，补充保险则体现单位和个人经营成果和收入水平的高低，满足劳动者的不同层次的需求。

经过多年探索，深圳市已初步构建起了基本保险、地方补充保险和企业补充养老保险等相结合的多层次的社会保险体系新框架，并在实践中不断完善。以体现地区间、单位间和个人间的经济状况差异，满足不同层次的保险需求。

受篇幅所限，本报告仅对在中国社会保险体系发展、改革和探索过程中具有开创性、代表性的深圳养老保险和医疗保险体系进行较为深入的分析，而不再对其他险种逐一介绍。

第二节　深圳养老保险制度现状研究

1981 年以前，深圳市的养老保险实行的是企业自保制度①，机关事业单位则执行统一的离退休政策。自 1982 年深圳市开始试行劳动合同制职工养老保险制度起，深圳市养老保险制度的发展经历了初步探索、快速发展和全面发展三个阶段，在全国开创了"统账结合"的养老保险新模式。

一　深圳现行养老保险制度概况

深圳市现行养老保险制度包括基本养老保险制度及各种补充养老保险制度。基本养老保险制度分为企业职工基本养老保险制度及机关事业单位基本养老保险制度。补充养老保险制度包含地方补充企业养老保险制度和企业年金制度。

深圳养老保险从无到有，进行了一系列的制度创新，参保人数持续增长，基本形成了覆盖范围广、多层次的社会养老保险体系。

（一）参保人数持续增长

自 1996 年深圳市基本养老保险制度建立至今，基本养老保险覆盖的人口数量持续快速增加，基本养老保险制度的有效性不断提高。深圳市基本养老保险参保人数持续扩大，基本养老保险参保人数从 1998 年的 57 万多人增长到 2005 年 12 月份的 352.75 万人②。

---

① 企业职工不缴纳养老保险费，退休后在企业领取退休金。

② 数据引自《深圳市 2005 年国民经济和社会发展统计公报》。

(二) 养老保险广覆盖

1. 覆盖了户籍、非户籍劳动者和农村城市化人员

社会保险是人人都应享有的基本权利。根据《深圳经济特区企业员工社会养老保险条例》和《台湾香港澳门居民在内地就业管理规定》，非深圳户员工与深圳市户籍员工一样享受基本养老保险待遇。深圳企业基本养老保险制度覆盖了深圳市各种企业及其员工、个体经济组织及其雇佣人员、深圳市农村城市化人员和深圳市机关事业单位临时聘用人员。

2. 探索了农村城市化人员从农保向城保转变的模式

伴随着城市化的推进，深圳市在 2004 年已经全面城市化。深圳市把农村城市化人员的农村养老保险直接纳入城镇居民基本养老保险。

(三) 养老保险多层次

建立了基本养老保险、地方补充养老保险和企业补充养老保险等多层次发展的养老保险体系。

基本养老保险制度涵盖了企业职工基本养老保险制度和机关事业单位基本养老保险制度，保障了基本生活需要。补充养老保险制度包括地方补充养老保险和企业补充养老保险，体现单位和个人经营成果和收入水平的高低，满足劳动者不同层次的需求。

(四) 养老保险制度建设成效突出

一是借鉴国外做法，结合特区实际，创立了社会统筹与个人账户相结合的养老保险模式，为全国养老保险制度改革提供了成功的经验。二是养老金记发办法，较好地贯彻了公平与效率相结合的原则，有利于新老制度的衔接。三是实行共济基金以支定收，个人账户全部实账积累的资金运作方式，实现了共济基金收支平衡和基金运作的良性循环，为减轻人口老龄化和退休高峰期的压力奠定了较好基础。四是实行机关、企事业单位职工统一的基本养老保险制，促进了人才流动。五是率先建立和实施企业补充养老保险，构建起了多层次的社会保障体系。

二 深圳现行养老保险制度存在的问题

(一) 对农民工养老保险的制度设计存在缺陷

非户籍员工虽然被纳入城镇企业职工基本养老制度，但在制度设计和执行中还存在一系列问题，尤其以劳务工中的"农民工"最突出。总体上，对劳务工养老保险制度的设计存在以下缺陷。

1. 缴费基数不切农民工收入实际

根据《深圳经济特区企业员工社会养老保险条例》有关规定，养老保

险最低缴费基数为深圳市上年度职工月平均工资的60%，非本市户籍员工的缴费比例为13%，其中员工个人负担5%。农民工实际收入大约在每月500元~600元之间，除去自身正常开支与养家费用，相当部分农民工不具备缴纳养老保险费的经济承受能力。

2. 多数农民工很难享受到养老保险

深圳是个移民城市，劳动力流动程度高，多数农民工难以达到在深圳领取养老金的条件，导致较多农民工只参保、不受益。

《〈深圳经济特区企业员工社会养老保险条例〉若干实施规定》第13条要求："非本市户籍员工在深圳退休按月享受养老保险待遇的，应在达到国家法定退休年龄的前5年在本市连续缴费。"

享受养老保险金条件的规定存在不公，导致农民工退保不断。深圳市已经参加养老保险的外来工总数约为50万人，而每年退保的人数则高达12万以上，宝安区沙井社保站曾出现过一天有600多名农民工排队退保的场面①。2005年底出现的外来工退保潮，其根源也在于外来工参保难受益。

3. 制度设计缺乏强制性

社会保险的强制性不仅体现在强制企业参保，也体现在不允许按个人意志随意选择退保。深圳市把劳务工纳入城镇职工养老保险的同时又允许劳务工退保，这未能体现社会保险对个人的强制性，劳务工对养老保险权利一定程度上会出现滥用的情况。

养老保险是政府为年老失去收入的人提供基本生存条件的一种社会制度，其本质是国民收入的再分配，是国家宏观调控的手段。允许劳务工退保是现阶段一种权宜政策，长远来看是对社会养老保险制度的一种否定，导致个人权利实现影响整个社会保障水平提高。因而，现行制度设计与社会养老保险制度初衷出现了一定程度的背离。

（二）机关事业单位与企业养老保险待遇差距悬殊

1. 待遇差距悬殊的现状

目前深圳市机关事业单位的养老保险模式为统筹与个人账户相结合的部分积累型制度，由财政、个人共同缴费。而待遇计发办法仍然沿用计划体制下按工龄来计算退休待遇的办法。

在体现社会性、共济性的基础养老金部分，机关事业单位基础性退休金为退休时上年度机关事业单位工作人员月平均基本工资的25%。企业为退休时上一年度的市城镇职工社会平均工资的20%。近年来，企业人均退休金震

---

① 参见《老有所养：从"农民工退保"看社会保障制度的完善》，《工人日报》，2006年1月9日。

荡递减，机关事业单位人均退休金却稳步攀升，两者间的待遇差距逐年加大。

2. 待遇差距直接导致了养老保险制度间的不公平

机关事业单位和企业养老保险制度之间的待遇差距①直接导致了养老保险制度间的不公平。

由于对企业职工和国家机关、事业单位职工采取两种不同的养老金支付方式和标准。在企业养老保险已经充分按照"社会保险"规则运行的情况下，机关事业单位的离退休费的发放依然同工资收入直接挂钩。

现行养老保险支付额度不仅不能有效地调节初次分配的差别，反而进行逆向调节并强化了初次分配的差别。企业职工的平均收入及福利低于国家机关、事业单位，但国家机关、事业单位的养老金却高于企业职工。这样社会统筹养老保险的分配效应受到扭曲。

（三）多层次制度中企业年金发展不充分

尽管基本养老保险覆盖范围广泛，但补充养老保险尤其是企业年金层次发展不充分，影响了整体人群间的公平性。

1. 企业年金覆盖率低

2004 年年末，企业基本养老保险覆盖率约为 61.7% 。2005 年 10 月，深圳市企业年金覆盖率约为 1.8%。与发达国家相比，深圳市现阶段企业年金发展极不充分，覆盖率很低。②

企业年金的发展是缩小机关事业单位与企业养老保险待遇差距悬殊的有效方法。参照中国政府城镇养老社会保障体系的未来模式，基本养老保险金的目标替代率预定的 58.5%，企业年金替代率必须达到 20% ~ 30% 的水平，才能基本保障职工退休后基本生活水平维持不变。

2. 企业年金的供给与需求均不足

（1）基本养老金替代率高，挤压企业年金发展空间

退休职工基本养老金替代率水平偏高，形成了对企业年金需求替代，一定程度上挤压了企业年金的发展空间。深圳市 2004 年基本养老金总体替代率高达 72%，退休职工企业年金需求不足。

（2）企业雇主负担较大，企业年金供给不足

企业年金的主要供给者是雇主，继续提高缴费水平必加剧雇主成本。企

---

① 这种待遇差距主要源于"四不统一"，不统一制度，不统一征缴，不统一管理，以及不统一发放。

② 例如，日本早在 20 世纪 80 年代就达到了 90% 以上，丹麦几乎是 100%，荷兰 85%，英国 60%，美国 50%，爱尔兰 40%，最低的西班牙也高达 15%。

业年金缴费在工资总额4%以内可在成本中列支，要实现企业年金30%替代率目标，在企业单方缴费的情况下，4%的税前列支比例激励不足。

3. 国家相关规定及宏观环境存在缺陷

国家对企业年金发展的运行规则与运行程序的相关规定尚不成型，企业年金现行投资渠道也不合理。企业年金实施的外部条件也还不成熟，这表现在：①资本市场不成熟；②缺乏基本法律支撑体系，企业年金运行无法可依；③缺乏有经验的专业机构和专业管理人员。

三　完善深圳养老保险制度的对策思考

针对现行养老保险制度存在的问题，提出完善深圳市养老保险制度的对策思考。

(一) 农民工养老保险制度的路径选择

根据从实际出发的原则，考虑到有效保证农民工社会保障权益、保证农民工自由选择权利，建立分类型、分层次、体现差异的农民工养老保险制度。考虑国家政策变化因素，农民工养老保险制度的完善有以下两种可供选择的方案。

方案一：建立分类、分层养老保险制度。

对有雇主且职业稳定、有较强技能和固定收入的农民工，纳入城镇职工养老保险制度，按照城镇职工养老保险制度规定执行。对有雇主但职业不稳定、技能一般也无固定收入的农民工，借鉴上海、成都等地的老年补贴制度，解决农民工退保问题。

这一方案中，农民工达到国家规定的退休年龄时，凭老年补贴凭证到社会保险机构一次性兑现。缴费基数为深圳市上年度职工月平均工资的30%，老年补贴为5%，由企业全额缴费。分类分层养老保险制度方案避免了"一刀切"，为农民工提供选择，较好地解决了扩面和退保问题。缺陷在于没能覆盖自谋职业的农民工，忽视了这一部分人的养老权益。

方案二：建立与城镇职工制度统一、有所差异的养老保险制度。

考虑到路径依赖，农民工和城镇职工应参加统一养老保险制度。减少改革震荡，节省管理成本。有所差异体现在缴费基数、养老保险个人账户的转移接续以及不满缴费年限养老待遇等方面。

缴费基数：上年社会平均工资的30%，大大降低进入门槛，有利于扩面和减轻企业的负担。待遇水平：不满缴费年限的养老待遇方面，采取分段计算法，以其在深圳缴费年限为基础，设计一定的按月享受基础养老金年限。个人账户的转移接续：农民工不能退保，只能转保。寻求银行合作，个人账

户制成一张"民工"卡，通过银行的网络系统，实现"卡随人走，异地支付"。

（二）改革机关事业单位养老保险的制度选择

从逐步降低养老金替代率[①]、坚持部分积累制等原则出发，改革机关事业单位养老保险制度可以有以下三种方案的选择思路。

方案一：

建立统一的深圳市基本养老保险制度。企业员工、机关公务员、事业单位职员等人员都纳入市基本养老保险体系，享受统一的基本养老金。在此基础上，分别建立企业员工补充养老保险、公务员退休津贴（年金）、职员退休津贴（年金），分别体现各自的特点。

方案二：

参照国际惯例，分别建立企业员工养老保险制度、公职人员养老保险制度。对事业单位，首先重新确定其类别划分，属行政执行类和社会公益类事业单位，与机关一起执行公职人员养老保险制度；属生产经营类事业单位或企业性质的，执行企业员工养老保险制度。

方案三：

分别建立企业员工养老保险制度、公务员养老保险制度、事业单位职员养老保险制度。

以上方案中，方案一的"退出成本"最低，"实施成本"也最小，能实现社会养老保险最大限度的共济。

（三）促进企业年金发展

1. 制定相应的税收优惠政策

逐步、适当提高企业年金缴费税前列支比例。企业年金实行 EET 延迟征税优惠政策，即对企业年金供款和企业年金基金投资收益免税，而对领取企业年金给付金征收所得税的做法。

2. 支持企业年金多层次的经办形式

大型企业的企业年金基金，采取信托型的年金制度，这样既可以对企业年金进行有效的监管，又能促进资本市场的发展。中小企业的企业年金计划，委托社会化的商业保险公司经营。

---

① 机关事业单位退休金与原工资相比支付比率同世界上许多国家相比都算是高的，特别是还有很大一部分人可领取的退休金为原工资的100%（如教龄满30年的中小学教师及离休人员）。与此对照，英国公务员最高退休金为退休前3年最高月工资的45%、美国为退休前3年最高工资的80%、新加坡为退休前3年平均工资的2/3、法国和德国为退休前工资的75%、日本为70%、韩国为76%。因此，要逐步降低机关事业单位养老金的替代率。

3. 完善信息披露机制

遵循充分性、有效性、纪实性、公开性四原则。通过市场来监管有关当事人，有效防范违法违规行为的发生。降低监管部门的监管成本。

第三节　深圳医疗保险制度现状研究

医疗保险是社会保险的一个独立的子系统，又与工伤保险、生育保险、养老保险等项目相关联，与其他保险项目相比较，它具有保障对象的全民性、医疗机会和待遇的均等性、医疗保险目的的专一性、医疗保险的强制性、医疗保险与其他保险的交织性、医疗保险的服务性和医疗保险的福利性等特征。

经过 1992 年、1995 年对深圳医疗保险制度的改革，建立起全市统一的医疗保险制度：一是建立了多层次的基本医疗保险制度；二是建立了综合基本医疗，实行社会统筹与个人账户相结合的制度；三是制定新的医疗保险待遇标准；四是健全约束、监督管理的新机制。

一　深圳市现行医疗保险制度概况

深圳市自 1992 年颁布《深圳市社会保险暂行规定》和《深圳市社会保险暂行规定医疗保险实施细则》，正式实行职工社会医疗保险制度，迄今已有 14 年。在深圳市社会医疗保险制度发展的 14 年中，受建制理念、经济社会等多种因素的影响，制度几经变革，大体经历了职工基本社会医疗保险的初创阶段、完善阶段和全方位、多层次社会医疗保险体系的新探索阶段 3 个阶段，初步建立了新型、全方位、多层次的社会医疗保险体系架构。

（一）医疗保险广覆盖

目前深圳市医疗保险制度是以 2003 年深圳市政府颁布《深圳市城镇职工社会医疗保险办法》为核心的城镇职工基本医疗保险制度，基本医疗保险保证了覆盖户籍、非户籍劳动者的基本医疗需求，化解了职工面临的医疗风险，体现了全市一致和公平。到 2005 年底，全市参加基本医疗保险的人数达 269.58 万人[①]。

与此同时，针对基本医疗保险制度的体制性缺陷和劳务工的需求特点，深圳市建立了劳务工合作医疗保险制度，2005 年 2 月颁布《深圳市劳务工合作医疗试点办法》。使劳务工可在合作医疗保险和基本医疗保险间

[①] 数据引自《深圳市 2005 年国民经济和社会发展统计公报》。

自主选择，调动了劳务工和用工企业的积极性，切实保障了劳务工的基本医疗需求。

（二）医疗保险多层次

针对基本医疗保险有限的保障水平，深圳市还实行了各种形式的补充医疗保险制度，以体现地区间、单位间和个人间的经济状况差异，满足不同层次的医疗保险需求。深圳市在 2003 年《深圳市城镇职工社会医疗保险办法》中，增加了地方补充医疗保险的相关规定；在国务院和劳动和社会保障部相关文件的基础上，于 2005 年出台《深圳市公务员医疗补助暂行办法》。1999年出台《深圳市直机关、事业单位家属统筹医疗管理办法》。

在现行深圳市社会医疗保险制度下，医疗保险体系可分为四个层次：第一层次为基本医疗保险，体现全市一致和公平；第二层次为地方补充医疗保险，体现地区经济差别；第三层次为公务员医疗补助和企业补充医疗保险，体现同一地区不同单位间的经济差别；第四层次为商业性医疗保险，体现个体经济差别。由此，深圳市以城镇职工基本医疗保险制度为主，以补充医疗保险（包括企业补充保险、公务员医疗补助、工会的大额医疗费补助）和商业保险为辅，以社会医疗救助为底线的、多层次的医疗保障制度框架已粗具雏形。

（三）医疗保险多形式

首先，基本医疗保险多形式。基本医疗保险分综合医疗保险和住院医疗保险两种形式。综合医疗保险参保对象主要是深圳户籍的在职职工和退休人员；住院医疗保险参保对象主要是非深圳户籍在职职工和深圳户籍领取失业救济金的失业人员。非深圳户籍的在职职工经用人单位申请也可参加综合医疗保险。这种混合型医疗保险模式满足了不同的医疗需求，有效地提高了医疗保险的覆盖面。

其次，补充医疗保险多形式。补充医疗保险分为地方补充医疗保险、公务员补充医疗保险、企业补充医疗保险三种。地方补充医疗保险体现了地区经济差别。国家公务员补充医疗保险解决了国家公务员基本医疗保险不予支付的大额医疗费用和个人账户用完后个人自付部分的医疗费用。

（四）医疗保险制度改革成效显著

改革后的医疗保险制度，既保障了不同层次的医疗需求，又有效地减轻了企业的负担，从根本上实现了医疗费用由过去公费报销、单位承担向现在由单位和个人共同负担的转变，基本上实现了医疗卫生资源的合理利用，实现了统筹基金和个人账户基金双节余，保证了参保人员基本医疗需求。

二 深圳市现行医疗保险制度存在的问题

社会医疗保险涉及以下三方的行为：政府和医疗保险提供方、医疗保险被保险方和医疗服务提供方，三方行为共同影响着医疗保险制度的绩效①。

（一）医疗保险承担过多保障功能

1. 社会医疗保险只应保障公民的基本医疗

医疗卫生服务分为公共卫生②、基本医疗服务③和非基本医疗服务④三个层次。

对基本医疗服务，政府应提供社会医疗保险计划，确定保障公众基本健康药品和诊疗项目目录，医疗保险以尽可能低的价格提供给所有疾病患者，降低社会成员健康风险和引发的经济风险。对社会个体超过医疗保险支付范围的基本医疗需求则应实施医疗救助。

社会医疗保障体系由医疗福利、社会医疗保险、医疗救助、商业保险等一系列保障方式组成的整体。社会医疗保险不是唯一的医疗保障，只是医疗保障中的一个主体部分，只应该保障公民的基本医疗，而不是基本医疗保险解决所有的医疗需求。

医疗救助照顾由于经济原因未能参加医保的部分特殊群体的基本医疗需求，以及部分超出医疗保险支付限额的基本医疗需求。

2. 医疗保险承担了过多的保障功能

应明确疾病医疗保险理念。医疗保险不仅承担了其他医疗保障形式承担的部分功能，对许多非疾病医疗需求进行保障，如意外伤害等。这超出了社会基本医疗保险的范畴。

3. 医疗救助体系尚未建立

城市医疗救助制度功能是帮助城市贫困群众解决就医方面的困难和问题，减少因病致贫、返贫，促进社会和谐公平，坚持以人为本，维护社会稳定的需要。

---

① 政府和医疗保险提供方的行为对医疗保险绩效的影响，主要是政府在医疗卫生领域的社会责任是否得到了充分、适度的发挥。医疗保险被保险方和医疗服务提供方行为的动力是现行医疗保险制度对其提供了有效的激励和约束机制。

② 公共卫生包括计划免疫、传染病控制、妇幼保健、职业卫生、环境卫生和健康教育等在内，属于典型的公共产品，应由政府以医疗福利的形式向全体社会成员免费提供。

③ 基本医疗针对绝大部分常见病、多发病，为全民提供所需药品和诊疗手段，以满足全体公民的基本健康需要。

④ 基本医疗服务以外的医疗卫生需求，政府不提供统一的保障，鼓励发展自愿性质的商业医疗保险，推动社会成员之间的"互保"，鼓励企业在自愿和自主的基础上为职工购买补充形式的商业医疗保险。

深圳市部分经济困难未参加医疗保险的人群未能享受到基本医疗保障。超出医疗保险支付限额的医疗支出由个人承担，造成一定的"看病难"和"因病致贫"现象。参保人对医疗保险期望过高，有向医疗保险部门集中的倾向。医疗救助体系尚未建立加重了医疗保险的保障负担。

（二）医疗保险基金与现收现付原则存在一定背离

1. 深圳市医疗保险基金结余率偏高

深圳市医疗保险基金累计结余额较大，整体结余率偏高。医疗保险作为一种现收现付制的社会保险，基金本身应做到收支平衡、略有结余。一般情况下，基金结余可保证 2 ~ 6 个月的正常支付即可。

在医疗保险缴费比率下调后，深圳市医疗保险基金结余额仍能负担约 36 个月的正常支付，医疗保险基金结余率偏高，影响个人对收入的自主使用，降低了社会整体效率。

2. 现行医疗保险费率未充分考虑深圳的特殊因素

参保人员年龄结构轻：深圳市整体人口年龄结构轻，参保人员也以中青年为主。目前全市退休人员约 11 万人，以全部参加医疗保险计，赡养系数远高于全国水平和 4:1 的赡养系数理论警戒线。

医疗保险基金支付压力轻：医疗保险基金的支出和使用与参保人员的年龄结构有密切关系。随着参保人年龄的递增，患病的几率越高，人均费用也相应增高[①]。

缴费基数较高：深圳市经济比较发达，社会平均工资水平较其他城市要高。而医疗保健价格水平与全国接近，使得医保基金支付压力较小，结余率较高。

退休职工缴纳医疗保险费：其他城市退休人员参加基本养老保险普遍不缴费，深圳市退休职工基本医疗保险费由养老保险基金中扣除。医保基金来源渠道的多样化也是医保基金结余率较高的原因之一。

3. 医疗保险基金结余偏高，背离了现收现付原则

较高的医疗保险基金结余挤占了个人当期消费。即被保险方以过高的价格购买了社会医疗保险，而降低了被保险方的可支配收入。

违背医疗保险尊重个人自主选择权原则和现收现付原则内涵，也降低了参保人的福利水平。

4. 医疗保险基金结余存在贬值风险

2004 年深圳社保基金整体投资收益率不高，低于同期中国通货膨胀率

---

① 以国际国内经验而言，美国 12% 的 65 岁以上人口消耗了全国 29% 的医疗经费；日本 13% 的 65 岁以上人口，也消耗了全国 28% 的医疗经费。就人均费用而言，美国老人的医疗费用约为非老人的 3 倍左右；台湾地区老人的医疗费用也约为非老人的 2.5 倍；英国 85 岁以上老人的医疗费用比 16 ~ 44 岁人口群高 9 倍。

（3.9%），据亚洲银行预测 2005 年中国的通货膨胀率将达到 5.9%，因而现有医保结余基金实际上出现了贬值。

受投资渠道限制，社保基金投资收益率不会大幅改善，较大的医保基金结余面临贬值风险。现收现付制的医疗保险，保持较大基金结余是为对抗未来可能的支付压力，但贬值风险使抗风险能力降低。

（三）家属统筹医疗保险未覆盖到企业职工家属

目前影响深圳市医疗保险的覆盖率和覆盖范围的主要因素是一部分人群未被医疗保险制度覆盖，其中，企业职工家属是这部分人群中的主体。

深圳市城镇职工家属除机关和事业单位家属可参加统筹医疗保险外，企业职工直系亲属只能参照 1953 年颁布的《中华人民共和国劳动保险条例实施细则修正草案》规定由企业负担医药费的 1/2，该规定现在深圳已基本没有实行。

企业职工供养直系亲属约占职工总数的 50% 左右，其中 90% 为职工子女，10% 为赡养的老人。企业职工所面临的医疗风险不仅是自身患病的风险，所供养的直系亲属患病同样会导致职工家庭整体福利水平的下降。职工家属缺乏医疗保障，直接降低了社会医疗保险的保障水平和风险化解能力。

（四）社区医疗保险服务体系发展不足

深圳市医疗保险目前拥有较充足的社区医疗资源，但是在整合医疗服务和医疗保险服务提供，建立社区医疗保险服务体系等方面还存在一定不足。

社区医疗保险服务体系是指建立在社区健康服务中心和社区医疗保险工作站相结合基础上的医疗技术服务和医保经办服务一体的医疗保险服务体系。

1. 社区医疗保险服务资源未有效利用

由于缺乏明确的激励机制，参保人患病后仍然倾向于到大医院就诊，社区健康服务中心的就诊率偏低。

2. 社区医疗保险卫生服务与经办业务对接不到位

社区医疗保险卫生服务与医疗保险经办业务之间缺乏有效的对接机制和组织建设，严重影响深圳市社区医疗保险服务体系发挥其应有的功能。

3. 社区医疗保险服务体系功能单一，服务不足

截至 2005 年，深圳市 332 家社区健康服务中心中，有 324 家被约定为基本医疗保险定点机构，占总数的 97.59%。但是社区医疗保险服务还仅仅停留在医疗技术服务的单一层面上。

三 完善深圳市医疗保险制度的措施

（一）建立惠及全体居民的基本医疗保险制度

现阶段，中国卫生发展以"人人享有初级卫生保健"为发展战略，建立

惠及全民的社会医疗保险制度是实现目标的重要途径和保证。全国城市医疗改革以基本医疗覆盖90%的人群为整体目标。

深圳市要建立惠及全体居民的基本医疗保险制度一方面要完善制度，覆盖所有目标人群；另一方面要采取措施，鼓励被覆盖人群参保。

1. 家属统筹医疗保险覆盖企业职工

根据目前职工供养直系亲属所需医疗平均费用占职工工资总额的基本情况，通过社会统筹，覆盖企业职工家属，以较低成本化解部分医疗风险。

2. 坚持一视同仁、保大病的原则

职工家属社会统筹坚持机关、事业单位和企业职工适用统一政策原则，打破单位性质，户籍差别的人为界限。

职工家属社会统筹坚持保大病的原则。小病费用由职工自己负担，大病、重病发生高额医疗费用实行大病统筹，化解风险，发挥社会共济作用。

3. 先实行职工子女及学生大病医疗费用统筹办法

职工供养的直系亲属中90%为职工子女。实施职工子女及学生大病医疗费用统筹，抓住了职工家属医疗保障问题的主要矛盾。通过试点办法，逐步解决子女和老人筹资比例等现实问题。

（二）明确医疗保险在医疗保障中的职能界限

医疗保险只是整个医疗保障体系的一个部分，不能承担超过其界限的职能。一方面要通过全民医疗保险，充分保障公民的普遍医疗权；另一方面又要明确医疗保险在医疗保障中的职能界限，深圳市就要进一步完善在结构上尚存在缺失的医疗保障体系。

1. 解除基本医疗保险的附加职能

中国乃至深圳市的医疗保险制度，是通过对患有疾病的参保人员给予一定事后经济补偿的制度①。

不同原因造成的医疗需求应由不同措施来保障。医疗保险仅是对疾病带来基本医疗风险的化解，而不能化解所有基本医疗风险。

明确基本医疗保险的疾病医疗保险内涵，对意外伤害、事故等原因造成的医疗需求，引导参保人通过商业保险等手段进行化解。

2. 加大政府在公共卫生领域的投入力度

深圳市社会医疗保险要建立基本医疗保险与预防保健、健康教育相结合的新机制。首要任务是加大政府在公共卫生领域的投入。

目前，深圳市公共卫生支出严重不足。公共卫生与医疗保险的绩效密切

---

① 该制度的显著特征是通过大数法则原理筹集保险基金，以补偿和分担少数社会成员在重大疾病时个人难以承担的医疗费用和经济损失。

相关，预防保健和健康教育等各项公共卫生工作做得好、人们的健康状况提高、疾病的发生频率降低有利于减少医疗保险基金支出，有利于降低基金支出风险，有利于保障医疗保险的可持续发展。

3. 建立独立的医疗救助制度

深圳市劳动和社会保障局与民政部门协调，建立独立的医疗救助制度，使贫困群众切实获得医疗救助制度的实惠。

合理确定救助对象，科学制订补助标准。按照"布局合理、数量适宜、满足需求、方便就近"的原则，选择和确定提供医疗救助服务的医疗卫生机构。

参照本市城镇职工基本医疗保险甲类用药目录、诊疗项目目录和医疗服务设施目录，制订医疗救助对象的医疗服务标准。

加强对承担医疗救助服务机构监管，引导医疗机构合理检查、合理用药、因病施治，控制和降低医药费用，保证医疗质量和安全。

（三）拓宽医保结余出路，提高配置效率

目前深圳市医疗保险基金结余率高，而经济满足程度相应偏低，应拓宽医保基金结余的出路，广泛地满足参保人的医疗需求。

突破社保基金投资渠道限制，合理配置医保结余存量。投资于公益性、惠及全体参保人的医疗基础设施，如公立医院和职工疗养院等。

兴建医疗基础设施比提高支付待遇更为合理，降低了医保结余存量的贬值和投资风险；从长远上看，甚至可使其增值，提高了全体参保人医疗福利水平的可持续性。

调整缴费比率，适当提高支付待遇。允许用于参保人的健康维护、重疾预防、免费体检等。

（四）强化医疗保险社区管理服务体系

国家出台的《关于大力发展城市社区卫生服务的决定》中规定：大中城市每 3 万~5 万人的社区应设立一个社区卫生服务中心。深圳市目前有 332 家社区健康服务中心，其中 324 家被约定为基本医疗保险定点机构，基本满足了社会的需求。但是深圳市整体以社区为依托的医疗保险管理服务体系尚未完全建立。

1. 建立健全制度体系，提高社区医疗服务水平

完善社区卫生服务运行机制。建立健全社区卫生服务机构、人员准入和退出机制，改革人事管理、收入分配制度和财政补偿制度及方式，确保服务质量。

加强社区卫生服务队伍建设。推进全科医师和护士岗位培训，建立医院和预防保健机构支援社区卫生服务的制度，鼓励和组织大中型医院医务人员

到社区为居民服务。

加强社区卫生服务的监督管理。依法严格社区卫生服务机构、从业人员和医疗服务项目的资格准入，加强药品质量监管和民主监督，保证居民就医、用药安全。

2. 完善社区管理服务平台

在深圳市各个社区成立劳动保障事务所，增设医疗保险服务站，每个服务站配备3名左右医保服务人员。

在各社区通过公开招聘配备劳动保障专管员，经费由劳动和社会保障部门自筹。

在社区管理服务平台基础上，开展医疗保险管理服务进社区，将灵活就业人员管理服务、医保定点单位管理、参保人员健康教育、医保政策宣传、参保信息查询、医保信息管理等工作向社区延伸。

完善医保信息网络，实现医保中心与街道社区计算机网络的连接，使居民在街道社区即可办理参保手续、报销医药费。实现医疗保险服务体系以社区为载体的社会化。

3. 实现社区医保服务与医疗卫生服务对接

医保部门在推进社会化管理服务体系建设时，要努力实现社区医疗保险服务与社区卫生服务的对接。

（1）构建完善的协调、管理和组织机制

通过制定一系列的规则、制度、职责范围等，建立健全政策规章体系、技术支持体系和监督管理体系。

通过建立医保准入制度，实行对社区医疗卫生服务机构的协议管理，完善医保考核标准，对社区卫生服务机构实行规范化、制度化和科学化的管理。

（2）发挥社区卫生服务价格低廉优势

根据社区卫生服务特点，将急诊、住院、家庭病床以及老年康复等符合基本医疗的项目纳入基本医疗保险基金支付范围，并设立一定的优惠政策，如降低起付线、降低门诊住院医药费个人自付比例等，吸引参保患者向社区医疗服务机构分流。

探索实行适合社区卫生服务特点的医疗保险费用结算方式，如预付制、按就诊人次付费等，完善费用补偿机制，在提高社区卫生服务机构积极性的同时确保基金使用效率。

（3）为参保人员提供"零距离"医疗服务

考虑人们就医观念根深蒂固，需采取一定的合理措施引导。逐步形成

"小病在社区"的就医习惯。如采取与综合性医院建立健全畅通的双向转诊制度等，切实解决患者的后顾之忧。

参考文献

冯必扬等编《现代社会保障研究》，人民出版社，2003。

金丽馥、石宏伟著《社会保障制度改革研究》，中国经济出版社，2000。

刘俊霞著《收入分配与中国养老保险制度改革》，中国财政经济出版社，2004。

宋晓梧编《中国社会保障制度改革》，清华大学出版社，2001。

魏新武编著《社会保障世纪回眸》，中国社会科学出版社，2003。

易宪容等著《香港强积金》，社会科学文献出版社，2004。

罗元文：《国际社会保障制度比较》，中国经济出版社，2001。

莫泰基：《个人账户与养老保障功能剖析》，《社会保障制度》，2001年第2期。

袁志刚：《中国养老保险体系选择的经济分析》，《经济研究》，2001年第5期。

郑功成：《社会保障学——理念、制度、实践与思辨》，商务印书馆，2000。

郑功成等著《社会保障制度变迁与评估》，中国人民大学出版社，2002。

张树新等著《全球企业年金（2003）》，中国劳动社会保障出版社，2004。

劳动和社会保障部社会保险研究所编《中国医疗保险制度改革：1994~2004》，中国劳动社会保障出版社，2004。

〔美〕艾维瓦·罗恩、谢尼亚·舍尔-阿德龙编《医疗保障政策创新》，中国劳动社会保障出版社，2004。

乌日图：《医疗保障制度国际比较》，化学工业出版社，2003。

〔匈〕雅诺什·科尔奈、翁笙和：《转轨中的福利、选择和一致性：东欧国家卫生部门改革》，中信出版社，2003。

E. Santerre, Stephen P. Neun, Health economics : theories, insights and industry studies, Mason, Ohio : Thomson/South-Western, 2004.

Manning, Willard G., Newhouse, Joseph P., Duan, Naihua, Keeler, Emmett B, Lelbowitz, Arleen, Marquis, M. Susan, Health Insurance and the Demand for Medical Care: Evidence from a Randomized Experiment, American Economic Review, Vol. 77 Issue 3（Jun87）.

Richard B. Saltman, Reinhard Bussed & Josep Figueras（ed）, Social health insurance systems in western Europe, Berkshire: Open University Press, 2004.

当前中国行政区划体制改革评析 *

内容提要：行政区划改革事关中央与地方关系的空间布局。随着中国经济体制改革的不断深入，新一轮的区划改革浪潮已经启动。首先，文章简要回顾了中国行政区划的历史沿革。其次，概括了中国现行行政区划体制的特点，指出当前中国行政区划改革的四个焦点问题，即管理层级过多、省级行政区划设置不合理、乡镇政权出现治理危机、"行政区经济"现象广泛存在。再次，分析了中国当前的行政区划改革态势，即强县扩权、撤并乡镇、破除行政壁垒。最后，文章对当前中国行政区划改革的主要理论观点进行了梳理和评论，根据中国经济社会发展的现实状况以及区划改革实践，结合"十一五"规划精神，认为，减少层次，调整幅度，转变功能，增强活力，提高效率，促进区域协调互动，是未来行政区划改革总的方向；增直分省，弱市强县，乡镇自治，区域发展，统筹规划，是未来行政区划改革的模式选择。

行政区划是指一个国家根据政治统治与行政管理的需要，遵循有关法律规定，综合考虑地理条件、经济联系、民族分布、人口密度、历史传统、文化背景等因素，将国土划分为若干层级、不等幅员的行政区域，并在各个行政区域设置相应的政府机构，实施分级分区管理，从而形成国家治理的基本空间格局。行政区划是中央与地方关系的空间投影。作为事关国家政治、经济、社会发展全局的重大战略问题，行政区划设置是否合理，直接关系到政治稳定，关系到国家和地方行政管理的效能，关系到资源科学配置和生产力的合理布局，关系到经济社会的健康发展。

---

* 邹树彬、黄卫平、汪永成：深圳大学当代中国政治研究所。

中国历史悠久，幅员辽阔，自然条件差距大，人口民族众多，经济社会发展不平衡，行政区划体制极为复杂。或简或繁，时设时撤，不断变化，是中国行政区划变革的重要特点。随着中国经济体制改革的不断深入，市场经济体制的逐步建立与完善、政府职能的转变、生产力水平的提高和现代交通通讯设施的发展以及城市化的推进，现行行政区划对经济社会发展的不利影响因素日益明显，管理层级过多与区划分割逐渐成为城市与区域持续发展的阻力。进入新世纪以来，中国行政区划开始了新一轮的改革浪潮。

本文共分四个部分：第一部分，对中国行政区划的历史沿革做简要回顾；第二部分，简要概括中国现行行政区划体制的特点，指出当前中国行政区划改革的焦点问题；第三部分，分析中国当前的行政区划改革态势；第四部分，展望中国行政区划改革的未来走向。

第一节　中国行政区划变革的简要回顾

秦始皇统一中国后实行"郡县制"，以郡统县，这是中国行政区划史上第一个里程碑，中央集权制的国家行政体系开始建立并巩固。"县制"至今已有2200多年的历史，保持了基本稳定。东汉开始在郡上加设州一级，三国两晋南北朝时继续沿用。隋朝又恢复了郡县两级的体制。唐宋又恢复了三级设置。元朝开始采用"行省制"，设省、路（府）、县三级。"行省制"基本确立了中国最高层次的地域行政区形式，至今已历700余年，这是中国行政区划史上又一个具有里程碑意义的重大变革。其后，明设布政使司，下辖府、县。清朝将全国分为18省、5个将军辖区、2个办事大臣辖区共25个一级行政区域和内蒙古等旗盟，之下设府（州、厅）、县（散州、散厅），形成三级地方行政管理体制。同时，清代将明代临时派遣性质的总督发展成地方常设机构，总督为地方最高长官，总管一省或二三省，相当于增加了一级行政建制。民国初年，废除了府（州、厅）一级，实行省道县三级制，后又撤销道一级，增设了行署，作为省政府的派出机构。①

中华人民共和国建立之后，基本上沿用了元明清时代的行政区划，但为了适应国家建设的需要，行政区划屡有调整。总体而言，大致可分为三个时期。

---

① 参见刘君德：《学习贯彻十六届五中全会精神 推进中国行政区划体制改革健康发展》，《经济地理》，2006年1月，第26卷第1期；李晓杰：《从历史的角度看当代行政区划层级与幅员改革之必行》，《江汉论坛》，2006年第1期。

一 建国初期到 1954 年宪法颁布前后

这一时期的主要任务是全面建立中国行政区划体系，实行大区（直辖市）、省（大区辖市、行署区）、县、乡镇四级行政区划。建国初期设立的华北、东北、华东、西北、中南、西南六大行行政区，是地方最高行政区，管辖省、直辖市和自治区。省由过去的一级行政区变为二级行政区，规模适当划小，到 1953 年，全国分为 53 个省级区划单元。1954 年以后，撤销大行政区，由中央政府直接领导省级行政区，并将省级行政区进行合并，省级行政区减少到 30 个左右，这个格局一直到 1988 年设置海南省和 1997 年设置重庆直辖市之前没有大的变化。1954 年，省县之间设立专区，专员公署为省政府派出机构，实行省、专区（市）、县、乡镇四级制。建国初期还重点对乡级行政区划进行了撤并分立，这是各级行政区划中变动最频繁的政区。这一时期行政区划的另一个重要成果是创立了民族区域自治制度，在全国的民族地区设立自治区、自治州和自治县。

二 1958 年人民公社化到 1978 年改革开放前的 20 年

这一时期的行政区划主要变动是乡体制的根本变革和县市地的局部调整。1958 年，人民公社化时期全面撤销了乡体制，普遍实行政社合一的人民公社体制，这个体制一直维持到 1982 年。1958～1965 年部分县市和地区撤并后又恢复，"文化大革命"中地区经历了从派出机构到一级行政区建制，继而又恢复派出机构法律地位的变化。

三 改革开放以来

这一时期行政区划体制变更的主要内容是改革人民公社体制和撤地设市、撤县设市工作。省下设市（地区），再下设县（市、区），最后为乡、镇、街道，仍为四级制。中国目前的行政区划体制开始形成。此外，这一时期还增设海南省、重庆直辖市，香港、澳门回归分别设立特别行政区，10 年来增加了四个省级行政区划建制。①

行政区划是国家政权建设的前提条件，也是国家政治体制的重要组成部分，对国家政治、经济、社会、文化、民族等各方面具有重大而深远的影响。加强中央对地方的控制，提高多民族国家的整合能力，是封建王朝行政区划变革的重要原因。中华人民共和国建立之后的区划变革，更多的是适应

---

① 参见戴钧良：《行政区划 50 年回顾与总结》，《中国方域（行政区划与地名）》，1999 年第 5 期。

国家建设的需要，行政区划成为中央驾驭地方及中央与地方分权的一种重要形式和手段。体现和坚持单一制国家结构形式，促进多民族国家的统一，是行政区划变革的重要原则。

第二节　中国现行行政区划体制以及改革的焦点问题

中国现行的行政区划体制是依据 1982 年颁布实施的《中华人民共和国宪法》建立起来的。《中华人民共和国宪法》第三十条规定："中华人民共和国的行政区域划分如下：（一）全国分为省、自治区、直辖市；（二）省、自治区分为自治州、县、自治县、市；（三）县、自治县分为乡、民族乡、镇。直辖市和较大的市分为区、县。自治州分为县、自治县、市。自治区、自治州、自治县都是民族自治地方。"第三十一条规定："国家在必要时得设立特别行政区。"

据此，中国现行的行政区划体制一般有四个层级，即省级（包括直辖市、省、自治区、特别行政区），地级（包括地级市、地区、自治州、盟），县级（包括市辖区、县级市、县、自治县、旗、自治旗、特区、林区），乡级（包括区公所、镇、乡、苏木、民族乡、民族苏木、街道）。西部少数边远山区在县与乡镇之间还设有县的派出机构——区公所，东中部地区的一些乡镇则在乡镇与村之间设管理区或办事处，形成了五级管理层。截至 2005 年底，全国共有 34 个省级单位，333 个地级单位，2862 个县级单位，41636 个乡级单位。中国现行的行政区划状况见下表 1：

表 1　中华人民共和国行政区划统计表（截至 2005 年 12 月 31 日）

单位：个

省　级		地　级		县　级		乡　级	
直辖市	4	地级市	283	市辖区	852	区公所	11
省	23	地　区	17	县级市	374	镇	19522
自治区	5	自治州	30	县	1464	乡	14677
特别行政区	2	盟	3	自治县	117	苏　木	181
				旗	49	民族乡	92
				自治旗	3	民族苏木	1
				特　区	2	街道	6152
				林　区	1		
合　计	34	合　计	333	合　计	2862	合　计	41636

资料来源：中国行政区划网，2006 年 7 月 3 日。

随着中国经济体制改革的不断深入，市场经济体制的逐步建立与完善、政府职能的转变、生产力水平的提高和现代交通通讯设施的发展以及城市化的推进，现行行政区划对经济社会发展的不利影响因素日益明显，管理层级过多、省级行政区划设置不合理、乡镇政权出现治理危机以及"行政区经济"对区域横向合作的阻碍是中国现行行政区划存在的主要问题。

（一）管理层级过多，导致政令不畅，效率低下

中国是世界上少有的实行地方政府四级制的国家之一。如果再加上明文规定的十几个副省级行政单位（即辽宁的沈阳和大连，吉林的长春，黑龙江的哈尔滨，江苏的南京，浙江的杭州和宁波，福建的厦门，山东的济南和青岛，湖北的武汉，广东的广州和深圳，四川的成都，陕西的西安），相当数量的副地级行政单位（主要是一些省辖县级市）和副县级行政单位（主要是一些经济比较发达的建制镇），那么，中国现行行政区划层级就更多了。与世界其他国家相对扁平的行政区划设置相比较，中国高而尖的"金字塔"型行政区划存在着上行下不达、政策"截留"、效率低下、官僚机构臃肿、地方财政成为"吃饭财政"等弊端。

这些弊端在投入高额成本维持的庞大的地级市架构上表现得最为突出。地级管理层从 20 世纪 80 年代始，由派出机构逐步演变为一级行政区划。1982 年，中央第 51 号文发出了改革地区体制、实行市领导县体制的通知，江苏成为这场改革的先行者，1983 年在全国试行。到 2001 年底，全国共有地级行政建制 332 个，其中地级市 277 个，地级市管县的数量占全国总数的70%，人口占总人口的 80%，市管县成为中国地方行政体制的主要形式。①目前全国 333 个地级机构中，大部分都实行了市管县的体制。

市管县体制是指在行政区划上，将同一经济区内的一些县（市）划归为中心城市进行管理，该中心城市成为由省直接领导的一级地方政权。市管县体制在建立初期，地级市由于本身经济实力较强，对于密切城乡关系、加强城乡合作、促进城乡协调发展起到了一定的推动作用。随着中国政治、经济体制改革和市场经济体系的确立和不断完善，市管县体制已逐渐偏离其改革初期设想的长远目标，局限性越来越明显。而 20 世纪 90 年代以来进行的大规模撤地设市、县级市升格为地级市，则由于地级市本身的经济实力弱，收权收利，产生"漏斗效应"，形成所谓"市压县"、"市卡县"、"市挤县"、"市吃县"或"市刮县"的局面，地级市成了抽水机，削弱了县域经济发展的能力。所谓"漏斗效应"，一是"财政漏斗"。一些地级市本身城区的经

---

① 徐竹青：《省管县建制模式研究——以浙江为例》，《中共浙江省委党校学报》，2004 年第6 期。

济体量较小，靠自身财力不足以维持运转，只能靠行政手段对下"抽血"、对上截留。二是"权力漏斗"。地级市掌握了大量经济社会管理的权力，县级政府自主权过小。地级市与县级政府争项目、争投资、争信贷、争税源，矛盾尖锐，弱市与强县之争尤为突出。三是"效率漏斗"。据测算，一个中等地级市，每年仅工资支出需2亿元左右，再加上后勤、办公经费等，平均每个市本级的财政支出约5亿元。若按全国280多个地级市计算，每年全国地级市本级的财政支出，高达1400亿元以上。行政成本高昂，效率低下，①此外，还存在"小马拉大车"的问题。市管县的主要目的是以中心城市的优势地位拉动所辖县乡的经济发展，但是，并非所有的市都能起到这一作用。一些工业基础薄弱甚至是由县级升为地级规格的城市就很难有力量来帮助县级和乡村的发展，相反还要从周边县市"抽血"来发展自己。随着市与县经济差距的缩小，市县矛盾已成为当前城市群区行政区划管理中最突出的矛盾。在经济发达的东部沿海地区表现尤其明显。

行政层级越多，管理成本越高，管理效率越低。随着交通通信条件的发展，政府经济职能的缩小和公共管理方式的转变，减少行政层级，扩大管理跨度已成为社会发展的客观要求。

（二）省级行政区划设置不合理，易形成地方坐大、中央调控乏力的局面

中国省制有700多年的历史，现行的省制是在社会历史发展过程中逐步演变而来的。截至2005年底，全国共有34个省级单位（4个直辖市、23个省、5个自治区，2个特别行政区）。随着中国市场经济体制改革的不断深入，现行省制的不合理性逐渐显现，主要表现在：

（1）省的数量偏少，各省规模差距过大。从国外一级行政区的设置来看，美国的面积和中国相当，人口只有中国的1/4还不到，一级行政区联邦州的数量为50个。俄罗斯面积相当于中国的2倍不到，人口只有中国的1/10左右，一级行政区的数量有81个。日本的面积约有中国的1/30，人口只有中国的1/10不到，一级行政区的数量也达到了47个。法国面积和人口均约只有中国的1/20左右，与中国一个中等省的规模相当，但一级行政区的数量达到了95个（不包括11个海外省及领地）。中国省级行政区的平均管辖范围达到了28.24万平方公里，与韩国、英国、德国、日本的国土面积相当；人口达到近4000万人，高居世界首位，约相当于世界上一个中等规模还偏大的国家。由于人口密度的不均衡性，自然条件的地域差异性，以及民

---

① 任卫东、吴亮：《地级市"漏斗效应"透视》，新华网，http://www.fj.xinhuanet.com/news/2004-08/20/content_2718702.htm。

族分布、历史传统等因素，中国各省规模差距很大，省情差异性强。一般来讲，东南部沿海平原地区省区面积小，人口密度大，经济实力强。而西北部边疆省区面积大，人口少，经济实力相对较弱。在面积方面，有 3 万多平方公里的省，也有 20 万平方公里的县。新疆维吾尔自治区面积多达 160 万平方公里，是江苏、浙江两省面积的 16 倍，宁夏的 24 倍，台湾、海南的 45 倍。在人口方面，大省近亿人，小省不足 300 万人，大县多至数百万人，小县甚至不足 1 万人。这样的区划一方面增加了许多中间环节，另一方面也使得某些省在全国总体格局中分量太重，不利于国家长治久安。

（2）直辖市数量过少，发展水平悬殊，分布不平衡。国际国内经验证明，特大城市作为国家或大区域的经济中心，具有一般中小城市所不可替代的作用。在中国特定的体制环境下，一定数量的中央直辖市对国家和跨地区经济的发展以及政治上的安定都有重要作用。而目前只有 4 个中央直辖市，数量显然偏少。直辖市的地区分布也不平衡，京、津、沪三市集于沿海，重庆升格后消除了西南的空白点，但西北、华中、华南和东北缺少直辖市布局。[①]

（3）省级行政区界犬牙交错，破坏了自然经济区域的完整性。从历史上看，传统省级建制意在"镇抚"，而非"牧民"，求地方安宁，而非地方发展，致使相邻政区"犬牙交错"，相互牵制。"合河南河北为一，黄河之险失；合江南江北为一，长江之险失；合湖南湖北为一，洞庭之险失；合浙东浙西为一；钱塘之险失。"在商品交流日益频繁、区域合作日益密切的今天，继续沿袭这种格局显然不利于市场经济的发展。

（三）乡镇政权陷入财政困境，出现治理危机

乡镇是中国农村的基层行政区域。截至 2005 年底，全国共有 14677 个乡、19522 个镇，另有 181 个苏木、92 个民族乡和 1 个民族苏木。乡镇政权是中国政权序列的最基础部分。它上联"国家"，下接乡村社会，并代表着"国家"对乡村社会进行直接治理。国家在乡村社会的治理好坏，在很大程度上取决于乡镇政权的实际"作为"。因此，它的地位和作用相当重要。[②]

随着中国农村改革的不断深化，乡镇政权的治理危机开始凸显，内陆和中西部地区的一些乡镇甚至出现了难以为继的局面。这主要表现在：

（1）乡镇政府机构设置过于庞杂，七站八所，条块分割严重，很难说是一级完备的政权组织。"乡镇政府名为一级政权，实际上是一个空架子，根

---

① 刘君德：《21 世纪中国直辖市政区改革的战略思考》，《浙江学刊》，1998 年第 4 期。

② 吴理财：《中国乡镇政权的现状》，黄卫平、邹树彬主编《乡镇长选举方式改革：案例研究》，社会科学文献出版社，2003，第 37 页。

本无法领导和管理本区域内政治、经济、教育、科学、文化和社会各项事业，缺乏应有的权威、效能和社会凝聚力。……通过（县级设在乡镇的）分支机构，瓜分和肢解了乡镇政府的职能，侵夺了乡镇必要的自主权，使宪法和地方组织法赋予乡镇政府的大部分政权化为乌有"。①

（2）乡镇政府职能泛化，无独立公共财政，"事权"和"财权"严重不对称，责大、权小、能弱。

（3）吃"财政饭"和"事业饭"的人员过多，严重超编。有关部门对1020个有代表性乡镇的抽样调查显示，平均每个乡镇党政内设机构为16个，其人员平均数58人，超过正常编制的2~3倍；平均每个乡镇下属单位为19个，其人员达到290余人，超编严重。②

（4）财政收支严重失衡，许多乡镇都背有沉重的债务，影响了基层政权的正常运转，增加了整个财政的风险。

（5）乡镇财政困难，债务累积，政府只能疲于应付，其所承担的社会基本保障职能和公共职能根本无法实现。

（6）农民负担沉重，乡镇政府成为"赢利型政权经营者"，部分地区干群矛盾尖锐，乡镇政府的政治合法性降低。

财政困难是乡镇政权陷入治理危机的主要原因。乡镇财政是中国现行五级财政的基础环节，也是最薄弱环节。"国家财政蒸蒸日上，省级财政稳稳当当，市级财政摇摇晃晃，县级财政哭爹叫娘，乡级财政精精光光。"形象地描绘出了基层财政的窘境。③ 目前，乡镇赤字与债务规模相当庞大。有关资料显示，全国近40%的县一般预算均呈赤字状态，乡镇负债面达70%以上，乡镇基层债务额已超过5000亿元，其中乡镇一级净负债超过2300亿元，村级负债则超过2500亿元，而乡镇政府的债务每年还以200多亿元的速度在递增。④ 在中西部地区，乡镇政府的债务现象尤为突出，几乎所有的乡镇政府都被巨额债务所累，有的地方到了无法维持运转的地步。经济不发达、财税体制缺陷、政府职能转轨不到位、乡镇财政缺乏有效的制约和监督机制等诸多因素是乡镇赤字与债务负担居高不下的重要原因。此外，农村税费改革、尤其是取消农业税以后，乡镇财政受到很大的冲击，收入总量降低，收支平衡难以维系，收入来源渠道减少以及收入稳定性和自主性降低。财政收支严重失衡，债务负担沉重，

---

① 戴均良等：《中国乡镇政权建设概论》，人民出版社，1994，第36页。

② 马晓河、武翔宇：《加快乡镇机构改革 强化农村公共管理与公共服务》，《中国发展观察》，2006年第10期。

③ 王红茹：《乡村财政困境：10000亿债务如何缓解？》，《中国经济周刊》，2006年6月22日。

④ 宋蕾：《中国乡镇债务超5000亿元，近40%县预算均赤字状态》，《第一财经日报》，2006年9月13日。

使乡镇政府无法有效担当起治理的责任。

（四）"行政区经济"现象广泛存在，制约了区域经济的协调发展

所谓"行政区经济"现象，是指由于行政区划对区域经济的刚性约束而产生的一种特殊区域经济现象，是中国从传统计划经济体制向社会主义市场经济体制转轨过程中，区域经济由纵向运行系统向横向运行系统转变时期出现的、具有过渡性质的一种区域经济类型。其典型表现是：企业在竞争中渗透着强烈的地方政府经济行为；生产要素在跨行政区的流动过程中受到地方政府的强烈阻滞；行政区之间的产业结构同构化现象十分明显，经济结构呈稳定状态；经济中心和行政中心表现出高度的一致性；行政区边界经济的衰竭性。其中，行政区政府在区域经济发展中起主导性甚至决定性的作用，是行政区经济区别于经济区经济最重要的特征。[①]

行政区与经济区是两个不同性质、而又紧密关联的地理区域概念。行政区是与一定等级政府相对应的政治、经济、文化综合体；而经济区则是与一定等级的经济中心相对应的自然、地理和经济综合体。行政区的设置和变更以政治因素为主，大小和层次的多少主要取决于行使职权的需要；经济区的划分着眼于经济为主，其大小规模主要取决于中心城市的经济实力、区域经济联系、交通条件等。在一个国家政治经济领域，行政区的功能首先体现在政治功能方面，而经济区的功能则最主要表现在经济功能方面。"行政区经济"引发了地方政府企业化、企业竞争寻租化、要素市场分割化、经济形态同构化、资源配置等级化以及邻域效应内部化等一系列问题。[②] 打破行政地域的界限，在市场基础上实现生产要素的充分流动和优化配置，是市场经济体制改革的目标和动力所在。目前，行政区和经济区之间的矛盾比较突出，区域经济运行带有强烈的地方政府行为色彩，行政区划界线如同一堵"看不见的墙"，行政性壁垒广泛存在，对区域经济横向联系产生刚性约束，跨区域资源配置严重受阻，影响了区域一体化的实现。

"从行政区划对区域发展影响的程度来看，中国是最为深刻的。从中国自身来看，在现阶段又是行政区划对区域发展影响最大、最为严重的时期。"[③] 因此，淡化"行政区经济"，加强区域协调，推进"经济区经济"发展，对于中国市场经济的发展具有重要意义。

---

① 刘君德：《中国行政区划的理论与实践》，华东师范大学出版社，1996，第93～99页。

② 王健等：《"复合行政"——解决当代中国区域经济一体化与行政区划冲突的新思路》，《中国行政管理》，2004年到4期。

③ 刘君德：《论行政区划改革与区域可持续发展》，《中国方域（行政区划与地名）》，1998年第6期。

第三节　当前中国行政区划改革态势

一　强县扩权："市管县"体制改革

"市管县"体制，在打破城乡分割、促进城市化发展等方面发挥了重要作用。但随着中国经济社会的发展，"市管县"体制逐渐暴露出了许多亟待解决的问题，已不适合市场经济特别是区域经济发展的需要，这在经济发达的东部沿海地区表现尤其明显，如苏锡常地区、珠江三角洲等地。

为了加快县域经济的发展，缓解县乡财政困境，近年来，除一直实行"省直管县"体制的浙江外，湖北、河北、江苏、河南、安徽、广东、江西、吉林等省份，先后推行了以"强县扩权"为主要内容的改革试点，把地级市的经济管理权限直接下放给一些重点县，在经济管理方面形成了近似于"省管县"的格局。这是在现行行政区划不变的情况下，对行政管理体制和财政体制进行的调整，其实质是缩小地市级政府对所属县的管理权，扩大县级政府的自主权，减少管理层次，提高行政效率，促进县域经济发展。这项改革可以看做是减少政府级次，实行市（地）县同级和省直管县体制的过渡性措施，对于省以下财政体制改革和政府级次调整，具有重大的意义。

浙江省是全国率先推行强县扩权改革的省份。1992 年对 13 个强县下放审批权，1997 年在萧山、余杭两县试行部分地级市经济管理权限，2002 年 8 月 17 日，浙江省委办公厅下发"浙委办（2002）40 号"文件，将 313 项本该属于地级市经济管理的权限下放至 20 个县级政区头上：绍兴、温岭、慈溪、诸暨、余姚等 17 个县和杭州、宁波的三个区。这 313 项权限事无巨细，一一罗列，涵盖了计划、经贸、外经贸、国土资源、交通、建设等 12 大类扩权事项，几乎囊括了省市两级政府经济管理权限的所有方面。总体原则也被概括为四个字，"能放都放"。其中下放的权限主要是两类：一是除国家法律、法规有明文规定之外，须经市审批或由市管理的，由扩权县（市）自行审批、管理。二是须经市审核、报省审批的，由扩权县直接报省审批，报市备案。该文件还规定，按国务院有关部委办文件规定需经市审核、审批的事项，原则上也要放权。对于经济强县而言，在经济管理权限上几乎和行政上级地级市"平起平坐"了。[①]

---

① 李梁：《浙江强县扩权独家披露》，《南方周末》，2003 年 9 月 18 日；许峰：《取消地级市入视野 省管县将有试点》，《南方周末》，2005 年 9 月 15 日。

浙江一直实行"省管县"的财政体制，县财政直接归省财政管辖。同时，县里主要领导均由省直接任命。在财权和人事权方面实际上接近于"省管县"行政体制。"强县扩权"使这些经济强县也直接掌握了经济大权。改革之后，地级市对这些扩权县的管理已经相当有限。虚化甚至撤掉地级市，使它成为本来意义上的城市，在行政级别上和县平行，实行省县两级政府的地方行政管理体制，可能将是浙江省下一步的举措。

"强县扩权"目前正被越来越多的省份试点推行。尽管推行过程中也出现了些许不和谐之音，如省辖市对扩权县市的支持力度减弱、垂直管理部门在扩权政策中定位模糊、"强县扩权"后省级政府的监督管理能力问题[①]。但从实践层面来看，"强县扩权"对于减少行政管理层次、降低行政成本、提高管理效率、壮大县域经济实力具有积极的意义。

从中国行政区划改革的发展趋势来看，"强县扩权"可能并不是终局性的，即为强县而扩权，而是未来实质性"省管县"改革的一个前置环节。"从总体上看，改革理顺了中国行政基层关系，如果坚持下去，中国最终建立省、县、乡三级地方政府的设想就是水到渠成的事情。"[②]

二 撤并乡镇：乡镇行政区划调整改革

随着税费改革的推进和减轻农民负担的呼声日益高涨，撤并乡镇改革已经在各地大面积地铺开。其动力主要来自两个方面，一是城市化进程的加快，二是应对取消农业税所产生的财政压力。"乡镇数量不减少，精简的机构和人员总是有限的，乡镇的财政负担和农民负担也不可能从根本上减下来，唯有撤并乡镇，才能从根本上解决这一问题。"[③]

撤并乡镇改革早在 20 世纪 80 年代末 90 年代初，就已经在安徽、贵州、四川等省开始。1998 年国家机构改革后，这项改革逐渐在全国大部分地区铺开。2001 年，民政部会同中央机构编制委员会办公室、国务院经济体制改革办公室、建设部、财政部、农业部、国土资源部，下发了《关于乡镇行政区划调整工作的指导意见》。2004 年 1 月，中共中央、国务院下发的《关于促进农民增加收入若干政策意见》（中发〔2004〕1 号）指出，要"进一步精简乡镇机构和财政供养人员，积极稳妥地调整乡镇建制，有条件的可实行并村"。民政部为此下发了《关于贯彻中发〔2004〕1 号文件精神继续做好乡

---

① 中国社科院课题组：《"强县扩权"改革的情况综述及简要评价》，《光明日报》，2006 年 3 月 10 日。

② 杰人、冬洁：《行政区划改革 试水"扩权强县"》，《人民论坛》，2005 年第 9 期。

③ 张崇防：《政府冗员多农民负担重 中国撤并乡镇 7400 多个》，新华网，2004 年 3 月 2 日。

镇行政区划调整工作的通知》，要求地方从实际出发进一步调整乡镇村的规模，有条件、有必要的还可以继续调整。2005 年 6 月，温家宝总理在全国农村税费改革试点工作会议上强调指出，要"积极稳妥地推进乡镇机构改革。这是巩固税费改革成果的关键。要转变政府职能，整合事业站所，精简机构人员，提高社会管理和公共服务水平，加快建立行为规范、运转协调、公正透明、廉洁高效的乡镇行政管理体制和运行机制。"《中华人民共和国国民经济和社会发展第十一个五年规划纲要》中提出，要"巩固农村税费改革成果，全面推进农村综合改革，基本完成乡镇机构、农村义务教育和县乡财政管理体制等改革任务。"

乡镇撤并过程中乡镇规模合理的限度，一般来讲，原则上不再保留 1 万人以下的乡镇，平原地区的乡镇规模在 5 万人以上，丘陵地区的乡镇规模在 3 万人以上，边远山区的乡镇规模在 1 万人以上。[①] 截至 2004 年 9 月 30 日，中国的乡镇数为 37166 个，比 1995 年减少 9970 个，平均每天撤掉 3 个乡镇。到 2005 年底，有 26 个省（自治区、直辖市）继续开展了撤并乡镇工作，全国撤并乡镇 1953 个。1 个乡镇平均每年的财政支出大约在 100 万元左右，减少 1953 个乡镇，减轻财政负担近 20 亿元。[②]

河南省是全国撤并乡镇最多的省份。截至 2004 年底，河南全省 2100 个乡镇总编制数为 16.21 万人，实有人员 30.23 万人，超编 86.5%，平均每个乡镇超编 66.8 人，超编 200 人以上的乡镇就有 60 多个，个别乡镇甚至超编 300 多人。此外，全省乡镇还有临时聘用人员 1.25 万人。河南对全省 470 多个乡镇进行了撤销或合并，使全省乡镇数目减少 200 余个。[③]

实践证明，根据经济和社会发展的需要，适时、合理地调整乡镇规模和布局是必要的，有利于精简机构，减少乡镇行政人员和财政开支，减轻农民负担；有利于优化资源配置，促进乡镇经济和社会事业的发展；有利于优化小城镇体系结构，促进小城镇建设。

为积极推动县乡机构精简改革，缓解县乡财政困难，财政部制定了"三奖一补"的政策，给予了较大力度的财政支持。"三奖一补"是指，对财政困难的县乡政府增加税收收入，以及省级政府增加对困难县财力性转移支付给予奖励；对县乡政府精简机构和人员给予奖励；对产粮大县给予奖励；对以前缓解县乡财政困难工作做得好的地区给予补助。2006 年，中央财政

① 魏爱云：《基层行政区划体制改革的试验田——民政部区划地名司司长戴均良就乡镇撤并问题答记者问》，《人民论坛》，2006 年第 3 期。
② 《2005 年全国撤并乡镇 1953 个》，中国行政区划网，2006 年 4 月 6 日。
③ 宋健：《河南刮起撤并乡镇风暴》，《人民政协报》，2005 年 10 月 21 日。

"三奖一补"资金235亿元人民币已经下拨，凡2005年县乡财政实际供养人员比2004年减少的省份，中央财政将按每人4000元给予奖励。[①]

乡镇区划调整后，妥善解决债权债务的合并和精简人员的分流安置问题是巩固改革成果的关键。同时，乡镇撤并改革仅仅是乡镇体制改革的一小步，从中长期来看，逐步建立乡镇自治体制是发展方向。

三　破除行政壁垒，促进区域协调互动："行政经济区"改革

长期以来，中国经济空间格局一直是以行政区划为基础。区域经济运行带有强烈的地方政府行为色彩，各级行政区域之间壁垒高筑，各自为政，跨区域资源配置严重受阻，影响了统一的大市场的形成。随着全球化和区域一体化浪潮滚滚而至，中国市场化、工业化、城市化和现代化进程加速推进，依附于行政区划背后的行政壁垒和地方保护主义的负面影响日益显现。建立区域行政关系，打破行政区划局限，完善区域协调互动机制，促进区域经济发展，成为中国市场经济进一步发展的关键。

目前，国内区域经济一体化趋势已初步显现。区域经济一体化，实际上就是行政区经济走向经济区经济的整合过程。在经济基础较好、对外开放较早的沿海、沿江地区，出现了一些较发达的经济区域，如有以上海为龙头包括江浙大部分地区在内的长江三角洲经济圈，以香港、深圳、广州为轴线的大珠江三角洲经济圈和以北京天津为双核的环渤海湾经济圈（又称大北京经济圈）。行政区域间逐步建立起新的高层合作机制，如联席会议开始成为协调经济发展的重要平台，区域行政开始浮出水面。"区域行政是对地方行政重构的进一步拓展与完善，是政府顺应区域经济发展要求而进行的府际关系及其行为的调整。主要表现为一定区域内的两个或两个以上地方政府，为了促进本地区的发展，实现社会资源的合理配置与整合而相互协调合作，对区域公共事务进行综合治理的一种行政管理活动与制度安排。"[②]

2004年6月，首届泛珠三角区域合作与发展论坛在广州召开，中国南方9省区（广东、广西、湖南、海南、福建、江西、云南、贵州、四川）与香港、澳门特别行政区政府首脑签订了《泛珠三角区域合作框架协议》，达成了"打破地区封锁，促进市场开放"，"创造公平、开放的市场环境，促进生产要素的合理流动和优化组合"的共识，以务实姿态突破"行政经济区"

---

① 赵建华：《中央下拨235亿元专项资金解决县乡财政困难问题》，中新社，2006年10月20日。

② 陈瑞莲：《论区域公共管理的制度创新》，《中山大学学报》，2005年第5期；陈瑞莲、张紧跟：《试论中国区域行政研究》，《广州大学学报》，2002年第4期。

的观念，强化经济区域协调发展的理念。"9＋2"体系是新中国成立以来规模最大、范围最广、在不同体制框架下的新区域组合，成为东中西部区域经济一体化的试验田。有舆论认为，"这么多省区组织在一起建立经济利益的协调机制，在中国的版图上是第一次。"①

合作一年多来，中国9省区政府在该框架协议基础上又达成了《泛珠三角九省区劳务合作协议》、《泛珠三角九省区人才服务合作协议》、《泛珠三角区域地方税务合作协议》、《泛珠三角区域农业合作协议》、《泛珠三角区域九省区物价部门交流合作框架协议》等近20个专项合作协议。2005年7月，第二届泛珠三角区域合作与发展论坛在成都开幕，通过《泛珠三角区域合作发展规划纲要》，要求"9省区政府共同清理、废止涉及贸易封锁和地方保护的制度与规定，争取用三年的时间建立规范有序的市场体系。"并要"建立解决地区贸易障碍的协调机制"。论坛决定成立泛珠三角区域行政首长联席会议秘书处，作为常设机构，从而初步构建起一整套有组织、有制度保证的泛珠三角区域合作的机制。泛珠三角区域合作成果显著，前后两届"泛珠三角区域经贸合作洽谈会"分别签下了2926亿元和4535亿元的系列合作项目。②

2005年4月，辽宁省中部七城市（沈阳经济区）召开联席会议，沈阳、鞍山、抚顺、本溪、营口、辽阳和铁岭7个城市的市长共同签署了《辽宁中部城市群（沈阳经济区）合作协议》，标志着以沈阳为中心、辐射百公里半径的辽宁中部城市群（沈阳经济区）建设全面起步。根据协议，年内将实现7市共享"024"（沈阳）区号；打造七城市"一小时经济圈"；在11个方面展开全面合作。③

2006年，辽宁省在淡化行政区划观念、强化经济区划理念、促进区域经济协调发展方面又做出了新的探索。在关于鼓励沿海重点发展区域扩大对外开放的《若干政策意见》中，辽宁省提出在辽西锦州湾沿海经济区区域内设立"飞地"，实施政策优惠。具体内容包括：锦州市和葫芦岛市可分别为朝阳市、阜新市在区域内确定若干平方公里的区域作为"飞地"，在"飞地"内设立的企业除享受其他优惠政策外，增量返还增至100%，由"飞地"提供市和使用市按各50%的比例分留。辽宁省希

---

① 侯大伟、张小俊、吕庆福：《中国开始淡化行政区划 强化经济区域》，新华网，2006年9月29日。

② 黄庭满：《中国经济从省份经济走向区域经济 共谋一体发展》，《经济参考报》，2005年8月15日。

③ 郑有义：《"七星连珠"激活辽宁中部城市群》，《人民日报》，2005年4月11日。

望通过设置锦州湾"飞地"，把辽西地区建设成为全省扩大开放的新支点、环渤海经济圈的新增长极。①"飞地"是指所有权属于一个城市，而使用权属于其他城市的土地，锦州湾"飞地"的出现是对现行行政区划体制的一种突破。

上述改革表明，中国经济空间格局在经历了 20 余年的地方政府主导型经济模式的发展之后，市场主导型的区域经济发展将迈出实质性步伐，中国开始从行政区经济迈向区域经济发展阶段，区域经济整合将成为推动中国新一轮改革开放的支柱力量之一。

第四节　中国行政区划改革的走向

2006 年 3 月 16 日，十届全国人大四次会议审议通过了《中华人民共和国国民经济和社会发展第十一个五年规划纲要》。这是一部以"科学发展观"为指导，统领中国今后一个时期经济社会发展的纲领性文件。与行政区划体制改革相关的内容主要包括：（1）深化政府机构改革，优化组织结构，减少行政层级，理顺职责分工，提高行政效率，降低行政成本，实现政府职责、机构和编制的科学化、规范化、法定化。合理划分中央与地方及地方各级政府间在经济调节、市场监管、社会管理和公共服务方面的权责。（2）健全市场机制和合作机制，健全区域协调互动机制。（3）建立城市群发展格局，增强城市群的整体竞争力，发挥带动和辐射作用。（4）完善财政体制。"调整和规范中央与地方、地方各级政府间的收支关系，建立健全与事权相匹配的财税体制。""完善中央和省级政府的财政转移支付制度，理顺省级以下财政管理体制，有条件的地方可实行省级直接对县的管理体制，逐步推进基本公共服务均等化。"

"十一五"规划为今后一个时期中国行政区划体制改革提供了总体思路。根据中国经济社会发展的现实状况以及目前的行政区划改革实践，结合"十一五"规划的精神，本文认为，坚持单一制国家结构形式，与整个国家发展战略相配套，适应经济社会发展需要逐步进行，是未来行政区划改革的基本原则。减少层次，调整幅度，转变功能，增强活力，提高效率，促进区域协调互动，是未来行政区划改革总的方向。增直分省，虚市强县，乡镇自治，区域发展统筹规划，是未来行政区划改革的模式选择。

---

① 史晓辉：《锦州湾"飞地"的战略意义》，《辽宁日报》，2006 年 9 月 25 日。

一 增直分省

所谓"增直",是指在综合考虑经济实力、地理区位、政治影响、科技文化、发展前景等因素的基础上,增加直辖市的数目,并进行合理布局。中国幅员辽阔,直辖市在现实政治经济生活中具有重大影响,增设直辖市可以发挥中心城市的辐射带动作用,促进区域协调发展。增设直辖市应充分考虑中国经济社会和政治发展空间布局,在若干个大综合经济区,选择首位度高的特大城市设置。所谓"分省",是指增加省级区划的数目,缩小现有省级区划的管理幅度。调整省级区划应重点考虑经济发展、地理位置、国家安全、区域平衡以及文化传统、民族分布等因素。

增直分省最直接的效果是缩短了政府管理链和扩大了中央政府的直接管理面,有利于单一制体制下中央对地方管理和监督权威的实现。同时,也可以减少公共政策资源的浪费,明确省级政府的责任,扩大省级政府在地方经济社会发展中的自主权以及对区域经济的辐射、带动作用。不过,在当前中央和省级政府之间权力博弈、地方政府之间竞争激烈的宏观背景下,增直分省虽有必要,但进入操作层面,大规模调整是不现实的,这一方案可以作为中国行政区划改革的战略部署来考虑。事实上,省制问题在清末就已有争论,民国时期在争论中更是占据了极其重要的位置,在此问题上先后出现过种种大相径庭的观点,如"废省论"、"兴省论"、"缩省论"、"扩省论"、"虚省论"等等。[①] 尽管众说纷纭,但始终没有撼动元、明、清时代省制的根基。个中原因,系省制问题事关政局稳定、中央与地方的利益纷争与权力空间布局。

二 虚市强县

目前,地级建制(地区、地级市)以及"市管县"体制,已成为行政区划改革的焦点问题。虚市强县有利于减少行政层次,缓解财政困难,发展县域经济。所谓"虚市",是指撤销地区行署这一层级,改革市管县体制,实行市县分治,之间不再具有行政隶属关系,各自管理本辖区范围内的事务。按照国际通例,市是城市型的行政建制,主要管理市区和郊区,不再管理农村区域。所谓"强县",是指下放管理权限,增强县级政府的自主性,壮大县域经济实力,条件成熟的时候,建立"省直管县"体制。

---

① 参见牛鸣超:《中国省制问题研究》,《战略与管理》,1998 年第 4 期;马述林:《论省级行政区划体制改革》,《战略与管理》,1996 年第 5 期;王思睿:《中国行政区划的重心:省还是府州》,中国选举与治理网,2005 年 4 月 15 日。

在中国的历史上，县制是最为稳定的区划层级，长期担负着最基层政权的职能。县制问题与省制问题一样，自清末以来一直纷争不断。关于县制的前途，目前学术界主要有四种观点：强县论，废县论，虚县论和简县论。①强县论认为，县制历史悠久，相对成熟和稳定，应取消"市管县"体制，形成省—县—乡三级建制；改变县级政府"责任重大，权限不够"的状况，进一步放权强县，健全县级政府职能。废县论认为，应继续进行撤县设市（整县改市）改革，建立省—地级市—县级市—乡镇四级体系。虚县论认为，县的政区完全可以保留，但县的机构与功能必须大幅度地改革，不设立本级财政，使之从实级改为虚级。②简县论认为，随着权力的无限扩张，县的机构日益庞大和臃肿，已经成为一个超级政府，增加治理成本，导致繁政走向苛政。简县首先是精简县的机构，将繁政变为简政。从长远看，随着条件成熟，可将县变为中央领导下的一级地方自治单位。

在上述观点中，笔者认为强县论和简县论更符合目前中国经济社会发展的现实，同时也为今后县制的走向提供了很好的思路。目前各地推行"强县扩权"试点的动力主要来自于两个方面：一是缓解财政困难，发展县域经济；二是打破"市管县"体制的束缚，赋予县级政府更多的自主权。前者主要来自弱县的诉求，后者则是强县对省辖区市博弈的结果。③而从"强县扩权"到"省直管县"，则有很长的路要走。2005年6月，国务院总理温家宝在农村税费改革工作会议上提出的"具备条件的地方，可以推进'省直管县'试点。"主要是从财政管理体制的角度来说的。"十一五"规划则明确提出，"理顺省级以下财政管理体制，有条件的地方可实行省级直接对县的管理体制。"从行政区划调整的规律来看，省直管县尚存在着诸多障碍。"中国这么大，人口这么多，不要想当然以这样一个模式去解决全国各地的所有问题。应该看到，省与省之间、一个省内部，其区域差异都很明显。浙江是个小省，比较容易搞'省直管县'，但像四川这样的大省，搞'省直管县'，管理的难度就会增加。"④

三　乡镇自治

撤并乡镇是深化乡镇体制改革的一个重要步骤。随着这项改革的大面积铺

---

① 徐勇：《乡村治理结构改革的走向——强村、精乡、简县》，载《乡村治理与中国政治》，中国社会科学出版社，2003年，第189~194页。

② 于鸣超：《现代国家制度下的中国县制改革》，《战略与管理》，2002年第1期；张春根，《县域论》，中国文联出版社，1999。

③ 龚浔泽：《江苏，"市管县"变革图存》，《南风窗》，2005年3月12日。

④ 钟合：《乡村财政困境：债务达1万亿》，《南方农村报》，2006年4月11日。

开，乡镇的最终出路问题为社会广泛关注。关于这个问题，目前学术界主要有五种观点：精乡扩镇，乡派镇治（徐勇，2002）；实行乡镇自治（温铁军，2001；党国英，2001；于建嵘，2002；沈延生，2003；郑法，2003）；完善乡镇格局，强化民主取向（李凡，2000；黄卫平，2001）；第三条道路——有限的乡政自治（吴理财，2003）；县乡村三级联动，整体推进（徐勇，2002；贺雪峰，2003）。① （1）精乡扩镇，乡派镇治。"精乡"是精简乡级行政的职能，将乡级行政真正用于必须由行政解决、并只有行政才能解决好的事务方面。"乡派"是取消乡级财政，从体制上改乡级基层政权为县级政府的派出机构，作为县以下的行政组织。② （2）实行乡镇自治。沈延生认为，乡镇类似日本的町村，以社区服务为主，以行政决策为辅，其财政体制与人事制度由上级统一制定。乡镇长由选民直接选举产生，乡镇自治代表机构亦由选民选举产生，乡镇干部均应纳入地方公务员系列。③ 于建嵘则主张撤销乡镇政府，建立自治组织，乡镇自治是一种社区自治，不再纳入行政系列。郑法主张，在撤销乡镇政府后，应建立以农会为核心的农民自治体。（3）完善乡镇格局，强化民主取向。这种观点主张推行乡镇长直接选举，加强乡镇人大的地位，巩固乡镇治理的合法性基础，条件成熟后实行乡镇自治。④ （4）有限的乡政自治。吴理财认为，乡政的未来不在于取消、虚化或实化，而在于适应现代治理的民主转型，实现县乡分权，在乡镇政府维持国家政权组织的基本前提下，增强乡镇政府的相对自主性，彻底改变依附于县政的状况，使之真正成为乡镇社区有效治理的主体单位，建立和扩大乡镇政府与乡村社会新型的多元的民主合作机制。⑤ （5）县乡村三级联动，整体推进。贺雪峰认为，传统农业型地区县乡村体制整体设计的路径，第一步是推行村治；第二步是乡派，撤消乡镇政府，实行消极行政；第三步是建立县政，以强有力的行政弥补村民自治的不足；第四步是改造县政，通过强化县人大职能，加强对县政的约束。⑥

综合上述观点，笔者认为，实现县乡分权，改变乡镇依附于县政的状况，弱化乡镇的行政性，增强自治性，建立和扩大乡镇与乡村社会新型多元

---

① 贺雪峰：《当前学术界关于县乡村体制改革的主要意见》，《学习时报》，2004 年 5 月 27 日。孟军：《关于乡镇体制改革路径的研究综述》，《兰州学刊》，2004 年第 5 期。

② 徐勇：《县政、乡派、村治：乡村治理的结构性转换》，《变乡级政府为派出机构》，《精乡扩镇、乡派镇治：乡村治理体制的结构性变改革》，《乡村治理结构改革的走向——强村、精乡、简县》，载《乡村治理与中国政治》，中国社会科学出版社，2003，第 137～197 页。

③ 沈延生：《中国乡治的回顾与展望》，《战略与管理》，2002 年第 1 期。

④ 李凡：《创新与发展：乡镇长选举制度改革》，东方出版社，2000；黄卫平：《乡镇长选举方式改革：案例研究》，社会科学文献出版社，2001。

⑤ 吴理财：《乡政新论》，《开放时代》，2002 年第 5 期。

⑥ 贺雪峰：《县乡村体制整体设计的基本原则及具体进路》，《江西社会科学》，2004 年第 1 期。

的民主合作机制，更有利于乡镇的未来发展。但是，乡镇体制改革不仅仅是乡镇政府本身的改革问题，它与县和村的体制直接相关，其实质是国家乡村治理体系的重建问题。因此，乡镇体制改革问题应置于政治体制和行政体制改革的大视野中来考虑，从整体上进行统筹规划。在实际的改革过程中，乡镇的去留不仅要考虑社会经济发展的需要，还应当考虑政治控制和社会稳定的需要。

四　区域发展统筹规划

区域规划是以跨行政区的经济联系紧密地区为对象的具有约束力的空间规划，其目的就是破除行政封锁，促使行政区经济走向区域经济。"十一五"规划关于区域发展整体规划的内容中，与行政区划改革相关的内容主要有两个方面：一是健全区域协调互动机制。"打破行政区划的局限，促进生产要素在区域间自由流动，引导产业转移"。"鼓励和支持各地区开展多种形式的区域经济协作和技术、人才合作，形成以东带西、东中西共同发展的格局。"二是建立城市群发展格局，增强城市群的整体竞争力，发挥带动和辐射作用。"已形成城市群发展格局的京津冀、长江三角洲和珠江三角洲等区域，要继续发挥带动和辐射作用，加强城市群内各城市的分工协作和优势互补，增强城市群的整体竞争力。具备城市群发展条件的区域，要加强统筹规划，以特大城市和大城市为龙头，发挥中心城市作用，形成若干用地少、就业多、要素集聚能力强、人口分布合理的新城市群。"

"十一五"规划从中央层面首次突出区域规划，表明中国未来发展更加注重跨行政区的空间经济布局。

行政区划改革是一项具有长期性、复杂敏感的系统性工程，涉及面广，影响因素多，不能一蹴而就，急于求成，必须统筹权衡，整体规划，使行政区划改革逐步走向科学化、规范化和法制化。因国力与国情所限，中国的行政区划改革之路必将艰难曲折，任重道远。

市场规律与不良债权问题*

——日本金融改革的构造

第一节 金融改革与全球化

当前日本正处于金融制度的重组过程。近年来的最大课题是日本的银行一直致力开展的不良债权处理问题。而且当今在邮政民营化的政策中，面向金融制度的重组出现了全新的课题。推动日本金融制度重组的大背景是金融的全球化，以及对以银行为中心的金融机构国际竞争力的强化。在金融的自由化及国际化的趋势当中，开始要应对全球化，旨在通过金融大改革确立东京的国际金融市场地位，并强化金融机构的国际竞争力。其意图是在当时美国、欧洲展开的金融市场国际化不断加速的状况下，重组起可对抗领先一步的美国及欧洲的金融机构。然而，金融大改革并未能达成该政策目标。在全球化发展及国际竞争力激化之中，日本银行面临的是不良债权的处理问题，以及在此沉重压力下的银行重组。日本的主要银行在国际金融市场中与美国、欧洲的金融机构进行竞争的构想未能获得成功。这是金融大改革的估算失误。目前日本的银行在其后的小泉结构改革政策的基础上，对不良债权的处理设定了目标，并面向加强国际竞争力，致力开展金融制度重组。

那么为何日本应对全球化的金融制度结构改革需要花费如此长的时间呢？本文为了尽量接近该课题，将力量投放在整理若干论点上。

通过推进金融改革来实现金融结构的现代化是政府及金融当局的课题。

---

* 坂本　正：熊本学园大学。

金融结构的现代化是指进行金融结构改革，以建立起应对全球化的国际标准型金融结构。

结合该政府、金融当局战略课题的方案，在金融的自由化、国际化推动下进行。这是迄今为止从政府、金融当局的保护政策向着引导符合市场原理的银行经营改善及高度化的政策的一种转变。但是，一直有人指出预定计划进展缓慢而且是渐进式的，使得以银行为首的金融机构的国际化应对延迟，国际竞争力处于劣势。为挽回此落后局面而提出的起死回生之策就是金融大改革。金融大改革可以说是在金融自由化、国际化的趋势中，促使金融机构快速赶超并强化国际竞争力的措施。

由于在以美国为中心的全球化的应对当中落后了一步，因此金融大改革的意图在于将日本银行的经营素质急剧地转变为具备国际竞争力的素质。正因为如此，金融大改革的估算失误致使针对日本金融机构国际化的战略要进行大幅调整。在金融大改革估算失误的背后，有以下几个主要原因。

第一，以日本的银行为中心的金融机构是否具有在国际金融市场上与美国、欧洲的金融机构进行竞争的明确战略。金融大改革并不见得是为了更易于实现强化金融机构提出的国际竞争力这一战略目标，而以金融环境建设的形式存在的。金融机构国际竞争力的强化是推进全球化应对的基础。金融当局与金融机构对此应该达成共识。但是应该说，金融当局设计的方案与金融机构的应对力之间仍然存在很大的差距。

第二，银行的不良债权处理是一项远超出预想的困难课题。应该说金融大改革使银行不良债权处理变得更加困难重重。尤其是全球化在银行不良债权处理中起到的影响。对于银行的不良债权处理，美式标准的处理标准成为全球标准，因而被市场所要求并适用于市场。而基于在银行的不良债权处理过程中日益显著的美式标准的市场规则，则要求日本的金融结构进行大规模制度变革。理解银行的不良债权处理问题这一课题时，应该将其作为与全球化趋势下日本金融结构变化相关联的问题进行探讨。

第二节　金融改革与金融行政

一　金融行政的作用与课题

（1）日本的金融改革以应对全球化的金融制度结构改革为目的。方案由

日本的政府、金融当局制定并推进。从这层意义上讲，金融当局在金融改革中起到极其重要的作用。虽然这是推进金融改革的政策，但是其意图在于金融制度本身的结构变化，因此将对其作为金融行政所起到的作用进行探讨。

（2）金融改革并未能按政府、金融当局的方案发展。金融行政推进的金融改革的基轴是对以市场原理为基础的金融制度进行结构改革。将迄今为止政府、金融当局实施的保护行政，转为建设成以银行为中心的金融机构，可根据市场原理进行经营活动的金融环境，并强化国际竞争力，使其足以与欧洲、美国金融机构进行竞争。因此，金融改革的关键是市场原理与国际竞争力。

该方案的目标是基于市场原理的金融机构的国际竞争化，以及由金融行政对其环境进行设计。因此，原则是金融机构以市场评估为标准开展经营活动，而金融当局则极力避免干预经营活动。金融制度的结构变化在市场原理之下，通过金融机构相互间的竞争推进，并通过竞争原理淘汰金融机构，这是一个大前提。因金融机构的规模及社会影响力的大小等原因导致政府、金融当局无法允许一些金融机构破产的情况偶尔会发生。即所谓的由于太大而不能破产（too big to fail）政策。因而在政府、金融当局所设计的金融改革方案中，时常出现估算失误，需要进行修正。而在全球化的发展程度及金融环境的变化中，也许也可以说出现各种各样的试验性错误反倒是十分自然的事情。但是反观日本试验性错误的历程，其特征是与实际应对之间存在巨大的差距。

（3）在金融改革的方案中，最大的估算失误是银行的不良债权处理问题远比金融当局预想的严重，对其处理也花费了很长的时间。

另一个估算失误是，以金融机构竞争力强化为目的的金融大改革（1996年），并没有按照计划实现自身作为国际金融市场的市场强化及金融机构强化等重组，反而使银行不良债权问题重复，导致金融结构的不稳定。

应该重视的是，政府与金融当局面对银行的不良债权处理及银行的复兴与再生等问题，应强化金融当局的指导与管理。政府对银行的注资正是象征性的表现。

（4）政府对银行的注资计划的原型来源20世纪30年代美国RFC（Reconstruction Finance Corporation）进行的注资，这是一项金融危机的应对措施。无论是金融不景气还是金融危机，在市场原理明显发生功能不全现象的时期，政府对银行的注资到底有怎样的意义？出现与日本金融改革计划所设计的、市场原理主导的金融体系建设完全不符的事态。但是，金融改革计划一直都是在这样两种相悖的金融行政并存的情况下实行的。

（5）市场原理主导的金融体系计划一直在这种金融危机化中推行，本文将从金融行政的侧面对这种极其特异的金融改革结构进行考察，并以政府注资问题为中心，探索关于政府等同于国家管理的银行不良债权处理及银行再生问题的意义。

二 20世纪90年代的金融危机

在20世纪90年代不断加剧的日本金融危机当中，数阪孝志就日本式金融体系的开展方式，在《日本式金融体系的结构与展开》① 一文中进行了多方面的论述。基本主题是"金融危机的深化"。提出了日益严重的不良债权问题、金融大改革（1996年11月）及金融重组问题，并在"巨大银行的诞生与金融控股公司"这一全新的发展形势下，对"新金融业的发展及日本式金融体系"进行了考察。数阪氏通过考察指出，金融当局在这个转换期制定的金融改革计划及金融机构作为金融危机的应对措施所采取的金融重组的动向之间仍然存在隔阂。同时还针对其原因，列举出日本金融体系的历史性、结构性主要原因。数阪氏从这些观点出发阐述了以下结论。

他认为90年代之后的10年间，以金融机构、金融市场、金融行政"三位一体"的纵向结构，按地域分布的竞争环境，以及由大藏省主导的"护航队式"的"金融秩序"为构成条件的日本式金融体系正处于迎来巨大转换期的时期。

在不得不进行转换的背景之中，存在着自由化环境中的金融机构竞争环境变化，意识到国际性竞争的同时，日本式金融体系无法有效发挥机能的弊病，以及金融机构对于空前的金融危机以认真的态度着手开展金融重组等情况，而在从未有过的大范围金融改革计划中开展将转换变为可能的法律制度建设发挥了有效作用，

然而，转换未能按照改革计划顺利进行。原因是日本的金融体系中历史性、结构性形成的特征留下了深刻的烙印，并且无法在短时间内消除。虽然金融体系仅担负着有效率地进行资金循环的管道作用，但是资金循环的模式则根据各国不同的经济结构而各不相同。资金循环结构明明完全不同，却偏要将金融体系归纳为某种共通的类型反而是低效率的。应该寻求符合企业构成与地区经济结构特征的资金管道建设。

确实正如数阪氏所指出的那样，金融危机下的日本式金融体系转换成为一大论点。在金融机构、金融市场、金融行政的"三位一体"的变化中寻求的应

---

① 〔日〕植田浩史编《日本企业体系的重组》，东京大学出版社，2003，第107～139页。

该是金融市场主导的"新型金融体系"。但是，在放松管制后，从大藏省主导的"护航队式"发生了怎样的转换呢？确实，"护航队式"的结构已经瓦解，但金融当局的管理却又以其他形式得到了强化。我认为该转换的基轴是由金融行政主导的政府资金的投入问题。因此将以此论点为中心进行探讨。

三 金融危机与政府资金

20 世纪 90 年代，先后两次的政府注资是通过重视防止因贷款紧缩引发连锁性破产、在保护借款人的强烈要求下采取的将金融危机防患于未然的政策。这是配合当时社会状况的强烈要求的产物，即使作为金融危机的应对措施，也是一项从全新观点出发制定的政策。但是回首这段时期，人们对其效果及结果的评价非常苛刻。因此，首先从被认为是"估算失误"或"失败"的内容及问题进行探讨。

进入 2002 年 10 月，政府确定了政府注资的方针，因此金融危机下的政府注资问题重新成为重大课题。至今为止，尽管于 1998 年及 1999 年曾两度投入政府资金，但银行不良债权问题的解决方法仍然不见头绪，并且也未能实现借款企业所在的不景气行业问题的改善。即由于重视"借款人保护"，银行与借款企业双方之间的结构改革未取得任何进展。关于此次估算失误，《日本经济新闻》在 2002 年 10 月 4 日就两次政府注资的失败，进行了如下总结。

文章指出，之前的两次政府注资，是对未陷入资金不足的银行的"预防性注资"。重视会发生流动性危机事态的隐忧，并主要着眼于企业等的"借款人保护"。因此，注资是在"虽然是经营正常的健全银行，但是为了使贷款顺利进行而需增强资本"的主张下实施的。1998 年实际上没有实施审查，就一律对各大银行注资。1999 年虽然根据金融监督厅的特别审查对银行的资产内容进行了个别介入，但事实上仍默认为是"宽松审定"的注资。

据该报纸的整理概要称，1998 年 3 月的政府注资所依据的法律是《金融安定化法》，注资限额为 13 兆日元。注资形式是"大部分为后偿债及后偿贷款"，注资前后的形势是"拓银、山一证券等发生破产。注资半年后，长银、日债银等相继破产。股价暴跌，实施第 2 次注资"。

1999 年 3 月的政府注资所依据的法律是《金融早期健全化法》，注资限额为 25 兆日元。注资形式是"大部分为可转为普通股的优先股"，注资前后的形势是，"注资前后股价上升。其后各大银行实施重组，但不良债权增加、股价下跌等原因导致银行的财务再度恶化"。这两次的政府注资对象为"健全银行"，1998 年进行注资时所有银行被认定为"健全"，而 1999 年注资时，则认定"除长银、日债银外的所有银行为"健全"，因此并未追究银行

的经营责任。资产审定及审查两次均受到苛刻的批评，1998 年的注资当中"是在过去的大藏省检查的基础上，实施了不足一个月的短时间审查。因此被批评为检查宽松，实际上等于没有审查"。1999 年的注资当中"在各大银行同时进行检查后，再实施 3 个月的审查。但也被批评为由于注重对借款企业的保护，因此不良债权的抵押处理不彻底"。

对两次政府注资的评价如此严厉，其原因在于既未能实现银行重组，也未能达成企业重组，使金融不景气与产业不景气的双重不景气长期化。在此暴露出政府、金融当局推行的金融行政的问题所在。

之后，面向经营不良企业的债权进一步恶化，流通、建设等行业的大规模破产此起彼伏，导致巨额的追加损失。另外，政府由于担心出现"贷款紧缩"现象，而要求银行增加面向中小企业的贷款目标。其结果还造成不景气行业的结构改革拖延的矛盾。不解决与不良债权殊途同归的过剩债务这一借款企业的结构问题，而是通过增强银行资本来临时应付的做法，使问题变得更加严重，造成了今天的困境。在这次的局面中要求"金融与产业的一体再生"正是出于这个原因。因此，如果在没有要求银行实行彻底抵押的情况下投入预防性注资，将再次出现经营的道德风险（缺乏道德），有可能导致问题企业的整顿延迟。

那么，究竟应该怎样做呢？这次与过去两次对健全银行的注资不同，有可能使经严格审定后，对因准备金积累而耗尽资本的银行进行注资的模式更鲜明。如此一来，以往对经营层的责任不予追究的情况将不再发生，而是以经营革新与薪资归还等明确的形式追究其经营责任。这样不但可以防止道德风险，也容易取得承担税金的国民的同意。围绕经营责任问题，既有意见表示注资时应由最高层引咎，也有意见表示注资后实现经营改善是其责任。无论哪种情况，注资后向负责经营的经营层布置加速处理不良债权的明确目标等任务，制定解决责任不明确问题的对策将成为讨论课题。

在此，主张经营责任伴随注资实现明确化。原本论点应该是在实施政府注资时，应与银行的经营责任论相挂钩。但是，如果追究银行的经营责任，又会出现银行不申请政府资金的隐忧，因此采用了不追究银行经营责任的形式来实施政府注资。关于银行的不良债权处理，金融行政两次均不追究经营责任的判断，正好体现出日本式金融改革的手法与特质。

之后日本的金融改革依然在银行不良债权处理的沉重压力下挣扎，不良债权问题成为小泉结构改革的最重要课题。其结果，根据竹中大臣的金融再生计划，"由政府管理"的政策占据了金融行政的中心。20 世纪 90 年代"由政府管理"的政策原型正是两次政府注资的问题。这是因为基于作为金

融改革基轴的重视市场规律政策与应对金融危机的政府资金投入这两项是正好相反的课题，不得不以并存的形式进行推进所致。

四 金融改革与政府资金

关于在 20 世纪 90 年代金融危机中政府资金投入的背景，尝试以金融行政为中心并从西村吉正[1]的观点整理中进行探讨。

选择西村氏，是因为西村氏是作为大藏省的银行局长及作为金融行政最高层主导金融改革的第一人。津田和夫氏也评价说，西村对金融行政的整顿具有很高的资料性价值。

西村过去曾是位银行局长，是大藏省金融行政的高级官员。书中以 20 世纪 60 年代后半期至现代的日本金融制度为对象，对研究者所应了解的客观历史事实进行了紧凑而充实的总结。不仅具有作为资料的实用性价值，而且随处可见以保守的表述对现状认识及对问题所进行的批判性记述，虽然他曾身处行政的深处，却能充分推测不能轻易公之于众的许多改革的想法与相反论点的所在及变化，无论是从了解金融、银行行政的历史背景的意义上，还是作为对现代改革的论点给予评价并对行政进行客观批评的材料而言都颇有意思。[2]

西村氏就金融改革及金融行政之间的关联，在"序言"中对其目的进行了如下记述。

自泡沫经济崩溃，不良债权问题开始对日本经济施以重压之后，已经过了 10 多年时间。日本的金融之所以陷入当前这种困难重重的状况，不可否认很大原因在于金融制度改革的延缓与"护航队式"的行政。但是另一方面，在这 30 多年中，曾屡次致力开展金融制度的改革，现今就日本的金融制度本身而言，与其他先进国家相比毫不逊色，这也是事实。本书通过追溯自日本经济进入稳定成长阶段后，在开始认真寻求维持与提高金融制度的效率性与稳定性方面进行努力的历史，旨在对金融制度改革所作的种种努力为何未能取得充分成效的成果进行探讨。

津田氏对西村氏著作中各个时代的金融行政特征进行了概括性的总结，认为 1981 年的《银行法》修订并没有对原有的架构进行大幅调整……金融界及金融当局未能充分具备作为世界通行的玩家所应有的认识、实力及经验，并指出了金融界整体的落后情况。

---

① 〔日〕西村吉正：《日本的金融制度改革》，东洋经济新报社，2003。
② 〔日〕津田和夫：《金融行政的现代史》，载于一之濑笃编著《现代金融·经济危机的解明》，Mineva 书房。2005，第 99 页。

关于 80 年代书中写道：对金融自由化的关心度提高，金融的自由化、国际化、证券化成为媒体的日常话题……金融界争相展开了跨界性参与……1992 年的金融制度改革（各行业相互参与）可谓是划时代的改革，然而在原有状况的认识下，走向没有战略性判断的业务扩大，导致泡沫经济的影响扩大。他对缺乏形势认识的行政与金融界的状态进行了批判。关于 90 年代以后的历史总结为：开始于对"护航队式"带来转机的破产处理……通过死守既得权，短时间内实现了过去未能实现的全部……认为是传统金融制度改革的结束期……受 1997 年后半期连续发生的大型金融破产的心理影响，金融大改革热（东京金融市场复活论）迅速降温……也可当作是带有讽刺性的看法，即虽然打乱了预想的方案，然而一举推进了旨在建立以市场原理为基础的金融制度改革……尽管可以说已经完成了金融制度改革，然而实际上这段时期明显缺乏稳定性，国际地位也降低了。

在这种评价下，政府注资为何成为课题呢？陷入金融危机时，对存款人的保护成为重要的行政课题。可是在日本，却提出了借款人保护这一全新概念，并作为金融行政的课题，成为注资的理论根据。依照西村氏的说法，这种事态日益严重，金融机构的破产成为现实问题时，不得不意识到，以狭义的存款人保护为中心形成理论机构的原有金融行政，在某种意义上仅仅是纸上谈兵。在金融体系的机能维持方面，更加严重的问题与其说是对金融机构的债主（存款人）的保护，倒不如说是对金融机构的借款人（交易企业）的保护，这一点已逐渐明显。借款人保护容易与从广范围认识信用秩序概念的想法接轨。只要金融机构破产，借款人的资金循环阻滞，借款人的经营活动就会停止，甚至有可能出现连锁性破产。对借款人的雇用员工及员工家庭的生计，对地区经济的冲击及影响将扩大，从波及经济、社会的意义上讲，较之存款人，因借款人而造成的影响更为巨大。

只要根据这点来判断，相对于应对信用秩序维持及存款人保护这一金融危机的传统金融行政的目的而言，借款人保护是否就是应对信用秩序更加难以维持的金融危机深化阶段所采取的金融行政的目的呢？但是，实际上该金融行政的目的并不具有明确的理论依据。这一点在西村的以下记述中也很明显。

他认为一直以来，在破产处理中的借款人保护这一目的，较之信用秩序维持与存款人保护等，并没有对其进行与之相同程度的明确定位。在 1998 年秋天时，出现了反映金融不稳定并将此明确化的必要性，以至在《金融再生法》中作为破产处理原则之一，做出了"必须维持金融机构的金融中介机能"这一规定。但是，也有可能由于这种根据时代要求进行应对的"适时适用"制度，反而导致信用秩序维持制度（存款保险制度）的基础、基本理念变得不明确。

总之，自1971年制定《存款保险法》以来，实际上未曾启动的金融稳定化、破产处理制度，在90年代后半期以后频繁启动，并且通过实际经历的破产处理后，制度取得了飞跃性的完善。然而金融形势并未因此变得稳定，在这之后不得不更加频繁地修订制度。

为探讨如上总结，在此应该了解一下为防止金融危机所采取的借款人保护与政府资金投入问题的演变。

该时期采取了多方面的金融措施，因此可参见表1、表2。

表1　1998年采取的金融措施

	1998 年
1 月 12 日	桥本首相在国会中发言，"不会发生由日本引发的金融恐慌"（定期国会、金融、经济演讲）
2 月 16 日	《金融机能稳定化法》成立（以金融危机时的金融体系稳定化为目的对制度进行建设，确保30兆日元的政府资金）
3 月 10 日	存款保险机构、金融危机管理审查委员会，决定投入1兆8156亿日元的政府资金
3 月 30 日	《关于促进特定住宅金融专业公司债权债务处理等的特别措施法》修订法成立（促进住专债权的回收）
3 月 31 日	大藏省公布"关于新金融检查的基本事项"（引入预告检查，检查限定在自我审定，法令遵守，风险管理范围内）
4 月 1 日	施行《新日本银行法》、《新外汇法》，开始运用早期矫正措施
5 月 25 日	发表基于与美国相同标准的"风险管理债权"，18家大银行共计为21兆7786亿日元
6 月 22 日	金融监督厅成立并运作
7 月 2 日	政府、执政党公布"金融再生总体计划（第2次）"（引入过渡银行）
7 月 7 日	金融监督厅，依次对19家主要银行着手进行集中检查、审定
7 月 30 日	小渊内阁成立，"金融国会"（第143次临时国会）开始
8 月 5 日	政府提出金融机能稳定化修正案，在野党提出《金融机能再生紧急措施法》，发生撤销政府提出的法案的异常事态
10 月 16 日	《金融机能早期健全化法》成立
10 月 23 日	决定对长银采取特别政府管理
12 月 1 日	施行《金融体系改革法》及其相关法（开始进行银行，保险公司的投资信托窗口销售等）将风险管理债券信息与新资产审定额的公布进行法定义务化
12 月 5 日	金融再生委员会成立并运作（柳泽委员长）
12 月 13 日	决定对日债银采取特别政府管理

表 2 1999 年采取的金融措施

	1999 年
1 月 22 日	金融监督厅，第一次公布自我审定额
1 月 25 日	金融再生委员会制定对注资银行的保险金指导线（有可能破产企业 70%，需管理企业 15%）
2 月 12 日	日银导入零利率政策
3 月 5 日	金融监督厅，因贷款紧缩问题对 7 家金融机构发出业务改善命令
3 月 12 日	金融再生委员会，批准 15 家大银行的经营健全化计划，注入 7 兆 4592 亿日元资金
4 月 1 日	住管机构整理回收银行合并，设立整理回收机构
4 月 8 日	金融监督厅，最终决定"金融检查指南"

摘自〔日〕西村吉正：《金融制度相关年表》，2004，第 459、460、461 页。

五 金融危险与借款人保护

（一）借款人保护与 RFC

进入 1997 年 12 月以后，"金融系统稳定化"对策终于固定下来。虽然使用政府资金注资的问题是最大的课题，但是作为银行的贷款紧缩对策，保护借款人的对策迅速浮出水面。为什么借款人的保护成为问题，这显示了金融状况的紧迫性。如果将美国在 20 世纪 30 年代成立的复兴金融公司（RFC）作为样本的话，则投入政府资金的目标正是为了在金融恐慌的状态下对银行进行重建。在基于金融危机这一认识的前提下，在新局面下提出的"明确注资标准"以及"保护借款人"两项论点成为"金融系统稳定化"对策的主轴。

自民党于十五日确立《金融系统稳定化紧急对策》，决定通过政府资金对金融机构注资的方针。目的是使金融机构避免出现由于资本不足而无法向企业借款的情况，不仅保护了存款人，同时也照顾到了借款人。不过，如果不明确适用标准，则可能导致一些不健全的金融机构也会受到救济，因此必须防止该项对策被滥用的局面出现。[①] 该对策强调向健全的银行注资并保护借款人。

对于"会导致银行国营化"、"这是在救济银行"等批评，自民党也表示认同。但同时认为如果不跳出以前的固有想法，事态会变得更加紧迫，将无法保护那些"善意的借款人"，因此决定收购进行破产处理的金融机构的

---

① 《日经金融新闻》，1997 年 12 月 16 日。

优先股，后偿债。①

不过，以美国 RFC 模式为前提，在出于"危机管理"而投入政府资金方面，仍抱有疑问。

RFC 是在大恐慌后的 20 世纪 30 年代，在大约四成的银行破产这一紧急事态下而成立的，与日本的现状明显不同。

并且，RFC 制定了诸如在收购优先股时经营层必须辞职、在偿还优先股时提供纯利润的 50% 作为准备金等严格的附加条件。而在自民党的方案中，仅在存款保险机构内设立"金融危险管理账户"并根据审查机构的意见而做出决定的话，缺乏透明度。而在"危机管理"这一名义之下制定的制度恐怕只是助长金融机构对于政府的依赖性，反而可能导致金融机构变得越来越不健全。②

并且，自民党也缺少对于作为金融恐慌对策而投入政府资金的认识。要知道 RFC 是处理金融恐慌的公共机构，在其背后存在着"加强国家管理"思想的原形。

（二）经营的自主性与政府资金

日本政府的金融系统稳定化对策是针对金融危机而制定的紧急对策。主要内容是投入 30 兆日元的政府资金。但是，在投入时将始终重视银行经营的自主性判断。在这一点上，在《日本经济新闻》的社论《景气恢复条件（下）透明原则下的金融稳定化对策》（1998 年 1 月 26 日）中提出了三点原则。

为了"不要由日本引发金融恐慌"（首相桥本龙太郎），政府推出了金融系统稳定化对策。

日本金融系统面临着战后最大的危机。大型金融机构的破产，显示了金融市场上人们疑虑重重。在 4 月采取尽早更正措施之前，由于银行贷款紧缩并回收资金，即使是健全的企业也面临着经营危机。

通过向存款保险机构投入 30 兆日元的政府资金，显示政府希望以政府资金为杠杆避免金融不稳定的态势。为了保护存款人，在 30 兆日元之中，有 17 兆日元被投入到金融破产处理领域。为保护存款人，投入政府资金是必然的措施，也能够得到国民的理解。剩下的 13 兆日元用于增强金融机构的自身资本。

在注资时必然需要坚持透明的原则。否则一旦出现错误，将可能引发金融机构产生道德风险（伦理欠缺）。

---

① 《日经金融新闻》，1997 年 12 月 16 日。
② 《日经金融新闻》，1997 年 12 月 16 日。

第一，投入资本不应用来救济银行。

第二，不应依据金融当局的指导而普遍适用，而应由银行根据自身的经营情况自主进行判断，自发进行申请。否则退回到护航队的形式中去，最终将一无所获。

第三，应该明确注资的目标。在保持金融系统稳定的名义下，提出的标准却非常暧昧。应该明确提出消除贷款紧缩的目标。而接受注资的银行也应该表示具体将增加多少贷款。[1]

使用政府资金向金融机构注资是为了消除贷款紧缩现象并保护存款人，而不是救济银行。政府应该摆脱护航队的形象，不应依据金融当局的指导而普遍适用，应重视金融机构在经营方面的自主判断。

（三）RFC 与政府资金

"金融稳定化法案"是作为针对银行贷款紧缩的对策而提出的，其主轴就是投入政府资金。不过，虽然重视"经营的自主性"，但众所周知，该金融危机对策是以美国 20 世纪 30 年代制定的金融恐慌对策为样本而制定的。

美国在大恐慌后实施认购金融机构的优先股用以充实资本的方法，这是克服金融危机的关键一招。不过，在野党提出异议认为这将被经营不善的银行用来进行自我救济。

但在不信任感高涨的市场中，即使是健全的金融机构也可能会由于受到各种风言风语的打击而走向破产。这将导致金融系统整体的崩溃。因此不能全部交给市场去调节。而作为防卫手段，金融机构强化资本是非常有效的。

而认购优先股，意味着政府为对抗市场的暴力开始拿起武器。与其在事发后处理，还不如拯救濒临破产的借款企业，这样所需的国民成本更小。[2]

而美国模式是在新经济政策下通过 RFC 投入公共资本，强调的是防止金融机构破产与借款企业倒闭，也就是保护借款人。对于通过 RFC 投入政府资金是在金融恐慌时所采取的政策手段这一点，政府的认识还显得不足。

六　金融机构破产的处理问题

（一）国会审议与注资

围绕注资问题，国会在审议金融稳定化法案时，有关审查标准的透明性成为焦点。桥本首相仅表示：说到关键的审查标准的内容，并不是以破产金融机构为对象。如果法案就这样成立的话，实际上国民很难明白审查标准到底是什么。如果政府认购优先股之后设定苛刻条件的话，就不申请，而采取

---

[1] 《日经金融新闻》，1997 年 12 月 16 日。

[2] 《读卖新闻》，《金融法案应尽早成立》，1998 年 1 月 29 日。

静观态度的银行也很多。①

新闻报道明显令人感到心急。在使用政府资金购买优先股方面，也存在不透明的成分。

作为购买优先股的条件，要求银行有义务提交经营健全化计划，然后由审查委员会对计划的执行情况进行监督。而大藏省则认为，也许会由于金融市场混乱等外部原因而投入政府资金，因此不一定要追究经营责任，设想按具体情况具体处理。不过，金融界的警惕性很强，如果随便让政府购买优先股，则当局对经营的监管力度将进一步加强，让银行事实上成为国家管理的银行，然后存在着可能被追究经营责任的风险②。

关于使用政府资金注资，即使在议会上也是在注资审查标准等并不明确的情况下就进行了。

规定可以使用政府资金向金融机构注资的金融相关法案在16日的参议院正式会议上获得通过。虽然时间比政府、自民党当初的预计要推迟半个月左右，但是能够赶上在三月末之前注资。原来该法案是否能够成立还让人抱有疑问，如今在审议时重点可谓被忽略了。③

对于向金融机构注资，也遭到了国民感情方面的强烈抵触。从这一点来说，国会是在国民的关心与批评之下开始进行审议的。④ 不过，结果是并没有在注资的是非方面进行深入审议，在注资审查标准并不明确的情况下法案就成立了。而最大的悬念就是大藏省由于具有扩大注资范围的意向，而被迫在国会上进行有关缩小范围的答辩。从这意义上来说，虽然法案如大藏省所愿获得了通过，但大藏省也付出了很大的代价。⑤

在银行的贷款紧缩已经成为社会问题的同时，政府以及金融当局为对付金融危机而在1998年紧急通过《金融稳定化法案》。在法案通过后，作为贷款紧缩对策，强行要求银行接受政府资金已经成为重要课题。

金融机构是否通过发行优先股等接受政府资金，将依据其自主判断进行决定。自民党计划在本周内，将通过曾担任藏相的人士，口头向大型城市银行等单位说明通过投入政府资金强化自身资本、消除金融机构贷款紧缩倾向的必要性。⑥

在此阶段，还存在金融当局如何劝说金融机构根据"银行的自主判断"

① 《日本经济新闻》，1998年2月4日。
② 《日本经济新闻》，1998年2月4日。
③ 《日经金融新闻》，1998年2月16日。
④ 《日经金融新闻》，1998年2月16日。
⑤ 《日经金融新闻》，1998年2月16日。
⑥ 《读卖新闻》，1998年2月18日。

而接受公共资本的问题。但是，其后日本长期信用银行的破产以及处理混乱等象征金融危机的深化则显示了《金融稳定化法案》的局限性，并促进了《金融稳定化法案》的废除。而通过政府资金恢复并健全金融系统的程序则标志着迎来金融危机深化的第二阶段。

（二）金融危机的深化与政府资金的注资

1998 年向金融机构注入政府资金的行为，在美国看来是政府以及金融当局强化指导的措施，是放宽限制的倒退。

"护航队方式复活了"。自今年春季向金融机构注入政府资金以来，美国财政部数次质问大藏省。并警告日本如果通过注资保护弱小银行，则金融系统的不安永远不能消除。[1]

在摆脱护航队方式限制的大方针下，注入政府资金并没有取得成效，在国际市场的压力下，依据市场竞争原理而对金融机构优胜劣汰已经成为当时的课题。

在政府、自民党内部，"淘汰"一词已经成为禁语。去年十一月由于大型金融机构相继破产，市场已经变得神经质，不知道"下一个是谁"。而大藏省则继续表示"不会再有垮掉的银行"。以美国等施压以及渡过三月结算期而感到放心为背景，政府决定修改方针，不仅如此，为了处理不良债权，对金融机构进行淘汰是无法避免的。[2]

不过，金融行政的基本政策仍然是依据银行的自主判断，这样就产生了矛盾。通过市场监督，可以向银行施加压力要求其自主偿还，但是银行如果隐瞒不良债权则会安然无恙。因此出现了要求强化检查与信息公开的方案。

可以认为，金融行政的判断标准已经转为重视市场。

由于 1998 年的金融危机深化，在 6 月末的临时国会上，不良债权成为最优先讨论的课题。在不良债权的处理方面，以向美国做出保证的形式，将依据国际公约实施。而尽早实施结构改革以及金融再生也成为最重要的政治课题。尽管桥本首相下定了决心，当时的形势仍然非常严峻。

虽然计划在七月末召开的临时国会上提交相关法案，但对于不良债权的处理方法，仍然停留在"整顿环境"的层面上，即督促金融机构自身努力。预计相关法案将在秋后正式实施，因此有看法认为这与桥本首相向克林顿总统做出的"迅速处理"的承诺自相矛盾。[3]

而"迅速处理"则需要强化金融当局的权限。

---

[1] 《日本经济新闻》，1998 年 6 月 2 日。
[2] 《日本经济新闻》，1998 年 6 月 2 日。
[3] 《日本经济新闻》，1998 年 6 月 19 日。

（三）重视市场原则的提议

1998 年 7 月，竹中平藏（当时庆应大学教授）关于有关处理金融机构破产问题的过渡性银行的构想，从重视市场原则的视角提出了尖锐的问题。竹中指出包括金融破产问题在内，一连串事件的相同点是没有看到旨在稳定金融系统的政策的"原理、原则"。"破产"的标准应明确，重视原则，走向透明的市场①。

因此，即使清楚现状下事态的严重性与紧迫性，但是在处理不良债权方面，必须采取与建立健全金融市场的方向相一致的政策，否则就没有意义。②

而迄今为止政府的方针并不连续。对于包括大银行在内，究竟想让多少金融机构破产的问题，政府并没有明确的态度。迄今为止，政府开出了二张空头支票。先是在 1995 年表明今后除了针对信用组合以外，不会再投入政府资金。接着又在 1996 年表示大银行不会垮掉。③

主要问题是政府究竟是认为保护金融机构就等于维持金融系统，还是想根据市场原理建立新的金融系统。

政府的基本立场仍然不明确，即使建立接盘机构，以后又该如何运转呢？是仍然采取"由于太大而不能破产"的立场，还是放弃它而接受市场的淘汰呢？④

其次，以"保护借款人"为名而匆匆采取投入政府资金的方式则令人担忧会再次引发企业产生道德风险（伦理欠缺）。⑤ 人们对于在信用危机下为"保护借款人"而注资的行为提出批评，而批评的论点也很明确。

解决不良债权问题的方法始终不能阻碍透明竞争市场的形成。⑥

但实际上，要想在不阻碍形成透明竞争金融市场的条件下投入政府资金，这一想法是难以实现的。

（四）金融国会与金融再生

处理日本长期信用银行的问题实际上就是围绕金融危机中政府资金存在形式的问题。

关于这个问题，政府、自民党采取的方针是根据作为投入 13 兆日元政府资金依据的《金融稳定化法案》，收购日本长期信用银行的优先股、后偿债，增强其资本，并且与住友信托银行合并。

---

① 《日本经济新闻》，1998 年 7 月 12 日。
② 《日本经济新闻》，1998 年 7 月 12 日。
③ 《日本经济新闻》，1998 年 7 月 12 日。
④ 《日本经济新闻》，1998 年 7 月 12 日。
⑤ 《日本经济新闻》，1998 年 7 月 12 日。
⑥ 《日本经济新闻》，1998 年 7 月 12 日。

对此，民主党等在野党方面则主张《金融稳定化法案》目的是增强健全银行的资本，向有可能资不抵债的日本长期信用银行投入政府资金的行为是违法的，因此向日本长期信用银行投入政府资金的问题成为难题。

为此，政府、自民党 12 日针对处理日本长期信用银行的对策问题，开始研究不依据现行的《金融稳定化法案》，转而研讨在制定新法案的基础上（包括新的针对破产进行预先处理框架在内的），再投入政府资金的问题。①

日本长期信用银行的问题自 1998 年 8 月 21 日公布裁员政策以及申请政府资金的方针之后开始浮出水面。而朝野各党在针对在野党民主党提出的废除《金融稳定化法案》进行激烈攻防之后，到了 9 月 14 日，自民党在第 3 次修正案中提出废除《金融稳定化法案》。

在基于金融危机深化这一认识下，该届国会变成了在日美首脑会谈之前，为预防"世界恐慌"而召开的"金融国会"。②

在金融危机深化的进程中，倾向金融再生的报纸也进一步提出希望使用政府资金注资。

为预防金融机构破产的《金融早期健全法》在 16 日生效，再加上防止破产时出现混乱的《金融再生法》已经生效，终于确立了可以避免金融恐慌的框架。这距离政府、自民党当初归纳方案已经过去三个月有余。在此期间由于国会审议局面混乱，导致金融危机状况进一步恶化。已经没有时间再袖手旁观了。必须运用《金融早期健全法》，抓紧使用政府资金向银行注资。应该大胆地投入政府资金，在逼使破产银行秩序井然地退出的同时，促进跨越行业与集团界限的金融重组。③

日本长期信用银行的破产是大背景。

日本长期信用银行以根据《金融稳定化法案》（投入的政府资金规模共计 13 兆日元）接受注资为前提，与住友信托银行就合并问题进行谈判，而小渊首相甚至准备亲自出任合并的中间人。不过，由于《金融稳定化法案》被废除，而日本长期信用银行也由于国家收购所有股票而临时属于国有（特别公共管理）。由于无法期望依靠现行法律，公众认为也许首相也无法扮演中间人的角色，因此对政治的不信任感自然进一步增加。由于日本长期信用银行问题迟迟得不到解决，各家银行的贷款紧缩心理进一步增强。④

---

① 《读卖新闻》，1998 年 9 月 13 日。
② 《读卖新闻》，1998 年 9 月 17 日。
③ 《读卖新闻》，1998 年 10 月 17 日。
④ 《读卖新闻》，1998 年 10 月 17 日。

（五）金融危机与日本型金融系统

将 20 世纪 90 年代定义为"金融危机深化"的数阪氏将 90 年代细分为五个时期并进行分析。对于 1998 年下半年以后的阶段，数阪氏则将其作为第四期并对其特点进行如下说明。

第四期为 1998 年下半年以后，这是日本长期信用银行、日本债券信用银行相继破产的时期，政府根据紧急事态下的《金融再生法》而投入政府资金。并且，对于不良债权的处理、金融机构破产问题的处理方面，政府也不得不直接进行干涉。而金融行政的框架也由以前大藏省的一元化管理而出现权利分割，新诞生了金融监督厅、也就是后来的金融厅。同时作为时效性措施之一而成立金融再生委员会，采取以政治主导方式对付金融危机的体制也是在这个时期。[1]

此处强调的是"政府根据紧急事态下的《金融再生法》而投入政府资金"以及"采取以政治主导方式应对金融危机的体制"。

在第四期，在政府不想因日本引起世界恐慌的"决心"下，针对金融危机，被迫直接以未曾有过的手段进行干预。而由金融机构、金融市场以及金融行政构成的日本型金融系统的各要素，也在短时间内发生了巨大变化。[2]

在此期间，金融行政主导的日本型金融系统已经明确。而摆脱护航队方式，根据市场原理、依存于金融市场中的市场评价而构筑起新型日本金融系统，也发生了巨大变化。

第三节　市场规律与政府注资问题

在金融危机下推进政府资金对金融机构的注资，这是一种通过加强银行体制及创造贷款以期防止企业连环破产的金融恐慌规避措施。从原本的存款人保护扩大至借款人保护，虽然有利于对社会不安起镇静作用，并且是在政治性判断下进行的，但不一定能起到有效的作用。但是关于金融危机与"借款人保护"问题并没有得到充分的评论性探讨，这是一个课题。另一个论点是，这种政府资金支持与银行强化措施并存的市场规律重视论。接下来将讨论一下应该如何剖析它们之间的相互联系。

---

① 植田浩史编《日本企业、体系的重组》，东京大学出版社，2003，第 111 页。
② 植田浩史编《日本企业、体系的重组》，东京大学出版社，2003，第 111 页。

一 借款人保护

"借款人保护"政策虽然被置于政府注资的背后，但这正是支撑金融危机应对措施的中心思想。堀内昭义将这一点概括如下。

注意这种微观经济危机的人们，在将银行保守的融资态度称作"贷款紧缩"予以批判的同时，对于备受银行保守态度及经营失败所打击的"善意借款人"，主张应该出台保护政策。特别是在1997年之后，随着银行危机日益严峻，政府及执政党内部对于必须保护借款人的议论越来越多。此种议论反映在以下方面：包括基于1998年2月通过的《金融安定化法》对"健全"银行资本的政府注资，以及1998年7月政府及执政党金融重组总体规划推进协商会汇总的"金融再行总体规划"中关于过渡银行的构想等。[①]

这正好如实反映出金融危机的状况。原本"有希望的借款人"能否得到某一处银行的最终融资，从证券市场应该可以筹措资本，但是，"在近年的日本，大部分银行均处于严重资本不足的状态，而且在旧制度之下，证券市场无法充分提高金融中介能力，也明显欠缺灵活应对资金筹措构造巨大变化的能力。[②]

二 重视市场规律的意义

市场机制曾经是重视市场规律的政策，它不但没有对金融制度的展开起到均衡作用，而且常常是"暴力的"、"极具破坏力的"。从这一方面针对重视市场机制的议论及政策所表现出来的是强烈的批评。对此，堀内氏作出如下反驳。

1997年秋天之后，映入人们眼帘的是银行不但面临残酷的裁员压力，而且遭受金融、资本市场的破坏力。政策负责人及一部分的经济学者仅强调市场的破坏侧面，并指出抑制其的必要性，这些议论是对政策当局主持的总括性的安全网运营的停滞不前，以及政府对最坏时机下市场规律机制的发现放松警惕的失败行为表示不理解。正如我已经说明的那样，总括性的安全网具有排除市场规律机制的特性，因此在旧制度中产生的银行危机明显不是市场机制的产物。倒不如说金融、资本市场及金融服务业中的市场竞争规律机能没有得到充分利用，从而导致危机的深化。关于银行的经营实际状态及不良债权的不明确信息不断流入市场，也成为引起市场不安定反应的原因。[③]

---

① 〔日〕堀内昭义：《日本经济与金融危机》，岩波书店，1999，第98页。
② 〔日〕堀内昭义：《日本经济与金融危机》，岩波书店，1999，第99页。
③ 〔日〕堀内昭义：《日本经济与金融危机》，岩波书店，1999，第120～121页。

就这样，堀内氏对金融当局没有采取灵活运用市场规律的政策作出批评。也就是说，他认为，采取了依赖市场机制的金融行政作为银行危机的应对措施，从而导致银行危机深化。市场机制的意义在于使市场规律发挥作用从而矫正低效率的银行经营。

无论是金融、资本市场的规律，还是金融业中市场竞争带来的规律，它们建设性方面的功能均在于预防对银行经营的低效率经营及过度风险的选择。在这种意义上，市场规律机制与健全经营规定发挥相互代替的作用。正如当前的日本金融系统，在状况极端恶化之后，全面依靠这些规律机制收拾事态，虽然在破坏旧制度方面而言可期待获得较大的效果，但却可能因此而招致混乱结果。[①]

三　金融再生与市场规律

对于金融危机中的金融再生课题，金融行政如何活用市场规律，这是一个相当困难的问题。堀内氏对这一点表述如下：为了使日本政府针对银行危机所采取的措施获得成功，该措施必须将政府对于明确规律的发挥，即将对银行的资本强化以及裁员的严峻要求明确传递至金融、资本市场。不能得到市场积极反响的政策，几乎不可能得到成功。政府与金融、资本市场围绕着对有缺陷的银行经营赋予规律而进行交锋的情况，是迄今为止我们从来没有体验过的。[②]

四　政府注资问题

金融机构的不良债权处理中是否引入政府资金，这是一个大课题。政府资金引入，首先必须明确市场机制中无法处理不良债权的问题。这是一个政府在采取通过市场机制处理不良债权原则的同时、如何将暂时无法通过市场机制处理不良债权这一"金融危机"意识向国民说明并得到国民共识的课题。应该配合之前看过的竹中平藏氏的提议去探讨这一课题。从重视市场规律的观点来看，也即应该如何开展政府注资的问题。

政府主导介入市场，与重视市场规律的政策互相矛盾。甚至可以说是刚好相反的政策。关于这点堀内氏表述如下：尽管只是暂时性，但从支持直接介入银行的立场来说，强烈要求政府、监督当局积极努力地弥补各个银行经营存在的缺陷。这种政府措施，应该将对市场赋予规律机制的推进过程中承受的同等压力施加于银行经营之中。在这种意义上，对于加入紧急对策的银

---

① 〔日〕堀内昭义：《日本经济与金融危机》，岩波书店，1999，第121页。
② 〔日〕堀内昭义：《日本经济与金融危机》，岩波书店，1999，第121~122页。

行经营，政府加强介入，这并不是与市场机制存在本质性区别的东西。①

包括政府资金的投入在内，为了规避金融危机而采取的紧急避难性质的政策，目的都是为了强化银行的经营管理。对于这种银行的经营内容，原本由市场判断。但是在市场规律难以发挥功能的情况下，必须由金融当局代替市场对银行经营进行管理强化。这可以说是从重视市场规律的立场出发，对政府资金投入的限定性支持内容。

第四节　金融危机与金融行政的强化

20世纪90年代后期，特别是大改革之后的金融革新是承担着金融不安定因素的金融革新。正确地处理从金融危机发展为金融恐慌的事件是最大的金融行政课题。在此对论点进行整理。

1. 大改革的最大估计失误是，在目标是建设国际标准金融系统的项目开始的同时，金融不稳定因素也在进行之中。如何急速恢复落后于国际标准的日本金融系统是当时最大的战略课题，那么金融系统的重新构建就不得不与消除金融不安定因素及金融系统的国际标准化这一难题同时并进。

金融革新就是克服金融不安定因素及金融危机过程。迄今为止的金融系统构造上的问题有望通过激烈的改革而获得新的进展。即使在日本，或许可以说大改革正是根据这种假设而被程序化，但招致超越假设的金融不安定因素及面临金融危机的原因在于银行的不良债权问题。

2. 银行的不良债权处理问题在防范金融恐慌于未然的战略基础上探讨解决头绪。金融机构的破产仍处在"问题"阶段，最大的课题是存款人保护。在日本，除了上述问题之外，善良的企业因为银行贷款紧缩措施而破产的事件也逐渐社会化。作为一种政治问题，该问题与"借款人保护"一起逐渐被重视。这样在金融危机之下，以银行系统稳定化为目标的健全银行经营及提高银行贷款能力，成为防范金融危机的战略课题。在这种背景之下，特别是1998年、1999年，针对金融系统再生问题，开始追究金融行政的职责责任。

日本经济危机的主干——金融危机的应对措施，是借鉴了美国的经验模式，早期矫正措施及过渡银行等均是如此。政府资金投入更是规避金融危机的最后一着。但是，日本的金融危机情况与美国有差异。因此在美国应对金融危机的措施不可能完全照搬在日本产生同样的效果。而且此处被重视的美

---

① 〔日〕堀内昭义：《日本经济与金融危机》，岩波书店，1999，第139页。

国模式中，混合了 20 世纪 30 年代的模式与 90 年代的模式。这一点在金融行政的评价中也应该引起注意。

在这种金融行政之中，特别是市场规律与政府资金的关系之所以会成为问题，是因为在基于市场原理的金融机构竞争当中，有一种要求朝着金融系统革新目标进发的程序的基础。但是，即便如此，为了在其进展过程中维持金融系统及实现健全化，政府资金对金融机构的注资仍成为金融行政的最大问题。

3. 通过政府资金投入规避金融危机并未成功。在其后持续的金融危机之中，2002 年为制止通货紧缩，竹中金融相做出了强化政府金融行政的决定。竹中金融相表示：已经在目前的《存款保险法》中就政府资金对银行注资确定了应对的方针。该法对金融应对措施进行灵活的解释，从而判断对于并未陷入严重危机状况的银行亦可实施预防性注资。① 对于在金融危机中金融当局主导下的政府注资处于高度紧急状态的认识，在此处备受重视。

竹中认为在现行法规可行的背景之下，出现"银行是担负金融系统的公共性存在"的判断。如果对不良债权处理及熊市造成的银行整体实力下降放任不管，有可能会招致危机，结果可能会对国民经济造成极大的影响。为此，要保护健全的存款人及借款人，即使具体的"危机"尚未呈现眼前，也可以进行注资。在现行法规当中，注资的条件是银行申请。焦点是如何建设考虑到银行公益性在内的、近似于强迫接受的"强制注资架构"。②

这一阶段的课题是，"强制注资"的架构建设非常重要。

4. 不良债权处理问题的严峻性在于，每一次变为社会问题时均认真采取了措施，但却看不见长期有望解决的希望。在被定为泡沫经济崩溃后遗症的同时，由于通货紧缩造成的银行不良债权处理越来越困难。2003 年 3 月对于处理的预测仍然不乐观。

许多读者关注的经济问题之一正是银行的不良债权处理。两次的政府注资，再三宣称"已经三度过难关"，加上大型银行的同时自我增资，但银行背上的重担仍然无法计量。

由于连续两年的金融厅特别检查等的推动，2003 年 3 月大型银行的不良债权余额从 1 年前的不足 6 兆日元变为 20 兆日元左右。按这样计算，2004 年度末的不良债权比率（占贷出总额的不良债权比率）要达到目前一半（4%）的目标，如果在两年之内每年减少 5 兆日元，则仍有实现的可能。③

---

① 《日本经济新闻》，2002 年 10 月 7 日。

② 《日本经济新闻》，2002 年 10 月 7 日。

③ 〔日〕藤井良广：《何时方休的不良债权处理》，《日本经济新闻》，2003 年 5 月 4 日。

但是悲观论仍在继续。

令人烦恼的是，假设第三次用政府资金填了坑，通货紧缩是否就会停止。银行即使以新的融资来竞争，企业的资金需求也不会提高。要切断通货紧缩的根源谈何容易。原本在企业重编、重组的推进中降低破产概率，并结合强化银行自身的收益，从而在民间主导之下实现摆脱通货紧缩是最理想的。但是，财政、金融两政策作用不大，而银行及经营不佳的企业对政策的依赖态势仍旧不变。别说渡过难关，其实仍处于在深山中迷路、呆立不动的状况。[1]

在这里，表现出的是面向摆脱金融危机却看不见前景的困惑。金融行政在此阶段仍然无法提示明确的金融再生程序。

5. 之后小泉结构改革，可称为在竹中金融结构改革获得了计划预期的成果。该金融革新对于重视市场规律的金融结构再生具有怎样的意义，这一点在全球化的推进过程当中受到了最尖锐的质疑。即使金融革新的潮流是在重视市场规律政策的基础上推进的，但现实的金融行政课题是以政府资金对银行的注资为核心的。这是金融行政的强化过程。原本应依托于市场规律，转由金融当局及政府代替其发挥功能的金融革新是日本式金融革新的特征。而今天，在这种"已再生"的金融结构当中，从强化金融当局的权限到重视市场规律，将会怎样转换及能否转换成功，这正是日本式金融革新面临的课题。

---

[1] 〔日〕藤井良广：《何时方休的不良债权处理》，《日本经济新闻》，2003 年 5 月 4 日。

现代日本地方制度改革的动向 *

——对市町村合并及引入道州制的分析

内容提要：以日本目前市町村合并及引入道州制为例，对日本地方制度改革的动向进行研究。论文共分三部分。第一部分从学理和法理上分析了日本国家与地方职责分担的现状，认为职责分担明确化符合"细致行政"的要求，《地方分权推进法》的实施将使地方分权改革更趋明朗化。第二部分对市町村合并问题进行了探讨。指出市町村合并一个重要的问题是，国家半强制性推进合并是否合乎宪法规定；回顾了"平成大合并"之前的市町村合并历史；指出当前推行市町村合并的背景是为了解决地方财政匮乏的难题；以法国、德国和瑞典等国地方制度改革为例，分析了市町村的合适规模及标准问题。第三部分对道州制问题进行了探讨。回顾了道州制争论的经过与背景，分析了道州制争论的主要观点，对特区形态的道州制的引入进行了评析。最后，论文对日本地方分权改革进展迟缓的原因进行了分析。

序

中央与地方政府的关系视每个国家的发展程度而不同，但是人们多样化的需要求必须提供"细致行政"服务，也就是从中央集权式、法律优先的行政，转变为以地方政府为主体，更重视本地化、灵活性、地域性，从而改变着中央与地方政府的关系。中国虽然处于社会主义初级阶段，但是经济发展速度非常惊人，在世界经济中所占的地位已经超过了其他发展中国家。另一

---

* 香川正俊：熊本学园大学。

方面，城市与农村收入差距进一步扩大，城市失业与贫富差距日益严重，伴随经济发展而产生的各种问题已经成为严重的社会问题。为了应对这些问题，中央与地方政府必须在各阶段适当合理地分担责任，同时必须进行地方分权改革。

其中重要的是要扩大与人们有着直接关系的基层地方政府的作用，合理重建多层次的各级地方政府，并需要将多方面分散的行政需求集中到地区或地方，统一居民多样化的要求，从整体角度把握调整行政工作，构筑新体制，实现行政综合管理，不久的将来，中央将进一步向地方政府转移行、财政权，地方分权改革将继续深化。

但本文探讨的不是中国的问题，本文将通过日本国家（以下也称中央）与地方（以下也称地方公共团体、地方自治体、自治体等）的职责分担、行、财政权转移的问题，探讨以市町村合并及道州制为中心的地方制度改革相关的议论。由于篇幅所限，本文的重点不在于评论，而在于整理议论的背景与事实关系。

第一节　国家与地方职责分担的现状

一　职责分担明确化的必要性

地方自治是民主主义的基础，"地方自治的宗旨"有两个要素：一个是民主主义要素"居民自治"，即根据居民的意志进行自治；另一个是地方分权要素"团体自治"，即国家将自治权委托给相对独立的团体，在该团体的意志与责任下进行自治，《日本国宪法》第8章"地方自治"各条款的规定保证了上述自治。另外，地方自治作为民主主义的基础被比喻为"民主主义的学校"，可以通过其参与来学习什么是民主主义，从这个意义上说，"居民自治"特别受到重视。本来，各种政策应该尽可能直接采用民主主义的方法来决定。理论上地方议会与议员应该理解为民主主义的直接"补充"，随着人口增加而必须予以实行，但是部分保守主义者将居民直接参与（居民投票，对各项政策发表意见）的要求，看做是"对议会制民主主义的破坏"，这种主张是错误的。一般而言，进行自治的基础自治体越小则越理想，而优先考虑重建国家与地方自治体财政以及提高"小政府"或行政效率等国家主导的半强制性市町村合并，是民主主义的自杀行为。

　　为了应对"细致行政"，要求地方自治体在提高行政能力的同时，必须确保充分的行、财政权。另外，在这个过程中超出地方自治体管辖区域的广域行政，以及引起"双重行政"的国家地方分支机构的废止与合并问题错综复杂。尽管如此，在探讨地方自治时最重要的前提，并非如何大幅度、无条件地转移行、财政权限，而是国家与地方发挥怎样的作用才能满足人民与地区居民的要求，即必须要明确"国家与地方的职责分担"（责任范围）。

　　"政府"的职责一般包括：①所得再分配功能；②维护经济稳定功能；③资源再分配功能；④维护治安秩序功能。本来，所得再分配能够使富裕阶层向其他地方转移，从而使贫困阶层向福利充实的地区流入，而维护经济稳定的功能会对整个国家的经济循环产生影响，因此这两项功能应该由国家承担；对于取向及需求不断细化的地方公共财政支出以及居民间、地区间治安秩序的维护，地方政府应该拥有充分的处理权。在这种情况下，关于国家与地方的关系，由自民、民主、公明、共产以及社民党组成的参议院宪法调查会的报告中，其基本态势可能比较恰当，也即"在地方分权改革的发展过程中，国家与地方的关系不是以前国家支配、监督地方的关系，而应该是平等的关系，这是本宪法调查会的大致共识。"①

　　但是实际上，近年来伴随着行政的广域化，国家与地方在四种功能上都有职能重复情况，权限错综复杂，一直继续着国家主导的中央集权行政。在战后日本地方制度的历史中，推动地方分权改革的契机是1993年6月第126次国会参众两院作出的日本宪政史上第一个"关于推进地方分权的决议"。②之后，以同年10月第3次临时行政改革推进审议会最终答复为首，历经1994年9月的地方6个团体③提出"关于推进地方分权的意见书——新时代的地方自治"、11月第24次地方制度调查会④通过"关于推进地方分权的答复"、12月内阁会议通过"关于推进地方分权的大纲方针"，于1995年5月

---

① 参议院宪法调查会：《关于日本国宪法的调查报告书》，2005年4月，第201页。
② 第126次国会众议院全体会议，议事日程 第22号，1993年6月3日。第126次国会参议院全体会议，议事日程 第22号，同年6月4日。
③ 根据《地方自治法》第263条3的规定，被定位为全国联合组织的首长联合组织——即全国知事会、全国市长会、全国町村会这3个团体（执行3团体）与作为议长联合组织的全国都道府县议会议长会、全国市议会议长会、全国町村议会议长会这3个团体（议会3团体），总称地方6团体。
④ 地方制度调查会是依照内阁总理大臣的要求，对关于地方制度的重要事项进行调查与审议，且根据《地方制度调查会设置法》及总理府本府组织令第18条成立的机关。

制定了《地方分权推进法》（1995 年 5 月 19 日，法律第 96 号，2001 年 7 月 2 日失效），地方分权由此从讨论阶段进入实行阶段。①

二 《地方分权一揽子法》中规定的职责分担概要及关于国家干预的各种问题

国家与地方职责分担的"概要"基于《地方分权推进法》第 8 条等，具体体现在 1998 年第 1 期"地方分权推进计划"（内阁会议决定，1998 年 5 月 29 日）中，该计划主要内容包括废除委任地方公共团体领导参与国家事务的机构委任事务、重新研讨国家干预及推进权限转移等。之后基于该计划制定的《关于推进地方分权的相关法律建设的法律》（1999 年 7 月 16 日，法律第 87 号），以下称《地方分权一览法》对《地方自治法》（1949 年 4 月 17 日，法律第 67 号）进行了修正。

修正后的《地方自治法》虽然还不完备，但是对国家与地方的职责分担作出了体系化规定，是由国家策划制定的地方自治制度的新转机，从以前那种以都道府县作为国家的代理人来管理市町村的行政管理方法，转变为尽可能由市町村对地区事务自行处理、自行负责，都道府县负责市町村无法处理的事务，国家则主要作为全国性标准等的策划制定者。另外，规定地方公共团体要"更广泛承担自主综合实施地区行政的职责"（第 1 条之 2 第 1 项），是处理地区事务及法令规定等其他事务的最重要行政主体。1994 年 11 月 22 日第 24 次地方制度调查会"关于推进地方分权的答复"规定"综合实施"的内容中，除了狭义的管理执行，还包括策划制定、选择、调整等一系列行为。另外，该法将国家的职责分为：①外交、防卫、通货及司法等与国家存亡相关的事务；②公平交易的确保、生活保护及劳动标准等，需要全国统一规定的各项国民活动或者关于地方自治的基本准则等事务；③公共退休金、宇宙开发、主干及基础性交通基础的完善等，具有全国规模或必须站在全国角度出发的政策以及事业实施的相关事务；④其他（同条第 2 项）。也就是说，修正后的《地方自治法》将国家的职责限定为国家拥有唯一高度权利并承担义务的"高权"，即全国性的各项方针与标准以及由国家承担责任的政策与事业的实施等，居民身边的行政事务则尽可能地交给地方公共团体。但也留下了国家职能再次扩大的余地。

伴随修正后的《地方自治法》的实施，都道府县与市町村的关系也发生

---

① 关于历史分析，见东京都总务局行政部地方科：《关于市町村合并的探讨指针》，东京都，2001 年 1 月 18 日中有详细叙述。

了变化。都道府县是地方行政区划的一部分，是"包括市町村在内的广域地方公共团体"（第 2 条第 5 项），也被称为总括性地方公共团体或者广域性地方公共团体。与此相对，市町村是包括在都道府县之内的基础性地方公共团体（第 2 条第 3 项），是处理与居民生活直接相关事务的地方自治基础团体。在制度上，两者作为普通地方公共团体，其地位一般是平等的，在机构委任事务制度下，都道府县知事等作为国家机构对市町村长行使指挥监督权，因此都道府县一般处于优势地位。但是，根据修正后的《地方自治法》，随着机构委任事务的废止，①关于机构委任事务，都道府县知事对市町村长拥有指挥监督权等（旧第 150 条等）；②事务委任制度（旧第 153 条第 2 项）以及条例制定的事务处理特例制度（旧第 252 条 17 ~ 2）；③所谓统制条例（旧第 14 条第 3 项、第 4 项）也被废止了。事务处理事项（旧第 2 条第 6 项）中都道府县处理的四项事务，即广域事务、统一事务、联络调整事务及补充事务中，统一事务被删除了，都道府县作为包括市町村在内的广域地方公共团体，负责处理广域事务、联络调整事务及补充事务这三项事务，删除了事务的示例规定（旧第 2 条第 3 项、第 6 项）。

也就是说，通过修正《地方自治法》，在都道府县与市町村的关系上，都道府县不再处于优越地位，而是变成符合传统制度中基于平等合作关系的广域地方公共团体。不过，在期待"拥有处理广域课题能力的都道府县"、"对市町村具有支援补充能力的都道府县"这种地方分权理想状态的同时，三项事务的范围受到构成都道府县的市町村力量的左右，具有流动性。拥有较多规模小、人口少的市町村的县，拥有较多规模相对较大的都市的县以及拥有政令指定都市的县等，不同县所应该承担的职责大小理所当然也不同。

另一方面，修正后的《地方自治法》为立法的基础，提出"充分发挥地方公共团体的自主性与自立性"、"根据地方自治的宗旨，合理划分国家与地方的职责分担"（第 1 条 2 第 2 项，第 2 条第 11 项），规定国家根据法律及政令、省令、告示等，可以策划制定关于地方公共团体的制度，在"从尽可能限制国家干预以及推进地方分权的观点出发，进行讨论与妥当的重新研究"的前提下，从便利性、效率性、综合性的角度来考虑，将原本国家处理的事务委托给地方公共团体，新设置了法定受托事务。同时，保留国家建议或劝告、改正要求、同意、许可与认可、承认、指示、代执行等权限（修正《地方自治法》第 245 条），超越一般意义上的指挥监督权，留下了很大的干预余地，最重要的税财源转移问题与地方分支机构的"双重行政"问题也留待日后解决。

三 职责分担上的重要课题——安倍内阁的地方分权改革与新的《地方分权推进法》的制定

推进地方分权改革被列入小泉前内阁的经济财政咨询会议①提出的中期构造改革计划以及 2007 年度《关于经济财政运营与构造改革的基本方针(2006)》(2006 年 7 月 7 日,内阁会议决定)预算基本方针中,2006 年 9 月 27 日安倍内阁成立后,10 月 24 日召开经济财政咨询会议,进行了包括税源转移在内的讨论,地方分权改革被定位为"重要的支柱"。《地方分权一览法》规定"明确国家及地方公共团体分别承担的职责",为了制定新的《地方分权一览法》(暂称),以"提高地方公共团体的自主性与自立性"② 为基本理念的《地方分权推进法》(2006 年 12 月 15 日,法律第 111 号)被委托给 2006 年 9 月 26 日召开的第 165 次临时国会众议院总务委员会,对部分内容作出修正之后,本次会议于 11 月 28 日通过该法并送交参议院,除了共产党之外,获得多数赞成并通过。该法的基本方针是推进国家向地方的权限转移、调整国家与都道府县对地方的干预、使之更合理化(第 5 条)的 3 年暂行法(附则第 4 条)。根据该法,政府将于 2007 年 4 月在内阁府设置由首相任命的 7 位有识之士组成的地方分权改革推进委员会(第 9 条~第 13 条相关),根据委员会的建议,政府将制定地方分权改革推进计划(第 8 条第 1 项相关)。在形式上,汇总国家向地方转移权限与财源及税收分配的地方转移方针及相关的手续程序法,目标是向国会提交新的地方分权一揽子法案。

但是,《地方分权推进法》还存在各种问题。本法最值得关注的是长期被搁置的国家向地方转移税财源的问题。1995 年《地方分权推进法》当中明确列出的"确保地方税财源的充实"问题,在本法的立案阶段被删除了。在审议过程中,考虑到在野党的反对与全国知事会等的强烈要求,又加入了

---

① 经济财政咨询会议是为了充分反映有识之士关于经济财政政策的意见,为充分发挥内阁总理大臣的领导作用,由内阁府设置的合议制机关。它所负责的事务包括根据内阁总理大臣的要求,对与整体经济相关的基本财政运营以及制定预算的基本方针等其他经济财政政策相关的重要事项进行调查审议,根据内阁总理大臣或者相关各大臣的要求,对《国土形成计划法》(昭和 25 年法律第 205 号)第 6 条第 2 项规定的全国计划以及其他经济财政政策相关的重要事项,为确保政府在整体经济上的一贯性与协调性而进行调查与审议,对于重要事项需分别向负责该事务的大臣汇报意见(《内阁设置法》第 19 条)。成员人数限定为包括议长(内阁总理大臣)及 10 名议员,共 11 名,除了内阁官房长官与经济财政政策担当大臣(如有任命)外,其他议员不设限制,民间有识之士必须占议员数的四成以上,提高了经济界的发言权。但是也有指责说,在以政治主导推进新自由主义的小泉内阁时发挥了重要作用,但是随着安倍内阁凝聚力急速下降,该会议的存在价值不断丧失。

② 总务省法案提出宗旨说明,同省自治行政局行政科资料。

"根据国家与地方公共团体的职责分担,确保地方税财源等","探讨财政上应该采取的措施"(第6条)。上面提到的《关于经济财政运营与构造改革的基本方针2006》中,地方交付税的削减①成为"支出、收入一体化改革"的一环;加上《关于经济财政运营与构造改革的基本方针2003》(2003年6月27日,内阁会议决定),以此为开端,按照"三位一体改革"② 路线,优先考虑国家的支出削减,事实上,不得不认为是地方分权的倒退。

并且,关于将国家事务委托给地方的"法定受托事务",虽然自治大臣(现总务大臣)曾经在国会答辩中声称将"进行抑制",但是相反却存在大幅度增长的危险性。尽管如此,该法的成立深化了对国家与地方职责分担(责任范围)的讨论,以及深化了不仅限于行政权的税财源转移等重要课题,使地方分权的进一步发展更趋明朗化。地方6团体评价该法是符合2006年11月设立的新地方分权构想讨论委员会最终报告书③的法案,"该法的制定迈出了第2期地方分权改革确实的第一步"。④

第二节　市町村合并

一　地方公共团体的意义——最高法院裁决

《地方自治法》规定地方公共团体的职责是"将居民身边的行政尽量委托给地方公共团体"(第1条2第2项),在制度的制定与措施的实施过程中要保证地方公共团体能充分发挥自主性与自立性。

市町村合并时重要的是,国家半强制性推进合并是否正确。宪法上关于地方公共团体的意义作出的最高法院裁决是(笔者注:宪法93条2项所指的地方公共团体)不仅是法律上规定的地方公共团体,还存在事实上与居民

---

① 经济财政咨询会议:《关于经济财政运营与构造改革的基本方针2006》第3章1,即《支出收入一体改革》。

② 小泉前内阁对于国家与地方税财政的改革即:(1)削减国家对地方的补助金;(2)将税源从国税转移到地方税;(3)重新审视地方交付税制度,将这三项改革结合在一起实行,称之为"三位一体改革"。另外通过考虑削减国库补助金与地方交付税,减轻国库负担,将3兆日元左右的税财源转移给地方。但是实际上并未推行税源转移,仅先行大幅度削减国库支出金。

③ 分权型社会的远景(最终报告)《追求富足的自治与新的国家形态,使大家乐于居住在这里,第2期地方分权改革与之后的改革方向》,2006年11月30日,新地方分权构想讨论委员会。

④ 地方6团体:《值地方分权推进法成立之际》,2006年12月8日。

经济文化关系密切的共同体生活及拥有共同体意识的社会基础……既然是具备相关实际状态的团体，就不允许无视这种实际状态，利用法律剥夺宪法保障的地方自治功能。①。根据本裁决，无视共同体生活等社会基础、半强制的合并政策是违反宪法的，而提高行政效率、财政重建、财政界要求广域行政等这些都不是符合宪法的理由。越是小规模的地方公共团体越容易形成密切的共同体生活与共同体意识。可以说最高法院的裁决表明了《地方自治法》中规定的"促进居民福利"（第1条之2第1项）与"尽可能委托给地方公共团体"中的"居民"的适当范围与地方公共团体的适当规模。

另外，该裁决引出了一个疑问，"道州"是不是《日本国宪法》第92条规定的"地方公共团体"。也就是说地方公共团体的必要条件是"必须是在历史沿革上与现实行政上，都拥有相当程度的自主立法权、自主行政权、自主财政权等，是有地方自治基本技能的地区团体"，《地方自治法》第281条第1项规定东京都"下属区"作为特别区，不属于宪法中的"地方公共团体"。特别区虽然是独立的法人，具有准市町村的功能，但是不具有宪法规定的地方公共团体的各种自主权，只不过是"都"的下属组织，是特殊地方公共团体。不仅《日本国宪法》与《地方自治法》对地方公共团体作出规定，《地方分权推进法》也规定"关于地方分权的推进……（中略）……居民身边的行政由身边的地方公共团体处理……（中略）……要从这个角度上推进分权"（第4条）。

不具有相当程度的"地方自治的基本功能"，人口与面积远远超过都道府县的"道州"是宪法规定外的团体。除此之外，新法规定的普通地方公共团体也存在很多困难的问题，例如与国家派出机构的关系，对市町村补充作用的调整等。参议院宪法调查会对于法律与制度问题，介绍了一种意见，"根据现行宪法的规定能够实施道州制，但是从宪法是基本法典的立场来考虑，为了实行大幅度地方分权与政体向地区主权的变更，应该对宪法的规定作出大幅度更改。"② 从这一点来看，道州制未必会根据现行宪法进行更改，存在违宪的可能性。

二 直至"平成大合并"之前的市町村合并历史经过

市町村制度是1888年国会成立之前，与府县制并列的明治宪法下重要的地方制度，作为从根本上稳定中央集权制的市制与町村制（1888年4月

---

① 最高法院裁决，《最高法院刑事判例集（17卷2号）》，1963年3月27日，第121页。
② 参议院宪法调查会，上述报告调查书，第211页。

17 日，法律第 1 号）被规定下来。① 该制度以国家的下属机构地方公共团体市町村为对象，对地方行政事务与警察事务的执行，另行规定了地方官官制（1886 年 7 月 19 日，敕令第 54 号）。不过市制与町村制规定市与町村是独立的法人，在形式上是与国家不同的自治体。1911 年分为市制（1911 年 4 月 6 日，法律第 68 号）与町村制（法律第 69 号），之后，市町村制度也进行过大修正，第二次世界大战后随着 1947 年地方自治法的制定而废止，改为现在的市町村制度②。

正如《地方自治法》第 2 条第 3 项规定的，日本的基础自治体是市町村，1964 年第 1 次临时行政调查会报告③中也提到希望"从方便人民的角度来说，与地区居民生活密切相关的事务尽量交给身边的机构"，希望事务权限"特别优先交给市町村"。根据这种"基础自治体优先的原则"，市町村的重要性近年来也受到重视，例如第 27 次地方制度调查会的报告也提到"拥有充分的权限与财政基础……（中略）……积极推进权限转移"④ 等。但是另一方面，存在着提高市町村的行政能力与确保效率性与广域性以及如何做好行财政权限的"交接"等课题，为此，以"进一步充实强化基础自治体的规模与能力"为目的，目前正在大力推动由国家主导的市町村合并。在国会中也认识到地方分权过程中需要强化作为中间环节的基础自治体，转移财源与权限，提高地方的自主性与自行决定能力，同时在广域自治体与基础自治体的双重前提下，实现基础自治体优先。⑤

在《地方自治法》实施的 1947 年，市町村数达到 15050 个，而在目标是 3 年内将町村数缩减 1/3 的《町村合并促进法》（1953 年 9 月 1 日，法律第 258 号）实施的 1953 年，数量则为 9868 个，1956 年是 4668 个，通过实施新《市町村建设促进法》（1956 年 6 月 30 日，法律第 164 号），到 1965 年减少到 3392 个。被称为"平成大合并"的市町村合并⑥开始于 1997 年 7 月

---

① 在市设立市会，利用土地所有与纳税额限制选举权，重视高额纳税者，通过 3 个等级的选举制选出市会议员。市具有制定条例的权限。町村制规定，只有每年交纳 2 日元以上的地租或者直接国税的人才享有参政权等，属于资本家本位制度，另外内务大臣与府县知事等监督权的强化导致自治区弱化。

② 《Wikipedia》，http://ja.wikipedia.org/wiki/.

③ 第 1 次临时行政调查会：《关于行政改革的意见》，1964 年 9 月 28 日。

④ 第 27 次地方制度调查会：《关于今后地方自治制度的报告》，2003 年 11 月 13 日。

⑤ 参议院宪法调查会，上述报告书，第 207 页。

⑥ 与 1953～1956 年进行的"昭和大合并"相对应的称呼。

8 日公布的地方分权推进委员会①的建议②。但是市町村的合并，与行财政权的转移相比，其本质是要求实现国家与地方的财政重建、行政的高效化，并推进与道州制联动的广域行政以及实现"小政府"，如此一来，存在着走向以居民为中心的地方分权的危险性。该建议还在《关于推进财政结构改革》（大幅削减公务员的工资与人数，重新审视广域事务与事业，推进业务的民间委托与推进市町村合并，以彻底节约国家与地方经费为目标）（1997 年 6 月 3 日，内阁会议决定）等的基础上，将合并定位为"在国家与地方严峻的财政状况下，为了正确应对今后日益增大的市町村行政需要与居民的日常生活、经济活动的广域化"，"重要课题是提高市町村行财政能力，调整确立高效的地方行政体制"。虽然该建议指出"推进市町村自主合并"，但是根据延长至 2005 年 3 月的《关于市町村合并特例的法律》（1965 年 3 月 29 日，法律第 6 号，以下称《合并特例法》），在财政上采取的支援措施是，对于推进合并的市町村，设立合并特别债券与地方交付税计算特例，增加各种补助金等，在预算中设立合并推进补助金；而另一方面，对于不积极的市町村，将进一步削减作为重要财源的地方交付税等，采用了与"自主合并"不沾边的半强制方法。

小渊前首相直属的咨询机构——经济战略会议在 1999 年 2 月的报告《日本经济再生战略》中，建议"目标是将全国约 3200 个市町村至少减少到 1000 个以下，国家积极探讨扩充促进市町村合并的有效激励体系"③。另外，关于未合并的小规模基础自治体问题，地方制度调查会副会长的个人提案"关于今后自治体的应有状态"中，提出大幅缩小人口不满 1 万人的小规模市町村权限的措施，第 27 次地方制度调查会的中期报告④中也表明与该设想相同的合并方向。

2004 年 10 月，全国设置了 587 个法定协议会，1852 个市町村继续协商合并，到《合并特例法》的最后期限 2006 年 3 月 31 日，全国市町村数从 1999 年 3 月 31 日的 3232 个（市 670 个，町 1994 个，村 568 个）减少至 1821 个（市 777 个，町 846 个，村 198 个）⑤。没有村的县从 9 个增加到了

---

① 对关于地方分权推进的基本事项进行调查审议，为制定具体的地方分权推进计划向内阁总理大臣提建议，同时监视地方分权推进计划措施的实施状况，向内阁总理大臣汇报意见，于 1995 年 7 月设置的临时机关。

② 地方分权推进委员会：《地方分权推进委员会第 2 次报告》第 6 章，1997 年 7 月 8 日。

③ 关于市町村合并的相关历史，东京都总务局行政部地方科上述《关于市町村合并的探讨指针》中有详细叙述。

④ 同调查会：《关于今后地方自治制度的中间报告》，2003 年 4 月 30 日。

⑤ 《合并特例法》于 2005 年 3 月 31 日失效，但是作为过渡措施，在 2005 年 3 月 31 日之前提出了都道府县合并申请，在 2006 年 3 月 31 日之前合并的市町村也适用该法，接受财政支援。通过该措施，1 年实现了 324 个市町村合并，减少了 700 个市町村。

13 个县，市町村数在 7 年间减少 56.34%，每个市町村平均人口扩大到约 6.5 万人，与 2003 年市町村（3204 个）平均人口相比增加了 2.6 万人①。居民自治与提供"细致行政"服务更加难以得到确保。1821 个市町村中，10 万人以下的市町村占 85%，人口 1 万人以下的町村还有 480 个（村约 200 个）。

　　国家看到 1965 年制定的《合并特例法》的效力即将丧失，制定了新的《市町村合并特例法》（2004 年 5 月 26 日，法律第 59 号），从 2005 年 4 月开始实施，期限 5 年（附则第 1 条，第 2 条）。该法废止了合并特权债券，但是提出尽力维持各种优待或者不利措施，促进人口不足 1 万人的小规模自治体合并，通过都道府县制定的合并构想（第 59 条）与都道府县知事的合并协议会报告（第 61 条）等，强化都道府县作为促进合并的中间团体作用。国家推进合并的目标是 1000 个市町村，以总务大臣的告示为基础，预计 2007 年 3 月 12 日市町村数为 1812 个（市 781 个，町 835 个，村 196 个），同月末减少到 1807 个②。

三　市町村合并的背景——地方财政匮乏

　　承担日本内政的是地方公共团体，地方公共团体实施国土开发、学校教育、民生等与人民生活密切相关的行政。在 2004 年度的政府支出中，地方财政所占的比重在地方支出结算、最终支出中约占 3/5（国家 38.1%，地方 61.9%）。但是地方财政力量薄弱，没有国家的补助就无法为居民提供充分的服务。因此，尽可能将居民身边的行政委托给地方，不仅需要转移行政权，也必须转移税财源。地方财政借款金额 2006 年末达到 201 兆日元（占当年 GDP 39.7%），财政健全性指标基础财政收支（基础平衡）比 2005 年改善了 4.7 兆日元，赤字缩小到 11.2 兆日元。另一方面，国家新发国债额仅在小泉内阁执政的 5 年中就上升到约 170 兆日元（2003 年度预算里的国债依存度创历史最高，为 42.9%，在 2006 年预算中占 37.6%），2006 年度末国债发行量达到国债发行以来最高的 542 兆日元（比 2005 年度增加 6 兆日元），加上地方长期债务额共计 775 兆日元（2004 年 6 月末国债及借款额 729 兆 2281 亿日元）③，占 GDP 的 150.8%，将来甚至有可能超过个人资产

---

① 总务省统计局资料："各都道府县的市町村数，总人口，总面积及每个市町村的平均人口面积表"。

② 总务省主页，http://www.soumu.go.jp/gapei/.

③ 总务省自治财政局地方债券科及财务省理财局国债策划科资料及财务省主计局：《中国的财政状况》（平成 19 年政府案），2006 年 12 月。

的 1400 兆日元。

伴随着近年地方税收的减少，为填补收入减少国家政策性减税，国家主导的经济繁荣政策要求增发地方债券，地方公共团体的借款迅速增加，2004年是 1991 年的 2.9 倍，增加到 134 兆日元。详细项目包括填补减税债券、财源对策债券、填补减收债券、临时财政对策债券、交付税特别会计借款等，合计 76 兆日元，占发行债券总数的 57%。在特别借款中，填补减税债券、临时财政对策债券以及交付税特别会计借款这三项赤字地方债券合计 56 兆日元。结果，地方借款额占 GDP 从 1991 年的 14.7% 上升至 2004 年的39.7%。但是，总体来说地方公共团体借款额的增加大部分是国家政策引起的。

在这种情况下，改善地方公共团体的严重财源不足与过分依赖公债成为紧急课题①。2006 年度地方财源不足额是 8.7 兆日元（2005 年度是 11.2 兆日元，2004 年度是 14.1 兆日元，2003 年度是 17.4 兆日元，出现改善倾向）。从指数上来看，2006 年的公债依赖率是 13.0%（2005 年是 14.6%，2004 年是 16.7）②，2004 年度的经常收支比率是 91.5%（都道府县 92.5%，市町村 90.5%；2003 年度是 89.0%，1993 年度是 79.4%），公债费负担比率 19.4%（都道府县 19.9%，市町村 17.3%；2003 年度相同，1985 年度是14.3%），发行债券限制比率 11.7%（都道府县 12.4%，市町村 11.2%；2003 年度是 12.3%，1992 年度是 9.1%）③，可以看出财政的僵化程度。而2004 年度 47 个都道府县的财政力指数（从 2002 年 3 年平均）超过 0.8 的有2 个团体，不足 0.3 的是 15 个团体。从市町村层面来看，人口 10 万人以上城市的财政力指数为 0.8 以上的约占 60.3%，而人口不满 10 万人的城市财政力指数约占 14%，町村仅占 4%，人口不满 1 万人的町村财政力指数平均为 0.28，占整体的 80%，自治体规模越小越脆弱。

---

① 1992 年被指定的福冈县旧赤池町（现：福智町）在 2000 年完成财政再建之后，没有指定财政再建团体，北海道夕张市于 2006 年 9 月 29 日根据《地方财政再建促进特别法》（1955 年12 月 29 日，法律第 195 号）获得了进行指定申请的市议会的通过，预定在 2007 年 3 月末之前接受总务大臣的批准。该市由于财政困难，通过滥发人口稀少债券确保了用于地区振兴的经费，70% 的本息由国家偿还。由于不断进行无用、不急需的各种设施建设，为了填补运营费用的赤字，2005 年末的债务额达到财政规模的 13 倍，即约 630 亿日元。与该市有着相同程度债务的地方公共团体非常多，在发行地方债券的时候必须获得总务省批准的团体在 2007 年 1 月占全部的 20%。

② 总务省自治财政局：《平成 18 年度地方财政对策概要》，2005 年 12 月；《平成 19 年度地方财政对策概要》，2006 年 12 月。

③ 总务省编《地方财政白皮书 平成 18 年版》，国立印刷局，2006 年 4 月，第 11、12、13、20、54 页各图表。

伴随着这种地方财政匮乏现象，与从国家向地方转移税财源及向居民提供身边的"细致行政"服务为目的的传统地方分权争论完全不同，国家从财政重建及基于"小政府"的行政高效化等角度考虑推动合并，使得地方自治体不得不赞同，根据《市町村合并特例法》对积极合并的市町村实施各种优待措施，而对于消极的市町村采取减少地方交付税等不利措施，不断促进半强制性合并。

地方公共团体财政力脆弱的主要原因是独立税源极度不足，即使依靠国库补助负担金与地方交付税，由于"三位一体改革"，税源仍然持续大幅减少，很多基础自治体不得不选择国家主导的合并。尽管如此，合并之后"财政难"仍将加剧，在新自治体没有运营基础的情况下摸索合并，或者原本不愿合并而选择了自立之路的一部分自治体，由于财政的局限而探讨合并，合并处于混乱状态未必能促进经济重建。在《读卖新闻》2006 年 9 月下旬对所有 1817 个（2006 年 10 月 1 日）市町村进行的调查中（回收率 97.6%），到 3 月 31 日为止已合并的自治体中，回答今后经济状况仍然很严峻的占 68.6%，共 374 个市町村；29.5% 表示正在考虑再合并的必要性；已完成合并或者已决定合并的自治体中，86.8% 将"为了强化行政财政的基础"作为合并的一条理由。另外，47.5% 回答"趁着合并特例法的优待措施有效期间进行合并比较有利"（多选），而认为今后有必要合并的自治体占 45.2%[①]。以前那种以公共事业为中心，通过国家与县的财政支援来筹措市町村财政的方法已经行不通了，地方财政的匮乏其实与地方分权没有关联，而合并被作为解决财政匮乏的手段，但由于没有效果，出现了寻求再合并的恶性循环。而且大规模自治体的设立，对于缩小具有财政力的自治体与地区间的差距并没有联系，随着"三位一体改革"，地方交付税与补助金削减，由此而造成的差距有可能会进一步扩大。

地方财政审议会 2006 年 6 月提出，为了促进地方行政、财政的健全，"必须继续推进全国范围的自主合并"[②]。针对 2004 年度的财政力状况，不仅按人口比较，如果按照市町村规模来看，除了特别市的财政力指数是 1 之外，大都市核心市以及其他特例市中不存在 0.30 ~ 0.50 以下，而 0.50 ~ 1.00 为 92.3%、91.4%、77.5%，接着 1.00 以上为 7.7%、8.6%、20.8%。与此相对，小规模都市与町村中，0.30 以下分别是 9.0% 与 45.9%，0.30 ~ 0.50 是 31.1% 与 29.1%，数量相当多，似乎证明了市町村合并的财政效果。

---

① 《读卖新闻》，2006 年 11 月 15 日。

② 地方财政审议会：《关于推进地方财政健全的意见》，2006 年 6 月 19 日，第 10 页。

但是 0.50~1.00 的小规模都市与町村分别是 54.6%、22.0%，而 1.00以上为 5.3%、2.9%[①]，虽然地方交付税正在大幅减少，但仍有不少小规模自治体在不断奋斗。这其中包括很多努力实现真正地方自治的自治体，他们不依靠补助金等，而通过地方自治体与居民的创意建设本地区，将"居民自治"与"团体自治"结合在一起。这种自治体的存在，证明了将合并作为解决地方财政匮乏与财政健全的手段是错误的，这种自治体虽然整体看来数量很少，却是重要的实例。

针对地方财政匮乏，由国家主导的市町村合并，在众议院宪法调查会上也进行了讨论，提出了很多意见，包括：①合并不应该是强制的，要同时运用协同处理事务的方式，扩充市町村的功能；②基础自治体的正确规模不能只通过人口与行政成本关系这种书面内容进行计算，需要对面积、地形、气候、风土、居民生活方式等进行综合判断；③"平成大合并"是以财政为主要目的、由中央倡导推行的，结果忽视了以前一直推行的真正的居民间合作与事实上的居民自治；④应该在国会上进一步讨论"平成大合并"等[②]。

四　其他各国地方制度改革事例——市町村的合适规模及标准

法国的基础自治体——市町村的数量，2005 年是 36500 个，平均人口约1600 人，甚至有只有 10 人或者 20 人的市町村，而超过 1000 个村子人口不足 50 人，不到 100 人的村子约有 3900 个，76% 的市町村人口不足 1000 人，不到 5000 人的占 95%。人口超过 10 万人的都市只有 0.1%，达到日本核心都市 30 万人规模的都市只有巴黎、马赛、里昂等 5 个城市[③]。与日本一样，伴随着对广域行政的要求，也试行了市町村合并，但是以失败而告终，法国把重点放在地方政府间的协作关系上。

作为新的协作机关，设置了新都市事务组合与市町村协作委员会，新都市事务组合负责协助都市开发、住宅、交通、经济开发等领域的策划与投资，市町村协作委员会是各县经济开发与土地调整领域的协作机关，作为该委员会计划的实行组织，创立了"市町村共同体"与"广域都市共同体"，前者主要由农村地区的小规模市町村组成，后者由人口超过 2 万人的中等规模都市近郊的市町村组成。有 80% 的市町村参加了这种共同体。

德国是地方分权的先进国家，2004 年市町村约为 11300 个，自治受到基

---

① 总务省自治财政局：《财政指数各阶段团体数及构成比》。
② 参议院宪法调查会，上述报告书，第 207 页。
③ 自治分权杂志汇编《法国地方分权改革》，日本评论社，2005 年 5 月，第 11~12 页。

本法第 28 条的保障。2001 年末的人口规模是，不到 1000 人的市町村占 43.1%，1000~3000 人的有 3483 个，3000~5000 人的有 1314 个，占全体的 78.9%[①]，平均人口 5700 人左右。值得注意的是德国的自治不是强调行政和财政的效率，而是更重视"贴近居民"，目标是实现"身边的政治"。与日本一样，德国的市町村也面临着广域行政的要求与解决财政难的课题，各州按照人口规模的不同目标，推进农村地区市町村合并。但是合并不一定全都成功，设置了作为共同体的市町村联盟。另外，市町村有征税权[②]。

2003 年瑞典的市町村数是 290 个，平均人口 31000 人。斯德哥尔摩这样的大都市被分割成小共同体，行政区划的实质人口很少。国家的事务限定为外交、国防、社会保险、通货、劳动市场政策、经济政策等，县的事务也限定为医疗保险与广域开发计划等，与居民直接相关的大部分行政服务都由市町村实施，县不对市町村进行指导[③]。市町村享有宪法第 1 章第 7 条规定的征税权，税源中地方的所得税是主体，占 62%，国库补助只不过占 11%。

在欧洲各国，基础自治体的行政、财政权限很大，在地方制度改革时，主流不是合并而是维持小自治体，进行地区间合作。

另一方面，1999 年 8 月日本旧自治省行政局在"关于推进市町村合并的准则"中曾经提出过"市町村合并的类型是着眼于合并后的人口规模等"。着眼于团体的人口规模，根据地区特性与行政、财政能力提出了权限范围不同的都市类型，包括转移一定事务权限的核心市、特例市。但是，一个妥善的标准并非在于人口与面积规模的扩大，而必须以共同的社会、经济、文化生活圈为基础，而鉴于大多数小规模自治体都分散在山村偏僻地区，如果根据人口规模进行半强制合并，恐怕将招致混乱。并且，由于"平成大合并"更重视"大规模自治体"吸纳"小规模自治体"或者新建"中规模自治"，因此以前的大规模自治体的发言权得到强化，导致向以前的小规模自治体居民提供的服务水平降低，小规模自治体之间的合并则可能使整体服务水准降低。

为应对广域课题，应该如同上述提到的各国的实例一样，采用市町村联盟的方法，而不要实行半强制合并。2003 年全国町村会提出"合并不是广域行政的唯一手段，必须根据地区的实际情况采取各种对策"，提出"市町

---

① 森川洋：《德国市町村的地区改革与现状》，古今书院，2005，第 24 页的表。

② 室田哲男著《欧洲统一与今后的地方自治》，财团法人日本法制学会，2002 年 4 月，第 24 页。

③ 冈泽宪英著《瑞典现代政治》，东京大学出版社，1988，第 83 页。拙稿《瑞典的政治行政与交通政策》，《海外情况研究》，熊本学园大学附属海外事情研究所，2000 年 9 月，第 69~72 页。藤冈纯一著《瑞典的财政》，有裴阁，2001，第 152~154 页。

村联盟（暂称）"制度①，即市町村根据规章设立特别地方公共团体。市町村联盟的领导由各成员市町村的居民直接投票选举，根据规章成立议会，开展议会决定的事务，必要的经费来自成员市町村的负担金与国家等的补助金，并且享有一定的征税权。

第三节 道 州 制

一 道州制争论的经过与背景

如果废止都道府县制度并引入道州制，将会是明治以来一直持续的地方自治制度的首次历史性整顿。都道府县制度作为中间团体或者广域的地方公共团体，过去经历过 2 次大规模的功能改革。该制度由一项府县制度，即明治政府于 1869 年 8 月 24 日发布一系列太政官布告"废藩置县"，决定将京都府、东京府、大阪府以外的所有藩都改成县，之后于 1871 年 8 月 29 日将已实行的地方统治统一为中央管制下的府与县。这是为了促进中央集权国家的地方制度改革，任命身为国家官吏的地方长官掌管，是继 1868 年 1 月 3 日王政复古之后的又一次军事政变。这种中央集权功能在第二次世界大战后的 1947 年，随着《日本国宪法》第 92 条的地方自治法制定，发生了很大的变化。都道府县不再是以前中央政府的下属机关，而是被定位为与市町村同等的普通地方公共团体，议会议员、知事，由选举产生。根据地方自治法，都道府县包括基础自治体即市町村在内的地方公共团体，主要负责：①涉及范围广泛的地方事务，制定地方的大规模综合开发计划，治山治水，大范围的环境保护整治等；②国家与市町村之间的联络协调等，关于市町村的联络协调事务；③需要相当财力与高度技术以及专业能力的事务；④规模或性质不适合由一般市町村处理的事务（第 2 条第 2 项、第 3 项、第 5 项），都道府县将变成介于国家与基础自治体之间的中间性地方公共团体。

但是到了经济高度成长期，随着超越都道府县的广域行政课题的出现，以及与国家的地方分支机构之间的"双重行政"也需要得到解决，国家与经济界将精力集中在把地方分支机构的权限转移给道州，以及致力探讨国家、道州、基础自治体相互之间新的职责分担。虽然企划立案由于国家关系而停

---

① 全国町村会：《关于市町村合并与基础自治体的存在方式》，2003 年 2 月 28 日。

滞，但通过由市町村合并形成的大型基础自治体及通过引入道州制实现大规模综合行政主体的摸索，总体来说是符合经济界所希望的针对经济圈广域化的地方行政体制改革内容。在这个过程中，从推进与道州制联动的广域行政、提高行政效率及促进经济成长等角度出发进行了各种研究并提出各种建议，但是没有把基础放在居民的共同体生活与共同体意识等社会经济文化生活圈的存在方式上，而是更关注人口经济圈区域或者面积规模的扩大。

围绕道州制的改革动向是从 1953 年关西经济联合会首次提议府县规模合理化①开始，在高度成长期中曾经出现各种建议与争论，但是直到小泉内阁时才在政治上有了实现的可能性，特别是市町村合并的推进，是从 2004 年开始走上轨道。具体来说，第 28 次地方制度调查会接受了小泉前首相对于道州制的咨询（府企 75 号，2004 年 3 月 1 日），从该调查会第 6 次专门委员会的"论点备忘"（同年 8 月 4 日）中，删除第 5 次专门委员会备忘（同年 7 月 22 日）里的"作为广域自治体的都道府县的存在方式"，改为"结合《国家与地方的职责分担》与道州制的制度设计进行讨论"，之后明确决定了以废除都道府县为大前提并引入道州制的方向。

作为广域行政的处理及行政、财政转移的"托盘"，当初曾讨论过转变为联邦制，即修改宪法，将行政权、立法权与司法权都按国家与州进行分割的制度。但是第 27 次地方制度调查会的报告中，指出的问题是联邦制不仅需要修改宪法的主干部分，而且"前提是存在历史文化社会上具有高度一体性与独立性的联邦构成单位"，但是"从国民意识的现状来看，在制度改革中选择联邦制是不恰当的"②，从而否定了这种制度。

二 道州制议论的内容与评价

2004 年 11 月召开了第 28 次地方制度调查会，在"关于道州制的论点备忘"③ 中指出，通过《地方分权一览法》的改革，都道府县"成为纯粹意义上的广域地方公共团体"，但是"不仅是经济产业振兴的课题，在从广域角度出发、根据国土保全管理以及地区间功能分担的高效社会基础建设等政策课题，不受都道府县限制，致力于以广域版块为单位推进课题更为现实"，将主要论点分类为：①包括宪法上的"地方公共团体"在内的道州定位；

---

① 关西经济联合会：《关于地方财政知道改革的意见——对于地方制度调查会委员会报告》，1953 年 9 月。
② 第 27 次地方制度调查会：《关于今后地方自治制度的报告》，2003 年 11 月 18 日。
③ 地方制度调查会：《关于道州制的论点备忘——专门委员会的调查审议经过》，2004 年 11 月 8 日。

②国家与道州的职责分担；③道州与基础自治体的事务分配；④道州的范围设定方法等。当时关于都道府县最受注目的税财源问题，仅提到"关于自主性、自立性高的税财政制度的存在方式，将结合议论的进展去探讨"，这种一直将重要问题向后推的态度受到了批评。

2006 年初，以引入道州制为前提的第 28 次地方制度调查会的报告①出台，内容是"通过重新审视介于国家与基础自治体之间的广域自治体存在方式，计划重新构筑起国家与地方两级政府"的道州制的引入，"有可能成为加速地方分权、强化国家功能，通过国家与地方实现强而高效政府的有效对策"，这是对道州制的积极肯定。

另一方面，关于都道府县制度的评价是：①市町村合并的发展使都道府县能够大幅度向市町村转移权限；②超越都道府县区域的广域行政课题的深化与财政制约的增加，以及对外国的影响力减弱；③无法应对国家转移权限事务的进一步增加等。出于这些原因，认为应该废止都道府县制度，"引入道州制更合适"。另外，对于推进地方分权过程中最重要也是最迟缓的税财源转移问题，则按照广域自治体改革的发展，仅以"能够实现税财政制度"进行描述。

"关于道州制的论点备忘"中表明的论点，首先仅提到"地方公共团体分为道州与市町村两个层次"，回避了在宪法上的定位问题。关于国家与道州的职责分担或者国家地方分支机构的"双重行政"问题，则提出将地方分支机构合并到道州，除了那些属于国家本来职责的事务之外，其他事务尽量转移给道州，并提出国道及一级河流的管理、防止大气污染与水质污染的政策、地区产业政策、观光振兴政策、农耕转用许可、汽车登记检查、职业介绍、职业训练、危险物管理等事务应该从国家转移出来。但是性质模糊的法定受托事务则仍遗留下来，不仅如此，还新引入了监察要求制度，即必要的时候，大臣可以提出监察要求，还有以协调意见为目的而设立的与国家之间的"协商"制度等，由于与现行制度的区别还不清晰，所以令人担心国家的干预还会增加。

关于道州与基础自治体的事务分配，根据"接近性原理"及"补充性原理"，与居民生活相关的事务基本上由基础自治体负责，而道州则负责区域中主要资本形成的计划与实施，以及广域环境的保护与管理，地方经济政策与雇用政策。"补充性原理"指的是，基础自治体作为周边行政服务的行政主体，其无法完成的领域，由中间团体补充完成，但是从该报告来看，该原则只是为了区别中间团体的职责与基础自治体的职责，在广域行政中显得

① 地方制度调查会：《针对关于道州制的报告》，2006 年 2 月 28 日。

比较突兀。

这一点从道州的范围设定方法中也能表现出来。设定方法的特点是，"在人口与经济规模、交通与物流、各府省的地方分支机构的管辖区域等各种社会经济条件之外，也需要考虑气候与地势等地理条件、政治行政区划变迁等历史条件、生活方式的共同性等文化条件"，也就是优先考虑经济条件或者与经济密切相关的各种条件，而自治体形成的基本要素，居民经济文化的共同社会基础却被放在次要地位。与其说是委托基础自治体向居民提供行政服务，不如说是为了满足经济界的要求而优先考虑"构筑国家与地方高效的行政体系"，从居民自治角度来看仍存有疑义。

不过，该报告提出将全国分为 9 个、11 个、13 个道州的分区方式。今后在围绕引入道州制的具体讨论中，该报告可成为基本方针。

必须注意的是，市町村合并与道州制的引入，在高度成长期之后，一直是经济界的强烈愿望。1989 年，经济团体联合会批评都道府县制，原因是"考虑到国民与企业的活动范围已经扩展到全国，将其作为行政单位实在是太狭小了"，并提议重组。之后，在日本经济团体联合会成立之后发表的"奥田远景"① 中，引入道州制被明确定位为经济界的战略。"奥田远景"明确提出"引入道州制"，"对于社会资本的完善与地区环境对策等内政领域，由各地区的州政府（全国 5 ~ 10 个）与比目前更大的自治体（300 个左右）管辖"。这些内容在政府财政咨询会议专门调查会 2005 年 4 月的报告书《日本 21 世纪远景》② 中得到继承，该报告书的目标是"实现道州制与人口规模达 30 万人的基础自治体"，这些与上文提到的地方制度调查会报告都有关联。

总的来说，从引入道州制相关活动的背景中可以看出，经济界希望国家与地方行政组织体制为适应日本国内经济活动的广域化及全球化而进行再编，政府推行的一系列新自由主义政策也与行政组织体制再编一致，但是与国民、居民原本要求实行广域行政的民主地方制度改革的讨论形成了对峙。

国会关于道州制的讨论可以分为以下两种。赞成的意见是：①如果市町村的功能继续扩充，就必须重新审视都道府县的职责与定位，市町村合并必然会降低都道府县的职责与权限，因此希望引入道州制；②有利于组织体制的大幅度简化与国家工作的精简，对行政改革的推进也有效果。另外，也有利于纠正向东京的过度集中。相反，消极的意见是：①虽然有利于经济界推

---

① 日本经济团体联合会：《建设充满活力与魅力的日本》，2003 年 1 月 1 日。

② 《日本 21 世纪远景》专门调查会报告书《跃动的新时代——加深联系、扩展的机会》，2005 年 4 月，第 28 页。

行超大型项目等开发，但是恐怕居民自治无法实现；②不仅是上述想法，更应该考虑基础自治体的发展，考虑广域的双重性①。

而赞成意见中提到的都道府县职责与权限下降问题，目前在那些拥有政令指定都市的府县中已经是普遍现象，但是还没有失去作为广域地方公共团体的职责，所以与引入道州制没有直接的关联。另外，"行政改革"的实质是实现"小政府"，只不过是将中央与地方政府的行政责任转嫁给民间。

三　道州制的试行引入

在中期构造改革计划等基本方针，即小泉前内阁的《关于经济财政运营与构造改革的基本方针（2006）》中，对于道州制的引入只提到"促进探讨"。安倍内阁关于引入道州制的讨论，也比市町村的合并讨论有所推迟，由于自民党政权公约等具体提出"道州制远景的制定可以推进地方分权与行政简化，创造出'强大的地方'"，因此在地方分权改革推进法中也没有提到道州制。但是根据基本方针（2006）中"期待道州制特区推进法案的成立"，并接受安倍首相的经济财政咨询会议意见，终于开始试行特区这种形态的道州制。

道州制特区最初是在 2003 年 12 月，出席经济财政咨询会议的北海道知事提到"为了加深国民对实现道州制的理解与讨论"，在全国第一次要求国家"优先实行道州制"，同年选举中，自民党在《政权公约（2003）》明确提出"探讨引入道州制与在北海道优先设立道州制特区"。之所以选择北海道，是因为北海道本身形成了单独的大独立体，不需要像其他地区那样需要合并几个县。《道州制特区提案》（2004 年 4 月 5 日）发表之后，将财源转移、管理改革、权限转移以及国家与地方分支机构的事务事业的一体化等，定位为"道"这一构想的支柱。但是实际上，没涉及税财源的转移，而且根本没有与地方分权相关的大的变化，只是包括与国家地方分支机构的整合及国家公务员的削减、地方交付税与各种补助金，特别是为了保证提高这些项目的效率而缩小、废止"北海道特例"等，只能说是为了实现财政再建而罗列的"三位一体改革"的施政措施。

之后，为确实推进北海道向道州制特区的转变，必须确立制度支持，因而致力于制定《道州制特区推进法》（暂称），将国家的一部分权限转移给北海道。关于试行道州制的法律，在 2006 年 5 月，内阁会议通过了"关于在道州制特别区域推进广域行政的法案"，在第 164 次国会持续讨论，在政府、自民

---

① 参议院宪法调查会：《关于日本国宪法的调查报告书》，第 211 ~ 212 页。

党、全国知事会等不断探讨，第 165 次国会闭会前的 12 月 13 日，执政党多数赞成，获得通过并得以成立（2006 年 12 月 20 日，法律第 116 号）。

根据法案的宗旨说明，"市町村合并的发展使市町村的区域更大了，经济社会生活圈也更大了，伴随着这些经济社会形势的变化，鉴于广域行政的重要性不断增加，针对道州制特别区域的设定，在道州制特别区域推进广域行政的基本理念、道州制特别区域基本方针的制订、道州制特别区域计划的制订及以此为基础的特别措施，以及针对道州特别区域推进总部的设置等问题作出规定。"①。本法规定的"道州制特别区域"，除了北海道之外，其他"在自然、经济、社会、文化上确实存在相当密切关系的地区组合而成的地方"、包括 3 个以上都道府县区域的地方、政令规定的区域（同法第 2 条）等都可以，北海道以外的地方也适用。另外，在内阁成立了以首相为本部长的道州制特区推进总部，该总部策划的道州制特别基本方针得到内阁会议通过（第 5 条相关）。而且通过指定特区，目前由国家直接管辖实施的防沙工程、2 级河川管理及修筑、厨师培养设施的指定与一部分对商工会议所的监督等，8 项事务事业的权限将被转移。但自古以来这些到底是否属于国家负责的事务事业，对此本身已存有质疑，因此不能说是很大的进展。

全国知事会给予本法一定的评价②。但是本法将主管省令中规定的"交付金"充当事务事业实施的相关经费（第 19 条），对于"三位一体改革"造成财源削减进一步加速的情况，国家在支出费用方面也有所要求，因此最重要的税财源转移讨论在本法里受到了一定抑制。在全国知事会中意见也不统一，2007 年 1 月 18 日的总会上对于道州制终于形成了第一个统一的见解，即《关于道州制的基本想法》，但是从会议开始就不断出现慎重的言论，"不应该以引入为前提。缺乏全民性的讨论"、"区域分割理论优先"或者"现在所谓的道州制不值得考虑，都道府县合并会破坏地方自治"等。不仅见解的题目《应该实行道州制》被更改，11 处"引入"的文字也全部被删除了，并增加了关于"对于以引入为前提的方法存在慎重的意见，这也是事实"的文章。

关于引入道州制的特区设定，没有经过全民性、地区性的讨论，在信息尚未充分公开的状况下，设想了"北东北"（青森、秋田、岩手），"首都圈联盟"（东京、千叶、神奈川、琦玉），"关西"（8 县）等 8 个地区，北海道的先行试行进展将对今后的道州制议论产生很大影响。

政府于 2007 年 1 月 26 日，在负责道州制工作的官员带领下，将①通过

---

① 内阁府经济财政运营负责政策统括官"宗旨说明"，内阁府。
② 全国知事会"值《道州制特区推进法》通过之际"，2006 年 12 月 13 日。

引入道州制能够实现地区社会与经济协调状态；②在道州制下新的国家与地方行政状况等作为探讨课题，公布设置"道州制远景恳谈会"，该恳谈会由北海道知事为首的赞成派知事及经济界、前阁僚等 14 人组成，并设有向该恳谈会提供意见的组织——即由全体委员与各地区经济界人士组成的"道州制协议会"。表面是促进引入道州制的全民性讨论，但这很明显是由经济界主导的讨论。

结　束　语

日本地方分权方面，不仅是必要的行政权限，连税财源的转移也迟迟尚未开展，这是因为市町村合并本应成为行政财源转移的"托盘"，但事实上市町村合并的目的却变成提高基础自治体的行政效率与财政再建，完全无视居民共同的社会经济文化基础。关于引入道州制的议论，其本质是否定都道府县作为中间团体的职能，为了应对广域行政，特别是为满足经济界的要求而创造出地方经济圈。市町村合并未必成功，道州制讨论停滞的根本原因是依然没有明确分清国家与地方的职责分担，轻视直接民主主义的方法，以实行为优先。本文由于字数限制，没有涉及地方政府"应该是怎样的？"、"应该怎样推进"地方制度改革等问题。关于"三位一体改革"以及外国的详细事例，有机会再介绍。笔者认为 21 世纪是"地方分权与环境的时代"，相信几经周折，"地方"的时代一定会到来。

话题转到中国，中国是拥有辽阔国土、人口众多的多民族国家，考虑到经济与社会的特性，必须将大部分行政、财政权集中到中央。中央与地方各级政府的职责当然不像日本这样单纯。一方面，制定了长远发展的目标，即要保持与发展已经初步达成的小康水平，到 2021 年使十几亿人口受益，建成高水平的小康社会，2006 年 GDP 实际增长率已连续 4 年超过 10%；但是另一方面，城市居民与农村农民收入差距在不断扩大，如何提高贫困阶层的生活水平成为急切的课题，为了完成胡锦涛主席提出的"实现和谐社会"方针，各级地方政府的职责将会大量增加，在摸索与中央政府之间恰当的职责分担的同时，更要求各级政府形成合理的体制，进行地方制度重组，使之能够完成各种行政责任。日本的地方制度采用了基础自治体与中间团体的双重体系。欧美各国的地方政府也不存在太多层次。虽然情况并不相同，但是从省、自治区、直辖市到乡、镇，多重各级地方政府的存在，反而有可能带来政治与行政的弊端。

日本制造业回归之探讨 *

序　言

近几年，作为日本经济真正复苏的象征，"日本制造业的回归"这一论点在媒体以及研究报告中频繁出现。但是关于此论点，大家众说纷纭，可以说至今仍有诸多疑问。例如，首先关于此论点成立的可能性，就存在着它到底是客观事实，还是人为的虚构这两种对立的看法。其次，即使承认它是客观事实，但它究竟是具有经济合理性的行为，还是民族主义价值观的产物，也还存在着意见分歧。再进一步说，即便它具有经济合理性，但应该完全赞成，支持该论点，还是应以慎重的保留态度对待，仍然是各持己见。

另一方面，学术界中几乎完全没有关于日本制造业回归的讨论，甚至对于日本回归的概念也没有做出明确的定义。在笔者调查的范围内，几乎没有找到以"日本回归"或是"日本国内回归"为关键词的学术论文。相对于媒体和实业界如此热烈地讨论着日本回归的现象，而学术界却未表现出应有的关注，这令人感到费解。作为一名研究者，虽然力量微薄，但笔者认为有必要对日本回归这一论点从理论上加以分析和验证。

本文主要通过对日本和中国工厂的相对比较，立足于数码家电相关产业的情况，对制造业的日本回归这一论点进行详细的探讨，并尝试解答上述列举的各种疑问。首先对作为该论点之根据的主要现象进行简单介绍。接下

---

* 乔晋建：熊本学园大学商学部。

来，对造成这些现象的原因进行说明。之后，着重对如何把握该论点而发表自己的见解。具体而言，将在对日本回归这一概念加以定义的基础之上，就舆论所称的日本回归究竟是否是事实而做出解释性说明，并提出与日本回归有关的因素。最后，为了避免真正意义上的日本回归发生，从中国的角度对日本回归的现实可能性进行讨论。

第一节　日本回归现象

如果简单地总结战后日本制造业的发展历程，它主要经历了以下的阶段。

（1）日本制造业支撑了战后日本的经济复苏和高度成长。造船、照相机、钢铁、汽车、半导体、电子机械等产业接连不断地出现，制造出大量高附加值的产品。其背后是从中小企业到大企业都对生产现场的产品制造给予了一贯的专注态势，以及支撑着产品制造的无数从业者。并因此在与美国、德国、韩国、中国台湾等国家及地区的制造业间的竞争中取得了胜利。

（2）20世纪80年代发生的泡沫经济，许多企业走上了通过地产和股票等赚钱的捷径，丢弃了在生产领域对降低成本和品质管理等的专注态势。在工资上涨和日元汇率升高的情况下，由于人工费用高涨，因此大量引进了产业机器人等昂贵的生产设备，过度追求自动化，甚至到达了无视盈亏的地步。其结果使得生产现场以及现场工作人员的人心呈现荒废现象。

（3）在90年代泡沫经济崩溃后，日本经济的低迷和衰退长达十几年之久。日本的制造业开始在经营战略上落后于美国，在生产成本竞争力上落后于中国。尤其是中国成为强有力的竞争对手，以飞快的速度走完了日本战后数十年所经历的产业发展之路，逐渐赶上了日本。除纤维、家电、摩托车、钢铁、电子、造船、汽车等产品领域外，中日两国的竞争领域也已经切实扩大到了模具、铸造、锻造等制造技术领域中。随着中国制造业的迅速发展，不少日本企业开始缩小在日本国内的生产基地，将生产基地转移至中国。当昔日的辉煌渐渐失去之际，在2000年前后，"日本的工厂向中国逃亡"，"日本国内的产业渐趋空洞化"等哀鸣曾充斥在日本国内的媒体之中。

（4）2002年后，数码家电迎来热销大潮，中国需求急速扩大，原油价格高涨又引发了节能机遇，这些都为日本制造业送来东风，生产企业撑过了泡沫经济崩溃后的艰难时期，在技术开发等方面多年积蓄的力量所凝结的成果雾时间遍地开花。库存、设备投资、人员等3大过剩因素已使大幅削减的

日本工厂切实恢复了其元气，日本国内的制造企业重新展现其活力。并随之出现了"制造业的复权"，"产业空洞化的克服"等乐观意见。

如上所述，"日本制造业的回归"是近几年出现的新话题。据2006年版的《制造业白皮书》称，日本国内的景气在2002年以后的近四年期间逐渐显露恢复倾向。裁员的结束、债务的压缩、事业的撤销合并等使得设备的集约化进一步发展，企业也取得了良好的收益，并在此背景之下，设备投资也开始出现增长①。

作为日本制造业回归之议论的证据，数码家电相关产业的事例恐怕最具说服力。多项数据显示，2003年前后，代表日本的大型企业在日本各地接连实施单项投资额在数百亿日元以上的大型项目，为地方经济以及日本的景气恢复作出了巨大贡献。进入2006年之后，数码家电相关产业的好势头似乎进一步加速。众多企业纷纷发展了大规模的设备投资项目，尤其引人注目的是面向半导体产业的投资。例如，据2006年5月份发表的资料显示，8家大型电机企业2007年3月期的设备投资计划均比各公司上一年的同期有所增加，合计金额高达2兆8130亿日元，与上年相比增加了27%（见表1）。

表1 8家电机公司2007年3月期设备投资计划

单位：亿日元

	投资金额	重点领域
东 芝	6440 (38.7)	半导体占75%，加强生产闪存的四日市工厂
日 立	5300 (33.4)	硬盘事业，等离子显示器工厂的加强等
索 尼	4600 (19.7)	半导体占3成多，数码相机和摄像机的图像传感器的增产
松 下	3800 (9.9)	等离子显示屏的尼崎工厂的加强和半导体占4成
富士通	3500 (40.1)	半导体占一半以上，最先进系统LSI的三重工厂
夏 普	2750 (25.6)	液晶占8成，生产面板的龟山第2工厂的运行和能力加强
三菱电机	1200 (7.4)	集中投资于面向具有竞争力的产业用机械和汽车的半导体
先 锋	540 (34.0)	汽车导航系统和等离子电视事业的投资约占一半

资料来源：根据《每日新闻》2006年5月5日的报道编制。括号内数字为上一年同比增长率（%）。

在最早刮起日本制造业回归之东风的企业中，佳能的行动曾被集中报道。并且，由于2006年5月佳能的社长御手洗富士夫就任日本经济团体联

---

① 经济产业省、厚生劳动省、文部科学省编《制造业白皮书》，2006，第3页。

合会的会长，因此佳能的事例备受关注。佳能公司原本就是极具国际色彩的世界性企业，仅在中国，就在珠海、东莞、苏州、大连、天津等 8 处建立了复印机、打印机、扫描仪、数码相机、炭粉硒鼓等生产工厂。由于将中国工厂作为面向全球市场的生产基地而加以充分利用，佳能取得了巨大成功，并被称誉为投资中国的大赢家。但是佳能没有受缚于至今的成功经验，而是决定以回归日本为目标。2004 年春天，佳能的御手洗社长宣布"日本国内的生产才是真正支持佳能的竞争力"，并在自己的故乡大分县内建立了肩负公司命运的最新、最大的数码相机生产工厂。尽管佳能在中国广东省仍然生产中低端机型的数码相机，但社长本人已表明了将来数码相机的生产将基本集中在大分工厂的方针①。

总之，近几年来一部分产业，尤其是在数码家电相关产业中，许多企业都通过增设生产线乃至生产工厂来扩大日本国内的生产能力，这种现象被认为是所谓日本回归的事实根据。

第二节　日本回归现象的原因

如果探究制造业回归日本这一现象的原因，笔者认为有以下几点②。

一　对"中国制造"的成本优势的再评估

一般人普遍认为，由于中国的工资处于国际低水平，因此中国工厂的产品就具有强大的国际竞争力。但是在亚洲和非洲有许多比中国工资水准更低的国家，并且与外资企业众多的中国沿海地区相比，中国内陆地区的工资水准更加低廉。很明显，"低工资 = 高竞争力"的逻辑并不正确。

在材料（Material）、生产设备（Machine）、方法（Method）、人力（Men）、测量 = 品质保证（Measurement）的"5M"当中，人工费只是其中一项。尤其是在电子产业中，材料的零部件成本所占比例很高，人工费比率仅占几个百分点。据日本贸易振兴会（JETRO）2005 年度调查结果显示③，在华企业的材料费所占比率相当高。具体而言，认为生产成本中材料费所占

---

① 〔日〕后藤康浩：《胜出的工厂》，日本经济新闻社，2005。
② 关于日本回归的原因，在以下拙稿中曾分列 8 项进行了详细说明，但在本文中仅就其中 5 项进行简略的说明。乔晋建、罗敏：《制造业回归日本之现象及原因》，《海外事情研究》，2006 年 9 月，第 34 卷第 1 号。
③ 日本贸易振兴机构海外调查部：《亚洲日资制造业的经营实态：中国、香港、台湾、韩国篇》，2006 年 3 月，第 9 页。

比率为 50% ~70% 的企业为 41.9%，认为占 70% 以上的企业为 36.1%，认为占 50% 以下的企业仅为 22.0%。例如数码相机的生产成本中，人工费所占比率平均为 1% 以下。在可称之为电子零部件集成块的数码相机当中，光学镜头、图像处理器、液晶显示屏等核心零部件占据了大量的成本，而低廉的人工费并不能成为成本竞争力的决定要素。另外，在中国工厂里，物流相关的成本以及零部件库存成本特别高，而且也不能忽视技术指导所需的日本派遣员工的后方支援成本等。考虑到这些成本的话，低人工费的优势将大打折扣，而中国工厂的成本优势也随之减弱。

二 防止技术流失

有观点认为，促使制造业回归日本的最重要原因是为了防止技术流失。与其他发展中国家不同，目前中国的产业技术水平以及吸收和消化新技术的能力非常高。在中资工厂里进行零部件的委托生产自不必说，即便是把重要的组装工程设置在日资的中国工厂里，也会有其提高质量的经验诀窍等被外泄的风险。所以说，如果过分追求人力的成本削减，就有可能将有关生产设备、方法、测量、材料等重要的企业机密外泄至中国企业。

考虑到从电冰箱、彩电到电脑、手提电话等所有的家电产品都能大量生产的中国电子厂商的技术能力、模仿能力、吸收能力，在中国工厂生产高附加值的家电产品的风险实在太大。为阻止中国企业的赶超，也许有必要像佳能的大分工厂一样，断然采取回归日本的对策，甚至像夏普的龟山工厂一样，将生产制造的现场完全收入黑匣子当中，施行最彻底的对策。

三 实现"垂直启动"和"同步开发"

在电子行业中，技术进步速度极快，产品寿命周期很短，因此在客观上就需要一种在新产品的价格开始下降之前，迅速并且大量地供应全球市场，在销售的初期阶段将开发成本回收，以求确保利润的"垂直启动"型生产体制。因此，为避免占有多余库存，"按照在店铺销售的速度来组织工厂生产，并提供给用户"的做法已经成为制造业的全新业务模式。当然，与中国工厂相比，日本国内工厂的优势更加明显。

另外，在产品的设计完成后，经常会出现难以向大规模批量生产过渡，以及生产成本居高不下等问题。但若是重新设计则需要额外的成本和时间，可能会错失市场需求的良机。在研发部门只负责新产品的开发，而量产体制的建立则完全依赖于生产部门的传统开发方式之下，将无法实现从一开始就能高质量地、稳定地批量生产尖端产品的这样一种"垂直启动"型生产体

制。因此，取而代之的则是，把研究开发部门与生产现场加以一体化组合，在产品的开发和设计阶段就注意充分地反映生产现场的意见和建议，将产品本身的开发和大规模批量生产机制的开发加以同期化的这样一种"同步开发"方式。为实现此种方式，当然是将最新产品的生产体制置于距离研究开发部门最近的日本国内工厂更加方便。

四 在"强工厂"实现创新

创新被认为对企业竞争力具有最大贡献。所谓创新主要包括产品创新和生产技术创新两种。一般来说，产品创新多由总公司直属的研究开发部门创出，而生产技术创新则多在生产现场发生。日本厂商一般会给人以"强工厂"和"弱总部"的印象。但是"无工厂优势"的企业，不可能构筑起持久的战略优势。极端地讲，总公司层面的经营战略比较容易移植，而工厂层面的现场能力却很难移植。因此，虽应该追求"强工厂"和"强总部"的理想模式，但与美国式的"弱工厂"和"强总部"相比，日本式的"强工厂"和"弱总部"要略胜一筹。

为保持日本制造业的优势，仅靠传统的生产技术创新是不够的，还需要积极地推进产品创新。但是，产品创新能力的形成与过去高超的制造能力的积累不无关系。在日本企业内部包括生产现场在内的各部门当中，多年以来积累了许多技术和知识。而在对其进行组合的能力，即所谓界面构筑能力方面，日本企业拥有优势，非常有利于那些需要整合和合成不同技术的复合型产品的开发。例如混合型发动机汽车、数码相机、液晶电视等，20世纪90年代以来主要的产品创新几乎都诞生在强大的日本国内工厂里。总之，无论是技术创新还是产品创新，为实现创新都必须在日本国内维持"强工厂"。

五 发挥高度的现场能力

制造业有"模块型"和"磨合型"两种类型。一般认为美国和中国企业适合"模块型"，而日本企业适合"磨合型"。在"磨合型"制造中，日本企业能获得较高竞争力的最大原因在于生产现场的工人们的"现场能力"。

支撑日本工厂高度现场能力的要素之一是依赖于多技能工的"单元生产"体制。为抓住发达国家市场的消费者需求，客观上要求对"数量少、品种多、交货期短、收益高"的产品订单能够灵活对应。但是对于此类产品订单，使用传送带的传统型大规模批量生产则无法有效对应，而是由少数员工个别作业的单元生产体制最为合适。在单元生产中，需要由一个人完成多

道工序，因此除非是熟练工，否则很难完成。在实施长期雇用制的日本工厂里，容易培养出熟练的多技能工，但在员工流动频繁，平均在职期间短的中国工厂里培养多技能工则是一件困难的事情。

支撑日本工厂高度现场能力的另一个要素是拥有一套培养高技能的熟练工和技术人员的企业内部教育系统。比如在模具制造中，工业高中的毕业生进入工厂以后，在制造现场用几十年时间来慢慢磨炼自己的职业技巧。其结果是，在制造那些加工技术已经成熟的普通模具时，中国工厂已经拥有成本优势，但在制造那些形状复杂的新型模具时，日本工厂则拥有绝对的技术优势。

第三节　关于日本回归的理论分析

一　基本概念的定义

至今还未发现有关日本回归这一概念的严格的学术性定义，但若是立足于将生产线以及工厂的增设所引发的日本国内生产能力的扩大作为日本回归之事实根据，并据此加以定义的话，应该是"已经在海外投资的企业，因某种原因，在谋求生产规模进一步扩大时，优先选择了放在日本国内"。而且在对有关日本回归的一系列概念进行定义之际，应将企业投资额作为最重要的指标。

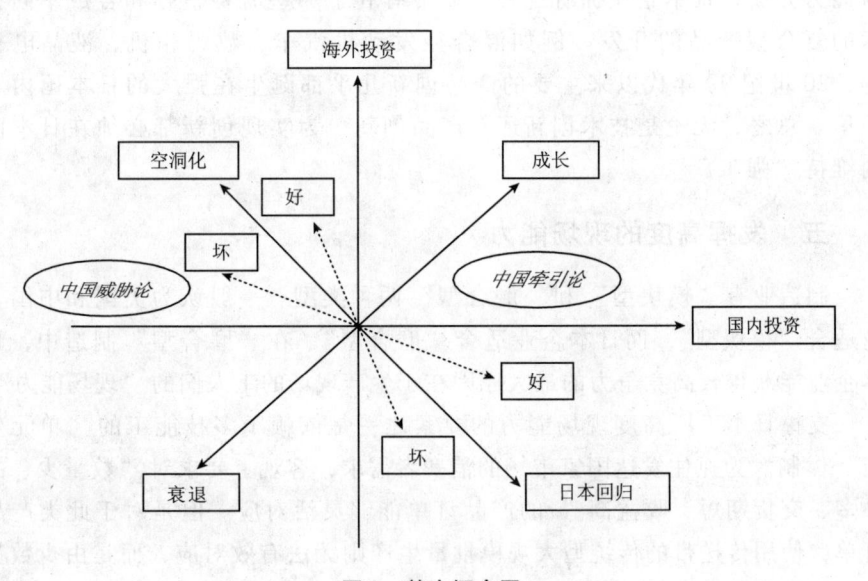

图 1　基本概念图

根据笔者自身的定义，如图1所示，企业的投资从两条轴线的交叉点出发，可以有"成长"、"日本回归"、"衰退"和"空洞化"四条发展道路。其中，对于日本国内投资和海外投资两者同时增加的"成长"（图右上方向）或同时减少的"衰退"（图左下方向）的利弊很容易理解，无需多论。但是，对日本国内投资和海外投资的两者中一方增加而另一方减少的"日本回归"（图右下方向）和"空洞化"（图左上方向）的情况，则有赞成和反对两种意见。

若稍加一些说明的话，减少海外投资并将这一部分转为日本国内投资的情况则符合笔者所定义的"日本回归"。相反，日本国内投资减少而海外投资增加的情况将导致"空洞化"。"日本回归"或是"空洞化"时，只有在线的倾斜角度恰好为45度时，日本国内投资的增加额（或减少额）刚好等于海外投资的减少额（或增加额），成为投资额总量不变的零增长情况。但是，若线的倾斜角度不是45度时，日本国内投资和海外投资两者中，一方的增加额将超过或低于另一方的减少额。即结果是投资总额或增加或减少。前者可称之为"好"的"日本回归"和"空洞化"，而后者则成为"坏"的"日本回归"和"空洞化"。

如上所述，不能说"日本回归"绝对好，而"空洞化"绝对不好，与投资总额减少的"坏"的"日本回归"相比较，投资总额增加的"好"的"空洞化"反而要好一些。另外，即便是投资总额减少的"坏"的"日本回归"或"空洞化"，但较之"衰退"这一最坏的情况还是略好一些。但是如果考虑到日本国内的雇用形势等，由于"空洞化"会引发"中国威胁论"，而"日本回归"则引发"中国牵引论"，所以从这层意义上讲，"日本回归"要比"空洞化"更受欢迎。当然，海外投资和日本国内投资同时扩大的"成长"则是最值得欣喜的情况。

若基于以上概念规定做出判断的话，"成长"、"日本回归"、"衰退"、"空洞化"这四种状态中，"成长"最好，"衰退"最差。而"日本回归"和"空洞化"则同时具有"好"或"坏"的两种可能性，当然，"好"胜于"坏"。再进一步考虑到与"中国牵引论"和"中国威胁论"的关系，那么在"日本回归"和"空洞化"处于同样"好"或同样"坏"的情况下，"日本回归"还是比"空洞化"要好一些。

二 真正意义上的日本回归是事实吗？

就像产业空洞化所引发的"中国威胁论"曾在数年前流行一样，制造业的日本回归所引发的"中国牵引论"正被媒体热炒。但是，不能被总是追逐

新鲜事物的媒体所迷惑，更应该认真地注视事态的发展，从不同视角提出疑问，冷静地看清事物的本质。

在探究所谓日本回归这一现象的本质时，可以发现日本国内生产能力的增强，仅仅是在数码家电、高级材料、高精度机器、汽车等少数产业内发生的现象，而并非在整个制造业都可以观察到的共同现象。另外，即使这些少数产业，也并非从战略上开始将生产能力从海外转移至日本国内，而是在扩大日本国内生产能力的同时，仍向以中国为首的海外地区进一步推动生产转移。若以被视为"日本回归"的代表案例的夏普龟山工厂为例，该公司的一贯方针是将最先进的工厂设在日本国内，而并非将已经转移至海外的生产机能撤回日本。日本国内工厂的生产能力和设备投资得以扩大的根本原因是，在旺盛的中国需求和世界规模的数码家电相关产品的良好势头支撑下，日本经济实现了由出口导向的景气恢复。过去十几年间，泡沫经济崩溃后的日本经济陷入了通货紧缩的状态，大多数日本企业不得不采取抑制设备投资的对策。而在此期间受到抑制的日本国内投资以出口的快速扩大为契机，一齐蜂拥而出。所以说，日本国内生产增长的主要原因是景气循环因素，随着景气的恢复，受其最大恩惠的一部分产业开始同时扩大其海外工厂和国内工厂的生产能力。

总之，舆论中喧嚣的日本回归的各种现象仅仅意味着日本国内投资和日本国内生产能力的扩大，其本质是日本国内投资和海外投资的同时扩大。依笔者自身的定义，目前的情况并不是减少海外投资，转而增加日本国内投资的真正意义上的"日本回归"，而是最应该高度称赞的"成长"。

三 与成长有关的不安要素

为击退各国的追赶，继续维持日本国内的"成长"局面，就必须在日本国内的生产基地不断革新，持续实现生产效率的提高或产品的高附加值化。但作为实际问题，这是极其困难的任务。因此，现在就高呼"制造业的复权"和"空洞化的克服"并为之欣喜还为时过早。本文从对中国工厂成本优势的再评估，防止技术流失，"垂直启动"和"同步开发"的实现，在"强工厂"实现革新，高度现场能力的有效利用等5个角度，对所谓日本回归的现象之原因进行了探讨。但是无论从任何角度来看，都可以说仍存在许多不安要素。由于篇幅的关系，在此提出以下两个问题。

（一）现场能力下降的隐忧

日本工厂的高度现场能力被视为是促使制造业回归日本的主要原因之一，但是已可以观察到导致现场能力下降的若干不安要素。

首先，日本企业被认为适合于"磨合型"生产，但最近的研究指出，在摩托车和汽车等众多产业领域中，中国本土企业的技术力量迅速提高，通过将日本企业擅长的"磨合型"生产方式改造或转换为中国企业擅长的"模块型"生产方式等做法，中国企业也已经可以灵活对应"磨合型"生产①。理所当然的是，随着中国工厂现场能力的提升，日本工厂现场能力的相对优势将下降。

其次，同步开发和多技能工单元生产体制等被认为是日本企业独有的优势，但其优势未必可以始终维持下去。比如在 2002 年 7 月，佳能的苏州工厂（数码复印机的生产基地）也正式引进了单元生产体制。虽然是以提高生产效率为主要目的，但其中也包含着希望将众多的中国员工培养成为熟练工（多技能工）和技术指导者（工程师）的强烈动机。今后，极有可能在中国国内进行面向中国市场的产品开发，届时，在中国国内实现同时开发和多技能工单元生产体制便成为可能，日本工厂的优势将减弱，中日工厂之间现场能力的差距也会缩小。

另外，拥有一套培养熟练工和技术人员的企业内部教育系统也是日本企业的优势之一，但是这种优势以正式员工的长期雇用制度为前提。另外，为建立单元生产体制，优秀劳动力的确保也是不可或缺的。但是在当今日本，随着劳动力和雇用形态的多样化，以正式员工为对象的长期雇用制度的适用范围大大缩小，因而变得优秀劳动力难以确保，企业内教育系统也无法发挥其功能，对单元生产体制的确立造成很大阻碍。具体来看，首先是年轻人并不喜欢制造业的现场，比起站在生产线上工作，很多人会优先选择去麦当劳当店员。其结果是，在生产线上的工人里，正式工所占比率持续下降，而失业者或外国人等弱势群体所占比率却不断上升。在从事制造业的全体工人（970 万人）中，非正式工（211 万人）所占比率由 1982 年的15.0%上升到 2005 年的 21.7%。若再进一步细看非正式工的构成内容的话，则依次是临时工占 64.0%（135 万人），合同工、委托工占 19.4%（41 万人），钟点工占 10.9%（23 万人），其他占 5.7%（12 万人）②。当然，正式工的减少将导致劳动力素质的下降。不仅如此，近年来有很多公司在增加限期雇用的劳动者的同时，还将生产现场的一部分以"生产线承包"的形式完全委托给人才中介公司。在"生产线承包"的情况下，中介公司从厂商手中完全承包工厂内某个特定的生产现场或生产线，完全由被中介公司所雇用的人员单独运作该生产线，中介公司直接掌握对生产现场

---

① 〔日〕藤本隆宏、新宅纯二郎：《中国制造业的结构分析》，东洋经济新闻社，2005。
② 经济产业省、厚生劳动省、文部科学省编，前出，第 189、211 页。

的指挥权。很明显，在非正式工和"生产线承包"增加的情况下，企业内教育系统的作用受到大幅限制，会导致员工的素质、能力和士气的下降，使得可以担负单元生产的熟练工的培养工作变得更加困难。其结果是，现场能力必然下降。

最后，缺少技术继承人已成为重大问题。由于泡沫经济崩溃后的企业大量破产以及大规模的裁员[1]，大批熟练的员工离开了岗位。加上在技术开发和利用方面一直占据核心地位的"团块世代"从 2007 年开始迎来 60 岁，今后每年都会有大量人员退休。如何培养出从"知识财产"的"团块世代"那里继承其经验诀窍、技能、经验以及悟性知觉等非显性知识，并将其进一步发展的新一代人才已成为当务之急。但是关于技术继承的难题颇多，问题非常严峻[2]。目前在企业层面已推出了通过延长雇用期和返聘，将"团块世代"作为技术指导者加以有效利用等对策。同时在行业层面，以培养技术继承人为目的的更大规模的实验也已经展开。例如作为产业界和教育界的协作项目，日本的模具行业联手从 2004 年春季起开始赞助芝浦工业大学创立模具学科，希望培养出能够肩负本行业未来的人才。另外，从 2005 年度开始，为表彰那些在生产制造流程中开发或引进了划时代的系统和方法作出贡献的个人和团队，设置了"制造业日本大奖"，并尝试加强产业界、教育界、政府三者间的协作[3]。另外特别值得一提的还有 2001 年春季在埼玉县行田市创办的"制造大学"[4]。但是，尽管企业和产业界如此认真地在努力，但是要判断这些措施能够取得多大成效，仍需要时间去验证。以中国为首的亚洲各国正在快速追赶上来，因此日本的技术继承人不足的问题依然严峻。毫无疑问，如果无法将至今为止积蓄起来的技术以及经验诀窍等加以继承，现场能力的下降将无法避免。

---

① 仅 2000 年后的 5 年时间，各大电机公司在日本国内裁减了约 10 万名员工。城繁幸：《日本式"成果主义"的可能性》，东洋经济新报社，2005，第 48 页。

② 作为技能继承困难的背景，存在着时间不足，人才不足，外显性知识化不足，现场及实物不足，实际传承场所不足，责任体制不完善等问题，详细内容请参考以下文献。浅井纪子：《制造业的经营管理》，中央经济社，2006，第 77 页。

③ 该"制造业日本大奖"分为"内阁总理大臣奖"、"经济产业大臣奖"、"特别奖"等 3 个等级。

④ 在以丰田汽车公司的名誉会长丰田章一郎为会长，以文化勋章获得者——哲学家梅原猛为校长的该大学中，设有制造技能工艺专业和建设技能工艺专业 2 个学科。另外，于 2005 年春季开设了硕士课程的制造学研究科。教授阵容中的 7 成是企业出身，几乎所有外聘讲师都是在职的企业人。该大学在日本率先导入了学生在 4 年就读期间从事 6~9 个月实习生的做法。其课程体系也很有特色，例如邀请街道工厂的能工巧匠担任讲师，传授产品制造的技术、技能以及心情投入姿态等等。是真正实现了产业界和教育界联合的大学。

（二）研究开发体制弱化的隐忧

作为促使制造业复权的原因，包括有"垂直启动"和"同步开发"的实现，在"强工厂"中实现创新，防止技术流失等等，其含意很明显，就是要求在日本国内构筑起面向日本国内消费者的产品开发体制。但是该开发体制存在较多陷阱，很有可能导致研究开发体制的弱化。

第一个陷阱是面向日本国内市场的开发体制。日本的消费者被认为是世界上最苛刻的。并且长期以来日本政府通过特意设定严格的产品标准，为引发企业方面的创新创造了契机。波特教授在论述国家的竞争优势时指出，作为需求条件的内容之一，本国市场消费者的优雅而精明的需求有可能成为提高本国企业竞争力的重要因素[①]。因为要求水准高的买主能够提供有关顾客需求的先进信息，使企业面临追求更高水准的压力，促使企业进行改善和创新，刺激企业向更高层次推进。通过促使国内企业致力于更困难使命，可以提高本国产业以至国家整体的竞争优势。例如在日本，卡车的主要用户是企业客户，其要求相对较为宽容。而轿车的主要用户是个人顾客，其要求相对严格。结果是，日本的轿车厂商要比卡车厂商拥有更强的国际竞争力。

虽然一般可以认为优雅而精明的国内需求具有提高本国企业竞争力的作用，但是也会有不少的例外。最令人担忧的情况是日本市场的顾客需求与国际市场的顾客需求之间可能会产生重大差异。例如在手机行业，由于日本国内的部分顾客有一些过度的偏好，而生产商为满足国内顾客的这些特殊需求，不得不搭载一些过高性能和过多功能，导致制造成本过高。在手机和通讯服务被捆绑销售的日本国内，由于预期可以获取较高的通讯费，因此手机销售价格远远低于制造成本。但是在出口国外时，由于很多国家采取手机和通讯费独立分开的形式，售价偏高的日本手机就有可能被国外的消费者敬而远之。总之，或者日本国内需求过分特殊，或者日本国内需求和国际需求之间差异过大时，在日本国内进行产品开发和制造就将伴随着巨大风险。

第二个陷阱是日本国内开发体制的封闭性。为了防止技术流失，实现同步开发，以及实现技术革新等等，将研究开发体制设置在日本国内主力工厂之内的企业正在不断增加，但是由于与外界的交流受到很大限制，因而会对产品开发和革新造成不良影响。例如作为继液晶和等离子之后的"第三代超薄电视机"，佳能和东芝曾经携手致力于以高画质和低耗电为卖点的"SED（表面传导电子发射显示器）"的共同开发。2004 年双方在神奈川平塚市建立了合资公司，并宣布将于 2005 年 8 月发售产品。但是由于彻底实施了技

---

① 〔美〕迈克尔·E. 波特著、〔日〕竹内弘高译：《竞争战略论Ⅱ》，钻石社，1999。

术一律不向外界透露的方针，因此主要零部件都无法外包订购，只能自主开发，从而导致开发速度非常缓慢。在此期间，其竞争对象的液晶和等离子的价格急速下降，因此又需要开发出能以低于最初预想的成本进行量产的技术。但是为确立该技术，又花费了比预期更长的时间，为此不得不将发售期暂延至 2006 年春季。但其后的进展并不顺利，于是再次宣布将发售期推迟至 2007 年 10 月之后[1]。但是其发展依然不顺利，2007 年年初，东芝宣布退出，改为佳能独立生产。然而，即使 2007 年年末能够开始生产，预计也仅是月产量为 1000 台左右的小规模生产，在液晶和等离子阵营同时投下巨资，推动画面大型化，且年产量高达 1000 万台的量产体制日益完善之下[2]，SED 的发售期愈晚，占领市场的机会就愈小。为了与液晶和等离子已经抢占了先机的产品相抗衡，其价格设定就更为困难，可以预想 SED 将面临一番苦战。

这里再举个相反的例子[3]。电饭煲在日本问世以来已经超过了半个世纪，其间出现了各种各样的畅销产品。松下电器也开发出了许多电饭煲，例如 1960 年的带有保温和定时功能的电饭煲，1972 年的电子电饭煲，1979 年的微电脑电饭煲，1988 年的 IH（电磁诱导加热）电饭煲，2003 年的高温蒸气电饭煲等等。松下一贯认为只有在日本国内才能开发出蕴含微妙的经验诀窍的煮饭软件。但是不同的民族和文化，在味觉上有着喜好的差异。因此当面对亚洲广阔的大米文化圈，特别是人口众多的中国销售电饭煲时，就明显暴露出日本国内开发体制的弱点。在广阔的中国栽培着数百种大米，煮饭的软硬程度以及味觉也有微妙差别。松下最初销售的是搭载着以日本的短粒大米为对象的煮饭软件的产品，然而在喜欢长粒大米且稍硬米饭的地区，其产品遭受冷遇卖不出去。面向中国市场的电饭煲是由松下电器的合资公司，即杭州松下厨房电器所生产的。为争夺中国市场，该公司认为除了依靠中国人自身的微妙味觉之外别无他法，因而在开发团队中增加了中国女性。结果大见成效，陆续开发出搭载了"蒸煮功能"、"煲粥功能"、"煲汤功能"等适合中国人的味觉和饮食文化的产品。另外，除了日本人经常食用的短粒米之外，还正在推进可以对应包括中粒米和长粒米等 12 种大米，并都能做出美味米饭的煮饭软件的开发。在中国，据称每年的电饭煲需求量为 350 万台，其中松下的份额已超过一成，并正在与中国厂商美的集团为争夺第一而激烈竞争。其成功的背后，本土开发的贡献度非常之高。

第三个陷阱是慢性的人才不足。为开发面向日本市场的产品，就需要正确

---

[1] 《每日新闻》，2006 年 3 月 1 日，新闻报道。

[2] 《每日新闻》，2007 年 1 月 13 日，新闻报道。

[3] 〔日〕前间孝则：《技术开发的精英们》，大和书房，2005。

理解日本消费者的需求，并设计出符合消费者嗜好的产品。因此研究开发人员也需要长期居住在日本，并且如果可能的话最好是日本人。但实际问题是，日本人的出生率在下降，青少年避开理工科的现象也正在加剧，理工科大学生的比例以及绝对数都停滞不前，将来可以肩负研究开发任务的日本技术人员的数量完全没有增长的可能性。另一方面，由于出入境管理严格，以及外国移民所处的生活环境方面的问题较多，因此也无法期待世界各国的优秀技术人员集聚日本，并放心地长期居住。因此人才不足的问题将无法避免。

第四节　从中国角度看日本回归的现实可能性

如前文分析所示，目前的状况是海外和日本国内双方的新投资在同时增长，依据笔者的定义，这并非"日本回归"，而是"成长"。但今后是否会出现海外投资减少而日本国内投资增加这种严格意义上的"日本回归"呢？在考虑这个问题时，还需要了解对方国家的情况。因为对日本而言的"日本回归"，对于其进驻国而言则意味着"外资撤出"，而撤资之际，必须要克服诸多难题。

一　关于撤资堡垒的理论见解

在时代的进程中，产业的兴起和衰退是自然趋势。尤其是在经济增长率低下，技术进步加速的时代，迎来"终盘"的企业以及产业会越来越多。与抢椅子游戏的性质相同，"终盘"必定是极为残酷。现实中既有以残酷的方式结束生命的企业，也有巧妙地成功逃脱的企业，其差别在于其是否正确地选择了终盘战略。

由于经营策略理论的迅速发展，它已形成管理学的一大势力，但其主要关注点在于如何促进企业及产业的发展，"使弱者变为强者"或"使强者变为更强的王者"。而与此同时，关于如何为衰退中的企业或产业提供帮助，不得不说迄今为止仍非常缺乏有关的先行研究。在这一领域内，波特的终盘战略论大概是最珍贵的理论。根据他的分析，正如企业在进入市场时需要克服参与壁垒一样，从市场退出时也面临必须克服的撤资堡垒。当然，撤资堡垒愈坚固，其行业在衰退期中的处境也愈糟。具体来说，可以举出以下的撤资堡垒的表现①。

---

① 〔美〕迈克尔·E. 波特著、〔日〕竹内弘高译《竞争战略论Ⅰ》，钻石社，1999。

①具有耐久性的专业化资产：由于很难找到买主，资产的清算价格变低。对于企业来说，不存在缩小一部分生产的选择，只能在或是保持现状继续经营或是完全撤出这种"全部或全无"的两难之中做出痛苦选择。

②撤资成本高：如果固定费用巨大，撤资成本就会变高。

③战略上的考虑：在多元化经营较发达的企业中，考虑到与其他产业间的关系，与金融市场的联系，以及垂直统合所带来的价值连锁等理由，有时不得不维持保留其衰退产业。

④信息隔阂：衰退产业与公司内其他产业之间的关联性愈强，或是与其他产业共享资产、顾客、供应商等时，经营者就很难获取有关衰退产业业绩的准确信息。

⑤经营层的抗拒：撤资对于经营者来说原本就是最不愉快的决策。再加上经营者或是在感情上对衰退产业无法割舍，或是有个人打算时，就会形成感情上的撤资堡垒。

⑥社会性障碍：随着衰退产业的撤资，经常会出现裁员以及地方政府税收减少等情况。

⑦资产处理：撤资企业对资产采取何种处理方式，将对留存企业的收益性产生很大影响，并常会提高或降低留存企业的撤资障碍。

由于篇幅所限，本文将省略对以上七种情况的逐一确认，但很明显，波特所分析的这些撤资堡垒，对于在华日资企业，尤其是对于本文中所提及的以巨额投资和先进技术为优势的数码家电相关产业的大型企业来说，无疑都是客观存在的。也正是因为诸多撤资堡垒的存在，因而减少海外投资而增加日本国内投资的"日本回归"之路将是非常困难的选择。

二　外资企业从中国撤资的环境条件

中国是外资企业投资最多的国家，因此当然也就会有很多外资企业从中国撤资的情况。通常，对于外资企业的投资会高声报道，而撤资却是静悄悄地进行，因而较难掌握有关外资撤出的真实情况。幸好最近出版了有关该问题的宝贵的研究成果，在此引用其一部分成果①。

毛、蒋、曾（2005）对中国各地，以广东省为重点，在宏观上对统计数据加以解析的同时，又在微观上进行了案例分析，从不同角度对外资撤出这一复杂问题做出了具有说服力的理论分析。在其研究中，列举了1987～2002年期间从中国撤资的170家日本企业，并对其中的五十铃和伊藤忠撤出汽车

---

① 毛蕴诗、蒋敦福、曾国军著《跨国公司在华撤资》，中国财政经济出版社，2005。

产业（北京），三洋电机和日商岩井撤出冰箱产业（广东），日立撤出电视产业（福建），东芝撤出手机产业（南京）等案例进行了详细分析。根据其研究成果，包括日资企业在内的外资企业从中国撤资的事例已经很多，导致撤资的主要中国国内环境因素大致包括以下六种。另外还应当认识到，这些因素并非各自独立存在，而是相互关联或相互叠加在一起的。

（一）生产能力过剩导致产品销路不畅

当今中国市场，几乎不存在供应不足的产品。由于生产能力过剩，产品的价格竞争非常激烈。生产成本高于中国厂商的外资厂商尤为艰难，其高端产品的销路完全不见增长。尤其是在制造技术，品牌形象等方面尚未确立优势的外资厂商，不得不举起白旗从中国市场撤资。例如有啤酒、饮料、乳制品、蔬菜等事例。

（二）被更强大的外资企业所淘汰

在世界500强企业中，有400家以上的公司已进入中国，其投资项目的规模也在逐年扩大。其结果是，在部分产业领域中，形成了由在信息、资金、技术、经营经验诀窍等方面拥有优势的大型企业的少数垄断状态，而其他企业的生存则陷入困境。与众多中国企业一样，一部分外资企业也被收购或淘汰。还有许多外资企业不得不调整对华投资战略，或是缩小中国生产基地的规模，或是加盟大型企业的旗下。例如在连锁店、化妆品、日用化学用品、饮料、餐馆、计算机、手机、汽车、相机胶卷等方面的事例很多。

（三）在与强大的中国企业之间的竞争中失败

随着外资企业的进入，虽然有众多的中国企业被收购或淘汰，但相反也有一部分中国企业在残酷的竞争中获得胜利，利用"比较优势"和"后发优势"确立了竞争优势，取得了惊人的成长。所谓"比较优势"起因于"本土企业"，比如可以将人工费、土地费、原材料费等生产成本控制在较低水准，并且比较熟悉人际关系、语言、文化、信息、风俗习惯、法律法规等本国的市场环境。而所谓"后发优势"是指从国外企业学到了先进的技术和管理方法以及经营的经验诀窍等等。其结果是，失去竞争优势的部分外资企业不得不从中国撤资。例如有家电厂商、计算机厂商等事例。

（四）被地方保护主义所拦截

在中国，自社会主义计划经济时代开始，地方保护主义就具有强大势力。现在虽然已过渡为社会主义市场经济体制，然而地方保护主义仍以投资企业的选定，资本比率限制，区域内采购率限制，税收优惠制度，雇用政策等形式留存下来，继续保持一定程度的威力。由于地方保护主义的主角是政府官员，因此对于不大精通人际关系以及幕后交涉的外资企业来说，这是一

道非常难以逾越的屏障。在部分地区，曾经有过外资企业好不容易完成投资，却遭遇地方保护主义，不得不将其事业转与他人的事例，比如啤酒厂商和连锁商店等等。

（五）无法忍受知识产权的侵害

对于投资中国的外资企业，尤其是大型企业来说，知识产权的保护是其最为关心的事项之一。由于"知识经济"或"知识经营"已成为表现当今时代特征的词汇，知识产权的保护必然成为重大问题，这也是发达国家和发展中国家之间经常出现的问题。事实上，因仿制品而遭受损失的外资企业非常多，而由于无法获取正当的企业收益而不得不从中国撤退的事例也不在少数。微软等美国企业曾率先要求中国政府加以改善，而近年来日本的家电厂商和摩托车厂商也正在积极地行动。

（六）因外资优惠政策的撤销而陷入困境

在改革开放的初期，为吸引外资，各地政府在税收和进出口管理等方面制定了许多外资优惠政策。但是近年随着中国加入WTO，各地都出现了取消外资企业优惠政策的动向。以世界范围内的公平竞争为目标，使外资企业和本土企业在相同条件下进行竞争，中国政府的这一主张从经济学的观点来看是正确的，但是对于迄今过度依赖优惠政策的一部分外资企业来说，中国的魅力已经失去，因而开始考虑向生产成本低于中国的地区转移。

以上六种情况从中国角度来看是"外资撤出"，而从日本角度来看则是"日本回归"的环境条件。确实，众多的日资企业成了知识产权的被害者，并且苦战于残酷竞争的中国市场。但对于本文中所提及的新建或扩张日本国内工厂的数码家电相关产业而言，现实中几乎观察不到以上各种条件的适用可能性，因此笔者认为这些产业在相当一段时间内，还不会出现真正意义上的"日本回归"，而目前这种最理想的"成长"状况还将继续维持。

三　在华日资企业的实态

（一）撤资的理由

据日本有关机构 2003 年 10 月对中小企业实施的调查表明[1]，在具有海外投资经验的 1094 家中小企业中，曾有过从投资国撤资经验的企业有 215 家。另外在 232 件撤资事例中，25.9% 是从中国撤资，特别是从上海周边地区撤资的最多。其撤资理由中的前 3 项分别是：生产和质量管理困难（占 29.8%），与当地合作伙伴间的纠纷（占 26.3%），财务管理困难（占

---

[1] 日本贸易振兴机构海外调查部中国北亚课：《在华事业风险的上升以及对应方法的案例研究》，2006 年 3 月，第 84 页。

26.3%）。另一方面，比如成本上升（占 14.0%），仿制品的增加和技术流失（占 3.5%），海外竞争激化（占 3.5%）等可以成为回归日本的理由的一些项目所占的比重并不大。从该结果中可以看出日资企业在中国的主要困难在于生产、质量、财务等经营管理方面，以及与合资伙伴维持关系也有困难，但是却完全无法证明日本回归的必要性。

（二）营业利润的现状

如果基于 JETRO 的 2005 年度调查结果来观察在华日资企业的整体状况（调查对象约 293 家）的话①，首先关于 2005 年度的营业利润，"赢利"占 73.0%，"持平"占 8.2%，"亏损"占 18.8%。其次与 2004 年相比，"改善"占 49.3%，"持平"占 18.9%，"恶化"占 31.8%。再看对 2006 年的预测，"改善"占 58.0%，"持平"占 32.1%，"恶化"占 9.9%。仔细观察这些数字，与上一年相比，营业利润有所"恶化"的企业较多，这一情况使人担忧，然而下一年预测还将进一步"恶化"的企业则很少，这让人放心许多。关于"恶化"的理由，占前 3 位的分别为：产品价格下降导致销售额减少（占 50.5%），采购成本增加（占 46.2%），人工费增加（占 37.4%）。但是在整体上，可以说在华日资企业的经营业绩处于较好的水准。

（三）今后数年的发展方向

同一调查的结果表明，关于在华日资企业今后数年事业发展的方向，认为：扩大规模（占 71.4%）和维持现状（占 26.1%）的企业占绝大多数，而认为缩小规模（占 1.1%）和向第三国转移或撤资（占 1.4%）的企业仅占极少数②。另外，关于扩大规模的具体方针，认为通过追加投资来扩大事业规模（占 58.5%）和生产品种的扩大（多元化）（占 55.0%）的企业大大地超过回答产品品种的高附加值化（占 42.0%）和设计、研究开发功能的强化（占 24.0%）的企业③。这一结果与本文中的分析结果是一致的，即中国和日本分层而居，将高附加值产品以及研究开发基地集中于日本国内。总之，可以说对于中国事业的投资今后仍将继续，现阶段已在认真考虑从中国撤资的企业极少。

归纳以上三点，分析在华日资企业的整体状况，首先可以确定从中国撤

---

① 日本贸易振兴机构海外调查部：《亚洲日资制造业的经营实态：中国、香港、台湾、韩国篇》，2006 年 3 月，第 3 页。

② 日本贸易振兴机构海外调查部：《亚洲日资制造业的经营实态：中国、香港、台湾、韩国篇》，2006 年 3 月，第 63 页。

③ 日本贸易振兴机构海外调查部：《亚洲日资制造业的经营实态：中国、香港、台湾、韩国篇》，2006 年 3 月，第 64 页。

资的理由与回归日本的理由并不相同，从中国撤资与回归日本并无直接关联。其次是赢利的企业很多，并且还有进一步增加的趋势，而营业利润恶化的企业则较少，且呈现减少倾向。再就是作为今后的发展方向，谋求规模扩大的企业很多，而考虑缩小规模和撤资的企业仅占极少数。因此可以说，在相当一段时间内，将不会出现从中国撤资的"日本回归"现象。

结 束 语

通过本文的分析，可以明确以下几点结论。

（1）虽然是以数码家电相关产业为首的一部分产业的情况，但是日本国内工厂的设备投资大幅增加，日本国内的生产能力也确实扩大了。所以说，"日本回归"之议论并非无稽之谈，而是具有一定客观依据的。

（2）探究所谓"日本回归"之现象的原因，可以归结为中国工厂成本优势的再评估，防止技术流失，"垂直启动"和"同步开发"的实现，在"强工厂"实现革新，高度现场能力的有效利用等五个方面。所以说，被称为"日本回归"的现象既不是爱国心或民族主义等价值观所引发的产物，也不是经济趋于保守化的证据，而是具有经济合理性的正当的企业行为。

（3）基于笔者自身的定义，企业的投资状况有"成长"、"日本回归"、"空洞化"、"衰退"四种可能性。并且应该注意的是，"日本回归"和"空洞化"都具有好和坏两种可能性，因此"日本回归"并不一定优于"空洞化"。所以，不应该无条件地支持和赞成所有的"日本回归"，而必须要确认其实质内容是好还是坏。

（4）舆论上一般所指的日本回归现象具有日本国内投资和海外投资同时扩大的特征，实际上这并非真正意义上的"日本回归"，而是更高层次的"成长"。虽然这是最令人欣喜的情况，但同时存在有现场能力下降和研究开发体制弱化等不利要素。

（5）从"在华撤资"的角度来考察"日本回归"，对于在华日资企业而言，波特所举的七种撤资堡垒都确实存在。但是毛、蒋、曾所总结的六种外资撤退的环境条件却并不符合经营势头良好的数码家电相关产业。另外，从在华日资企业的整体状况来看，从中国撤资的理由与回归日本的理由并不一致，而且经营业绩也大体上良好，多数企业今后还将进一步扩大规模。所以说，在今后相当一段时间内，应该不会出现意味着从中国撤资的严格意义上的"日本回归"。

（6）基于以上5点，为实现日本经济的更进一步的复苏和飞跃，应该继续推进当前"成长"这一趋势。为此，需要进一步加强支撑"成长"的诸多要素，同时还要排除那些阻碍"成长"的各种不利要素。与此同时，为避免那种意味着从中国撤资的严格意义上的"日本回归"的发生，既要充分地认识到撤资堡垒的事实存在，也要努力避免陷入外资企业从中国撤退的那些环境条件之中。

日本经济增长、发展及各产业间差距 *

第一节　战后日本经济的增长及发展

　　谈论日本经济时，可将战后时期分成几个阶段来讨论。这是因为在发展阶段各时期中所发生的各个事件都是有关联的。例如，1973～1983年期间，因1973年和1979年的两次石油危机，经济高速增长曾一度停滞不前；1983～1991年期间，泡沫经济泛起；1991～1998年期间，因泡沫经济崩溃导致经济低迷，我们可将其定义为经济停滞时期。

　　再来详细分析一下，20世纪60～70年代初期，日本经济持续呈现了10%左右的高速增长，但1973年10月爆发第4次中东战争后，原油价格上长到原来的四倍，从而使日本经济高速增长态势因第一次石油危机而画上了句号。1974年，增长率出现了负增长，并且后来形成了大幅度下降态势。1978年、1979年增长率恢复到了5%左右，可以说是步入了稳定增长的轨道；然而1979年初伊朗革命导致原油价格再次高涨，1979～1980年，原油价格上涨两倍以上，随着第二次石油危机的爆发，经济增长率再次跌入低谷；从1980～1983年，日本经济增长率徘徊于2%～3%之间，维持着低速增长。

　　1986年下半年至1991年年初，以股价及地价等资产价格高涨为特征，形成了"平成景气"，因此日本经济增长率也于1988年达到6.2%，这是第一次

---

　　* 朴哲洙：熊本学园大学经济系教授。

石油危机以后首次达到 6%。但是 1990 年以后，伴随着股价、地价的急降，日本经济迎来了严峻的景气倒退低迷时期，1992 年的增长率仅为 1%，1993年、1994 年的增长率则勉强达到 1%，呈现滑落势头。围绕着 20 世纪 90 年代的长期停滞现象，分析其主要原因，各界持有不同的见解，除了有效需求不足等需求方面的要素以及生产率等供给方面的要素之外，还存在着不良债权问题、以大型金融机构的经营破产为象征的金融系统功能不完善等问题。1996 年曾经一度有所好转，增长率达到 5.1%，但到 1998 年增长率创 1974年以来的新低，仅为 -2.5%。进入 2000 年后，经济才有逐渐恢复的趋势。

第二节　经济增长、发展的主要原因

关于决定经济增长及发展的主要原因，有多种思路。其中，最近从政治经济学方面展开的研究认为，包括各种正式、非正式制度在内的"制度"会对政策及该政策的形成带来影响。进一步来讲，具有目标与功能的经济制度（资源分配、收入分配等制度），可以认为是由持有政治制度分配而来的权力以及由全体人口中的部分群体（例如，社会群体、阶级、不同产业及社会部门的势力等）的意志来决定。包括政治制度在内的各种制度具有多面性，且相互发挥作用，强调了动态均衡性。

在一般性讨论中，考虑经济变化的机制法则时，一般将长期的宏观整体趋势视为经济增长，将短期变化视为景气变化，如果考虑经济变化过程中，需求供给差异将会导致产生 GDP 差距这一事实，短期变化或者被称为调整停滞的经济变化可被理解为具有潜在生产能力的、暂时偏离轨道的一种景气变化。在讨论某种经济中长期性的成果时，需要通过得益于该种经济具有的潜在生产率的增长、或者通过潜在 GDP 的增加分析其主要原因。而且如欲进行总量增长率的要素分析、实行对于全体增长的相对性贡献度的增长预算测试时，可以根据劳动者人均 GDP、资本配置率的增长、全要素生产率的增长率（TFP 的增长率）等分解进行。届时，测试全体生产率的全要素生产率将会作为疏漏残差被测算出来，并会被解释为反映技术进步的 TFP 推算值，但是严格来讲，其测算过程中包含了仅用生产要素无法进行说明的所有要因，这一点在先行研究的结果中得到了证实①。

对于日本的经济变化、经济增长、经济长期停滞的真正原因，最近以

---

① 这是经济增长理论及实证的基本框架结构，理论及实证性研究表明生产要素以外的"其他因素"也是经济增长、动态经济学领域的发展源头。

1990 年之后的宏观经济成果为中心展开了论战，并且在实证方面开始取得各种进展，但是究竟是"需求方总需求量不够、还是供给方生产率低下"，这已经成为讨论中重要的对立观点。但是，经济的需求方与供给方存在着密切关系的可能性的同时，尽管在对其进行实证性评估之时有必要适当确切地认识到两者之间的相互依存关系，但分析两者关系的实证研究却是数量不多①。本文将在"需求方、供给方"这种基本观点中，加入从动态经济学的观点中捕捉到的资源分配、生产率问题加以强调。这是因为，通过研究明确供给方对需求方的反馈效应的路径，能提高对日本经济的认识，而对其进行实证性评估，确切地认识两者间的相互依存关系尤为必要。

例如，对于需求方影响供给方的反馈效应，可认为有两个路径。其一为供给方推测计算得来的全要素生产率与景气循环一起呈现相同协调变化，这点已广为人知。另外一个就是作为从供给方向需求方的反馈，持续性的生产率冲击（如果能正确推算）有可能通过家庭的正常收入及企业的预期赢利、甚至通过股价等资产价格的变化，对民间的消费及投资支出造成影响。

这些都启示着一种整合性的思考方式，即日本经济，特别是在 1990 年以后，其重要的经济变化（景气与增长）要因中不仅存在着需求方的冲击，还有来自供给方的持续性的变化。如果在宏观实证方面也将供给要因对需求方的影响加以考察、并将持续性生产率低迷等供给要因作为根本要因来研究，那么就有可能对持续性需求不足（GDP 差距的持续性低迷）及轻度的物价下跌现象得到一个综合统一且完整的理解，目前这种思路及研究方法正处于起步阶段②。

需求、供给方的要因已成为日本经济低增长、长期停滞、恢复景气等经济变化的要因，到底它是何物？日本经济长期停滞、特别是 20 世纪 90 年代初期泡沫经济崩溃后曾出现过创纪录式的低增长，最近围绕导致其产生的要因展开了不少论战与实证，本文首先以此为中心进行简略整理③。结构性变化的要因包括：需求一方强调存在着：①因不完善的金融缓和政策及通货紧缩预期而给民间经济部门带来的投资与消费的低迷状态；②因财政紧缩引起

---

① GDP 差距、TFP 等直接考虑需求、供给方的实证分析较为常用。此处，GDP 差距代表着需求不足的大小、TFP 则代表着来自供给方的重要增长要因（或构造的要因），两者是一种变数。并且可以对两者间的相互作用进行验证。推测计算 GDP 差距的代替研究方法，有 HP 过滤、宏观生产函数研究等几种不同的方法。

② 宫尾龙藏：《日本经济的变化要因：生产率冲击的作用》，"日本银行工作新闻系列"，日本银行，2006。

③ 这些要因给经济带来的影响，可以以标准性总需求、总供给模式的方式来进行理论性的说明。（参照宫尾龙藏（2006）、浜田、堀内（2004）、Fukao and Kwon（2005）等）。

政府需求减少；③因银行的贷款紧缩而呈现出投资不足。供给方则存在着
④由于少子高龄化以及周休二日制带来的劳动供给增加率迟钝化；⑤企业部
门的生产率低迷、收益能力下降；⑥产业结构调整速度缓慢；⑦资源分配的
低效率化等等。

此外，⑤中的产业部门生产率上升低迷的背景要因①主要包括国际性竞
争及与低价进口商品之间的价格竞争、来自规制放宽而产生的竞争环境的变
化、企业组织的低效率化、企业管理不善等；而⑦中的资源分配的低效率
化，其背后原因被指出主要包括银行的追加贷款与过剩贷款、政府的低效率
公共投资及政策金融、产业政策等②。另外，作为⑤和⑦之间关系的说明，
存在着一种认为资源分配低效率化的背后原因在于日本的 TFP 上升率减速的
论点，即"僵硬学说"。"僵硬学说"认为银行担心不良债权问题表面化，
因此不断向看不到有好转情况的企业追加贷款以及持续实行低利融资以试图
帮助企业苟延残喘，由此使得生产率低下的企业得以残留，从而导致日本经
济呈现低迷状态。

像这种资源分配低效率及生产率低迷问题（僵硬问题），起因于 20 世纪
90 年代初期土地价格泡沫崩溃而带来的资产负债关系出现的不平衡，一直认
为集中存在于房地产业和建筑业、商业和服务业等非制造业当中。为了让本
来应该淘汰或缩小的企业继续生存，新的生产性企业无法加入，其结果可能
会导致新陈代谢机能下降、TFP 上升率低下。

从有关以上要因的实证研究中可以看出，日本经济中，不仅存在着需求
方的冲击要因，来自供给方的持续性变化也是一项重要的经济变化（景气变
化）要因。思考其带来的影响，特别是对于理解 20 世纪 90 年代以后的经济
变化尤为重要。

第三节　产业结构的变化及其特征

欲以某种产业观点研究其经济整体的增长与发展，则必须从产业结构的
侧面开始分析其经济，这点具有重要的意义，也是研究各产业的增长为整体

---

① 关于围绕长期停滞真正原因的论战，参见《关于在 90 年代非制造业创收低迷的背景》，《调
　查月报》2 月刊，日本银行，1999。

② Beason and Weistein（1996），Growth Economies of Scale and Trageting in Japan（1955～1990），
　The Review of Economics and Statistics. 本田（1995），《政策金融的诱导效果》，《日本的景
　气》，Beason and Weistein（1996），本田（1995）。

经济带来何种贡献或影响时不可或缺的。本章中我们将根据经济增长、产业结构的变化、各种产业的变迁来研究日本经济，并根据数据来观察其特征①。

可以使用宏观的国民生产总值中各产业附加值所占比重来掌握日本经济中产业结构的变化。如果各产业的附加值以相同比例变化的话，那么在 GDP 中各产业所占的产品价值的份额将不会发生变化，从而产业结构也不会发生变化。但是实际上各产业的比率存有差距，并且还会视其程度体现出增长产业与衰退产业，因此可以观察到产业结构的变化。另外，不仅仅是生产水平，各产业的增长率也各有差异。

表 1　日本经济中产业结构的变化：生产、增长率、
市场占有率（1970～2003）

单位：10 亿日元，%

年份	农林水产业	制造业	建设业	批发零售业	金融保险业	房地产业	运输通信业	服务业	政府服务生产者	国内总生产
1970	9660.0	48856.0	23335.4	16500.1	4417.5	17371.7	14825.8	27395.2	18525.3	188323.1
占有率	5.1	25.9	12.4	8.8	2.3	9.2	7.9	14.5	9.8	100.0
1975	10756.4	58106.7	28708.4	24139.8	7829.0	24365.7	18024.0	32149.5	22959.3	234458.7
占有率	4.6	24.8	12.2	10.3	3.3	10.4	7.7	13.7	9.8	100.0
增长率	2.2	3.5	4.2	7.9	12.1	7.0	4.0	3.3	4.4	4.5
1980	9469.1	75405.6	30966.6	37624.9	11249.2	31996.1	18613.6	41672.0	27857.2	290551.1
占有率	3.3	26.0	10.7	12.9	3.9	11.0	6.4	14.3	9.6	100.0
增长率	-2.5	5.4	1.5	9.3	7.5	5.6	0.6	5.3	3.9	4.4
1985	10486.3	95718.1	29600.2	41902.9	15527.1	38408.1	22415.1	54338.4	30725.2	342950.3
占有率	3.1	27.9	8.6	12.2	4.5	11.2	6.5	15.8	9.0	100.0
增长率	2.1	4.9	-0.9	2.2	6.7	3.7	3.8	5.5	2.0	3.4
1990	10920.5	121218.9	43427.5	58358.0	25545.6	46792.2	28474.8	63624.2	32688.0	429985.5
占有率	2.5	28.2	10.1	13.6	5.9	10.9	6.6	14.8	7.6	100.0
增长率	0.8	4.8	8.0	6.8	10.5	4.0	4.9	3.2	1.2	4.6
1995	9652.9	126554.1	44780.9	62643.0	25007.2	54540.6	29870.9	75588.6	34459.9	461893.5
占有率	2.1	27.4	9.7	13.6	5.4	11.8	6.5	16.4	7.5	100.0

---

① 其中"国民收入统计 SNA"或"企业法人统计"为代表性指标。

续表 1

年份	农林水产业	制造业	建设业	批发零售业	金融保险业	房地产业	运输通信业	服务业	政府服务生产者	国内总生产
增长率	-2.4	0.9	0.6	1.4	-0.4	3.1	1.0	3.5	1.1	1.4
2000	8756.9	120840.1	39166.0	77094.6	30502.4	62685.6	37400.0	98387.1	42497.9	521405.5
占有率	1.7	23.2	7.5	14.8	5.9	12.0	7.2	18.9	8.2	100.0
增长率	-2.2	2.1	-1.7	-0.8	1.8	1.6	1.7	3.4	2.6	1.4
2003	7997.0	124097.7	35472.1	72606.9	35714.8	66534.0	40183.8	106037.4	46840.5	538084.4
占有率	1.5	23.1	6.6	13.5	6.6	12.4	7.5	19.7	8.7	100.0
增长率	-2.8	1.2	-2.8	-0.4	4.9	1.5	2.0	1.1	1.8	0.8
全期增长率	-0.6	3.4	1.5	4.0	6.2	3.9	2.6	3.8	2.5	3.1

资料来源：笔者根据经济企画厅编《国民经济统计计算年报》编制。

注：此表是以产业大分类标准为基础，按不同产业的国内实际生产总值，每5年间的平均值计算得出的数值以及所占比重、变化率（各产业的增长率）。

从各个年代的各产业附加值和平均增长率的时期系列统计中，整理总结出以下事实。1980年为止，高增长产业为批发零售业、金融保险业、房地产业，这些都是代表着第三产业的行业。相对于此，农林水产业的增长率在20世纪70年代后半期跌入负增长，其衰退现象与第三产业形成了鲜明的对比。第三产业即使进入80年代后仍然维持着高增长率。尤其是金融保险业的高增长率特别引人注目。1980～1985年和1985～1990年的平均增长率分别为6.7%与10.5%，都表现出了最高增长。80年代以后，金融自由化、国际化不断推进，金融保险业实现了相当大的增长。另外1985～1990年，建筑业也实现了8%的高增长率。这一期间，因地价高涨而引起建设高潮的时期，令人记忆犹新。资产价格暴跌的1990～1995年和1995～1998年，无论何种产业都呈现出了增长率缓慢的现象，但其中服务行业、房地产业还勉强保持着3%左右的增长。与此相比，因不良债权问题导致大型金融机构经营恶化，金融保险业根基动摇，与苦于过剩债务的建筑业一起跌入了负增长行列。

一　制造业的发展与增长

从产业侧面观察宏观经济，其支柱为制造业与非制造业，其中服务产业因与它们具有互补关系而不断发展。特别是在文明高度发展的经济社会中，制造业部门分为"信息通信生产部门"及"非信息通信生产部门"两类，

为研究它们与制造业部门的关系，以及研究它们部门内关系，从而理解产业结构的变化。

表2　日本制造业部门中的产业结构变化

（制造业部门的产业结构：制造业中实际总生产量的分布）

单位：10亿日元，%

年　份	食品	纤维	化学	钢铁	普通机械	电气机械	运输用机械	精密机械	制造业
1970	7859.6	2244.1	1247.9	4140.8	4178.0	32.6	4009.6	274.2	48856.0
1975	10465.1	2711.3	1277.0	4808.9	4434.4	1038.9	5260.3	498.5	58106.7
	5.9	3.9	0.5	3.0	1.2	99.8	5.6	12.7	3.5
1980	11640.9	2821.3	3822.7	7959.1	7959.1	3974.4	8017.1	1204.2	75405.6
	2.2	0.8	24.5	8.8	12.4	30.8	8.8	19.3	5.4
1985	12770.9	2726.2	6436.0	6493.0	12117.3	9730.2	9209.4	1831.3	95718.1
	1.9	-0.7	11.0	-2.4	8.8	19.6	2.8	8.7	4.9
1990	12321.7	2514.0	9375.2	7081.9	15901.8	19386.2	11820.0	2203.8	121218.9
	-0.7	-1.6	7.8	1.8	5.6	14.8	5.1	3.8	4.8
1995	12843.6	2148.3	11036.0	7473.7	13862.6	27837.2	11793.3	1712.2	126554.1
	-0.9	-3.1	2.8	1.1	-2.7	7.5	0.0	-4.9	0.9
2000	12096.1	1246.3	10359.9	5618.6	11119.6	26891.2	10959.0	1711.5	120840.1
	-2.0	-6.2	1.3	-1.0	-0.8	11.8	2.1	1.0	2.1
2003	11882.4	914.8	10706.2	5390.2	99992.3	33706.7	13315.8	1615.2	124097.7
	1.1	-7.4	2.2	0.2	-0.3	6.4	5.2	-0.7	1.2
全期增长率	1.1	-1.7	7.5	1.7	3.7	28.5	4.2	6.1	3.4

资料来源：笔者根据经济企画厅编《国民经济统计计算年报》编制。

注：此表是以产业大分类标准为基础，按不同产业的国内实际生产总值，每5年间的平均值计算得出的数值以及所占比重、变化率（各产业的增长率）。

首先对制造业的成长发展特征进行总结。日本的制造业在1970～1998年期间，基本上呈现出3.4%的平均增长率。即使在制造业之中也会产生产业结构的变化，这一点必须注意。在表2中，对于制造业的代表性产业，按业种不同给出其不同的附加值水平及增长率。根据整个制造业的平均增长率及差距比较，可以从制造业产业内识别出增长产业与衰退产业。1970～1998年期间平均增长率低于制造业总体平均值的产业有食品、纤维、钢铁、运输用J机械。与之相对应，高于平均值的产业则为化学、普通机械、电气机械、

表3　日本经济中不同产业的雇用结构

单位：万人,%

年　份	农林水产业	制造业	建筑业	批发零售业	金融保险业	房地产业	运输通信业	服务业	政府服务生产者	就业者合计
1970	1073.6	1452.9	442.9	872.8	131.6	35.0	299.7	691.3	314.7	5443.4
结构率	19.7	26.7	8.1	16.0	2.4	0.6	5.5	12.7	5.8	100.0
1975	861.8	1422.8	528.7	965.0	153.4	45.9	324.9	788.9	364.6	5597.3
结构率	15.4	25.4	9.4	17.2	2.7	0.8	5.8	14.1	6.5	100.0
增长率	-4.3	-0.4	3.6	2.0	3.1	5.6	1.6	2.7	3.0	0.6
1980	756.6	1405.7	591.0	1043.0	176.9	60.1	332.7	943.6	391.1	5865.7
结构率	12.9	24.0	10.1	17.8	3.0	1.0	5.7	16.1	6.7	100.0
增长率	-2.6	-0.2	2.3	1.6	2.9	5.5	0.5	3.6	1.4	0.9
1985	659.8	1478.0	549.2	1098.8	194.7	73.1	337.0	1140.0	393.5	6104.0
结构率	10.8	24.2	9.0	18.0	3.2	1.2	5.5	18.7	6.4	100.0
增长率	-2.7	1.0	-1.5	1.0	1.9	4.0	0.3	3.9	0.1	0.8
1990	563.1	1541.5	620.0	1103.7	213.9	93.7	351.5	1341.8	394.2	6426.9
结构率	8.8	24.0	9.6	17.2	3.3	1.5	5.5	20.9	6.1	100.0
增长率	-3.1	0.8	2.5	0.1	1.9	5.1	0.8	3.3	0.0	1.0
1995	487.3	1503.6	703.1	1109.8	209.2	103.2	375.3	1546.7	400.6	6668.8
结构率	7.3	22.5	10.5	16.6	3.1	1.5	5.6	23.2	6.0	100.0
增长率	-2.9	-0.5	2.5	0.1	-0.4	2.0	1.3	2.9	0.3	0.7
2000	441.1	1309.5	695.4	1201.4	202.9	97.1	396.8	1803.1	369.4	6705.6
结构率	6.6	19.5	10.4	17.9	3.0	1.4	5.9	26.9	5.5	100.0
增长率	-2.5	-1.9	-0.4	0.4	-1.0	-0.6	0.7	2.3	-0.4	0
2003	396.5	1168.9	645.5	1176.9	190.7	91.1	392.3	1989.2	357.1	6553.7
结构率	6.1	17.8	9.8	18.0	2.9	1.4	6.0	30.4	5.4	100.0
增长率	-2.8	-3.2	-3.2	-1.2	-2.3	-2.8	-0.7	2.5	-1.0	-0.2
全期增长率	-3.0	-0.5	1.1	0.7	1.1	3.0	0.7	3.1	0.6	0.6

资料来源：笔者根据经济企画厅编《国民经济统计计算年报》编制。

注：此表是以产业大分类标准为基础，按不同产业的国内实际总生产值，每5年间的平均值计算得出的数值以及所占比重、变化率（各产业的增长率）。

精密机械。高增长产业群体中包括了 3 个机械产业，其中电气机械产业异军突起，整个时期的增长率达到了 28.4%。这一增长率即使在包括第三产业在内的所有产业群体中也是最高的。这是因为电气机械产业生产着具有高技术水平的产品，并且通过提高生产率来维持高增长率。生产活动中，如同电气机械产业明确呈现出来的那样，虽然技术水平起着相当大的作用，但是生产活动中其他的劳动力、机遇及设备等资本存量的作用亦不容忽视。前面已经介绍过，因产业不同所产生的附加值的增长率将会发生差异，但是在各产业中从事生产活动的就业者的增长率也反映着附加值，因此当然也会表现出差异。衰退产业中的就业者的增长率与增长产业相比当然表现出低水平。因此，随着产业结构的变化，各产业间的就业者的流动也不可避免。但是，长期从事某一行业的劳动者某日突然要转到增长产业并开始工作，从人员流动中所导致的各种成本以及劳动者原本拥有的技术角度来考虑，这几乎是不可能的。因此，就会发生所谓失业问题。如上所述，在考察失业问题时，产业结构变迁的观点是不可欠缺的。

二 不同产业的雇用结构

日本经济中各个产业究竟有多少从业人员？这个问题可以根据日本总雇用人数在各产业中的分布情况来了解。表 3 为在大分类的不同产业中就业者数目的演变情况。首先可以明确农林水产业在任何时期就业者数量均呈现出明显减少倾向。曾就业于农林水产业的就业者数量表现为减少，其中除了不得不停止从事生产活动的高龄者，还包括了青年阶层和中年阶层之中已转移到其他产业的就业者。特别是在探索劳动力转移方向时，调查显示出就业者增长数量高的产业可得到显著的效果。房地产业就是到 1990年为止显示出高就业者增长率的产业。服务业因具有平均 3% 左右的稳定就业者增长率，也可以说是吸收劳动力的产业。相对于此，制造业的就业者增长率则基本表现为持平，可以说第三产业成为雇用就业者的中心产业。

第四节 日本产业间的差距：要因及推定

研究产业结构的转换及产业之间的差距仅限于经济整体生产率是不够的，还应该关注到各产业生产率变化（不是单纯的量变，还应考虑质变）涉及的产业活力。这是因为生产投入结构的变化与生产率（因生产投入中的质

变而产生的结构变化）有着密切的联系①。

一　富裕水平、生产率、产业间的差距

作为富裕水平指标的生产率，无论个人或政府都追求着"富裕水平"。作为体现整体经济富裕水平的经济指标，经常使用人均国内生产总值（GDP）来表示。它可以分解为表示国民中就业人口比例的"劳动率"以及"劳动生产率"。如将其重置为变化率，可以将这两个分解要因以和的形式表现出来②。讨论某种经济体制的富裕水平时，有必要分析其劳动生产率的变化以及变化的要因。但是还有必要注意有关宏观经济的生产率提高与根据收入判断的个人生活水平之间的关系。生产率的提高未必代表个人的富裕水平，换言之，即没有与提高个人收入相关联的保障。这就是因为在收入分配中存在着差距，但是存在于个人或者各个阶级（例如富裕阶级与中产阶级、贫困阶级等）；传统产业与新兴产业劳动生产率上升的背后要因究竟是什么？作为（人均）劳动生产率的变化要因有：①相对薪金；②相对价格、全生产要素生产率；③劳动分配率等得到提高。在此，将劳动生产率的变化与之相关联时，以人均收入为标准计算"富裕水平"则是由相对薪金所反映的个人所得（收入、薪酬）、由相对价格计算得来的资产财产价格等诸物价的变化（因此而产生的贫富价值的变化和贫富的差距）、劳动分配率以及整体经济平均生产率（全要素生产率、TFP）决定的。在这一层意义上，有必要对实际上肩负着雇用从业人员之重任的各产业的生产率（各产业的 TFP）变化进行分析。

存在于产业间的生产率差距的问题，"部门间生产率"与"宏观经济"的关系，宏观经济中需求量是否会对总生产量造成影响？那就要视部门间生产率（此处为价值界限生产）差距是否存在而定。如果所有生产要素（以下为劳动）的价值界限生产都变得相同，则"需求"不会对生产量造成影响。反之，生产要素的价值界限存在部门间差距的话，"需求"就会对总生产量造成影响，但解释因此而来的差距如何产生并如何维持则是另外的问题了。宏观经济中"产业结构"的变化，成为了解宏观经济动态的关键。经济体制中部门间不均衡是现实经济的重要特性，其亦曾被指出与宏观经济的增长与循环有着密切的关系。

---

①　（作为默认的假定，考虑了相同性质的生产要素）如果考虑到复数的资本财产、不同属性的劳动力等，这些生产要素的构成来源于质变，假设即使生产要素不发生量变，生产率亦有可能发生变化。

②　人均国内生产总值（GDP）变化率＝劳动率的变化率＋劳动生产率变化率

二 日本经济的双重结构问题：制造业与非制造业

认识日本经济所特有的"产业双重结构"特性对于分析经济增长要因也非常有帮助。各种各样的双重问题之中，"制造业与非制造业"经常被加以论及。如果将日本经济的产业结构视为制造业与非制造业之间的双重结构问题，两产业间的互相对照的性质将变得明朗。作为贸易资产业的制造业的结构变化中，存在高生产率产业相对优先扩大的原则（竞争原理）；而作为非贸易资产业的非制造业的结构变化中，因低价格弹性和支出结构的变化、限制加入等原因，低生产率产业得以扩大，这种情况已被指出是日本产业结构的一个特征。

本节中，关于制造业与非制造业两个部门，将根据增长会计分解增长要因，并介绍其结果。关于整个产业、制造业中的"附加价值构成比率变化幅度"和"各增长要因贡献度"，从它们之间的关系中得到的启发点具有对照性特点。关于生产要素要因（资本、劳动、投入），整个产业、制造业在所有年份中基本表现为具有正面影响的互相关系。关于 TFP（全要素生产率），20 世纪 80 年代以后在整个产业中呈负面关系，而与制造业则是正面关系。

生产率增长率的测定及分解具有一个特征，即将具有不同性质的构成要因分为能被解释为具有技术变化的纯技术变化生产率以及非技术性的要因，并依此计算测定出不同产业的生产率[①]。

第五节 日本产业中经济增长、衰退的要因分析

本章将从产业的观点分析对日本经济增长起贡献作用的要因。与其将整个产业分为制造业与非制造业两个部门来分析经济，不如将焦点放在服务产业等非制造部门与新增长部门中。

一 整体经济（宏观）增长率的要因分析："总计附加价值额"的变化分解

在分解及推定整体经济的生产增长率要因时，对于考虑到投入的量与质在内的宏观增长率的要因分解公式，可总结归纳如下。

GDP 增长率 = 相关服务投入的工时增长率 + 劳动的质增长率 + 相关资本服务投入的量增长率及质增长率 + 全要素生产率（TFP）上升贡献度

---

① 作为将这些方法应用于日本经济的表面性实证，可举出使用 JIP 数据的分析。

此处，前两项的和表示劳动投入增加的贡献度，第三、四项的和表示资本投入增加的贡献度，TFP 表示资本与劳动（及中间投入）组合后平均 1 单位的生产量。为克服存在于整体经济（宏观）总计附加价值额中的加法整合严谨性问题，我们研讨了考虑到生产比重变化在内的 Laspeyres 式连锁指数算得的附加价值以及以 RIETI（2006）数据库为基础得来的整体经济增长要因。在 RIETI（2006）数据中是以连锁指数方式算出过去实质 GDP 增长率，因此与以相对较近年度为标准固定价格、再进行长期调查的做法相比，1970 年等过去的实质经济增长率和全要素生产率上升率被测算得较高[①]。RIETI（2006）数据的特征在于，它是考虑到生产比重变化在内编制 Divisia 集成总计。

根据考虑到生产要素投入的质的因素在内的增长率分解公式，将日本经济的总计附加价值额的变化分为全期间（1970～2002）、20 世纪 70 年代、80 年代、90 年代来推定变化要因，结果见表 4。作为整体经济表现为平均生产率的全要素生产率（TFP）是如何变化的？由 TFP 增长率衍生而来的贡献度在 20 世纪 80 年代为 1.42%，与 70 年代（1.63%）相比略显低下，之后，在 20 世纪 90 年代（0.25%）更是大幅度下降。关于 20 世纪 90 年代的情况，将其分割为前半期（1990～1995）与后半期（1995～2002）来观察的话，前半期的 TFP 增长率基本为 0.4%，后半期则又回到了 0.4% 以下。将投入的贡献分解为量性与质性来观察的话，与全体生产率有着密切关系的"劳动的质"的贡献度从 20 世纪 70 年代至 90 年代并无多少变化，但是在 90 年代却呈现出大幅度衰减趋势，这是因工时的减少而产生的特征，也反映了因"工时缩短"等制度性变化而受到的影响（见表 4）。

如果从考虑到全生产要素、投入生产要素的质的方面因素在内的"效率性"，观察日本经济生产率对经济增长的贡献度，我们发现 20 世纪 70 年代为 45.75%，80 年代为 52.61%，90 年代生产率仍具有广泛意义，但效率性的贡献度平均只有 34.55%，可以看出对于其增长的相对性贡献度呈现出下降趋势。对于这种现象，与从生产要素的质性要因进行分析相比，从全要素生产率的动态进行分析更能说明问题。除去住宅（租赁估算租金）之外，1970～1990 年中平均全要素生产率上升率达到年率 1.7%，相比之下，进入 1990 年全要素生产率上升率的特征为大幅度下降。

---

① 作为其背后的例子，深尾（2006）进行了如下说明："如今电子零件与 70 年代相比是非常廉价，因此如果根据如今的价格以固定价格方式来评估的话，过去的全要素生产率将有大幅度地改善，已急速扩大了的电子零件产业在 70 年代的重要性将会被过小评价"。

表 4　日本经济的增长要因分解及经济整体增长率的要因分解

	70 年代	80 年代	90 年代		1990 ~ 2002
	1970 ~ 1980	1980 ~ 1990	1990 ~ 1995	1995 ~ 2000	
实际 GDP 增长率（%）	5.58	4.41	1.27	- 0.22	1.10
劳动投入增加的贡献度（%）	0.78	0.75	- 0.06	- 0.98	- 0.19
工时增加（%）	0.24	0.35	- 0.42	- 1.03	- 0.51
劳动的质的提高（%）	0.54	0.41	0.33	0.36	0.04
资本投入增加的贡献度（%）	3.17	2.24	0.92	0.37	1.03
资本存量的增加（%）	2.82	1.76	0.79	0.31	0.94
资本的质的提高（%）	0.36	0.49	0.13	0.06	0.09
TFP 的贡献度（%）	1.63	1.42	0.41	0.39	0.25

注：笔者根据 RIETI（2006）编制。GDP 是根据 Laspeyres 式连锁指数计算得来的总计附加价值额历年数据。

从低增长的要因为生产率低下或者效率性低下的事实中，作为政策性的启发点，从"提高已下降了的生产率或效率性"的呼声中诞生了新经济增长战略。欲提高全要素生产率，其论据在于：通过提高资本收益率、促进资本积累，从而加速经济增长的机制。在论及资本收益率和效率之时，不仅是物质资本，人力资源也应作为资本来讨论，这是重要的一点。作为一般性的预测，指出假如日本经济能够在未来以 1.5% 左右的年率恢复全要素生产率，则日本的潜在增长率就有可能提高到每年 2% 左右。

这些主张与本论文保持着一致性，即强调供给方对总需求的反馈效果及路径。此外，生产率提高可以增加物质、人力资本收益率，由此可以预测，短期性的总需求增加、并通过长期性的资本积累增加实现潜在生产率的增加。

二　分析不同产业的增长要因

要理解经济的产业动态性，重要的是需要从产业的观点来观察宏观经济的增长。作为增长率变化的要因，因为除了劳动及资本投入之外，中间资本投入产生的影响也很明确，因此对增长率的贡献度可以分解为中间资本投入增加的贡献度、劳动投入增加的贡献度、资本投入增加的贡献度、TFP 的贡献度四个要因。虽然从不同产业的生产率 TFP 的推测计算中观测技术状态 A_i (t) 比较困难，但是可以根据技术状态变化对生产变化带来的影响而得出观测值。

$$dlny_i(t) = S_{Ki}(t) \cdot dlnK_i(t) + S_{Li}(t) \cdot dlnL_i(t) + S_{Mi}(t) \cdot dlnM_i(t) + dlnA_i(t)$$

$$S_{fi}(t) = \frac{1}{2}[S_{fi}(t) - S_{fi}(t-1)]$$

这里的 $S_{fi}(t)$ 是两期间的三要素价格占有率的平均值。这个公式显示着产业部门 i 的生产增长率，由资本投入增长的贡献度、劳动投入增长的贡献度、中间投入增长的贡献度构成。而且可以更进一步从服务要素投入的量增长率及要素的质增长率、即具有差异的构成要因中，识别劳动、资本以及中间资本等生产要素的贡献度[①]。本着分析的目的，假设宏观经济分为两个部门，并考察制造业与非制造业的增长，从而分解及分析各个部门对经济增长的贡献。

三 制造业增长率要因分析及测定结果

制造业部门的增长率也在 20 世纪 90 年代出现下滑。是何种要因导致产业下滑呢？观察制造业的动向，可以发现来自 TFP 增长率的贡献度在 20 世纪 70 年代和 80 年代基本保持同一水准，但 90 年代与 80 年代相比则可以看出年增长率平均下降 0.74%。就整体宏观经济而言，在有关劳动投入的质的贡献度方面，70~90 年代并无太大变化，但在 90 年代造成生产下降的一大原因是工时的减少。此外，可以看出资本投入的贡献度在 90 年代也呈现下滑。

表5　日本制造业的增长要因及增长率要因分解

单位:%

	70 年代	80 年代	90 年代		1990~2002
	1970~1980	1980~1990	1990~1995	1995~2000	
实际 GDP 增长率	4.20	4.33	0.57	-2.73	0.26
中间资本投入增加的贡献度	2.67	2.48	0.00	-1.94	-0.45
劳动投入增加的贡献度	0.02	0.21	-0.31	-0.73	-0.43
工时增加	-0.11	0.11	-0.46	-0.83	-0.56
劳动的质的提高	0.14	0.10	-0.05	-0.60	0.13
资本投入增加的贡献度	0.36	0.51	0.20	-0.03	0.23
资本存量的增加	0.36	0.49	0.36	0.40	0.21
资本的质的提高	0.00	0.11	0.05	0.00	0.03
TFP 的贡献度	1.15	1.13	0.68	-0.03	0.39

注：笔者根据 RIETI（2006）编制。GDP 是根据 Laspeyres 式连锁指数计算得来的总计附加价值额历年数据。制造部门的定义。

[①] 关于日本的生产投入的质的方面的实证数据，代表文献有《RIETI》（2006）等。

四 非制造业增长率要因分解及测定结果

非制造业部门的增长率在进入 20 世纪 90 年代后也和制造业部门一样，增长率从 70～80 年代的平均 4.34% 下滑到 1.5%（1990～2002 年年平均率）。中间资本投入、劳动投入、资本投入、全要素生产率（TFP）这四个要因之中，TFP 贡献度（－0.04%）是导致非制造业增长率下降的主要原因。观察对非制造业（除去分类不明产业）增长率的贡献度，可以看出自 TFP 增长率的贡献度在 20 世纪 80 年代与 70 年代相比有所上升，但在 90 年代时则变为负增长。与制造业一样，90 年代工时增长率下滑导致生产的增长率呈现下滑，而且资本投入的贡献度与 20 世纪 80 年代相比也大幅度下滑。

表 6 日本非制造业部门的增长要因及增长率要因分解

单位:%

	70 年代	80 年代	90 年代		1990～2002
	1970～1980	1980～1990	1990～1995	1995～2000	
实际 GDP 增长率	4.83	3.84	1.13	0.61	1.50
中间资本投入增加的贡献度	1.89	1.63	0.45	0.38	0.83
劳动投入增加的贡献度	0.60	0.45	0.11	－0.35	0.09
工时增加	0.28	0.20	－0.09	－0.35	－0.09
劳动的质的提高	0.32	0.25	0.20	0.00	0.17
资本投入增加的贡献度	2.25	1.39	0.58	0.27	0.63
资本存量的增加	1.90	1.10	0.50	0.21	0.57
资本的质的提高	0.35	0.29	0.08	0.06	0.06
TFP 的贡献度	0.10	0.37	－0.02	0.30	－0.04

注：笔者根据 RIETI（2006）编制。GDP 是根据 Laspeyres 式连锁指数计算得来的总计附加价值额历年数据。制造部门的定义。

从以上实证结果及数据显示的事实中，得以确认泡沫经济萧条期日本经济的走向及特征。第一，在 90 年代众多产业中 TFP 增长率呈现低迷（与低增长及生产率低下有关）。还有一个就是 TFP 增长率在各个产业中均有很大的差异（产业间的生产率差距）。

表7　日本不同经济部门间增长率的转移：不同时代

最高、最低增长率部门的变化

TFP 变化对生产量增大做出巨大贡献的部门	TFP 明显低下的部门
70 年代：	**70 年代：**
半导体元件、集成电路（15.53%）	工业用水供给业（-9.72%）
办公事务、服务用设备（12.29%）	其他影视、音像、文字信息制作业（-6.48%）
电子计算机及其附属产品（12.19%）	娱乐业（-5.84%）
其他公共服务业（9.23%）	自来水业（-5.49%）
保险业（7.18%）	房地产业（-4.55%）
80 年代：	**80 年代：**
电子计算机及其附属产品（8.86%）	保健卫生（民营、非赢利）（-11.19%）
半导体元件、集成电路（6.44%）	信息服务业（网络附带服务业）（-9.00%）
其他影视、音像、文字信息制作业（4.85%）	其他公共服务业（-5.56%）
医药品（4.29%）	房地产业（-5.10%）
电子零件（4.22%）	办公物品租赁业（-4.60%）
90 年代：	**90 年代：**
电子零件（5.04%）	其他影视、音像、文字信息制作业（-4.24%）
半导体元件、集成电路（5.03%）	废弃物处理（-3.45%）
通信设备（4.65%）	电子应用装置、电气测量器（-2.73%）
研究机构（政府）（4.57%）	娱乐业（-2.54%）
电子计算机及其附属产品（3.86%）	其他（非赢利）（-2.45%）

注：笔者根据 RIETI（2006）、宫川（2006、表4）编制。在各个不同年代中列举了 TFP 增长率最高及最低的前5位。20 世纪 70 年代：1970～1980 年年平均增长率；20 世纪 80 年代：1980～1990 年年平均增长率；20 世纪 90 年代：1990～2002 年年平均增长率。

　　根据最新的产业分析，全要素生产率的上升率在各产业间有很大差异。主要表现在半导体元件及集成电路、电子计算机及其附属产品、电子零件等、生产信息通信机器的产业及医药品、服务业中的保险、电信电话等。这些产业走向全要素生产率不断上升的趋势，但其他众多产业领域则维持持续性生产率低迷的状态。究竟引起生产率的产业间差距是源于何种领域，为何其差距呈现出持续性的趋势，为充分理解整体经济的停滞，这一点是应该研究透彻的重要问题。

　　从有关这些产业间差距的事实中我们得到启发，关于生产率低下的产业，应该根据低生产率的背景（分析要因）及政策性观点去考虑使用何种方法、如何使该产业重新抬头。这一点在国际宏观经济理论中认为，在国际分工中，如果日本能使高科技产业进一步走向专门化，将可以享受全要素生产率快速上升以及由此带来的持续稳定的经济增长。

第六节 作为结构问题的"扭曲的
资源分配问题"

通过前面的产业级别增长要因及 TFP 分析的实证结果，可以提出几个重要的问题。TFP 上升率为何每个产业都大有不同？20 世纪 90 年代以后以制造业为中心所观测到的全要素生产率的停滞是基于何种原因发生的？每个产业生产率的内外差距均大有不同，其背后的理由是什么？一部分非制造业与海外相比明显表现出生产率低下，妨碍其生产率提高的要因是什么？明确并且实证性地回答这些问题①，对于从科学角度去研究泡沫经济萧条期日本经济的低增长及生产率低下现象是非常重要的，而且从今后的持续增长、资源分配以及所得分配等政策观点来看也成为关键。本节将从以上所列举出的问题中，选出与日本宏观经济的产业分析、供给方对总需求的反馈效果有着密切关系的问题，即对资源分配的效率性问题、"扭曲的资源分配问题"进行说明。

首先，什么是"资源分配的效率性"问题？某企业中，如果劳动力、资本等生产要素被优先分配至具有更高效益性的事业或项目，换言之，如果资源被更有"效率"地分配出去，则即使资本或劳动力不发生变化，也可以生产出更高的附加价值。这意味着提高生产率（确切地说）是提高"全要素生产率"。如果相同的做法在整个企业、产业部门或者整体经济中得以实现，则宏观经济的生产率将会提高。其结果也因经济的供给方得到改善而推动经济景气向上。作为扭曲资源分配的例子，可以举出"银行的不良债权问题"（银行的追加贷款问题）、"政府公共投资的低效率性、僵硬的预算分配"以及"财政的低效率性"等，这些都是导致资源分配效率性下降的机制原因。

资源分配的扭曲及总需求：在标准性的总需求、供给分析中，生产率等供给方被视为固定的，资源分配问题也未被重视，但是从 20 世纪 90 年代日本经济的经验中可以看到，这些"扭曲了的资源分配"问题逐渐被各方关注。即"资源分配、生产率"问题对需求方的反馈及其连动作用是理解日本经济中长期经济变化、长期存在的低迷及结构问题时所不可或缺的一个方面。而"不同经济主体间的所得分配"问题则是研究所得分配中存在着差距的关键，也是与生产率低迷有关联的问题。

生产要素市场的扭曲及生产率：讨论"结构问题"上的"扭曲"及

---

① 关于这些问题有各种各样的假说和理论，最近其议论和实证分析也十分活跃。但是由于统计上存在着制约，在统计生产率的方法中，最近有了新的进展，即开始构筑并研究涵盖了日本整体经济的企业乃至车间在内的数据库（JIP 微观数据库）。

"资源分配"时，将论及生产要素市场的扭曲和生产率之间的关系[①]。在资源分配上存在扭曲的某经济产业的增长可以用以下的公式来描述。

$$Growth\ rateGDP = Con\ by\ factors(K,L,M) + Con\ by\ TFP$$
$$- Decon\ by\ (factor\ market\ distortion)$$

或

$$dlnY_i(t) = S_{ki}(t) \cdot dlnK_i(t) + S_{Li}(t) \cdot dlnL_i(t) + S_{Mi}(t) \cdot dlnM_i(t)$$
$$+ dlnA_i(t) - Wedge(Factor\ Market)$$

这里的增长率变化表明，已被定义为经济停滞要因的资源分配扭曲（生产要素市场中的扭曲）制约增长率的提高。资源分配扭曲和全要素生产率的测定结果一样，难以观察但具有正确性，因此也可以考虑用同样方法测定。

这个公式体现了生产要素市场的扭曲即是导致生产率低下的重要要因，那么在那些关于日本经济的研究中，为分析"经济扭曲"给整体经济带来的影响，就可以使用实质生产量增长率的分解公式，将生产及消费的外部特征、"生产要素市场的扭曲"等"经济的扭曲"清楚地加入其分解公式，再定量分析因扭曲而带来的增长下滑效果、负面冲击。比如，以"生产要素市场的扭曲"为指标的话，将使用生产要素市场的不完全性（市场结构）及在生产要素部门间界限生产率的偏离来计算。这些作为结构问题的要素市场的扭曲以及由此而产生的在整体经济中的资源分配，被认为对日本在 20 世纪 90 年代以后的经济停滞造成了影响。通过定量把握其效果，可以证明不仅生产率表现出"单纯的技术进步"，而且生产资源的产业间分配也受到了影响[②]。

表 8　产业间差距：结构问题与生产率与结构问题要因
相关的制造业与非制造业的贡献度

	因构造问题引起的实际 GDP 低下	
	相对界限生产率	劳动力投入份额
全　　体	- 0.26	- 0.21
制　造　业	- 0.05	- 0.38
非制造业	- 0.21	0.17

注：1986 ~ 1998 年大谷及其他（2004、表 3）。

---

① 其他有 Private sector：Mis – allocation、Public sector：Government Regulation 及政府的规制、规制缓和时代等。

② 关于生产要素市场的扭曲及生产率的关系，作为分析 TFP 的分解的框架，主要使用生产要素市场的扭曲和部门间界限生产率的偏离。

最近的研究结果表明，泡沫经济时期（1986～1991年），劳动时间减少虽然产生负面影响，但是因为TFP的上升及资本积累，以及改善了生产要素市场的扭曲，实际GDP增长率大幅度上升；在泡沫经济萧条期（1992～1998年），不仅资本积累与TFP没有促进增长，劳动力投入份额也使增长呈现低下，另外部门间界限生产率的偏离效果转为负等，生产要素市场扭曲的恶化导致了实际GDP增长率的下降。具体说明为，泡沫经济至泡沫经济萧条期，实际GDP增长率的下降（-3.6%）之中，生产要素市场扭曲这一结构要因约带来了-0.5%，约占实际GDP增长率下滑的1/7。

将同样的思考方式用于不同产业之间，我们将因生产要素市场的扭曲而产生的劳动生产率下降分解为制造业与非制造业，然后推算测定贡献度，结果为，在关于劳动力投入份额的变化效果中，虽然非制造业贡献度表现为正，但因为制造业的贡献度为负且程度超过了非制造业，因此从整体来看，是将实际GDP增长率推入了下滑。在这里，非制造业部门中的正贡献度，反映了在高资本配置率的建筑业及房地产业中投入了高劳动力份额的情况。而制造业的负贡献度则可认为是反映了在相对生产率较高的制造业中劳动投入份额过低的情况。

从这些实证事实的许多研究结果中，应该可以得出以下结论：如果在经济走向服务化的进程中，非制造业的劳动生产率相对较高，那么因为在非制造业部门中的就业者数量增加，则在非制造业中的劳动力投入增加的正面效果将变得更大，对于整体的劳动力投入份额的GDP将给予正面影响。但是实际上非制造业的生产率与制造业相比要低，而且由于在非制造业中，劳动生产率较低的建筑业等产业中就业者数量增加，因此劳动投入份额的变化效果在制造业与非制造业合计后得出了负数。这些研究结果说明了产业间的差距及对经济影响的动态趋势。

1990年以后，传统的宏观经济政策未能发挥理想的效果，日本经济处于低迷状态，从由此而来的经验中，对一些宏观经济学中未被引起重视的问题，其中特别是经济体制中关系到供给方的问题等开始受到关注。银行的不良债权问题及政府公共投资的低效率性、僵硬的预算分配等"资源分配的扭曲"问题被认为与"宏观生产率"也有着密切关系。

敦促改进"资源分配扭曲"问题及"宏观生产率"，对于把握住供给方对需求方的影响，特别是对于把握作为结构问题的"金融问题"极为重要。泡沫经济萧条期以后，作为日本经济低迷的原因，列举出了"金融问题"。但是对于有关不良债权等金融问题对整体经济的生产率、宏观经济整体的影响以及其机制，则仍然没有明确，没有得到透彻的研究。

"银行的不良债权"问题及"资源分配的效率性"问题的后，存在着银行对无法创收的不良企业提供持续性贷款，即银行的"追加贷款"问题。追加贷款的结果导致，在本来应该退出市场（应该精简化后再寻求发展）[①] 的问题企业中聚集了大量的资源，这一现象被指出具有纵容资源扭曲的可能性。

第七节　新增长及经济政策课题：
对经济政策的启示及总结

如前所述，在 20 世纪 60 年代的末期，日本成为"世界第二经济大国"，并进入经济高增长期。但是泡沫经济崩溃后日本经济进入了成熟经济阶段，经过 90 年代的低增长、长期不景气，金融及生产部门等整体经济体制迎来了转换期。

处于转换期中的日本，最近提出了"新经济增长战略"方案，列举出的政策目标包括：要建设不仅具有规模还要体现国际竞争力的经济体制、人均收入高水平的经济体制、可以强势应对危机及不确切性的经济体制，即建设起在世界上有存在感的"强大日本经济"，创造出新价值，持续地为世界经济发展作出贡献的"魅力日本"等。[②]

适龄生产人口的规模及其流动等在劳动供给方面所受到的制约性相对较低的情况，被指出是战后日本经济高速增长的一个要因。此外，其背景中包括：到 20 世纪 70 年代初期为止，适龄生产人口大幅度上升从而日本经济享受到了所谓的"人口津贴"的人口条件，以及人口由农村流向城市等因素。

但是，最近从进入 90 年代后，其供给制约开始变强，并且开始对经济带来影响，且今后仍将持续。那是因为存在"适龄生产人口"与"劳动力人口"增长率的问题。具体表现为，因少子高龄化引起的适龄生产人口增长率增长缓慢并以 1995 年为巅峰大幅减少，而且劳动力人口在 1998 年以后也陷入减少的现状。另外，对于将来，根据经济产业省的预测，今后 10 年内，长期支撑起日本战后经济的"生育高峰中的年龄层"将迎来大量引退的时期，根据推算，日本 20～34 岁的年轻人口到 2020 年将减少约 31%，因此可以预测日本经济将在供给方面存在着制约经济增长的要因。

在上述劳动力人口减少等供给方存在着制约经济增长的情况下，面向持续性发展的一个对应方法是，提高劳动力的个人能力、提高生产率将成为最

---

① 在惯例、制度以及法律上，有可能存在着障碍导致无法马上迅速实现退出或重建。

② 经济产业省：《新经济增长战略》，2006 年 6 月。

大的关键。换言之，这也是提高"劳动生产率"的质的问题。特别是像日本经济在成熟阶段中的"劳动生产率"的提高程度与进入成熟经济之前是有着差异的。

这就意味着在成熟经济的部门间、产业间生产率的差距性质应该引起关注。①首先在整个产业中实现 IT 的高度应用及自动化以及促进对最新设备的投资。②特别是即使在制造业部门中，也要致力于将存在于"信息通信部门"中的生产比重和生产率、来自信息通信"其他部门"的需求予以激活，以期致力提高生产率。③更重要的是，使在国际范围内属于高层次的"制造业部门"生产率更上一层楼，同时将整体水平略低的"非制造业部门"推向革新并相辅相成，从而提高其生产率。

这一点，如果考虑到在非制造业中服务产业所占比重和在整体经济中的产业服务化等，则与"新经济增长战略"的基本方针具有一贯性。

"约占整个 GDP 7 成左右的服务产业变为'又一个增长引擎'并带动构筑起产学官的连动体制，确定了明确的目标，广泛开展了提高生产率的运动。而且已从迄今为止的制造业单一引擎切换为制造业与服务产业的'双引擎'，其发展目标与将重心从制造业向服务产业转移的美国不同"。①

如上所述，为克服已成为成熟经济基本结构和基础产业结构中的双重性问题，投入的"劳动力数量"及其费用、即薪金的伸缩性调整也是重要的对策，但更加根本的重要对策是培养具有丰富创造性的多样化人才。日本要实现目标，应与先进国家一样，有必要实现教育机构、产业界、地方互相合作，在认真研究和摸索中协力建立起培养人才的机制。另外，还应研究并营造出使迄今为止并未能充分利用的潜在劳动力发挥作用的环境及政策等等。

一　新经济增长及经济政策课题

如果某种经济体制已进入长期低迷阶段，要构思从泥潭中抽身的政策时，对有关生产率及产业结构、资本收益率、劳动生产率的动向等的分析不可或缺。在这层意义上，理解 1990 年后日本经济的停滞，从经济政策观点研究应该能获取许多教训。

在有关日本经济的政策形成过程中，焦点集中在持续性增长与非制造部门的改革发展之间的关系上。讨论日本经济能否实现持续性增长的问题

---

① 经济产业省：《新经济增长战略》，2006 年 6 月。

时，屡次提及非制造业部门的重要性。非制造业部门在日本 GDP 中占据八成，如其生产率提高 1 个百分点，则制造业的生产率将提高 4 个百分点，这和对整体经济的影响是同样的。如今制造业部门在全球化的经济洪流中处于国际竞争中，主要的部门仍然维持着高竞争力及生产率。当时，许多制造业与国际竞争直接对话，并扩大在海外的经济活动。例如汽车制造业仅依靠国内市场大幅度扩大生产是有限的，因此就要寻求在海外建立生产基地，采取全球生产战略。当然，一部分高科技产品、材料、零件等仍将继续在日本国内生产。在日本国内进行高端技术及产品开发活动的重要性也备受关注。

欲在日本经济中维持制造业部门影响力，提高整体经济的潜在增长，保持地方经济的繁荣，仅靠制造业部门是不够的，还要关注非制造部门的活力。从非制造业部门所占比重来看，已经占日本 GDP 的八成，包括医疗、金融、消费流通、教育、农业、旅游、娱乐等产业。赋予这些部门产业活力（通过提高生产率、资源分配效率等），是激活经济整体所不可缺少的条件。例如，讨论日本的经济增长产业时，就医疗部门而言，医疗部门具有成为增长产业的可能性，可以列出如下理由：①在收入增加的同时，日本社会进入老龄化，保持健康及用于治疗的支出将增加，对医疗服务的潜在需求呈扩大趋势。②医疗部门是广泛应用高端技术及生命科学研究成果的产业领域，对提高基础科学及研究开发的附加价值起着重要的作用。③目前日本的医疗服务主要提供者是公立医院及小规模的医疗设施，通过企业参与提高医疗服务水平、加强医院管理等，这对提高整体医疗部门的生产率是极具效果的。

但是，众多非制造业部门，如同医疗、教育、农业（食品）等领域反映出来的问题一样，许多非制造部门受到政府的过度干涉（例如规制、竞争政策等），导致整体生产率非常低[①]。生产率低下，意味着提高整体经济生产率的余地大，这是从政策观点中得到的启发。届时，在努力提高整体经济水平的同时，还有必要建立产业、地方之间协作关系，需要为提高整体经济环境制定经济政策。

为了明确透彻地研究"潜在增长的增长率"、"制造业与非制造业产业间潜在力量的发挥"之间的相互关系和波及机制，就应该首先认识到包含着

---

① 规制和效率性：医疗部门（例如劳动集约型医院）与制造业不同，很难在大量生产中实现高效化，因此有必要进行规制缓和或撤销规制，以便使得规模经济发挥作用。如让医生以外的人成为经营者（目前医生以外的人不能经营医院），让医院的并购进一步自由化，并通过一次性大量批发购进医疗品、共同训练医疗人才、引进新机器新技术等方式来推进经营高效化。目前，对反映着医疗服务价格的医疗诊治费用问题也开始进行讨论。

经济增长问题、资源分配问题、物质交换平衡问题的政治权力分配问题，以及认识到现存制度的维持诱导等问题，有必要从政治经济方面着手对制度及发展进行研究。

参考文献

岩田规久男、宫川努编《迷惘十年的真正原因是什么》，东洋经济社报社，2003。

权赫旭、深尾京司编《在迷惘十年为何 TFP 停滞上升：据制造业数据实证分析》，Discussion Paper Series，No. 168，June 2006，Institute of Economic Research Hitotsubashi University，http：//hi－stat. ier. hit－u. ac. jp/ 2006。

宫尾龙藏编《日本经济变动原因：生产性冲击的作用》，日本银行 2006 年 1 月。

宫尾龙藏编《宏观经济》，新业社，2005。

日本银行：《关于 90 年代非制造业收益呆滞的背景》，《调查月报》2 月号，日本银行，1999。

本田编《政策金融的诱导效果》，《日本的经济》，1995。

宫川努、竹内文英编《新生日本经济的课题》，《越过迷惘的十年》项目报告论文，日本经济研究中心，2006。

中岛隆信编《中国经济的生产性分析》，日本经济新闻社，2001。

中岛隆信、焙谷宗久、才田友美、种村知村编《按魅力对生产性变化的分析和结构变化的验证》，福田慎一、粕谷宗久编《日本经济的结构变化和经济预测》，东京大学出版社，2004。

中西泰夫、乾友彦编《服务产业的生产性和研发·工厂·规制》，《产业空洞化和日本经济》，日本经济研究中心，2003。

日本地方自治体的会计改革 *

——关于引进资产负债表、行政成本报表、现金流量表

第一节　夕张市破产暴露的问题

在 2006 年 7 月 7 日召开的全国自治体政策研究会第一分科会上，大家围绕"三位一体改革及自治体财政问题"热烈地交换了意见。正式讨论之前执行委员会就该题目做了以下的主题发言。

"在三位一体改革中交付税和补助费用被削减，在合并过程中虽然业务增加但人员被裁减，向居民提供的福利、医疗等服务质量以及自治体劳动者的工资及劳动条件恶化。自治体财政的现状如何？问题出在哪里？财政重建是否可能？我们将从对这些问题进行具体分析的报告中得到答案。"

第一分科会的发言人是岛根县云南市市议会的议员足立昭二先生，足立先生演讲的题目是"云南市财政的现状与课题"，他通过具体的数据解答了上述主题发言中提出的问题。详细的内容稍后再做介绍，其中提到如何看待陷入财政重建团体破产行列的夕张市的财政状况话题，引起与会者的极大关注。为此，我想在此评价足立先生的报告，同时也不得不提及"夕张冲击"。毋庸置疑，这两个问题在本质上有着难以割舍的关系。

14 年前福冈市旧赤池町破产，但夕张市的负债总额与之相比，数额相差悬殊，远远超过财政重建团体所适用的标准。诚然，夕张市也许有其特殊性，但从中也可看出全国地方自治体陷入财政危机的共同的、一般性特征。

---

* 杉田　宪道：熊本学园大学商学部。

其中最大的特征是，财政危机愈深刻，财政相关数据非公开的倾向就愈明显，夕张市也不例外。在破产事件公开之后，我立刻检索该市网站上关于财务（会计）的信息，结果发现该事件仍处于不可公开的状态。下文我也会提到，财务信息的非公开，关系到没有履行对居民负说明责任的问题。夕张市市长在记者招待会上说：今后，我们将与居民共同分担痛苦，一起重建夕张市。但居民对于迄今为止的财务数据却是一无所知。根据以往的经验可以肯定，自治体破产必将导致对居民提供的服务质量明显下降，同时，自治体还可能采取增加各种负担，大幅度削减自治体劳动劳务费等措施。也就是说，在国家严格的"财政控制"之下想尽办法实现年收入增加和年支出减少。

当今，地方财政的问题实际上就是自治体的会计问题。我认为，财务（会计）信息的公开是大前提，但"夕张冲击"正好说明了今天的地方财政危机实际上就是地方会计危机，也充分暴露了自治体会计体系的本质性问题。

第二节　云南市财政状况的说明

足立先生在第一分科会上以"云南市财政的现状与课题"为题，详细地介绍了该市财政危机的状况。其报告内容突出的特点是，通过资产负债表对该市进行财政分析。我们来看一下足立先生报告的大致内容。

报告首先通过 2006 年度一般会计预算额（约 280 亿日元）的年收入与年支出分析，对云南市的财政状况做了说明。年收入方面，报告指出，自主财源占 23.9%，依存财源占 76.1%；自主财源中市税仅占 12.2%，依存财源中地方交付税占 46.5%，其变化动向在很大程度上左右着该市的财政。报告中还提到，地方交付税及临时财政对策债，很大程度上受到了 2004 年度制定的地方财政计划中的削减政策、其后的三位一体改革以及目前正在议论的向新型交付税转型等因素影响。年支出方面，报告指出，公债费占全部的 21.0%，劳务费占 17.3%，补助费等占 15.7%；公债费比例颇高，主要是用来偿还之前实施投资建设项目时的借款，估计到 2009 年将达到顶点（2005 年地方债余额为 559 亿日元）。此外，足立先生在报告中强调，补助费等费用中，一部分事务组合的负担费用于补助费用数目较大，与类似的团体相比较，该市公债费和补助费等特别高。

作为今后的课题，报告明确指出，首先要制定中期财政计划，要设

定：①缩小普通会计规模（240 亿日元以下）；②压缩收支赤字额（7 亿日元以下）；③削减地方债余额（453 亿日元以下）；④确保基金余额（30 亿日元）等具体的数值目标。其次在行财政改革的集中改革计划中进一步明文规定致力于以下内容：①事务事业的再编和整理；②民间委托；③职员等固定职员的管理及劳务费的削减；④权限转让；⑤组织机构的重组；⑥第三产业部门的重建；⑦财政运营再分析；⑧公营企业运营再分析等。

报告指出，缩小预算对市民生活产生的影响主要体现在：护理保险费每月增加 800 日元、医生及护士人手不足、指定管理者制度的实施给市民带来的新负担、托儿所全面委托民间、结核病诊察日数减少等领域。而对自治体劳动者的影响反映在：削减人员的同时，一般职务工资减少 5%，期末津贴减少 10%（两年）以及削减临时职员的工资等，与 2005 年的最初预算相比，削减额达 4 亿 2500 万日元。

第三节　根据资产负债表进行的分析

在全国自治体政府研究集会上做了"从资产负债表看云南市财政分析"的报告，这恐怕是初次尝试。足立先生利用 2005 年 3 月 31 日的云南市资产负债表做的分析，其大致内容如下（见表 1）。

首先，资产负债表上显示，资产总额约为 1227 亿日元，其中包括有形固定资产约 1108 亿日元（90%），土木费约 354 亿日元（32%），教育费约 305 亿日元（28%），云南市在道路、桥梁、住宅等基础设施建设以及中小学的教育设施方面投入力度很大，值得肯定；该市的负债总额约 610 亿日元中固定负债约 564 亿日元，强调云南市财政恶化的最大原因在于地方债务。而且还引用道，"该市人口人均地方债发行余额在全国名列后 5 位（123.3 万日元）①，其未来负担的健全程度在类似团体（50 市）中最恶劣"等论点，提高了分析的说明力度。从该市净资产总额约为 616 亿日元来看，一般而言净资产与负债的关系反映着资产形成的负担状况，云南市的该比例为 1：1（610 亿日元比 616 亿日元），但对于这点并没有进行评价，也没有对"由资产负债表看到的问题"进行具体探讨，实在是非常可惜。

---

① 《朝日新闻》，2006 年 6 月 25 日。

表1 日本云南市资产负债表（2005年3月31日）

单位：千日元

借 方		贷 方	
[资产部分]		[负债部分]	
1. 有形固定资产		1. 固定负债	
（1）总务费	8502054		
（2）民生费	9479833	（1）地方债	51972880
（3）卫生费	2211918		
（4）劳动费	102534	（2）债务负担行为①	
（5）农林水产业费	19766625	①物件购入等	271604
（6）工商费	3858693	②债务保证及损失补偿	0
（7）土木费	35420227	债务负担行为计	271604
（8）消防费	586391		
（9）教育费	30537902	（3）退休金准备金	4198803
（10）其他	320063		
计：	110786240	固定负债合计	56443287
其中，土地	18615695		
有形固定资产合计	110786240	2. 流动负债	
2. 投资等		（1）第二年度偿还预定额	4604872
（1）投资及出资额	2746810		
（2）贷款金	515372	（2）第二年度预支费用	0
（3）基金			
①特定目的基金	2138740	流动负债合计	4604872
②土地开发基金	538218		
③定额运用基金	3000	负债合计	61048159
基金费	2679958		
（4）退休津贴组合公积金	200764		
投资等合计	6142904		
3. 流动资产			
（1）现金/存款		[净资产部分]	
①财政调整基金	821666		
②减债基金	4378095	1. 国库支出金	12996861
③岁计现金	328932		

借　方		贷　方	
现金/存款计	5528693	2. 都道府县支出金	14136620
（2）应收款			
①地方税	163955	3. 一般财源等	34487879
②其他	47727		
未收合计	211682		
流动资产合计	5740375	净资产合计	61621360
资产合计	122669519	负债/净资产合计	122669519

①债务负担行为发生的补偿等：房产物件购入等相关账款　　2490891　千日元

债务保证及损失补偿等相关账款　2837950　千日元

利息偿还等相关账款　　158144　千日元

　　最后，作为今后的课题，足立先生做了如下的总结，认为面对严峻的财政状况，我们应该做什么？这次是第一次尝试根据资产负债表、行政成本报表进行分析，存在很多无法理解的地方，但我们仍可以对云南市应该在哪些方面投入预算、该市打算采取怎样的对策等问题进行分析。合并前同样的建筑物在各町村随处可见，如何在精确计算土木费预算的同时增加民生费预算，这对于高龄者比例超过 30% 的云南市来说是必须解决的问题。托儿所委托民营的攻击即将开始，希望从资产负债表的分析中得到的启发能够成为新的武器。

　　实际上，如何把握人口人均地方债发行余额（全国倒数第 5 位）及资产形成的世代间负担比例（1:1）之间的关联性，是思考当今自治体会计本质问题时一个重要的要点，但足立先生却忽略了对这个问题的分析整理，这也是导致由资产负债表看到的问题点不明确的原因所在。

第四节　资产负债表的必要性

　　聆听了足立先生的报告，首先感觉到足立先生的议员活动虽然繁多，但学习成果依然显著。希望他今后继续努力。如果让我对他的报告做评价，我想有一点是最重要的，那就是让我们思考，为什么资产负债表对于自治体财政而言是必不可少的问题。我们必须从这个问题出发。足立先生除了介绍资产负债表之外，还带来了现金流量表和行政成本报表。这"三

大财务报表"确实各自有其不同的功能，但我们要注意的是，不同的使用者其目的也各不相同。也就是说，"三大财务报表"有可能成为对居民及自治体劳动者的合理化攻击的证据；相反，也有可能成为保护他们利益的武器。

现行的（国家及地方）的官方会计系统，称为年收支报表（也叫资金收支报表），是以现金制会计及单式簿记为基础的会计方式，其构成与现金出纳账本基本上相同，这一点相信大家都非常清楚。这个会计方式以单年度预算为基础，对于记录现金的收支（年收入和年支出）非常方便，其历史悠久，自 1889 年从当时的普鲁士（德国）引进到日本后至今大致上没有发生大的变化。这对于现金的收支管理确实发挥了相当大的作用，但当国家或地方的财政处于危机状态时，该系统对于现金收支管理就显得不完备和不充分。因此，官方会计制度必须做根本性的改革。但对于这个领域的改革，日本似乎比其他先进国家落后。

一般认为现行的会计制度有以下四大缺陷：①存款信息欠缺；②成本信息欠缺；③说明责任的欠缺；④管理的欠缺。以下做具体说明：①即财产（资产、负债）的会计管理，可以通过制定资产负债表在一定程度上得到解决；②可以通过行政成本报表提供相关信息，从而掌握"费用对照效果"的情况，即效率；③说明了与居民信息共享的重要性，财务数据的公开是弥补这个缺陷的前提；④是指"计划（预算）、执行、决算、评价"的欠缺，这个评价源自于对现行的系统在决算、评价方面不能充分发挥作用的现状的反省。以上的评价主要"着眼于成本的评价"，行政成本报表起到核心作用。启用"三大财务报表"的官方会计改革，目前已经开始逐步实行。

我们再次回到足立先生所分析的资产负债表。资产负债表总括性地记录了年终时自治体所持有的所有资产和负债的状况。也常被认为是"自治体样貌"的写照。关注每一个数字固然重要，但纵观整体也是十分重要的。一年当中自治体进行了怎样的"城镇建设"，可通过表 1 左边的数据表示。到底是土木型的、民生（福利政策）型的、还是教育型的，各市町村的情况不尽相同，但一般而言应该以土木型的居多。而右边的数值则表示将上述的市政建设具体化所需要的财源，分为负债和净资产。这里，足立先生指出，这当然就是"地方债"问题。但负债并非只有这些内容，还包括退休准备金约 42 亿日元，以及高达 271604 千日元的债务负担行为。我们再看一下表 1 中的脚注，这是常被忽略的地方。但请注意，表 1 中的"债务负担行为发生的补偿等"费用约 55 亿日元

（见表 1 ）。这个数目没有被确定为债务，而往往作为"隐藏债务"出现。而夕张市的破产，这个数目正是主因之一。例如对其他团体或第三产业部门的债务保证等，就是典型的代表。也就是说，探讨资产负债表以外的"债务负担行为"内容是十分必要的。由此，我们也很有必要关注表中左侧的"投资等"的贷款和基金（特定目的基金及土地开发基金等）等数字。从不同的角度对资产负债表上的财源及对应的用途之间的关联性进行分析和核实，是十分重要的。

第五节　现金流量表及行政成本报表的作用

现金流量表与现行的以现金制会计为基础的年收支报表基本相同，用来记录一年当中的资金流向。只是，与年收支报表稍微不同的是，现金流量表将行政活动涉及的费用分为：①行政活动资金；②投资活动资金；③财务活动资金三种，并明确各种资金的流向。从云南市的具体情况看，应该注意财务活动资金的流向。"地方债偿还的支出"和"支付利息及公债诸费的支出"（年收入）约为 54 亿日元，而"地方债发行的收入"（年收入）约为 68 亿日元。只看这组数字，即可明白足立先生所说的"云南市依然维持着依靠借款的体制"这句话的意思（见表 2 ）。

行政成本报表，是从流量的角度出发，将一年当中自治体实施的活动实绩信息作为成本计算的报表。相当于企业会计中的损益报表。由于自治体基本上不进行收益性活动，因此避免使用损益报表这样的词汇。云南市 2004 年度的行政成本报表显示，该市一年在行政服务方面支出的成本约为 254 亿日元，其中包括折旧费约 57 亿日元（22.6%），补助费等约 48 亿日元（18.9%），劳务费约 47 亿日元（18.7%）。折旧费所占比例最大，这就有必要核实有形固定资产（无用的闲置设施等）的具体内容。另外，表中记录的公债费（仅利息部分）约为 10 亿日元，由此可轻易看出该市的地方债余额相当高（见表 3 ）。

折旧费是非现金收支的费用，因此在现金流量表（年收支报表）中没有显示，只有在固定资产使用过程中价值消耗的部分发生费用。非现金收支的款项除此之外还有退休准备金等，即为预留将来支付自治体劳动者的退休金每年所增加的金额。现金流量表中劳务费的支出约为 54 亿日元，其中包括退休金部分，但该款项的金额不可以看成退休年度一次性发生的费用，而是按照工作年限逐步分摊。通过这样精确的计算，就可以看出单凭现金收支记

录无法说明的成本（费用）。相反，现金流量表中作为年支出显示的款项，有一些并不发生费用。例如前面提到的"地方债偿还的支出"、"贷款的支出"以及"投资及出资的支出"等，就是这类款项的典型。这些数据并非表示该年度作为行政服务结果的资源消费，而只是伴随资金移动而发生的资产和负债的增减。如上所述，行政成本报表将一年当中行政服务过程的资源消费部分作为习惯行政成本予以列入。

有资料将"三个财务报表"之间的关联性制成通俗易懂的表格①，现转载于此，仅供参考。也请大家再次思考一下，为什么不可以采用年收支报表（现金制会计）。

我们在此基础上再做一下历年比较，即将该自治体从过去到现在的现金流量表的数字按顺序进行比较。这样我们便可以清楚地看到该自治体从过去到现在的变化，同时也可以描绘出其将来应有的状态。

表2 现金流量表
(2004年4月1日 ～ 2005年3月31日)

单位：千日元

活动区分	年收入	年支出	收支差额
I 行政活动发生的现金流量			11785821
1. 税收	4081695		
2. 使用费及手续费的收入	616559		
3. 劳务费的支出		5401858	
4. 物件费的支出		3746105	
5. 维修费的支出		161735	
6. 援助费的支出		1589275	
7. 各项收入	871172		
小 计	5569426	10898973	−5329547
8. 交付金的收入	13370937		
9. 国库及都道府县支出金的收入	4893277		
10. 分担金/负担费用/捐款的收入	348301		
11. 援助金等的支出		1497147	

---

① 《日本经济新闻》，2002年12月27日。

续表 2

活动区分	年收入	年支出	收支差额
Ⅱ 投资活动发生的现金流量			− 8660694
1. 获取有形固定资产的支出		8726333	
2. 国库及都道府县支出金的收入	1326023		
3. 财产出售/运用的收入	131942		
4. 贷款金本金的收入	336881		
5. 贷款金贷款的支出		423689	
6. 投资及出资的支出		179400	
7. 从其他会计/基金转入的收入	2331015		
8. 公积金预留的支出		1087106	
9. 从其他会计/固定额运用基金转入的支出		2370027	1333982
Ⅲ 财务活动发生的现金流量			
1. 地方债发行的收入	6765700		
2. 地方债偿还的支出		4571414	
3. 支付利息及公债诸费的支出		860304	
Ⅳ 现金及现金同等物的增减额			4459109
Ⅴ 现金及现金同等物的滚存结余			1069584
Ⅵ 现金及现金同等物的年终余额			5528693
明细：			821666
财政调整基金			4378095
减债基金			328932
年计现金			5528693

表 3　行政成本报表
（2004 年 4 月 1 日～2005 年 3 月 31 日）

［行政成本］

		总额千日元	构成比例（%）
1	（1）劳务费	4740057	18.7
	（2）退休准备金转入等	217688	0.9
	小　计	4957745	19.5
2	（1）物件费	3746105	14.8
	（2）维修费	161735	0.6
	（3）折旧费	5747424	22.6
	小　计	9655264	38.0

续表3

			总额千日元	构成比例（%）
3	（1）援助费		1589275	6.3
	（2）补助费等		4799844	18.9
	（3）转出金等		2332947	9.2
	（4）普通建设事业（给其他团体的补助费用等）		896046	3.5
	小　计		9618112	37.9
4	（1）灾害复旧事业费		144022	0.6
	（2）失业对策事业费			0.0
	（3）公债费（只算利息）		1009691	4.0
	（4）债务负担行为转入			0.0
	（5）拖欠损失额		5129	0.0
	小　计		1158842	4.6
	行　政　成　本（a）		25389963	
	（构成比例）			

［收入项目］

1. 使用费/手续费等 *（b）	2167994	
b/a	8.54	
2. 国库（县）支出金（c）	4893277	
c/a	19.27	
3. 一般财源 **（d）	17621716	
d/a	69.40	
收入（e）（b＋c＋d）	24682987	
4. 资产国库（县）支出金偿还金额（f）	1726047	
5. 期初一般财源等	33407063	
差额（e－a＋f）一般财源等增减额	1019071	
债务负担行为等调整额	61745	
6. 期终一般财源等	34487879	

* 使用费/手续费：分担费用及负担费用、使用费、手续费、财产收入、捐款、转入金、诸收入。

** 一般财源：地方税、地方转让税、利息分期交付金、地方消费税交付金、高尔夫球场利用税交付金、特别地方消费税交付金、小车取得税交付金、地方特例交付金、交通安全对策特别交付金、国有提供设施等所在市町村扶助交付金。

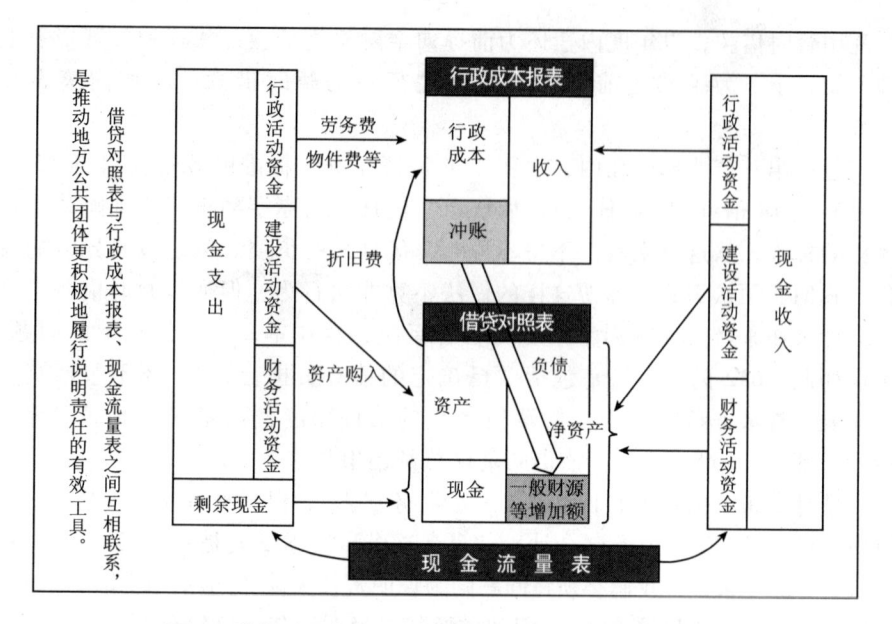

图1 借贷对照表与行政成本报表、现金流量表的关系

第六节 地方财政的危机即自治体
会计系统的危机

众所周知，使用以现金制会计为基础的现行的会计系统（年收支报表），当支出额大于收入额时，可以将发行赤字地方债作为一般财源的办法增加收入，从而达到收支平衡。但从这种报表中却看不出地方债余额。当因周转资金或填补赤字而将资金转给地方公营企业时（非合法），一般采用从一般会计向特别会计的"转出金"项目解决问题，夕张市采用一般会计中的"贷款"进行，将这一项财源作为暂时借款冲账。观光事业等地方公营企业由于资金不足，不存在借入年度偿还的资金，因此利用"出纳整理期"（4月1日至5月31日），从第二年度会计的款项中进行偿还。

这样的会计操作，在没有其他变化的情况下，前年度为止的累积金额加上本年度的不足额，暂时借款的总额便逐年增加。暂时借款只要在议会的许可下于同年度内处理（偿还）其借款限度额，就不算违法行为。但是，实际上存在的赤字（或者借款总额）从表上却无法看出来，这种系统结构的存在，才是问题所在。

媒体批评该会计操作是"不适当的财务处理"。例如有的报道写道：这

是乱用暂时借款，以年度内偿还为前提向金融机构借款，预算和决算报表上却不做记录。为了偿还前面的借款又进行新的暂时借款，就如同滚雪球一般。[①]

包括第三产业部门在内，夕张市的负债总额是标准财政规模（约45亿日元）的14倍（632亿日元），而该市9亿日元的赤字额正好达到财政重建团体的标准，从这点来看，不得不说632亿日元的负债总额是极其异常的现象。我们必须认识到，即便这样的做法不算非法行为，但通过暂时借款这样的会计操作来掩盖巨额赤字的现行会计系统，存在本质上及结构上的问题。不仅如此，632亿日元只是包括"已确定的债务负担行为"，还不包括资产负债表之外债务负担行为（隐藏债务）的估计额（例如第三产业部门等的债务保证额）。可想而知，该市的负债总额还不只这么多。

估计夕张市也制作了上述的"三个财务报表"，但却没有向市民公布。没有向市民提供详细的财务（会计）信息，这个事实本身就是一个很大的问题。从这个意义上来说，我们必须将问题归为说明责任欠缺的问题，即市政的姿态问题（市议会对市民的姿态）。但即使履行了说明责任，仍然存在"何谓不恰当会计处理"的问题。"不恰当"这个说法对于掩盖本质问题而言，是一种非常方便的"暧昧表达"。也许可以说当局对于财政不足的状况采用了"恰当的处理"。但问题的本质并不在于"恰当"或"不恰当"，而在于现行的会计系统自身的结构问题。在此之前，国家一直积极发行地方债，推动公共投资活动，并以此做法为中心实施刺激经济的政策，这种做法可以说正适合现行的会计系统。但20世纪末，当时的小渊内阁认为国家和地方正陷于财政危机之中，因此开始推行"官方会计改革"，以此作为"小政府"问题的一环。我认为这是对引进"三个财务报表"做出的第一次系统性尝试。

第七节　未解决的问题

本稿还有问题未曾解决。这也是困扰足立先生的"未整理的问题"，即"人均地方债余额"（云南市位于全国倒数第5位）及"世代间负担比例"（云南市，1:1）之间的关联性问题。参见图2。这样的分析图最近常被用来对类似团体作比较。该图中的"人口人均地方债现额"是衡量"未来负担健全度"的指标。

---

① 《朝日新闻》，2006年6月25日。

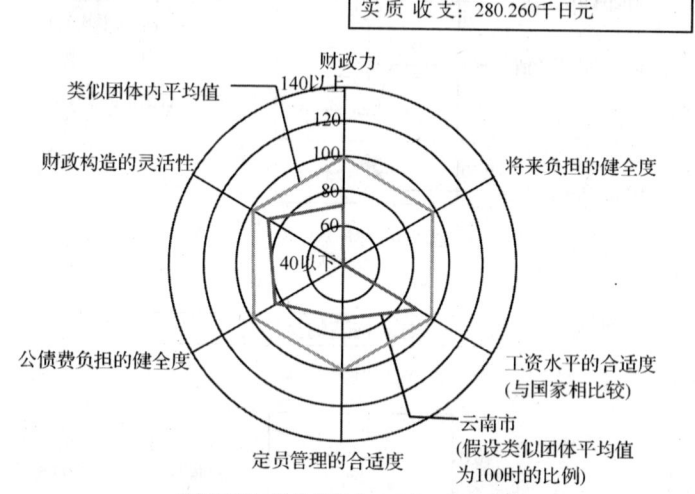

岛根县 云南市

人　　口：45.870人(2005年3月31日)
面　　积：553.37km²
年收入总额：37.973.594千日元
年支出总额：37.644.662千日元
实质收支：280.260千日元

(所谓类似团体是根据人口及产业构造等将全国的
市町村分为88个组,这里即指与该团体同组的团体)

分析栏

财政力指数：

本市是2004年由6个町村合并而成的新市。由于人口减少,超过全国平均值的高龄者比例增加以及产业基础薄弱,因此财政力指数远远低于类似团体的平均值。今后将努力通过产业振兴强化财政基础。

经常收支比例：

今后,虽然过去的普通建设事业发生的公债费会上升,但将利用合并结果彻底实施劳务费、物件费、补足费等减少支出的措施,努力改善经常收支比例。

借款限制比例：

今后,借款偿还额到2009年止将一直上升,通过制定中期财政计划,有计划地进行必要性高的普通建设事业,并在抑制新市债的同时通过提前偿还等实现财政的健全化。

人口人均地方债现额：

由于合并前6个町村存在许多类似的公共设施,因此该指数远超过类似团体。2005年已经提前偿还了一部分借款。今后通过制定中期财政计划及公债费负担合适化计划,为普通建设事业构筑一定的框架,从相对紧急的建筑物开始着手,抑制新的市债发行额,争取2009年年底下降到992千日元以下。

Laspeyres指数：

现在,旧町村正在进行工资调整,2005年实施了一系列的工资削减,月工资减少5%,期终津贴减少10%,管理职务津贴减少50%。除此之外,同时施行退休鼓励奖金,以及裁员的措施,努力抑制今后的劳务费总额。

人口每1000人的职员人数：

合并协议规定10年内一般职员削减160人左右,2004年已经减少了30人。2005年实施了定员管理,目标是前5年削减约50人(集中改革期),之后的5年削减约70人。

图2　市町村财政比较分析图 (2004 年决算)

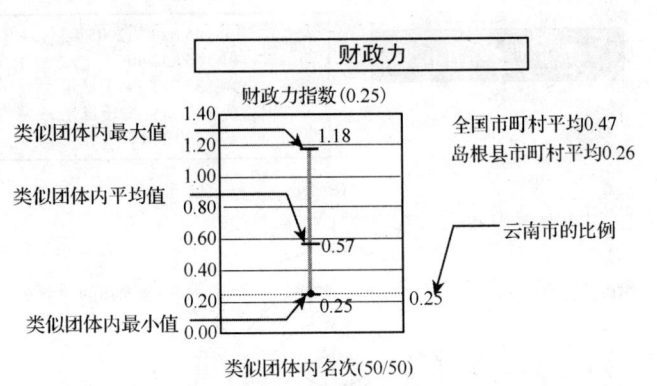

财政力

财政力指数(0.25)

类似团体内最大值 —— 1.18

类似团体内平均值 —— 0.57

类似团体内最小值 —— 0.25 0.25

全国市町村平均0.47
岛根县市町村平均0.26

云南市的比例

类似团体内名次(50/50)

财政构造的灵活性

经常收支比例(93.5%)

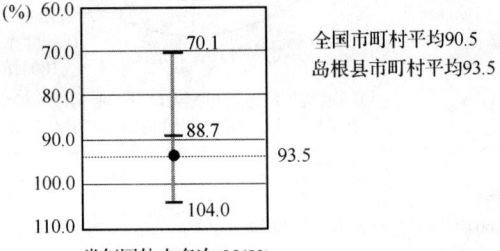

70.1
88.7 93.5
104.0

全国市町村平均90.5
岛根县市町村平均93.5

类似团体内名次(38/50)

公债费负担的健全度

借款限制比例(13.5%)

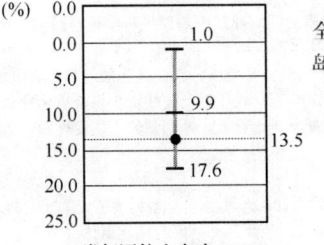

1.0
9.9 13.5
17.6

全国市町村平均11.2
岛根县市町村平均15.1

类似团体内名次(47/50)

续图 2—1

将来负担的健全度

人口人均地方债现额(1233437日元)

全国市町村平均466.109
岛根县市町村平均947.695

类似团体内名次(50/50)

工资水平的合适度（与国家的相比较）

Laspeyres指数(98.2)

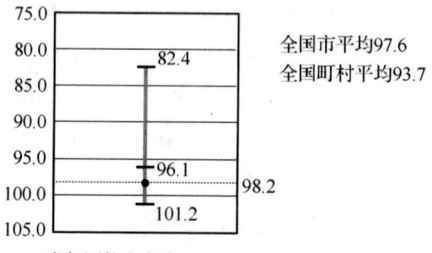

全国市平均97.6
全国町村平均93.7

类似团体内名次(42/50)

定员管理的合适度

人口人均职员人数(12.62人)

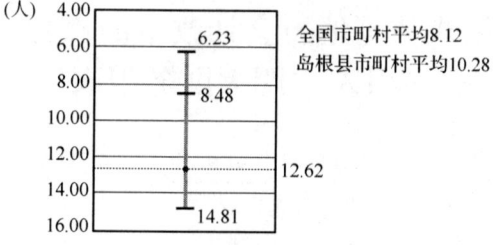

全国市町村平均8.12
岛根县市町村平均10.28

类似团体内名次(44/50)

续图 2 - 2

从这个图来看，云南市处于最后一位，理由是在 6 个町村合并前建设的类似公共设施很多，因此地方债远远超过类似团体。

关于如何对各自治体的资产负债表做比较，财团法人社会经济生产性总部的自治体管理中心出版的《自治体财政情况总览》中列出了以下几点用于比较分析各市町村财政的评价方法：①安定度（借款限制比例等指标）；②自立性（财政力指数等）；③灵活性（经常收支比例等）；④生产性（人口人均行政成本等）；⑤资本储蓄度（预算额对资产的比例等）；⑥世代间公平性。其中一个指标就是"社会资本形成的世代间负担比例"（净资产在有形固定资产中所占的比例）。社会资本形成的世代间负担比例越高，说明与其他团体相比，其有形固定资产形成的成本由过去的世代负担程度越高；相反，该比例越低，说明该成本由未来世代负担。在这个比例方面，大多数县是 30% ~ 40% 之间，其中，岛根县是 67.2%（全国第 3 位），云南市是 56%。

在此之前，一般将世代间负担公平性作为分析资产负债表的一个重要的指标。《日本经济新闻》曾刊登过这样的报道：将来，在负担这个意义上，负债对于自治体和民间企业是一样的，但优秀的民间企业能够实现无借款经营的状态，而对于自治体来说这是不可能的。自治体的借款（主要是地方债的发行），虽然也有为了弥补一时财源不足的情况，但大多数是为确保本世代与未来世代的受益及负担的公平性而进行的。换句话说，通过发行地方债而建设的公共设施等费用，一般计划从建设时开始到以后长期使用的过程中，通过使用期间的税收填补上，这就关系到世代间负担的公平性问题。由此看来，由于自治体的地方债偿还资金原本就来自对未来世代征收的税收，因此与民间企业所进行的"流动比例"等财务分析相比，具有不同的意义。①

第八节　地方会计改革的课题
——引入"四大财务报表"

关于政府，即自由民主党的官方会计改革方针，自小泉内阁诞生以来急速发生变化。最近，一些媒体开始展开关于重新认识自治体破产法制的报道。例如，对于成为重建团体的条件，现时只有赤字比例一个表示流量的指标。像夕张市那样，一直保持黑字决算一再拖延破产，其结果是使事态严重

---

① 《日本经济新闻》，2003 年 12 月 26 日。

化。因此，有关方面正在研究加上人口人均的地方债发行余额这样的指标。[1]
2006年8月21日的《日本经济新闻》也有类似的报道：关于实现财政赤字严重的地方自治体新生，总务省面向破产法制建设研究的全新架构大致方案已经明确。具体内容如下：最大的焦点是研究对自治体发行的债券及向金融机构的借款实行债务免除问题……对债务免除的研究是为使自治体不能轻易地筹措到资金。现在即使对健全度低下的自治体金融机构也可以安心贷款，财务纪律松懈。即使是地方债，也存在"政府暗中保证"用地方交付税冲本金偿还的情况……现在重建团体制度中认识基准只有一个，即单年度决算赤字比例，这便造成难以发现像夕张市这样隐藏赤字的情况。第三产业部门及地方土地公社等的合并报表的债务余额比例，包括暂时借款的实际赤字比例也被引入作为新指标。

政府即自由民主党的方向非常明确。其目标应该是消除在此之前的"世代间负担公平性"的概念，而仿效民间企业将"资本理论"（无借款经营）引入到自治体，由此有必要进一步引进对现行会计系统进行根本性改革的"三个财务报表"。

最近，总务省发布了"新地方会计制度研究会报告书"。其特征是规定除"三个财务报表"之外，"纯资产变动报表"的编制也是义务之一。报告书写道：纯资产的变动是政策形成时的决定因素……正是纯资产的变动反映了当世代与未来世代之间的资源分配，强调了"纯资产"的意义。[2]

报告首先指出：建设新官方会计制度的目的包括：①资产、债务管理；②费用管理；③财务信息的清晰展示；④与政策评价、预算制定、决算分析挂钩；⑤在地方议会上的预算/决算审议中的运用等方面。具体地说，以预先记录折旧费及退休准备金等款项并采用权责发生制会计代替以往的现金制会计，并且引进复式簿记的理念。最终建立：①借贷平衡表（资产负债表）；②行政成本报表（相当于损益报表）；③资金收支报表（现金流量报表），反映资产负债表上的资本（纯资产）和负债的比重变动；④纯资产变动报表。四大报表组成的标准模式。[3]

联系足立先生的话，意味着抛开"世代间负担的公平性"、重视纯资产及重视"人口人均地方债现额"的倾向。最近，"自治体经营"这个词常被用到，其内容指的就是将"资本理论"引进到自治体中去。

---

① 《朝日新闻》，2006年6月25日。

② 总务省：《新地方会计制度研究会报告书》，2006年5月，第16页。

③ 时事通信社：《官报速报》，2006年5月24日。

资产阶级的人与人之间除了赤裸裸的利害关系，除了冷酷无情的"现金交易"，就再也没有任何别的联系了。马克思、恩格斯在《共产党宣言》中曾这样说过。资本主义系统确实如此。但是，我们再将视线转向地方自治体，我认为它即使在有限的条件（限制）下，仍有可能实现由像冰一样"冰冷的现金决算"转变到心心相通的"温暖的现金决算"政策。

中国加入 WTO 与国际市场结构 *

前　　言

　　论及如何评价中国加入 WTO 时，通常以由此带来的机遇和挑战两方面为标准进行评价。对于前者，关注的焦点一般集中在放宽国际市场准入，将对哪些产业、将以何种形态带来获利发展，即是否能通过扩大出口或获得出口机会，为经济发展和产业结构、就业结构的动态变化作出贡献。同时，中国作为经济大国，进出口贸易占 GDP（国内生产总值）约 60%，其中合资或外资企业占大半比重，人们对于这种国际上尚未有先例的经济发展模式给予了极大的关注，特别是外需变动产生的影响很大。相比之下，"资源小国、外需（出口）依赖"度高的日本，其进出口贸易所占比重不足 20%，属于以国内需求（消费、投资）为主的"国民经济型"需求结构。这种中国式的特征，正如其别名被称为"世界工厂"一样，是来源于在外资优惠制度（采取经济特区、沿海开放城市、重点技术开发区等形式）之下，资本、生产物资和原材料的免关税优惠进口及成品出口（委托加工、为出口对象进行贴牌加工制造的出口等）等被称为出口导向型制造业的发展，主要依靠外资引导来完成。这种特殊发展战略的合理性正是国际市场当前形势所需要的（见第三节）。另一方面，关于中国国内需求的扩大、发展或其动力的机制，今后将通过怎样的途径和过程得以实现和开展，在这一点上，则需要将目光

---

　　* 西田勝喜：熊本学园大学经济学部教授。

放到外资引进、出口主导型之间的应对乃至呼应关系上，特别是需要将前者向后者转换的时机等相关问题纳入视野当中。

关于挑战，与上述展示积极一面的机遇相反，在国内市场化经济（包括国有企业向股份制公司转型与公司治理的建立，财政、金融结构改革及政策的放宽等多种方式）的发展过程中，加入 WTO 即使从静态角度来看，通过分析当时及整个过程的国际竞争力后，此种挑战集中体现在劣势产业部门之中。在中国，这种劣势产业部门存在于近代产业结构论中所称的（以国防为首要任务的工业体系）传统经济（与耐久消费资料需求相对应的重化学工业）之中，这些劣势产业部门面临的形势严峻，必须加快改革和发展，否则将遭到淘汰，因此如何应对上述形势，是挑战的主要形态。让我们将视野转向农业，第二次世界大战后，美国在战后率先实现"高生产性"农业，在以粗粮农作物（小麦、玉米、大豆、大米等）为内容的国际商品市场，中国不仅起步晚，小规模生产及数量众多的闲置劳动力成为应对挑战的制约，农作物改良等方法也不显著。而更重要的挑战领域是与前述旧式经济处于对立位置的所谓新式经济，如何在今后发展这一基础产业，是一大挑战。也即在信息技术之下建立起高端信息、通信产业，并将其中的技术革新成果应用于其他产业，尤其是应用于服务经济的发展与改革传统经济（重建或重构）等等，对于这些各式各样的课题，必须基于 WTO 的权利与义务关系，以内外无差别政策（国内国民待遇）为基础予以切实执行。

接触过中国学者们进行的各种对中国经济的研究后，特别是对于他们就中国加入 WTO 和中国经济融入全球经济（与金融、资本市场的全球化存在区别，是实体经济方面的全球化）这一点的评价及展望方面，笔者感到某些重点领域存在不妥之处，因此从这一点出发切入论点并展开讨论。

开门见山，我的论点在于如何抓住世界贸易组织（WTO）的基本特征。我们探讨这个论点的时候，必须向卡尔·马克思学习，以"历史性"及"逻辑性"的方法为基础。首先，从"逻辑性"观点来看，其前身 GATT 体制本身，既包括向众多例外情况及工业发达国家既有权利的妥协性，又根据价格机制的运作引入了市场经济，而 WTO 是从新自由主义（说白一点就是指进入 20 世纪 80 年代后从批判凯恩斯主义中衍生的、略带偏向情绪的市场经济至上主义，即里根、撒切尔"革命"）立场出发继承市场经济。其设想是：加入市场的各国经济相互间经过以物资为中心的市场竞争供需价格调整，实现一种可对各种资源进行有效分配的系统。新自由主义的凯恩斯主义批判是最直接地解决诸发达国家几乎都经历过的 20 世纪 70 年代中期至 80 年代初期通货滞胀的良方，对"市场失败"进行挽救及调整，挽回政府自身

的失败局面，就要使"原来"的市场机能复苏，即放宽及废除政府对市场、经济、社会结构的各种束缚，以上是我的论点所在。

但这并非论据。如果以美国的里根经济政策作为具体例子进行推论，是指放宽国家规制，恢复、扩大构成市场的一员——即商业行动的自由（包含劳动力市场中的法制及对劳动者保护制度——从结论来讲，即职业保障（同时伴随着劳动条件恶化及工会的软弱）。从宏观经济角度来看，主要表现为各阶层人民的贫富差距扩大，以及中低收入阶层的收入减少）（理性预期学派的主张），启用货币主义金融政策，而该政策已在美国联邦储备委员会和议长 P·波尔卡的指导下经过"实验"，是在金融政策转换（验证从利息率投机买卖主导向以联邦公开市场为舞台的货币供应量（货币供应）调整所引起的遏制通货膨胀转换的事后承认）中体现的一种自由市场信奉。① 如上所述，假如撇开政策发展的现实，至少从理念上而言，以 20 世纪 70 年代末至 80 年代初的时期为转机，新自由主义首先在英国和美国出现，接着席卷了法国（米特安德的政策转换）、德国、日本等国家。新自由主义成为主要先进资本主义各国的经济政策主流，从产业角度来讲，新自由主义是国际金融、资本市场的"（新）时代呼声（全球化）的响应"。② 其全球化浪潮的下一个目标指向了国际通商领域。然而，在物资、服务的贸易领域中，已经开始尝试一种"革新"。关于这种"革新"的详细情况，将在其他章节进行介绍。

第一节　里根经济政策的失败与美国主导的货币、通商改革

此处观点继承了前面"逻辑"，以 GATT 为主要对象的物资（及与其交易相关的）服务领域不断扩大，继承乌拉圭圆桌会议的成果而成立的 WTO，远远超越了 GATT，在乌拉圭圆桌会议中提及了三个"新领域"（用简称表

---

① 里根经济政策一般被认为由"四个核心"构成，除本文中提及的国家（政府）管制放松、货币主义金融政策的持续实施外，还包括旨在刺激经济增长的以个人和法人为对象的大幅减税（对于前者，通过三年内将个人所得税下调 25%，强调了边际税率的降低，而在企业减税方面，除调低企业所得税的税率外，通过允许固定资产的大幅折旧的加速折旧法，刺激了固定资产的投资，强化供给经济学政策）以及包括财政平衡在内的财政开支削减（"小政府"的实现）等方面。

　　贯穿今天美国经济的"双赤字"正是源于这项里根经济政策，但考虑到与本文主题的关联性，省略其论述。

② 具体内容是：BIS（国际清算银行）的各加盟国就确保金融规章制度达成的相关协议（巴塞尔委员会标准）中规定，金融机构在进行国际金融业务时，对各种风险资产的资本充足率须达到 8% 以上，其他情况须确保 4% 以上。

示该协定，是 GATS、TRIPs 及 TRIMs)，以这三个"新领域"为突破口，今后的问题是应该如何解释开始为人们所关注的劳动条件、环境条件、竞争条件等国际秩序。这个论点无法从形式逻辑的层次进行分析，而为其揭开了篇章的美国的"广场协议"、"新通商政策声明"（均颁布于 1985 年 9 月，两项相互关联的改革颁布时间仅差 1 天）中首次将其具体化，需要"历史性"地促进修正货币、通商改革的形态。

20 世纪 70 年代初，发达国家间以固定汇率制度约束战后稳定的国际货币制度的关系已经结束，主要各国实行了浮动汇率，真正的美元本位制时代已到来（着眼于美元的外汇媒介货币功能。这也是尼克松所谓"善意的忽视"政策的货币战略的结果）。里根的货币改革不像尼克松那样虚假，它成功地扭转了 20 世纪 80 年代通货滞胀的恶化局面，促进了经济复苏（经济低谷时期是 1982 年第四季度）。通过克服通货滞胀，在世界上取得领先地位后，使里根经济政策中被称为"影子"的部分，即所谓的"双赤字"成为必然。在本文中未详细介绍这一过程，大家可以参考相关的书目，大量结构内化的经常项目收支赤字，特别是其基础贸易（并非服务，而是物资的）收支赤字备受关注。

贸易收支赤字，使来自日本、德国或亚洲新兴工业经济体等国家的竞争十分激烈；而着眼于其价格方面，造成美国陷入经常项目财政收支赤字，对美资产运用或对美直接投资的增长而需要"买美元"，从而导致美元"一枝独秀"，为以美国制造业为中心的诸产业招来"空洞化"危机（归因于价格竞争力恶化）的另一个根源就在于"美元汇率高"。这种认识是一个重要转机。

同时，前述的海外资金、资本流入美国，导致美国债务递增，最终（是以账面价格把握这些金额、还是以时价把握这些金额会导致发生差异，而通货膨胀的加重与对外投资的"历史性"因素，会导致后者发生滞后的情况）导致美国沦落为债务国。在美元本位制的国际货币体制下，美国的债务国际化趋势引起了针对美国经济情况并以美国为中心的大型资金流入流出的国际协调性货币调整的动荡。在"广场协议"上意识到这一原因是问题所在，并提出了修正当前美元汇价高的状况（提出这一在货币改革中先行一步的学术性问题的是 S. 马利斯的"美元经济垮台论"）。①

总之，美国在克服 20 世纪 80 年代的通货滞胀及其后加强经济管理的过程中，"结构化"的贸易收支赤字成为"基础性的前提"，与其说进行稳定改善，倒不如说从相反的方面，以"美国国内市场及对需求的依赖（不论是

---

① Marris, Stephen, 1987, Deficits and the dollar : the world economy at risk , Rev. ed. Institute for International Economics.

出口还是海外投资）"为杠杆，开始着手从其对象国获得"让步"的通商改革，并延续至今。而且，美国《通商法》的新基础显示了其方向性。如上所述，与通商改革有关的国际框架已经明确。我们将这种考察方面的程序称为"历史性"过程。

1984 年《通商、关税法》中第三篇"国际贸易、投资法"遵照 1974 年的《通商法》，提出了超越传统《通商法》的规定或更详尽的内容。我们将这些简称为"三个新基础"，依次是：①"通商"概念的扩展；②不公平贸易惯例的修正（《通商法 301 条》）；③两国间自由贸易协定（FTA）政策的开始（包含与多边通商交涉的相互作用）。

第二节　对 1984 年《通商、关税法》中第三篇
"国际贸易、投资法"的
认识与政策逻辑

美国通商（贸易）政策的法律依据是随时在议会上审议表决，由总统签名而生效。步入林肯政权第 2 期，精心准备后实施的（R. 贝克主导的）"货币、通商改革"的法律依据就是标题所示的 1984 年《通商、关税法》，特别是其中第三篇"国际贸易、投资法"，以此为基础，前者的交涉成果即 1985年 9 月 22 日的广场协议——美元汇价的协调性修正与出口主导、贸易盈余诸国；特别是对日本的经济政策转换（防止日元汇价高而不景气）及刺激内部需求、推进产业结构改革为要点等事项，G5 诸国达成一致协议并进行合作）由总统颁布了新通商政策（9 月 23 日）。

与强调互惠主义对应，推出新通商政策，其新基础是对不公平贸易惯例的修正（通过修正扩大美国出口，贸易收支的改善）。这种情况，需要附加一个说明。此处的不公平贸易惯例是指，"国际贸易、投资法"实施的以"通商"概念扩大为前提、通过完善法律进行修正的《通商法 301 条》的明确化与强化。该法在以前的物资、服务的基础上，新认定了一些国际通商对象，包括美国在世界上率先进行的服务经济化过程，引导这些产业的专业服务（包括法律）、现代化的商业及服务（金融业、电气、信息及通信服务、企业活动支援服务等）、旅行、运输服务等的国际交易稳定增加，美国认识到了自己保持国际优势与产业领导力。另外，战中、战后兴盛的技术革新在基础技术革新力极强的美国积极展开了独特的风险商业与风险投资的复合性、互补性的研究及开发活动，取得了许多成果。以国防部为核心的军、产、学合作的军事技术方面的突破与其民生技术的产业结构尖端化（美国型

产业政策）作为其他方面的研究和开发（R&D）基础，其领导世界技术革新的基本态势并未改变，这些成果总体表现在知识产权方面。而且，这些知识产权受到个别版权（包括计算机电路设计）、专利权等的"法律规定、约束力"较弱的国际条约及其下面的机构监督。这样的研发成果主要处在巨大企业的保护伞下，成为产品生命周期论①的推动力。掌握了一定教育、科学技术水平的外国竞争者进行盗用、模仿，根据再生工程学进行脱胎换骨等的翻版行为使企业蒙受巨大损失。这种最终的大企业（垄断）体制拥有的技术优势是基于劳动生产性质差别的"垄断"利益，通过修改、新增国际条约或者重新议定的国际性条约等操作，在美国的优势地位下得以确保；对知识产权相关事项进行交涉，其成果就是乌拉圭圆桌会议协定中的有关知识产权的贸易相关措施的协定。

乌拉圭圆桌会议的交涉，将这些服务、知识产权相关内容作为新的领域纳入国际通商架构，不仅是为了实现对此进行国际投资时顺利废除接受投资的国家所设置的障碍（对进出口均衡、涉及利益的本国汇款限制、国内产品的使用要求等），同时也为了实现美国资本的行动自由，实现美国与个别国家之间互相开放市场（在新开发领域提高美国出口，使得从事这些领域工作的人员薪资可获得增长），也是各国家对于扩张了的美国"通商"所采取的"不公平贸易惯例修正"行动的明确化和积极化表现（《通商法301条》的协议、报复行动）。

如果撇开来龙去脉不说，对于美国通商，被美国当局认定为属于不公平、非法、有差别的的惯例（《通商法》方面的"法律、政策及惯例"）会被要求做出修正，如果未获得许可，将被实施报复——按照美国单方面的标准、判断、行动。慎重来讲，对于美国，"交涉"方面的杠杆是与该国的贸易赤字额——经济外交方面的"人质"战略。再补充一点，此《通商法301条》为"1988年综合贸易和竞争力法"所强化（其目标是乌拉圭圆桌会议的整体推进），规定了臭名昭著的"超级301条"、"特殊301条"等美国《通商法》中那些自以为是的条款。

第三节　GATT/乌拉圭圆桌会议与
世界贸易组织

到此为止，我们了解了美国带来的通商改革，特别是面向服务、知识产

---

① Vernon, Raymond, 1985, Exploring the global economy: emerging issues in trade and investment, University Press of America.

权以及对外直接投资（乌拉圭圆桌会议中的 3 个新领域）的"通商"概念的扩大，了解了作为其实现杠杆的"报复条款"（不公平贸易惯例的修正、《通商法 301 条》的明确化与详细化），以及为了在多国间或两国间实现上述内容而提出的自由贸易协定（FTA）政策。该冲击（包括紧随 1984 年法律之后的"1988 年通商、竞争力法"）除了 EC 这样的巨大经济共同体之外，对其他各国而言，必须进行各式各样的政策变更。我们可以看到的是：亚洲新兴工业经济体的韩国、台湾发生的"自主性"贸易、外汇及资本的自由化（20 世纪 80 年代末，而之后韩国加盟 OECD），美国与邻国加拿大的自由贸易协定生效（1989 年，墨西哥加入后则修正、扩大为北美自由贸易区（1994 年）），或根据重新对 1984 年法律强化、详细化后得出的 1988 年"超级 301 条"（优先交涉国带来的优先交涉项目的特定）对日报复（1989 年，3 个领域），以及通过（规定以外的）日美结构性障碍协议（1989 ~ 1990 年，之后该框架提升为日美经济协议的结构）着手开放日本市场等。

在其他方面，美国通商政策的焦点也还是通商方面的框架即 GATT，以及在此处蓄积、体现的体制革新。其主要舞台是在 1986 年秋宣布进行交涉的 GATT/乌拉圭圆桌会议（1986 年 9 月 ~ 1994 年 4 月）。此处将在考虑第二节论点的同时，对交涉成果进行归纳。

以乌拉圭圆桌会议作为基本协定，达成"设立 WTO 的协定"，将多边贸易交涉中达成一致的协定类作为附件 I 至 IV 记录入册。附件 I 在多边通商协定类（Multilateral Trade Agreements）中，包括：①将从当初辅助"有关一般协定的暂定适用议定书"至今的 GATT 定为 GATT 1947，并废弃该议定书，在 GATT 条款中加入必要补充后的为 GATT 1994；②东京圆桌会议（1973 ~ 1979 年）中已经成立的协定类，在重新交涉的基础上进行了强化（技术方面的障碍、反倾销、关税评价、许可证交易、补助金及抵消措施、原产地标示）；③关于 GATT 规律框架之外的领域，发展中国家重点关注的自由化措施（农业及纺织品和服装（多种纤维协定的阶段性废除））；④对于诱导、落实 GATT 内"灰色措施"的 GATT19 条（进口贸易保护条款），为提高其灵活机动性而设的进口贸易保护协定（在之前的东京圆桌会议未得到解决）；⑤其他特殊的非关税措施（卫生、检疫、装船前检查）；⑥保证由美国倡导、发达各国追随的跨国企业在发展地区的活动自由，也即新领域之一的 TRIMs 协定（以上是附件 1A）。

此外，在这个 MTAs 的基础上，追加了其他两个新领域，即与服务贸易有关的一般协定（GATS）（附件 1B）以及知识产权的贸易相关措施协定（TRIPs）（附件 1C）。与这些新领域有关的协定与以前的 TRIMs 一起，在以

美国为首的发达国家为中心的服务经济化中适用通商规则，以期强化及规范研究、开发成果的国际保护，WTO 超越了传统的物品框架。

暂且不说服务贸易，其他两个则依据贸易相关的廉价、强制的修辞。在其背后，是依照美国《通商法 301 条》的"强权性"、"不公平贸易惯例"的单方面判断。

接下来，为实现统一的、集中的纷争处理，还收录引进了新办法（采用处理过程中的陪审员与上诉机关的二审制及报告决定时的竞选共识方式）的"纷争处理谅解"（附件 2）及实现加盟国贸易政策透明性的"贸易政策审查机制"（附件 3）。

此外应该强调的是乌拉圭圆桌会议的解决方式，进而必须提到 WTO 协定运用方式的原则。只有总括承诺上述附件 1、附件 2 及附件 3 的承诺国或地区，才能够成为 WTO 的成员。采用这种方法时，对先进国家而言，20 世纪 70 年代后半期的东京圆桌会议成立协定中任意选择制这种参加方式略显经验不足。特别是美国对于国际机构中用"数字逻辑"来进行南北问题的探讨并偏向于"南"方的做法产生反感，20 世纪 70 年代后半期曾一度高涨的资源民族主义的要求急剧减少。

第四节 中国的加盟对 WTO 的意义——脱离 国际规律的"WTO 追加"条件

1978 年中国开始实行改革开放，持续高速的经济增长过程，出现了经济过热化并进行了宏观调控，进入 20 世纪 90 年代经济发展速度全力提升，并以邓小平的南方视察讲话为契机掀起了社会主义市场经济（1992 年，人大会议决定）的建设。其具体形式虽然是在中国式产业政策所领导的长期计划经济中展现出来的，但进入 90 年代后，基本建设依靠传统的低工资的劳动力为条件进行的委托加工、出口为基础，实现工业化的质的飞跃和"国产化"，并且引进了以美国为首的 IT 革命的各项成果，确定建设"高度信息化社会"为国内经济建设的根本。作为后者的"高度信息化社会"建设，虽然在中国加入 WTO 后，初期必须走与外资合资的道路，但以 WTO 体制下的两个平等原则（最惠国待遇及国民待遇）为前提，中国政府已经摸索出积极的产业扶持政策。政策中贯穿了宏观调控的模式化和平衡产业体系、保持相关建设的自立性意向，但具体作为各项产业领域的经济主体仍然具有过渡经济的特征，包括国家公有制企业、民间私营企业、合营合资以及独资等方式不一的三资企业，其服从中央、地方政府指导、管制的程度也呈现出多样化。

　　伴随着这些特征，中国加入 WTO 给中央及地方政府的经济政策实施过程带来新问题，甚至还形成了一定的制约。同时对于在国际市场称霸的美国而言，中国作为"世界工厂"的经济繁荣，将会招致美国产业界（主要指与进口商品有竞争的个别产业，其特征为确保既得利益的政治、经济性的持续，其对象国多变，如今以中国为目标进行谴责）反感与诟病，容易陷入社会排外主义当中（在单纯的经济原因中，中国政府对人民币的通货控制导致对人民币低估、外汇储备的增加、运用美国国债等首先会受到瞩目）。另外，中国在知识产权方面的违规行为也会作为绝好的借口。

　　中国加入 WTO 后，不仅国际市场的构成将根据贸易转换（由于中国的加入，曾依靠 WTO 的减让关税率而占有优势的某些国家的特别出口产业将会被具有强大竞争力的中国产业所代替）而出现重组，也会对 WTO 体制下的国际通商关系带来一定的变化。就是说，也有着契机，中国的经济改革与加入 WTO 实现了同步，并且作为体制过渡国家，中国的待遇被加上了超出通常 WTO 体制下的权力及义务关系的"WTO 追加"条件。① 在 GATT/WTO 的世界中，典型的市场经济体制是以历史性、逻辑性及政治性的价格机制为标准来实行各项资源有效分配的市场经济，向典型的市场经济体制过渡的经济（也可形容为该国经济融入全球经济）会被追加上"过渡性措施"（这就是"追加"条件）。这种体制过渡国加盟 GATT/WTO 时将会获得优惠政策②，而中国的情况则有所不同，鉴于中国正在向国际市场飞速迈进，事实上拒绝中国作为享有"特别优惠待遇"（东京圆桌会议"衡量世界贸易的框架"中授权条约的一个核心，其他内容还规定互惠主义不适用于发展中加盟国家）的发展中国家加盟 WTO，而是让中国同意与发达国家相同（视情况而定，或许更高）的加盟条件。

　　我们看一看中国的加盟文书（加盟协定及工业部门会议报告书——两者在条约上是"不可分的一体"）中记入的"WTO 追加"条件。主要可以确认到三个主要条件：①体制过渡产品特殊保护条款（TPSS）；②纤维特别保护条款；③《反倾销法》的运用。

　　（1）TPSS。作为其前提的 GATT1994 中第 19 条（紧急避难条款）及保护条款的核心，规定当国内产业因进口激增而引起重大损害或出现该趋势的时候（需要因果关系的立证），为保护该产业或带有类似竞争的产业，将给

①　Lardy, Nicholas R., 2002, Integrating China into the Global Economy, the Brookings Institution，西田胜喜译：《中国的世界贸易组织（WTO）加盟》，《海外事情研究所》，熊本学园大学附属海外事情研究所，2003，第 31 卷第 2 号，2004 年 3 月。

②　Stiglitz, Joseph E. and Andrew Charlton, 2005, Fair Trade For All: How Trade Can Promote Development, Oxford University Press.

予该产业一定的"喘息"期间，允许限制该产业的产品进口（进口保护）。并且其措施适用于所有出口国（遵守无差别原则），根据互惠主义等价补偿或报复将得到认可。另外，虽然认可的"喘息"期间并没有限制，但是要实行积极性的产业调整政策（退出或实行产业重建）。后者的保护协定中，因日美间的贸易摩擦，回避了 GATT 1947 中第 19 条，提出了应该纠正出口自主规制（VERs）、市场秩序维持协定（OMAs）等 GATT 的"灰色措施"所带来的国际贸易管理上的"GATT 空洞化"，并对上述互惠主义的适用方法及保护期间的具体方面统一了意见（详见协定）。

TPSS 彻底修改了 GATT/WTO 的保护条款基础。首先，淡化了进口援助条件中规定的"严重损害"（第二次世界大战后期初制定棉纤维品的规制协定时引入）因为"扰乱市场"而后退的因果关系。[①] 并且，TPSS 的有效期将延续到中国加盟 WTO 后 12 年，有此权限的进口国可以回避无差别适用的原则而仅将来自中国的商品作为对象，并明显限制中国对此的赔偿要求乃至报复权利（互惠主义的侵犯）。不仅如此，根据 N. R. 拉蒂所述，TPSS 不是因产业蒙受进口剧增而受害，并且对此做出正确性调查后开始行使的，而是始于来自进口国政府向中国政府提出寻求解决的申请。如果中国政府认定中国的出口商品扰乱了市场，或者有其趋势，中国政府将自觉限制向该国的出口。这一行动再次违反了禁止（WTO——引用者）实行进口自主规制（VERs）的保护条款协定。权宜之计的"特殊中国的"便利方法，结果在国际通商法关系中写下了不合逻辑的一页。

应该质疑的是，不能仅用认识不足来解释，中国为何对如此的追加条件进行了容忍（等于让步）？以我们不着边际的推理来推测，是因为对于新加盟作出规定的 GATT、是因为认可了 WTO 的不适用方案的 GATT35 条、是因为 WTO 第 13 条的威胁。作为前车之鉴，并且中国实行改革开放时亦借鉴了日本经验，当时（1955 年以后）引起了"对日本国际贸易的调整问题"，也曾苦于西欧各国的对日通商差别。[②] 甚至还有因西方"自由及民主主义"的思想而在东欧及苏联的政治改革。还有欧美型资本主义，特别是主导了 IT 革命的、鼓吹美国崛起即为世界崛起的产业霸权主义，以及在被称为企业统治的证券、股票资本主义的基础上兴起的以美国为中心的盎克鲁—撒克逊模式占据了优势地

---

① 市场扰乱被定为启动 TPSS 的标准，从而得以从 WTO 保障措施协议中更加严格的"严重损害"标准中解放出来，这虽然是种重大脱离，然而在美国《通商法》中对市场扰乱的定义是：当进口激增，以至绝对或相对地造成美国国内产业受到实质性损害或是成为构成威胁的显著原因时即可断定为存在市场扰乱。

② Shonfield, Andrew (ed.), 1976, International Economic Relations of the Western World (1959 ~ 1971), Oxford University Press, vol. II.

位并继续发展的事例，以上这些国际环境我们都有必要提及。

（2）纤维特别保护条款。WTO 纺织品和服装协定（ATC）以既有的国际纤维协定（MFA，于 20 世纪 60 年代制定对纯棉制品实行数量操纵的条款，在众加盟国中作为总括性的纤维协定于 1974～2004 年一直生效。最后 10 年则作为 WTO 纺织品和服装协定的基础）为基础，详细规定了利用以十年为一个阶段实现纤维贸易自由化的流程（已于 2004 年完成）。加盟协议书中载入的对特别保护条款规定，各国可以以扰乱市场为理由追加实行为期 5 年的单方面进口限制（进口限制同时将保证中国有 7.5% 的进口增长率），相对于进口限制，中国方面的报复则被加以限制。虽然各贸易方都认可根据 ATC 所规定的纺织品和服装贸易自由化政策最大的受益者将是中国，但是对中国的出口量限制则不得不延迟到 2008 年年末为止。不可否认，此规定可以说是面对中国的巨大影响力，为防止各国因在贸易转换中出口份额急降（典型的例子是墨西哥。虽然因 NAFTA 使其享有在美国市场通商的有利条件，但是税率过高，而未加限制的 WTO 关税率适用于中国，将使其丧失优势地位），从另一个侧面为发展中国家和出口国提供了一个应对调整期——其中中国被欧美等国家视作为"市场扰乱者"的角色。

（3）《反倾销法》的运用。《反倾销法》是以美国为首（其典型为澳大利亚等国家）国家所恣意惯用的歧视性法律（倾向于法律万能，实行诉讼保护主义），是一种对不公正贸易惯例的更正政策。启用《反倾销法》（防止恶意抛售）之时，在从过渡经济国家进口的情况下，出口国的国内正常价格将被认定无法与出口商品市场价格标准形成比较，同时一概采用"构成价格"标准（出口价格如果低于国内正常价格则被认定为出口倾销行为，下一阶段中如果满足了受损条件，将征收相当于倾销保证金的反倾销税）。作为过渡经济国的中国因市场经济尚未十分发达且价格体系未走入正轨，对某种商品的"正常价值"不得不作出规定时，将会以同处于发展阶段的市场经济国家相同或类似商品市场价格为标准，加上所消耗的流通管理费用，再征收一定数额的保证金（美国为 8%），以此作为中国国内的"正常价格"。

问题是，这种情况下选定作为"参考物"的"相似发展阶段"的发展中国家，是由发动《反倾销法》的国家单方面决定的。目前该《反倾销法》的利用明显存在着国际性的偏差。作为《反倾销法》的倡导者——美国[1]，在实行对中国的倾销调查时，选取"参考物"推算构成价格则使用中国邻国或相邻地区的数据（例如台湾地区、韩国、马来西亚、泰国等）。这种做法根本没有尝试做过详

---

[1] Jackson, John H. (2000) The Jurisprudence of GATT and the WTO, Cambridge University Press.

细的比较，这些发展水平较高的国家人均 GDP，甚至工资水平都远远高于中国，国内市场价格均远高于中国。中国被欧美等国家视作为倾销惯犯……

尽管如此，从 N. R. 拉蒂的正确推论及验证中看，中国的改革开放并未被"过渡经济"的教义及源于当中的"守法主义"所局限，在进入 90 年代后明显加快了步伐，在各产业中，国有企业所占份额急剧下降，私营企业及外资企业的份额则确立了压倒性的优势，价格由市场决定在中国也成为不争的事实。

与盎克鲁—撒克逊模式各国相比，EC/EU 的反倾销行动则并未显得十分活跃。EC/EU 在启用《反倾销法》时认定"市场经济状况的标准有 4 个：①是否透明且无差别地实施保证企业独立自主的企业法。②是否贯彻始终并有效且透明地实施保护所有权的各相关法律及破产法。③金融部门是否脱离国家控制而独立存在。④在民营化企业经营中是否存在来自国家的误导等 4 个标准①。对 EC/EU 而言，此种决策可谓是面向市民革命后的中东欧原社会主义各国的经济政治改革以及对各国加盟 EU 的一种回应，反过来讲，中国的社会主义市场经济建设（改革）也向其提示着总括性的研究课题。基于这几个标准，EU 在以 MES 基准对中国出口产品是否构成倾销的判断上不得不考虑实行中长期的认定过程。

第五节　加入 WTO 对中国的影响——当代国际市场结构与中国贸易

加入 WTO 后的中国与国际市场的联系进一步强化，我们首先要提及"定性分析"（是否存在各种干预因素、要素的确认方法）这一化学试验的基本方法。对此事例及多方面的关税下调涉及一国的贸易、生产、人力等所产生的效果进行测定（定量分析）时，通常运用一般均衡模式，以计量经济学的方法进行分析，但正如后述所见，为了明确随着贸易理论的展开而逐渐明朗的国际市场结构，重视中国在此结构中的定位，我们首先要谈及定性分析。此时的"定性"，是对中国生产并出口国际市场的物资及服务所具有的商品特性与生产——出口这一程序背后的国际性关联进行"分类"所需的一种入门方法。国际市场的各种构成因素正以贸易、投资的自由度为媒介纵横展开，我们必须形成这一观念。

一　国际市场的结构——对外贸易与对外直接投资

第二次世界大战后的国际市场（贸易）结构削弱了原来的垂直型分工

---

① 〔日〕田中直毅：《战胜内部敌人》，东洋经济新报社，2004，第 288～289 页。

（贸易）的作用，即发达国家在工业品方面的专业化，发展中国家则是在包括农产品在内的初级产品的生产和输出方面的专业化；而使发达国家之间或是制造业的同一产业内的水平型分工（贸易）取得显著发展。与此同时，国际贸易论通过对新形势、新现象进行说明的形式不断进化演变。

本节中并没有对其经过和内容进行说明，而是从探究当前的国际市场结构与其参与国，尤其是中国所处的位置关系的观点出发进行论证。

首先从简单的确认开始。关于上述垂直型贸易，根据 Heckscher Ohlin（H－O）模型，可归类为资本集约型的发达国家工业与劳动集约型的发展中国家（初级产品）之间的贸易关系。需注意的是，虽然占有率低并仍在降低，但仍继续存在。另外，对生长在温、亚寒带的小麦等麦类、玉米、大豆等国际性农产品，积极引进技术革新成果，例如品种改良、施肥、防虫等生物技术，农业机械类的投入，农田管理（包括灌溉设备）等等，在发达国家发展这类"高效农业"，并对从事此类农业的农户施行政府补贴，从这点看来，并不符合 Heckscher—Ohlin 模型。这里的工业（制造业）是指一般消费品，但是应认识到，随着发展中国家的开发和工业化发展，其比较优势已逐渐转向发展中国家。

这是因为一国的生产力水平，有时会伴随着本国产业的生产率提升速度（对于发展中国家则附加所谓的"后发性利益"）而快速发展。日本赶超型的产业政策得到重用，在提升产业整体生产力水平的同时，能更快实现生产率提高的产业部门将赢得国际竞争力。这些出口部门在持续的经济增长和发展生产力中将继续获得提升。

另外，在水平型分工方面，原来的理论所摒弃的资本流动，尤其对外直接投资（FDI）开始扮演重要的角色，形成了 20 世纪 60 年代后半期的一大特点，跨国企业以制造业为中心全面发展①，并逐渐在最终需求地区（发达国

---

① 对于以美国制造业进入欧洲经济共同体为开端的企业跨国化的形成，欧洲采取了两个核心应对措施，即成立后的欧洲经济共同体的共同市场计划——有关工业制品的关税同盟（过渡期（计划中为 1958～1969 年的 12 年时间）后，撤销区域内关税并统一对外关税，最终形成对外差别关税）以及统一各加盟国的国内农业保护措施和允许区域内的农产品自由流动的共同农业政策（CAP）（根据该政策，区域内享有优先权，因此对区域外的农产品征收浮动附加税），以第二次世界大战后经济的高度成长为背景的该项计划进展顺利，对美国而言这是"对具有发展前景的共同市场的一种挑战"。

应对 EEC 的共同市场计划，美国政府做出的反映是根据 1962 年制定的《通商扩大法》，推进旨在消除 GATT 下的关税差距的肯尼迪回合谈判（1963～1967 年）；而民间方面的反映则是具有强大实力的美国企业对 EEC 共同市场的投资。其冲击覆盖整个 EEC，区域内的企业通过联合、合并形成可对抗美国大型企业的欧洲企业，至此跨国企业问题演变为国际垄断体之间的竞争。

家市场)① 开始了国际垄断体之间的竞争。这种新形态的国际分工呈现出以下显著特点：即以发达国家的资本为主体，在各自产业领域内形成规模经济和实现产品的差别化，并以此作为条件和战略。

二　国际市场的新格局——"全球生产网络"方式的含义

以上述国际市场结构相关的一般性理解（理论）为基础，我们得以从近年被快速理论化的"全球生产网络"论入手进行更深入的结构分析。中国加入 WTO 对国际市场的拓展（所谓的"机会"）所带来的改善由几个层面构成。当今国际贸易市场中的产品，根据用途分类，有一般消耗品、零部件及中间材料、生产物资以及作为资本物资的产品及半成品等多种形态。在这里之所以关注贸易商品的形态，是因为我们关心在各种形态背后存在的（包括国际性的）生产关系，即"全球生产网络"是否存在。如何从理论上阐明"全球生产网络"的存在，其大前提涉及以 IT 革命为技术基础，被称为高度信息化的"第三次产业革命"到来（90 年代以后）后，人们如何理解在新、旧产业领域不断开拓或革新产品设计（制造）思想。

在进入这一新状态之前，如果要赋予上述一般消耗品以特征，那么可以说它与 IT 革命的关联微小，比较符合 H－O 模型，或者说它是将 Vernon 模型体现的革新性产品开发所带来的竞争优势作为诱因。前者可以说是产品设计规格被国际化的普及型产品，后者则或许可以说是附加新性质价值的创新性产品（消费的普及化、多样化）。这种推论也适用于生产物资和资本。零部件、中间物资作为贸易产品出现，标志着国际贸易的新阶段来临。

这种新形态的国际贸易，近年以东亚为对象迅速发展，反映了作为"产业内垂直型分工"而备受瞩目的"全球生产网络"。由于体现了该新形态的"全球生产网络"形态与作为其技术基础的 IT 革命的出现有关，因此有必要对其含义进行规定。此处所关注的新贸易、投资（FDI）流程在世界范围内的形成和发展，又涉及产品的设计思想。产品的设计思想大致分类为模块组合型设计思想和整体型设计思想②，然后根据各自企业对外开放与否，再分为开放型和封闭型。属于开放型，且可被分割为具有独立功能的若干部分

---

① Heymer, Stephen H. , 1976, The International Operations of National Firms; A Study of Direct Foreign Investment. The MIT Press；宫崎义一编译《跨国企业论》，岩波书店，1979。

② 所谓模块组合型的定义是，一个产品可分割为相互具有独立功能的若干部分（模块组件），并将各部分间的连接部位（接口）以国际标准化规程进行统一类型，具有功能和各部分一一对应的特征。而在整体型中，这种 1 对 1 的应对关系不复存在，而需要 1 对多的交错关系，其特征是对于一对多的接口部位，各参与企业分别采用自身独特的方法。虽然如此，整体型中仍然存在与模块组合型相同的、可进行细分的领域。

（模块），其连接部位（接口）如果基本上是 1 对 1 结合的组合型，则其产品的核心模块将由拥有技术优势的企业（核心竞争力企业）进行主导，并作为装配者完成整体组装，其他零部件则面向内、外市场进行最佳布局，以求将整体成本控制在最小限度，发挥其竞争力。核心企业（一般为跨国企业）在维持、加强其在特定竞争中的优势的同时，对于其他工序中所需的零部件则从公司外部采购，利用当今的创新性信息、通信、物流等基础设施，通过工序分工对本国内外的供应商进行整合、管理。这种以"开放的国际市场"为前提的模块组合型设计思想，以细分的部分工序为基础，可将资本、技术、劳动熟练度等分类，并通过核心企业的海外生产或与海外独立企业间的战略协作开展工序分工，其显著表现就是零部件贸易的市场化。编入此类"全球生产网络"的包括中国在内的发展中国家，一般主要生产"低附加值"、"单位价值小"的零部件。从产品来讲，个人计算机、数字家电是其典型代表。

此外，另一种设计思想，即整体型设计思想，也并非排除了工序间国际分工，而是随着模拟化转向数字化的演化过程，其工序内的模块化也随之发展，同时推进形成了"全球生产网络"。从产品来讲，创造出丰田生产方式（精益生产方式）的汽车是其典型，由于同产业的承包生产、零部件供应的独特性，在特定区域内的生产集中化是其显著特点，因此国际间的工序分工较为罕见。因此，短期内有关该类设计思想的贸易形态的主流是完成品的进出口，通过将规模经济、产品差别化与对象国的市场需求相对应的对外直接投资（FDI）形式，在当地构建生产、销售和支援服务。

很难准确预测这种新型的贸易、投资关系在国际市场可以占据多少份额，但是从国际市场结构的角度出发，考虑与 IT 革命密切相关的产业（互联网、多媒体等所代表的信息、通信产业）以及应用 IT 相关技术（以信息网络物流革命为代表）的现有重化工业的再活性化（流程再造或重组）所带来的业务创新（以及公司治理创新）之间的强大关联性，我们认为发展中国家，尤其是实行改革开放，加入了 WTO 的中国如何参与全球生产网络，将是重大课题。代表性事例有，在计算机相关的硬件领域中，同为华人社会的台湾积极参与国际市场，以及印度在计算机相关的软件领域内的积极投资（同时，无论哪个国家都具有完全依赖于发达国家需求的方面）等，以此为例，中国在国际市场的该领域内的前景如何？在这一点上有一个不争的事实，即在各产业领域内的核心竞争力及其相关的全球标准方面，大多数被以美国为首（例如美国，在基于基础性技术的开发方面保持着竞争优势）的发达国家企业所"垄断"。从这一层意义上讲，各发展中国家以及中国的机会是有限的。

到目前为止，我们一直将焦点放在国际市场的基础领域和最新的产业领域，试图弄清国际市场的结构和主导者。顺便提一下，国际市场的中间领域由占据大部分贸易份额的重化工业产品构成，形成以发达国家的国内市场为中心的"垄断体制"下的市场支配，市场价格在需求与供应的功能调整之前，即"完全竞争"之前，作为垄断价格而成立。跨国企业是其典型，被企业所内部化的贸易不再是一种市场关系，这一结果伴随着很多变化。首先使转移价格成为可能，并被利用于节税、资金流动、强化竞争力等各种目的。[①] 垄断价格体制下的发达国家的国内市场，以及被脱离市场关系的价格设定所支配的跨国企业体制下的国际市场，其相同特征是垄断资本的恣意性。

如上所述，我们对当今国际市场的结构或形态进行探讨，是因为还留下一个问题，即在充分预料加入 WTO 后的中国贸易得到快速发展之际，从大的方面讲，以发展中国经济的角度来看时，单凭中国的社会主义市场经济论是否可以达成？纵观中国贸易在国际市场中的地位，我们看到，中国在以丰富而廉价的劳动力为背景的劳动密集型商品生产上具有其优势的同时，另一面，随着新的技术革命不断蓬勃发展，信息和通信产业本身的发展却无法从国际分工（贸易）中得到保证。所谓高科技产品也是如此，其核心技术部分全部掌握在发达国家企业手中，在国际法上，其占有权受到 WTO 所辖的TRIPs（与贸易相关的知识产权协议）的保护。另外，在产品设计思想的任一形态（还有开放型）中，产业垂直型分工中属于低技术、低工资的零部件生产被配置于发展中国家（如中国），其领域内的附加值生产明显低于发达国家。[②] 在这种国际环境下，中国有以下两种选择：①通过开展经济外交，致力实现不行使文中所介绍的 WTO 附加条款这一"特殊中国化的"歧视；②充分利用中国产业结构调整和后发优势，实施积极有效的产业政策。这里的产业政策取决于对 WTO 的 TRIMs（与贸易相关的直接投资措施协定）的运用（当前的具体内容包括出口实绩的必要条件、国内产品利用的必要条件、本国汇款管制的必要条件等），然而这些产业政策与关系到国内外的资本（外国资本为对中国的直接投资）待遇的国民待遇之要求相抵触。因此，如何进行应对，就需要发挥中国的外交能力。因为在 WTO 的 GATS（服务贸易总协定）中，旨在实现前述经济的服务化，尤其是以近代商务服务（银行业、电信及通信服务等）的国际交易自由化（WTO 成立后各国签署了 IT 协

---

① 〔日〕木下悦二：《关于国际生产网络的各理论》（上）、（下），《世界经济评论》，2006 年 7 月号及 8 月号。

② 〔日〕石田修：《经济的全球化与贸易的垂直结构》，《经济学研究》，2004 年第 70 卷，第 4、5 合刊。

定，中国也参与了该协定）为目标，最惠国待遇及内外无差别的国民待遇这两大原则，已在新的贸易关系中得到稳固落实。

结 束 语

社会主义中国的改革开放路线自 90 年代进入了社会主义市场经济建设的全新时期（1992 年以后）。进入经济鼎盛期（其鼎盛情况曾被誉为经济上的"日美战争"）的日本大规模经济泡沫及其崩溃，以及在"迷失的15 年"下的长期低迷；远至西欧深化电子商务经济整合的启动和推进；以及 1989～1991 年间的战后冷战体制结束导致的中、东欧以及苏联的的政治改革，西方的市场经济模式所引致的经济改革启动等，在这些促使美国确立起独立霸权的事态快速发展之时，20 世纪 90 年代揭开了序幕。在 90年代初期，美国领先于世界其他国家成功实现了 IT（信息、通信）革命，在经济效应上与日本、欧洲各国拉开了距离。即包括硬件和软件在内的信息、通信产业的兴起及全球性发展（以互联网为代表），实现了流通领域革命，以及现有产业的流程再造和重组（产业革新和全新的公司治理的出现）等，概括而言，通过确保在上文中所提到的产业群的核心技术方面具有的核心竞争力（全球标准），开始向全球发展盎格鲁—撒克逊（新美国）模式的证券资本主义。

概观这种结构和安排，看起来或许像是谬论，但在日本，一部分人提出了美中一体化的"超级资本主义"[1] 论，即一极是独占"知识资本"（知识财产）的美国、另一极是确立起"世界工厂"之生产基础的中国，这个问题世界将拭目以待。

---

① 关下稔：《跨国企业的海外分公司与企业间的协作—超级资本主义的两轮》，文真堂，第 1 部，2006。

中国深圳市地区福利的现状与问题 *

序

2000 年，随着中国老龄化速度日益加快，为了解决老年人的需求与服务之间的矛盾，民政部制定政策，即提议推进五个社会化，包括：①总结试点的经验，扩大试点的范围；②准备举办"社会福利社会化活动会议"；③深化国有社会福利机构的改革，通过政府宏观调控及社会化中介组织的经营管理，以及通过社会福利服务机构实现实体化运营等，探索新的道路。改变国家一手包办、一手管理的现象，国有福利机构必须面向市场，依靠优质的服务加强其独立生存、独立发展的能力；④积极提倡家庭养老，通过社区大力发展面向老人的服务；⑤动员全体社会力量，向居住在农村的老红军、烈士家属、退伍老军人伸出援助之手，送上温暖，帮助他们解决生活上的困难。目标是争取在 2000 年之前根本解决他们的生活困难、住宿困难、医疗困难等问题。①当前，一方面遗留有几项未解决的问题，另一方面随着城市地区快速进入老龄化社会，改革迫在眉睫。根据 2003 年颁布的《关于民营社会福利设施的官方援助及社会福利设施"国有民营"的指导意见》②，以政府的官方服务为主体，还采取通过非正式民间组织作为补充。推进政策转换，

---

 * 和田　要：海外事务研究所研究员。

 ①　《人民日报》，日文版，2000 年 1 月 3 日，第三版。

 ②　民政部政策研究中心李慷编《中国民政事业发展报告（2003～2004 年）》。

特别是以城市地区的基层行政组织（即街道及居民的自治组织）、以居民委员会（社区组织）为中心及以民间部门为中心，促进老年人福利服务事业的发展。① 作为改革的一环，2007 年以后中国政府打算"今后五年内培养 10 万名社会福利相关职员"，但如果从超过 1 亿老年人的实际人数来推算，假设特别需要照顾者占当中的两成，即达到 2000 万人，则需要 500 万名相关护理人员担任照顾、看护工作②。不管是否采取日本那样的社会福利服务提供方式，仍然可以看出中国老年人社会福利需求非常庞大，有启动市场提供服务的需求。再加上如果把今后所有的残疾人士社会福利需求都考虑在内，可想而知市场将非常庞大。③

第一节　深圳经济特区的现状

广东省深圳市于 1980 年被中国政府划定为经济特区，而香港在 1997 年回归中国。深圳市是连接香港的交通经济要地，从发展情况看，GDP 增长在中国是最高的，广东省 GDP 为 22366.54 亿元，经济增长率为 13.8%。广东省的人口为 7954 万人④，其中深圳市为 5977500 人。⑤

表 1　深圳地区人口

单位：人

	福田区	罗湖区	南山区	盐田区	宝安区	龙岗区
户籍人口	422400	332700	258000	30200	331000	276600
常住人口	996300	799600	671000	162600	1987000	1358800
社 区 数	85	115	96	17	172	127
经济特区	经济特区	经济特区	经济特区	经济特区	特区外	特区外

资料来源：《2005 年深圳统计年鉴》，深圳年鉴社，第 56～57 页，由笔者编制。

---

① 鲁炜：《中国老年人福利的现状——以大连市高龄者在家看护福利服务事业为中心》，在冈山大学文化科学研究科博士课程中就大连市老年人服务的展开与课题进行的叙述。

② 日本方面，65 岁以上的老年人接近 20% 需要看护，4 名需要接受看护者由 1 名专门看护的人员负责，该设想虽然不能直接套用到中国，但可作为假设计算时的参考。

③ 根据《日本工业新闻》2006 年 6 月 5 日、7 月 31 日、8 月 7 日的报道，杨军氏的中国福利市场备忘中有关老年人服务及残疾人福利用具的相关报告。

④ 2005 年的中国统计 http://searchina.ne.jp/business/004.html.

⑤ 2004 年 6 个行政区的常住人口。《2005 年深圳统计年鉴》，2005，第 56～57 页。

随着产业化的发展与居民收入的增长，深圳市的保健、医疗、福利需求预计会有极速的增长。例如2000年中国人的平均寿命为71.4岁，根据中国卫生部的调查，60岁以上老年人的慢性疾病率上升至60%～70%，60岁以上的残疾老人占16%，所有残疾人士中的40%均为老年人。另外，衰老多病、卧床不起的老年人当中，60岁～69岁占3.16%，70岁～79岁占4.22%，80岁以上占4.3%。[①] 在老年人的疾病特征方面，高血压、脑血管疾病、糖尿病是老年人的三大疾病。另外，在中国患认知障碍疾病的老年人当中，估计65岁以上的老年人有10%左右患病，数值超过500万人[②]。可见中国医疗服务需求及医疗费增加已经发展成为社会的压力。由此可见，如何针对老年人设计保健、福利服务措施这一点，成为重要的问题。

特别是社区对于老年人及残疾人士的保健服务的改进是当务之急，如何确保社区（地区自治社团）中的居民安心及安全，如何令"敬老"这一中国的优良文化传统在人们生活中成为现实的服务是当今社会所需要解决的。

第二节　盐田地区的社区居民委员会

2006年11月，通过与深圳大学的学术交流及对深圳市进行的调查，特别值得一提的是对地区福利的调查实践。一种称为"盐田模式"的社区服务方式（Yantina model），中央政府寄予了极大的厚望。

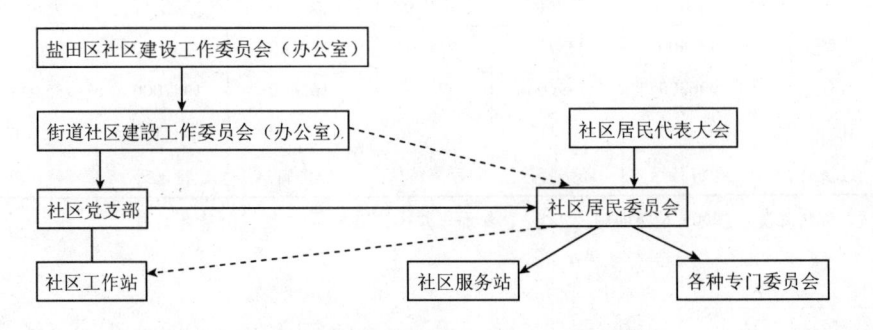

图1　盐田地区社区组织体制

资料来源：摘自侯伊沙：《透视盐田模式》，重庆出版社，第32页，2006。

---

① 杨中新：《中国人口老龄化论》，社会科学文献出版社，2006，第240页。
② 王弟臣、李浩、魏明、周建明：《老年痴呆》，科学技术文献出版社，2004，第17页。

2005 年深圳市盐田区委员会及人民政府着手社区改革，通过社区委员会规定选举、社区资源的共享、社区引入市场服务等措施，创立了"盐田模式"。① 完善了盐田地区的地区福利体制（见图1）。

盐田地区从古至今都与香港有着密切交流并受香港文化的强烈影响，具有社会资本的背景。作为盐田地区中提供社区服务的组织，其中担任着重要职责的是社区居民委员会。通过选举选出地区居民代表，他们与"社区党支部"合作，作为一个提供服务的组织，通过"社区服务站"、"各种专门委员会"以及社会工作者等的协助，了解老年人的需求并决定服务种类。这些跟是否拥有盐田地区户籍无关，根据公平、公正的原则满足民众需求，这一点也获得好评。

一 社区居民委员会

盐田地区中的社区居民委员会与日本的社会福利协议会在功能上发挥着同样的作用。社区居民委员会是在社区党委指导下的社区自治组织，根据民主选举、决策、管理、监督的方针运营。社区居民委员会的主要职责有7 项。

（1）与社区内的相关组织合作，增强居民团结、互助及平等的意识，激发居民参与社会的积极性。

（2）对社区的重大决策实行调查、研究、评议及监督。

（3）收集居民的信息和意见，向政府反映意见，维护居民的权利。

（4）进行宣传活动，促进居民参与社会。另外，监督社区公共设施的使用情况。

（5）向政府报告社区的重大决定事项。参与社区的财政预算，接受居民代表的监督。

（6）解决伴随社会工作产生的问题。

（7）指导残疾人士、女性、就业者、青少年、企业主及专门委员会的工作。

以上7 项职责，涵盖了从老年人到儿童的需求，在提供服务领域方面，除了提供教育、文化、保健、福利服务之外，根据社会要求正朝着社区自治与居民个人选择和决定这一并存结构发展。

另外，从社区居民委员会的活动来看，有如下内容。

（1）成员由选举决定，一般为 5～9 人，主要工作是举行协议会及展开

---

① 包括深盐民，2005－7 号"社区居委会选举工作通知"；深盐府，2005－23 号"推进社区服务市场化若干政策的规定"等。

各项活动。

（2）举行社区居民委员会的会议与居民代表会议，公开财务状况。社区居民委员会进行各项活动之前需要先得到居民代表大会的支持并遵从国家法律。

（3）监督属于政府的社会工作。

（4）每年最少举行一次居民代表大会，对社区居民委员会的工作进行评估。

（5）社区居民委员会从根据上级命令行事转换为反映民意、进行决议。

二 社区居民委员会的活动（社会工作＝社区活动）

盐田地区的社会工作（社区活动）功能有 5 项：

（1）社区组织、环境、卫生、治安、安全、计划生育等 6 项工作。

（2）提供政务方面的服务。

（3）摸索具有社区特色的活动及发展路径。

（4）管理社区的公共事业。

（5）协助社区委员会，发展居民的公共事业。

三 社区服务事业所

社区服务事业所是非赢利组织。工作内容有以下 3 项：

（1）配合居民的需求，提供方便居民生活的服务。

（2）以政府购入服务项目的形式，提供社会福利服务、社会保障、残疾人士及老年人的义工服务事业。

（3）举行活动，以便让老年人可安心在社区生活，让残疾人士也能轻松参与社会。

社区服务事业所的服务范围还包括图书馆、健身中心及老人之家。社区委员会、社会工作、社区服务事业所的工作全部在政府指导下。

四 利益分离体制

（一）社区组织的经费与财务管理

在新的制度规定中，关于社区居民委员会及政府财政关系，社区居民委员会拥有财产管理权利，必须定期公开收支报告。

经费的来源：政府每年的固定补助费（2005 年为 5 万元设置费与 4 万元运营费）、社区居民委员会的财产收益以及捐款。

社区居民委员会所拥有的固定资产、非固定资产收益是居民的财产，其

使用状况每月向居民公布，若使用金额一次超过 5 万元时，必须举行居民代表大会，通过后才能使用。社区居民委员会的收益只能用于社区内的活动。

社会工作的财政由政府直接管理。

社区服务事业所的财政收入，包括政府向居民提供社会福利服务及公共事业的资金，向老年人、残疾人士提供服务的收入（国家支付服务费用）以及社区收费服务的收入。

（二）人员配置与工资待遇

原本政府财政项目中没有社区居民委员会的支出项目，但由于其协助政府展开工作，因此实行以下补助：主任每月补助 800 元、副主任每月补助 500 元、委员每月补助 300 元。

参加社会工作的人员分为专职及兼职两种。

他们的工资为每人每月 3000 元，中心主任及中心副主任分别支付职位津贴每人每月 1500 元与 1200 元。

（三）关于事业所的建筑物权利

在新制度中，政府与社区投资建设的房屋由政府、社区居民委员会、社区工作与社区服务事业所共有。即使有空房也不能擅自出租，此外，通过协议达成的租赁收入也只能用于社区福利事业。

关于社区居民委员会的流动资金，来自政府的资金均作为社区工作的经费。提供社区服务的所得收入必须用于社区服务。社区服务事业所的建筑物，政府可征收使用，也可持续用于提供社区服务。

五 关于盐田地区社区居民委员会的概括

"盐田模式"是将社区中的活动从社区居民委员会中分离，作为社区的政府组织发挥功能。

社区工作中心的职员不能由社区居民委员会委员兼任。工作内容为社区组织、卫生、环境、治安、文化、计划生育等 6 项。同时协助社区居民委员会进行居民的事务管理。

另外对于在社区中心工作的职员，社区居民委员会拥有推荐、解雇的权利。在新制度中，从以前那种政府→城镇乡→社区委员会的管理体制，转变为政府→社区事业所→城镇乡社区管理事业所→社区工作中心、社区居民委员会，一起发挥各自功能的模式。

在经费与财产分配方面，能使社区居民委员会与社区工作中心的财务主体彻底分离。社区工作中心的财政直接由政府管理，不向居民征收费用。社区居民委员会拥有经济主导权，并在银行开户。社区居民委员会的委员没有

工资，给予相当于社区工作中心职员工资的 1/5 作为津贴，不过经过居民同意后可从社区服务事业所的收益中支付津贴。根据以往的经验可知，通过社区服务事业所提供服务所得的收入，社区居民委员会的财政实现盈余。

社区居民委员会确保其事业所的办公面积为 100 平方米。至于其他需求，则由社区服务事业所使用社区工作中心来解决。

可以说，在新制度中，从组织责任结构中将政府与自治体相分离。在财政方面，初期的社区居民委员会与政府之间保持着一定的关系。新的社区管理模式中，政府组织的行政权与社区居民委员会的自治权的矛盾难以避免。长久以来由于政府掌握着对社区组织的指导权，因此社区自治体处于难以脱离政府组织的控制状况之中。①

今后的问题

盐田区的人口约为 19 万人，以老龄化率为 10% 计算，约 19000 人为老年人。如果老年人中有 20% 需要接受医疗、看护服务，则为 3800 人。盐田地区共有 17 个区，如此一来，每区就有约 230 名需要接受紧急医疗、看护服务的人士。今后随着盐田地区的发展，不难预测福利需求会进一步扩大。在社区居民委员会的活动方面，可以预见非赢利组织（NPO）及赢利企业的参与会进一步扩大，并需要省政府及深圳市等进行及时应对。为了通过地区居民的自主活动来引领福利服务提供功能的不断加强，必须对人力、资金、物资、信息有效地组合。而当务之急是医疗、福利相关人才的培养。为此大学及专科院校中有必要增设社会福利学及看护福利学、看护学相关的人才培养。要通过确立起社会保险制度（医疗及退休金乃至看护）方式提供服务，可以说需要政府、企业以及地区居民的参与。

考虑到要由家庭成员以外的人进行属于扶养范畴的照顾及看护，就必须进一步推进人们的观念改革。另外，信息及工学等技术应用社区生活的时代已经来临。

---

① 侯伊沙：《透视盐田模式》，重庆出版社，2006，第 34~42 页。

东亚老年人养老保障制度
开展的特质及问题 *

——以日本、新加坡、中国上海市为例

第一节　问题提出

在东亚老龄化急剧发展的进程中，完善和充实老年人的养老社会保障制度建设的需求激增，而与退休金、医疗并列的护理问题则一度落后。但在 20 世纪 90 年代中期之后，在传统家族价值观基础上对私人保障的期待日益高涨及强化，护理也逐渐朝着社会化服务的方向展开。

笔者着重针对 20 世纪 90 年代中期新加坡与中国制定的关于老年人法律，从"赡养方法"的角度予以关注并进行了调查（篠崎，2000）。而在韩国，并未实行这样的立法措施，而是通过基于"民族价值"的道德教育，实现敬老精神，由此推进对老年人养老采取私人、家庭式的方式。不过，从东亚各国不断扩大的护理需求及不断减退的家族护理功能来看，预计建立社会性服务提供体制将无法避免。并认为为了从私人层次上保障可谓是受到亚洲式亲子关系文化影响，通过法律的手段，确保社会性服务体系建设。而社会保障中的护理应如何定位，对于亚洲各个国家而言都是历史性的未知考验。因此，包括其社会的家庭观、家族构成及功能的实际状态、担任护理工作的女性社会地位和职责的变化以及围绕性别的政治、老年人自身的意识及其要求的护理水平、社会护理服务的人才培育、服务需求与提供的调整制度架构形成、财源及公私负担平衡等等，众多因素相交织，导致无法正确把握政策

---

* 篠崎正美：熊本学园大学社会福利学部。

展开的方向及进度。

日本于 1997 年判定《护理保险法》，2000 年之后，新加坡及中国也向着护理的社会化发展。包括韩国内在，也将从 2008 年开始引入《护理保险法》。

在本文中，从伴随产业化发展而无法预期的老龄化问题，以及由此产生的东亚各国老年人社会保障的一系列问题出发，首先介绍最初在亚洲开始护理服务这一社会保险的日本的现状与问题。其次，就制定《孝顺父母法》及随后开始迈向护理服务社会化之路的新加坡与中国（特别是上海市），把握其措施的实施与内容、问题与意义、与《孝顺父母法》的关联、其措施的政治性激励特征等。最后，将今后东亚各国的经济发展纳入视野，对于在经济发展中的老龄化，思考如何妥善展开护理保障制度等问题。

第二节　福利国家论中的东亚

无论在哪一种社会中，产业化与经济增长，均并非是造成人口老龄化的唯一原因。H. Wilensky 已经在 20 世纪 70 年代中期，对于人口老龄化速度加快使得退休金、医疗等社会保障制度成为必然这一收敛理论进行了论述（1974）。同时，他指出各国的福利措施及所强调的程序、行政风格、围绕福利的政治策略有很大的差异，并指出社会保障制度将实现多样性发展。不过在对福利国家比较研究当中，日本被定位为先进国家当中的例外，原因之一是"家族的价值与亲属制度的保留"（Wilensky，1975）。与他编写著作时所处的 20 世纪 70 年代不同的是，在当今日本，随着核心家族化进一步发展，个别化、多样化使老年人扶养意识及功能大幅减退。尽管如此，与欧美各国相比，依靠家人的私人保障所占比例仍然很大。

1990 年，与 Ramesh Mishra 的福利国家的"时系列分析"并列，Espin-Andersen 以断层解剖的手法关注与福利国家分析相关的政治制度的差异，对比较研究的发展起到很大的促进作用。对于福利国家体制（之后改为福利体制），Espin-Andersen 构筑了"社会民主主义"、"保守主义"、"自由主义"三种类型。关于这一福利体制论，日本研究者指出，日本与欧美各国并列比较分析较难，原因是日本是基于"企业"与"家族"的"企业社会"。主张该论调的学者指出，引入关于福利体制论及福利国家发展（后发性）观点的必要性（宫本，2001）。比较欧美福利国家形成过程及后发型福利国家具有优先经济发展的特点，这样的后发型福利国家是否应该归于三个福利体制之

中，尚且值得讨论。

福利体制论中，根据政治性激励的不同方式，市场、家人、国家其中一项作为制度形成的基础能否得到重视也各有不同，而作为说明此种差异的尺度，主要使用"脱离商品化"、"脱离家族化"、"阶层化"指标。而日本，它是属于因基督教民主主义的主动性而重视家人作用的保守主义（例如德国），还是属于受美国市场主义极大影响的自由主义体制，又或者说是处于两者之间，还是属于第四种类型，对此一度备受争议。对于第四种类型的体制的观点，Espin-Andersen 表明这是儒教伦理代替保守主义体制中的基督教民主主义功能的产物（2003）。

但是，对于将东亚各国福利的特质归于儒教伦理的观点，也有不少批判意见。Goodman 等总结出以下的东亚福利模式特点（1998）。该模式将财政资源集中于经济开发框架，并在其框架之中进行适合于开发的福利体制设计。从而，对于狭义的福利，政府控制其支出，但政府的规制却加强。在此基础上，企业、家人、社区等非政府机构成了福利提供的主体。除此之外，笔者认为还存在着一个重大问题，也即在东亚各国社会当中，儒教式的伦理在男性与女性、民众与政治领导层当中存在着不同的影响。如上所述，在比较福利国家论当中，以日本为首的东亚各国占有特殊的位置。

目前，东亚地区各国经济高速增长，在这一过程之中，也经历着欧美从未有过的快速老龄化。本文对老年人的社会保障、退休金、医疗护理保障方面的措施实施、性质与问题进行了考察。

在本文中，与日本一起进行考察的对象还有新加坡与中国上海市，三者均有《孝顺父母法》或相关规定这一共通项目。不仅如此，①2000 年老龄化率超过 10%（但在这两个国家和城市，老年人是指 60 岁以上的人士）；②退休金、医疗保险制度（成熟度另当别论）基本齐备；③将老年人护理服务的社会化作为一项政策开始实行。上海市只是中国的一个城市，将其与其他两者相提并论的原因是该市在中国最早进入老龄化，中国的各种护理保障政策均在此城市首先执行及进行试验，是一个特殊的试验地区，并将根据其试验成果决定能否在全国范围展开。中国今后将会有庞大的人口进入老龄化，而上海市则是中国老年人护理保障制度开展的代表，因此将其选为其中的一个对象。

第三节 三个对象的护理保障制度、措施实施与特征及问题

对经济发展阶段及政治体制相异的三个对象进行单纯的比较几乎是不可

能的。倒不如先针对两个可谓后发型先进国家（日本与新加坡）对人口老龄化如何作出社会性处理，就其实施过程及其特征、问题进行探讨，然后再就中国上海市对护理保障的处理特征及问题进行分析，这样更为必要及有效。

一　日本

在日本，经济增长末期的 1971 年，老龄化率超过 7%，1973 年宣布定为福利元年。2005 年老龄化率超过 20%，老年人口为 2500 万人。2020 年预计老龄化率达到 30% 的水平。目前，前期老年人比后期老年人的人口比率约为 6:4，预计 2025 年将会刚好相反。2015 年，人口稠密的"团块世代"将全部变为大量领取退休金人士，同时，发生大量护理问题的可能性也很高。日本在 20 世纪 70 年代曾经由于两次石油冲击而进入了低增长时代，可谓勉强经历了"先富后老"的过程。在发达国家之中率先于 1963 年制定《老人福利法》，开始计划从国家财税源中拨出款项建设各种老人福利设施，而面向需要在家庭接受护理的老年人开展的家庭帮助服务也在各地通过地方自治体等财源扶助开始，之后作为厚生省（现构成劳动省）的工作进一步扩大。

从 20 世纪 80 年代开始呼吁的行政财政改革，到 90 年代泡沫经济崩溃之后，在社会福利结构改革方面已开花结果。80 年代中期将"家庭基础充实政策"作为日本型福利进行推进，但无法固定下来。女性就业增加、女性走向社会的现象及女性在性别分工意识中的变化，以及老年人单身户情况，夫妇二人户的增加，家人护理功能的衰退，老年人特别是老龄女性对社会护理服务的需求增多等问题，均使"行政处理"向"合同"方向转变，从而引入"官方护理保险制度"（从 2000 年 4 月开始）。

2000 年，引入护理保险的各项理由中，最大的理由是社会保障费中医疗费、特别是老人医疗费的增长受到控制。这是为了排除"社会性住院"。即指将本来不必要入院的老年人送返家中，或者让他们在费用较便宜的老人护理保险设施中接受照顾而不是住在医院里。在护理保险制度当中，争论最多的是引进了市场化机制，使得民间赢利性企业也可提供服务。经过 5 年，社会性住院问题虽然表面上得到了解决，但是，由于在家接受护理的人数及利用服务数量增加超过了预期的数字，成为护理保险财政恶化的一大新问题。从 2000～2003 年间，65 岁以上的老年人数目增加了 12%，确认需要护理的人数从 218 万人增加到 271 万人了，增长了 78%。护理保险总费用从 3.6 兆日元变为 2004 年的 6.1 兆日元，增长 200%。预测 2017 年增长至 10.2 兆日元，2017 年的医疗、护理费总额将超过 50 兆日元（日医总研，2005）。

2003 年，对护理保险费等制度重新调整后，2005 年 10 月开始修正

《护理保险法》，为求避免情况严重化，对预防事业、进入福利设施者的建筑成本负担、需要接受护理的人员资格认证及护理管理的完善和公平的体制等进行了重新设计，并重新开始。但是，撇开根本原因，还留下了一些争论与待解决的问题，例如，护理保险中真正覆盖的护理是哪一部分？为了尽可能在家自立生活、或者一边接受护理一边如常生活，应该采取哪一种护理保险制度？需要在家或其他居住设施中接受医疗服务的需要护理者，应如何妥善对待？为了保卫老年人的尊严，对于护理的数量及质量应如何提高？财政中的公私负担方法？人才的确保与劳动条件的完善等。日本的护理保险制度中，引进制度时及引进后的财源问题极为严重，作为公共支出财源的消费税率、被保险人的年龄层扩大、个人护理保险费负担额、服务使用者的使用费负担率（当前为 1 成）与提高护理质量等问题如何处理，担子变得越来越重。

从与家人的关系来看，在修正《护理保险法》之下，护理设施的建筑成本及保险费的层级估算并非以个人为单位，而是以户为单位进行，家人（同居的家人）则非明确地计算在内。一方面由于经济理由而与世代分离的意义背道而驰，另一方面在同居家庭及分别居住的家庭之间形成了费用负担的不公平。另外，其本身就已经具有不符合阶层差别、性别差别以及退休金成熟之前的时代差别等现实的问题，其中一部分由家庭的私人保障负担，有些又不是，这也是现实。今后，为了形成可持续的保险制度，将家庭的责任与作用包括在内的财源争论也许会浮出水面。在《民法》及根据《民法》进行的判例当中，认为由于实际的"护理行为"负担过大而应该"自发性"进行，不应通过法律强制来进行的意见占很大比重。因此，预计还会出现有必要区分护理费用与护理行为的争论。在家庭成员之间和社会成员之间的公平负担、税收负担与自主努力之间的意见达成共识，以及进行贯彻社会保障意义的国家教育等方面，民众的主动参与非常重要。

除此之外，面对下一次的法律修正，还提出了各种各样的问题，包括被保险人的范围扩大、与医疗保险联结、与残疾人士的护理支援进行整合、确保护理质量及护理劳动者的劳动条件等。

二　新加坡

1965 年独立建国时，新加坡曾被称为"没有未来的城市国家"（田村，1999），但是，在人民行动党的领导之下，努力致力于市场经济发展，实现了"经济增长的奇迹"。老龄化率（60 岁以上）在 20 世纪 70 年代已经超过

7%，2005 年达到 11.8%。加上第二次世界大战后的婴儿潮时代出生的一代人现今将超过 60 岁，预计在 2010～2020 年，老龄化平均每年增长率将达到 5%。到 2030 年，这些人将成为高龄人口（75 岁以上），护理问题将一下子凸显出来。

关于老年人扶养方面，1989 年设置了"关于家人与老年人的国家评议会"，老年人扶养政策明确化。老年人的照顾，是老年人本身、家人、地区社会、政府都关心的问题，并明言"家人是社会保险"。为通过法律确定此事，1996 年实施了《双亲拥护法》。年老的父母无法自己维持生活时，或者病弱时，可向法庭申请由子女支付生活费及赡养（养老）费用等（篠崎，1999）。

在此之后，有必要对于不断增加的老年人经济保障、护理保障，有着稳定并及时的应对。此外，还应看到，以 90 年代在国际社会登场的"亚洲的价值"争论为背景、以"家族价值"为主轴，提出了"国民共有价值"路线的指导层的政治主动性。通过媒体，向国民大力宣传"爱、照顾、关怀"，"孝顺父母"，"承担义务"等价值观（田村，1999）。

但是，2000 年政策发生了实质性转变。对于贫困层及没有家人的人们以及中间层不断增长的护理需要的应对迫在眉睫。"家人是社会保险"这一基本理念继续存在，政府创设了"老年人护理基金"。开始投入经费加强老年人服务设施建设及建立运营费补助。新加坡是一个由中国人、马来西亚人、印度人等多民族构成的社会，已具备民族集团、宗教集团中的相互扶持或者慈善机构提供福利服务的基础，这些可被以活用。如中国人之间，在拥有自我责任观念的同时还有家族主义的相互扶持精神，除此之外，还具备个人或企业捐赠的文化基础。这些都成为社会性护理保障政策的承托基础。在新加坡社会中属于有色人种的马来西亚、印度民族集团之中，具有民族相互扶持的牢固社团组织，特别是信奉伊斯兰教的马来西亚人。在这里，超越阶层差异的相互扶持组织很发达。

在护理保障出台之前，新加坡已经在早期引进为促进家人亲属世代之间相互扶持的住宅政策以及一般的先进住宅政策。对于可让父母子女住在邻近的生活进行支持的住宅政策正是其中之一。除此之外，还开始实行可进行老年人社区护理的城市住宅政策。

除了教育、住宅及医疗，在新加坡长期公开宣称"家人是社会保险"，由于没有福利国家这一国家意识，民间的自助、共助福利提供才会这么发达。如今，可以说这已经成为展开新护理保障政策的服务基础。目前，新加坡的护理保障的一大主题是如何确保护理劳动者劳动条件及其人才培育。笔

者访问过居住着伊斯兰教徒的马来西亚居民中的老年人护理设施，在护理工作人员当中，除了管理层之外，几乎全部都是从印度尼西亚出来打工的女性。这些从 15 岁~25 岁、从事限期移民劳动的年轻女性们，并没有接受过特殊的护理训练。据说以保护为名，限制她们每两周才能外出 1~2 次。这些设施建设用政府的补助金进行，实际运营则由马来西亚的宗教社团操作。一部分采取了公设民营的形式。

在另外的基督教设施之中，有的则全部以捐款进行建设运营，由来自韩国及日本的修女运营，地区的义工也会到那里帮忙。另外，还设置了一些与上述形式完全不同的收费型民间老人之家。这些老人之家，通过民间合约的签订，适合一些收入所得较高的人使用。但是，在护理人员中女性的就业率较高，在没有实施保育公共政策的国家当中，雇用菲律宾及越南移民劳动者为全职（住在家里）或兼职保姆（定时到家里来），充当保姆或家务佣人的情况随处可见。在以帮工形式雇用外国女性劳动者的国家之中，构建可提供优质护理服务的社会人才培育系统是迫在眉睫的问题。另外，在这些问题解决过程中，新加坡政府不一定会撤回否定福利国家宣言，该政府将如何发挥主动性，还是不会发挥主动性，均将受到各界的关注。

三　中国上海市

（一）人口老龄化的现状

上海市估算户籍人口为 1400 万人，非户籍人口为 500 万~600 万人，众所周知，该市在改革开放经济之中经济发展最为显著。随着生活水平的提高，人口平均寿命正在延长，1961 年为 67.0 岁（男女合计），1995 年已经变为男性 74.11 岁、女性 77.97 岁；2000 年为男性 76.71 岁、女性 80.81 岁；2005 年为男性 77.78 岁、女性 81.81 岁，与发达国家水平相近。而且上海市是 1979 年之后实施"计划生育"政策最成功的城市之一，婴儿出生率在 1998 年已经创下万分之 0.86 的最低纪录，目前也控制在万分之 0.9 以下。1993 年人口自然增长率变为负数，相对于 2005 年出生人数为 6.2 万人，死亡人数则为 10.1 万人，呈大幅度负增长（由于外来非户籍人口众多，必须考虑城市整体人口的社会增长率）。

由此可见，上海于 1979 年已经在中国最早创下老龄化率为 7% 的记录（人口中 60 岁以上的人口），2005 年为 19.6%。2005 年，60 岁以上的老年人为 266.37 万人，其中有 84.43 万人为 75 岁以上。预计 2010~2030 年期间，伴随着老年人口增长，将出现"2-4-8"的家庭结构趋向，护理问题骤然爆发的可能性极高。

表1 1995～2050年上海市常住户籍老龄人口的推算

年 次	60岁以上 人口数（万人）	比例 （%）	65岁以上 人口数（万人）	比例 （%）	80岁以上 人口数（万人）	比例 （%）
1995	226.83	17.4	155.60	12.0	23.01	1.8
2000	238.30	18.2	183.82	14.0	29.62	2.3
2010	291.58	21.5	197.24	14.5	47.09	3.5
2020	449.61	32.9	301.41	22.0	52.38	3.8
2030	488.60	37.1	401.20	30.4	72.58	5.5
2040	438.17	35.5	357.58	29.0	129.36	10.5
2050	415.62	36.8	323.48	28.6	105.78	9.4

资料来源：上海市人口与发展研究中心：《东亚地区老龄化问题研究》。

有老年人的家庭总数为137.69万户，其中有1位老年人的家庭占64.7%，有两位老年人的家庭占34.4%。表1为对上海市常住户籍人口老龄化在未来几十年的预测情况。

（二）关于老年人护理保障政策的展开

上海市正面临先进国家的所谓"两老一少"以及发展中国家的"一速一低"的双重挑战。另外，传统的三代同堂家庭比重变低，老年人自身也希望在已习惯的住宅及周边环境中安享晚年。据1999年3月的新闻报道指出，希望和子女居住的仅占10%，希望单独居住的占60%，希望就近居住的占30%。

关于老年人的养老问题，根据1995年10月"上海市老年人口综合调查"显示，主要由配偶照顾的老年人占42.3%，主要由儿女照顾的占21.2%，由亲戚、邻居、他人照顾的占6.7%，保姆照顾的占21.2%，社会性护理占4.8%。私人护理占压倒性的多数，而以"保姆"形式的"用钱买服务"这一项占了1/5多，颇为值得关注。此外，平均寿命迅速增长、少子化、男女平等的就业、改革开放经济发展引致的城市内外人口流动等主要原因，导致老年人社会保障方面的护理、看护问题迅速成为社会问题。

鉴于上述情况，从护理保障相关的城市政策演进来看，大致可分为三个时期。如果分析各个时期的政策的特性和动向，可观察到下述开展情况。

1. "劳动单位"福利＋救贫社会福利向改革开放体制福利的过渡时期

（1）上海市老龄委员会从20世纪80年代开始对于以老年人的护理、看护问题研究及以此为基础的社会工作的存在方式提出了试行方案（"地区社

会为老人提供服务的事业"，"比较年轻的老年人为更老龄的老年人服务"等）。

（2）1989 年，上海市施行"老年人保护条例"。

（3）1992 年，上海市设置老年法庭。

2．"护理服务社会化"体制的探索期

（1）1996 年，上海市老龄工作委员会在成立市老龄科研中心的同时，成立了"城市老年养老保险研究"的课题组。根据研究调查的结果，提出设立"多阶段、多形式、多途径"的老年人护理保险体系的试行方案。1996 年公布了《中华人民共和国老年人权益保障法》。

（2）1997 年 9 月，上海市政府举行了关于老年人工作的合作会议。认识到"当前上海市最令老年人烦恼的问题就是护理问题"。

（3）1998 年 3 月、6 月，上海市老龄工作委员会、老龄科研中心邀请专家及职员参加市老年人护理问题研讨座谈会。

（4）1998 年 8 月 18 日，上海市第 11 次人民代表大会常务委员会第 4 次会议通过并公布了"上海市老年人权益保障条例"（从 1999 年 1 月 1 日开始实施，保护条例废止）。

（5）1998 年 8 月，市老年工作委员会、市老龄科研中心研究人员及市民政局、市劳动局、市卫生局、市总工会、相关高等院校专家等共同合作，组成"上海市老年生活护理互助会"（以下简称"互助会"）模式实施法案及设计的课题组。已确认总课题与 5 个子课题[①]。

（6）1998 年 12 月，课题组成员与上海人民广播电台合作，在该电台的"老年广场"节目中就"今后上海老年人护理的话题"进行了讨论。在护理费用、人员资源、国外经验、组织形式方面，听众的电话反响热烈。

（7）1999 年初，市老龄工作委员会与老龄科研中心，展示了关于"互助会"的研究成果，并向市政府提出"互助会模式典型试点的工作展开申请"。市政府对此事非常重视，做了重要指示。同意设置典型试点，决定在静安、虹口两区开展典型代表试点。

（8）2000 年，上海市民政局在市内 6 个区实施了老年人设施的扩充、

---

① 课题组的 5 个子课题包括：

1. 老年人护理互助会会费收支资格制度的研究。

2. 关于老年人护理互助会会员接受护理金的资格审查制度。

3. 关于老年人护理者队伍设置。

4. 关于老年人护理相关方案、政策。

5. 关于互助会机构的设置及运营模式。

改善工作。①

3. "星光计划"引入实施期

（1）2000 年，国务院做了《关于加强老龄工作的决定》。

（2）2001 年，民政部发布《社区老年福利服务星光计划实施方案》。

（3）2001 年，接受上级指示，市民政局发出关于"社区老年福利服务星光计划"实施的意见（通知）。

（4）2001 年上海市"老年法庭"更名为"民事 3 庭"（根据最高法院指示）。

综上所述，经过护理社会化准备期的第Ⅰ期后，第Ⅱ期通过马利中（现上海大学教授）等曾在日本留学的研究人员，以日本护理保险制度为原型，将半官半民护理保险制度作为上海市养老保险制度的参考进行研究。此后，在 2000 年，中国政府的"星光计划"出台，在上海市及大连市，通过这种方法，迅速推进实施护理的社会化。

"星光计划"的实施期为 2001～2003 年，主要内容为：

① 老年人服务设施（老年人活动室作为重点中的重点，同时包括老年人入住设施）的新设或改建。

② 居家养老服务（生活护理日常照顾、紧急通报系统、情绪援助等）。

③ 社区中的老年人服务信息化建设。

④ 共产党及市强有力的领导班子，在福利部门中的"三个代表"的具体表现。

⑤ 使用资金来源为福利奖券收益的 80%（2001 年度为 8000 万～8500 万元）及捐款募集（免税措施）。

⑥ 宣传与群众监督评价（包括来自老年人的评价）。

（5）2003 年，市民政局在市内的数区中试验性地引入"居家养老服务"及"社区助老与万人再就业计划"。

（6）2004 年，市民政局在"关于进一步推进深化居家养老服务工作的通知"中将上述工作扩大至全市范围。

就这样，"星光计划"结束实验阶段，从 2004 年起全面展开。此计划的政策特征可归纳为以下几个方面：

①老年人护理设施，包括扩大增设床位等。

②老年人在家护理与促进下岗职工再就业相结合。

③福利混合（以政府推进与市场化运营相结合为原则）。

---

① 马利中等：《"上海市老年生活护理互助会"实施法案的研究》，1999。

④以个人的自费购入服务与政府补助相结合为原则。

⑤引进需要接受护理程度的资格评定制度。

⑥引进护理人员的研修培训。

⑦以社区为单位展开，完善社区服务中心的建设。

（7）护理入住设施建设及地区老年人福利中心建设，由政府投资为主参与这一产业开发并积极推进。与第Ⅱ期中构思的上海式护理保险构想不同之处在于：

①服务劳动者主要定位为"失业男女"（下岗职工等人员）。

②购入服务时包括"自费"，但却不包括社会联动型的保险费交纳义务，但有人指出政府的财源基本为"福利奖券"，不一定具备常规性及安定性。这一点与特别奖励土地利用权的捐赠及企业与个人对福利设施建设的捐款也有关联；另外，还给上门护理等在家护理服务的种类及数量以及如何提高质量带来困难。

（8）2004 年 4 月 上海市民政局、上海市劳动局及社会保障局、上海市财政局发出"关于本市实施社区助老服务项目的试行办法"的通知。

（9）2005 年 10 月，发布《上海民政工作发展报告书》等，加强对老年人护理保障的政策工作。

4. 上海的护理社会化现状

2005 年 8 月，笔者在对上海市民政局及朝霞街道的调查中，就上述政策下的护理社会化进展情况进行了调研。

①在中国的社会保障制度中，医疗、退休金、失业、生育、工伤属于社会保险范畴，而护理属于社会福利范畴。

②老年人护理设施大多数为公设公营，但也有职业团体运营及民设民营。

③需要接受护理者与护理人员的比率约为 4:1。

④每人的护理费用：250 元/月。

⑤护理人员工资：包括交通费在内 800 元/月（另加失业、养老、医疗保险费用）。

⑥设施的建设由政府补助中支出，以占地面积、房间面积为基准。

⑦在家护理服务的种类包括：上门护理（家务援助、身体护理）及往返设施接受护理（已从 2000 年开始，但仍未成熟）。据 2005 年的统计显示，有 55000 人接受了服务，其中 16000 人自费，39000 人接受（部分或全部）了补助。

⑧护理人员的训练培训：半个月/每年（劳动局负担经费）。

20 世纪 90 年代之后，中国开始意识到社会正在向老龄化社会迅速发展，继退休金、公费医疗之后，对护理保障的一系列应对措施也相继出台。劳动单位制度下的企业福利失效，对脱离传统的针对三无老人的设施福利及退休后城市劳动者剧增的护理需求迫在眉睫。针对这些情况，在护理社会化准备期的第 II 期中，通过《老年人权益保障法》的制定明文规定家人的责任（不仅限于护理，包括整体扶养），从法律上保障了老年人权力。在上海，设置了与其相对应的"老年法庭"（及老年人权益咨询所）。

同在上海的第 II 期中，通过与日本、欧洲的交流，积极进行探索护理社会化的制度研究。

在日本的几种措施之中，"劳务储蓄"及"有偿义工"等被采纳到"互助会"模式中去。日本的护理保险模式对于企业、个人双方来说负担都很大，在中国实行的话为时尚早，因此不作考虑。"互助会"模式在市内的试验结果不明显，没有进展。不过，此小组的 5 个研究问题中，包括了需要接受护理程度的认定及护理人员的培训，相信与第 III 期有联系。因为课题组的成员之中，包括一些为政府决策服务的研究者在内。

第 III 期是由中央政府主导推进的政策。"星光计划"于 20 世纪 90 年代正式启动，以"社区服务"为基础，采用以福利彩票为财源的政策，另外在护理人员方面，吸收的多为下岗人员（大部分为 40 岁、50 岁的女性）或农村剩余劳动力、失业者。此外，为满足陈旧的护理设施改造需求，计划改进设施、增加床位，为了老年人的健康而扩大地区活动中心等硬件方面的建设力度正逐渐显出成效。作为福利措施，产生了良好的效果。但是，一方面由市场担负护理服务人才培养，也成为劳动力素质低下及劳动条件低下固定化的原因。另外，还会导致降低护理服务劳动的积极性及难以实现提高服务人员生活水平的护理工作等恶性循环。甚至导致产生因国家之间的经济差别，在更低廉的劳动条件下工作的服务提供者流失到外国的现象。

另一方面，护理人员的劳动条件改善及提高护理质量的培训，如何应对护理需求数量上升与质量要求提高，是今后的一大问题。在护理人员数量方面，在日本老年人口中约 20% 接受了护理认定，这个比率若在上海即大约为 52 万人。上海市，在居家和设施中，据报告 2006 年约有 10 万人接受了服务。今后不仅是人数方面，还必须配合每人的服务时间等，实现数量上的扩大（上海媒体大多认为将需要接受护理者设为 15 万人左右）。

而且，关于从事护理的人员工资等条件改善及培训方法的改进也是一大难题。

另外，从与《孝顺父母法》或相关规定的关联来看，社会福利事业法律

主体主要由《老年人权益保障法》及上海市《老年人权益保障条例》构成，加强家人对老人赡养责任，在不干涉市场经济的情况下，多元化的老年人护理形式作为社区的工作将从上至下逐步展开。

结束语

综上所述，本文就日本、新加坡、中国上海市关于老年人护理社会化保障的情况进行一一阐述。特别是在中国，老龄化率及老年人的绝对数均达到历史高峰，如何实施养老保障措施，关系到人们生活安稳及尊严的问题，先行一步的日本护理保险制度是否能够在中国得到借鉴，这点仍是一个疑问。

对于优先发展经济的东亚各国来说，他们都有以下的共同点：在确保财源稳定及可持续性上，如何应对居家及设施服务双方同时增大的护理需求等问题；利用者、特别是低收入阶层负担费用及确保认定的公平性、客观性，包括认知障碍症状在内的、有医疗需求的特殊接受护理者，应该如何应对等问题；怎样确保护理及管理质量，以及为此而进行的人才培养问题；针对护理者需求增加问题，对国内外劳动者提供适当的待遇及与效率性之间的权衡，并在此基础上提高护理质量及提供可持续人才体制等问题。

护理的社会性保障，可以说是在面临人生终结期的时候，无论每位老年人的家庭状况及经济优越度如何，均可公平地支持其作为一个人而拥有尊严地自立生活的一种体制。虽然有时不得不动员家人、亲属、地区社会等资源，但明文规定或非明文规定"家人"为护理保障的中坚人物的观点，虽然在一定程度上或暂时解决了上述各项问题的某些方面，但同时也产生了可能会妨碍普遍性福利的问题。因为家人既可能是爱与信赖的共同体，而同时也可能是在现实的纠葛中与爱相对的失败、背叛与憎恶的源泉。为了所有人的幸福追求与老年人的普遍福利，正如北欧诸国一直在摸索的那样，"家人"的作用仅限于情绪层面及以此为基础的自发性活动，为此必须完善社会性的公平服务（超越阶层、超越家人的服务），而这些在东亚各国到底是否可行还是个疑问。

参考文献

H. L. Wilensky，Ch. Lebeaux，《产业社会与社会福利》，1974。

H. L. Wilensky，《福利国家与平等》，1984。

宫本太郎：《比较福利国家论的可能性》，社会政策学会编著《"福利国家"的射程》，2001。

〔日〕埋桥孝文：《比较中的福利国家》，Minerva 书房，2003。

Deborah Mitchell，《福利国家的国际比较研究》，1993。

Esping Andersen，《福利资本主义的三个世界——比较福利国家的理论与动态》，Minerva 书房，2001。

篠崎正美：《亚洲的社会变动与性别》，明石书店，1999。

〔中〕桂世勋：《广泛意义中的老年人养老体系护理系统构筑——以上海为例》，2006。

医疗保险及诊疗报酬制度 *

内容提要： 医疗费问题及世界各国高龄化现象，已成为财政上的重要问题。日本的医疗保险、诊疗报酬制度很完善，但是因社会的发展，老年医疗费问题正在不断增加。在这方面中国正处在制定和完善制度的阶段之中，在2003 年的无保险者中，城市占 44.8%，农村占 79.1%。

尽管如此，中国医疗保险制度个人账户的设立也有值得借鉴的地方。另外，从后发优势的特性来看，与日本一样实施成本计算，采用 DEG/PPS，开放外国资本等方面也很有进展。

本文是以日本的医疗保险为基础，与中国做比较，讨论其应该有的形态。

此外，就医疗费问题来说，诊疗报酬也是重要的问题，尤其是以原价来决定的意见较多。在这里，核定诊疗报酬需要标准化，这种情况应该考虑以不同规模来决定原价，以及医疗技术的评价等。

第一节 医 疗 保 险

有关医疗费采用社会保险制度的部分很多（像美国是以个人保险为主很容易理解）。医疗费是用个人（工作人员）与企业的保险费和国家的财政负担（保险费）来补贴的。医疗费因各种原因年年膨胀。因此，以保险费的涨价、提高门诊个人负担以及增加财政负担来处理这个问题。这些都只是应急

---

* 山下正喜：熊本学园大学教授。

性地处理，并没有达到基本解决。设定个人账户需要从宏观角度来促进个人对医疗的自觉。

在日本社会保险的基础上，对于低收入阶层，设立像高龄者医疗制度那样其他的制度，加强保险的管理，并且需要让保险费和支付的关系变得更清晰。

中国改革开放前，医疗费几乎免费，这就出现了医疗费的浪费等问题。实行改革开放政策后，经济、社会的发展受到了全球瞩目。随着人民生活水平的提高，国民对医疗的需求也变高了。因此国家无法完全负担医疗费的支出，所以引入了社会保险制度。个人必须负担一定的费用，必须提高个人的费用意识。也就是说，少额的医疗费是由个人账户来支付，而高额的医疗费是由社会的综合账户来支付的。

虽然中国的改革开放很成功，但仍有将近八成的国民没有享受到医疗保险待遇。另外，因医疗资源都集中在城市，城市和农村之间在医疗上的差距，国家财政支出的减少以及因收入变化而引起的差距加大[①]，在医疗方面并没有达到国民能平等地受到恩惠的地步。

如果到2010年，让所有都市居民都能参加基本的医疗保险，所以必须要整顿基本的医疗保险体系。共同承担的基本医疗费，是由政府和企业雇主以及个人各分别承担1/3（与日本的相同——笔者）。而在农村，则应采用合作医疗保险的方式。现在，有许多村子正在执行新型的农村合作医疗保险制度。承担这个保险费用的比例是，政府1/3、地方自治体1/3、剩下的1/3由农民个人来承担。[②]

另外，据陈说[③]日本也需要像中国那样的重视医疗预防。日本不应该只是普及需要花钱的高尔夫球或游泳，而更应普及在广场以及公园可以自由参加的免费体操、太极拳等。在中国各地这是很普及的。

（1）中国与日本的医疗保险比较分析（见表1）。首先，从经济体制之间的差异来看，日本是民主主义市场经济体制，而中国强调社会主义市场经济体制，并且以全体来说，日本是个人责任，而中国是社会责任，这些都反映到医疗保险体制上。

表1中[④]有关保险负担的问题，从工资扣除保险费在日本是9.5%

---

① 陈金霞：《在中国的医疗差距问题的现状——对日本的启示》，《医院》，第65卷第8号，2006年8月，第646～649页。

② 黄洁夫、森冈共彦：《在中国的医疗的课题》，《日医杂志》，第133卷6号，2005年3月，第793页。

③ 黄洁夫、森冈共彦：《在中国的医疗的课题》，《日医杂志》，第133卷6号，2005年3月，第649～650页。

（个人和公司平分），中国是 8%（个人 2%，企业 6%），但是实际支付治疗费水准在日本是 41%，要比中国高得多。

（2）日本在 1922 年，中国在 1951 年，将医疗保险制定成为社会性法规。大约有 30 年的差距，因为有经济、社会发达程度的差距，所以不能只以这几年来作比较。比起日本，中国的医疗保险制度还相当落后，但就后发优势的特性来说，引入新体制比先进国家只是慢一些而已。在医院的经营上，表 1⑨中一部分医院的成本计算比日本普及，DRG/PPS 也被一部分医院采用（2004 年），并且也准许外国资本的进入（2002 年）实行。

（3）有关健康保险方法的主体，在日本实行以"村庄"为主体的国民健康法和以"公司"为主体的健康保险协会两种。"公司"相当于中国的城镇职工医疗保险。在日本的"村庄"是以村落为单位、实施共同灌溉式稻作农业的工作。

表 1　日本与中国的医疗保险

日　　本	中　　国
民主主义市场经济	社会主义市场经济
	1951 年劳动保险医疗制度
1922 年健康保险方法	1952 年公费医疗制
①政府	免费
②1961 健康保险协会	
	改革
①1961 年全民保险	①1998 年城镇职工医疗保险
	②个人账户和社会共济
②医疗费的增加	③医疗费的增加
1980～1990 年　200%，1990～2000 年　130%	1978～1988 年　每人 310%
	1988～1998 年：400%
④财源个人负担 41%，企业 26%，政府 33%	④保险费：企业 6%
截至高额支付的制度	个人 2%
工资扣除：个人 4.75%，公司 4.75%	
	⑤民意调查
	需要个人账户：30.5%

续表 1

日　本	中　国
	不需要：17.1%
	4 倍　赞成：51.2%
	反对：　43.9：
问题	问题
⑥达成社会化、公平化、未达到效率化	⑥未达到社会化、公平化、效率化
⑦1961 年全民保险 100%	⑦1993 年扩大覆盖率的对象－无保险者 79%
⑧赤字（国家负担的金额继续增加）	⑧专业性医疗保险基金的确立
医院的经营	医院的经营
⑨在一部分医院实施成本计算	⑨在一部分医院实施成本计算
⑩在一部分医院实施 DPC	⑩在一部分医院实施 DRG/PPS
⑪外国资本不可以参与	⑪外国资本可以参与

资料来源：※有关项目的设定是参照冢本隆敏：《在中国的国有企业改革和劳动、医疗保障》，大月出版社，2006。

①景天魁主编、杨团、唐钧副主编《基础整合的社会保障系统》，华夏出版社，2001，279 页、281 页。

②中田范夫·高星：《有关中国医院的成本经营——以实况调查为中心》，《山口经济学杂志》，2006 年 5 月，第 33 页。

（4）在日本全民保险已经在 1961 年实现，这在世界上算是很少有的制度。中国在 1998 年开始实行城镇职工保险，并且在一部分的城镇渐渐开始实行了现代社会保险制度。

（5）有关个人账户和社会账户的制度，在中国已设立，但是日本没有。少额的医疗费从个人账户来支付。至于个人账户是由个人负担的保险费的 2% 和企业负担的保险费的 6% 中的三成共同形成。（2% + 6% × 30% = 3.8%）。企业负担的 7 成（6% × 0.7）= 4.2% 是被当作社会共同使用的部分。

日本也在 2004 年的医疗改革的环节中，同样讨论了关于不到 3000 日元的医疗费由个人全额负担的计划，但是没有实现。

这个制度是健全管理个人账户，被认为是很好的制度。在台湾也设定了个人账户制度。

（6）有关医疗费的增加问题，中国增加较快，但日本从1977～2002年的25年间医疗费增加了1.3%（医院）。

（7）有关民意调查，有50%的意见认为个人账户应该等其他的实践结果之后再来验证。是否赞同从社会基金来支付的最高限额是社会平均报酬的4倍的意见各占一半。假设没有限额的话，许多专家认定医疗保险会导致收支不平衡。在现在的情形下，日本应该考虑向中国学习。

（8）关于现存问题比较，在社会化、公平化方面日本尽管做得不够，但全民保险和以个人所得来换算应缴纳的保险费来说，目标大体上算是实现了。但是一直被优待的老年医疗费，从2007年起与一般人同样门诊负担三成。对于提高效率之事，日本才刚开始。至今为止因为诊疗报酬被过多地支付，所以医务界的有关人员对提高效率的认识很浅薄。

（9）当前在中国扩大对象的覆盖率是首要问题。对这个问题有很多种方法可以考虑，但也许可以将日本作为一个模范来看。让高收入者多缴付保险费用，政府辅助1/3的医疗费也是一个方法。

（10）不论哪一个国家在医疗保险方面都是赤字，但是在日本正在考虑采用后发药品①、联合地域医院、诊疗所、另外计算老年医疗费等许多对策来减少赤字。

后发药品比新药便宜2～5成，其功能与新药做比较且被验证，并且彻底使得医院、诊疗所专门化，停止患者因同样的病去好几所医院，建立了做一次检查，结果可以在全国使用的系统。而且可以另外设立老人保险来。

（11）在整顿医疗制度的过程中同时出现医疗上的差距问题。虽然日本的医疗制度以平等为中心而且相当充实，但是现在就城市和农村来说，医生仍然集中于城市，农村妇产科专门医生及其他医生严重不足。

以下讨论日本和中国在医疗上的差距。（由于资料有限，比较的内容也有限）

（12）有关地域的选择，是从日本全国的城市和农村选出来的。关于其他地域，在讨论项目之中随时会提到。另外中国的医疗制度正在改革中，所以在做以下比较时应需要加以考虑。至于表3中医院总数，日本有9077家，而中国只有15783家，在日本每10万人口有7.1家设施。以城市来说是适当的，但是因都集中于城市，城市以外的农村不够。

---

① 后发药品是指：因新药品取得专利后，利用同样的有效成分，其他公司事后出售的药与新药品相比开发费用比较少，药价也变得便宜。

以中日两国总人口与医院总数的相对比率来说，中国该比率仍较低。

有关日本的地域差距，以鹿儿岛（15.9）来说，大约是神奈川（4.1）的 4 倍。在中国（仅以表 3 的数值来看），以北京市（2.6）来说，与重庆（1.0）有 2.6 倍的差距。

表 2　日本不同地域的医疗状况

	(1)	(2)	(3)	(4)	(5)
	人　口 （千人）	医院数 （家/10 万人）	病床数 （床/10 万人）	医生数 （名/10 万人）	每一国民的医疗费（千日元）
全国	127687	9077（7.1）	1277.8	201.0	243
1. 高知	1803	17.7	2447.2	261.4	323
2. 鹿儿岛	1769	15.9	2033.9	212.9	314
3. 北海道	5644	11.1	1870.6	203.2	286
4. 富山	1117	10.3	1642.4	213.6	256
5. 岛根	749	7.9	1578.4	238.1	278
6. 福岛	2106	7.1	1424.3	171.0	260
7. 京都	2638	6.8	1397.7	258.3	223
8. 东京	12378	5.4	1047.6	264.2	211
9. 爱知	7192	4.9	973.1	174.9	200
10. 神奈川	8732	4.1	865.6	167.9	202
11. 东京都				307.7	
12. 名古屋市				248.4	
13. 横滨市				167.6	
14. 川崎市				181.9	
15. 京都府				342.1	
16. 茨城县				142.3	

1. 统计时间：(1)、(2)、(3) 是 2004 年 10 月 1 日当时；(4)、(5) 是 2004 年 12 月 31 日；(5) 是 2002 年当时。

2. 有关 (2)、(3)、(4) 是每 10 万人口数。

3. 厚生劳动省编《平成 17 年度厚生统计要览》，2006，厚生统计协会制作。

（13）有关病床数，日本每 10 万人有 1277.8 床，而中国每 10 万人只

有 240 床，中国是日本的 1/5，对于日本的病床数 1470 床/10 万人（2001年）比起德国的 910 床/10 万人，法国的 820 床/10 万人，英国的 470 床/10万人，美国的 350 床/10 万人来说是世界上最多的。

有关日本地域之间的差距。对于高知有 2447.2 床/10 万人，而神奈川只有 865.6 床/10 万人张来说，大约有 3 倍的差距。也许是因为高知县的病床数在日本是最多，而神奈川是最少的地域缘故。在中国，北京市有 630 床/10 万人，而贵州省只有 152 床/10 万人，大约有 4 倍的差距，大致上和日本的差距一样。

表 3　中国不同地域的医疗状况（2004 年）

不同地域	(1) 总人口 （万人）	(2) 医院数 （家/10 万人）	(3) 病床数 （床/10 万人）	(4) 医生数 （名/10 万人）	(5) 每一人的 医疗费 （人民币元）
全　国	129988	15783	240	150	4366.8
北京市	1493	2.6	630	420	12146.9
天津市	1024	2.3	414	269	7037
辽宁省	4217	1.9	385	221	4296.8
上海市	1742	1.1	562	327	8056.6
安徽省	6461	0.9	178	100	3370.9
广东省	8304	0.9	235	145	6659.1
重庆市	3122	1.0	193	116	3990
贵州省	3904	0.9	152	96	2951.1
西　藏	274	3.5	226	166	2158.2
甘肃省	2619	1.4	224	131	2700.4

资料来源：陈钱霞根据卫生部《中国卫生统计年鉴 2005》制作，(2)，(3)，(4) 是每 10 万人口数。

（14）至于医生数，日本有 201 名/10 万人（2005 年）而中国只有 150名/10 万人。仅以人数来考虑的话日本是足够的（法国有 330 名/10 万人，德国有 330 名/10 万人，美国有 240 名/10 万人，英国有 210），并且中国和日本没有什么差距。在日本与中国的比较中这是差距最少的项目。

（15）关于每一个人的医疗费，日本是 243 千日元，中国约 56 千日元

（每一个人的门诊诊疗费加上住院费再乘以 13 来换算成日元的），日本的大约不到中国的 5 倍。

从国际上来说，美国是 571 千日元（第 1 位），瑞士是 459 千日元，挪威 368 千日元，丹麦是 312 千日元，日本是 311 千日元（2001 年）在世界上是第 5 位的，德国是 294 千日元（第 7 位），法国是 256 千日元（第 11 位），英国是 223 千日元（第 15 位），韩国 157 千日元（第 24 位）。

在不同的县，以鹿儿岛的 314 千日元来说，与神奈川的 202 千日元有 65% 的差距。这是因各种各样的原因相互影响而发生的。

在中国，以北京市的 158 千日元来说，与贵州省的 38 千日元（除去西藏）大约有 4 倍的差距，并且以日本的 65% 的差距来看，那可以说差距是相当大的。

第二节 诊疗报酬

在保险诊疗上，诊疗报酬是国家对医疗机关支付的诊疗费和医药费。诊疗报酬可以说是国家以诊疗成本的高低加上诊疗政策来决定的。但是因为这个决定的过程未公布，所以不能说大多数是以成本来决定的。从接受诊疗者的立场来说，如果诊疗报酬是以成本来决定的话，那么对于那些支付的金额能够理解。另外，由于其他的成本没有反映诊疗报酬的关系，所以可能在医疗服务供给上发生倾斜。厚生劳动省说，近来因发生诊疗报酬与成本背离的问题，所以正在调查之中。

另外，诊疗报酬也对国家的财政造成很大的影响。诊疗报酬在日本，从 2006 年 4 月起降低了 3.2%。这次是 2 年前和药价市价调查等结果作比较之后降低的，但是并不清楚是以什么科学合理的方法来决定的。此外，诊疗报酬是由国家来决定的统一定价，它的缺点是药品的定价也被统一决定了。由于医疗机关想花比统一定价更少的钱来购买，所以发生购买价格的降低→统一定价的降低→购买价格的降低的循环结构。因此，统一定价的缺点完全被弥补了。其次，为普及 CT 而设定高额的诊疗报酬，就迅速普及而言，政策诱导的好处也很大。

以上观点基本上是站在诊疗报酬应该以成本来决定的立场，有关成本是怎样被决定的，成本计算的计算方法和问题是什么？

（1）虽然之前叙述过并不清楚诊疗报酬是怎么样被决定的，但应该是

以原价来决定的意见很强烈。因此以原价来决定诊疗报酬的时候，要标准化之后，再计算出标准原价；在计算诊疗报酬的标准原价的时候，应该要考虑四个问题：① 决定不同规模的原价；② 实际原价－ABC 成本计算，临床路径，研究时间[1]；③ 算入资本成本；④ 评价医生的技术标准的原价[2]。

（2）算定不同规模的原价。

首先，将医疗设施分成三种、规模分成两种之后，再算其原价。那是因为：

①标准的成本因设施的种类、规模的大小不同而各异。

②做医院的七大规模的原价调查的时候，临床路径等尽可能条件相等的地方，能够相等的是最好的，但是就现状来说几乎是不可能的，所以只可能做医院的平均成本的调查。

③现在的诊疗报酬系统是全国统一的。虽然诊疗报酬系统可以作为一个，但是各个设施的成本应该反映到诊疗报酬上。

（3）实际原价。

这几年临床路径在医院被研究开发并且普及。对于主要的疾病来说，为了规定以医学水平来看最合适的流程和被寄于期望结果（治疗成绩），所以事先准备设置提供针对住院病人的医疗服务的途径。

临床路径在一般民营企业从几十年前已经开始普及，但是在医务界今后还要更加努力研究开发。

这临床路径的手法也许可以利用在医院的其他业务上。

在决定诊疗报酬的成本时，需要用到标准时间和标准价格的概念。比方说，胃部手术的临床路径所需要的标准手术时间、试剂、药剂以及医疗机器的标准价格等。药价是国家调查市价之后，提示的标准价格。

从世界范围来看，日本的医疗机器被认为是很贵的。一般来说，医疗机器是关系人生命的东西，而且很昂贵，最近以 CT、MRI 为中心的医疗机器的开发和普及很惊人。

另外，在医疗费问题上，利用机器的购买资金尤其是折旧费正成为问题（因高额之故），并且因列入折旧费的关系导致医院出现赤字。折旧费应该列

---

① 〔日〕山下正喜、後藤绅一：《放射线部的原价测定》，《熊本学园商学论集》34 号，2002。以下是修改山下正喜：《诊疗报酬和成本问题》，2005，熊本学园大学《产业经营研究》24 号之内容。

② 〔日〕西村真理子：《关于修改诊疗报酬结构的历史研究》，社会保障研究所编《医疗保险和医疗费》，1996，第 38 页。

入诊疗报酬内，但是应将其另当别论也是一个看法①。

（4）资本成本。

资本成本是为了完成医疗事业所需要的医疗机关的建筑物、大型诊疗机器等的投资经费，而且与人事费等同样地成为诊疗报酬的成本。在这里，特别提起资本成本当作为成本中的一个项目，是因为如果像材料费一样全部由诊疗报酬来保障的话，会引来过剩的投资，但是就算将资本成本反映到诊疗报酬也应该考虑到不同医疗机关以及不同医疗职能等的许多问题。

对于诊疗所需要的全部的成本是：除了医生的技术费以外包括提供医疗组织的人事费或者材料费等各种维持管理费、建筑物及设备的折旧费等投资性经费、关联服务等的经费所形成的。但是，关于医疗费的偿还体系的诊疗报酬体系，原本没有投资性经费、维持管理费等，考虑医疗机关的形态再加以评价的结构。因此被指出取代现在的诊疗报酬体系，适当地评价包括投资经费等的全部医疗费的新医疗体系的必要性。

对于投资性的经费，在医疗保健福利审议会所收集的有关诊疗报酬体系状态的意见呈报上，并非是以统一价格的诊疗报酬来对应一切，而提出应该配合补助金等其他的结构来对应的方针，现在，在中央社会保健医疗协商会正讨论具体的对策。

（5）医生的技术评价

应该把技术评价算入诊疗报酬中。1942 年《健康保险法》被修改，至此技术费被算入诊疗报酬（医生之间的技术差别用点数来考虑）的制度被废止了。在修改之前的医生协会点数表、门诊费、审查、手术费是以疾病的程度、技术的难易度来设定最高最低点数之差（初诊费是 3～15 点，出诊费是 3～50 点，细菌学培养检查是 10～20 点，阑尾切除手术是 200～400 点等），所以个人的技术之差被考虑进来。

（6）卫生部门设置以基本门诊费（包括诊断、用药、简单的注射、检查等）和特定门诊费（考虑技术的难易程度、所需的时间）为基础的表，该表并非是严密地根据成本计算的，而是依据成本计算性的内容来制作的新点数表。

将医生的技术评价算入诊疗报酬之事基本上是有的，但有时被改革和废除了，又有时被实行过。从到目前为止的研究来看，在议论修改诊疗报酬上

---

① 《关于医疗机关的资本成本评价的研究报告书》，2000 年 3 月，选自《老人保健增进健康等事业的研究报告书》。

要怎样来评价包含各诊疗行为和药价的总技术费与医生所得的报酬水平，也是很明显的问题。"

参考文献

石川义光：《诊疗报酬的昭和史（上、中、下）》《社会保险旬刊》，《社会保险旬报》1640　42，1989，1. 21，2.1，2.11。

小川鼎三：《日本医学史概要1·2》，平凡社，1982。

Compbell Jchn C.，增山干高：《有关日本的诊疗报酬政策的展开》，《社会保障研究》29（4），1994，第359、368页。

厚生省保险局：《健康保险三十年史》，1958。

日本医师会：《健康保险诊疗报酬价格的历史》，《日本医师会杂志》48（9），1962年11月1日。

日本医师会：《诊疗报酬（支付方式）的历史与展望》，《国民医疗年鉴》，1964。

浓沼信夫：《围绕资本成本的诊疗报酬体系》，《病院》53（5），1994年5月，第428、432页。

长谷川敏彦：《关键路径与医疗经营》，《时报》，2000。

广井良典：《诊疗报酬的政治经济学》、《医疗与社会》3（2），1994年3月，第93、117页。

富士川游：《日本医学史》，形成社，1972。

松浦十四郎 等编《诊疗报酬体系与过去·现在·未来》，《现代社会保险》，1983、1985，第70、95页。

吉原健二：《日本医疗保险制度史》，东洋经济新报社，1999。

医疗经济研究机构：《有关医疗成本公害监视网的调查研究报告书》，2002。

竹下昌三：《诊疗报酬与厚生省与医疗行政》、《冈山商大论丛》33（1），1997。

医疗经济研究机构：《关于医疗费的研究》、《关于急性期性5病院的诊疗价格的成本调查报告书》，1996。

医疗经济研究机构：《（关于医疗成本的研究）据4医院患者特性进行成本调查报告书》，1997。

医疗经济研究机构：《（关于医疗成本的研究）据4医院患者特性进行成本调查报告书》，1997。

福井次夫：《循环医学与关键路径》，《关键路径与病院经营》，《时报》，1998，第39、49页。

Cooper, R. and R. S. Kaplan, The Design of Cost Management System, Prentice-hall, 1991.

Eggers, L. J., Activity-based costing, American Water Works Association, Vol. 90, Is-

sue 6, 1998, pp. 63~69.

Innes, J. and F. Mitchell, A survey of activity based costing in the U. K, Management Accounting Research, June 1995, pp. 137、153.

Judith, J. B. , Cost accounting for healthcare —A guide to utilizing information and technology for effective decision making, Healthcare Financial Management Association, 1999.

Eriksen BO Almdahl SM Hensrud A, et al. Assessing health benefit from hospitalization: Agreement between expert panels. Int J Technol Assess Health Care 1996; 12: 126、135.